„Der Eiserne Steg" von Max Beckmann, Öl auf Leinwand, 120,5 x 84,5 cm. Das 1922 entstandene Gemälde zeigt die Brücke vom Römerberg in Frankfurt am Main nach Sachsenhausen, links die Dreikönigskirche.

So arbeitest du mit diesem Buch 6

1. Gesellschaftsentwürfe der Moderne: Die USA und China 8

Die USA

✘ „American Dream“ – Vision der Moderne? 10
✘ „Relief, Reform, Recovery“ – Rettung aus der Krise? 12
✘ Die USA als Weltpolizei 14

China

✘ Aufbruch in die Moderne 16
✘ China als sozialistische Volksrepublik 18
Zusammenfassung 22

✘ **Im Blickpunkt: Menschenrechte – Menschenrechtsverletzungen** 24

2. Deutschland zwischen Demokratie und Diktatur 1918–1945 26

Die Weimarer Republik

„Es lebe die deutsche Republik!“ – aber welche? 28
✘ **Methoden:** Politische Plakate untersuchen 32
Die politische Ordnung der jungen Demokratie 34
Der Vertrag von Versailles – ein „unbewältigter Friede“? 36
Wirtschaftskrise und Inflation 1923 38
Zwischen Tradition und Moderne 41
Krise und Zerstörung der Weimarer Republik 45

Autoritäre Nationalstaaten in Europa

Faschismus in Italien 50
✘ **Werkstatt:** Wenn Bilder lügen 52
Faschismus in Europa 54

Leben in der nationalsozialistischen Diktatur

Die „Machtübertragung“ in Freiburg im Breisgau 56
Errichtung und Ausbau der Diktatur 60
Ideologie und Politik der Nationalsozialisten 64
Herrschaft durch Propaganda – die Reichserntedankfeste 70
✘ **Werkstatt:** Die Sprache der Verführung und Aggression 72
Das Volk als „Gemeinschaft“ – Ideologie und Wirklichkeit 73
Mitten unter uns: das KZ Natzweiler-Struthof 80
✘ **Werkstatt:** Eugenik und „Euthanasie“ 84

Krieg und Völkermord

Deutsche Außenpolitik 1919–1939 86
Eroberung und Besetzung – der Zweite Weltkrieg in Europa 91
Kriegswirtschaft und Zwangsarbeit 94
Rassenpolitik als Massenmord – die Shoa 96
Widerstand gegen den Nationalsozialismus 101
„Totaler Krieg“ und Niederlage 104
✘ **Methoden:** Einen Spielfilm untersuchen 106
Die Gegenwart des Vergangenen 108
Zusammenfassung 110

✘ **Im Blickpunkt: Rechtsextremismus – ein Erbe des Nationalsozialismus?** 112

✘ **= vertiefende Angebote für das Schulcurriculum**

3. Europa und die Welt nach 1945 116

Im Spannungsfeld rivalisierender Weltmächte

Der Ost-West-Konflikt spaltet die Welt 118
Die Kuba-Krise 122
Konfliktfeld Europa: der Prager Frühling 124
Krieg in Vietnam 126
Methoden: Einen Dokumentarfilm analysieren 130
„Glasnost" und „Perestroika" – Reformpolitik in der Sowjetunion 132
Wandel im „Windschatten" der Sowjetunion? 135

Internationale Bündnisse im Wandel

Welchen Weg nimmt die Einigung Europas? 138
Methoden: Publizistische Texte hinterfragen 144
Werkstatt: Die deutsch-französische Verständigung 146
Europa – Aufbruch in das „globale Zeitalter" 148
Von der Bipolarität zur Multipolarität? 151
Zwischen Abschreckung und Verteidigung 154
Den Nord-Süd-Konflikt überwinden 157
Im Einsatz für den Weltfrieden: die UNO 158
Die UNO in Bosnien-Herzegowina 161
Werkstatt: MUNBW: Model United Nations Baden-Württemberg 164

Aus Kolonien werden Staaten

Die Entkolonialisierung: Neubeginn der Geschichte? 166
Apartheid – koloniales Erbe oder moderner Rassismus? 170
Zusammenfassung 176

Im Blickpunkt: Globale Informationsgesellschaft – digital vernetzt und doch gespalten? 178

4. Deutschland – geteilt und vereint 182

Flucht und Vertreibung

Flucht, Heimkehr und Vertreibung nach dem Zweiten Weltkrieg 186
Methoden: Im Archiv recherchieren 190

Deutschland in der Nachkriegszeit

Neubeginn in Trümmern und Not 192
„Schule nach 1945" – Zeitzeugen erinnern sich 194
Methoden: Zeitzeugen befragen 195
Alliierte Besatzungspolitik 1945–1948 196
Neuanfang durch Entnazifizierung? 202
Die Entstehung des Südweststaats 204

Zwei Staaten: Trennendes und Verbindendes

Die Gründung der Bundesrepublik Deutschland 206
Die Gründung der Deutschen Demokratischen Republik 209
Staatssicherheit – Machtinstrument der SED-Diktatur 212
Werkstatt: Feindbilder im Kalten Krieg 214
Deutsch-deutsche Politik 216

Gesellschaft in West und Ost
Markt und Plan: zwei Wirtschaftsmodelle 222
Auf dem Weg zum Einwanderungsland 228
Alte und neue Leitbilder:
Wie gleichberechtigt sind die Frauen? 234
Jung sein: Individualität und Anpassung 238
„Wir nicht!" – Ziviler Ungehorsam in West und Ost 242
Wyhl – Bürgerinitiativen mobilisieren 248

Die Vereinigung beider Staaten
Schritte zur Einheit 250
✗ **Methoden:** Eine Umfrage durchführen 255
Staatliche Einheit – gespaltene Gesellschaft? 256
Zusammenfassung 258

✗ **Im Blickpunkt: Jüdisches Leben in Deutschland seit 1945** 260

5. Historisch bedingte Brennpunkte der Gegenwart 262

✗ Der Konflikt im Nahen Osten 264
✗ China: Wirtschaftsmacht im Fernen Osten 270
✗ Europa als Migrationsziel 272
✗ Die Golfkriege 274
✗ Bürgerkriege in Afrika 276
Zusammenfassung 278

✗ **Im Blickpunkt: Terrorismus – Krieg aus Schwäche?** 280

Anhang 282

So kannst du dein Wissen überprüfen 283
Bildungsstandards: Daten und Begriffe 288

Aus dem Grundgesetz der Bundesrepublik Deutschland 290
Lexikon 292
Methodenübersicht 298
Register 311
Bildquellen 317
Zeitleiste 319

Liebe Schülerin, lieber Schüler!

Vor dir liegt der vierte Band von **Forum Geschichte**, mit dem du in diesem Jahr im Fach Geschichte arbeiten wirst. Die Verfasserinnen und Verfasser des Buches haben für dich Texte, Bilder, Karten, Schaubilder und Tabellen zusammengestellt. Sie geben Auskunft darüber, was Menschen im 20. Jahrhundert bewegt hat und welche Fragen uns bis in die Gegenwart beschäftigen.

Auftaktseiten

Jedes Kapitel beginnt mit einer Doppelseite, die in das Thema einführt. Bilder und Texte geben dir eine erste Vorstellung von den Themen und Fragen, um die es in den nächsten Geschichtsstunden gehen wird.

Themenseiten

Die Themenseiten bilden den Kern des Kapitels. Zwei bis acht Seiten sind jeweils zu einer Themeneinheit zusammengefasst. In den Themeneinheiten kannst du – mit der ganzen Klasse oder in Gruppen – ein wichtiges Problem aus der Geschichte erarbeiten. Die **Darstellungstexte** vermitteln dir einen Überblick und geben dir außerdem einen roten Faden in die Hand, der dich durch die Arbeit mit den **Materialien** leitet.

Diese Materialien (Textquellen, Bilder, Karten, Schaubilder und Statistiken), die du mithilfe von Arbeitsaufträgen befragst und auswertest, erkennst du an einem Punkt:

M1 **Gelb** für Quellen aus vergangener Zeit,

M1 **Rot** für heutige Darstellungen, z. B. von heutigen Forschern oder Wissenschaftlern,

M1 **Grün** für Texte, die auf der Grundlage von historischen Quellen erfunden wurden und

M1 **Blau** für alle übrigen Materialien.

1 **2** Die **Arbeitsaufträge** erkennst du an einer blauen Zahl. Wie die Materialien sind sie innerhalb einer Themeneinheit durchnummeriert.

Die **Kästen**, die mit einem aufgeschlagenen Buch gekennzeichnet sind, informieren dich über wichtige Personen, Begriffe oder Ereignisse.

Auf vielen Themenseiten findest du **Aktivitätskästen**. Hier schlagen dir die Verfasserinnen und Verfasser vor, wie du dich einmal auf ganz andere, abwechslungsreiche Weise mit einem geschichtlichen Thema beschäftigen kannst. Einen Aktivitätskasten erkennst du an dem roten Punkt mit der kleinen Figur.

Zu einigen Themen findest du einen **Lese-, Film- oder Internet-Tipp**. Achte auf den blauen Punkt mit dem Bücherstapel!

Workshopseiten

In jedem Kapitel findest du Werkstattseiten und Methodenseiten. Auf den **Methodenseiten** kannst du lernen, mit welchem „Handwerkszeug" du aus den Materialien Erkenntnisse und Urteile gewinnst. Du findest hier Arbeitsschritte, mit deren Hilfe du beispielsweise politische Plakate untersuchen, einen Dokumentarfilm analysieren oder eine Zeitzeugenbefragung durchführen kannst. Auf den **Werkstattseiten** kannst du immer etwas selbst machen.

„Im Blickpunkt"-Seiten

Die Blickpunkt-Seiten sollen dir ermöglichen, Zusammenhänge zwischen Entwicklungen in der Vergangenheit und heutigen Fragen herzustellen.

Zusammenfassungen

Am Ende des Kapitels ist auf einer Doppelseite noch einmal das Wichtigste zusammengefasst. Auf einer **Karteikarte** stehen die Begriffe und Methoden, die du dir unbedingt merken solltest. Vielleicht hast du bereits in den ersten drei Bänden von Forum Geschichte die zentralen Begriffe und Methoden auf Karteikarten übertragen und dir eine Geschichtskartei angelegt? Diese kannst du nun fortführen.
Mithilfe des **Zeitbogens** kannst du dich noch einmal über den zeitlichen Ablauf der wichtigsten Entwicklungen und Ereignisse orientieren.

Anhang

Auf den ersten Seiten des Anhangs kannst du dein **Wissen überprüfen**. Hier findest du zu jedem Kapitel eine Seite, auf der du deine Kenntnisse wiederholen kannst.

So kannst du dein Wissen überprüfen

Die folgende Doppelseite enthält alle **Daten und Begriffe**, die zu den baden-württembergischen Bildungsstandards gehören.

Bildungsstandards: Daten und Begriffe

Auf den Themenseiten sind manche Wörter mit einem * gekennzeichnet. Diese und weitere Fachbegriffe werden im **Lexikon** des Buches erklärt.

Lexikon

In der **Methodenübersicht** kannst du alle Arbeitsschritte der Bände 1 bis 4 noch einmal nachschlagen.

Methodenübersicht

Das alphabetische **Register** am Ende des Buches hilft dir, Informationen über Personen, Ereignisse und wichtige Begriffe im Buch schnell zu finden.

Register

Mithilfe der **Zeitleiste** kannst du dich über den gesamten Zeitraum von 1918 bis heute orientieren.

Zeitleiste

1. Gesellschaftsentwürfe der Moderne: Die USA und China

Mit dem Blick zurück auf das 20. Jahrhundert wird oft die Frage verbunden, was dieses Jahrhundert eigentlich kennzeichne. Die Antworten fallen – selbst bei den Wissenschaftlern – sehr unterschiedlich aus. Einigkeit besteht allerdings darin, es als Ergebnis und zugleich als Weiterführung der „Moderne" zu beschreiben. Die Epoche zwischen 1880 und 1930 zeichnet sich unter anderem durch umwälzende wirtschaftliche und soziale Veränderungen, durch eine rapide und weite Verbreitung von Verkehrs- und Kommunikationsmitteln und durch Verstädterung aus. Die politischen Systeme orientieren sich seit der Moderne an der Masse der Bevölkerung, d. h. an verschiedenen sozialen Schichten. Diese Orientierung kann ganz unterschiedlich sein: So wurde in den USA von den Bürgern die gestaltende Teilhabe am politischen Willensbildungsprozess erwartet, während in der Volksrepublik China bis heute die Kommunistische Partei den politischen Kurs entscheidet. Doch im Laufe des 20. Jahrhunderts gab es innerhalb der einzelnen Systeme Veränderungen, bedingt durch wirtschaftliche und soziale Krisen oder Wechsel der politischen Führung. Im Folgenden kannst du dich am Beispiel der USA und Chinas darüber informieren,

- wie sich die Veränderungen vollzogen,
- welche Ursachen ihnen zugeschrieben werden
- und welche Folgen sie hatten.

„City Building", Gemälde aus dem Wandbildzyklus „Amerika heute" von Thomas H. Benton, 1930

Franklin D. Roosevelt (1882–1945) hatte mit dem Vorschlag, das bis dahin bestimmende „freie Spiel der Kräfte" einzuschränken und der Bundesregierung mehr Macht und Verantwortung zu geben, die amerikanische Präsidentschaftswahl gewonnen. In seiner Antrittsrede am 4. März 1933 sagte er:

So lassen Sie mich … meine feste Überzeugung bekunden, dass das Einzige, was wir zu fürchten haben, die Furcht selbst ist – die namenlose, blinde, sinnlose Angst, die die Anstrengungen lähmt, derer es bedarf, um den Rückzug in einen Vormarsch umzuwandeln. – In allen dunklen Stunden unserer Geschichte hat eine freimütige und starke Führung beim Volke das Verständnis und die Unterstützung gefunden, die für den Sieg wesentlich sind. Ich bin überzeugt davon, dass Sie auch in diesen kritischen Tagen der Führung die gleiche Unterstützung zukommen lassen werden.

„Flatternde Fahnen", Gemälde von Pu Jie, 1995

Nach dem Tode des Revolutionärs Mao Zedong (1893–1976) begann die Kommunistische Partei (KPCh) unter der Führung von Deng Xiaoping (1904–1997) eine Kursänderung. Am 20. Oktober 1984 formulierte sie im Beschluss über die Reform des Wirtschaftssystems:

Die tiefgreifenden Veränderungen in den 35 Jahren seit Gründung der Volksrepublik haben die Überlegenheit des sozialistischen Systems ansatzweise demonstriert. Aber es muss darauf hingewiesen werden, dass diese Überlegenheit noch nicht gebührend zur Geltung gebracht ist … Daher müssen die Betriebe unter der Voraussetzung der Unterwerfung unter die staatliche Planung und Verwaltung das Recht haben, flexible Bewirtschaftungsformen auszuwählen …

1 Beschreibe die Abbildungen. Überlege, was der Künstler jeweils mit seiner Darstellung kritisiert.

2 Die beiden Texte entstanden in Krisenzeiten und sollten Reformen ankündigen. Nenne Aussagen, Hinweise aus den Texten, die dies zeigen. Welche Stimmung wird vermittelt?

Die USA: „American Dream" – Vision der Moderne?

Der „amerikanische Traum"

Geradezu prophetisch beschrieb der amerikanische Schriftsteller Thomas Wolfe (1900–1938) in seinem Roman „You Can't Go Home Again" den Traum eines Jungen aus Manhattans East Side: „Jedem seine Chance, für jeden, ohne Ansehen der Geburt, die leuchtende, goldene Möglichkeit, für jeden Menschen das Recht zu leben, zu arbeiten, sich selbst zu bestimmen und das zu werden, was ihn seine menschliche Natur und seine Vision erreichen lassen – dies, Suchender, ist die Verheißung Amerikas."

Nicht nur fiktive Figuren aus Manhattan, sondern auch viele Einwanderer aus aller Welt hatten solche Visionen, wenn sie amerikanischen Boden betraten. Aber die Realität war rauer: Da die Zahl der Einwanderer seit 1860 enorm anstieg, zentralisierte Anfang der 1890er Jahre die amerikanische Bundesregierung die Überprüfung der Ankommenden und verschärfte sie. In der Kontrollstation Ellis Island vor New York wurden die Einwanderer von Inspektoren befragt, von Ärzten untersucht – und nicht wenige (insbesondere kranke Kinder und Frauen) in die Heimat zurückgeschickt.

Die Zahlen stiegen jedoch weiter und gleichzeitig mehrten sich die Stimmen, die einen Einwandererstopp forderten. Mitte der 1920er Jahre erreichten sie weitgehend ihr Ziel: Die Einwanderungsbestimmungen wurden verschärft und die Zahl der Genehmigungen drastisch gesenkt.

Aber die Hoffnung auf Erfolg und Reichtum erfüllte sich für die meisten Amerikaner nicht – unabhängig davon, wann sie eingewandert waren. Selbst vom Aufstieg der USA zur weltweit führenden Wirtschaftsmacht profitierte nicht das ganze Land: Die Industrialisierung hatte dazu geführt, dass die wirtschaftliche Bedeutung des „flachen Landes" weit hinter der der Großstädte zurückblieb. Sie bestimmten mit Großindustrie, Handel und Banken das wirtschaftliche Leben und wuchsen schnell. Auch den wirtschaftlichen Gewinn und das Kapital teilten sich bald wenige Großindustrielle untereinander auf („Big Business"). Sie „regierten" nicht nur die US-Wirtschaft, sondern erschlossen sich Rohstoffquellen und Absatzmärkte in Lateinamerika – und machten diese Staaten wirtschaftlich abhängig.

M1 **„Prosperity"**, Plakat zur Präsidentschaftswahl des Kandidaten William McKinley, 1896

1 Zeige anhand von M1 die Elemente bzw. Symbole des American Dream um 1900.

2 Gib in eigenen Worten die These Turners (M2) wieder.

3 Beschreibe anhand von M3 den Verlauf der Amerika-Immigration. Recherchiere unter: www.deutsche-auswanderer-datenbank.de.

4 Erläutere die Kritik von M4. Nutze die Informationen aus dem Darstellungstext.

M2 Die Bedeutung der „Frontier" für Amerika

1893 behauptete der Historiker Frederick J. Turner (1861 bis 1932), dass die „Frontier"-Erfahrung ganz wesentlich das amerikanische Selbstverständnis präge, und fand mit dieser These in den USA große Zustimmung. In einem Aufsatz schrieb er 1903:

Die Wildnis im Westen … stellte das größte Geschenk dar, das je vor dem zivilisierten Menschen ausgebreitet wurde. Dem Bauern und Handwerker der alten Welt, der in die Zwänge seiner gesellschaftlichen Klasse eingebunden war …, bot der Westen einen Ausweg in ein freies Leben und ein größeres Wohlergehen inmitten der Freigebigkeit der Natur und all der Schätze, die nach menschlichem Bemühen verlangten und als Gegenleistung die Chance zum unbegrenzten Aufstieg auf der Leiter des gesellschaftlichen Erfolges boten … Die amerikanische Demokratie ist im Grunde das Ergebnis der Erfahrungen des amerikanischen Volkes in der Auseinandersetzung mit dem Westen. Die … (liberale) Demokratie förderte während der ganzen früheren Zeit die Entstehung einer Gesellschaft, deren wichtigster Zug die Freiheit des Individuums zum Aufstieg im Rahmen sozialer Mobilität und deren Ziel die Freiheit und das Wohlergehen der Massen waren.

Zit. nach Günter Moltmann, Die Vereinigten Staaten von Amerika von der Kolonialzeit bis 1917, Paderborn (Schöningh) 1980, S. 41 f.

M4 Vor einer Revolution?

Wegen der negativen Folgen des „Big Business" entstanden verschiedene Reformgruppen, die in der Fortschrittsbewegung „Progressive Movement" aufgingen. Ihr gehörte auch Thomas Woodrow Wilson an, Präsident von 1913 bis 1921. 1912 sagte er in seinem Regierungsprogramm „New Freedom":

Der schöpferische Teil von Amerika … in dem der aufstrebende und begabte Arbeiter seinen Weg macht … – diese Mittelklasse wird mehr und mehr ausgepresst durch die Vorgänge, die wir wirtschaftlichen Aufschwung zu nennen gelehrt worden sind. Ihre Mitglieder nehmen Anteil an der Prosperität, ohne Zweifel; aber was mich beunruhigt ist, dass sie die Prosperität nicht hervorbringen … Die Schatzkammer Amerikas liegt in jenem Aufstreben … Es ist angewiesen auf die Erfindungen Unbekannter … Eines der bezeichnendsten Merkmale des neuen gesellschaftlichen Zeitalters ist der Grad, bis zu welchem die Regierung mit der Geschäftswelt verbunden worden ist … Unsere Regierung ist in den letzten Jahren unter der Kontrolle der Häupter großer verbündeter Korporationen mit Spezialinteressen gestanden …

Wir stehen angesichts einer Revolution – keiner blutigen Revolution; …aber einer lautlosen Revolution, wodurch Amerika darauf bestehen wird, die Ideale, zu denen es sich stets bekannt hat, in der Praxis wiederzugewinnen, sich eine Regierung zu verschaffen, die dem allgemeinen und nicht dem besonderen Interesse ergeben ist.

Zit. nach Erich Angermann, Der Aufstieg der Vereinigten Staaten von Amerika, Stuttgart (Klett) 1987, S. 36.

M3 Einwanderung in die USA 1821–2000

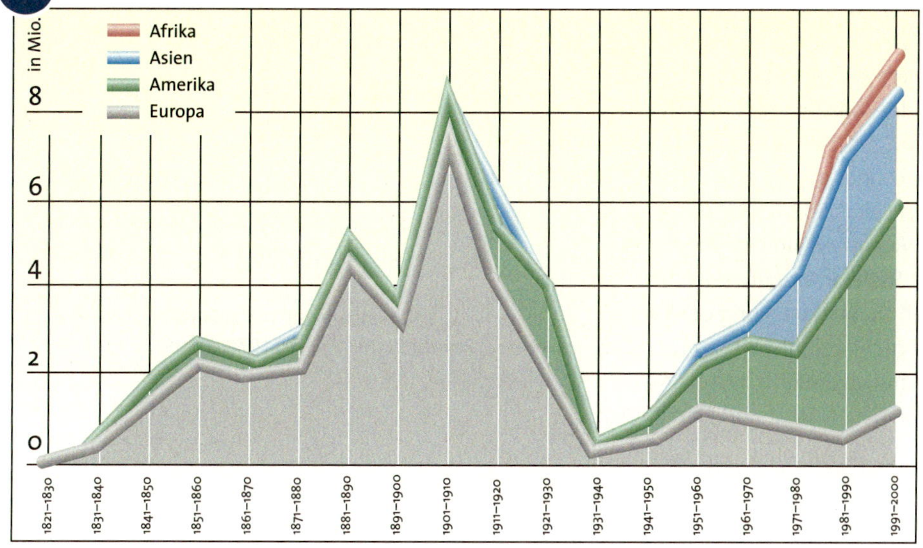

„Relief, Reform, Recovery" – Rettung aus der Krise?

Der Weg in die Krise

Kritische Stimmen aus den Reihen der Gewerkschaften und Politiker, die vor Gefahren des Big Business warnten und Reformen forderten, fanden zu Beginn des 20. Jahrhunderts kaum Gehör. Das änderte sich, als 1929 nach einem plötzlichen Sturz der Aktienkurse die New Yorker Börse zusammenbrach (29. Oktober: „Schwarzer Freitag"). Zahlreiche Banken wurden zahlungsunfähig, Millionen von Menschen verloren ihre Ersparnisse und eine gewaltige Wirtschaftskrise erschütterte die ganze Welt.

Wie kam es dazu? Die wirtschaftliche Entwicklung der USA nach dem Ersten Weltkrieg war zwiespältig gewesen: Einerseits hatten die USA als größter Kreditgeber der Welt vom Kapitalbedarf des kriegsgeschädigten Europa und seinen Zinszahlungen profitiert. Hohe Schutzzölle sicherten die amerikanische Wirtschaft gegen die Konkurrenz billiger Industrieprodukte aus dem Ausland. Andererseits geriet auf dem inländischen Markt die Nachfrage nach Konsumgütern wie Kühlschränken, Radios, Waschmaschinen und Autos ins Stocken. Viele Amerikaner hatten diese in den frühen 1920er Jahren auf Kredit oder Ratenkauf angeschafft. Deren Bedarf war nun gedeckt und andere waren als Arbeitslose oder Mittellose zu solchen Käufen nicht in der Lage. Sowohl Industrie wie auch Landwirtschaft verzeichneten erhebliche Absatzprobleme.

Der Börsenkrach beschleunigte die Talfahrt: Die Industrieproduktion schrumpfte drastisch, sinkende Löhne und Massenentlassungen waren die Folge. Die Handelspreise fielen.

Die wirtschaftliche Krise („Great Depression") erschütterte das Land auch in seinen traditionellen Werten und Grundanschauungen: Die Mehrzahl der Wähler glaubte nicht mehr an die Wirkkraft des Liberalismus, an das „freie Spiel der Kräfte". Sie gab 1932 ihre Stimme dem Präsidentschaftskandidaten der Demokraten, Franklin D. Roosevelt (1882–1945). Er versprach „Relief, Reform, Recovery" und wollte dies mit einem Wirtschafts- und Sozialprogramm erreichen, das den Namen „New Deal" (= Neuverteilung der Karten) trug. Es wies dem Staat mehr Verantwortung für die allgemeine Wohlfahrt zu und veränderte nachhaltig die Beziehung zwischen Wirtschaft, Staat und Gesellschaft in den USA.

M1 **Industrieproduktion in den USA**
1913–1938 (im Vergleich zu anderen Ländern)
Index 1913 = 100:

Jahr	*USA*	*Deutschland*	*Großbritannien*
1913	100	100	100
1920	122	59	93
1921	98	75	55
1922	126	82	74
1923	141	55	79
1924	133	82	88
1925	148	95	86
1926	156	91	79
1927	155	122	96
1928	163	118	95
1929	181	117	100
1930	148	102	91
1931	122	85	82
1932	94	70	83
1933	112	79	83
1934	122	102	100
1935	140	117	108
1936	171	128	119
1937	186	138	128
1938	143	149	118

Zit. nach Paul Kennedy, Aufstieg und Fall der großen Mächte, Frankfurt a. M. (Fischer) 1991, S. 451.

M2 **Arbeitslosenquote in den USA**
1913–1945 (in Prozent der zivilen Erwerbspersonen über 16 Jahren):

Jahr	*Prozent*	*Jahr*	*Prozent*
1913	4,3	1931	15,9
1915	8,5	1933	24,9
1917	4,6	1935	20,1
1919	1,4	1937	14,3
1921	11,7	1939	17,2
1923	2,4	1941	9,9
1925	3,2	1943	1,9
1927	3,3	1945	1,9
1929	3,2		

Zit. nach Willi Paul Adams (Hg.), Die Vereinigten Staaten von Amerika, Frankfurt a. M. (Fischer) 1977, S. 505.

New Deal

Präsident Roosevelt (1933–1945) überwand die Wirtschaftskrise der USA mit einer Reihe von Gesetzen, die zum einen dem Staat mehr Kontrolle über privatwirtschaftliche Unternehmen als bisher ermöglichten, zum anderen der Bundesregierung Rechte und Pflichten übertrugen (z. B. im Sozialwesen), die bis dahin die Einzelstaaten geregelt hatten. Die wichtigsten Gesetze des New Deal bestimmten:

Banken und Börsen: Auskunftspflicht bei der Ausgabe von Wertpapieren; staatliche Aufsicht; Garantie kleiner Bankguthaben.

Landwirtschaft: Prämien für die Reduzierung von Anbauflächen; Stützpreise für landwirtschaftliche Produkte; staatlich geregelte Schuldentilgung für Farmer; Förderung rückständiger Gebiete.

Industrie: Regeln des Wettbewerbs, um Produktions- und Preiskontrollen zu ermöglichen; Sicherung des Tarifrechts der Gewerkschaften; Auflösung von Holding-Gesellschaften* in der öffentlichen Wasser- und Energieversorgung.

Soziale Sicherung: Einrichtung freiwilliger Arbeitsdienste; Arbeitslosen-, Invaliden-, Unfall- und Altersversicherung, Sozialhilfe für Blinde und Not leidende Kinder; Förderung des öffentlichen Wohnungsbaus.

Arbeitslosigkeit: Arbeitsbeschaffungsprogramme (z. B. Straßen-, Brückenbau).

Außenhandel und Währung: Berechtigung des Präsidenten, Zölle herabzusetzen und Handelsverträge abzuschließen; Abwertung des Dollars, Übergang auf Silberwährung.

M4 **Fifth Avenue in New York,** Foto, um 1925

M5 War der New Deal erfolgreich?

Der Historiker Jörg Nagler urteilte 2000:

In Teilbereichen erwies sich der New Deal als durchaus erfolgreich und wichtig für eine Neuorientierung der sozialen Verantwortung des Staates – z. B. durch das Errichten eines Sozialversicherungssystems. Es gelang indessen nicht, die strukturell bedingte Wirtschaftskrise völlig zu beheben. Erst nach Eintritt der USA in den Zweiten Weltkrieg im Dezember 1941, als die Produktion von Kriegsgütern wieder für Beschäftigung sorgte, wurde die Krise überwunden.

Jörg Nagler, Weg zur Weltmacht 1898 bis 1945, in: Informationen zur politischen Bildung, H. 268, 2000, S. 27 f.

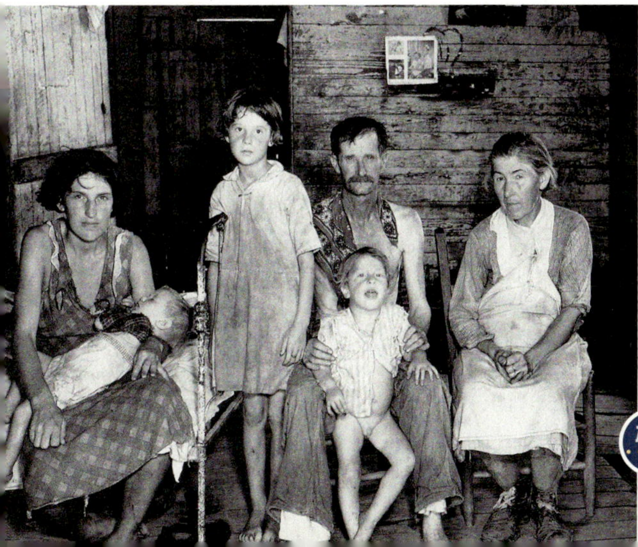

M3 **Die Familie des Pächters Bud Fields, Alabama,** Foto, 1936

1 Setze die Statistiken M1 und M2 grafisch um und werte sie aus (siehe Methodenübersicht).

2 Stelle anhand des Kastens die Leistungen des New Deal dar und zeige, welche Ziele er verfolgte.

3 Analysiere die Fotos M3 und M4. Besprecht in der Klasse, welche Wertungen über die wirtschaftliche Lage in den USA sie enthalten.

4 Zeige, wie M5 die Wirkung des New Deal bewertet. Wird das Urteil durch M1, M2 bestätigt?

Die USA als Weltpolizei

Ein Völkerbund für Frieden?

Im Ersten Weltkrieg waren die USA zunächst ihrem außenpolitischen Grundsatz treu geblieben, sich nicht in europäische Kriege einzumischen. Andererseits machten sie durch Kriegslieferungen an Frankreich und Großbritannien große Gewinne. Als Präsident Wilson im Frühjahr 1917 schließlich doch den Kriegseintritt der USA erklärte, begründete er die Entscheidung seiner Regierung mit der Formulierung: „The world must be save for democracy."

Mit diesem Schritt hatte sich Wilson nicht nur für einen militärischen Einsatz entschieden, sondern er deklarierte für die USA künftig die Aufgabe eines internationalen Wächters – zum Schutz der Demokratie. Diese neue weltpolitische Rolle fand keineswegs die Zustimmung aller US-Bürger bzw. Politiker. Dies zeigte sich insbesondere, als Wilson im Januar 1918, d. h. noch vor Ende des Ersten Weltkriegs, ein 14-Punkte-Programm verkündete, das künftig den Weltfrieden sichern sollte. Gefordert wurden: Demokratie, Achtung des Selbstbestimmungsrechts der Völker* und ein Völkerbund, der zugleich Schlichter in Konflikten zwischen Nationen und den Kolonialvölkern sein sollte. Viele Amerikaner waren nicht bereit, einer Außenpolitik zuzustimmen, die ihrem Land eine so große internationale Verantwortung zuwies. Sie forderten, dass die USA keine außenpolitischen Bindungen eingehen sollten (Isolationismus*). Die Gründe dafür waren vielfältig: Die einen befürchteten, dass die Russische Revolution die USA anstecken würde, andere waren enttäuscht, dass in den Versailler Friedensverhandlungen (siehe S. 36) nicht die Ideale, für die sie im Krieg gekämpft hatten, entscheidend waren, sondern die machtpolitischen Interessen der Siegerstaaten. Wiederum andere lehnten die Konzeption des Völkerbundes ab, wie sie auf der Pariser Konferenz beschlossen wurde. Der amerikanische Präsident hatte gehofft, über dieses Bündnis den Weltfrieden sichern zu können. Alle Mitglieder sollten künftig über Konferenzen, durch gemeinsame Absprachen, gegebenenfalls auch durch Sanktionen, Konflikte vermeiden oder zumindest gewaltfrei lösen. Der Völkerbund konnte diese Aufgabe schon deshalb nicht erfüllen, weil nicht alle wichtigen Staaten ihm beitraten, andere schon früh wieder austraten.

M1 **Allegorie auf den gemeinsamen Kampf der Alliierten gegen Deutschland,** Zeichnung, 1917

M2 „Wir sind Brüder"

Präsident Wilson (1856–1924), der den Völkerbund unbedingt im Vertragswerk des Versailler Friedens verankert haben wollte, sagte auf der Friedenskonferenz am 14. Februar 1919:

Wir erkennen in feierlichster Weise an, dass wir gegenüber den hilflosen und unterentwickelten Völkern der Welt, gerade weil sie sich in diesem Zustand befinden, die Verpflichtung haben, in erster Linie ihre Interessen zu wahren, ehe wir sie unseren Interessen dienstbar machen, und dass von nun an in allen derartigen Fällen es die Pflicht des Bundes ist, darüber zu wachen, dass die als Vormünder und Ratgeber und Leiter dieser Menschen bestellten Nationen die Interessen und die Entwicklung der Schützlinge berücksichtigen, ehe die eigenen Interessen und materiellen Wünsche der beauftragten Nationen berücksichtigt werden … Die großen Nationen … sind übereingekommen, dass sie sich nun vereinigen in dem Bemühen, ihre gemeinsame Kraft und ihre gemeinsame Überlegung und Einsicht diesem großen und menschlichen Vorhaben zu leihen.

Zit. nach Reden, die die Welt bewegten, 10. Aufl., Stuttgart (Mundus) 1989, S. 252 ff.

M3 Völkerbund – ein Machtinstrument der Großmächte?

Senator Borah (1865–1940), ein führender Vertreter der Isolationisten, äußerte sich zum Völkerbund am 19. November 1919 in folgender Rede im Senat:

Sehen Sie sich die Situation an, wie sie sich jetzt darbietet. Schauen Sie sich die Aufgaben an, die wir übernehmen sollen, und dann betrachten Sie die Methode, mit der wir an sie herangehen sollen … Wenn dieser Bund, diese Vereinigung geschlossen wird, werden vier Großmächte, die die maßgebenden Völker repräsentieren, über die Hälfte der Bewohner der Welt wie über unterworfene Völker herrschen – mit Gewalt herrschen, und wir werden an der Gewaltherrschaft teilhaben. Es gibt keinen anderen Weg, auf dem Sie Völker in Untertänigkeit halten können. Sie müssen ihnen entweder Unabhängigkeit gewähren, ihr Recht anerkennen, als Nationen ihr eigenes Leben zu leben und ihre eigene Regierungsform einzurichten, oder Sie müssen ihnen diese Dinge mit Gewalt verweigern.

Zit. nach Erich Angermann, Die Vereinigten Staaten von Amerika als Weltmacht, Stuttgart (Klett) 1987, S. 21 f.

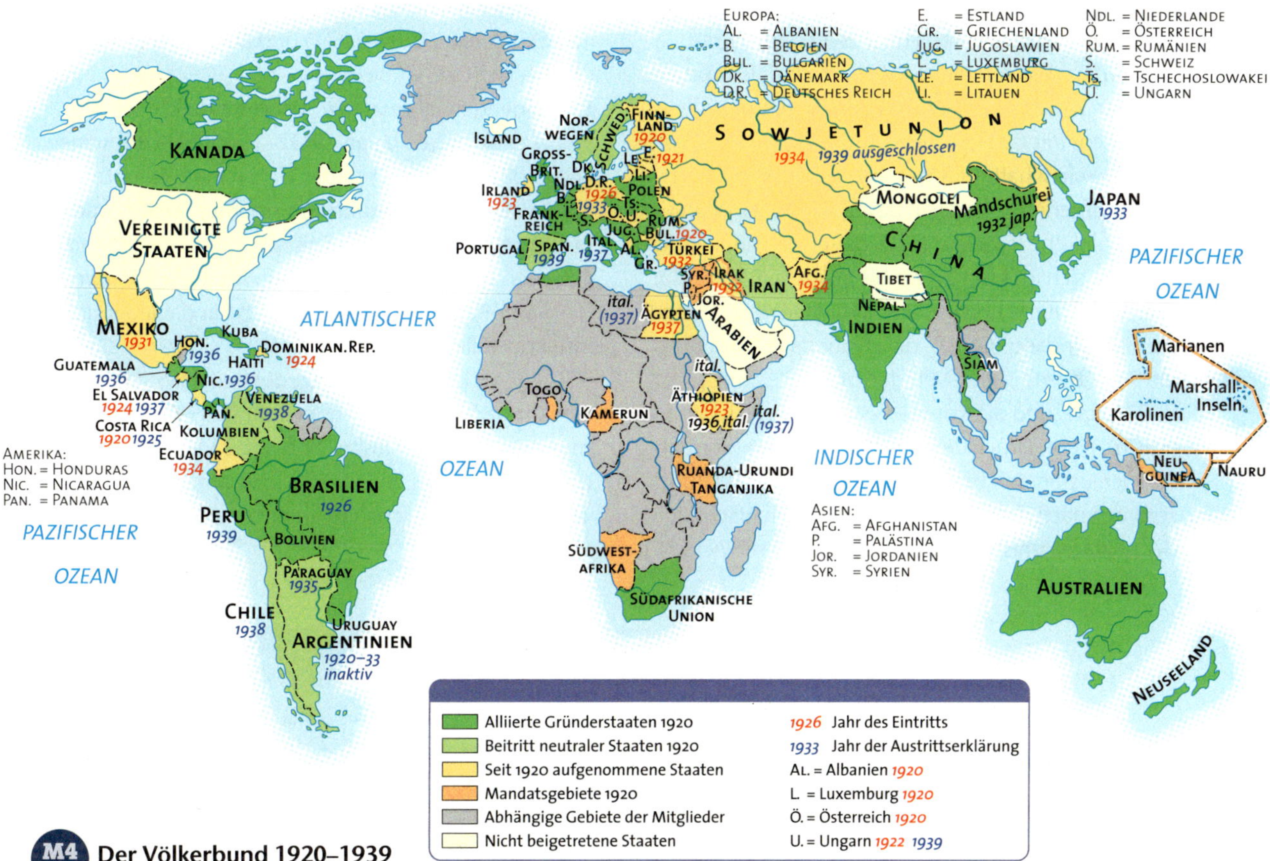

M4 Der Völkerbund 1920–1939

1. Untersuche, welche Gründe und Ziele dem Kriegseintritt zugewiesen werden (Darstellungstext).
2. Erarbeite die Bildaussage von M1 (siehe Methodenübersicht).
3. Vergleiche die Argumentation von M2 und M3.
4. Überprüfe die Aussage des letzten Satzes im Darstellungstext anhand von M4.

China: Aufbruch in die Moderne

„Die politische Macht kommt aus den Gewehrläufen"

Dieser Satz Mao Zedongs (1893–1976) charakterisiert treffend die Zeit vom Ende des Kaiserreichs 1911/12 bis zur Ausrufung der sozialistischen Volksrepublik 1949, obwohl er sich nicht unmittelbar auf sie bezog: Auf massiven Druck hin, ausgeübt von einem Bündnis aus Militärs, traditionellen Geheimgesellschaften und demokratischen Vereinigungen unter der Leitung des im Ausland lebenden Sun Yatsen (1866–1925) und des militärisch mächtigen Yuan Shikai (1859–1916), dankte der Thronregent ab. 1912 wurde eine Republik gegründet. Aber das Land versank sehr bald im politischen Chaos, weil Yuan Shikai die Macht an sich riss und in verschiedenen Provinzen Kriegsherren (warlords) jahrelang um die Vorherrschaft kämpften. Auch die wirtschaftliche Situation war schwierig: 90 Prozent der Chinesen lebten in großer Armut von der Landwirtschaft, Industrie gab es kaum, die meisten Unternehmen waren in Besitz von Ausländern. Zwei politische Parteien, die in dieser Zeit entstanden, erwiesen sich im Nachhinein als „Weichensteller" für Chinas politische und gesellschaftliche Entwicklung: die Guomindang (GMD), die „Nationale Volkspartei", die Sun Yatsens „Lehre von den drei Volksprinzipien" (M3) folgte, und die Kommunistische Partei Chinas (KPCh). Unter Druck der Kommunistischen Internationale schlossen sich beide zusammen. Aber das Bündnis zerbrach nach dem Tod Sun Yatsens. Sein Nachfolger, der Militärbefehlshaber Chiang Kaishek (1887–1975), erklärte die GMD zur Regierungspartei und ging gewaltsam gegen die KPCh vor. Diese zog sich in ländliche Gebiete zurück. Unter ihrem Vorsitzenden Mao Zedong, der die Bauern – nicht die Arbeiter – als tragende Elemente der Revolution kennzeichnete, konnte sie relativ schnell viele Landbewohner für ihre politischen Ideen gewinnen. Chiang Kaishek wollte diese Konkurrenz ausschalten. Vor seinen Truppen konnten sich zahlreiche KP-Mitglieder nur durch den so genannten „langen Marsch" (1934/35) in Sicherheit bringen. Zu ihnen gehörten die späteren Führer der Volksrepublik China Mao Zedong, Zhou Enlai (1898–1976), Lin Bao (1907–1971) und Deng Xiaoping (1904–1997).

Die folgenden Jahre waren bestimmt durch den Abwehrkampf gegen Japan (1937–1945), das mit seinen Militäroffensiven furchtbares Elend und Leid unter der chinesischen Bevölkerung verursachte. Die Kommunisten setzten sich an die Spitze dieses Kampfes und erhielten dadurch großen Zulauf. Als nach Kriegsende die GMD-Regierung versuchte, das Land wieder unter ihre Kontrolle zu bekommen, sah sie sich einer starken KPCh gegenüber (unterstützt durch die UdSSR). Der vierjährige Bürgerkrieg endete mit dem Sieg der Kommunisten. Chiang Kaishek floh mit 2 Millionen Anhängern nach Taiwan. In Peking wurde am 1. Oktober 1949 die sozialistische Volksrepublik China ausgerufen.

Mao Zedong im Gespräch mit armen Bauern, Foto, um 1930 **M1**

M2 **Chiang Kaishek hält eine Rede auf einer Massenveranstaltung,** Foto, 1931

M3 Sun Yatsens „Lehre von den drei Volksprinzipien“

Das Parteimanifest der Guomindang von 1924 gab die Lehren des Parteigründers folgendermaßen wieder:

1. Nationalismus: d. h. Selbstbestimmung des Volkes und Gleichberechtigung der Rassen.
2. Demokratie: die indirekten und auch die direkten politischen Rechte des Volkes, d. h. Recht der Initiative, des Referendums und der Abberufung der gewählten Vertreter. Die Erfahrung hat gelehrt, dass die so genannten demokratischen Regierungen der westlichen Länder oft in Wahrheit gar nicht den Willen des Volkes zum Ausdruck bringen, sondern dass sie nur Werkzeuge geworden sind, durch die die Kapitalisten das Volk ausbeuten.
3. Wohlfahrt des Volkes (Sozialismus): gleichmäßige Verteilung des Bodens und die Bekämpfung des Kapitalismus. Darüber hinaus: Schutz der Arbeitslosen und Erlass von Arbeitsschutzgesetzen.

Grundzüge der Geschichte, Ausgabe B. Historisch-politisches Quellenbuch, Bd. 2, 2. Aufl., Frankfurt a. M., 1967, S. 305 f.

M4 Maßnahmen in der Agrarrevolution

Mao Zedong kennzeichnete im Jahr 1934 als wichtig:

Unsere Klassenpolitik während der Agrarrevolution ist, uns auf die Landarbeiter und armen Bauern zu stützen, uns mit den mittelgroßen Bauern zu verbünden, die reichen Bauern in Schach zu halten und die Grundbesitzer auszurotten …
Die Mehrheit der Landarbeiter und der armen und mittleren Bauern muss in weitestem Umfang für den Kampf gegen die Gutsherren und reichen Bauern durch die Landverteilungs- und Inspektionsbewegung gewonnen werden. Die Landverteilung und Inspektionsarbeit müssen unter voller Beteiligung der Massen vor sich gehen …

Zit. nach Conrad Brandt u. a. (Hg.), Der Kommunismus in China, München (Oldenbourg) 1955, S. 170.

1 Vergleiche M1 und M2. Bei beiden Fotografien handelt es sich um Selbstinszenierungen: Welche Aussagen, Bilder von den Dargestellten sollen sie vermitteln?
2 Fasse die „drei Volksprinzipien“ (M3) in eigene Worte.
3 Charakterisiere die „Klassenpolitik“, die Mao für die Agrarrevolution fordert (M4).

China als sozialistische Volksrepublik

Der „eigene Weg" zum Sozialismus

Als 1949 die Volksrepublik ausgerufen wurde, lag China wirtschaftlich und politisch am Boden. Um die Macht zu sichern, führte die Regierung eine Landreform durch: Pachtschulden wurden gestrichen, die Pachtzinsen gesenkt, Landbesitzer wurden systematisch zu Gunsten armer Bauern enteignet.

Der Landreform folgte die Agrarrevolution. Mao wollte eine Kollektivierung erreichen, in der es weder Privatbesitz noch private Nutzung geben sollte. Bis 1956 gelang dies über mehrere – auch in den Reihen der KPCh – umstrittene Zwangsmaßnahmen. Fast 90 Prozent der Bauern waren danach in genossenschaftlichen Großverbänden zusammengefasst, in denen eine strenge Hierarchie herrschte, Arbeitszeit und -leistung genau vorgegeben wurden.

Schlüsselindustrien, das Eisenbahnnetz und der Außenhandel wurden Anfang der 1950er Jahre der Regierung unterstellt. Die wirtschaftliche Entwicklung verlief – u. a. wegen der Unterstützung durch die UdSSR – durchaus erfolgreich: Die Inflation konnte gestoppt und die industrielle Produktion im Laufe des ersten Fünfjahresplans (1953–1957) gesteigert werden. Die Nachteile einer zentralistischen Verwaltungswirtschaft wie Bürokratisierung und Ineffizienz waren allerdings früh zu erkennen.

M1 Die Volksrepublik wird ausgerufen,
Foto, 1. Oktober 1949

Die bis zum Tode Stalins enge Orientierung an der UdSSR zeigte sich u. a. in der gesetzlichen Gleichstellung von Mann und Frau: Das Ehegesetz von 1950 begründete die Gleichberechtigung der Frau in Familie und Gesellschaft und erlaubte ihr die Scheidung. Zugleich lockerte es die traditionell engen innerfamiliären Bindungen und ermöglichte der KPCh, stärker Einfluss auf die Familie zu nehmen.

Dass die KPCh sich als Staatspartei verstand, verkündete sie 1953: Erklärte Ziele waren zum einen, dass ihre Entscheidungen von der Zustimmung der Massen getragen wurden, zum anderen, dass alle wirklichen und möglichen Feinde bzw. Parteigegner ausgeschaltet werden sollten. Ersteres wurde durch Massenkampagnen (Wandzeitungen, Aufmärsche usw.) zu erreichen versucht, die die Massen indoktrinieren sollten. Für das zweite wurde ein Terrorsystem benutzt, das den Einzelnen mit Schauprozessen, Denunziation, Aufforderung zu Selbstkritik, Haftstrafen, Zwangsarbeit usw. bedrohte. Ethnischen Minderheiten wie z. B. den Tibetern wurde das Recht auf Traditionen und kulturelle Eigenständigkeit verweigert. So endete ein Aufstand der Tibeter im Jahre 1950 mit dem Einmarsch chinesischer Truppen und der Flucht des Dalai-Lama, ihres Oberhauptes, nach Indien.

Eine Welle von Gewalt und Terror rollte während der „Großen Proletarischen Kulturrevolution" durch China, als zwischen 1966 und 1968 Studenten und Schüler, die durch jahrelange Erziehungsarbeit völlig indoktriniert waren, für den „Großen Vorsitzenden" (Mao) das Land von „Konterrevolutionären" befreien wollten. Selbst vor führenden Parteifunktionären wie Deng Xiaoping machte sie nicht Halt.

Bis heute wirkt die „Kulturrevolution" in China nach, denn Täter und Opfer sind gezwungen, neben- und miteinander zu leben, ohne dass die Vergangenheit aufgearbeitet worden ist. Nur wenige Menschen wurden rehabilitiert, nur wenige Täter wurden zur Verantwortung gezogen. Im Wesentlichen beschränkte man sich darauf, nach Maos Tod die „Viererbande", zu der auch Maos Witwe gehörte, in einem Schauprozess zum Tode zu verurteilen (um sie später zu begnadigen).

M2 **Ausrufung der Volksrepublik auf dem Tiananmen-Platz durch Mao Zedong**, Ölgemälde, Kopie 1980 nach einem Original von 1953

M3 Auf dem Weg zur demokratischen Diktatur

1949 sagte Mao Zedong in einer Rede:

Alle Erfahrungen, die das chinesische Volk jahrzehntelang gesammelt hat, lehren uns, die demokratische Diktatur des Volkes oder die demokratische Alleinherrschaft des Volkes durchzusetzen … Wer ist das Volk? Im gegenwärtigen Stadium setzt sich das Volk in China aus der Arbeiterklasse, der Bauernschaft, dem städtischen Kleinbürgertum und der nationalen Bourgeoisie[1] zusammen. Unter der Führung der Arbeiterklasse und der Kommunistischen Partei schließen sich diese Klassen zusammen, um ihren eigenen Staat zu bilden und ihre eigene Regierung zu wählen …

Der nationalen Bourgeoisie kommt im gegenwärtigen Stadium sehr große Bedeutung zu. Wir haben noch immer den Imperialismus vor uns, der ein sehr grausamer Feind ist … Um der Unterdrückung durch die Imperialisten zu begegnen und die rückständige Wirtschaft auf ein höheres Niveau zu heben, muss China alle Faktoren des Kapitalismus in Stadt und Land ausnutzen, die der Volkswirtschaft und der Lebenshaltung des Volkes Nutzen und nicht Schaden zufügen, müssen wir uns mit der nationalen Bourgeoisie für einen gemeinsamen Kampf zusammenschließen.

Mao Zedong, Ausgewählte Werke, Bd. 4, Peking (Verlag für fremdsprachige Literatur), 1969, S. 444 ff.

1 Gemeint sind Unternehmer, die nicht mit den Japanern zusammengearbeitet hatten.

1 Vergleiche, wie in M1 und M2 die Ausrufung der Volksrepublik dargestellt wird. Wie erklärst du dir die Unterschiede?

2 Beschreibe den Weg, der nach M3 zur demokratischen Diktatur des Volkes führt.

3 Erläutere den Widerspruch, der im von Mao verwendeten Begriff einer „demokratischen Diktatur" steckt.

M4 **Ergebnisse der Bodenreform 1949–1952**

	Anteil der Haushalte	*Eigentumsanteil an der Anbaufläche*		*Durchschnittliche Anbaufläche im Eigentum der Bauern*	
		vor der Reform	*nach der Reform*	*vor der Reform (in mu)*[1]	*nach der Reform (in mu)*
Grundherren	2,6 %	28,7 %	2,1 %	116,10	11,98
Reiche Bauern	3,6 %	17,7 %	6,4 %	35,75	26,30
Mittelbauern	35,8 %	30,3 %	44,8 %	15,81	18,53
Arme Bauern und Landarbeiter	57,1 %	23,5 %	46,8 %	6,25	12,14
Andere	0,9 %	0,0 %	0,0 %		

zit. nach Dieter Gaedke, Das neue China ist unser, in: Praxis Geschichte H. 2, 2005, S. 47.

(1) 1 mu = 0,06 Hektar

M5 **Ergebnisse der sozialistischen Umwandlung der Industrie 1949–1953**

Prozentuale Anteile an der Bruttoinlandsproduktion (ausgenommen Handwerk)

Jahr	*Staatliche Unternehmen*	*Staatskapitalistische Unternehmen*			*Private Unternehmen*
		Insgesamt	*davon gemischt staatlich-private Unternehmen*	*davon private Unternehmen im Auftrag des Staates*	
1949	34,7	9,5	2,0	7,5	55,8
1950	45,3	17,8	2,9	14,9	36,9
1951	45,9	25,4	4,0	21,4	28,7
1952	56,0	26,9	5,0	21,9	17,1
1953	57,5	28,5	5,7	22,8	14,0

zit. nach Dieter Gaedke, Das neue China ist unser, in: Praxis Geschichte H. 2, 2005, S. 47.

M6 **Rotgardisten demütigen den Gouverneur der Stadt Harbin,** Foto, 12. September 1966. Li Fanwu, der Befehlshaber der Roten Armee im Befreiungskampf gegen Japan war, wurde vom Tribunal der Roten Garden angeklagt, Absprachen mit der UdSSR getroffen zu haben. Ihm wurden der Kopf geschoren, weil er die Haare wie Mao trug, und ein Schild umgehängt, das ihn als Gegner der von Mao verkündeten Kulturrevolution kennzeichnete; anschließend musste er sich vor den Roten Garden verbeugen.

M7 „Turbulenzen und Brüche in der Ära Mao"

Unter dieser Überschrift skizzierte der „Länderbericht China" Maßnahmen in den 1950er und 1960er Jahren:

... Einen Wendepunkt markierte der von Mao 1958 propagierte „Große Sprung nach vorn" – eine Kampagne, die durch radikale Kollektivierungsmaßnahmen bis hin zur Auflösung traditioneller Familienstrukturen in so genannte Volkskommunen den Sprung in die kommunistische Gesellschaft vorbereiten sollte. Eine mit militärischer Disziplin durchgeführte Massenmobilisierung wurde mit dem Ziel durchgeführt, ... ein schnelleres Wirtschaftswachstum zu erreichen und der Sowjetunion wirtschaftlich wie auch politisch die Führungsrolle im sozialistischen Lager streitig zu machen. Der massive Einsatz von Menschenmassen und Rohstoffen für hunderttausende Kleinprojekte, die ohne Rücksicht auf Qualität und Nachfrage und ohne Abstimmung untereinander die Industrieproduktion sprunghaft steigern sollten, führte zu einer Fehllenkung von Energien und Ressourcen, die schon nach kurzer Zeit einen drastischen Einbruch der gesamten Wirtschaftstätigkeit und insbesondere der Landwirtschaft nach sich zog. In Verbindung mit Naturkatastrophen und dem Abzug sowjetischer Berater 1960 ... mündete die radikalrevolutionäre Politik Mao Zedongs in die fatalen Hungersnöte der „Drei bitteren Jahre" (1959–1961), in deren Verlauf zwischen 20 und 30 Millionen Chinesen über die normale Todesrate hinaus verstarben.

Nach dem Scheitern des „Großen Sprungs" zog sich Mao Zedong für einige Jahre aus der tagespolitischen Verantwortung zurück ... Mithilfe materieller Anreize und eines politischen Kurses, der die Produktion in den Vordergrund und den Klassenkampf in den Hintergrund rückte, gelang eine Stabilisierung der wirtschaftlichen Lage.

Mao Zedong und seine radikalen Anhänger ... gingen 1966 mithilfe der Armeezentrale ... sowie ... Millionen politisch gelenkter jugendlicher „Rotgardisten" zum Gegenangriff über: Während der von Mao initiierten „Großen Proletarischen Kulturrevolution" wurden ... viele ... Parteiveteranen gestürzt und eingekerkert, teilweise sogar gefoltert, ermordet oder in den Selbstmord getrieben ...

Der auf dem IX. Parteitag 1969 verkündete Sieg der maoistischen Linken verwandelte sich im Laufe der folgenden zehn Jahre in eine totale Niederlage.

Länderbericht China, hg. von Brunhild Staiger, Darmstadt (Wissenschaftliche Buchgesellschaft), 2000, S. 70f.

M8 Mao Zedong und die „Kulturrevolution"

Das Zentralkomitee der KPCh gab am 27. Juni 1981 folgende Stellungnahme zur „Kulturrevolution" heraus:

... Die Praxis hat gezeigt, dass die „Kulturrevolution" in keiner Weise eine Revolution oder einen sozialen Fortschritt bedeutet hat ... Nicht den Feind, sondern uns selbst hat die „Kulturrevolution" ins Chaos gestürzt ...

Das Prestige Mao Zedongs erreichte einen Höhepunkt, und er wurde arrogant – genau dann, als die Partei mit einer neuen Aufgabe konfrontiert war, nämlich den Schwerpunkt ihrer Arbeit dem sozialistischen Aufbau zuzuwenden ... Er entfernte sich immer mehr von der Praxis und von den Massen, handelte immer willkürlicher und ... stellte sich immer mehr über das Zentralkomitee der Partei ... Genosse Mao Zedong war ein großer Marxist und großer proletarischer Revolutionär, Stratege und Theoretiker ... Wenn wir sein Wirken als Ganzes beurteilen, dann wiegen seine Beiträge zur chinesischen Revolution bei weitem schwerer als seine Fehler, seine Verdienste stehen an erster Stelle und seine Fehler an zweiter.

Zit. nach Frankfurter Rundschau vom 1. Juli 1981, übers. von Helmut Opletal.

4 Erkläre anhand von M4 und M5 die Ergebnisse der staatlichen Eingriffe.

5 Arbeite aus M7 die Regierungsmaßnahmen in den 1950er und 1960er Jahren und deren Auswirkungen heraus. Überlege, ob der Titel der Quelle treffend ist.

6 Erarbeitet M6 und M8. Tauscht in der Klasse Vermutungen darüber aus, wie ein Opfer der Kulturrevolution M8 wohl beurteilt. Begründet eure Aussage.

Gesellschaftsentwürfe der Moderne: Die USA und China – ein Überblick

Die Krise der USA

Die Industrialisierung führte in den USA – wie in den europäischen Industriestaaten – zu Massenproduktion und Massenkonsum einerseits, zur Konzentration von Kapital und Wirtschaftsmacht andererseits: Riesige Konzerne drängten kleine Unternehmen aus dem Wettbewerb. Zwar gab es bereits um die Jahrhundertwende Ideen und Initiativen für Reformen, für die Abkehr vom liberalen Wirtschaftsprinzip. Aber sie waren machtlos gegen das politisch einflussreiche „Big Business", zumal dieses sich auf Werte und demokratische Freiheiten berief, die im nationalen Selbstverständnis der USA verankert waren und auf die Millionen von Einwanderern bei ihrer Einreise „eingeschworen" wurden.

Diese Werte waren es auch, mit denen Präsident Wilson den Kriegseintritt der USA begründete: Die Welt sollte sicher gemacht werden für die Demokratie. Und Wilson setzte sich für die Gründung des Völkerbunds ein, der weltweit Frieden sichern und Kriege verhindern sollte. Aber mit dieser Vision stieß er im eigenen Land auf große Widerstände, und die USA traten dem Völkerbund schließlich nicht bei. In den folgenden Jahren beschränkte sich das Engagement der USA für und in Europa im Wesentlichen auf Exporte und Kredite. Die amerikanische Wirtschaft profitierte zugleich von Schutzzollbestimmungen und der großen Nachfrage nach Konsumgütern im Land. Aber spätestens die Weltwirtschaftskrise entlarvte die Blüte der 1920er Jahre als „Scheinblüte".

Die „große Depression" erfasste das ganze Land. Erst der von Präsident Roosevelt initiierte New Deal führte aus der Krise.

Die Volksrepublik China

Im Gegensatz zur russischen Revolution (Oktoberrevolution) lässt sich der Beginn der chinesischen nicht an ein herausragendes historisches Ereignis binden. Vielmehr dauerte es aufgrund der Auseinandersetzungen zwischen GMD und KPCh, die unterbrochen wurden von Bündnisphasen, mehr als 30 Jahre, bis die Kommunisten so viel Macht und Unterstützung in der Bevölkerung gewonnen hatten, dass sie die Volksrepublik China ausrufen konnten.

Die Bodenreform setzte eine Forderung um: Die Macht der reichen Grundbesitzer wurde gebrochen, das Land neu aufgeteilt und Millionen Bauern wurden an das kommunistische Regime gebunden. Auch Industrie und Handel wurden nach sozialistischen Prinzipien umgestaltet mit dem Ergebnis, dass Mitte der 1950er Jahre alle Privatfirmen verstaatlicht waren und die ausländischen Unternehmer das Land verlassen hatten.

Auch wenn damit die „Klassenfeinde" im Grunde ausgeschaltet waren, gingen die Auseinandersetzungen in China weiter: Die folgenden zwei Jahrzehnte wurden bestimmt von Machtkämpfen innerhalb der KPCh und von Kontroversen um den „richtigen" Weg zur Vollendung der Revolution. In diesem

um 1900 Massenkonsumgesellschaft und Big Business in den USA

1912 Gründung der Republik China

1918 Präsident Wilsons „14 Punkte" und Gründung des Völkerbundes

1929 Beginn Wirtschaftskrise („Schwarzer Freitag")

1933 „New Deal" in den USA

1910

1914–1918 Erster Weltkrieg

1920

1930

Zusammenhang wurden zahlreiche „Säuberungen" durchgeführt, denen viele tausende Chinesen als angebliche „Konterrevolutionäre" zum Opfer fielen, und wirtschafts- und gesellschaftspolitische Kampagnen, von denen einige Fortschritte brachten, die meisten aber zur Verarmung der Massen beitrugen und sogar Hungerkatastrophen auslösten.
Die Situation stabilisierte und verbesserte sich erst nach dem Tode Maos, und zwar durch wirtschafts- und gesellschaftspolitische Reformen, die 1978 von Deng Xiaoping eingeleitet wurden. Das Machtmonopol der Kommunistischen Partei wurde durch sie aber nicht infrage gestellt.

M1 **Parade zum Independence Day,** Washington, D.C., 4. Juli 2004

M2 **Propaganda-Plakat aus der Kulturrevolution,** 1969

1 Beschreibe M1 und M2.
2 Erläutere, inwiefern die Darstellungen von M1 und M2 für die Gesellschaftsentwürfe werben, die sie repräsentieren.

1949
Gründung der Volksrepublik China

1966–68
Große Proletarische Kulturrevolution

1978
nachmaoistische Reformen in China

1940 1950 1960 1970

Menschenrechte – Menschenrechtsverletzungen

Das Beispiel China

Am 10. Dezember 1948 verkündete die UN-Generalversammlung die „Allgemeine Erklärung der Menschenrechte". In ihrer Präambel kennzeichnet sie diese als gemeinsames Ideal und forderte von allen Unterzeichnerstaaten, auf die Achtung und Verwirklichung der Menschenrechte in ihren Territorien hinzuwirken. Aber die Geschichte der Menschenrechte ist bis heute auch die Geschichte von Menschenrechtsverletzungen, obwohl zahlreiche Abkommen geschlossen wurden. Kritisiert wird bisweilen, dass die Menschenrechte in der heutigen Form „Produkte" westlicher Kulturen seien. Dies ist aber insofern nicht zutreffend, als zum einen die Menschenrechte kein selbstverständlicher Teil abendländischer Tradition sind und auch in Europa vielfach erkämpft werden mussten bzw. verteidigt werden müssen. Zum anderen sollen die Menschenrechte nicht gegen kulturelle und religiöse Traditionen gewaltsam durchgesetzt werden, sondern sie sollen integriert werden in die sich der Moderne öffnenden Kulturen. Allerdings: Selbst Staaten, die aufgrund ihres politischen und gesellschaftlichen Systems der Moderne zugeordnet werden (siehe Kapitel 1), missachten Menschenrechte.

Können Menschenrechte denn überhaupt weltweit geschützt werden? Da es keine internationale Polizei gibt, werden Staaten, die systematisch Menschenrechte verletzen, zur Rechenschaft gezogen, wenn sie den Weltfrieden gefährden. Aber völlig wirkungslos sind Menschenrechtsabkommen und Engagement für deren Einhaltung nicht: So können seit 1998 Einzelpersonen aus Staaten, die den Vertrag über den Internationalen Strafgerichtshof unterzeichnet haben, z. B. wegen Kriegsverbrechen oder Völkermord von diesem verurteilt werden. Im Jahr 2005 hatten immerhin 98 Staaten diese Einrichtung anerkannt (die USA, Russland und China gehörten aber nicht dazu). Darüber hinaus ist öffentliche Kritik – sei es durch die Medien, sei es durch Organisationen wie amnesty international, terres des hommes oder Human Rights Watch – eine wichtige „Waffe" gegen Staaten, in denen Menschenrechte missachtet werden. Wirksam ist die Kritik vor allem dann, wenn Einzelstaaten oder Bündnisse ihr Sanktionen gegen den betreffenden Staat folgen lassen.

M1 **Chinesische Militärs gehen in Peking gewaltsam gegen Studenten vor, die mehr Demokratie, Pressefreiheit und den Abbau von Parteiprivilegien fordern**, Foto, 4. Juni 1989. Ausgehend von Demonstrationen für einen beliebten Spitzenpolitiker führen Studenten im Frühsommer mehrere Aktionen durch, um mehr demokratische Freiheiten zu erreichen. Am 4. Juni schießen Soldaten auf Studenten und Bürger, Panzer überrollen Fliehende; Tausende sterben oder werden verletzt. Die Regierung verschweigt die genaue Opferzahl; viele Demonstranten werden verhaftet, zu Arbeitslager verurteilt oder hingerichtet.

M2 Die Reaktion europäischer Regierungen auf das Massaker in Peking

Die Rheinische Post meldete am 30. Juni 1989:

Die chinesische Regierung hat gestern europäischen Politikern vorgeworfen, sie hätten auf die jüngsten Ereignisse in China mit „anmaßenden Anklagen" geantwortet … Die Staats- und Regierungschefs der EG hatten am Dienstag in Madrid von brutaler Unterdrückung gesprochen. Sie riefen zu einem Waffenembargo gegen China auf und appellierten an die Weltbank, der chinesischen Regierung weitere Kredite zu verweigern …

Zit. nach Kurshefte Geschichte: China: Kaiserreich und Moderne, Berlin (Cornelsen) 2002, S. 23.

M3 **Studenten demonstrieren in Stuttgart anlässlich des 10. Jahrestages des Massakers von Peking,** Foto, 5. Juni 1999

M4 „EU über China uneins"

Unter diesem Titel berichtete die „Stuttgarter Zeitung" am 16. April 2005 darüber, wie die Vorschläge der deutschen und französischen Regierungschefs, das Waffenembargo gegen China aufzuheben, aufgenommen wurden:

… Die Mehrheit der 25 EU-Staaten hält den in Paris und Berlin geforderten Schritt für verfrüht. Besonders die skandinavischen Länder sind skeptisch. Sie fordern eine konsequente Menschenrechtspolitik der EU. China erfülle trotz aller Fortschritte nicht annähernd die Voraussetzungen, die eine solche Geste rechtfertige. Auch die neuen EU-Mitgliedsstaaten im Osten sind gegen die Aufhebung des Embargos …
EU-Außenkommissarin Benita Ferrero-Waldner plädierte dafür, die „ganze Breite der Beziehungen zu China" zu betrachten. Das Land werde politisch und wirtschaftlich immer wichtiger. „Die Menschenrechte spielen für uns aber auch eine Rolle", sagte sie. „Ich kann mir deshalb nur schwer vorstellen, dass es derzeit zu einer Aufhebung des Waffenembargos kommt." …

Thomas Gack, EU über China uneins, in: Stuttgarter Zeitung, Nr. 87, vom 16. April 2005, S. 4.

M5 Die Situation in China im Jahr 2005

amnesty international informierte in seinem Jahresbericht:

… Auf rechtlichem Gebiet wurden einige Reformen auf den Weg gebracht. Dazu zählen neue Bestimmungen, welche Folter in Polizeigewahrsam verhindern sollen, sowie eine Verfassungsergänzung, in der es heißt, dass „der Staat die Menschenrechte respektiert und schützt". Ausbleibende institutionelle Reformen haben jedoch die praktischere Umsetzung der neuen Vorschriften erheblich erschwert …
China verschob den für Juni geplanten Besuch des UN-Sonderberichterstatters für Folter, während die UN-Arbeitsgruppe für willkürliche Inhaftierungen das Land im September besuchen konnte. Internationalen nichtstaatlichen Menschenrechtsorganisationen blieb der Zutritt zum Land zwecks Durchführung von unabhängigen Ermittlungen zur Menschenrechtssituation nach wie vor verwehrt …

amnesty international, Jahresbericht 2005, Frankfurt a. M. (Fischer TB) 2005, S. 275 f.

„US-Gefangenenlager Guantánamo": Verletzen die Haftbedingungen der Gefangenen aus dem Afghanistan-Krieg die Menschenrechte? – eine Recherche

Am 11. Januar 2002 trafen die ersten der 650 Häftlinge im US-Militärstützpunkt auf Kuba ein. Schon die ersten Bilder von den Lagern lösten Kritik aus; es wurde behauptet, dass die Haftbedingungen und Verhörmethoden gegen die Genfer Konvention verstießen und Menschenrechte verletzten.
Recherchiert multimedial, welche Vorwürfe erhoben wurden bzw. werden (von wem), worauf diese sich begründen und welche Reaktionen sie in den USA und international auslösten.

1 Stellt anhand der Informationen und Materialien der Doppelseite dar, inwiefern beim Massaker von Peking 1989 Menschenrechte verletzt wurden, welche Reaktionen auf internationaler Ebene kurz- und langfristig erfolgten und welche „Wirkung" sie hatten.

2. Deutschland zwischen Demokratie und Diktatur 1918–1945

Der Erste Weltkrieg war im Herbst 1918 für Deutschland und seine Verbündeten verloren, das Kaiserreich am Ende. Die Macht schien „auf der Straße" zu liegen, wie es das große Foto zeigt. Die erste republikanische Staatsgründung in Deutschland, von dem gescheiterten Versuch 1848 abgesehen, wurde von demokratischen Kräften in Gang gebracht.
– Welche Belastungen und Leistungen kennzeichneten die „Weimarer Republik"?
– Welche Kräfte errichteten schließlich ein Herrschaftssystem, das offen das Ziel verkündete, die Demokratie zu vernichten, und gab es Widerstand dagegen?
– Welche Folgen hatten Nationalismus und Rassismus der Nationalsozialisten für die Menschen in Deutschland und Europa?
Dies sind nur einige der Fragen, die sich an dieses Kapitel stellen lassen.

1 Beschreibt die Abbildungen und setzt sie in einen Bezug zu den beiden Redeausschnitten.
2 Tragt eure Kenntnisse über die Zeit von 1918 bis 1945 zusammen und formuliert weitere Fragen.

Großes Bild: **Revolutionäre Demonstranten** vor dem Brandenburger Tor in Berlin, Foto, 9. November 1918. Bild oben: **Abfahrt Hitlers nach einer Jugendkundgebung** im Berliner Lustgarten, Foto, 1. Mai 1934. Bild unten: **Kinder nach ihrer Befreiung in Auschwitz**, Foto, 1945.

Friedrich Ebert, Reichskanzler seit dem 9. November 1918, sagte in einer Rede am 1. Dezember 1918:

Die große deutsche Revolution wird keine neue Diktatur, keine Knechtschaft über Deutschland bringen, sondern die deutsche Freiheit fest begründen. Die Diktatur der Junker [ostelbische adlige Großgrundbesitzer] und des Militarismus hat unser Land ins Unglück gestürzt, eine neue Willkürherrschaft erträgt unser Volk nicht. Politische Freiheit ist Demokratie auf der festen Grundlage der Verfassung und des Rechts. Diese Demokratie unerschütterlich zu festigen, ist Aufgabe der Nationalversammlung … Von ihr erwarten wir den endgültigen Frieden.

Adolf Hitler, Reichskanzler seit dem 30. Januar 1933, sagte in einer Rede am 6. Juli 1933:

Die politischen Parteien sind jetzt endgültig beseitigt. Dies ist ein geschichtlicher Vorgang, dessen Bedeutung und Tragweite man sich vielfach noch gar nicht bewusst ist. Wir müssen jetzt die letzten Überreste der Demokratie beseitigen, insbesondere auch die Methoden der Abstimmung und der Mehrheitsbeschlüsse, … und die Verantwortung der Einzelpersönlichkeit überall zur Geltung bringen … Die Partei ist jetzt der Staat geworden. Alle Macht liegt bei der Reichsgewalt.

„Es lebe die deutsche Republik!" – aber welche?

Zwischen Reform und Revolution

Der Erste Weltkrieg drohte für Deutschland im Sommer 1918 mit einer Niederlage zu enden. Die monarchische Autorität verfiel unter Kaiser Wilhelm II. (1859–1941) zusehends, und die reformorientierten Bürgerlichen und die Sozialdemokraten erhöhten im Reichstag den Druck auf die Regierung: Diese sollte nicht mehr dem Kaiser, sondern dem Parlament verantwortlich sein.
Angesichts der aussichtslosen militärischen und politischen Lage gab die Oberste Heeresleitung (OHL) Ende September 1918 einen ersten Anstoß zur Reform des monarchischen Systems. Auf diese Weise wollte die OHL vor allem die politische Verantwortung für die Folgen einer Niederlage auf eine zivile Regierung und das Parlament abschieben. Am 2. Oktober 1918 ernannte Kaiser Wilhelm II. den ersten dem Parlament verantwortlichen Reichskanzler Prinz Max von Baden. Dies bedeutete eine Änderung der Verfassung des Kaiserreiches. Am 28. Oktober 1918 wurde dieser Schritt hin zu einer parlamentarischen Monarchie im Nachhinein legalisiert.
Mit den politischen Reformen verstärkten sich im Herbst 1918 in der Bevölkerung die Forderungen, schnell zu einem Waffenstillstand zu kommen und den Krieg zu beenden. Als sich am 28. Oktober 1918 in Wilhelmshaven Soldaten der deutschen Kriegsflotte weigerten, zu weiteren Einsätzen auszulaufen, gaben sie damit das Signal für weitere Matrosenaufstände und Streiks. Die Proteste breiteten sich in kürzester Zeit und ohne nennenswerten Widerstand in ganz Deutschland aus und führten zur spontanen Bildung von Arbeiter- und Soldatenräten*, die einen deutlichen Bruch mit der „alten Ordnung" forderten. Ein Teil dieser Massenbewegung wollte eine Räterepublik errichten, eine direkte Demokratie mit exekutiven und legislativen Befugnissen der Räte.
Auf der Reichsebene übertrug am 9. November 1918 Max von Baden das Amt des Reichskanzlers auf Friedrich Ebert, den Vorsitzenden der Sozialdemokraten, der nun zusammen mit den Unabhängigen Sozialdemokraten (siehe Kasten S. 35) eine Regierung bildete. Wie entwickelten sich die Machtverhältnisse weiter? Welche politische Ordnung bildete sich in Deutschland heraus?

Die „Revolution" bändigen oder weitertreiben?

Am 9. November 1918 wurde als Übergangsregierung der „Rat der Volksbeauftragten" aus je drei Politikern der (Mehrheits-)SPD und der USPD unter der gemeinsamen Leitung von Friedrich Ebert (MSPD) und Hugo Haase (USPD) gebildet. Am selben Tage floh Kaiser Wilhelm II. in die neutralen Niederlande.
Anders als Teile der USPD war die MSPD-Führung zur Zusammenarbeit mit bürgerlichen Kräften und Vertretern der „alten Ordnung" bereit. Die bevorstehende Unterzeichnung der Waffenstillstandsbedingungen und die Rückführung des Heeres in die Heimat ließen diese Zusammenarbeit als unabdingbar erscheinen, da man bei diesen Aufgaben auf die Mithilfe der bisherigen Amtsträger angewiesen zu sein glaubte. Ruhe zu bewahren und chaotische Zustände in der Bevölkerung zu vermeiden, hielt die MSPD-Führung für die dringlichsten Ziele des notwendigen Krisenmanagements.
Da die Heeresleitung genauso wie die Führung der MSPD eine Radikalisierung der Revolutionsbewegung befürchtete, kam es zwischen Friedrich Ebert und General Wilhelm Groener von der Obersten Heeresleitung in einem Telefongespräch vom 10. November 1918 zu einer grundlegenden Übereinkunft.
Dass die Sozialdemokratische Partei die Revolutionsbewegung derart einzudämmen versuchte, mobilisierte zahlreiche radikale Kräfte, die mithilfe von regulären Heereseinheiten und Freiwilligen-Verbänden (Freikorps*) niedergeschlagen wurden. Die Gegensätze innerhalb der deutschen Arbeiterbewegung, die schon während des Krieges deutlich geworden waren, traten jetzt unübersehbar hervor:
1. mit dem radikalen Spartakusbund um Karl Liebknecht und Rosa Luxemburg, der jedoch nur eine kleine Minderheit vertrat,
2. mit der USPD, die die Revolution auf der Basis der Arbeiter- und Soldatenräte mit dem Ziel einer Räterepublik weitertreiben wollte, und
3. mit der MSPD, deren politische Zielvorstellung eine parlamentarische Demokratie war (siehe S. 35).

Friedrich Ebert

Friedrich Ebert (1871–1925) war das neunte Kind einer Schneidermeisterfamilie. Nach seiner Ausbildung zum Sattler begann er sich in der SPD zu engagieren, wurde Redakteur der Bremer Bürgerzeitung und war seit 1912 Reichstagsabgeordneter. 1913 wurde Ebert zum SPD-Parteivorsitzenden gewählt. Am 9. November 1918 übernahm er das Amt des Reichskanzlers, zwei Tage später die Leitung des Rates der Volksbeauftragten. Von Februar 1919 bis zu seinem Tode am 28. Februar 1925 war Ebert Reichspräsident der Weimarer Republik.

M1 **Die Ausrufung der Republik vor dem Reichstag durch Philipp Scheidemann (SPD),** Foto, 9. November 1918

M2 Die Ausrufung der Republik

Am 9. November 1918 gegen 14.00 Uhr sprach der sozialdemokratische Politiker Philipp Scheidemann (1865–1939), Reichstagsabgeordneter und Staatssekretär in der Regierung von Baden, zu einer Menschenmenge vor dem Reichstag:

2A Arbeiter und Soldaten!
Furchtbar waren die vier Kriegsjahre, grauenhaft waren die Opfer, die das Volk an Gut und Blut hat bringen müssen. Der unglückselige Krieg ist zu Ende. Das Morden ist vorbei … Der Kaiser hat abgedankt. Er und seine Freunde sind verschwunden. Über sie alle hat das Volk auf der ganzen Linie gesiegt! Der Prinz Max von Baden hat sein Reichskanzleramt dem Abgeordneten Ebert übergeben. Unser Freund wird eine Arbeiterregierung bilden, der alle sozialistischen Parteien angehören werden. Die neue Regierung darf nicht gestört werden in ihrer Arbeit für den Frieden, in der Sorge um Brot und Arbeit … Arbeiter und Soldaten! Seid euch der geschichtlichen Bedeutung dieses Tages bewusst … Seid einig und pflichtbewusst! Das Alte und Morsche, die Monarchie ist zusammengebrochen. Es lebe das Neue! Es lebe die Deutsche Republik!

Am 9. November 1918 gegen 16.00 Uhr hielt Karl Liebknecht, der Führer des Spartakusbundes (siehe S. 30), bei einer Massenversammlung vor dem Berliner Schloss eine Rede:

2B Der Tag der Revolution ist gekommen. Wir haben den Frieden erzwungen. Der Friede ist in diesem Augenblick geschlossen. Das Alte ist nicht mehr. Die Herrschaft der Hohenzollern, die in diesem Schloss jahrhundertelang gewohnt haben, ist vorüber … Parteigenossen, ich proklamiere die freie sozialistische Republik Deutschland, die alle Stämme umfassen soll, in der es keine Knechte mehr geben wird, in der jeder ehrliche Arbeiter den ehrlichen Lohn seiner Arbeit finden wird … Wir müssen alle Kräfte anspannen, um die Regierung der Arbeiter und Soldaten aufzubauen und eine neue staatliche Ordnung des Proletariats zu schaffen, eine Ordnung des Friedens, des Glücks und der Freiheit unserer deutschen Brüder und unserer Brüder in der ganzen Welt. Wir reichen ihnen die Hände und rufen sie zur Vollendung der Weltrevolution auf.

M2A und M2B zit. nach Geschichte in Quellen, Bd. 6, bearb. von Günter Schönbrunn, 3. Aufl., München (bsv) 1979, S. 114 f.

1 Beschreibe mithilfe des Darstellungstextes, M1 und M3 (S. 30) die Vorstellungen über die künftige politische Ordnung.

2 Schreibe anhand von M2A und M2B einen Dialog zwischen Philipp Scheidemann und Karl Liebknecht zu ihren Vorstellungen von einer künftigen Republik.

2. Extraausgabe Sonnabend, den 9. November 1918.

Vorwärts

Berliner Volksblatt.

Zentralorgan der sozialdemokratischen Partei Deutschlands.

Der Kaiser hat abgedankt!

Der Reichskanzler hat folgenden Erlaß herausgegeben:

Seine Majestät der Kaiser und König haben sich entschlossen, dem Throne zu entsagen.

Der Reichskanzler bleibt noch so lange im Amte, bis die mit der Abdankung Seiner Majestät, dem Thronverzichte Seiner Kaiserlichen und Königlichen Hoheit des Kronprinzen des Deutschen Reichs und von Preußen und der Einsetzung der Regentschaft verbundenen Fragen geregelt sind. Er beabsichtigt, dem Regenten die Ernennung des Abgeordneten Ebert zum Reichskanzler und die Vorlage eines Gesetzentwurfs wegen der Ausschreibung allgemeiner Wahlen für eine verfassungsgebende deutsche Nationalversammlung vorzuschlagen, der es obliegen würde, die künftige Staatsform des deutschen Volk, einschließlich der Volksteile, die ihren Eintritt in die Reichsgrenzen wünschen sollten, endgültig festzustellen.

Berlin, den 9. November 1918. **Der Reichskanzler.**
Prinz Max von Baden.

Es wird nicht geschossen!

Der Reichskanzler hat angeordnet, daß seitens des Militärs von der Waffe kein Gebrauch gemacht werde.

Parteigenossen! Arbeiter! Soldaten!

Soeben sind das Alexanderregiment und die vierten Jäger geschlossen zum Volke übergegangen. Der sozialdemokratische Reichstagsabgeordnete Wels u. a. haben zu den Truppen gesprochen. Offiziere haben sich den Soldaten angeschlossen.

Der sozialdemokratische Arbeiter- und Soldatenrat.

M3 **Aus dem Extrablatt der SPD** vom 9. November 1918

Die revolutionären Ereignisse 1918/19

1918

24.–28. 10. Parlamentarisierung der Verfassung.

28. 10. Beginn des Aufstandes von Matrosen der deutschen Kriegsflotte.

9. 11. Ausrufung der Republik; Bildung des Rates der Volksbeauftragten (SPD/USPD).

11. 11. Waffenstillstand von Compiègne.

15. 11. Gewerkschaften als Vertreter der Arbeitnehmer offiziell anerkannt.

16.–20. 12. Reichsrätekongress in Berlin: Entscheidung für die Wahl einer Nationalversammlung.

29. 12. USPD-Mitglieder scheiden aus dem Rat der Volksbeauftragten aus.

30. 12. Gründung der Kommunistischen Partei (KPD) aus dem Spartakusbund.

1919

5.–16. 1. „Spartakusaufstand" von KPD, Teilen der USPD und Revolutionären Obleuten in Berlin gegen die Regierung und die Wahlen zur Nationalversammlung; Truppen und so genannte Freikorps schlagen den Aufstand nieder; Mord an Rosa Luxemburg und Karl Liebknecht.

19. 1. Wahlen zur Nationalversammlung.

M4 SPD gegen USPD: Demokratie – aber wie?

Aus einem Schreiben des SPD-Vorstandes an den Vorstand der Unabhängigen Sozialdemokraten (USPD) vom 9. November 1918, 20.30 Uhr:

Sie [die USPD] fordern:
1. Deutschland soll eine sozialistische Republik sein.
Antwort: Diese Forderung ist das Ziel unserer eigenen Politik. Indessen hat darüber das Volk durch die Konstituierende Versammlung zu entscheiden.
2. In dieser Republik soll die … exekutive, legislative und … jurisdiktionelle Macht ausschließlich in den Händen von gewählten Vertrauensmännern der … werktätigen Bevölkerung und der Soldaten sein.
Antwort: Ist [damit] die Diktatur eines Teils einer Klasse gemeint, hinter dem nicht die Volksmehrheit steht, so müssen wir diese Forderung ablehnen, weil sie unseren demokratischen Grundsätzen widerspricht.
3. Ausschluss aller bürgerlichen Mitglieder aus der Regierung.
Antwort: Diese Forderung müssen wir ablehnen, weil ihre Erfüllung die Volksernährung erheblich gefährden, wenn nicht unmöglich machen würde.

Zit. nach Geschichte in Quellen, Bd. 6, bearb. von Günter Schönbrunn, 3. Aufl., München (bsv) 1979, S. 115.

3 Analysiere M4 unter der Fragestellung, welche Auffassung von Demokratie bei SPD und USPD jeweils vorherrschte. Nimm auch den Kasten S. 35 zu Hilfe.

4 Erkunde, wie sich in deinem Wohnort die Lage im November 1918 darstellte (Museum, Stadtarchiv).

5 Erarbeite die machtpolitische Auseinandersetzung zwischen November 1918 und Januar 1919 und zeige, welche Grundauffassungen einer künftigen politischen Ordnung sich gegenüberstanden (Darstellungstext, M4, M5, Kästen). Verwende die Begriffe „parlamentarische Republik" und „Räterepublik".

Rosa Luxemburg

Rosa Luxemburg (1871–1919) wurde als Tochter einer jüdischen Kaufmannsfamilie in Polen geboren. Sie studierte Nationalökonomie und beteiligte sich an der Gründung der Sozialdemokratischen Partei Polens. 1897 ging sie nach Deutschland, wo sie als Theoretikerin des linken SPD-Flügels mit Karl Liebknecht den Spartakusbund (1917) gründete und eine radikal-sozialistische Politik vertrat. Während des Spartakusaufstands wurden Luxemburg und Liebknecht am 15. Januar 1919 von Freikorpsoffizieren ermordet.

M5 Eine „gebremste" Revolution?

Aus der Rede Rosa Luxemburgs auf dem Gründungsparteitag der KPD am 31. Dezember 1918:

Was kann charakteristischer sein für die innere Schwäche des 9. November als ihr erstes Ergebnis, dass an die Spitze der Bewegung Elemente getreten sind, die zwei Stunden vor Ausbruch der Revolution ihr Amt darin erblickt haben, gegen sie zu hetzen, ... sie unmöglich zu machen: die Ebert-Scheidemann mit Haase! Die Idee der Vereinigung der verschiedenen sozialistischen Strömungen unter dem allgemeinen Jubel der Einigkeit, das war das Motto der Revolution vom 9. November – eine Illusion ...
Nur dadurch kann man den Sieg der proletarischen Revolution herbeiführen, dass man ... anfängt, die Regierung Ebert-Scheidemann zu unterminieren durch einen sozialen, revolutionären Massenkampf des Proletariats auf Schritt und Tritt ... Ich habe Ihnen darzulegen versucht, dass die Revolution des 9. November vor allem eine politische Revolution war, während sie doch in der Hauptsache noch eine ökonomische werden muss. Sie war aber auch nur eine städtische Revolution, das flache Land ist bis jetzt so gut wie unberührt geblieben. Es wäre ein Wahn, den Sozialismus ohne Landwirtschaft zu verwirklichen.

Rosa Luxemburg, Schriften zur Theorie der Spontaneität, hg. von Susanne Hillmann, Reinbek (Rowohlt) 1970, S. 195 ff.

M6 Die Sicht einer MSPD-Politikerin

Aus der Rede von Marie Juchacz vor der Nationalversammlung am 14. März 1919, der ersten Parlamentsrede einer Frau in Deutschland:

Die Frauen besitzen heute das ihnen zustehende Recht der Staatsbürgerinnen ... Durch die politische Gleichstellung ist nun meinem Geschlecht die Möglichkeit gegeben zur vollen Entfaltung seiner Kräfte ... Der politische Kampf, der immer bestehen bleiben wird, wird sich von nun an in anderen Formen abspielen. Innerhalb des durch Weltanschauung und selbst gewählte Parteigruppierung gezogenen Rahmens haben wir Frauen nunmehr Gelegenheit, unsere Kräfte auswirken zu lassen.

Zit. nach Karen Hagemann, Frauenalltag und Männerpolitik, Bonn (Dietz) 1990, S. 530.

Parlamentarismus

Bezeichnung für alle Regierungssysteme, in denen das Parlament das oberste Staatsorgan ist. Es entscheidet mehrheitlich über Gesetze und den Staatshaushalt. Im parlamentarischen Regierungssystem wählt das Parlament den Regierungschef und/oder die Regierung (Beispiel: Bundesrepublik Deutschland).

M7 **Die weiblichen Abgeordneten der MSPD-Fraktion** bei einer Kaffeepause, Foto, 1919. Von insgesamt 310 Frauen, die sich 1919 zur Wahl stellten, wurden 41 in den Reichstag gewählt (etwa 9 Prozent aller Abgeordneten).

6 Untersuche anhand des Darstellungstextes den politischen Handlungsspielraum Eberts und beurteile die These Luxemburgs von der „innere(n) Schwäche des 9. November" (M5, Z. 1/2).

7 Vergleiche die Aussagen von Rosa Luxemburg und Marie Juchacz (M5, M6).

8 Untersuche und beurteile die folgende These:
„Die Frage ‚Welche Republik?' war 1918/19 völlig offen." Ziehe die Seiten 28–31 mit heran.

Politische Plakate untersuchen

Plakate – Mittel politischer Werbung

Ein Plakat ist ein öffentlich angebrachter Anschlag mit werbender Absicht. Die Zuordnung von Bild und Text sowie seine Gestaltung sind so angelegt, dass das Dargestellte auffällig, schnell zu erfassen und zu verstehen ist und möglichst lange in der Erinnerung haften bleibt. Mit der Verbreitung des Buchdrucks seit dem 16. Jahrhundert wurden öffentliche Anschläge als Mitteilungen üblich. Neue Druck- und Gestaltungstechniken ermöglichten im 19. Jahrhundert eine vielfältige Verwendung, allerdings unterlag die politische – anders als die kommerzielle – Plakatwerbung bis zum Ende des Ersten Weltkriegs Einschränkungen und Verboten (politische Zensur). Die große Zeit der politischen Plakate begann in Deutschland in der Weimarer Republik, ermöglicht vor allem durch das Grundrecht auf Meinungsfreiheit und freie künstlerische Entfaltungsmöglichkeiten.

Die Wahlen zur Nationalversammlung 1919

Im Januar 1919 schien der Machtkampf um das politische System in Deutschland zu Gunsten einer parlamentarischen Demokratie entschieden. Die Wahl zur Konstituierenden (Verfassunggebenden) Versammlung wurde auf den 19. Januar 1919 festgesetzt. Mit der Herabsetzung des Wahlalters von 25 auf 20 Jahre und der Einführung des Frauenwahlrechts erhöhte sich die Zahl der Wahlberechtigten von 13,8 Mio. (1912) auf 36,8 Mio. (1919) Deutsche. Die Plakate auf dieser Doppelseite stammen aus dem Wahlkampf von 1919.

Arbeitsschritte: Politische Plakate untersuchen

1. Schritt: Erste Eindrücke und Informationen festhalten
Was fällt unmittelbar auf? Wer ist der „Autor" (Zeichner), wer der Auftraggeber?

2. Schritt: Einzelne Elemente analysieren
Welche Details sind zu erkennen? Welche besonderen Merkmale enthält die Darstellung (Farben, Größe, Proportionen, Statik, Dynamik)? Lassen sich Symbole, Stereotypen, bildhafte Vergleiche finden? In welchem Verhältnis stehen Bild und Text? Welcher Texttyp liegt vor, welche Schriftarten? Wie sind die Beziehungen der Elemente zueinander (z. B. Fotomontage, Collage)?

3. Schritt: Eine Gesamtaussage formulieren und kritisch bewerten
Welcher Gesamteindruck ergibt sich? Wie lässt sich die Analyse zusammenfassen? Welche vermutliche Wirkung soll erzielt werden (z. B. informierend, argumentierend, appellierend)? Wie lässt sich das Plakat in den historischen Zusammenhang einordnen?

M1 **Wahlplakat der Regierung,** Januar 1919

M2 **Wahlplakat**, Januar 1919

M4 **Wahlplakat**, Januar 1919

M3 **Wahlplakat**, Januar 1919

M5 **Wahlplakat**, Januar 1919

1 Analysiert in Partner- oder Gruppenarbeit M1 bis M5 mithilfe der Arbeitsschritte und stellt eure Ergebnisse der Klasse vor.

2 Sucht weitere politische Plakate (in diesem Buch, aktuelle Wahlkämpfe) und untersucht sie nach den Arbeitsschritten dieser Methodenseite.

Die politische Ordnung der jungen Demokratie

Eine neue Verfassung

Im November 1918 hatte Friedrich Ebert den liberalen Staatsrechtler Hugo Preuß beauftragt, eine Reichsverfassung zu entwerfen. Nach mehrmonatigen Beratungen nahm die Nationalversammlung am 31. Juli 1919 das Verfassungswerk schließlich an, und zwar mit 262 gegen 75 Stimmen aus USPD, DVP und DNVP. Mit der Unterschrift des Reichspräsidenten am 11. August 1919 wurde Deutschland zu einer parlamentarischen Republik.

Weil der Reichstag ein getreues Abbild des Volkswillens sein sollte, gab es keine Sperrklausel gegenüber den kleinen Parteien und es konnten auch Splittergruppen ins Parlament einziehen. Die Verfassunggeber nahmen das bewusst in Kauf, denn dieser Wahlmodus galt als besonders gerecht und demokratisch.

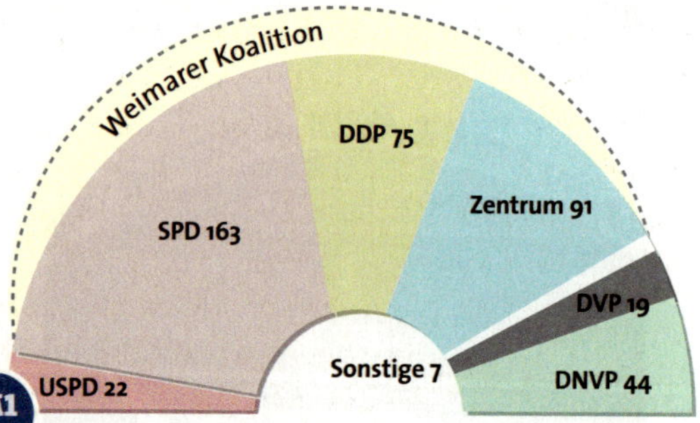

M1 Sitzverteilung der Parteien nach der Wahl zur Nationalversammlung am 19. Januar 1919

M3 Das deutsche Volk ist frei …

Aus der Eröffnungsrede Friedrich Eberts am 6. Februar 1919 vor der Nationalversammlung, die wegen der unsicheren politischen Lage in Berlin in der thüringischen Stadt Weimar („Weimarer Republik") zum ersten Mal zusammentrat:

Die Reichsregierung* begrüßt durch mich die Verfassunggebende Versammlung der deutschen Nation. Besonders herzlich begrüße ich die Frauen, die zum ersten Mal gleichberechtigt im Reichsparlament erscheinen. Die provisorische Regierung verdankt ihr Mandat der Revolution; sie wird es in die Hände der Nationalversammlung zurücklegen. (Bravo!)
In der Revolution erhob sich das deutsche Volk gegen eine veraltete zusammenbrechende Gewaltherrschaft. (Zustimmung links. – Lebhafter Widerspruch rechts.) Sobald das Selbstbestimmungsrecht des deutschen Volkes gesichert ist, kehrt es zurück auf den Weg der Gesetzmäßigkeit. Nur auf der breiten Heerstraße der parlamentarischen Beratung und Beschlussfassung lassen sich die unaufschiebbaren Veränderungen auch auf wirtschaftlichem und sozialem Gebiete vorwärts bringen … Deshalb begrüßt die Reichsregierung in dieser Nationalversammlung den höchsten und einzigen Souverän in Deutschland. Mit den alten Königen und Fürsten von Gottes Gnaden ist es für immer vorbei … Das deutsche Volk ist frei, bleibt frei und regiert in alle Zukunft sich selbst.

Verhandlungen der Verfassunggebenden Nationalversammlung. Stenografische Berichte, Berlin, 1919/20, Bd. 326, S. 1 ff.

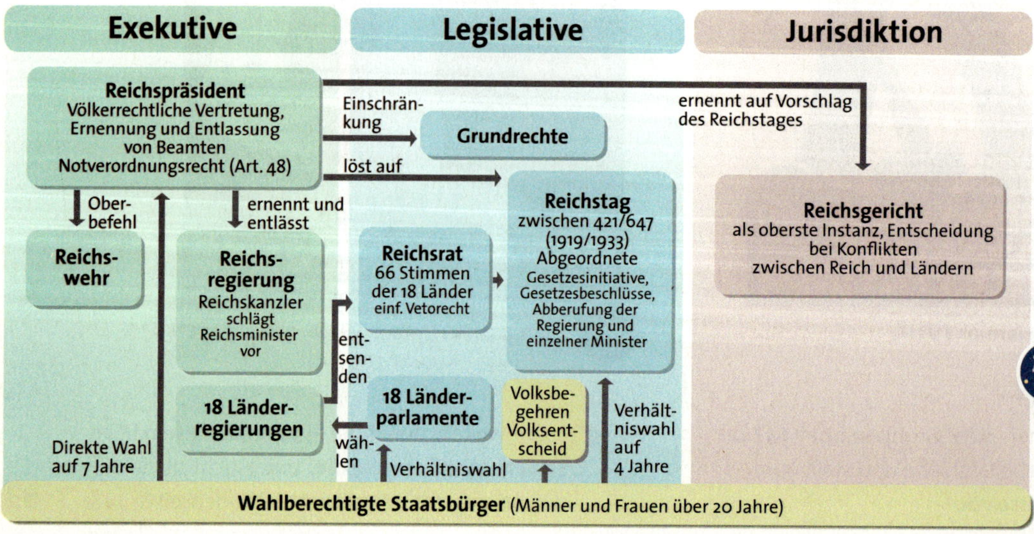

M2 Die Weimarer Verfassung von 1919

Die Parteien in der Weimarer Republik

Kernaussagen der Parteiprogramme:

Sozialdemokratische Partei Deutschlands (SPD)
- Bekenntnis zur parlamentarischen Demokratie
- gegen den Einfluss monarchistischer und militaristischer Kreise
- Räte nur im wirtschaftlichen Bereich (Betriebsräte)
- Verstaatlichung von Grund und Boden
- für „weltliche" Schulen (Schulen unter Staatsaufsicht, nicht unter Kirchenaufsicht)

Unabhängige Sozialdemokratische Partei Deutschlands (USPD)
- 1917 als Abspaltung von der SPD entstanden, 1920 trat die Mehrheit der USPD der KPD bei, der Rest 1922 der SPD
- Spaltung in Befürworter einer Rätedemokratie einerseits und Befürworter einer parlamentarischen Demokratie andererseits

Kommunistische Partei Deutschlands (KPD)
- Ablehnung der parlamentarischen Demokratie
- für ein Rätesystem*
- Sturz der „Kapitalisten" und Großgrundbesitzer
- Aufbau des Sozialismus, Bündnis mit Sowjetunion

Zentrum
- Bekenntnis zur parlamentarischen Demokratie
- für eine starke Exekutive
- Schutz des Privateigentums
- für nach Konfessionen getrennte Schulen
- für die internationale Gleichberechtigung Deutschlands

Deutsche Demokratische Partei (DDP)
- Bekenntnis zur parlamentarischen Demokratie
- für Privatwirtschaft (gegen Verstaatlichung)
- für das Selbstbestimmungsrecht Deutschlands

Deutsche Volkspartei (DVP)
- Ablehnung der parlamentarischen Demokratie, aber verantwortliche Mitarbeit im Parlament
- für eine gesetzmäßig einzurichtende Monarchie

Deutschnationale Volkspartei (DNVP)
- Ablehnung der parlamentarischen Demokratie
- für eine Monarchie mit starker Exekutive
- für „starkes deutsches Volkstum"

Nationalsozialistische Deutsche Arbeiterpartei (NSDAP)
- gegen Demokratie; Aufbau eines „Führerstaates"
- Großbetriebe und -warenhäuser in Gemeineigentum überführen
- Juden sollen keine Staatsbürgerschaft erhalten

M4 Die Staatsgewalt geht vom Volke aus

Auszüge aus der Weimarer Verfassung von 1919:

Art. 1. Das Deutsche Reich ist eine Republik. Die Staatsgewalt geht vom Volke aus …

Art. 20. Der Reichstag besteht aus den Abgeordneten des deutschen Volkes.

Art. 21. Die Abgeordneten sind Vertreter des ganzen Volkes. Sie sind nur ihrem Gewissen unterworfen und an Aufträge nicht gebunden.

Art. 22. Die Abgeordneten werden in allgemeiner, gleicher, unmittelbarer und geheimer Wahl von den über zwanzig Jahre alten Männern und Frauen nach den Grundsätzen der Verhältniswahl gewählt …

Art. 25. Der Reichspräsident kann den Reichstag auflösen, jedoch nur einmal aus dem gleichen Anlass. Die Neuwahl findet spätestens am sechzigsten Tag nach der Auflösung statt …

Art. 41. Der Reichspräsident wird vom ganzen deutschen Volke gewählt …

Art. 48. Der Reichspräsident kann, wenn … die öffentliche Sicherheit und Ordnung erheblich gestört oder gefährdet wird, … Maßnahmen treffen, erforderlichenfalls mithilfe der bewaffneten Macht einschreiten. Zu diesem Zwecke darf er vorübergehend die … Grundrechte … außer Kraft setzen.

Art. 109. Alle Deutschen sind vor dem Gesetze gleich. Männer und Frauen haben grundsätzlich dieselben staatsbürgerlichen Rechte und Pflichten …

[Weitere Artikel sichern u. a. die Freizügigkeit und Berufsfreiheit (111), die Freiheit der Person (114), die Unverletzlichkeit der Wohnung (115), das Briefgeheimnis (117) und die Meinungsfreiheit (118) zu.]

Zit. nach Dieter Kakis (Hg.), Deutsche Verfassungen, München (Goldmann) 1965, S. 77 ff.

1 Erarbeite anhand von M3 die Demokratie-Auffassung Friedrich Eberts. Untersuche, welche seiner Aussagen sich in M2 und M4 wiederfinden.

2 Erörtere zusammenfassend die von Wissenschaftlern vertretene These, die Politik Eberts sei zugleich eine „Politik der Kontinuität" und der „Revolution". Siehe auch die Seiten 29 bis 31.

3 Prüfe die Einstellungen der Parteien zur Weimarer Demokratie und bewerte Möglichkeiten einer Koalitionsbildung. Lege eine Tabelle an.

4 Zeige an M2 und M4, wie die Macht zwischen den Verfassungsorganen verteilt war, und formuliere mögliche Konflikte.

Der Vertrag von Versailles – ein „unbewältigter Friede“?

Ein gerechter Friede?

Am 28. Juni 1919 unterzeichnete eine deutsche Delegation im Spiegelsaal des Schlosses von Versailles den Friedensvertrag. Seit Januar 1919 hatten die Siegermächte des Ersten Weltkriegs Friedenskonferenzen durchgeführt, in denen es um eine neue politische Ordnung für Mittel- und Osteuropa ging. Die unterlegenen Mächte waren an den Verhandlungen nicht direkt beteiligt. Die Friedensbedingungen lösten in Deutschland Entsetzen aus. Neben seiner Großmachtstellung verlor es seine Kolonien und seine Flotte sowie ein Siebtel seines Staatsgebiets und damit ein Zehntel seiner Bevölkerung. Die so genannte Donaumonarchie Österreich-Ungarn wurde aufgelöst. Vor allem sorgte der Artikel 231 des Friedensvertrages für allgemeine Empörung, denn Deutschland und seine Verbündeten sollten akzeptieren, dass sie „als Urheber für alle Verluste und Schäden verantwortlich“ seien. Zur Wiedergutmachung sollten Reparationen gezahlt werden.
Die monarchische Herrschaft – mitverantwortlich für den Krieg – war zusammengebrochen und die Verantwortung fiel jetzt den demokratischen Politikern zu. Für den Fall der Ablehnung der Unterschrift drohten die Siegermächte mit der Wiederaufnahme des Krieges und der Besetzung Deutschlands.

M2 Unterschreiben wir!

Reichskanzler Gustav Bauer (1870–1944), SPD, sagte am 23. Juni 1919 vor der Nationalversammlung:

Die Entente[1] … will uns das Schuldbekenntnis auf die Zungen zwingen, sie will uns zu Häschern unserer angeschuldigten Landsleute machen; es soll uns nichts, gar nichts erspart bleiben …
Jetzt … kann und muss die ganze Welt sehen: Hier wird ein besiegtes Volk an Leib und Seele vergewaltigt wie kein Volk zuvor … Unterschreiben wir! Das ist der Vorschlag, den ich Ihnen im Namen des gesamten Kabinetts machen muss. Bedingungslos unterzeichnen! Ich will nichts beschönigen. Die Gründe, die uns zu diesem Vorschlag zwingen, sind dieselben wie gestern. Nur trennt uns jetzt eine Frist von knapp vier Stunden von der Wiederaufnahme der Feindseligkeiten. Einen neuen Krieg können wir nicht verantworten, selbst wenn wir Waffen hätten. Wir sind wehrlos. Wehrlos ist aber nicht ehrlos!

Verhandlungen der Verfassunggebenden Nationalversammlung. Stenografische Berichte, Berlin, 1919/20, Bd. 327, S. 1140 ff.

1 (frz.) Einverständnis, Bündnis; hier: Siegermächte, Verbündete gegen Deutschland

M1 Deutschland nach dem Versailler Vertrag von 1919

M3 „Die letzte Schmach“

Folgender Leserbrief in Form eines Gedichtes erschien in den „Düsseldorfer Nachrichten“ vom 14. Februar 1920:

Die letzte Schmach
Das war ein Hieb, der saß! Fühlst du's, mein Junge?
Ahnst du den Hass, die ganze Niedertracht,
Mit der uns hier die welsche[1] Lästerzunge
Vor aller Welt verhöhnt und ehrlos macht?
[…]
Wohl sind wir wund und arm und ohne Waffen
Und nur auf uns gestellt; doch ehrlos? Nein!
Das ganze Volk wird sich zusammenraffen:
Wir lassen uns nicht frech ins Antlitz spei'n.

Und sollte dennoch sich ein Judas[2] melden
Um Silberlinge für den Feindesbund
Und seine Hand ausstrecken nach den Helden,
Dann schlagt ihn tot wie einen räudigen Hund!

Denn unsre Ehre soll uns niemand rauben,
Es ist das Letzte, was uns blieb im Leid:
Des Volkes Ehre und der Väter Glauben
Und unsre Sprache – bis in Ewigkeit!

Düsseldorfer Nachrichten vom 14. Februar 1920. Morgenausgabe, in: Dokumentation zur Geschichte der Stadt Düsseldorf, Bd. 6, Düsseldorf (Pädagogisches Institut der Stadt Düsseldorf) 1985, S. 15.

1 urspr. keltisch, später für romanisch, französisch
2 Verrätergestalt aus dem Neuen Testament

Reparationen

Geldzahlungen oder Warenlieferungen, die der Besiegte an den (die) Sieger als Entschädigung für Kriegsaufwendungen und Kriegsschäden zahlen muss. Nach dem Ersten Weltkrieg wurden zwischen 1920 und 1929 unterschiedliche Beträge für den Verlierer Deutschland festgelegt, so nach dem Young-Plan (1929) 65 Milliarden Goldmark, zahlbar in 59 Jahresraten bis 1988. Angesichts der Weltwirtschaftskrise seit 1929 wurde 1932 in Lausanne eine einmalige Zahlung von 3 Milliarden Goldmark festgesetzt, die aber nicht mehr gezahlt wurde.

M4 Plakat von NSDAP und DNVP, 1929. Anlass war das Volksbegehren gegen den Young-Plan.

M5 Deutschland aus französischer Sicht

Der französische Marschall Foch schrieb am 10. Januar 1919 an die verbündeten Alliierten:

Deutschland bleibt noch für lange Zeit, bis zu einer völligen Wandlung seiner Politik und seiner Weltanschauung, eine furchtbare Drohung für die Zivilisation. Unter solchen Umständen gebietet die elementarste Vorsicht den alliierten Nationen, die den ersten Ansatz zu einem Völkerbunde bilden, Deutschland gegenüber eine Gesamtheit von reinen Abwehrmaßnahmen und von grundlegenden Vorbereitungsmaßregeln zu ergreifen … Wollen wir den Unternehmungen Deutschlands gegen den Westen Einhalt tun …, so müssen wir, um die Entscheidung durch die Waffen mindestens aufzuschieben, von vornherein zu allen von der Natur gebotenen Mitteln greifen. Die Natur hat nur eine Schranke über den Weg des einbrechenden Feindes gezogen: den Rhein.

Die französischen Dokumente zur Sicherheitsfrage 1919–1923. Amtliches Gelbbuch des Französischen Ministeriums der Auswärtigen Angelegenheiten, Berlin, 1924, S. 1 ff.

1 Erarbeite mithilfe von M1 den territorialen Zustand Deutschlands 1919. Erläutere mögliche Folgen für die Bevölkerung.
2 Beschreibe, in welcher Situation sich die Reichsregierung vor der Unterzeichnung des Vertrages von Versailles befand, und erörtere ihren Handlungsspielraum (Darstellungstext, M2, Kasten).
3 Untersuche anhand von M3 und M4, wie der Versailler Vertrag bewertet wurde und welche Absicht der Autor bzw. der Zeichner wohl verfolgte.
4 Überprüfe anhand von M1, ob die von Marschall Foch in M5 geäußerten Überlegungen bei den Siegermächten Gehör gefunden haben.
5 Begründe, inwiefern sich die demokratisch gewählte deutsche Regierung mit dem Vertrag von Versailles in einer „Zwickmühle“ befand.

Wirtschaftskrise und Inflation 1923

Das Krisenjahr 1923

Die junge Republik stand wirtschaftlich und politisch vor größten Schwierigkeiten: Die Finanzierung des Krieges hatte das Kaiserreich 164 Mrd. Mark gekostet. Diese Summe war vorwiegend durch Kriegsanleihen aufgebracht worden, die nach Kriegsende den Bürgern verzinst wieder zurückgezahlt werden mussten. Die Steuereinnahmen deckten aber nur 14 Prozent der Reichsausgaben. Der Verlust von Industrie- und Rohstoffgebieten, Schäden in der Infrastruktur, mangelnde Finanzen für die Umstellung von der Kriegs- auf die Friedensproduktion und die Reparationszahlungen verschärften die Situation in den Jahren 1920 bis 1922 dramatisch. 1923 verfiel der Kurs der Mark immer schneller. Diese hochinflationäre* Entwicklung wurde erst durch die Einführung der Rentenmark am 15. November 1923 gestoppt.

Auch politische Ereignisse machten das Jahr 1923 zu einem spannungsgeladenen Krisenjahr: Wegen ausstehender Reparationszahlungen besetzten französische und belgische Truppen am 11. Januar das Ruhrgebiet, um dessen Erzeugnisse direkt beschlagnahmen zu können. Es kam zu blutigen Zusammenstößen. Die Reichsregierung verkündete den passiven Widerstand (z. B. Arbeitsniederlegung) gegen die Besetzung, der Ende September aber wegen der katastrophalen Wirtschaftslage abgebrochen wurde. In München scheiterte am 8./9. November eine durch den NSDAP-Politiker Adolf Hitler und General Ludendorff ausgerufene „Nationale Revolution", in Thüringen und Sachsen verhinderten Reichsregierung und Reichswehr eine durch die KPD geplante „deutsche Oktoberrevolution". Separatistische* Bewegungen im Rheinland und in der Pfalz, die auf eine Abspaltung vom deutschen Reichsgebiet zielten, bildeten einen ständigen Unruheherd.

Mark, Rentenmark, Reichsmark – eine Internetrecherche

Recherchiert im Internet zum Thema Währung und Währungsreform in der Weimarer Republik 1923–1925, z. B. unter: www.nrw2000.de (→ Weimar) oder über Suchmaschinen (siehe Methodenübersicht).

M1 **In Wäschekörben werden Lohngelder von der Bank abgeholt**, Foto, 1923

M2 **Die Entwicklung des Brotpreises**

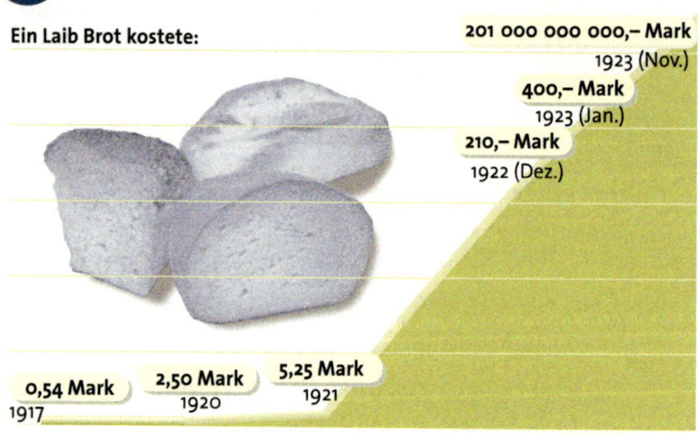

M3 **Die Wertentwicklung von Sparguthaben**

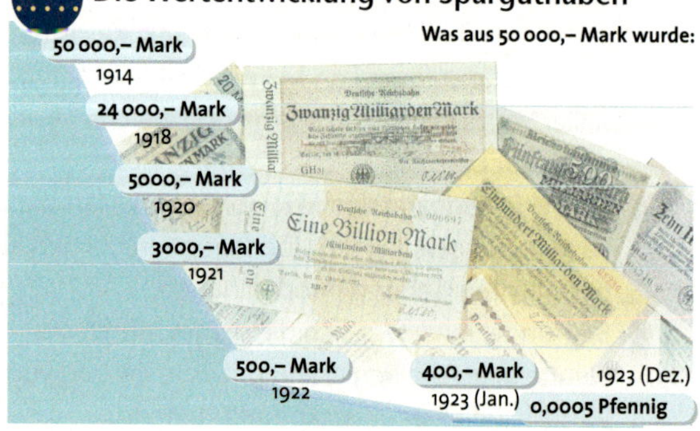

M4 **Suche nach Kohle auf einer Abraumhalde,** Foto, 1923

M5 Leben in der Inflationszeit

Der Korrespondent der „Münchner Neuesten Nachrichten", Egon Larsen, berichtete im Sommer 1923 aus Berlin:

Der Tauschhandel griff mehr und mehr um sich. Nicht nur Studenten, sondern auch Ärzte, Anwälte und andere Angehörige akademischer Berufe zogen es vor, ihre Honorare in Form von Lebensmitteln zu bekommen. Das galt auch für Handwerker. Einmal ließ ich mir für zwei Eier die Haare schneiden; Uhrmacher klebten Zettel an ihre Schaufenster: „Reparaturen werden im Austausch gegen Esswaren ausgeführt." …
Die augenfälligsten Veränderungen der Berliner Szene waren die unzähligen Bettler in den Straßen, die langen Schlangen alter Leute vor den Volksküchen, die in den Arbeitervierteln eingerichtet worden waren, und die Straßenmärkte, die es überall in der Stadt gab. Die Märkte hatten keine Stände oder Buden: Männer und Frauen, zumeist respektabel, aber schäbig angezogen, boten Schmuckstücke, Nippsachen, Uhren, Füllfedern und ähnliche Objekte an. Diese „Händler" waren sichtlich Leute aus dem Mittelstand, die keinen anderen Weg wussten, um ihren Hunger zu stillen, als den Verkauf all der Dinge, die sie noch besaßen … Den Kern der Straßenmärkte bildeten jedoch die Schwarzhändler. Sie boten alles an, was irgendwie transportabel war …
Die Arbeiterfrauen hatten eine Methode entwickelt, die ihnen wenigstens genug zu essen für ihre Familien garantierte. Man sah sie an den Zahltagen – nun mindestens zweimal in der Woche – in Haufen vor den Fabriktoren stehen und auf ihre Männer warten … Am Nachmittag eines Zahltags kamen Lastwagen voller Papiergeld von den Banken, wo das Geld nicht mehr gezählt, sondern die Dicke der Bündel mit Linealen gemessen wurde. Sobald sich die Fabriktore öffneten und die Arbeiter mit ihren Lohnpaketen … herausströmten, begann eine Art Stafettenlauf: Die Frauen nahmen das Geld, liefen zu den nächsten Läden und kauften ein, ehe die Preise wieder erhöht wurden. Die Gehaltsempfänger waren schlimmer dran; oft bekamen sie ihr Geld noch immer, wie üblich, erst am Monatsende.

Egon Larsen, Die Weimarer Republik. Ein Augenzeuge berichtet, München (Heyne) 1980, S. 62ff.

1 Beschreibe M1 und M4 und überlege, worin sich Krisensymptome zeigen.
2 Kläre den Begriff „Inflation" (Darstellungstext, Lexika) und zeige, worin Ursachen der Inflation in Deutschland zu sehen sind.
3 Stelle mithilfe von M2 und M3 wirtschaftliche und soziale Folgen der Inflation dar.
4 Erarbeite M5: Welche Gruppen beschreibt der Autor und wie gehen sie mit der inflationären Entwicklung um? Bewerte ihre „Strategien".

M6 Not und Elend überall

Aus einem Leserbrief der „Braunschweigischen Landeszeitung" (1923):

Aber nachgerade erstirbt auch hier das Großstadtleben … Schon zwischen 8 und 9 sieht man, wie das Licht eins nach dem anderen in den Häusern erlischt. Die Treppenhäuser der großen Mietskasernen und die besseren Wohnhäuser sind unbeleuchtet und in vielen Straßen kommt man schon in den frühesten Abendstunden vor verschlossene Haustüren, weil man sein Eigentum gegen Diebstahl auf jede mögliche Art und Weise schützen muss … Not und Elend überall … Die Konzertsäle sind leer, die Kunst geht betteln und mit ihr der Mittelstand … In den letzten Wochen sind schon wieder über 20 Selbstmorde vorgekommen, die ihre Ursache in Hunger, Kummer, Not, Elend, Unzufriedenheit und Verzweiflung haben!

Zit. nach Praxis Geschichte, H. 2, 1992, S. 29.

M7

Unser tägliches Brot, Zeichnung von E. Schilling aus dem „Simplicissimus", 1923. „Wird das Brot nicht endlich billiger?" – „Dann müsst' ich's schlechter machen – und das ist nicht möglich."

5 Erarbeite anhand von M6, wie sich die Inflation auf den Alltag der Bevölkerung auswirkte, und stelle einen Bezug zu M7 her.

6 Untersuche anhand von M8 und M9 die Wirkungen des Versailler Vertrages aus wissenschaftlicher Sicht. Achte auf die Zeitpunkte der Veröffentlichung.

M8 Die Wirtschaft nach „Versailles"

Der Wirtschaftswissenschaftler John M. Keynes schrieb 1919 über Folgen des Versailler Vertrages:

Der Friedensvertrag enthält keine Bestimmungen zur wirtschaftlichen Wiederherstellung Europas, nichts, um die geschlagenen Mittelmächte wieder zu guten Nachbarn zu machen, nichts, um die neuen Staaten Europas zu festigen, nichts, um Russland zu retten … Wiedergutmachung war ihr [der Siegermächte] Hauptinteresse auf wirtschaftlichem Gebiet und sie behandelten sie als eine Frage der Theologie, der Politik, der Wahltaktik, kurz, von jedem anderen Gesichtspunkt als dem der wirtschaftlichen Zukunft der Staaten, deren Schicksal in ihrer Hand lag … Die bezeichnenden Züge der gegenwärtigen Lage lassen sich in drei Gruppen zusammenfassen: 1. das vollständige Nachlassen der inneren Produktivität Europas, 2. der Zusammenbruch des Verkehrswesens und des Austausches …, 3. Europas Mangel an Kaufkraft zur Beschaffung der gewohnten Waren von Übersee.

John Maynard Keynes, Die wirtschaftlichen Folgen des Friedensvertrages, München/Leipzig (Duncker & Humblot) 1920, S. 184 ff.

M9 Gewinner und Verlierer in der Inflation

Der Historiker Heinrich August Winkler schrieb 1993:

Die eigentlichen Opfer der Inflation waren … die Sparer … Hart betroffen waren auch jene Akademikerfamilien, die das Studium ihrer Kinder traditionell aus Ersparnissen zu finanzieren pflegten … Haus- und Grundbesitzer wurden schuldenfrei … Unter den Hausbesitzern befanden sich zahlreiche selbstständige Handwerker, die Kerngruppe des gewerblichen Mittelstandes …

Zu den Inflationsgewinnern gehörten die meist hoch verschuldeten Großgrundbesitzer … Dasselbe galt von den Besitzern großer industrieller Vermögen … Ein anderer Gewinner der Inflation war der Staat … Für die Arbeiter begann die Stabilisierung im Zeichen eines niedrigen Lohnniveaus und hoher Arbeitslosigkeit. Zwar stiegen die durchschnittlichen Realwochenlöhne von November bis Dezember 1923 von 53 % auf knapp 70 % des Vorkriegsstandes, aber das war noch immer erheblich weniger, als die Arbeiter im März 1923 verdient hatten – nämlich rund 79 % des Standes von 1913.

Heinrich August Winkler, Weimar 1918–1933, München (C. H. Beck) 1993, S. 244 f.

Zwischen Tradition und Moderne

Die zwanziger Jahre – eine Zeit des Umbruchs

Die Zeit nach dem Ersten Weltkrieg war nicht nur politisch und wirtschaftlich, sondern auch sozial und kulturell eine Phase des schnellen Wandels. Im „Zeitalter der Moderne" veränderten sich die Arbeits- und Wohnwelt, das Alltagsleben, die Kunst und die Architektur. Nicht alle Menschen und gesellschaftlichen Gruppen waren bereit, die Veränderungen zu akzeptieren oder sich den veränderten Lebensverhältnissen anzupassen. Sehnsüchte nach der „alten" (Vorkriegs-) Gesellschaft und Abwehrhaltungen gegenüber den Neuerungen führten zu gesellschaftlichen Konflikten. Worauf beruhten beide Einstellungen und welche Spannungen zeigten sich? An den Bereichen Sozialpolitik, Bildung und Architektur können diese Fragen untersucht werden. Anregungen für eine Gruppenarbeit finden sich auf S. 44.

Das Bauhaus – Symbol der Moderne

1919 gründete der Architekt Walter Gropius (1883 bis 1969) in Weimar das Staatliche Bauhaus – eine Schule für Architekten, Künstler und Designer. 1925 wurde die Schule wegen Querelen mit der neuen konservativen Regierung in Thüringen nach Dessau verlegt. Vom Bauhaus gingen nachhaltige Wirkungen auf die moderne Architektur, Wohnraumgestaltung, Industrieformen und Kunstpädagogik aus. Die Architektur, geprägt von Klarheit, Helligkeit und Funktionalität, setzte neue Maßstäbe, die auch anregend auf den sozialen Wohnungsbau wirkten. 1933 wurde das Bauhaus von den Nationalsozialisten zerschlagen.

M1 Wohnbedingungen 1923

Aus der Zeitschrift „Soziale Praxis", Berlin, 1923:

Familie M.: 2 Dachzimmer und Küche, 10 Personen. Die Wohnung ist eng und feucht, doch sauber gehalten. Ein Mädchen von 15 Jahren und ein Knabe von 11 Jahren teilen ein Bett. Je zwei Mädchen und zwei Buben gleichfalls. Säugling und Kleinkind haben eigene Schlafgelegenheit. Mehrere Kinder sind wegen Tuberkulose in Behandlung bzw. vom Schulbesuch ausgeschlossen.

Zit. nach Torsten Palmér/Hendrik Neubauer, Die Weimarer Zeit in Pressefotos und Fotoreportagen, Köln (Könemann) 2000, S. 167.

M2 **Die Hufeisensiedlung Berlin-Britz** (erbaut 1925–1931), Foto, 1976. Die Wohnsiedlung Britz, entworfen von den Architekten Bruno Taut und Martin Wagner, galt als wegweisende Form des sozialen Wohnungsbaus in der Weimarer Republik.

M3 Sozialpolitik und Wirtschaft

Der Wirtschafts- und Sozialhistoriker Volker Hentschel schrieb 1988:

Die Erweiterung und Verdichtung des Netzes der sozialen Sicherung war wohltuend, aber auch teuer gewesen. Die Beiträge zu den drei überlieferten Sozialversicherungen stiegen von acht Prozent des Bruttolohns in den letzten Vorkriegsjahren auf 12,5 Prozent im Jahr 1929. Dazu kamen drei Prozent Arbeitslosenversicherungsbeitrag. Überdies nahmen die Staatszuschüsse kräftig zu ... Die gesamte soziale Sicherung kostete die Volkswirtschaft ... über neun Milliarden Reichsmark. Das war real fünfmal so viel wie 1913 und entsprach knapp 13 statt gut zwei Prozent des Volkseinkommens. Dieser außerordentliche Anstieg hatte sich in einer Volkswirtschaft vollzogen, die unterdessen nicht gewachsen war, sondern kaum das Volkseinkommensniveau des letzten Vorkriegsjahres wieder erlangt hatte ... [Als erste Folge] brachte es die Unternehmer gegen die soziale Sicherung, das Tarif- und Schlichtungswesen und das gesamte politische System auf. Und zweitens schwächte es die Erholungs- und Wachstumskräfte der erschütterten Wirtschaft.

Volker Hentschel, Die Sozialpolitik in der Weimarer Republik, in: Karl Dietrich Bracher u. a. (Hg.), Die Weimarer Republik, 2. Aufl., Bonn (Bundeszentrale für politische Bildung) 1988, S. 214 f.

M4 **„Berlin – 13 Uhr"**, Zeichnung von Hans Baluschek, 1931

M5 „Das ist jetzt Modefarbe"

Aus dem Roman „Das kunstseidene Mädchen" (1932) der damals 22-jährigen Schriftstellerin Irmgard Keun:

Ich hatte einen angenehmen Tag, weil der Letzte ist und Geldkriegen einem mit am meisten gut tut, trotzdem ich von 120 … 70 abgeben muss, was mein Vater doch nur versäuft, weil er jetzt arbeitslos ist und nichts anders zu tun hat. Aber von meinen 50 Mark hatte ich mir gleich einen Hut mit Feder gekauft – dunkelgrün – das ist jetzt Modefarbe, und steht mir herrlich zu meinem erstklassigen rosa Teint. Und ist schief auf der Seite zu tragen – kolossal fesch – und ich hatte mir bereits einen dunkelgrünen Mantel machen lassen – streng auf Taille und mit Fuchsbesatz – ein Geschenk von Käsemann, der mich durchaus beinahe heiraten wollte. Aber ich nicht. Weil ich doch auf die Dauer zu schade bin für kleine Dicke, die noch dazu Käsemann heißen. Und nach dem Fuchs hab ich Schluss gemacht … Und nu sitz ich hier in einem Kaffee … Die Musik spielt, was ich gern höre: Zigeunerbaron oder Aida – kommt ja nich so drauf an.

Irmgard Keun, Das kunstseidene Mädchen, Bergisch Gladbach (Lübbe) 1980, S. 101 f.

M6 Eine „Neue Frau"?

Die Historikerin Karen Hagemann schrieb 1990 über Arbeiterfrauen in der Weimarer Republik:

Teil des noch heute vorherrschenden Bildes von der Weimarer Republik ist die „Neue Frau" als Prototyp[1] der … Emanzipation des weiblichen Geschlechts in der damaligen Zeit … Die Analyse des Frauenalltags … in dieser Zeit zeigt, dass dieses Bild nur einen kleinen Ausschnitt der Realität trifft. Der Handlungsspielraum der Masse der Mädchen und Frauen aus der Arbeiterschaft blieb in der Weimarer Republik trotz aller rechtlichen und sozialen Reformen außerordentlich beschränkt … Insgesamt scheinen [aber] die Handlungsspielräume der jüngeren Frauengenerationen, die seit der Jahrhundertwende geboren worden waren, größer gewesen zu sein als die der älteren Frauengenerationen … [Ältere] Frauen stellten … unverändert die größte Gruppe der Armen, die auf die öffentliche Fürsorge angewiesen waren.

Karen Hagemann, Frauenalltag und Männerpolitik, Bonn (Dietz) 1990, S. 639 ff.

1 Muster, Inbegriff

M7 **Straßenszene in Berlin, Kurfürstendamm,** Foto, um 1926. Fotos wie diese galten als Beleg für die „Neue Frau" in der Gesellschaft der zwanziger Jahre.

M8 Erwerbstätige Frauen und ihre Tätigkeiten 1882 bis 1933

	1882	1907	1925	1933
Anteil der erwerbstätigen Frauen an der Gesamtzahl der Frauen	33,8	31,2	35,6	34,2
davon tätig als mithelfende Familienangehörige	40,7	35,2	36,0	36,1
Dienstmädchen/Hausangestellte	17,9	16,1	11,4	10,5
Arbeiterinnen				
in Industrie und Handel	11,8	18,3	23,0	22,9
in der Landwirtschaft	15,5	14,5	9,2	7,5
Angestellte und Beamtinnen	1,7	6,5	12,6	14,8
Selbstständige	12,3	9,2	7,7	8,0

Zusammengestellt nach Ute Frevert, Frauen-Geschichte zwischen bürgerlicher Verbesserung und neuer Weiblichkeit, Frankfurt a. M. (Suhrkamp) 1986, S. 290.

M9 Ein Mädchen im Knabengymnasium?

Erika Fuchs, die deutsche Übersetzerin von „Donald Duck" und anderen Comics von Walt Disney, erinnerte sich an ihre Schulzeit in Belgard (Hinterpommern; im heutigen Polen), wo sie 1927 Abitur machte:

Für Mädchen gab es nur die Töchterschule, die ein schlichtes Bildungsniveau hatte … Eines Tages bekamen wir eine richtige Studienrätin, bei der wir Geschichte hatten. Dieser Unterricht war für uns eine Offenbarung. Wirklich. Wir haben diese Lehrerin geliebt. Und mir wurde zum ersten Mal klar, dass Frauen auch etwas werden können. Da beschloss ich, die Töchterschule nicht länger zu besuchen, sondern aufs Knabengymnasium zu gehen, das gleich nebenan lag. Mein Bruder war dort, obwohl er zum Lernen keine Lust hatte. Mein Wunsch nach Schulwechsel wurde dann ein richtiges Politikum[1]. Zwar waren meine Eltern auf meiner Seite, doch musste der Stadtrat zu dieser unerhörten Sache seine Einwilligung geben. Es war ein städtisches Gymnasium. Die deutschnationalen[2] Freunde meines Vaters waren ganz dagegen. Sie malten sich die schlimmsten Situationen aus. Ein Mädchen unter lauter Jungen. Die Sozialdemokraten, die in der Mehrheit waren, dachten fortschrittlicher. Sie erlaubten mir, obwohl ich die Tochter eines Bürgerlichen war, den Übertritt in das Knabengymnasium.

Zit. nach Asta Scheib, Die Dolmetscherin des schrägen Vogels, in: Süddeutsche Zeitung, 13./14. Dezember 1986.

1 Vorgang von politischer Bedeutung 2 Anhänger der DNVP

M10 **Schülerarbeit mit dem Mikroskop.** Neue Unterrichtsmethode in der Versuchsvolksschule Hellerau bei Dresden, Foto, 1928

M11 Verachtung für die Gegenwart?

Der Schriftsteller Herbert Günther (geboren 1906) erinnerte sich 1957 an seine Schulzeit:

Und die Schule? Sie tat, als berühre sie das alles nicht. Krieg, Revolution, Aufstände, Straßenkämpfe, Massenstreiks, Hungersnot, Inflation – alles prallte an diesen Wänden ab, als sei nichts geschehen … Wir trugen als Primaner[1] Milliarden in der Tasche, sollten uns aber für die Zahlen der Logarithmentafel interessieren … Eine überalterte Lehrergeneration war weder willens noch fähig, der heranwachsenden Jugend das Verständnis ihrer unruhigen Zeit zu erleichtern … Sie lebte in den Begriffen der vergangenen Epoche. Alles, was danach kam, war ihr verachtungswürdig. Sie war blind für das Bemühen der Republik, aus dem schweren Erbe eines nicht von ihr verlorenen Krieges zu neuer Lebensform zu finden, freute sich hämisch jeder Niederlage der neuen Männer, ohne zu ahnen, was sie einmal verdrängen würde.

Zit. nach Historisches Lesebuch 3, 1914–1933, hg. von Georg Kotowski, Frankfurt a. M. (Fischer) 1968, S. 245 f.

1 Prima: 12./13. Klasse im Gymnasium

M12 **Wohnküche,** Foto, um 1929

M13 **Doppelwohnhaus der Bauhaus-Meistersiedlung Dessau,** Postkarte der Fotografin Lucia Moholy, 1926

Sozialpolitische Reformen 1918–1927

1918 Acht-Stunden-Arbeitstag wird eingeführt.

1919 Anerkennung der Gewerkschaften als gleichberechtigte Tarifpartner der Arbeitgeberverbände.

1920 Das Betriebsrätegesetz regelt die Mitsprache der Beschäftigten in Betrieben mit mehr als 20 Beschäftigten; das Grundschulgesetz führt die gemeinsame Schule in den Klassen 1 bis 4 ein.

1923 Ein Mieterschutzgesetz schützt vor ungerechtfertigten Kündigungen durch die Vermieter.

1924 Die staatliche Fürsorge ersetzt die Armenpflege der Städte und Gemeinden.

1927 Arbeits- und Kündigungsschutz für werdende und stillende Mütter; gesetzliche Arbeitslosenversicherung, Arbeitsämter werden eingerichtet.

Vorschläge für Gruppenarbeit

Vorschlag 1

Arbeit in arbeitsteiligen Gruppen:

I. Sozialpolitik und Wirtschaft (M1–M3)
II. Die „Neue Frau“ (M4–M8)
III. Bildung und Schule (M9–M11)
IV. Architektur und Wohnen (M12–M14)

Vorschlag 2

Arbeit in arbeitsgleichen Gruppen:
Ansätze der „Moderne“ einerseits und der Tradition bzw. des Widerstandes gegen die „Moderne“ andererseits herausarbeiten (S. 41–44).

Vorschlag 3

Arbeit in arbeitsgleichen Gruppen:
Was erscheint euch heute an der „Moderne“ der Weimarer Zeit noch „modern“, was nicht? Was hat sich weiter verändert in den vorgegebenen Bereichen (siehe Vorschlag 1)?

M14 **Die „Frankfurter Küche“**, Foto, 1926. Die Modellküche wurde 1926 von ihrer Schöpferin, Grete Schütte-Lihotzky (1900–2000), auf einer Ausstellung des Hausfrauenbundes in Frankfurt vorgestellt. Sie sollte die alte Wohnküche ablösen und nur als „Arbeitsküche“ dienen. In ähnlichen Formen setzte sie sich erst nach dem Zweiten Weltkrieg durch, als in kurzer Zeit viel Wohnraum geschaffen werden musste und der Küchenteil beschränkt wurde.

Krise und Zerstörung der Weimarer Republik

Woran scheiterte die Demokratie?

Die Jahre ab 1924 erscheinen im Rückblick der historischen Forschung als eine Zeit der politischen Stabilität und des wirtschaftlichen Aufschwungs, nicht nur in Deutschland. Die technische Modernisierung stärkte die Wettbewerbsfähigkeit der Wirtschaft und stützte außenpolitisch die Rückkehr Deutschlands in die „Völkergemeinschaft" (siehe S. 87). Zugleich sprechen Historiker aber auch von einer „Scheinblüte". Welche Faktoren deuteten auf eine Krise der Demokratie hin? Was führte zum Scheitern der Weimarer Demokratie?

M1 **„Stützen der Gesellschaft"**, Gemälde von George Grosz, 1926

Die gespaltene Gesellschaft

Der überraschende Tod des Reichspräsidenten Friedrich Ebert am 28. Februar 1925 machte eine vorzeitige Neuwahl notwendig. Ebert war nicht nur körperlich geschwächt, sondern auch seelisch angegriffen: Anhänger der deutschnationalen und völkischen Rechten (siehe S. 47 f.) wie auch Kommunisten hatten ihn wiederholt persönlich und politisch attackiert. Was beide Seiten ihm vorwarfen, kann als große politische Leistung des sozialdemokratischen Politikers gesehen werden: Sein Einsatz für den Kompromiss zwischen gemäßigter Arbeiterschaft und Bürgertum trug entscheidend dazu bei, der Weimarer Republik eine politisch-gesellschaftliche Grundlage zu geben. Die Reichspräsidentenwahlen brachten im ersten Wahlgang keinem der Kandidaten eine absolute Mehrheit. Da sich der Vorsitzende der Zentrumspartei, Wilhelm Marx, als Kandidat des „Volksblocks" (SPD, Zentrum, DDP) nicht durchsetzen konnte, wurde am 26. April 1925 der vom „Reichsblock" (DVP, DNVP, Bayerische Volkspartei) im zweiten Wahlgang nominierte kaiserliche Feldmarschall Paul von Hindenburg zum zweiten Reichspräsidenten der Weimarer Republik gewählt. Der Ablauf der Wahl war ein weiteres Anzeichen einer gespaltenen Gesellschaft, deren antidemokratische, nationalistische und antisemitische* Kräfte und Strömungen sich immer deutlicher bemerkbar machten.

M2 Parteien und Parlamentarismus

Der Schriftsteller Karl Nüse schrieb 1924:

Das Parteiwesen und der daraus resultierende Parlamentarismus sind durch und durch undeutsch und widervölkisch, weil sie nicht naturgesetzlich von unten heraufgewachsen sind, sondern gewaltsam nach fremden Vorbildern geschaffen wurden. Die Parteien zerreißen die Einigkeit der Volksgemeinschaft und lassen die Einheit von Volk und Staat nicht zu, weil jede nach Vorherrschaft und nach Besetzung von Ämtern strebt. Der auf dem Parteiwesen beruhende Parlamentarismus ist der verkörperte Volksbetrug, denn dem Volke wird vorgegaukelt, er verbürge die Volksherrschaft, während das Wesen des Parlamentarismus … Parteiherrschaft übelster Art ist.

Karl Nüse, Der völkische Neuaufbau Deutschlands, Leipzig (Weicher) 1924, S. 71.

Wirtschaftskrise und politische Radikalisierung

Die wirtschaftliche Stabilisierung, die seit Mitte der 1920er Jahre in Europa eingetreten war, erwies sich als brüchig. 1928 zeigten sich erste Krisenanzeichen: Der Massenkonsum ging zurück. Die Überproduktion in den Betrieben führte zu Entlassungen und die Kaufkraft der Bevölkerung sank weiter. Der „Börsenkrach" vom 25. Oktober 1929 an der New Yorker Börse war dann der sichtbare Beginn einer Krise, die ihren Ursprung in den USA hatte und die gesamte Weltwirtschaft erschütterte (siehe S. 12 f.).

Mit der Wirtschaftskrise spitzte sich die politische Lage in Deutschland zu. Bald wurde deutlich, dass die Sozialversicherung nicht mehr über ausreichende Geldmittel verfügte, um die ständig ansteigende Zahl von Arbeitslosen zu versorgen. Weil sich die demokratischen Parteien nicht darüber einigen konnten, ob die Leistungen gekürzt oder die Beiträge für die Arbeitslosenversicherung erhöht werden sollten, zerbrach am 27. März 1930 die Große Koalition aus SPD, Zentrum, BVP, DDP und DVP. Damit hatte das gesamte parlamentarische System eine Niederlage erlitten, denn es gelang in den Folgejahren nicht mehr, eine im Reichstag mehrheitsfähige Koalition zu bilden.

Die folgenden Regierungen, so genannte Präsidialkabinette, stützten sich auf die Macht des Reichspräsidenten von Hindenburg (1847–1934). Dieser berief sich auf Artikel 48 der Weimarer Verfassung, der ein Notverordnungsrecht* des Reichspräsidenten vorsah, und auf Artikel 25, der das Recht zur Auflösung des Reichstags durch den Präsidenten enthielt. Damit konnte eine Regierung – sofern sie die Unterstützung des Reichspräsidenten besaß – am Parlament vorbei regieren.

Nachdem der Reichstag im Juli 1930 sozialpolitisch einschneidende Maßnahmen der Regierung Brüning abgelehnt hatte, löste Hindenburg den Reichstag auf und setzte für den 14. September 1930 Neuwahlen an. Deren Gewinner waren neben den Kommunisten, vor allem die Nationalsozialisten. Damit wurden mögliche Koalitionen für eine Regierungsbildung weiter erschwert. In der Folgezeit geriet die politische Macht immer stärker in die Hände von Reichspräsident, (Präsidial-)Regierung und Bürokratie. Mit dem Machtverlust des Parlaments fanden die politischen Auseinandersetzungen immer häufiger auf der Straße statt. Allein während des Reichstagswahlkampfes im Sommer 1932 gab es in der gesamten Republik über 300 Tote. Die Kämpfe zwischen Kommunisten und Nationalsozialisten am 17./18. Juli forderten 18 Tote und an die 200 Verletzte.

M3 Zeitgenössische Karte über die Folgen des Versailler Vertrages.
Diese Karte wurde in Schulbüchern der Weimarer Republik abgedruckt.

1. Analysiere M1 (S. 45, siehe Methodenübersicht).
2. Erläutere den Begriff „gespaltene Gesellschaft" und untersuche den Darstellungstext auf weitere Wertungen.
3. Erarbeite, wie der Autor von M2 (S. 45) die parlamentarische Demokratie bewertet. Formuliere Gegenargumente.
4. Vergleiche M3 mit M1 (S. 36). Überlege, welche Absicht mit der zeitgenössischen Karte M3 verbunden war.

M4 Neuer Nationalismus

Der Schriftsteller Arthur Moeller van den Bruck (1876 bis 1925) schrieb 1923 in seinem Buch „Das Dritte Reich“:

Der deutsche Nationalismus ist Streiter für das Endreich ... Und es ist die besondere Verheißung des deutschen Volkes, die ihm alle anderen Völker streitig machen. Sie haben im Weltkrieg das Reich um des Reiches willen bekämpft, um der Weltherrschaft willen, an der wir unseren materiellen Anteil haben wollten ... Es gibt nur Ein Reich, wie es nur Eine Kirche gibt. Was sonst diesen Namen beansprucht, das ist Staat, oder das ist Gemeinde oder Sekte ... Der deutsche Nationalismus kämpft für das mögliche Reich ... Der deutsche Nationalist ... hat erfahren, dass im Umkreis der Zivilisation dieser Völker, die sich mit Selbstgefälligkeit die westliche nennt, ... der Mensch nicht stieg, sondern sank. In dieser sinkenden Welt, die heute die siegreiche ist, sucht der Nationalist das Deutsche zu retten.

Zit. nach Harry Pross (Hg.), Die Zerstörung der deutschen Politik, Frankfurt a. M. (Fischer) 1963, S. 354 f.

M5 Das „Dritte Reich“ – ein Mythos

Der Historiker und Politikwissenschaftler Kurt Sontheimer stellte 1962 fest:

Das Buch Moellers hat in zwei verschiedenen Richtungen gewirkt. Der Titel des Werkes kam durch die Verwendung der Parole vom Dritten Reich* seitens der Nationalsozialisten zu einer besonderen Wirkung ... Die andere bleibende und nachhaltige Wirkung des Buches lag in der Verachtung der demokratischen und liberalen Institutionen ... Diese war mit der Wirksamkeit eines geschickt gehandhabten Propagandaslogans zwar nicht zu vergleichen, aber sie war von außerordentlicher Bedeutung für die politische Meinungsbildung eines großen Teiles der national eingestellten deutschen Intellektuellen[1], denn Moellers Drittes Reich war gleichsam die Bibel des jungen Nationalismus. Die Reichsidee ... wurde zum Banner einer immer mächtiger anschwellenden nationalen Bewegung.

Kurt Sontheimer, Antidemokratisches Denken in der Weimarer Republik, München (dtv) 1978, S. 239 ff.

1 an geistigen Dingen interessierte Person, meist mit Universitätsausbildung

M6 Flugblatt des Reichsbundes jüdischer Frontsoldaten, um 1920

Walther Rathenau wurde 1867 in einer jüdischen Industriellenfamilie geboren, sein Vater war der Gründer der AEG. Die Reichsregierung zog Rathenau als Wirtschaftsfachmann zu den internationalen Konferenzen nach dem Ersten Weltkrieg heran. 1921 wurde er Wiederaufbauminister, 1922 deutscher Außenminister. Rathenau, der Mitglied der DDP war, verfasste auch einige Werke zur Wirtschaftspolitik und zu gesellschaftlichen Fragen. Am 24. Juni 1922 wurde er von zwei antisemitisch eingestellten ehemaligen Offizieren auf der Fahrt ins Auswärtige Amt erschossen.

5 Erarbeite an M4, was der Autor unter „deutschem Nationalismus“ versteht. Ziehe zur Beurteilung des Textes M5 heran.

6 Untersuche an M6 bis M8, wie sich Antisemitismus in der Weimarer Republik zeigte und wie sich Juden dagegen wehrten.

7 Fertige nach dem Vorbild des Personenkastens dieser Seite Kurzbiografien der in M7 genannten Personen an.

8 Erörtere einen möglichen Zusammenhang zwischen Kriegsniederlage, Vorstellungen vom „Dritten Reich“ und „deutschem Nationalismus“.

M7 Antisemitismus in der Weimarer Republik

Der Publizist und Historiker Harry Pross schrieb 1963:

So tief war die Moral der Rechten gesunken, dass sie begann, Leistungen in Literatur, Musik, Wissenschaft und Technik danach zu beurteilen, ob sie von „Juden" oder von „Deutschen" stammten … Hier seien lediglich einige Namen hervorragender Juden in Erinnerung gerufen …: So die Physiker Einstein, Meitner, Heinrich Hertz und Reis, der das Telefon erfand. Die Maler Liebermann und Franz Marc, die Chemiker v. Baeyer, Willstätter, Wallach, Haber … Zeppelin erwarb die Patente zum lenkbaren Luftschiff aus dem Nachlass von David Schwarz … Die Medizin kann man sich ohne die Arbeiten Ehrlichs, Cohns, Wassermanns, Freuds … nicht vorstellen … Die Fortbildung der deutschen Sprache durch Hofmannsthal, Kafka, Buber ist ebenfalls „jüdisch" … Die neue Verfassung [von 1919] hatte die demokratische Gleichheit verwirklicht, deren Idee die Antisemiten schon in den 1850er Jahren bekämpft hatten … Die „Judenrepublik" musste zerstört werden. So lautete der ständige Slogan einer einflussreichen Presse, die kurzerhand als „jüdisch" bezeichnete, was demokratisch, liberal oder sozialistisch war.

Harry Pross (Hg.), Die Zerstörung der deutschen Politik, Frankfurt a. M. (Fischer) 1963, S. 241 f.

M9 **Auseinandersetzung zwischen Polizei und Demonstranten** während kommunistischer Maidemonstrationen, die trotz eines allgemeinen Demonstrationsverbotes abgehalten wurden und etliche Todesopfer forderten, Foto, 1. Mai 1929

M8 Synagogenschändungen

Aus einer Erhebung des Centralvereins deutscher Staatsbürger jüdischen Glaubens von 1932:

Zwischen 1923 und 1932 … gab es in Deutschland 125 Schändungen (Beschmutzungen, Verwüstungen) von Synagogen. Fälle aus dem Jahr 1930:
– Spandau bei Berlin: Mit ätzender Flüssigkeit eingebrannt: „Schlagt die Juden, wo ihr sie trefft!" und mehrere große Hakenkreuze.
– Berlin: In der Nacht vom 16. zum 17. Februar wurde die Synagoge Kottbuser Tor in einer Weise besudelt, wie dies bisher weder in Berlin noch im Reich der Fall war. 20 Hakenkreuze in Höhe von je einem Meter bedeckten die ganze Front des Gotteshauses und seine Türen. Über die ganze Breite der Fassade erstreckten sich die Worte „Juda verrecke, Judas den Tod, die Rache naht."

Zit. nach Harry Pross (Hg.), Die Zerstörung der deutschen Politik, Frankfurt a. M. (Fischer) 1963, S. 261 f.

M10 Welthandel 1930–1932

in Mrd. Reichsmark

	Einfuhr		*Ausfuhr*	
	1930	*1932*	*1930*	*1932*
Deutsches Reich	10,4	4,7	12,0	5,7
Frankreich	8,6	4,9	7,0	3,3
Großbritannien	21,3	10,4	11,6	5,5
USA	12,8	5,6	16,1	6,8
Welthandel insg.	120,0	57,8	108,7	52,0

M11 Gewerkschaftsmeldungen 1928–1932

in Prozent der erfassten Mitglieder; Freie, Christliche und Hirsch-Dunckersche Gewerkschaften

Jahresdurchschnitt	*1928*	*1929*	*1930*	*1931*	*1932*
Arbeitslose	8,4	13,1	22,2	33,7	43,7
Kurzarbeiter	5,6	7,5	13,4	19,7	22,6

M10 und M11 zusammengestellt nach Statistisches Jahrbuch für das Deutsche Reich, Bd. 52, Berlin, 1933, S. 107 ff.

Die Politik der Präsidialkabinette

Reichskanzler Heinrich Brüning (Zentrum), April 1930 bis Mai 1932:
Vom Reichspräsidenten eingesetzte Regierung mit einer Parlamentsmehrheit nur bei Tolerierung durch die SPD. Sparmaßnahmen in den öffentlichen Haushalten, Senkung der Beamtengehälter, Erhöhung von Steuern (Deflationspolitik); Hinnahme einer Verschärfung der Wirtschaftskrise. Sturz durch Hindenburg nach politischen Intrigen von Interessenverbänden (ostelbische Grundbesitzer, Reichswehr).

Reichskanzler Franz von Papen (parteilos), Juni bis November 1932:
„Kabinett der Barone" (so genannt wegen der adligen Regierungsmitglieder); „Befreiung" des Staates von parteipolitischem Denken; Staatsstreich in Preußen: Absetzung der demokratischen SPD-Regierung; Regieren mit Notverordnungen; Entmachtung des Reichstages durch Volksentscheide. Entlassung durch Hindenburg.

Reichskanzler General Kurt von Schleicher (parteilos), Dezember 1932 bis Januar 1933:
Ziel: Spaltung der NSDAP und Herstellung einer parlamentarischen Mehrheit durch die bürgerlichen Parteien und die SPD. Rücktritt nach Scheitern seiner Pläne. Hindenburg ernennt am 30. Januar 1933 Adolf Hitler zum Reichskanzler.

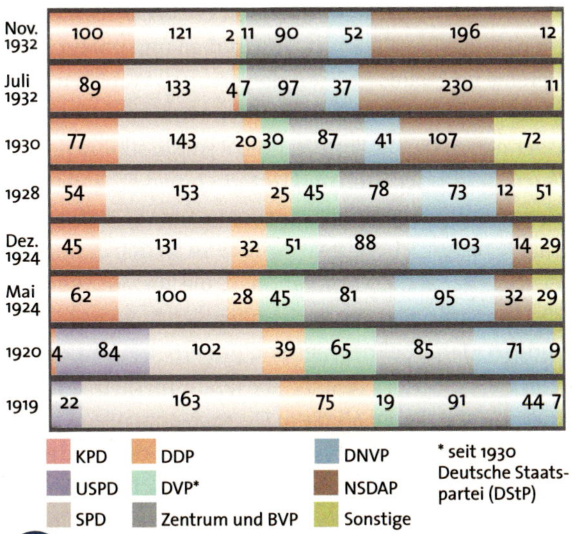

M12 Sitzverteilung in der Nationalversammlung 1919 und im Deutschen Reichstag 1920–1932

M13 Handlungsspielräume?

Der Historiker Heinrich August Winkler schrieb 1993:

Seit Hindenburg 1925 erstmals in das höchste Staatsamt gewählt worden war, gab es keine Gewähr mehr dafür, dass der Reichspräsident sich im Ernstfall als Hüter des Geistes der Verfassung erweisen würde. Die parlamentarische Demokratie zerbrach fünf Jahre später daran, dass sie das Gros der Machteliten gegen sich und die demokratischen Parteien nicht mehr entschieden hinter sich hatte. Die anschließende Radikalisierung war eine zwangsläufige Reaktion auf die wirtschaftliche Depression und die Verselbstständigung der Exekutivgewalt. Nicht zwangsläufig war die Machtübertragung an Hitler. Aber um die Katastrophe abzuwenden, die am 30. Januar 1933 begann, hätte es eines tragfähigen … Konsenses zwischen der Präsidialmacht und der demokratischen Minderheit des Parlaments bedurft. Dass es dieses Mindestmaß an Übereinstimmung nicht gab, hat den Weg für Hitler frei gemacht.

Heinrich August Winkler, Weimar 1918–1933, München (Beck) 1993, S. 609.

9 Erläutere anhand der Informationen auf S. 46 und M9 bis M11 die politische, soziale und wirtschaftliche Lage in Deutschland um 1930.

10 Prüfe die im Darstellungstext S. 46 formulierte These vom Machtverlust des Parlaments anhand von M12, M13 und des Kastens auf dieser Seite.

11 Beschaffe dir Informationen zur Biografie Hindenburgs. Beschreibe und bewerte seine Rolle beim Scheitern der Weimarer Demokratie.

12 Erörtere anhand der Informationen auf den Seiten 45–49 Handlungsspielräume der politischen Kräfte in der Weimarer Demokratie.

13 Unter der Internetadresse www.weimarer-wahlen.de (nur für PC lesbar) findest du Informationen über Parteien und Wähler in der Weimarer Republik. Verschaffe dir einen Überblick über das Angebot der Website und berichte in der Klasse. Überlege, welche Kenntnisse sich über die Wählerschaft der Nationalsozialisten gewinnen lassen.

Faschismus in Italien

M1 **Mussolini vor dem Kolosseum in Rom,** Plakat, 1936.

„Wir sind gegen das bequeme Leben!“

Mit diesem Satz beschrieb Benito Mussolini (1883 bis 1945) einem finnischen Philosophen den Kern des Faschismus. Benito Mussolini („Duce“), bis 1914 Sozialist und Redakteur des sozialistischen „Avanti“, hatte schon während des Ersten Weltkriegs politische Gesinnungsgenossen um sich geschart. Nach Kriegsende schlossen sich ihnen junge Offiziere und Soldaten an, denen es schwerfiel, ins Zivilleben zurückzukehren. Diese rechtsradikalen „fasci di combattimento“ (Kampfbünde) organisierten sich militärisch und gaben sich auch durch ihre uniforme Kleidung – schwarze Hemden – den Anschein einer Militärtruppe. Sie erhielten Zulauf von Schülern und Studenten, vor allem aber von Handwerkern, Bauern, Angestellten und Beamten, also von Angehörigen der Mittelschicht, die sich vor einer sozialistischen Revolution fürchteten.

Krise in Staat und Gesellschaft

Tatsächlich befand sich das Italien der Nachkriegszeit in einer tiefen Krise. Viele Italiener hatten mit dem Versailler Vertrag 1919 vergeblich auf Landgewinne um die Adria gehofft. Vor allem Angehörige des Bürgertums und Adels deuteten den „verstümmelten Sieg“ als Beweis für die Schwäche der linksliberalen Regierung. Sie sahen den ganzen Staat in eine Krise geraten, weil es der Regierung nicht gelang, Streiks und Fabrikbesetzungen zu verhindern, mit denen die Industriearbeiter Lohnerhöhungen und ausreichende Arbeitsplätze erreichen wollten.
Gleichzeitig nahmen die Auseinandersetzungen zwischen Großgrundbesitzern, Landarbeitern und Kleinbauern, die eine Landreform forderten, zu. Auch hier blieb die Regierung passiv. Dafür wurden die Stoßtrupps der militanten Faschisten aktiv. Justiz, Polizei, Militär ließen sie gewähren, Industrielle und Großgrundbesitzer unterstützten sie finanziell.

Die Machtübernahme

Im Herbst 1922 inszenierte Mussolini mit 40 000 Faschisten den „Marsch auf Rom“, mit dem er dem Regierungsanspruch seiner 1921 gegründeten Faschistischen Nationalpartei (PNF) Nachdruck verleihen wollte. Sein Plan ging auf: Der regierende Ministerpräsident trat zurück und Ende Oktober ernannte der italienische König Mussolini zu dessen Nachfolger.
In den folgenden drei Jahren bauten die Faschisten ihre Position aus: durch Propaganda, durch Terror, aber auch durch gesetzliche Maßnahmen. Beispielsweise wurden die Pressefreiheit aufgehoben und politische Vereine verboten. 1929 fanden erstmals Wahlen mit Einheitslisten statt, d. h., die Wähler konnten nur für oder gegen die gesamte Kandidatenliste stimmen. Auch Gewerkschaften und Unternehmerverbände wurden seit 1926 schrittweise „vereinheitlicht“ und unter staatliche Aufsicht gestellt. Von 1934 an gab es nur noch so genannte Korporationen, die aus Vertretern der Faschistischen Partei, der öffentlichen Verwaltungen, der Arbeitnehmer und Arbeitgeber bestanden. Von 1922 bis 1943 bestand die faschistische Diktatur in Italien – also länger als die in Deutschland. Allerdings lassen sich die politischen Verhältnisse in den beiden Staaten schwer vergleichen. Im faschistischen Italien beanspruchten Kirche, Königshaus, Militär, aber auch einflussreiche Kreise der Wirtschaft und Verwaltung weiterhin, in politischen Fragen mitzubestimmen.

M2 „Tatsachen“ des Faschismus

Am 20. September 1922 hielt Mussolini in Udine eine Rede, die später als „Jungfernrede des Faschismus“ galt:

Ich bin für straffeste Disziplin, und zwar müssen wir in erster Linie und in aller Strenge uns selbst disziplinieren, sonst haben wir kein Recht, die Nation in Zucht und Ordnung zu halten. Nur Manneszucht in der Nation verschafft Italien Gehör bei den Regierungen anderer Länder … Wir verwerfen die demokratische Lehre, wonach man immer nur mit Predigten und Unterweisungen in mehr oder minder milder Weise vorgehen soll. Zu gegebener Zeit muss Disziplin in Form eines Befehls oder eines Gewaltaktes an den Tag treten … Das Recht zu befehlen kann einzig und allein durch Gehorsam erworben werden, durch den demütigen und geheiligten Stolz auf den eigenen Gehorsam …
Gewalt ist nicht unmoralisch, sie ist im Gegenteil manchmal moralisch … Ende Juli und im August haben wir nach systematischer Anwendung von Gewalt binnen achtundvierzig Stunden erreicht, was wir mit Predigten und Unterweisungen nicht in achtundvierzig Jahren erreicht hätten … Ihr wisst, ich bin kein Verehrer dieser neuen Gottheit, der Masse. Sie ist eine Schöpfung der Demokraten und der Sozialisten. Nur weil sie zahlreich sind, sollen sie Recht haben. Das ist falsch … Jedenfalls haben wir geschichtliche Beweise dafür, dass tief eindringende Veränderungen in der menschlichen Gesellschaft stets zuerst von Minderheiten, einer Hand voll Menschen, herbeigeführt worden sind.

Reden, die die Welt bewegten, 10. Aufl., Stuttgart (Mundus) 1989, S. 287 ff.

Faschismus

Beeinflusst von Herrschafts- und Elitetheorien des 19. Jahrhunderts, gründete der ehemals revolutionäre Sozialist Benito Mussolini 1919 die „Fasci di Combattimento“. Ihr Symbol war das Liktorenbündel, ihr Gruß der antike Gladiatorengruß. Ziel der nationalistischen, sozialrevolutionären Bewegung war ein straff geführter Einparteienstaat; sie lehnte kommunistische und parlamentarisch-demokratische Vorstellungen strikt ab.
Durch Mussolinis aufwändiges „Inszenieren“ seiner Führerrolle („Duce“) und der „kämpferischen Kraft“ der Bewegung wurde der Faschismus zum Vorbild ähnlich totalitärer und militaristischer Strömungen in anderen Ländern. Deshalb wird Faschismus als Sammelbegriff z. B. auch auf den deutschen Nationalsozialismus und Francos Herrschaftssystem in Spanien angewandt.

M3 Gemeinsam für die richtige Verteilung des Reichtums sorgen

Am 6. Oktober 1934 sagte Mussolini zu Industrie- und Landarbeitern in Mailand:

Der Faschismus erklärt die wahrhaftige und grundlegende Gleichheit aller Individuen gegenüber der Arbeit und gegenüber der Nation. Der Unterschied liegt nur in der Höhe und dem Umfang der einzelnen Verantwortlichkeiten …
Was bedeutet diese höhere soziale Gerechtigkeit? Sie bedeutet gesicherte Arbeit, gerechten Lohn, würdige Wohnung, sie bedeutet die Möglichkeit, sich unaufhörlich zu entwickeln und zu verbessern …
Wenn das vergangene Jahrhundert das Jahrhundert der Macht des Kapitals war, so ist dieses 20. Jahrhundert das der Macht und des Ruhmes der Arbeit. Ich sage euch, dass es der modernen Wissenschaft gelungen ist, die Möglichkeiten des Reichtums zu vervielfachen; die Wissenschaft muss, vom Willen des Staates überwacht und angestachelt, das andere Problem lösen: das Problem der Verteilung des Reichtums, sodass die unlogische, paradoxe und gleichzeitig grausame Erscheinung des Elends mitten im Überfluss nicht mehr vorkomme.

Zit. nach Benito Mussolini, Reden und Gesetze, hg. von Erwin von Beckenrath u. a., Stuttgart (Deutsche Verlags-Anstalt) 1936, S. 153 ff.

1 Erstelle anhand der Informationen dieser Doppelseite einen chronologischen Überblick über den Faschismus in Italien. Unterscheide zwischen innen- und außenpolitischer Entwicklung.

2 Erarbeite M2 nach der Methode „Eine politische Rede untersuchen“ (siehe Methodenübersicht).

3 Versetze dich an die Stelle einer Zuhörerin/eines Zuhörers Mussolinis. Welche Botschaften teilt er in M3 offen mit, welche „versteckt“?

Wenn Bilder lügen

Original, Fälschung, Bearbeitung?

Nicht erst seitdem es möglich ist, Bilder digital zu bearbeiten, werden auf Fotos und Gemälden festgehaltene Szenen verändert. In vielen Fällen versuchten Zeitungen oder Zeitschriften, die von ihnen aufgestellten Behauptungen durch ein Bild zu untermauern. Oft wurde dabei eine bewusste Fälschung vorgenommen. In den Fällen, in denen es eine freie Presse gibt, können solche Lügen häufig aufgedeckt werden. Gravierender sind solche Fälschungen, bei denen ein Staat bzw. eine ihm hörige Nachrichtenagentur die Manipulation vornimmt. Hier bleibt der Betrug der Öffentlichkeit meist verborgen. Aus der Geschichte totalitärer Staaten wie der Sowjetunion unter Stalin oder NS-Deutschland sind viele solcher Fälschungen bekannt: Personen, die in Ungnade gefallen waren, „verschwanden" von öffentlich verbreiteten Bildern. Oft wurden Szenen retuschiert oder dadurch umgestaltet, dass man verschiedene Fotos zu einem neuen Foto montierte.
Die Fotos auf dieser Seite zeigen die beiden faschistischen Diktatoren Adolf Hitler und Francisco Franco bei ihrem einzigen Treffen am 23. Oktober 1940 auf dem Bahnhof des französischen Städtchens Hendaye nahe der französisch-spanischen Grenze. Die spanische Nachrichtenagentur Efe verbreitete im Auftrag des Franco-Regimes Fotos von diesem Treffen, die zu den bekanntesten Fotos der Agentur zählen. Erst im Oktober 2006 hat Efe bekannt gegeben, dass zwei dieser Fotos retuschiert bzw. montiert wurden.

1 Untersucht die Materialien M1 und M2 mithilfe der Arbeitsschritte „Fotos analysieren" (siehe Methodenübersicht).

2 Vergleicht jeweils Original und Fälschung hinsichtlich ihrer Aussage. Welche Absicht war mit den Veränderungen des Originalfotos verbunden?

3 Ermittle die Absichten, die der Autor in M3 mit den veränderten Details in M2 in Verbindung bringt.

4 Versuche zu erklären, warum die Fälschung der Bilder erst so spät öffentlich gemacht wurde. Suche dabei nach Hinweisen in M3 und im Kasten.

Francisco Franco (1892–1975)

Franco wurde am 4. Dezember 1892 in El Ferrol als Sohn eines Marineoffiziers geboren.
Nach einer steilen militärischen Karriere wurde er bereits 1926 zum General ernannt.
Als Kommandeur der Fremdenlegion unterdrückte Franco 1934 in Asturien einen großen Arbeiteraufstand, der sich gegen die neue rechtskonservative Regierung Spaniens richtete. Aufgrund seines harten Kurses gegen die Aufständischen erhielt er Anerkennung von der politischen Rechten und wurde zum Oberbefehlshaber der Armee ernannt.
1936 setzte die neu gewählte linke Volksfrontregierung Franco als Oberbefehlshaber ab.
Im Juli 1936 übernahm Franco nach einem Militäraufstand rechtsgerichteter und faschistischer Offiziere gegen die linke Regierung die führende Rolle der Putschisten im Spanischen Bürgerkrieg. Hitler und Mussolini leisteten umfangreiche Waffenhilfe. Innenpolitisch stützte der Diktator sich auf die Armee, die faschistische Einheitspartei Falange Española und die katholische Kirche. Im April 1939 trat Spanien dem Antikominternpakt[1] bei, blieb aber anschließend im Zweiten Weltkrieg neutral, da es noch unter den Folgen des Bürgerkrieges litt. Bei einem Treffen mit Hitler 1940 widersetzte sich Franco dessen Drängen, auf der Seite Deutschlands in den Krieg einzutreten, erlaubte ihm aber die Anwerbung spanischer Soldaten für den Krieg gegen die Sowjetunion. Aus seinem scharfen Antikommunismus heraus unterstützte er prinzipiell Hitlers Vernichtungskrieg.
Nach dem Zweiten Weltkrieg erlangte Spanien nach und nach die Anerkennung des Westens und erwirkte schließlich 1970 die Aufnahme in die Europäische Wirtschaftsgemeinschaft (EWG). 1969 erklärte Franco Prinz Juan Carlos (geb. 1938) zu seinem Nachfolger und zukünftigen König. Francisco Franco starb am 20. November 1975 in Madrid.

1 Der Antikominternpakt war ein Abkommen zwischen dem Deutschen Reich, Japan und anderen Gegnern der Kommunistischen Internationale. Sie verpflichteten sich zu Neutralität im Falle eines nicht provozierten Angriffs der Sowjetunion sowie dazu keine Verträge mit der Sowjetunion abzuschließen, die dem antikommunistischen Geist des Abkommens zuwiderliefen.

M1 **Originalaufnahme,** Foto, 23. Oktober 1940. Hitler und Franco bei ihrem einzigen Treffen in Hendaye in Südfrankreich.

M2 **Fälschung,** retuschiertes Foto, nach dem 23. Oktober 1940. Das von der spanischen Nachrichtenagentur in Umlauf gegebene Foto des Treffens von Hitler und Franco.

M3 Das Motiv für die Fälschung

Die „Frankfurter Allgemeine Zeitung" kommentierte die Fälschungen nach der Bekanntgabe durch Efe folgendermaßen:

Beim ersten [der gefälschten Fotos] verwandelten die Retuscheure der staatlichen Nachrichtenagentur das runde, eher tumb wirkende Gesicht des Caudillo, den die Kamera mit geschlossenen Augen erwischte, entsprechend spanischer Propagandaabsicht durch einfaches Überkleben in das klar nach vorn blickende Antlitz eines echten Diktators. Die rechte Hand, deren Finger auf dem Originalfoto krampfhaft ausgestreckt scheinen, wurde durch Beschneiden dem militärisch-kontrollierten Gesamtausdruck angepasst. Als dritte Maßnahme erhöhte Efe die Lichtwerte in der rechten Bildhälfte, sodass sich die Aufmerksamkeit des Betrachters auf den kleineren der beiden Diktatoren richtet.

Die Mühe ist begreiflich, denn über die Begegnung zwischen Hitler und Franco kursieren in Spanien bis heute zahlreiche Deutungen, die das politische Interesse der Deuter widerspiegeln. Nach dem Zusammenbruch des Nationalsozialismus ließ Franco, der den Spanischen Bürgerkrieg unter anderem mit der militärischen Hilfe Deutschlands und Italiens gewonnen hatte, verbreiten, bei der neunstündigen Begegnung mit Hitler habe er den deutschen Forderungen eisern widerstanden und sich trotz verbaler Drohungen seines mächtigen Gegenübers nicht in den Zweiten Weltkrieg ziehen lassen. Bis heute geben Geschichtsrevisionisten[1] die spanische Neutralität, also die Ruhepause für ein vom Bürgerkrieg geschundenes Land, als große strategische Leistung Francos aus. Sie bildete das Fundament für die internationale Rehabilitierung[2] in den fünfziger Jahren und die nahtlose Eingliederung Spaniens ins westliche Lager …

Paul Ingendaay, Augen zu und durch, in: FAZ vom 19. Oktober 2006, S. 35.

1 Geschichtsrevisionisten versuchen bestimmte historische Tatsachen umzudeuten.
2 Bezeichnet hier die Wiederherstellung verlorengegangener Glaubwürdigkeit oder Ehre.

Faschismus in Europa

Faschistische Bewegungen nach dem Ersten Weltkrieg

Während sich in den USA die Demokratie behauptete und in Russland durch die Revolution die Kommunisten die Macht übernahmen, entstanden in vielen europäischen Ländern faschistische Bewegungen, die sich an Mussolinis Beispiel in Italien orientierten.

Nicht alle erreichten ihr Ziel, die Regierungsmacht zu übernehmen. In Deutschland kamen 1933 Adolf Hitler und die NSDAP an die Regierung; mit deutscher Unterstützung übernahmen während des Zweiten Weltkriegs auch in Ungarn, Rumänien und Jugoslawien Faschisten die Macht. In anderen Ländern blieben faschistische Gruppen jedoch politisch weitgehend wirkungslos.

In Spanien kam es 1936 unter Führung des Generals Francisco Franco zu einem Putsch gegen die linksrepublikanische Regierung. An dem nachfolgenden Bürgerkrieg (1936–1939) beteiligten sich die faschistischen Mächte Deutschland und Italien und verhalfen den Putschisten zum Sieg. Franco führte bis 1975, gestützt auf Armee und die „Falange"-Partei, ein streng autoritäres (unbedingt Gehorsam forderndes) Regime, das viele Wissenschaftler als faschistisch bewerten.

Auch wenn die faschistischen Bewegungen sich in den einzelnen Ländern unterschiedlich etablierten (breitmachten) und ihre Ziele umsetzen konnten, lassen sich im Rückblick Gemeinsamkeiten feststellen: Sie waren antidemokratisch, antikommunistisch, nationalistisch und militaristisch orientiert. Sie strebten nach autoritären, nach diktatorischen Herrschaftsformen und zögerten nicht, Gewalt und Terror einzusetzen – gegen politische Gegner und Unbeteiligte. Sie waren geprägt von rassistischem Gedankengut – allerdings keine so stark wie der deutsche Nationalsozialismus.

Warum breitete sich der Faschismus gerade nach dem Ersten Weltkrieg in Europa aus? Damit haben sich viele Wissenschaftler auseinandergesetzt. Zwei Antworten werden hier vorgestellt. Sie helfen auch zu klären, ob der Faschismus ein einmaliges Phänomen ist, das aufgrund besonderer historischer Bedingungen entstanden ist oder sich wiederholen kann.

M1 General Franco in Burgos, der Hauptstadt der „nationalspanischen" Gegenregierung, Foto, 1936

1 Untersuche mithilfe der Karte auf S. 90 das Vordringen von faschistischen Diktaturen in Europa.

2 Überprüfe, ob sich in M1 und M2 Kennzeichen faschistischer Bewegungen zeigen. Suche nach Erklärungen.

3 Teilt die Klasse und erarbeitet gruppenteilig M3A und M3B.

M2 Die „Eiserne Garde" in Rumänien, Foto, Oktober 1940

M3 Ursachen für den Faschismus nach dem Ersten Weltkrieg

Der Politikwissenschaftler Reinhard Kühnl schrieb 1998:

3A [Der Erste Weltkrieg] war im Vergleich zu früheren Kriegen nicht nur mit qualitativ weiterentwickelten Waffensystemen, sondern auch mit dem Einsatz aller Kräfte der gesamten Gesellschaft ... geführt worden. Deshalb war nicht nur die Vernichtungstendenz dieses ... Krieges ... weitaus größer, sondern auch seine Prägekraft gegenüber der Generation, die diesen Krieg erlebt hatte. So nahm einerseits die Antikriegsbewegung, getragen insbesondere von der Arbeiterbewegung, nach 1918 einen gewaltigen Aufschwung ... Andererseits hatte das Erlebnis des Krieges, der „Schicksalsgemeinschaft" der Frontsoldaten ... bei Millionen von Menschen ... eine allgemeine Brutalisierung ihrer Gefühls- und Vorstellungswelt [bewirkt] ... und die Wut gegen diejenigen, die ... das Kriegserlebnis „in den Schmutz zogen" ... Sie organisierten sich also in Soldatenverbänden und Bürgerwehren, bekämpften die Arbeiterbewegung als ihren Hauptfeind, verachteten die Demokratie als schlappe und handlungsunfähige Staatsform und sahen in Führertum und Diktatur den einzigen Ausweg ...
Der Weltkrieg hatte ... durch die gewaltigen Opfer, die der Bevölkerung auferlegt wurden ..., dem Protest gegen die bestehende Gesellschaftsordnung enormen Auftrieb gegeben ... Diese Entwicklung war für die besitzenden Schichten umso bedrohlicher, als in Russland ... der revolutionäre Umsturz gelungen war ...
Die 1929 einsetzende Wirtschaftskrise führte in allen kapitalistischen Ländern zu Millionenmassen von Arbeitslosen ... Große Bevölkerungsmassen wurden von Angst und Verzweiflung ergriffen ..., verloren das Vertrauen zu den politischen Kräften und Repräsentanten, denen sie bisher vertraut hatten ... So gewannen ... faschistische Bewegungen an Boden, die als Ausweg proklamierten (erklärten): die Abschaffung der Demokratie; ... die Errichtung eines starken, handlungsfähigen, autoritären Staates, der mit inneren und äußeren Feinden fertig werden könnte; die Ausschaltung der Arbeiterbewegung ... und schließlich die Ausschaltung „volksfremder Elemente", die im Verdacht standen, die biologische Grundlage der nationalen Einheit und Handlungsfähigkeit zu zerstören.

Reinhard Kühnl, Faschismus, 4. überarb. Aufl., Heilbronn (Distel) 1998, S. 97–103.

Der amerikanische Historiker Stanley Payne schrieb 1995:

3B Der Erste Weltkrieg ... kostete zehn Millionen Soldaten das Leben. Er fegte alle bedeutenden Regierungen und Dynastien Mittel- und Osteuropas hinweg ... Der lang anhaltende Trend zu liberaler Demokratie und einer repräsentativen Regierungsform wurde infrage gestellt und verkehrte sich in einigen Gebieten in sein Gegenteil. Das führte zu einer Brutalisierung des politischen Lebens, die politische Gewalt natürlich, ja normal erscheinen ließ ... Die Tendenz zu Optimismus und Fortschrittsglauben, die für die vorangegangenen anderthalb Jahrhunderte charakteristisch gewesen war, [wurde] zunehmend bezweifelt und häufig verworfen ...
Der Krieg setzte die politischen Systeme aller Beteiligten erheblichen Belastungen aus. Während die stabilen westeuropäischen demokratischen Ordnungen mit verschiedenen Formen der Koalitionsregierungen der „nationalen Einheit" reagieren konnten, verschlechterte sich die Situation in Mittel-, Süd- und Osteuropa weiter. Das zaristische Regime Russlands ... zerbarst unter den neuen Erschwernissen ...
In den neutralen Ländern Spanien und Portugal destabilisierten Spannungen, die auf den Krieg zurückzuführen waren, schon bald die Regierungen ... In Griechenland stürzte man sowohl die Regierung als auch den König ...
Die neue Situation leistete größeren Übeln und wachsenden Zerstörungstendenzen Vorschub. Dies wurde durch eine unzulängliche Friedensvereinbarung verschärft ... Der Erste Weltkrieg hat jedoch nicht einfach den Faschismus „verursacht", denn die meisten Konzepte, aus denen der Faschismus hervorging, existierten bereits. Es lief darüber hinaus kein ... Prozess ab, der die Herrschaft des Faschismus in einem erheblichen Teil Europas zwingend herbeigeführt hätte.
Entsprechende Entwicklungen waren Folgen der Nachkriegspolitik ... Gleichwohl brachte der Krieg eine neue Brutalisierung des öffentlichen Lebens ... sowie eine Verstärkung nationalistischer Konflikte ... mit sich, ohne die der Faschismus in der folgenden Generation nicht hätte triumphieren können.

Stanley Payne, Geschichte des Faschismus (1995), dt. Ausgabe, Berlin (Propyläen) 2001, S. 100–110.

Die Machtübertragung in Freiburg im Breisgau

Die soziale Lage in Freiburg 1933

Von der Ernennung des Nationalsozialisten Adolf Hitler zum Reichskanzler am 30. Januar 1933 erfuhren die meisten Einwohner in Freiburg im Breisgau erst am nächsten Tag aus ihrer Zeitung. Wie verlief die „Machtübertragung" auf örtlicher Ebene? Wie verhielten sich Beteiligte und Betroffene?

Die deutsche Niederlage im Ersten Weltkrieg hatte für Baden eine besonders einschneidende Wirkung. Während des Kaiserreiches hatte Baden enge wirtschaftliche Verbindungen zum Elsass auf der linken Seite des Rheins aufgebaut. Die Abtretung von Elsass-Lothringen an Frankreich, wie sie im Versailler Vertrag verfügt wurde, zerstörte diese gewachsenen Verbindungen. Aber die schlechte wirtschaftliche Lage in Baden vor der Machtübertragung an die Nationalsozialisten war nur zu einem geringeren Teil diesem regionalen Problem geschuldet. Die Handelskammer Freiburg selbst sah die Hauptursache der Wirtschaftskrise nach 1929 nicht in der ungünstigen Grenzlandlage, als vielmehr in schlechten nationalen und internationalen Rahmenbedingungen.

1925 gab es in Freiburg noch 16911 Erwerbstätige in Industrie und Handwerk, 1933 waren es nur noch 12727. Wer vorher lange genug in die Arbeitslosenversicherung eingezahlt hat, bekam 20 Wochen lang Arbeitslosenunterstützung, danach musste er zum Fürsorgeamt, wo er eine finanzielle Unterstützung bekam, die nicht einmal eine ausreichende Ernährung gewährleistete. Um hier etwas abzuhelfen, richtete das Fürsorgeamt in Freiburg eine Volksküche ein, die für einen geringen Preis warme Mittagessen ausgab. Den „Allerärmsten" standen vier städtische Suppenküchen offen, in denen ein Liter Suppe und 150 Gramm Brot unentgeltlich ausgeteilt wurden.

M1 Wahlergebnisse in Freiburg

	31.7.1932	6.11.1932	5.3.1933
Zentrum	34,1	31,6	29,4
SPD	17,3	15,5	14,2
NSDAP	29,6	22,4	35,8
KPD	9,6	12	7,9
DVP+DNVP	7,2	13	–

Ausschaltung der Gegner

Die Machtübertragung an die Nationalsozialisten am 30. Januar 1933 alarmierte ihre politischen Gegner. Die Zeitung der Freiburger Sozialdemokraten „Volkswacht" titelte schon ein paar Stunden, bevor Hitler zum Reichskanzler ernannt wurde: „Alarm". Die Erfahrungen der vergangenen Jahre zeigten, dass die Kampfverbände der Nationalsozialisten nicht vor gewaltsamen Übergriffen zurückschreckten, worunter in erster Linie Juden und Vertreter der Arbeiterbewegung zu leiden hatten. Die Arbeiterbewegung war seit dem Ersten Weltkrieg gespalten in einen gemäßigten (SPD) und einen radikalen Flügel (KPD). Die KPD war seit dem Reichstagsbrand am 27. Februar 1933 massiven Verfolgungen ausgesetzt, da die Nationalsozialisten die Kommunisten für den Reichstagsbrand verantwortlich machten. Kommunistische Zeitungen und Versammlungen wurden verboten, zahlreiche Mitglieder und Funktionäre verhaftet und der Wahlkampf der KPD für die Wahlen am 5. März 1933 wurde massiv gestört.

Der SPD erging es nicht besser. Nach den von den Nationalsozialisten gewonnenen Wahlen vom 5. März 1933 gingen diese Schlag auf Schlag gegen die Gegner vor. Das Gewerkschaftshaus wurde unter einem politischen Vorwand geschlossen und mehrere Funktionäre verhaftet. Als am frühen Morgen des 17. März 1933 zwei Polizeibeamte die Wohnung des SPD-Landtagsabgeordneten Christian Daniel Nussbaum in Freiburg durchsuchen wollten, verlor dieser die Nerven, schoss auf die Polizisten und traf sie tödlich. Obwohl die Behörden in dieser Tat keinen Akt des politischen Widerstandes sahen, weil Nussbaum sich zu diesem Zeitpunkt in psychiatrischer Behandlung befunden hatte, nutzten die Nazis den Vorfall zu einem noch schärferen Vorgehen gegen die Arbeiterparteien.

Endgültig wurde die SPD im April und Mai desselben Jahres aus dem politischen Leben Freiburgs verdrängt, als die Kommunalparlamente „gleichgeschaltet" wurden. Die Nationalsozialisten sorgten in den Kommunalparlamenten für eine Mehrheit der NSDAP, indem viele Kommunalpolitiker der anderen Parteien zum Rücktritt gezwungen oder bei Sitzungseinladungen einfach übergangen wurden.

Gleichschaltung der kommunalen Verwaltung und der Universität

Die Gleichschaltung der Stadtverwaltung begann mit einem Streit um das Amt des Oberbürgermeisters. Anlass war, dass der amtierende Oberbürgermeister Bender in Zusammenhang mit der Erschießung der beiden Polizeibeamten durch den SPD-Landtagsabgeordneten Nussbaum am 17. März 1933 von einem „schweren Unglück" sprach und nicht von einem „Marxistenmord". Daraufhin forderte der NSDAP-Kreisleiter Kerber die Amtsenthebung Benders. Am 9. April 1933 bat Bender den Stadtrat um einen Erholungsurlaub. Daraufhin setzte die badische Regierung Kerber kommissarisch zum Oberbürgermeister ein.

Bei einigen wenigen Führungspositionen in der Stadtverwaltung wurden jetzt Personalwechsel vorgenommen. Allerdings fällt auf, dass in Freiburg vieles beim Alten blieb. Die Zerschlagung der Arbeiterbewegung, der Boykott jüdischer Geschäfte sowie der Kampf gegen so genannte Schmutz- und Schundliteratur wurden von weiten Teilen der Bevölkerung widerspruchslos hingenommen und z. T. sogar begrüßt.

Der Wechsel an der Spitze der Universität hat weit über die Grenzen der Stadt hinaus Wirkung gezeigt. Eine Kampagne der örtlichen NS-Zeitung gegen den amtierenden Rektor der Universität von Moellendorff zwang diesen zum Rücktritt. An seiner Stelle übernahm der international bekannte Philosoph Martin Heidegger das Rektorat und erregte mit seiner Antrittsrede und seinem öffentlichen Beitritt zur NSDAP großes Aufsehen. Nach und nach wurden alle studentischen Gruppierungen aufgelöst, mit Ausnahme des NS-Studentenbundes. Fortan galten „Arbeitsdienst, Wehrdienst und Wissensdienst" als die drei Säulen der studentischen Ausbildung. Die Zulassung von jüdischen Studenten wurde zahlenmäßig begrenzt. Ferner wurde mithilfe des Gesetzes zur Wiederherstellung des Berufsbeamtentums gegen zahlreiche jüdische und politisch missliebige Hochschullehrer vorgegangen. Bis 1935 wurden 38 jüdische Dozenten entlassen und 135 Freiburger Wissenschaftlern die Doktorwürde entzogen. Die Universität setzte diesen Entwicklungen kaum Protest entgegen. Die zaghafte Opposition, die sich dennoch regte, war meist christlich motiviert. Die meisten Professoren schwiegen, die Mehrheit der Studenten feierte den Nationalsozialismus.

M2

Kinder des Freiburger Stadtteils Haslach in einer so genannten Suppenküche im Winter 1931/32, Foto

Vorschläge für Gruppenarbeit

Die Seiten 56–59 könnt ihr in Gruppenarbeit erschließen. Die einzelnen Gruppen können sich an folgenden Fragestellungen orientieren:

Gruppe 1: Ermittle aus dem Darstellungstext und M1–M4, was über die soziale Situation in Freiburg am Anfang der 1930er Jahre ausgesagt werden kann. Formuliere einen Zusammenhang zu den Erfolgen der Nationalsozialisten.

Gruppe 2: Beschreibe mithilfe des Darstellungstextes und M5 und M6 die Methoden der Nationalsozialisten bei der Ausschaltung ihrer Gegner.

Gruppe 3: Erläutere anhand des Darstellungstextes und M7–M9, was man unter Gleichschaltung versteht und wie die Nationalsozialisten dabei in Bezug auf die kommunale Verwaltung und die Universität vorgegangen sind. Benenne auch die Auswirkungen dieses Vorgangs für die Wissenschaft.

M3 Die Wirtschaftslage der Stadt 1931

Die Freiburger Handelskammer beschrieb die wirtschaftliche Lage der Stadt in ihrem Jahresbericht 1931 folgendermaßen:

Man kann ruhig sagen, dass ein Tiefstand erreicht wurde wie noch nie in der neueren Geschichte. Vollarbeit ist immer seltener geworden, Kurzarbeit oder Entlassungen meist an der Tagesordnung. Die Durchschnittsverringerung des Umsatzes gegenüber dem letzten Jahr darf mit 15 bis 50 % angenommen werden. Während früher noch Inflationsexistenzen eingingen, wurden jetzt auch bisher gut gehende Geschäfte ein Opfer der Wirtschaftskatastrophe. Auch der gesunde Kern der Wirtschaft ist heute angegriffen.

Jahresbericht der Handelskammer für den Kreis Freiburg über das Jahr 1931, Freiburg, 1932, S. 9.

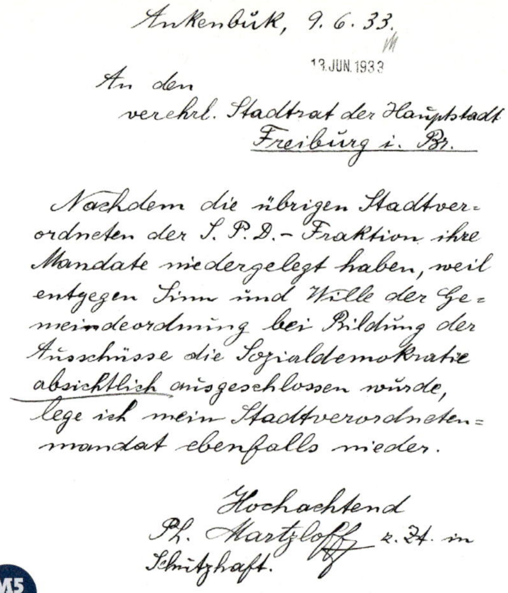
Ankenbuk, 9. 6. 33.

13. JUN. 1933

An den
verehrl. Stadtrat der Hauptstadt
Freiburg i. Br.

Nachdem die übrigen Stadtverordneten der S.P.D.-Fraktion ihre Mandate niedergelegt haben, weil entgegen Sinn und Wille der Gemeindeordnung bei Bildung der Ausschüsse die Sozialdemokratie absichtlich ausgeschlossen wurde, lege ich mein Stadtverordnetenmandat ebenfalls nieder.

Hochachtend
Ph. Martzloff z. Zt. in Schutzhaft.

M5 Brief von Philipp Martzloff (SPD), Fotoreproduktion, o. J.

M4 Städtische Fürsorge für Arme

Wer mindestens ein halbes Jahr in die Arbeitslosenversicherung einbezahlt hatte und arbeitslos wurde, bekam bis zu 20 Wochen lang Arbeitslosenunterstützung. Danach erhielt er – nach einem Übergang als „Krisenunterstützter" – Zuwendungen vom Fürsorgeamt, die jedoch keine ausreichende Ernährung gewährleisteten. Im Juli 1932 fasste der Freiburger Gemeinderat folgenden Beschluss:

Die Richtsätze für die Unterstützung der Fürsorgebedürftigen werden mit Wirkung vom 1. August 1932 wie folgt festgelegt:
1. Alleinstehende wöchentlich 8 bis 8,40 Reichsmark
2. Ehepaare ohne Kinder wöchentlich 10,20 Reichsmark
3. Zuschlag pro Kind wöchentlich 2,25 Reichsmark

Von den Unterstützungssätzen nach Ziffer 2 haben jeweils 20 von Hundert als Mietbeihilfe zu gelten. Für Ziffer 1 kommen Mietbeihilfen nicht in Frage. Der Fürsorgeausschuss wird ermächtigt, in besonders gelagerten Fällen weitere Mietzuschüsse im Rahmen des unbedingt Notwendigen zu bewilligen.

Zit. nach E.O. Bräunche, W. Köhler, H.-P. Lux, Th. Schnabel, 1933. Machtergreifung in Freiburg und Südbaden, Freiburg, 1983, S. 15.

M6 Plakat der NSDAP-Ortsgruppe in Bühl (nördlich von Freiburg), Fotoreproduktion, o. J.

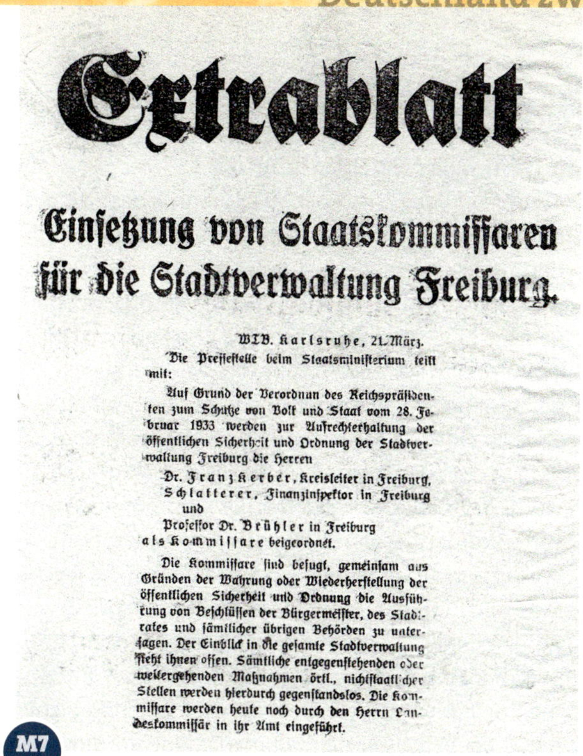

Extrablatt

Einsetzung von Staatskommissaren für die Stadtverwaltung Freiburg.

WTB. Karlsruhe, 21. März.

Die Pressestelle beim Staatsministerium teilt mit:

Auf Grund der Verordnun des Reichspräsidenten zum Schutze von Volk und Staat vom 28. Februar 1933 werden zur Aufrechterhaltung der öffentlichen Sicherheit und Ordnung der Stadtverwaltung Freiburg die Herren

Dr. Franz Kerber, Kreisleiter in Freiburg,
Schlatterer, Finanzinspektor in Freiburg
und
Professor Dr. Brühler in Freiburg
als Kommissare beigeordnet.

Die Kommissare sind befugt, gemeinsam aus Gründen der Wahrung oder Wiederherstellung der öffentlichen Sicherheit und Ordnung die Ausführung von Beschlüssen der Bürgermeister, des Stadtrates und sämtlicher übrigen Behörden zu untersagen. Der Einblick in die gesamte Stadtverwaltung steht ihnen offen. Sämtliche entgegenstehenden oder weitergehenden Maßnahmen örtl., nichtstaatlicher Stellen werden hierdurch gegenstandslos. Die Kommissare werden heute noch durch den Herrn Landeskommissär in ihr Amt eingeführt.

M7 **Extrablatt vom 22. März 1933: Einsetzung der Staatskommissare,** Fotoreproduktion

M9 **Plakat des NS-Studenten**

M8 **Gleichschaltung der städtischen Beamten,** Foto, 1933

Die „Machtergreifung" im eigenen Wohnort erforschen

Wie in eurem Ort die „Machtübertragung" an die Nationalsozialisten ablief, könnt ihr – ausgehend vom Beispiel Freiburg und mithilfe der Methodenseiten 190 f. – selbst erforschen. Erste Zugänge zu Quellenmaterial sind das Stadtmuseum und das Stadtarchiv. Wichtige Quellenarten sind Zeitungen, Akten der Stadtverwaltung und zeitgenössische Erinnerungen, die meistens in Heimatblättern und Gedenk- oder Jubiläumsschriften erschienen sind.

Errichtung und Ausbau der Diktatur

Adolf Hitler wird Reichskanzler

Der Ernennung Adolf Hitlers zum Reichskanzler durch Reichspräsident Hindenburg waren Beratungen der Reichsspitze mit führenden konservativen Politikern, aber auch Industriellen, Bankiers und Angehörigen der Reichswehr vorausgegangen. Sie wollten die Regierung, die mit der desolaten Wirtschaftslage und den Präsidialkabinetten seit 1930 in eine tiefe Krise geraten war, mit aller Macht stärken. Als Hindenburg am 30. Januar 1933 dem Führer der stärksten Partei im Reichstag, der Nationalsozialistischen Deutschen Arbeiterpartei (NSDAP), die Macht übertrug, hieß das aber nicht, dass die parlamentarische Demokratie gestärkt werden sollte. Im Gegenteil: Viele Kräfte hofften, dass die Regierung nun Maßnahmen ergreifen würde, um in Zukunft nicht mehr von den politischen Mehrheitsverhältnissen, insbesondere dem Verhalten der SPD, abhängig zu sein. Im Kabinett Hitlers saßen Deutschnationale und Nationalsozialisten. Die NSDAP befand sich in der Minderheit, denn ihr gehörten außer Hitler nur noch Wilhelm Frick (1877–1946) als Reichsinnenminister und Hermann Göring (1893–1946) als Reichsminister ohne Geschäftsbereich an; Joseph Goebbels (1897–1945) wurde erst im März 1933 Reichsminister für Volksaufklärung und Propaganda. Am 31. Januar 1933 beschloss das Kabinett Neuwahlen zum Reichstag für März. Wie gingen die Anhänger und die Gegner der neuen Regierung mit der veränderten politischen Lage um?

Stationen der Machterlangung

Am Abend des 27. Februar 1933 brannte das Gebäude des Reichstags. Hitler und Göring nutzten den Brand, dessen Ursache bis heute umstritten ist, als Vorwand, um gegen politische Gegner der Regierung vorzugehen. Sie brachten am nächsten Tag im Kabinett eine „Verordnung zur Abwehr kommunistischer staatsgefährdender Gewaltakte" durch, mit der wichtige Grundrechte wie Meinungsfreiheit, Versammlungsfreiheit oder das Postgeheimnis außer Kraft gesetzt wurden. Zahlreiche Anhänger der Kommunistischen Partei wurden verhaftet. In dieser Atmosphäre von Willkür und Terror fanden am 5. März 1933 die Reichstagswahlen statt. Das Ergebnis erfüllte nicht die Erwartungen der NSDAP. Sie erhielt zwar 43,9 Prozent der Stimmen, das reichte aber nicht für eine Zweidrittelmehrheit der Abgeordneten, die es Hitler ermöglicht hätte, per Verfassungsänderung das Notverordnungsrecht des Reichspräsidenten abzuschaffen und den Reichstag auszuschalten. Mit einer Mischung aus staatlicher Gewaltanwendung, Drohungen und Versprechungen gelang es ihm am 23. März 1933 mit Zustimmung der bürgerlichen Fraktionen, das so genannte Gesetz zur Behebung der Not von Volk und Reich („Ermächtigungsgesetz"*) durchzusetzen. Die Mandate der kommunistischen Abgeordneten waren für ungültig erklärt worden, die SPD-Fraktion stimmte dagegen. Damit konnte die Regierung vier Jahre lang ohne Zustimmung des Reichstags Gesetze erlassen.

M1

Der Fackelzug der Nationalsozialisten am Abend des 30. Januar 1933 in Berlin, Foto, 1936. Der abgebildete Fackelzug wurde für einen Propagandafilm nachgestellt, da es keine brauchbaren authentischen Fotos gab. Mehr als fünf Stunden paradierten 15 000 SA- und SS-Angehörige durch die Berliner Innenstadt. Auch in anderen deutschen Städten gab es ähnliche Feiern. Gegendemonstrationen waren verboten worden.

M2 Das Ermächtigungsgesetz im Deutschen Reichstag

Aus der Regierungserklärung Hitlers vom 23. März 1933, die er anlässlich der Abstimmung über das „Gesetz zur Behebung der Not von Volk und Reich" abgab:

2A Männer und Frauen des Deutschen Reichstags! ... Im November 1918 rissen marxistische Organisationen durch eine Revolution die vollziehende Gewalt an sich. Die „Errungenschaften der Revolution" waren im Gesamten genommen nur für kleinste Teile unseres Volkes angenehm ... Die nationalsozialistische Bewegung ... hat im Verein mit den anderen nationalen Verbänden nunmehr innerhalb weniger Wochen die seit dem November 1918 herrschenden Mächte beseitigt ... Ihr [Reichsregierung] Ziel muss die Konstruktion einer Verfassung sein, die den Willen des Volkes mit der Autorität einer wirklichen Führung verbindet ... [Die Regierung] bietet den Parteien des Reichstags die Möglichkeit einer ruhigen deutschen Entwicklung und einer sich daraus in der Zukunft anbahnenden Verständigung; sie ist aber ebenso entschlossen und bereit, die Bekundung der Ablehnung und damit die Ansage des Widerstands entgegenzunehmen. Mögen Sie, meine Herren, nunmehr selbst die Entscheidung treffen über Frieden oder Krieg.

M2A: Verhandlungen des Reichstags. VIII. Wahlperiode, Berlin, 1934, S. 25–32, zit. nach Erhard Klöss (Hg.), Reden des Führers, München (dtv) 1967, S. 93 ff.
M2B: Zit. nach Wolfgang Michalka (Hg.), Das Dritte Reich, Bd. 1, München (dtv) 1985, S. 33 ff.

Aus der Reichstagsrede des Abgeordneten Otto Wels (SPD) zum Ermächtigungsgesetz, 23. März 1933:

2B Nach den Verfolgungen, die die Sozialdemokratische Partei in der letzten Zeit erfahren hat, wird billigerweise niemand von ihr verlangen oder erwarten können, dass sie für das hier eingebrachte Ermächtigungsgesetz stimmt ... Noch niemals, seit es einen Deutschen Reichstag gibt, ist die Kontrolle der öffentlichen Angelegenheiten durch die gewählten Vertreter des Volkes in solchem Maße ausgeschaltet worden, wie es jetzt geschieht und wie es durch das neue Ermächtigungsgesetz noch mehr geschehen soll ... Wir haben gleiches Recht für alle und ein soziales Arbeitsrecht geschaffen. Wir haben geholfen, ein Deutschland zu schaffen, in dem ... auch Männern aus der Arbeiterklasse der Weg zur Führung des Staates offensteht ... Wir stehen zu den Grundsätzen des Rechtsstaates, der Gleichberechtigung, des sozialen Rechts ... Wir deutschen Sozialdemokraten bekennen uns in dieser geschichtlichen Stunde feierlich zu den Grundsätzen der Menschlichkeit und der Gerechtigkeit, der Freiheit und des Sozialismus. Kein Ermächtigungsgesetz gibt Ihnen die Macht, Ideen, die ewig und unzerstörbar sind, zu vernichten. Wir grüßen die Verfolgten und Bedrängten ... Ihre Standhaftigkeit und Treue verdienen Bewunderung.

M3 Sozialdemokraten und Kommunisten werden nach ihrer Festnahme durch die SA in der SA-Kaserne Friedrichstraße in Berlin zusammengetrieben, Foto, Ende März 1933. Bei Polizeiaktionen gegen Oppositionelle wurden bis Mitte März 1933 allein in Preußen etwa 10 000 Personen in „Schutzhaft" genommen, bis Ende Oktober 1933 waren 500 bis 600 ermordet und rund 100 000 inhaftiert worden.

1 Beschreibe mithilfe der Darstellungstexte dieser Doppelseite die Regierungsphase des Kabinetts Hitler zwischen Januar und März 1933 und zeige im Einzelnen das taktische Vorgehen.

2 Analysiere M2 (siehe Methodenübersicht). Vergleiche und beurteile die politischen Grundeinstellungen beider Redner.

M4 „Wie lange werde ich noch im Amt sein?"

Victor Klemperer (1881–1960), Professor für Romanistik an der Technischen Hochschule Dresden – 1935 wegen seiner jüdischen Herkunft entlassen –, notierte am 10. März 1933 in sein Tagebuch:

30. Januar: Hitler Kanzler. Was ich bis zum Wahlsonntag, 5. 3., Terror nannte, war mildes Prélude[1] … Acht Tage vor der Wahl die plumpe Sache des Reichstagsbrandes – ich kann mir nicht denken, dass irgendjemand wirklich [gesperrt gedr.] an kommunistische Täter glaubt statt an bezahlte [Hakenkreuz-]Arbeit. Dann die wilden Verbote und Gewaltsamkeiten. Und dazu durch Straße, Radio etc. die grenzenlose Propaganda. Am Sonnabend, 4., hörte ich ein Stück der Hitlerrede aus Königsberg. Eine Hotelfront am Bahnhof, erleuchtet, Fackelzug davor, Fackelträger und Hakenkreuz-Fahnenträger auf den Balkons und Lautsprecher. Ich verstand nur einzelne Worte. Aber der Ton! Das salbungsvolle Gebrüll … Am Sonntag wählte ich den Demokraten, Eva[2] Zentrum … Dann der ungeheure Wahlsieg der Nationalsozialisten … Und alle Gegenkräfte wie vom Erdboden verschwunden … Wie lange werde ich noch im Amt sein?

Victor Klemperer, Tagebücher 1933–1934, hg. von Walter Nowojski, Berlin (Aufbau TB) 1999, S. 8 f.

1 Vorspiel 2 Klemperers Ehefrau

M5 Reichskanzler Hitler und Reichspräsident von Hindenburg, Foto, 21. März 1933. Am „Tag von Potsdam" trat der neu gewählte Reichstag in der Potsdamer Garnisonkirche zusammen, in der sich die Gräber preußischer Könige befanden und Kaiser Wilhelm I. 1871 den ersten deutschen Reichstag eröffnet hatte.

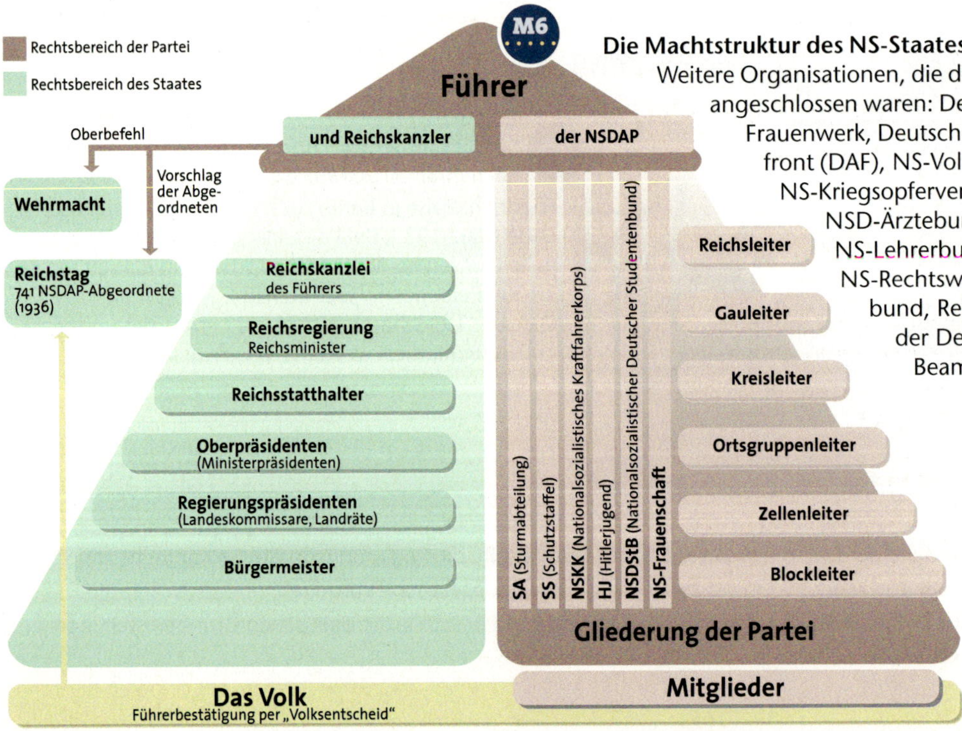

M6 Die Machtstruktur des NS-Staates. Weitere Organisationen, die der Partei angeschlossen waren: Deutsches Frauenwerk, Deutsche Arbeitsfront (DAF), NS-Volkswohlfahrt, NS-Kriegsopferversorgung, NSD-Ärztebund, NS-Lehrerbund, NS-Rechtswahrerbund, Reichsbund der Deutschen Beamten.

M7 „Wo gehobelt wird, fallen Späne"

Hermann Göring, Reichsminister und kommissarischer preußischer Innenminister, notierte am 11. März 1933:

Ich habe erst angefangen zu säubern, es ist noch längst nicht fertig. Für uns gibt es zwei Teile des Volkes: der sich zum Volk bekennt, ein anderer Teil, der zersetzen und zerstören will. Ich danke meinem Schöpfer, dass ich nicht weiß, was objektiv ist. Ich bin subjektiv. Ich stehe einzig und allein zu meinem Volke, alles andere lehne ich ab. Wenn sie [Gegner der NS-Politik] sagen, die Bevölkerung ist in furchtbarer Erregung, weil jüdische Warenhäuser vorübergehend geschlossen waren, so frage ich: Ist es nicht natürlich, wenn wir Deutschen endlich erklären: Kauft nicht bei Juden, sondern beim deutschen Volk ... Wenn sie sagen, da und dort sei einer abgeholt worden, so kann man nur erwidern: Wo gehobelt wird, fallen Späne. Wir haben jahrelang die Abrechnung mit den Verrätern angekündigt. Ruft nicht so viel nach Gerechtigkeit ... Man klagt über die Unterdrückung von Zeitungen. Wundert euch das? Mich wundert, dass sie noch existieren. Ich würde pflichtwidrig handeln, wenn ich länger dieses Gift ins Volk hineinträufeln ließe. Wenn wir auch vieles falsch machen, wir werden jedenfalls handeln ...

Zit. nach Wolfgang Michalka (Hg.), Das Dritte Reich, Bd. 1, München (dtv) 1985, S. 29 f.

M8 SA und SS: Kampfinstrumente der NSDAP

Aus dem „Almanach der nationalsozialistischen Revolution", einer Informationsschrift der NSDAP (1934):

SA. bedeutet Sturmabteilung ...: Sturmtrupp der nationalsozialistischen Bewegung zu sein, jeden sich ihr in den Weg stellenden Widerstand zu brechen, in rücksichtslosem Vorwärtsdrang der Idee den Weg zu bahnen – immer die Nächsten am Feind bis zum endgültigen Sieg!

SS. heißt Schutzstaffel. Im kleinen, engen Sinne gesehen zum Schutz der politischen Propaganda bestimmt. Weiter greifend: die Vertrauenstruppe des Führers für besondere Aufgaben – Hüter und Wächter des nationalsozialistischen Ideengutes und der Geschlossenheit der Bewegung. Einzelkämpfer, von denen der Führer besonders stark ausgeprägtes Verantwortungsgefühl und blinden Gehorsam fordert ... Ohne diese edelste, härteste Waffe des politischen Kampfes in Deutschland gäbe es keine nationale Erhebung und erst recht keine nationalsozialistische Revolution. Die aus dem Weltkrieg geborene nationalsozialistische Idee ist soldatisch durch und durch.

Zit. nach Wilhelm Kube, Almanach der nationalsozialistischen Revolution, Berlin (Brunnen) 1934.

3 Erörtere anhand von M1, M3 und M5 die These von den „zwei Gesichtern" der Nationalsozialisten.

4 Erarbeite, wie sich die politische Lage im März 1933 in den Tagebuchnotizen Klemperers (M4) widerspiegelt.

5 Setze dich kritisch mit den Aussagen in M7 auseinander. Achte besonders auf Formulierungen des Autors, in denen Wertungen deutlich werden.

6 Vergleiche M7 mit M2A hinsichtlich übereinstimmender Denkmuster.

7 Vergleiche die Regierungspolitik auf Reichsebene mit den Vorgängen in Freiburg (S. 56 ff.).

8 Beschreibe die Machtstruktur des NS-Staates (M6 und M8) und überlege, in welcher Weise die Menschen in ihrem alltäglichen Leben davon betroffen sein konnten.

Die Machtsicherung der NSDAP 1933

28. Februar Reichstagsbrandverordnung.

März Errichtung des ersten Konzentrationslagers in Dachau.

24. März Das Ermächtigungsgesetz tritt in Kraft: u. a. Übertragung des Gesetzgebungsrechts des Parlaments auf die Reichsregierung. Das Gesetz blieb nach mehrmaliger Verlängerung bis zum Ende des NS-Staates in Kraft.

31. März/7. April Gesetze zur Gleichschaltung* der Länder mit dem Reich.

7. April „Gesetz zur Wiederherstellung des Berufsbeamtentums": „Nichtarier" und politisch andersdenkende Beamte werden entlassen.

2. Mai Auflösung der Gewerkschaften; Gründung der „Deutschen Arbeitsfront" (DAF) als Zwangsorganisation aller Arbeitnehmer und Arbeitgeber.

Juni/Juli Verbot der SPD, Selbstauflösung der „bürgerlichen" Parteien.

14. Juli „Gesetz gegen die Neubildung von Parteien". Die NSDAP wird einzige zugelassene Partei.

Ideologie und Politik der Nationalsozialisten

Ideen und Ziele des Nationalsozialismus

Nach 1945 wurde immer wieder die Frage gestellt, warum die Nationalsozialisten in Deutschland so erfolgreich waren und am Ende nur durch das Eingreifen anderer Staaten niedergekämpft werden konnten. Mit welchen Ideen und Handlungen überzeugten die Nationalsozialisten die Mehrheit der deutschen Gesellschaft? Die neueren Forschungen ergeben ein immer deutlicheres Bild von den Ideen und Zielen der nationalsozialistischen Bewegung. Dabei ist erkennbar geworden, dass die Grundelemente ihrer Ideologie in Deutschland, aber auch in Europa seinerzeit weit verbreitet waren und sich an Vorstellungen orientierten, die in der österreichischen und deutschen Geschichte wurzelten.

Die Anschauungen Hitlers (1889–1945), die er bereits zwischen 1919 und 1924 niedergeschrieben hatte, erhielten mit dem Aufbau der NSDAP seit Mitte der 1920er Jahre ein immer stärkeres politisches Gewicht. Welche Gedanken Hitlers bildeten das Zentrum der nationalsozialistischen Ideologie? Welcher Zusammenhang zeigt sich zwischen Hitlers Gedankenwelt und der Verfolgung der jüdischen Bevölkerung seit 1933?

Jüdische Bürgerinnen und Bürger werden systematisch ausgegrenzt

Wer die Äußerungen Hitlers und seiner Parteigenossen schon vor 1933 kannte, musste sich große Sorgen über den Umgang der Nationalsozialisten mit der jüdischen Bevölkerung nach der Machtübernahme machen. Würden die neuen Machthaber ihren offen gezeigten Antisemitismus* in staatliche Maßnahmen umsetzen? Oder konnten die antisemitischen Äußerungen der Anhänger Hitlers in Aufmärschen und Versammlungen vor 1933 als Drohgebärden abgetan werden?

Zu Beginn des Regierungsantritts Hitlers bekannte sich eine halbe Million Einwohner, das waren 0,76 Prozent der Gesamtbevölkerung, zum Judentum. Trotz der teilweise verdeckten, teilweise offen gezeigten Judenfeindschaft erwiesen sich die Jahre der Weimarer Republik unter dem Schutz der demokratisch-liberalen Verfassung als vergleichsweise sicher – abgesehen davon, dass Juden von antisemitischer Propaganda und Aktionen nationalistischer und völkischer Gruppen immer wieder herabgewürdigt wurden. Dass das antisemitische Parteiprogramm der NSDAP zur staatlichen Politik erhoben werden konnte, vermochten sich Anfang 1933 selbst jüdische Organisationen noch nicht recht vorzustellen.

M1 Warum ich Nationalsozialist bin

Anhänger der Nationalsozialisten schilderten Anfang der 1930er Jahre die Gründe ihrer politischen Orientierung:

1A *Eine Hamburger Lehrerin (1932):* Wie viele sehen zu ihm [Hitler] auf in ergreifender Gläubigkeit als dem Helfer, Erretter, als dem Erlöser aus übergroßer Not. – Zu ihm, der den preußischen Prinzen, den Gelehrten, den Geistlichen, den Bauern, den Arbeiter, den Erwerbslosen aus der Partei rettet ins Volk hinein.

1B *Ein SA-Scharführer (1934):* Unsere Gegner irrten sich daher grundsätzlich, wenn sie uns als Partei der Wirtschaftspartei, den Demokraten oder den marxistischen Parteien gleichsetzten. Alle diese Parteien waren nur Interessenverbände ... Adolf Hitler kam mit einer neuen politischen Religion. Diese Religion ist geboren aus der Erhebung des deutschen Volkes am 4. August 1914 und dem großen Ringen unsres Volkes von 1914–1918.

Zit. nach Michael Burleigh, Die Zeit des Nationalsozialismus, Frankfurt a. M. (Fischer) 2000, S. 143 f.

M2 „Ein Volk, ein Reich, ein Führer", Plakat für deutsche Behörden- und Schulräume seit 1938/39

M3 Die Weltanschauung Hitlers

In seinem 1925 erschienenen Buch „Mein Kampf" schrieb Adolf Hitler:

3A „Volk und Rasse"

Demgegenüber erkennt die völkische Weltanschauung die Bedeutung der Menschheit in deren rassischen Urelementen … Sie glaubt somit keineswegs an eine Gleichheit der Rassen[1], sondern erkennt mit ihrer Verschiedenheit auch ihren höheren oder minderen Wert und fühlt sich durch diese Erkenntnis verpflichtet, … den Sieg des Besseren, Stärkeren zu fördern, die Unterordnung des Schlechteren und Schwächeren zu verlangen … Menschliche Kultur und Zivilisation sind auf diesem Erdteil unzertrennlich gebunden an das Vorhandensein des Ariers[2].

3B „Der Jude"

… Wo immer wir in der Welt Angriffe gegen Deutschland lesen, sind Juden ihre Fabrikanten, gleich wie ja auch im Frieden und während des Krieges die jüdische Börsen- und Marxistenpresse den Hass gegen Deutschland planmäßig schürte … Die Bolschewisierung Deutschlands, d. h. die Ausrottung der nationalen völkischen Intelligenz und die dadurch ermöglichte Auspressung der deutschen Arbeitskraft im Joch der jüdischen Weltfinanz, ist nur als Vorspiel gedacht für die Weiterverbreitung dieser jüdischen Welteroberungstendenz.

3C „Lebensraum im Osten"

… Die Außenpolitik des völkischen Staates hat die Existenz der durch den Staat zusammengefassten Rasse auf diesem Planeten sicherzustellen … Wir stoppen den ewigen Germanenzug nach dem Süden und Westen Europas und weisen den Blick nach dem Land im Osten. Wir schließen endlich ab die Kolonial- und Handelspolitik der Vorkriegszeit und gehen über zur Bodenpolitik der Zukunft. Wenn wir aber heute in Europa von Grund und Boden reden, können wir in erster Linie nur an Russland und die ihm untertanen Randstaaten denken …

3D „Führerprinzip"

Die junge Bewegung ist ihrem Wesen und ihrer inneren Organisation nach antiparlamentarisch, d. h., sie lehnt im Allgemeinen wie in ihrem eigenen inneren Aufbau ein Prinzip der Majoritätsbestimmung[3] ab, in dem der Führer nur zum Vollstrecker des Willens und der Meinung anderer degradiert (herabgestuft) wird. Die Bewegung vertritt im Kleinsten wie im Größten den Grundsatz der unbedingten Führerautorität …

M3A und M3C zit. nach Walther Hofer (Hg.), Der Nationalsozialismus, Frankfurt a. M. (Fischer) 1957, S. 31 f., 175. M3B und M3D zit. nach Adolf Hitler, Mein Kampf, 11. Aufl., München (Franz Eher Nachfolger) 1932, S. 702 f., 378, 501 f.

1 Unwissenschaftliche Anwendung biologischer Erbmerkmale (z. B. Hautfarbe) auf das gesellschaftliche Leben. 2 Völker der indoeuropäischen Sprachfamilie. Unwissenschaftliche Verwendung des Begriffs in der NS-Rassenideologie. 3 Mehrheitsprinzip

Adolf Hitler

Hitler wurde am 20. April 1889 als Kind einer Zollbeamtenfamilie in Braunau/Inn geboren. Er verließ die Realschule ohne Abschluss und führte zwischen 1905 und 1914 in Linz und Wien ein ungeregeltes Leben. Nachdem er nicht in die Kunstakademie aufgenommen wurde, hielt er sich mit Gelegenheitsarbeiten als Kunstmaler über Wasser. 1914 meldete er sich als Kriegsfreiwilliger, wurde als Meldegänger eingesetzt und erhielt Tapferkeitsorden. Nach dem Krieg arbeitete er als Schulungsredner für die Reichswehr. 1919 trat er in die Deutsche Arbeiterpartei (DAP) ein, deren Führung er ab 1921 übernahm. Nach dem Putsch 1923 (siehe S. 38) und kurzem Gefängnisaufenthalt baute er ab 1925 die NSDAP auf. Die Partei erreichte den Durchbruch in den Reichstagswahlen 1930 mit einer Steigerung von 3 auf 18 Prozent. 1933 wurde Hitler zum Reichskanzler ernannt. Unter seiner Führung wurde in Deutschland und während des Zweiten Weltkriegs in fast ganz Europa ein beispielloses Terrorsystem aufgebaut. Kurz vor der Kapitulation Deutschlands 1945 beging Hitler Selbstmord (30. April).

1 Analysiere Hitlers Weltanschauung (M3) und zeige die Unwissenschaftlichkeit seines Denkens an Beispielen. Ziehe den Personenkasten heran.

2 Untersuche, wie sich Hitlers Ideologie in den Äußerungen seiner Zeitgenossen (M1) widerspiegelte.

M4 **„Der ewige Jude"**, Plakat von H. Stalüter zur gleichnamigen Ausstellung, 1937

M6 **Öffentliche Diskriminierung eines Paares in Cuxhaven,** Foto, 1933

M5 **Deutscher Ortseingang,** Foto, 1935

M7 **Aufruf zum Boykott jüdischer Geschäfte in Essen,** Foto, 1. April 1933

3 Erarbeite die Aussageabsicht von M2 und M4 (siehe Methodenübersicht).

4 Zeige an M5 bis M7 die Situation der jüdischen Bevölkerung. Verfasse den Brief eines jüdischen Ladenbesitzers, in dem er einem Verwandten im Ausland über die neueren Entwicklungen im Deutschen Reich berichtet.

5 Beschreibe anhand von M8 und M9 die Erfahrungen der jüdischen Schülerinnen und Schüler und erörtere mögliche Handlungsspielräume aller Beteiligten.

6 Ordne den Brief M10 in die politische Situation im Februar 1933 ein und beurteile das Verhalten Hindenburgs und Hitlers.

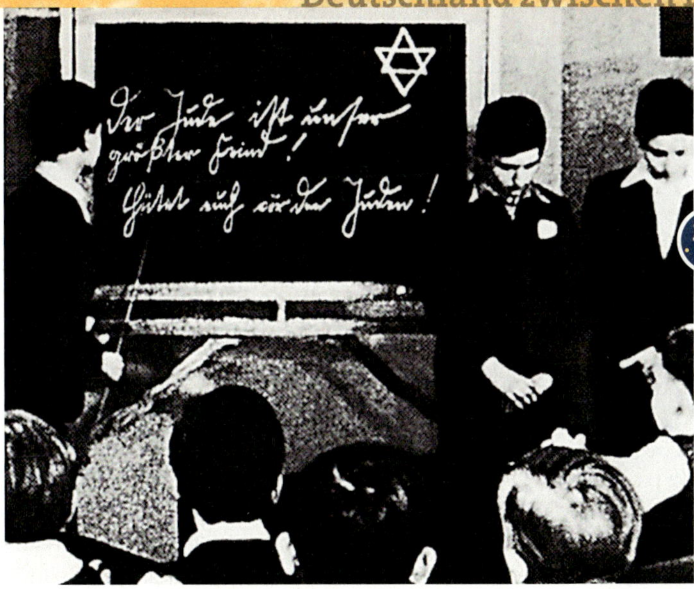

M8 **Unterrichtsszene,** Foto, um 1937.
Auf der Tafel steht: „Der Jude ist unser größter Feind! Hütet euch vor den Juden!" Stärker als die berufstätige jüdische Bevölkerung traf die Diskriminierung die jüdischen Jugendlichen. Ihnen wurden bereits ab Frühjahr 1933 viele schulische und berufliche Ausbildungsmöglichkeiten genommen – vor allem den Schülerinnen und Schülern höherer Schulen.

M9 Schulerfahrungen unter dem Hakenkreuz

Marta Appel, deren Kinder in den 1930er Jahren in Dortmund die Schule besuchten, berichtete in ihren Memoiren:

9A Fast jede Unterrichtsstunde wurde für die jüdischen Kinder zu einer Quälerei. Es gab eigentlich kein Thema mehr, bei dem der Lehrer nicht über die „Judenfrage" gesprochen hätte … Zum Muttertag hatten die Schüler im Chor Lieder eingeübt … Am Tag vor dem Fest mussten meine Töchter zur Musiklehrerin kommen. „Ihr müsst am Schulfest teilnehmen, aber mitsingen dürft ihr natürlich nicht, da ihr nicht arisch seid." … „Wieso können wir nicht mitsingen? Wir wollen doch auch für unsere Mutter singen!" … „Ich weiß, dass ihr auch eine Mutter habt, aber sie ist ja nur eine jüdische Mutter."

9B Ruth Wertheim berichtet über ihre Schulzeit bis 1934:
Ich hatte immer gute Freundinnen, nahm bis zuletzt an Wandertagen teil, obwohl ich mich erinnere, dass ich mich bei einem der letzten Ausflüge zur Ludwigsburg sehr schlecht fühlte, weil ich wusste, dass ich als Jüdin dort unerwünscht war … Rassenkunde wurde bei uns noch nicht so unterrichtet, dass es mir unangenehm war … Auch im Deutschunterricht gab die Lehrerin uns immer auch ein allgemeines Thema, über das auch ich schreiben konnte … Ich verließ die Schule ohne Druck, aber weil ich wusste, dass man mich doch nicht zum Abitur zulassen würde.

Zit. nach Wolfgang Benz (Hg.), Die Juden in Deutschland 1933–1945, 4. Aufl., München (Beck) 1996, S. 334 f.

M10 „Ist Judenhetze Tapferkeit oder Feigheit?"

Die Berlinerin Frieda Friedmann beklagte sich in einem Brief vom 23. Februar 1933 beim Reichspräsidenten über Ausschreitungen gegen Juden. Hindenburg ließ mitteilen, dass er die Ausschreitungen missbillige und bedauere. Der Brief wurde der Reichskanzlei zur Kenntnis gebracht. Hitler schrieb an den Rand: „Die Behauptungen dieser Dame sind ein Schwindel! Es ist selbstverständlich nicht eine Aufforderung zum Pogrom [sic!] erfolgt."

Aus dem Brief:
Ich war 1914 verlobt, mein Verlobter fiel 1914. Zwei meiner Brüder, Max und Julius Cohn, fielen im Jahre 1916 und 1918. Mein letzter Bruder Willy kam erblindet durch Verschüttung aus dem Felde zurück … Ich habe 1920 einen Kriegsbeschädigten geheiratet, mit dem ich aufgrund seiner Beschädigung sehr unglücklich lebe, sodass ich daran mein ganzes Leben lang trage. Alle haben das Eiserne Kreuz für Verdienst am Vaterland. Jetzt jedoch ist es in unserem Vaterlande so gekommen, dass auf der Straße öffentlich Broschüren gehandelt werden „Juden raus!", öffentliche Aufforderung zu Pogromen und Gewalttaten gegen die Juden. Wir sind Juden und haben unsere vollste Pflicht für das Vaterland erfüllt. Sollte Ew. Exzellenz da nicht Abhilfe schaffen können und dessen eingedenk sein, was auch die Juden dem Vaterland geleistet haben? Ist Judenhetze Tapferkeit oder Feigheit, wenn es im deutschen Staat bei 60 Millionen 1 Prozent Juden gibt?

Zit. nach Wolfgang Benz (Hg.), Die Juden in Deutschland 1933–1945, 4. Aufl., München (Beck) 1996, S. 18.

M11 **Brennende Synagoge in Essen,** Foto, 10. November 1938

M12 Novemberpogrom – Reaktionen

Die amerikanische Historikerin Marion Kaplan, 1946 als Tochter jüdischer Emigranten geboren, schrieb 2001 auf der Grundlage von Briefen, Tagebüchern, Erinnerungen und Interviews vor allem jüdischer Frauen:

Der Novemberpogrom bietet Beispiele für das widersprüchliche Verhalten der Deutschen gegenüber den Juden – eine Mischung aus zügelloser Brutalität, gezielter Unwissenheit und gelegentlicher Freundlichkeit. Viele Leute schlossen sich den Nazis an, um jüdische Wohnungen, Betriebe und Synagogen anzugreifen und zu verbrennen. Andere zogen es vor, ihre jüdischen Nachbarn auszunutzen. In Bayern etwa bot ein „arischer" Nachbar einer jüdischen Frau und ihrer Mutter nach der Verhaftung ihrer Ehemänner ein „Geschäft" an. Die jüdischen Frauen sollten ihm die Besitzurkunde ihres Hauses überschreiben und Deutschland verlassen ... Ingeborg Hechts Nachbarin versuchte es mit Entschuldigungen: „Der Führer weiß das nicht", sagte sie und gab Ingeborg ein großes Lebensmittelpaket für deren Vater, als dieser aus [dem KZ] Sachsenhausen zurückkehrte. Mally Dienemann ... war tief berührt, als ihre nichtjüdische Vermieterin ihr dabei half, die Wohnung zu reinigen: „... Diese einfachen Leute ... brachten mir, als ich allein war, Blumen."

Marion Kaplan, Der Mut zum Überleben, Berlin (Aufbau/© M. Kaplan) 2001, übers. von Christian Wiese.

M13 Ein Wendepunkt der Geschichte?

Der Historiker Wolfgang Benz schrieb 1988:

Die Ereignisse am und um den 9. November 1938 markierten in mehrfacher Sicht einen Wendepunkt ... Der Novemberpogrom, als „Reichskristallnacht" im Umgangston verniedlicht, bedeutete den Rückfall in die Barbarei; in einer Nacht wurden die Errungenschaften der Aufklärung, der Emanzipation, der Gedanke des Rechtsstaats und die Idee von der Freiheit des Individuums zuschanden. Seit dem 15. Jahrhundert hatte es in Mitteleuropa solche Judenverfolgung nicht mehr gegeben, aber nicht nur dies, denn die mittelalterlichen Pogrome fanden statt als unkontrollierte Aggressionen zusammengelaufener Volkshaufen, in denen sich soziale und wirtschaftliche Spannungen auf dem Hintergrund religiös motivierter Judenfeindschaft entluden. Regelrecht programmiert und in Szene gesetzt von staatlichen Instanzen war vor dem 9. November 1938 kein einziger solcher antisemitischer Aufruhr gewesen.

Wolfgang Benz (Hg.), Die Juden in Deutschland 1933–1945, 4. Aufl., München (Beck) 1996, S. 499.

M14 Auswanderung oder Flucht?

Die Historikerin Juliane Wetzel schrieb 1996:

Die antisemitische Politik des NS-Staates wandte sich zuallererst gegen die jüdische Intelligenz. Bücherverbrennung, Schreib- und Lehrverbot führten schon bald nach der Ernennung Hitlers zum Reichskanzler zu einem Exodus (Abwanderung einer größeren Anzahl von Menschen) aus Deutschland, ... „Es war nie Auswanderung, immer nur Flucht." So beurteilte die jüdische Schriftstellerin Adrienne Thomas ... die Reaktion der deutschen Juden auf die NS-Verfolgung. Die jüdischen Emigranten aus Deutschland können nicht mit den freiwilligen Auswanderern früherer Zeiten verglichen werden ... Die Regierung eines Landes, das sie als Heimat betrachtet und geliebt haben, schob sie mit Schimpf und Schande ab ... Die besondere Tragik für die deutschen Juden lag darin, dass die nationalsozialistische Machtübernahme gerade in eine Zeit fiel, in der die Auswanderungsmöglichkeiten wegen der Weltwirtschaftskrise so gering waren wie niemals zuvor.

Juliane Wetzel, Auswanderung aus Deutschland, in: Wolfgang Benz (Hg.), Die Juden in Deutschland 1933–1945, 4. Aufl., München (Beck) 1996, S. 413 ff.

Chronik judenfeindlicher Maßnahmen (Auswahl)

1933

1. April Aufruf zum Boykott jüdischer Geschäfte.

7. April Gesetz zur „Wiederherstellung des Berufsbeamtentums" (Entlassung jüdischer Beamter).

22. September Reichskulturkammergesetz: Berufsverbot für jüdische Schriftsteller und Künstler.

4. Oktober Schriftleitergesetz: Ausschaltung jüdischer Redakteure und Schriftleiter.

1935

Ab Sommer An Ortseingängen, Geschäften und Restaurants häufen sich Schilder mit der Aufschrift „Juden unerwünscht!".

15. September „Nürnberger Gesetze"*: Ehen zwischen Juden und Nichtjuden werden verboten. Juden verlieren das deutsche Staatsbürgerrecht.

14. November Verordnung zum „Reichsbürgergesetz": Aberkennung des Wahlrechts und der öffentlichen Ämter für Juden; Entlassung aller jüdischen Beamten (einschl. ehemaliger Frontkämpfer).

1938

17. August Einführung der Zwangsvornamen „Israel" und „Sara" für jüdische Bürger.

9./10. November 1938 (Novemberpogrom)
Staatlich organisierter Pogrom in ganz Deutschland gegen die jüdische Bevölkerung; Anlass war das Attentat des 17-jährigen Juden Herschel Grynszpan auf den Gesandtschaftsrat der deutschen Botschaft in Paris (7. November): Zerstörung von Synagogen, Geschäftshäusern, Wohnhäusern; Ermordung von fast 100 Menschen, Verschleppung von über 26 000 männlichen Juden in Konzentrationslager.
Die Schäden des Pogroms müssen von den Juden bezahlt werden, neben einer „Sühneleistung" von 1 Milliarde Reichsmark. Weitere Anordnungen: Ausschaltung der Juden aus dem Wirtschaftsleben, Verbot aller kulturellen Veranstaltungen für die jüdische Bevölkerung, Einschränkung der Bewegungs- und Wohnfreiheit; „Arisierung" jüdischen Eigentums (Enteignung bei Verlust des Vermögens), Entzug des Führerscheins.

15. November Jüdische Kinder und Jugendliche dürfen keine öffentlichen Schulen mehr besuchen.

M15 **Praxisschild eines jüdischen Arztes in Berlin**, Foto, 1938

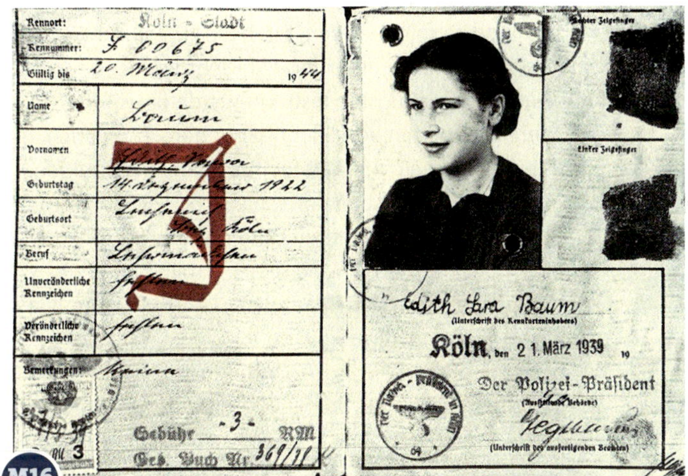

M16 **Ausweis einer jüdischen Bürgerin**, 1938. Seit Oktober 1938 wurden die Pässe deutscher Juden mit einem roten Stempelaufdruck „J" für „Jude" versehen.

7 Beschreibe mithilfe von M11, M13 und des Kastens den Pogrom vom 9./10. November 1938. Nimm Stellung zu der These in M13, der Pogrom sei ein Wendepunkt in der Judenverfolgung gewesen.

8 Erläutere anhand der Abfolge judenfeindlicher Maßnahmen (Kasten) die persönlichen, gesellschaftlichen, wirtschaftlichen und politischen Folgen für die Betroffenen. Beachte M15 und M16.

9 Begründe, warum der NS-Staat sich zuerst vor allem gegen die „jüdische Intelligenz" wandte, und untersuche, worin deutsche Juden die besondere Tragik ihrer Situation sahen (M10, M14).

10 Erarbeite an M12, wie sich Reaktionen von Deutschen gegenüber den Juden in den Zeitzeugenberichten jüdischer Frauen widerspiegeln. Berücksichtige den 3. Arbeitsschritt der Methode „Zeitzeugen befragen" (siehe S. 195).

Herrschaft durch Propaganda – die Reichserntedankfeste

Massenverführung und Überwältigung

„Aber die vielen Feiern" – „die herrlichen KdF-Reisen" – „die Gemeinschaft auf den Parteitagen". Viele Menschen verbanden nach 1945 auch positive Erinnerungen mit der NS-Zeit, obwohl nicht bestritten werden konnte, dass die Herrschenden ihr System auf Unterdrückung, Verfolgung und Terror gegründet hatten. Während Minderheiten wie die jüdischen Bürgerinnen und Bürger aus der „Volksgemeinschaft" ausgeschlossen und verfolgt wurden, warb die NS-Führung unablässig um die Zustimmung der Mehrheit der Bevölkerung. Die wichtigsten Instrumente dafür waren Veranstaltungen und Erlebnisangebote, mit denen sie die Massen dauerhaft für ihre Politik mobilisieren konnte. Eine wichtige Rolle spielte z. B. die Freizeitorganisation der NSDAP „Kraft durch Freude" (KdF), die dem „kleinen Mann" und seiner Familie bisher nicht bekannte organisierte Pauschalurlaube in Deutschland und im Ausland ermöglichte.

Daneben stand die Propaganda, zu deren schärfster Waffe sich in den 1930er und 1940er Jahren die Radiorede entwickelte. Durch die massenweise Produktion eines billigen Radiotyps („Volksempfänger") konnte fast jeder Haushalt die Stimme Adolf Hitlers hören – das Hören ausländischer Sender wurde dagegen während des Krieges hart bestraft. Auch andere Massenmedien, z. B. die Wochenschau und Kinofilme, wurden gezielt gefördert. Die „Macht des Wortes" zeigte sich besonders in alljährlich wiederkehrenden Feiern der Nationalsozialisten wie dem „Tag der Machtergreifung" (30. Januar), Hitlers Geburtstag, dem 1. Mai als „Tag der nationalen Arbeit" oder den Reichsparteitagen im September.

M1 Der Erntekranz auf dem Bahnhofsvorplatz in Hameln, Foto, um 1937. Alle Dörfer der Umgebung und die Anfahrtswege mussten geschmückt werden. In den Hamelner Straßen waren als Losungen u. a. zu lesen: „Das Bauerntum ist der Lebensquell des deutschen Volkes!" – „Die schwielige Bauernhand schafft Brot für jeden Stand!" – „Stadt und Land – Hand in Hand!"

Die Rolle der Bauern

Die Bauern spielten in der NS-Politik eine wichtige Rolle, sollten sie doch eine vom Ausland unabhängige Ernährung der Bevölkerung sicherstellen. Wie andere Unternehmer waren die Bauern in der Weltwirtschaftskrise in eine schwierige Situation geraten. Mit der Machtübernahme der Regierung Hitler verbesserte sich zunächst die rechtliche und wirtschaftliche Position der Bauern (Reichserbhofgesetz vom 29. September 1933). Der so genannte Reichsnährstand wurde im Rahmen der „Blut-und-Boden-Ideologie" von den Nationalsozialisten propagandistisch stark umworben. Ein Beispiel inszenierter Feier-Propaganda waren die jährlichen Reichserntedankfeste auf dem Bückeberg bei Hameln an der Weser – zum ersten Mal veranstaltet mit etwa 500 000 Menschen am 1. Oktober 1933. Das deutsche Bauerntum – so die offizielle Losung – sollte an diesem Tag ein Bekenntnis zum neuen Reich ablegen und seine Bedeutung als „Volksernährer" demonstrieren.

Welche Ziele verfolgten die NS-Machthaber mit diesem Fest? Mit welchen Mitteln versuchten sie, die Zustimmung der Menschen zu erreichen?

1. Erarbeite anhand der Materialien auf dieser Doppelseite den Verlauf, die Ziele und die propagandistische Funktion der Reichserntedankfeste.
2. Erörtere, inwiefern die Begriffe „Massenverführung" und „Überwältigung" für die Reichserntedankfeste zutreffen könnten.
3. Informiere dich über Ursprünge des Begriffs „Erntedankfest" (Lexikon, Internet) und stelle einen Bezug zur Verwendung des Ereignisses bei den Nationalsozialisten her.
4. Untersuche die Rede M3 mithilfe der Arbeitsschritte „Eine politische Rede untersuchen" (siehe Methodenübersicht). S. 306

M2 Zwischen Volkstanz und Führerrede

Aus dem Programm des Reichserntedankfestes auf dem Bückeberg am Sonntag, dem 6. Oktober 1935:

7 Uhr: Beginn des Aufmarsches der Teilnehmer.
Ab 8 Uhr: Darbietungen durch Volkstanzgruppen, Sing- und Spielgruppen, Massenchöre und Musik; 8000 bäuerliche Trachtenträger, Träger von Feldzeichen und Fahnen rücken zur Spalierbildung vor.
Gegen 12 Uhr: Eintreffen des Führers auf dem Kundgebungsgelände; Abfeuern von 21 Schuss Salut.
12.19 Uhr: 3 Knallbomben als Zeichen zur Eröffnung der Kundgebung; Überreichung einer Erntekrone an den Führer. Chor „Segnung".
12.25 Uhr: Ansprache Reichsminister Dr. Goebbels. Begrüßungsflug von 7 Staffeln der Luftwaffe; Beginn der Gefechtsübung der Wehrmacht.
Etwa 13.25 Uhr: Rede des Führers; danach Deutschland-Lied, Horst-Wessel-Lied; ... Abschuss von 200 Fallschirmbomben (mit Hakenkreuzfähnchen).
19 Uhr bis 7. Okt., 7 Uhr: Abfahrt der Sonderzüge.
20 Uhr: Empfang der Bauernabordnungen durch den Führer in der Kaiserpfalz Goslar.
21.15 bis 21.25 Uhr: Großes Feuerwerk.

Zit. nach Bernhard Gelderblom, Die Reichserntedankfeste auf dem Bückeberg, Hameln (Niemeyer) 1998, S. 16 f.

M3 „Ist Deutschland nicht schön?"

Aus der Rede Hitlers auf dem Bückeberg von 1937:

Glauben Sie: Wir stehen schwereren Aufgaben gegenüber als andere Staaten ...: zu viele Menschen auf einem zu kleinen Lebensraum, es mangelt an Rohstoffen, mangelt an Anbaufläche, und trotzdem: Ist Deutschland nicht schön? ... Lebt unser Volk nicht trotzdem so anständig? Mögen Sie alle mit irgendetwas anderem tauschen? (Stürmische „Niemals"-Rufe der Massen) ... Wir haben keine Lust, mit irgendjemandem Händel anzufangen. Aber es soll auch jeder wissen: Den Garten, den wir uns bestellt haben, den ernten wir auch allein ab, und niemand soll sich einbilden, jemals in diesen Garten einbrechen zu können! Das können sich die internationalen jüdischen Bolschewistenverbrecher gesagt sein lassen: Wo immer sie auch hingehen – an der deutschen Grenze stoßen sie auf ein eisernes Stopp! (Lang anhaltende begeisterte Zustimmung).

Völkischer Beobachter vom 4. Oktober 1937.

M4 **Gefechtsübungen während des Reichserntedankfestes,** Foto, 1935 oder später. Ein „Kulissendorf" diente als Angriffsziel. Die Kreuze auf dem „Dorffriedhof" trugen u. a. Namen wie Rosa Luxemburg und Ernst Thälmann.

M5 **Hitler betritt nach Abschluss der Gefechtsübungen die Rednertribüne,** Foto, 1936. Bei seiner Ankunft ging Hitler auf dem Mittelweg zunächst zur (oberen) Ehrentribüne („Aufstieg durch das Volk" – 45 Minuten für 500 Meter), zur Rede dann zur (unteren) Tribüne – „unter dem Volk".

„Propaganda" – die Geschichte eines Begriffs recherchieren

Erarbeitet in Partnerarbeit eine Begriffsgeschichte des Wortes und versucht herauszufinden, ob es einen Bedeutungswandel gegeben hat. Zieht Lexika, Fachwörterbücher und das Internet heran.

Die Sprache der Verführung und Aggression

Die „gleichgeschaltete" Sprache

Die Nationalsozialisten entwickelten keine neuen Methoden der Massenbeeinflussung. Klar erkennbar war aber ihre Absicht, mit einer „gelenkten Sprache" die Akzeptanz der eigenen Politik in der Bevölkerung zu erhöhen. Das Reichsministerium für Volksaufklärung und Propaganda überwachte mit seinen etwa 14 000 Beschäftigten (1934) alle Presseorgane und Nachrichtenbüros und gab verbindliche Sprachregelungen und Weisungen heraus. Erfasst wurden vor allem die Bereiche Presse, Rundfunk, Film, Theater und Volkserziehung. Welche Wirkungen und Ergebnisse die „Gleichschaltung" auch der Sprache erzielte, ist wissenschaftlich nicht exakt zu ermitteln. Das „Vokabular des Nationalsozialismus" lässt sich vor allem an Quellen wie den Lageberichten der SS, vertraulichen Berichten der Geheimen Staatspolizei und Presseanweisungen des Reichspropagandaministeriums untersuchen. Als Methode eignen sich Vergleiche z. B. von Texten oder von Wörterbüchern und Lexika.

M1 Wandel oder Manipulation der Sprache?

Von den Nationalsozialisten verwendete Begriffe und ihre Bedeutung nach Ausgaben von „Meyers Konversationslexikon" 1924 (1A) und 1936 (1B):

1A Umdeutung:

Abstammungsnachweis
1 —> Viehzucht
2 genealogischer Nachweis deutscher oder artverwandter Abstammung

Blutvergiftung
1 Toxämie; Blutvergiftung
2 Verfallserscheinung in Völkern und Rassen

rücksichtslos
1 rücksichtslos, ohne Rücksicht
2 zielstrebig, energisch …

Hass
1 Hass
2 „Der heldische Hass der nordischen Rasse" steht im stärksten Gegensatz zum „feigen Hass des Judentums" …

1B Übertragung und Neuschöpfung:

Ahnenpass
Abstammungsnachweis

Aufartung
Verbesserung des rassischen Bestands

Rassenschande
Ehe oder intime Beziehungen mit Nichtariern, Schändung der eigenen Rasse

Volksempfinden
das Fühlen des Volkes

Volksschädling
jemand, der den Interessen des Volkes schadet

Zit. nach Martin Greiffenhagen (Hg.), Kampf um Wörter?, Bonn (Bundeszentrale für politische Bildung) 1980, S. 67 ff.

Vorschlag für Partnerarbeit

a) Analysiert M1 unter der Fragestellung, wie und mit welcher Absicht die Bedeutung des Begriffs „Sonderbehandlung" verändert wurde. Zieht eure Methodenkenntnisse (siehe Methodenübersicht) heran.
b) Analysiert Quellentexte aus diesem Kapitel, indem ihr nach bewusster „Lenkung" von Sprache fragt.
c) Victor Klemperer sprach von den Worten der Nationalsozialisten als von „winzigen Arsendosen". Erläutert die Aussage und nehmt dazu Stellung.

M2 „Sonderbehandlung" – ein Begriff verschleiert die wahre Absicht

Die Sprachforscherin Cornelia Schmitz-Berning untersuchte die Bedeutung dieses Begriffs (2000):

Der Begriff erscheint zuerst am 20. 9. 1939 in einem Runderlass des Chefs der Sicherheitspolizei und des Sicherheitsdienstes, Heydrich. Er forderte eine „Sonderbehandlung" für Personen, die während des Krieges die innere Sicherheit gefährdeten. Das Wort setzte sich im Sprachgebrauch der SS bald als Synonym für Einzelexekution und Massentötung durch. Die verschiedenen Dienststellen berichteten von „Sonderbehandlungen" von Juden, Partisanen, sowjetischen Kriegsgefangenen, polnischen Zwangsarbeitern u. a. Außerhalb der mit der „Sonderbehandlung" befassten Dienststellen scheint jedoch weiterhin die ursprüngliche (positive) Bedeutung von „besondere, bevorzugte Behandlung einer Person" üblich gewesen zu sein.

Cornelia Schmitz-Berning, Vokabular des Nationalsozialismus, Nachdruck der Ausg. 1998, Berlin/New York (de Gruyter) 2000, S. 584 ff., bearb. und gekürzt.

Das Volk als „Gemeinschaft" – Ideologie und Wirklichkeit

Das Ideal der „Volksgemeinschaft"

Im Zentrum der NS-Ideologie stand der Gedanke der „Volksgemeinschaft", in der alle gesellschaftlichen Gruppen verschmelzen sollten (siehe S. 79). Nicht in die „Volksgemeinschaft" gehörten diejenigen, die zum politischen Gegner erklärt worden waren oder aus rassistischen Gründen ausgegrenzt wurden. Die Rolle von Frauen und Jugendlichen wurde besonders inszeniert: Mütter in ihrer besonderen Bedeutung als „Erhalterinnen" des Volkes, Jugendliche als Garanten für die Zukunft des Volkes. Die Beziehung zwischen den Geschlechtern wurde als eine Rangordnung verstanden, die durch unterschiedliche Aufgaben in Staat und Gesellschaft festgelegt war. In NS-Frauenorganisationen boten sich durchaus Aufstiegsmöglichkeiten an, jedoch durften Frauen keine politischen Ämter übernehmen. Die „Nationalsozialistische Frauenschaft" (NSF) verstand sich als Eliteorganisation und wollte die Frauen mit ihrer Arbeit für den Nationalsozialismus gewinnen. Sie organisierte z. B. Gesprächsgruppen und Seminare, in denen sich Mütter, Hausfrauen und im Betrieb mithelfende Frauen, z. B. Landfrauen, über hauswirtschaftliche Fragen, aber auch die „Rassen- und Bevölkerungspolitik" austauschen sollten. Die Bildung der „deutschen Frau" war das Ziel der NS-Frauenpolitik, an jüdische und andere „nichtarische" Frauen ebenso wie an körperlich oder geistig behinderte Frauen oder „sozial nicht angepasste" waren diese Angebote nicht gerichtet.

Die Hitlerjugend – eine „Erfolgsgeschichte"?

Seit den 1920er Jahren versuchten die Nationalsozialisten, Jugendliche im Sinn der Partei zu organisieren. Die „Hitlerjugend, Bund deutscher Arbeiterjugend" (HJ) hatte 1931/32 etwa 20000 Beitragszahler. Ende 1934 waren rund 3,5 Millionen Jugendliche im Alter von 10 bis 18 Jahren organisiert. Mädchen gehörten dem „Bund deutscher Mädel" (BDM) an. Da 1936 alle anderen Jugendorganisationen verboten worden waren und viele Eltern, Lehrer und Arbeitgeber zu dem Eintritt in HJ und BDM drängten, wuchsen beide Organisationen schnell.

Das Schulwesen wurde nicht von der HJ kontrolliert. Es gab jedoch Konflikte zwischen HJ-Führern und Schulleitern. Die Einflussnahme der Partei auf die Erziehung wurde auf Druck der Industrie abgewehrt – mit dem Argument, nicht nur ideologisch, sondern auch fachlich gut ausgebildete Jugendliche zu benötigen. Eine „Arisierung" der Schule gab es jedoch ebenso wie in anderen Gesellschaftsbereichen: Jüdische Lehrkräfte, Schülerinnen und Schüler sowie Kinder deutscher Roma und Sinti wurden vom Unterricht an öffentlichen Schulen ausgeschlossen. Die Stundenzahl in den so genannten Gesinnungsfächern Deutsch und Geschichte, aber auch in Sport, wurde erhöht. „Rassenkunde" musste fächerübergreifend unterrichtet werden. Der Druck auf die Eltern wuchs, ihre Kinder vom Religionsunterricht abzumelden. Ende 1939 waren alle kirchlich getragenen Schulen geschlossen worden. In welchem Verhältnis standen der Anspruch der NS-Jugendpolitik und die Wirklichkeit des Jugendalltags?

M1 Verleihung des Mutterkreuzes, Foto, 1943

M2 **„Hilf auch Du mit!"**, Plakat, 1943

M4 **Veranstaltung der NS-Frauenschaft** für Mitarbeiterinnen eines Berliner Verlages, Foto, 5. Dezember 1937

M3 **„Auf Heimaturlaub"**, Gemälde von Paul Mathias Padua, 1944

Gertrud Scholtz-Klink

geboren 1902 als Tochter eines Beamten. Sie verließ während des Ersten Weltkriegs vorzeitig das Gymnasium und arbeitete im Bahnhofsdienst und im Haushalt von Offizieren. Sie sympathisierte früh mit der NS-Bewegung, arbeitete ab 1930 aktiv in der NSDAP und wurde 1934 „Reichsfrauenführerin" – ein symbolischer Titel, denn alle Frauenorganisationen unterstanden in finanzieller Hinsicht männlicher Kontrolle. Ihre Hauptaufgabe bestand vor allem darin, die Frauenrolle auf den „Dienst für den Mann" auszurichten und junge Frauen – von Ausnahmen abgesehen – vom Studium fernzuhalten. Die Gleichwertigkeit von Frauen den Männern gegenüber lehnte Scholtz-Klink ab. Unter dem Eindruck des Arbeitskräftebedarfs in der Kriegszeit änderte sie ihre ablehnende Meinung über Frauenarbeit in Rüstungsbetrieben. Am Kriegsende 1945 tauchte sie unter, ließ sich unter falschem Namen entnazifizieren (siehe S. 202 f.) und wurde später zu einer Haftstrafe von 18 Monaten verurteilt. Sie blieb überzeugte Nationalsozialistin.

M5 Blonder Vollgermane sucht Deutsche Minne

Heiratsanzeigen in der Parteizeitung „Völkischer Beobachter", 12. August 1934:

5A SA-Scharführer, Anfang 30, Blutordensträger, blonder Vollgermane, kernig und erbgesund, sucht auf diesem Weg die Mutter seiner kommenden Kinder und Wahrerin seines Hortes. Selbe muss Garantin rassischer Vollwertigkeit kommender Geschlechter sein. Stattliche Blondine bevorzugt, nachgedunkelte Schrumpfgermanin unerwünscht. Eigenes Heim vorhanden. Vermögen Nebensache.

5B Deutsche Minne, blondes BDM-Mädel, gottgläubig, aus bäuerlicher Sippe, artbewusst, kinderlieb, mit starken Hüften, möchte einem deutschen Jungmann Frohwalterin seines Stammes sein (niedere Absätze – kein Lippenstift). Nur Neigungsehe mit zackigem Uniformträger.

Zit. nach Wochenschau I, Nr. 2: Der NS-Staat, März/April 1995, S. 74.

M6 Wir Frauen waren dabei

Marion Gräfin York von Wartenburg, geboren 1904 in Berlin, Jurastudium und Promotion, 1930 Heirat mit Peter Graf York von Wartenburg, einem führenden Mitglied der Widerstandsgruppe Kreisauer Kreis*, war seit 1952 Direktorin eines Landgerichts. Sie erinnerte sich nach 1945:

„Mein Kampf" habe ich damals nicht gelesen. Auch später nicht. Ich wusste aber sehr bald, dass viele Menschen eingesperrt wurden ... Man hat schon sehr bald nach der Machtergreifung Lager errichtet. Ich entsinne mich auch noch an unseren Schrecken über eine Zeitungsnachricht viele Jahre später, in der von einem Telegramm des Gauleiters Koch aus Ostpreußen die Rede war, der seinem Führer meldete, dass Ostpreußen nun „frei von Juden" sei. Damals haben wir noch lange im größeren Kreis über dieses entsetzliche organisierte Töten durch Deutsche gesprochen. Die Wehrlosigkeit gegenüber den Verbrechen im Dritten Reich quälte Peter am meisten. Deshalb beteiligte er sich eigentlich auch am 20. Juli ... Wir Frauen haben bei alledem [dem Widerstand des „Kreisauer Kreises"] nicht abseits gestanden. Peter hat nie etwas vor mir verheimlicht. Ich wusste immer, wann er weg war, bei wem er war, wie und wann er nach Hause kommen wollte. Er sagte mir eigentlich alles. Und auch an diesen Beratungen habe ich immer, wenn ich in Berlin war, teilgenommen. Ich habe den Männern oft gekocht und gehörte dazu. Ich musste auch Nachrichten überbringen.

Brigitte Löhr (Hg.), Frauen in der Geschichte, Bd. 2, Tübingen (Dt. Inst. f. Fernstudien a. d. Univ. Tübingen/© Hanser) 1994, S. 256 f.

M7 Denn ihre Welt ist der Mann ...

Auf einer Tagung der NS-Frauenschaft während des Reichsparteitags in Nürnberg sagte Adolf Hitler am 8. September 1934:

Die deutsche Frau braucht sich in den wirklich guten Zeiten des deutschen Lebens nie zu emanzipieren ... Wenn man sagt, die Welt des Mannes ist der Staat, die Welt des Mannes ist sein Ringen, die Einsatzbereitschaft für die Gemeinschaft, so könnte man vielleicht sagen, dass die Welt der Frau eine kleinere sei. Denn ihre Welt ist der Mann, ihre Familie, ihre Kinder und ihr Haus ... Was der Mann einsetzt an Heldenmut auf dem Schlachtfeld, setzt die Frau ein in ewig geduldiger Hingabe, in ewig geduldigem Leid und Ertragen.

Zit. nach Max Domarus, Hitler. Reden und Proklamationen, Bd. 1, Wiesbaden (Löwit) 1973, S. 450 f.

1 Beschreibe M1 bis M4. Formuliere Hypothesen zur Rolle der Frauen in der NS-Gesellschaft.

2 Überprüfe deine Ergebnisse aus Aufgabe 1 am Darstellungstext und an M5 und M7. Setze dich kritisch mit dem NS-Frauenbild auseinander, indem du es mit dem Geschlechterverhältnis in unserer Gesellschaft vergleichst.

3 Befasse dich mit Gertrud Scholtz-Klink (Personenkasten) und entwirf einen Brief an sie, in dem du besonders auf ihre politische Einstellung eingehst.

4 Setze M6 in Bezug zu den Erwartungen der Nationalsozialisten an Frauen.

5 Errechne aus M9 (S. 76) die Prozentangaben, nach denen die Erwerbstätigkeit von 1925 bis 1939 abgenommen hat (Männer/Frauen in der jeweiligen Berufsstellung).

M8 Fabrikation von Rundfunkröhren am Fließband, Foto, 1935

M9 Erwerbspersonen nach ihrer Stellung im Beruf 1925 und 1939

Die Zahlen in Klammern geben den Wert von 1933 an:

	1925 (in 1000)		*1939 (in 1000)*	
Stellung im Beruf	*männlich*	*weiblich*	*männlich*	*weiblich*
Selbstständige	4122,2	890,6	3974,3	809,5
Mithelf. Familienangehörige	1304,3	4132,9	1008,5	619,1
Angestellte und Beamte	4075,1	1459,9	4482,9	1999,0
– Beamte	(1380,1)	(128,7)	1696,0	122,8
– Angestellte	(2523,2)	(1580,4)	2786,9	1876,8
Arbeiter	11 029,7	4994,6	12 102,7	5272,6
Erwerbspersonen insgesamt	20 531,3	11 478,0	21 568,4	12 700,2

Nach Dörte Winkler, Frauenarbeit im „Dritten Reich“, Hamburg (Hoffmann und Campe) 1977, S. 195.

M10 „Militärische Notwendigkeiten“

Der Leiter des Wehrwirtschaftsstabs im Wehrmachtsamt des Reichskriegsministeriums, Oberst Thomas, sagte am 24. November 1936 auf der 5. Tagung der Reichsarbeitskammer über Wehrwirtschaft und Kriegsvorbereitung:

Meine Herren! Der totale Krieg der Zukunft wird Forderungen an das Volk stellen, wie wir alle sie noch nicht kennen … Der 2. Punkt ist die Beschäftigung der Frauen. Die Frau wird im Ernstfalle im großen Umfange die Arbeit in den Fabriken leisten müssen. Sie muss also dafür vorbereitet werden. Auch hier müssen sich die sozialen Bestrebungen, die Frau aus den Betrieben zu lösen, den militärischen Notwendigkeiten unterordnen. Wie diese Maßnahme vorzubereiten und durchzuführen ist, muss überlegt werden. Fest steht, dass auf vielen Gebieten die Frau eine glänzende Facharbeiterin werden kann und auch bereits jetzt schon dementsprechende Arbeit tut.

Zit. nach Wolfgang Michalka (Hg.), Das Dritte Reich, Bd. 1, München (dtv) 1985, S. 100, 106.

6 Erarbeite und bewerte anhand von M8 bis M10 und M13 am Beispiel Studium und Beruf den Anspruch des Nationalsozialismus an die Frauen und die tatsächliche Entwicklung.

7 Untersuche, inwieweit an den Materialien auf den Seiten 73 bis 76 die Rolle der Männer in der NS-Sicht erkennbar wird.

8 Überprüfe deine Ergebnisse aus Aufgabe 7 am Darstellungstext (S. 73) und an M11 und M12.

9 Beurteile die „7 Schwertworte“ (M12) aus deiner heutigen Sicht.

M11 Und sie werden nicht mehr frei

Adolf Hitler äußerte sich am 4. Dezember 1938 über die Erziehung der Jugend:

Diese Jugend, die lernt ja nichts anderes als deutsch denken, deutsch handeln. Die Knaben kommen vom Jungvolk in die Hitlerjugend, und dort behalten wir sie wieder vier Jahre, und dann geben wir sie erst recht nicht zurück in die Hände unserer alten Klassen- und Standeserzeuger, sondern dann nehmen wir sie sofort in die Partei oder in die Arbeitsfront, in die SA oder in die SS, in das NSKK [Nat.soz. Dt. Kraftfahrerkorps] und so weiter. Und wenn sie dort … noch nicht ganz Nationalsozialisten geworden sein sollten, dann kommen sie in den Arbeitsdienst und werden dort wieder sechs und sieben Monate geschliffen. Und was dann noch an Klassenbewusstsein oder Standesdünkel da oder da noch vorhanden sein sollte, das übernimmt die Wehrmacht. Und dann nehmen wir sie, damit sie auf keinen Fall rückfällig werden, sofort wieder in SA, SS und so weiter. Und sie werden nicht mehr frei, ihr ganzes Leben.

Völkischer Beobachter vom 4. Dezember 1938, zit. nach Wolfgang Michalka (Hg.), Das Dritte Reich, Bd. 1, München (dtv) 1985, S. 148.

„Die sieben Schwertworte des Jungvolkjungen“, Darstellung aus einem Jugendbuch, 1936

M12

M13 Frauenarbeit – ideologischer Anspruch und Realität

Der Historiker Wolfgang Wippermann schrieb 1998:

Auf Proteste stießen … die Versuche der Nationalsozialisten, Frauen aus einigen Berufen zu verdrängen. Gemäß ihren Ankündigungen haben die Nationalsozialisten dies bereits unmittelbar nach der „Machtergreifung“ versucht … Schon 1933 wurde verfügt, dass nur ein Viertel aller Studienreferendare weiblichen Geschlechts sein durfte. Ein noch rigiderer Numerus clausus wurde an den Universitäten eingeführt. Nur zehn Prozent der Studierenden sollten Frauen sein … Der frauenspezifische Numerus clausus an den Universitäten wurde sogar schon 1935 wieder aufgehoben … Dass … [1943] fast die Hälfte aller deutschen Studierenden an Universitäten Frauen waren, war zweifellos primär eine Folge des Krieges, zeigt aber doch, dass die Nationalsozialisten bereit waren, einige ihrer ursprünglichen ideologischen Ziele den ökonomischen Zwängen unterzuordnen … Von einer „gezielten Ausschaltung [der Frauen] aus dem Arbeitsprozess“ wird man … kaum sprechen können. Die weitaus meisten Frauen waren jedoch in geringer qualifizierten und schlechter bezahlten Berufen beschäftigt. Dass nicht mehr Frauen in den Wirtschaftsprozess eingegliedert wurden, hatte [als wichtigsten Grund]: die rücksichtslose Ausbeutung von „Fremdarbeitern“.

Wolfgang Wippermann, Umstrittene Vergangenheit, Berlin (Elefanten Press) 1998, S. 183 ff.

M14 **Umgang mit Schusswaffen**, Foto, 1936

M15 BDM-Plakat, 1936

M16 „Jugend dient dem Führer", Plakat, um 1936

M17 Erinnerung an die Hitlerjugend

Ein Abiturient erinnerte sich um 1948:

Diese Kameradschaft, das war es auch, was ich an der Hitlerjugend liebte … Denn welcher Junge ist nicht entflammt, wenn ihm Ideale, hohe Ideale wie Kameradschaft, Treue und Ehre, entgegengehalten werden. … Und dann die Fahrten! Gibt es etwas Schöneres, als im Kreis von Kameraden die Herrlichkeiten der Heimat zu genießen? Oft zogen wir am Wochenende in die nächste Umgebung von K. hinaus, um den Sonntag dort zu verleben. Welche Freude empfanden wir, wenn wir an irgendeinem blauen See Holz sammelten, Feuer machten und darauf dann eine Erbsensuppe kochten … Die Stunden waren wohl die schönsten, die uns die Hitlerjugend geboten hat. Hier saßen dann Lehrlinge und Schüler, Arbeitersöhne und Beamtensöhne zusammen und lernten sich gegenseitig verstehen und schätzen.

Kurt Haß (Hg.), Jugend unterm Schicksal, Hamburg, 1950, S. 61ff.

M18 Glückliche Hitlerjugend?

Aus den Deutschland-Berichten des Exilvorstands der SPD über Ernteeinsätze und den einjährigen Landdienst für Jungen und Mädchen, der von der HJ organisiert wurde:

(Paris, Dezember 1938):
Auf die Dauer empfindet auch die Jugend den Mangel an Freiheit und den geistlosen Drill, der in den nationalsozialistischen Organisationen geübt wird, besonders lästig … 4. Bericht: Die Jugend bereitet den zuständigen Parteistellen viel Sorge. Sowohl die männliche wie die weibliche Jugend versucht, sich mit allen Mitteln vom Landdienstjahr zu drücken. Im Mai 1938 wurden in Groß-Berlin insgesamt 918 Burschen und 268 Mädchen gesucht, die aus dem Elternhaus heimlich fortgelaufen waren, weil sie nicht in den Landdienst fahren wollten. Polizeistreifen im Grunewald, im Tegeler Forst, im Wannsee-Gebiet bringen zuweilen ganze Lastautos voll von aufgegriffener Jugend, teils aus Berlin, teils aus der Provinz … Viel häufiger als früher kommen auch die Lehrlinge nicht mehr nach Hause und treiben sich einfach tagelang im Trubel der Großstadt herum.

Deutschland-Berichte der SPD, 5. Jg., 1938, Salzhausen/Frankfurt a. M. (Netelbeck/Zweitausendeins) 1980, S. 1390, 1393.

M19 Vom „Jungvolk" ausgeschlossen

Hans Jürgen Massaquoi erinnerte sich 1999 an die Anwerbung für die Hitlerjugend in seiner Hamburger Schule:

Unser neuer Klassenlehrer, Herr Schürmann, ... versuchte ununterbrochen, uns zum Beitritt ins Jungvolk zu bewegen. Kernstück seiner Rekrutierungsbemühungen war eine große Grafik, die er mit weißer Kreide auf die Tafel gemalt hatte: ein Rechteck, das in ebenso viele Quadrate unterteilt war, wie es Jungen in unserer Klasse gab. Jeden Morgen erkundigte sich Herr Schürmann als Erstes, wer der HJ beigetreten war, und trug dann die entsprechenden Namen in die Grafik ein ... Allmählich gab einer nach dem anderen Schürmanns unerbittlichem Drängen nach und trat in die Hitlerjugend ein. Eines Morgens nahm Herr Schürmann sich die letzten Zögerer zur Brust und wollte wissen, warum sie „nicht genug Liebe für Führer und Vaterland" empfanden ... Als ich an die Reihe kam, öffnete ich den Mund, um etwas zu sagen, doch Herr Schürmann schnitt mir das Wort ab: „Schon gut, du bist ja sowieso vom Jungvolk ausgeschlossen." Ich war wie vom Donner gerührt ... Herr Schürmann bemerkte meine Verwirrung und sagte mir, ich solle in der Pause zu ihm kommen ... „Ich dachte, du wüsstest, dass du nicht ins Jungvolk darfst, weil du Nichtarier bist", fing er an. „Du weißt doch, dass dein Vater Afrikaner ist und dass Afrikaner und andere nichteuropäische Menschen als Nichtarier gelten. Nichtariern ist es untersagt, der Hitlerjugend beizutreten." – „Aber ich bin doch Deutscher", schluchzte ich unter Tränen. „Meine Mutter sagt, dass ich Deutscher bin, so wie alle anderen."

Hans Jürgen Massaquoi, „Neger, Neger, Schornsteinfeger!". Meine Kindheit in Deutschland, München (Scherz) 1999, S. 129f.

M20 Hans Jürgen Massaquoi mit Klassenkameraden, Foto, 1933.
Massaquoi wurde 1926 in Hamburg als Sohn einer weißen Mutter und eines schwarzen Vaters geboren. Sein Großvater war liberianischer Generalkonsul in Deutschland. Massaquoi überlebte den Nationalsozialismus, ging 1948 zunächst nach Liberia, 1950 in die USA. Dort wurde er Leitender Redakteur einer großen afroamerikanischen Zeitschrift.

„Volksgemeinschaft"

Die Nationalsozialisten verstanden unter diesem Begriff eine „Bluts- und Schicksalsgemeinschaft", in der Standesgegensätze, Klassen, Parteien und Einzelinteressen aufgehoben werden sollten und sich die Gemeinschaft dem Willen eines Führers unterordnete. Ähnliche Vorstellungen von Gemeinschaft finden sich bereits um 1900 in so genannten Lebensreformbewegungen und „völkisch-nationalen Jugendkreisen". Diese kritisierten vor allem den beschleunigten Wandel der Lebensbedingungen im Übergang von der Agrar- und Handwerksgesellschaft zur Industriegesellschaft, die sie mit Verstädterung und Zerstörung der Natur verbanden. Der Zusammenbruch Deutschlands 1918 führte gerade in völkisch-nationalen Kreisen zu einer Desillusionierung, aus der heraus die Sehnsucht nach einer erneuerten Volksgemeinschaft entstand.

10 Setze M17 und M18 in einen Bezug zu den Zielen der Nationalsozialisten. Vergleiche Anspruch und Wirklichkeit des Jugendalltags.

11 Beurteile die Situation von Hans Jürgen Massaquoi (M19, M20), indem du den Begriff „Volksgemeinschaft" kritisch verwendest.

12 Stelle in einer Tabelle zusammen, welche Rolle Frauen/Mädchen und Männer/Jungen in der nationalsozialistischen „Volksgemeinschaft" jeweils spielen sollten. Diskutiert in der Klasse, ob die Ziele umgesetzt wurden.

13 Wie würdest du „Jugend heute" in Bildern darstellen? Fertige eine Collage an und kommentiere sie. Achte auf die jeweilige Perspektive der Darstellungen.

Mitten unter uns: Das KZ Natzweiler-Struthof

Vernichtung durch Arbeit

Der ehemalige französische Staatspräsident Jacques Chirac eröffnete am 3. November 2005 in der Nähe des ehemaligen KZ Natzweiler-Struthof eine Gedenkstätte für die Widerstandskämpfer im Dritten Reich. Ihr offizieller Titel lautet: Europäisches Zentrum des deportierten Widerstandskämpfers im KZ-System der Nazis. Die Zeit dürfe die Erinnerung nicht auslöschen. „Sonst würden wir riskieren, dass sich die Geschichte eines Tages wiederholt", mahnte der ehemalige Staatspräsident bei der Eröffnung.

In dem Lager waren insgesamt ca. 52 000 Menschen aus Frankreich, Norwegen, Polen, der Sowjetunion, den Benelux-Ländern und aus Deutschland inhaftiert. Über 20 000 von ihnen haben nicht überlebt.

„KZ" ist die umgangssprachliche Abkürzung für Konzentrationslager, die offiziell als „KLs" bezeichnet wurden. Das KZ Natzweiler-Struthof war kein Vernichtungslager im engeren Sinne wie Auschwitz, Sobibor oder Treblinka, in denen Tausende von Menschen systematisch vergast wurden, sondern ein Straf- und Arbeitslager. Das bedeutet jedoch nicht, dass in Struthof nicht Menschen vernichtet wurden. Man muss aufgrund der unmenschlichen Arbeits- und Lebensbedingungen von einer Vernichtung durch Arbeit sprechen. Weltbekannt wurde das KZ Natzweiler-Struthof außerdem als berüchtigtes und gefürchtetes Lager, in dem medizinische Versuche (Fleck- und Gelbfieber, Gasversuche usw.) und die Präparierung von Skelett- und Leichenteilen für die Medizinische Fakultät der Reichsuniversität Straßburg durchgeführt wurden. Die genaue Anzahl der hier Umgekommenen ist nicht zu ermitteln, dürfte aber mit Sicherheit mehrere Tausend betragen haben.

Wie sah der Lageralltag für die dort inhaftierten Menschen aus? Welchen Bedingungen waren die Menschen ausgesetzt? Zu welchem Zweck wurde das Lager errichtet? Und welche Verbrechen gegen die Menschlichkeit wurden in ihm verübt?

M1 Plan des Lagers Natzweiler-Struthof

M2 Lageralltag

Folgende Belehrung mussten sich die Neuzugänge des Lagers anhören:

... Bei der Einlieferung will ich Euch jedoch darauf aufmerksam machen, was ein Konzentrationslager ist. Ein Konzentrationslager ist kein Sanatorium und kein Erholungsheim, sondern ein Isolierungslager, ein Umschulungslager und ein Arbeitslager. Geleitet und geführt wird ein Lager durch Angehörige der Waffen-SS. Jeder Angehörige der SS, und sei es der jüngste Rekrut, ist Euer Vorgesetzter. Ihren Anordnungen und Befehlen ist sofort und widerspruchslos genauestens Folge zu leisten ... Wer diese Vorschriften nicht befolgt, sich schlecht führt, schlechte Arbeit leistet, wird bestraft. Wir kennen die Verwarnung, die leichte Strafe (Sonntagsarbeit, Kostentzug, Torstehen) sowie die schwere Strafe (Pfahlbinden, verschärfter Arrest, Stockhiebe). Bei fortgesetzter schlechter Führung erfolgt die Verlegung in den Strafblock. Dies bedeutet eine empfindliche Haftverschärfung. Jede Strafe verlängert die Schutzhaft ...

Der Drahtzaun ist elektrisch geladen und das Berühren der Drähte führt den Tod herbei. Die Posten auf den Arbeitsstellen und auf den Türmen haben strenge Anweisung, bei dem geringsten Fluchtversuch, ohne vorherigen Anruf, von der Schusswaffe Gebrauch zu machen. Sie werden zur Verantwortung gezogen, wenn sie diesen Befehl nicht genauestens einhalten ...

Jürgen Ziegler, Mitten unter uns. Natzweiler-Struthof: Spuren eines Konzentrationslagers, Hamburg, 1986, S. 23.

M3 Die so genannten NN-Transporte nach Natzweiler-Struthof

In dem berüchtigten „Nacht- und Nebelerlass" wurde durch die deutsche Wehrmacht festgelegt, wie mit Oppositionellen in den von Deutschland besetzten Gebieten zu verfahren sei. Jedem Angriff gegen das Deutsche Reich sollte demnach mit äußerster Härte begegnet werden, um eine möglichst große Abschreckung zu erreichen. Der Publizist Eugen Kogon beschreibt in seiner Studie über die Konzentrationslager des Dritten Reiches die praktischen Auswirkungen dieses Erlasses:

... Die „Nacht- und Nebel-Transporte" erfassten Holländer, Franzosen und Belgier, von denen ein Teil nach „rassenbiologischer Untersuchung" Sonderversuchen in anderen KZ, besonders in dem berüchtigten Natzweiler, zugeführt wurde. Die NN-Transporte waren eine reine Abschreckungsmaßnahme ...

Die für die NN-Transporte bestimmten Häftlinge durften ab sofort nicht mehr an ihre Angehörigen schreiben. Ihr Schicksal im KZ Natzweiler war, wie dann allmählich bekannt wurde, recht verschieden. Um klarzumachen, welche allgemeinen Verhältnisse sie dort vorfanden, soll ein Bericht des politischen Häftlings Robert Leibbrand aus Stuttgart hier eingefügt werden, der sich auf Angaben von Natzweiler Revierpflegern stützt. 20 von ihnen waren von Dachau aus dorthin gebracht worden; nur drei haben das Lager Natzweiler überlebt!

In einem höchst unwirtlichen Klima hatten 900 Gefangene ... in einem Jahr das Lager terrassenförmig am Vogesenberghang zu errichten ... Von den 900 Anfangshäftlingen „verstarben" 330, weitere 300 mussten als Invaliden nach Dachau geschafft werden! Das gefürchtetste Arbeitskommando war der Steinbruch von Natzweiler. Von den Lagerinsassen waren nur etwa 100 wirklich arbeitsfähig, und das war die grüne Lagerprominenz [siehe S. 99, M11], die nicht arbeitete! Da jedoch das Steinbruchkommando mindestens 200 Mann umfassen musste, wurden viele, die nicht mehr gehen konnten, in Schubkarren zur Arbeit gebracht. 60 % der Häftlinge wogen unter 50 Kilo. Der Hunger war so groß, dass die Schwächsten von entmenschten Mitgefangenen einfach deshalb erschlagen wurden, damit sich die Täter in den Besitz der kärglichen Tagesration der Toten setzen konnten ...

Innerhalb von sechs Tagen wurden 20 von ihnen durch die Postenkette getrieben und „auf der Flucht erschossen". Bei der Arbeit an dem steilen Berghang genügte ein kräftiger Stoß durch einen SS-Mann oder einen der grünen Antreiber, und der Häftling stürzte über die Postenkette hinaus. Die SS-Wachtposten erhielten für jeden Abschuss drei Tage Urlaub und eine Zulage von Lebensmitteln und Tabak ...

Eugen Kogon, Der SS-Staat. Das System der deutschen Konzentrationslager, München, 1974, S. 242f.

M4 Im Dienst von Medizin und Wissenschaft?

SS-Hauptsturmführer Professor Dr. August Hirt, Leiter des Anatomischen Instituts der Universität Straßburg, befasste sich damals mit der so genannten Rassenforschung. Da die jüdische Rasse vernichtet werden sollte, wollte er noch rechtzeitig eine Sammlung von Schädeln anlegen, an denen dann geforscht werden konnte. In einem Schreiben an den Reichsführer der SS, Heinrich Himmler, vom 9. Februar 1942 unterbreitete Prof. Hirt folgenden Plan:

Betr.: Sicherstellung der Schädel von jüdisch-bolschewistischen Kommissaren zu wissenschaftlichen Forschungen in der Reichsuniversität Straßburg.

Nahezu von allen Rassen und Völkern sind umfangreiche Schädelsammlungen vorhanden. Nur von den Juden stehen der Wissenschaft so wenig Schädel zur Verfügung, dass ihre Bearbeitung keine gesicherten Ergebnisse zulässt. Der Krieg im Osten bietet uns jetzt Gelegenheit, diesem Mangel abzuhelfen. In den jüdisch-bolschewistischen Kommissaren, die ein widerliches, aber charakteristisches Untermenschentum verkörpern, haben wir die Möglichkeit, ein greifbares wissenschaftliches Dokument zu erwerben, indem wir ihre Schädel sichern.

Die praktische Durchführung der reibungslosen Beschaffung und Sicherstellung dieses Schädelmaterials geschieht am zweckmäßigsten in Form einer Anweisung an die Wehrmacht, sämtliche jüdisch-bolschewistischen Kommissare in Zukunft lebend sofort der Feldpolizei zu übergeben. Die Feldpolizei wiederum erhält Anweisung, einer bestimmten Stelle laufend den Bestand und Aufenthaltsort dieser gefangenen Juden zu melden und sie bis zum Eintreffen eines besonderen Beauftragten wohl zu behüten. Der zur Sicherstellung des Materials Beauftragte … hat eine vorher festgelegte Reihe fotografischer Aufnahmen und anthropologischer Messungen zu machen und, soweit möglich, Herkunft, Geburtsdaten und andere Personalangaben festzustellen. Nach dem danach herbeigeführten Tode des Juden, dessen Kopf nicht verletzt werden darf, trennt er den Kopf vom Rumpf und sendet ihn, in eine Konservierungsflüssigkeit gebettet, in eigens zu diesem Zwecke geschaffenen und gut verschließbaren Blechbehältern zum Bestimmungsort …

Für die Aufbewahrung und Erforschung des so gewonnenen Schädelmaterials wäre die neue Reichsuniversität Straßburg ihrer Bestimmung und ihrer Aufgabe gemäß die geeignete Stätte …

Zit. nach Alexander Mitscherlich/Fred Mielke, Medizin ohne Menschlichkeit, Dokumente des Nürnberger Ärzteprozesses, Frankfurt/Hamburg, 1960, S. 114.

M5 **Das Monument von Natzweiler-Struthof zur Erinnerung an die Deportierten,** Foto, 2005

M6 Die Selbstverteidigung der Täter

Nach dem Zweiten Weltkrieg wurden die Hauptverantwortlichen durch Militärgerichte zur Rechenschaft gezogen. Der Lagerkommandant von Struthof, Josef Kramer, machte vor dem ersten amerikanischen Militärgerichtshof in Nürnberg folgende Aussage:

Ich war ein Buchhalter in Augsburg vor dem Jahre 1932. Sodann habe ich mich freiwillig zur SS gemeldet, und mir wurde befohlen, die Insassen von Konzentrationslagern zu bewachen … Während des Monats August 1943 erhielt ich vom Lager Oranienburg oder vielmehr von der obersten SS-Führung in Berlin … den Befehl, ungefähr 80 Insassen von Auschwitz zu empfangen. In dem Begleitbrief zu dem Befehl hieß es, dass ich sofort mit Professor Hirt von der medizinischen Fakultät in Straßburg in Verbindung treten sollte. Ich ging zum anatomischen Institut von Straßburg, wo Hirt war. Der Letztere sagte mir, dass er von einem Insassen-Begleitzug, der von Auschwitz nach Struthof ging, wüsste. Er sagte mir, dass diese Personen in der Gaskammer des Lagers Struthof mit Gasen getötet und dann ihre Leichname zum anatomischen Institut gebracht werden sollten, damit er über dieselben verfügen könne.
Nach diesem Gespräch gab er mir eine Flasche, die ungefähr einen Viertelliter Salze enthielt, die, ich glaube, Cyanhydratsalze waren. Der Professor sagte mir, welche Dosis ich zu nehmen hatte, um die Insassen … zu vergiften …
Ich beleuchtete die Innenseite des Raumes mittels eines Schalthebels, der in der Nähe des Rohres angebracht war, und beobachtete durch das Guckloch, was innerhalb des Raumes vor sich ging. Ich habe gesehen, dass diese Frauen noch ungefähr eine halbe Minute geatmet haben, bevor sie auf den Boden fielen. Nachdem ich die Ventilation innerhalb des Schornsteins in Bewegung gebracht hatte, öffnete ich die Türen. Ich fand diese Frauen leblos am Boden liegen … Am nächsten Morgen sagte ich zu den Krankenpflegern der SS, die Leichname in einen kleinen Wagen zu legen …, damit sie in das anatomische Institut gebracht werden könnten, so wie mich Professor Hirt gebeten hatte. Einige Tage später brachte ich unter den gleichen Umständen wiederum eine gewisse Anzahl von Frauen in die Gaskammer, die auf dieselbe Weise vergast wurden. Einige Tage später ging ich wiederum in die Gaskammer, und das wiederholte sich ungefähr zwei- oder dreimal, bis 50 Menschen oder vielleicht auch 55 mit den Salzen, die Hirt mir gegeben hatte, getötet waren …
Ich habe bei der Ausführung dieser Dinge kein Gefühl gehabt, weil ich den Befehl erhalten hatte, diese 80 Insassen auf diese Weise zu töten, wie ich Ihnen bereits gesagt habe. Übrigens bin ich auf diese Weise erzogen worden …

Zit. nach Alexander Mitscherlich/Fred Mielke, Medizin ohne Menschlichkeit, Dokumente des Nürnberger Ärzteprozesses, Frankfurt/Hamburg, 1960, S. 176 f.

Eine Ausstellung organisieren

Die Geschichte des KZ Natzweiler-Struthof lässt sich ausgehend von diesen Seiten in einem Projekt untersuchen. Das KZ Natzweiler-Struthof hatte zahlreiche Außenlager. Viele davon befanden sich auf dem Gebiet des heutigen Baden-Württemberg. Recherchiert im Internet über die Außenlager des Konzentrationslagers Natzweiler-Struthof. Prüft, ob sich eines davon in der Nähe eures Schulortes befunden hat. Versucht, möglichst viele Informationen über dieses Außenlager zu sammeln. Vielleicht findet ihr auch Bildmaterial oder ihr könnt sogar mit Zeitzeugen darüber sprechen. Organisiert eine Ausstellung, auf der ihr eure Ergebnisse präsentiert.
Internet-Tipp: www.shoa.de

Filmtipp

Der Tod in den Vogesen (SWR, 2005)
Informationen über diese Dokumentation findet ihr im Internet unter:
www.swr.de/kriegsende/beitrag32.html

1 Beschreibt anhand von M1 bis M3 die Arbeits- und Lebensbedingungen der Häftlinge.

2 Formuliert eine mögliche Klageschrift gegen August Hirt (M4) und Joseph Kramer (M6).

Eugenik und „Euthanasie“

Behinderte werden ermordet

Bereits Jahrzehnte vor der Zeit des Nationalsozialismus hatten sich Wissenschaftler vieler Länder mit der Frage beschäftigt, wie sich die industrielle Gesellschaft fortentwickeln würde. Ihre Aufmerksamkeit richteten sie besonders auf die „Volksgesundheit“ und auf die Vererbungs- und Rassenlehre (Eugenik). Die Erkenntnisse der Eugeniker benutzten die Nationalsozialisten für ihre bevölkerungspolitischen Maßnahmen, die mit Wissenschaft nichts mehr zu tun hatten: die Tötung von „lebensunwertem“ Leben („Euthanasie“). Wie begründeten die Täter ihr Handeln? Welche Personen bedrohte das „Euthanasie“-Programm und wie erging es den Opfern? Gab es Protest?

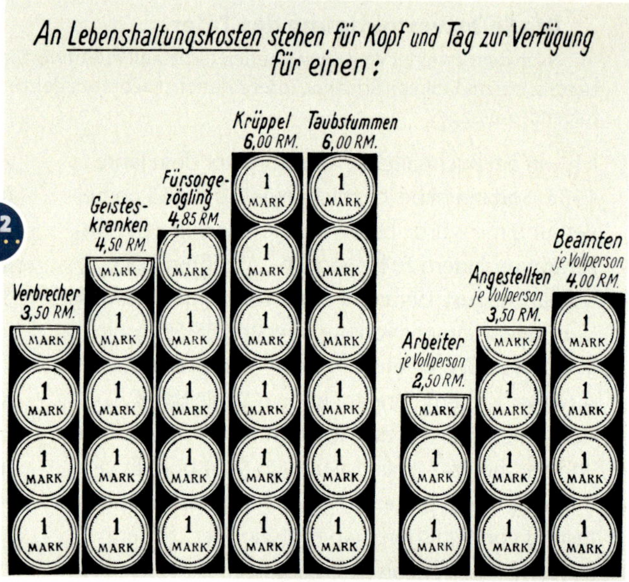

M2 **NS-Tabelle zu den Lebenshaltungskosten,** um 1938, verwendet im Rahmen einer Kampagne gegen „lebensunwertes Leben“

M1 Vorstellungen zur Eugenik

Alfred Ploetz (1860–1940), Vertreter der „Rassenhygiene“ in Deutschland, schrieb 1895, wie er sich staatliche Gesundheitspolitik vorstellte:

Nach Beendigung der Erziehung ... wird eine Prüfung der einzelnen Jünglinge und Mädchen vorgenommen, die sich besonders auf die intellectuellen und moralischen Qualitäten bezieht ... Die Censuren dieser Prüfung lauten nicht bloß gut, genügend, ungenügend etc., sondern auch: darf keine, eins, zwei, drei oder mehr Kinder zeugen in der Ehe, die eventuell eingegangen wird ... Stellt es sich ... heraus, dass das Neugeborene ein schwächliches oder missgestaltetes Kind ist, so wird ihm von dem Ärzte-Collegium, das über den Bürgerbrief der Gesellschaft entscheidet, ein sanfter Tod bereitet, sagen wir durch eine kleine Dosis Morphium ... „humane Gefühlsduseleien“, wie Pflege der Kranken, der Blinden, Taubstummen, überhaupt aller Schwachen, hindern oder verzögern nur die Wirksamkeit der natürlichen Zuchtwahl.

Zit. nach Jürgen Reyer, Alte Eugenik und Wohlfahrtspflege, Freiburg i. B. (Lambertus) 1991, S. 52 f.

M3 **Rassenideologische Vermessung,** Foto, 1940

Euthanasie
(griech.: leichter, schöner Tod; Sterbehilfe). Bei den Nationalsozialisten in neuer Verwendung: bewusste Herbeiführung des Todes; Vernichtung so genannten „lebensunwerten“ Lebens. Etwa 60 000 bis 80 000 Menschen wurden ermordet, bevor die Tötung 1941 nach Kirchenprotesten gestoppt wurde. Fortgesetzt wurden Einzeltötungen, Kindereuthanasie und Ermordung kranker KZ-Häftlinge bis zum Kriegsende.

Eugenik
(griech.: Lehre von der guten Erbveranlagung). Die Bezeichnung wurde Ende des 19. Jahrhunderts (siehe Sozialdarwinismus*) bedeutungsgleich mit dem Begriff „Rassenhygiene“ verwendet. Ziel war es, die Fortpflanzung „Erbgesunder“ zu fördern (positive E.) und die Fortpflanzung „Erbkranker“ einzudämmen (negative E.).

M4 Täter

Hitler beauftragte Reichsleiter Philipp Bouhler und den Arzt Dr. Brandt mit der Leitung des „Euthanasie"-Programms. Der Erlass wurde auf einem privaten Briefbogen Hitlers Ende Oktober 1939 geschrieben, von Hitler zurückdatiert auf den 1. September 1939:

Reichsleiter Bouhler und Dr. med. Brandt sind unter Verantwortung beauftragt, die Befugnisse namentlich zu bestimmender Ärzte so zu erweitern, dass nach menschlichem Ermessen unheilbar Kranken bei kritischster Beurteilung ihres Krankheitszustandes der Gnadentod gewährt werden kann.

Zit. nach Wolfgang Michalka (Hg.), Das Dritte Reich, Bd. 2, München (dtv) 1985, S. 232.

M5 Protest

Aus dem Schreiben des Bischofs von Limburg, Dr. Hilfrich, an den Reichsminister der Justiz vom 13. August 1941:

Etwa 8 km von Limburg entfernt ist in dem Städtchen Hadamar … eine Anstalt, in der nach allgemeiner Überzeugung oben genannte Euthanasie seit Monaten … vollzogen wird … Öfter in der Woche kommen Autobusse mit einer größeren Anzahl Opfer … an. Schulkinder der Umgebung kennen diese Wagen und reden: „Da kommt wieder die Mordkiste." Nach der Ankunft solcher Wagen beobachten dann die Hadamarer Bürger den aus dem Schlot aufsteigenden Rauch … Alle gottesfürchtigen Wesen empfinden diese Vernichtung hilfloser Wesen als himmelschreiendes Unrecht … Es ist in der Bevölkerung unfasslich, dass planmäßige Handlungen vollzogen werden, die nach § 211 StGB mit dem Tode zu bestrafen sind!

Zit. nach Wolfgang Michalka (Hg.), Das Dritte Reich, Bd. 2, München (dtv) 1985, S. 236 f.

M6 Opfer

Aus dem Brief eines Körperbehinderten aus der Anstalt Stetten/Waiblingen (1940):

In diesem jammervollen Gefühl völliger Wehrlosigkeit klagte immer wieder R. W., der mit seinen lahmen Beinen im Selbstfahrerstuhl saß: „Wohin soll ich fliehen und wer will mich verstecken, wer kann für mich Einsprache einlegen? Bei mir sieht man ja schon von weitem, dass ich ein unnützer Brotesser bin und zu nichts tauge …"

Zit. nach Ludwig Schlaich, Lebenswert? Kirche und Innere Mission Württembergs im Kampfe gegen die „Vernichtung lebensunwerten Lebens", Stuttgart, 1947, S. 76.

M7 Angehörige

Brief eines Vaters an die Anstaltsleitung in Haar-Eglfing (1940), sprachlich unverändert:

Wir möchten Sie bitten, uns zu berichten, warum unser Sohn Alois R. so schnell gestorben [ist] … und was fehlte ihm? Sie schreiben uns, dass er Nierenentzündung und Harnvergiftung hatte und warum ist er verbrannt worden und wie war er zuletzt … Ich lege Ihnen eine Briefmarke bei und sind Sie so gut und berichten uns das.

Gerhard Schmidt, Selektion in der Heilanstalt 1933–1945, Stuttgart, 1965, S. 89.

M8 Schatten der Vergangenheit?

Der Journalist K. Franke schrieb 2001:

Bis in die Gegenwart reicht die Kette der Erklärungsversuche, die das verstörende Rätsel umkreisen. Warum regte sich im ärztlichen Kollegenkreis kein Widerstand gegen das „Euthanasie"-Programm? Kein einziger deutscher Psychiater protestierte; kaum einer zögerte, die ihm anvertrauten Patienten … zu selektieren und an die Tötungsanstalten auszuliefern … Wo … über Euthanasie und Sterbehilfe debattiert wird, tauchen unweigerlich die Schatten des Dr. Brandt und seiner … Gehilfen auf … 23 Angeklagte … standen 1946 im Nürnberger Ärzteprozess vor Gericht. Sieben von ihnen, darunter … Karl Brandt, wurden gehängt, neun erhielten langjährige Freiheitsstrafen, sieben wurden freigesprochen … Nur ein Industriestaat mit seiner komplexen Infrastruktur konnte … den reibungslosen Lauf der Mordmaschinerie gewährleisten, eine Erkenntnis, die kaum hilft, die Furcht vor einer Wiederholung des Horrors zu dämpfen – zumal die moderne Gentechnik, wie ihre Kritiker warnen, eine Rückkehr eugenischer Zuchtfantasien fördere.

Klaus Franke, Reine Rasse, in: Spiegel special, Nr. 1, 2001, S. 133 ff.

Vorschlag für Partnerarbeit

a) Erarbeitet an M1 bis M4 Motive, Ziele und Methoden der Eugenik und NS-Euthanasie. Nehmt Stellung.
b) Untersucht die Auswirkungen der NS-Euthanasie auf Opfer, Angehörige und Öffentlichkeit (M5 bis M7).
c) Erarbeitet an M8 Bezüge zwischen Eugenik/Euthanasie in der NS-Zeit und gegenwärtigen Diskussionen, z. B. über Gentechnik oder Sterbehilfe.

Deutsche Außenpolitik 1919–1939

Kontinuität oder Bruch?

Die deutsche Außenpolitik der Zwischenkriegszeit wurde wesentlich durch die Folgen des Versailler Vertrages (siehe S. 36f.) bestimmt. Dabei ging die Diskussion vor allem um die Frage, inwieweit eine Änderung der in Deutschland als hart empfundenen Friedensbedingungen gelingen, wie Heeresbeschränkungen, Reparationslasten und erhebliche Gebietsverluste rückgängig gemacht werden konnten (Revisionismus*).
Außenminister Gustav Stresemann (1878–1929), der Mitglied der DVP war und 1923 sein Amt antrat, wurde zur zentralen Figur der Außenpolitik der Weimarer Republik. Ihm gelang es, einige für Deutschland wichtige internationale Verträge zu schließen.
Welche Ziele verfolgte die Außenpolitik in der Weimarer Republik und welche Bedeutung hatte die Machtübernahme Hitlers 1933 für die Rolle Deutschlands auf internationaler Ebene?

Der deutsche Außenminister Gustav Stresemann während seiner ersten Rede vor dem Völkerbund in Genf, Foto, 10. September 1926. Zusammen mit dem französischen Außenminister Aristide Briand (1862–1932) erhielt Stresemann 1926 den Friedensnobelpreis.

M1

Der Weg in den Zweiten Weltkrieg

Am 15./16. März 1939 besetzten deutsche Truppen die Tschechoslowakei, die als „Protektorat Böhmen und Mähren" ins Deutsche Reich eingegliedert wurde. Mit dieser völkerrechtswidrigen Annexion vollzog sich in Großbritannien und Frankreich eine entscheidende Wendung in der Einschätzung der deutschen Politik. Waren die beiden westlichen Staaten bislang davon ausgegangen, dass Hitler nur eine Revision des Versailler Vertrages wolle, setzte sich jetzt, nach dem Bruch des Münchner Abkommens, die Auffassung durch, Hitler strebe die Herrschaft über Osteuropa, möglicherweise sogar über ganz Europa an. Mit einer Garantieerklärung an Polen Ende März 1939 demonstrierten die westeuropäischen Mächte, dass sie von der Appeasementpolitik* (engl. appeasement = Beschwichtigung), die den britischen Premierminister Chamberlain 1938 beim Münchner Abkommen geleitet hatte, zu einer Politik der Eindämmung übergingen. Mit dieser Rückendeckung wehrte Polen in den folgenden Monaten alle Versuche Hitlers ab, sich den östlichen Nachbarn gefügig zu machen.
Hitler entschied sich bei seinen Alternativen „Ostpolitik mit Polen" oder „Ostpolitik nach völliger Unterwerfung Polens" für den zweiten Weg. Am 28. April 1939 kündigte er den deutsch-polnischen Nichtangriffsvertrag und das deutsch-britische Flottenabkommen. Bereits am 3. April 1939 hatte er die Wehrmacht angewiesen, einen Feldzug gegen Polen bis zum 1. September 1939 vorzubereiten. Am 23. August 1939 wurde ein Nichtangriffsabkommen zwischen Deutschland und der Sowjetunion – der so genannte Hitler-Stalin-Pakt – abgeschlossen. Er enthielt ein geheimes Zusatzprotokoll, das im Fall einer „territorial-politischen Umgestaltung" Polens die Aufteilung des Staates zwischen Deutschland und der Sowjetunion vorsah. Am 1. September 1939 griffen deutsche Truppen Polen an. Zwei Tage darauf erklärten die Regierungen Großbritanniens und Frankreichs Deutschland den Krieg.

1 Erarbeite die Grundaussagen von M2A und M2B und vergleiche sie. Beachte, in welcher Form sich Stresemann äußerte.

Deutsche Außenpolitik 1922–1938

16. April 1922 Vertrag von Rapallo zwischen Deutschland und der Sowjetunion: außenpolitische Annäherung; gegenseitiger Verzicht auf Reparationen; Ausbau von Wirtschaftsbeziehungen.

29. August 1924 Dawes-Plan: Festlegung von Höhe und Laufzeit der deutschen Reparationen nach dem Ersten Weltkrieg.

5.–16. Oktober 1925 Konferenz von Locarno: Anerkennung der Grenzen zu Frankreich und Belgien durch Deutschland, wie in Versailles festgelegt; Verzicht auf Gewalt; Durchbrechen der außenpolitischen Isolierung.

8. September 1926 Aufnahme in den Völkerbund.

21. August 1929 Young-Plan: Neuregelung der Reparationen; durch das Hoover-Moratorium (1931) und das Lausanner Abkommen (1932) werden die Zahlungen ausgesetzt.

14. Oktober 1933 Deutschland tritt aus dem Völkerbund aus und verlässt die Abrüstungskonferenz.

26. Januar 1934 Nichtangriffspakt mit Polen.

13. Januar 1935 Volksabstimmung im Saargebiet (gemäß Versailler Vertrag): 91 Prozent stimmen für die Rückkehr nach Deutschland.

16. März 1935 Einführung der allgemeinen Wehrpflicht.

18. Juni 1935 Deutsch-britisches Flottenabkommen: Großbritannien erklärt sich mit einer Stärke der deutschen Kriegsflotte von bis zu 35 Prozent der britischen Flotte einverstanden.

7. März 1936 Besetzung der entmilitarisierten Rheinlandzone durch deutsche Truppen.

25. Oktober 1936 Bündnis mit Italien: „Achse Berlin–Rom".

13. März 1938 „Anschluss" Österreichs an Deutschland, nachdem Nationalsozialisten die innerösterreichischen Verhältnisse destabilisiert haben. Der Einmarsch deutscher Truppen trifft bei der Bevölkerung auf breite Zustimmung.

29. September 1938 Münchner Abkommen (Deutschland, Großbritannien, Frankreich und Italien): Abtretung der deutsch besiedelten Randgebiete der Tschechoslowakei (Sudetenland) an Deutschland; dafür deutsche Zusage, auf weitere territoriale Ansprüche zu verzichten.

M2 Die Aufgaben der deutschen Außenpolitik

Gustav Stresemann (1878–1929) schrieb dem ehemaligen deutschen Kronprinzen im September 1925:

2A Die deutsche Außenpolitik hat nach meiner Auffassung für die nächste absehbare Zeit drei große Aufgaben:
Einmal die Lösung der Reparationsfrage in einem für Deutschland erträglichen Sinne und die Sicherung des Friedens, die die Voraussetzung für eine Wiedererstarkung Deutschlands ist.
Zweitens rechne ich dazu den Schutz der Auslandsdeutschen, jener 10 bis 12 Millionen Stammesgenossen, die jetzt unter fremdem Joch in fremden Ländern leben.
Die dritte Aufgabe ist die Korrektur der Ostgrenzen: die Wiedergewinnung Danzigs, des polnischen Korridors und eine Korrektur der Grenze Oberschlesiens.
Im Hintergrund steht der Anschluss von Deutsch-Österreich, obwohl ich mir sehr klar darüber bin, dass dieser Anschluss nicht nur Vorteile für Deutschland bringt.

Aus der letzten Rede Stresemanns vor dem Völkerbund am 9. September 1929:

2B Was erscheint denn an Europa, an seiner Konstruktion vom wirtschaftlichen Gesichtspunkte aus so außerordentlich grotesk? Es erscheint mir grotesk, dass die Entwicklung Europas nicht vorwärts, sondern rückwärts gegangen zu sein scheint … Ist es nicht grotesk, dass Sie aufgrund neuer praktischer Errungenschaften die Entfernung von Süddeutschland nach Tokio um 20 Tage verkürzt haben, sich aber in Europa selbst stundenlang mit der Lokomotive irgendwo aufhalten lassen müssen, weil eine neue Grenze kommt, eine neue Zollvision stattfindet … Wo bleibt in Europa die europäische Münze, die europäische Briefmarke? … Wir … haben die nüchterne Aufgabe, die Völker einander näherzubringen, ihre Gegensätze zu überbrücken. Zweifeln wir nicht daran: … Es gibt Gegensätze. Es handelt sich um harte Arbeit: vorwärtszukommen, diese Gegensätze zu vermindern und uns jenem Zustand zu nähern, den wir alle erhoffen.

M2A und M2B zit. nach Geschichte in Quellen, Bd. 5, München (bsv) 1961, S. 216, 225 f.

M3 Außenpolitische Ziele 1925

Aus der Reichstagsdebatte über den Vertrag von Locarno, 24. November 1925, die mit einer klaren Zustimmung zu den Verträgen endete:

3A Otto Wels (SPD): Die west- und mitteleuropäischen Staaten sind wirtschaftlich und politisch heute so eng miteinander verbunden, dass jede politische, jede wirtschaftliche Erschütterung in ihren Folgewirkungen allgemein schwer empfunden wird … Was … in Europa fehlte, das Bedürfnis nach europäischer Solidarität, das ist heute ein sichtbares Bedürfnis aller europäischen Völker geworden.

3B Kuno Graf von Westarp (DNVP): Die Grundgedanken unseres Widerspruchs gegen … Locarno: Jeder Verzicht auf deutsches Land, jede erneute freiwillige Anerkenntnis des Versailler Diktats sollte durch … Verträge ausgeschlossen sein … Wir müssen uns die Handlungsfreiheit nach Osten freihalten, auch im Hinblick auf die östlichen Grenzen Deutschlands.

Verhandlungen des Reichstags. Stenografische Berichte, Bd. 368, S. 4485 ff.

M4 Polen – Kern des Ostproblems?

General von Seeckt, Chef der Heeresleitung von 1920 bis 1926, äußerte am 11. September 1922 über die deutsche Ostpolitik:

Eine Verbindung Deutschlands mit Russland ist der erste und bisher fast einzige Machtzuwachs, den wir seit dem Friedensschluss erreichten … Mit Polen kommen wir nun zum Kern des Ostproblems. Polens Existenz ist unerträglich … Es muss verschwinden … Polen ist für Russland noch unerträglicher als für uns … Mit Polen fällt eine der stärksten Stützen des Versailler Friedens, die Vormachtstellung Frankreichs.

Zit. nach Geschichte in Quellen, Bd. 5, München (bsv) 1961, S. 180 f.

2 Vergleiche die in M3 vorgetragenen Positionen. Nutze dafür den Kasten S. 87.

3 Erarbeite, welche Haltungen zum Thema Ostpolitik in M3 und M4 deutlich werden. Beachte Datum und Amt der jeweiligen Verfasser.

4 Stelle dar, wie der Autor von M5 den Vertrag von Locarno für die deutsche Außenpolitik beurteilt.

M5 Friedensfördernde Wirkungen?

Der Historiker Heinrich August Winkler urteilte 1993:

Die Westmächte hatten Deutschland Zugeständnisse gemacht, weil sie sich von seiner vertraglichen Einbindung mäßigende und friedensfördernde Wirkungen versprachen. Die Mitgliedschaft im Völkerbund erschien ihnen als ein besonders geeignetes Mittel, um den deutschen Revisionismus* zu zügeln … Auch aus Stresemanns Sicht trug Locarno dazu bei, den Frieden sicherer zu machen. Aber zugleich waren die Verträge für ihn doch nur eine Etappe auf dem Weg zu einer umfassenden Abkehr von der Nachkriegsordnung. Das Vertragswerk vom Oktober 1925 bedeutete … die Erreichung eines Nahziels: den Handlungsspielraum Deutschlands durch Verständigung mit dem Westen so zu erweitern, dass es, trotz verbleibender Beschränkungen seiner Souveränität, wieder die Politik einer Großmacht betreiben konnte. Dazu gehörte auch eine härtere Gangart gegenüber Polen, das sich mit seiner Forderung nach einem „Ost-Locarno" nicht hatte durchsetzen können.

Heinrich August Winkler, Weimar 1918–1933, München (C. H. Beck) 1993, S. 308.

M6 Interne Weisung

Aus der ersten Ansprache Hitlers vor Generälen der Reichswehr nach seiner Ernennung zum Reichskanzler (Aufzeichnungen des Generalleutnants Liebmann):

1933 Februar 3, Berlin …
Ziel der Gesamtpolitik allein: Wiedergewinnung der pol. Macht. Hierauf muss gesamte Staatsführung eingestellt werden (alle Ressorts!).
1. Im Innern. Völlige Umkehrung der gegenwärt. innenpol. Zustände in D. Keine Duldung der Betätigung irgendeiner Gesinnung, die dem Ziel entgegensteht (Pazifismus!) …
2. Nach außen. Kampf gegen Versailles. Gleichberechtigung in Genf; aber zwecklos, wenn Volk nicht auf Wehrwillen eingestellt …
4. Aufbau der Wehrmacht wichtigste Voraussetzung für Erreichung des Ziels … Allg. Wehrpflicht muss wiederkommen … Wie soll pol. Macht, wenn sie gewonnen ist, gebraucht werden? … vielleicht … Eroberung neuen Lebensraumes im Osten u. dessen rücksichtslose Germanisierung.

Zit. nach Walther Hofer (Hg.), Der Nationalsozialismus, 410.–421. Aufl., Frankfurt a. M. (Fischer) 1957, S. 180 f.

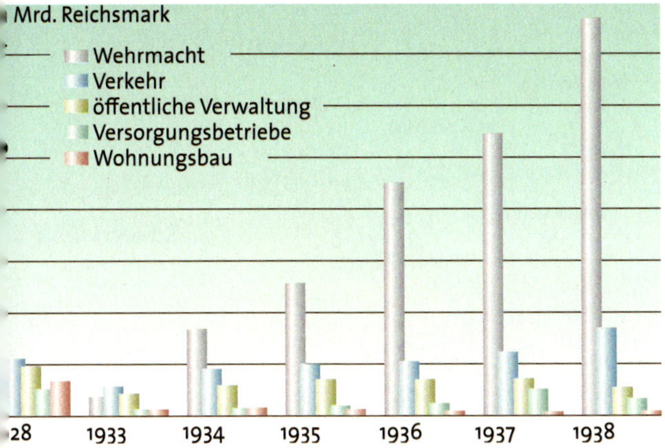

M7 Die öffentlichen Ausgaben im Deutschen Reich 1928–1938. Dem Anfang 1934 veröffentlichten Reichshaushalt war zu entnehmen, dass die Rüstungsausgaben um rund 90 Prozent gesteigert werden sollten und auch Ausgaben für den verbotenen Aufbau einer Luftwaffe enthielten. Frankreich und Großbritannien kündigten angesichts der deutschen Aufrüstung eine Steigerung ihrer Rüstungsetats an. Die deutsche Regierung gab zwischen 1933 und 1938 mehr Geld für die Rüstung aus als Frankreich, Großbritannien und die USA zusammen. Nach 1934 veröffentlichte die Regierung Hitler keine Rüstungsausgaben mehr.

M9 Die Rede Hitlers am 17. Mai 1933 im Deutschen Reichstag, amerikanische Karikatur, 1933

M8 Öffentliche Rede

Aus der Regierungserklärung Hitlers vor dem Deutschen Reichstag am 23. März 1933:

Das deutsche Volk will mit der Welt in Frieden leben ... Die Begriffe von Siegernationen und von Besiegten können nicht als eine dauernde Basis freundschaftlicher Beziehungen der Völker untereinander gelten ... Die nationale Regierung ist bereit, jedem Volke die Hand zu einer aufrichtigen Verständigung zu reichen, das gewillt ist, die traurige Vergangenheit endlich einmal grundsätzlich abzuschließen ... Die Reichsregierung wird jede Bemühung unterstützen, die darauf gerichtet ist, einer allgemeinen Abrüstung wirksam zu dienen und den dabei schon längst fälligen Anspruch Deutschlands auf Gleichberechtigung sicherzustellen ... Wir sind ... der Überzeugung, dass ein solcher Ausgleich in unserem Verhältnis zu Frankreich möglich ist ... Gegenüber der Sowjetunion ist die Reichsregierung gewillt, freundschaftliche, für beide Teile nutzbringende Beziehungen zu pflegen.

Zit. nach Erhard Klöss (Hg.), Reden des Führers, München (dtv) 1967, S. 104 ff.

M10 Wirtschaftsdaten Deutschlands 1928–1939

Produktion in 1000 t	*1928*	*1936*	*1939*
Eisenerz	2 089	2 259	3 928
Aluminium	33	95	194
Flugbenzin	0	43	302
Benzin	0	1 214	1 633

Selbstversorgungsgrad Deutschlands in %	*1927/28*	*1938/39*
Brotgetreide	79	115
Kartoffeln	96	100
Fleisch	91	97
Fett	44	57

5 Vergleiche die Aussagen Hitlers in M6, M8 und M12. Setze sie in einen Bezug zu M9.

6 Deute M9 mithilfe der Arbeitsschritte „Karikaturen entschlüsseln" (siehe Methodenübersicht).

7 Untersuche an M7 und M10 mögliche Zusammenhänge. Begründe deine Ergebnisse.

M11 Staatsformen in Europa und die Erweiterung des deutschen Machtbereichs 1933–1939

M12 Die Aufgaben der Politik

Aus Hitlers geheimer Denkschrift über den Vierjahresplan vom August 1936:

Wenn es uns nicht gelingt, in kürzester Frist die deutsche Wehrmacht … zur ersten Armee der Welt zu entwickeln, wird Deutschland verloren sein! … Ich stelle damit folgende Aufgabe: I. Die deutsche Armee muss in 4 Jahren einsatzfähig sein. II. Die deutsche Wirtschaft muss in 4 Jahren kriegsfähig sein.

Zit. nach Wolfgang Michalka (Hg.), Das Dritte Reich, Bd. 1, München (dtv) 1985, S. 189 f.

M13 **Deutsche Truppen marschieren in Prag ein,** Foto, 15. März 1939

8 Beschreibe die Erweiterung des deutschen Machtbereichs bis 1939 (M11, Kasten S. 87).

9 Erschließe das Foto M13. Nimm die Informationen aus M11 und den Kasten zu Hilfe.

10 Kläre mithilfe der Informationen in dieser Themeneinheit die Begriffe Revisionspolitik, Lebensraumpolitik und Appeasementpolitik.

11 Diskutiert in der Klasse zusammenfassend die Frage der Kontinuität bzw. des Bruchs Hitlers mit außenpolitischen Auffassungen vor 1933.

Eroberung und Besetzung – der Zweite Weltkrieg in Europa

Vom „Blitzkrieg“ zum Vernichtungskrieg

Die militärische Strategie Hitlers, einen Staat zu überfallen und nach schnellen „Blitzkriegen“ zu besetzen, erschien bis Sommer 1941 durchaus erfolgreich: Weniger als fünf Wochen nach dem Einmarsch am 1. September 1939 war Polen besiegt und wurde entsprechend dem geheimen Zusatzabkommen zwischen Deutschland und der Sowjetunion aufgeteilt.

Die Blitzkriegsstrategie gründete vor allem auf der Erkenntnis, dass die deutsche Rüstungswirtschaft einem länger andauernden Krieg nicht gewachsen schien. Trotz moderner Waffentechnik fehlten für eine massenhafte, lang andauernde Produktion die Rohstoffreserven und die Produktionskapazitäten. Um diese Unterlegenheit auszugleichen, wurden in weiteren Feldzügen Dänemark und Norwegen besetzt (April 1940). So kontrollierte das Deutsche Reich die Nord- und Ostseeschifffahrt und gelangte an das schwedische Erz. Auch gegen Frankreich und auf dem Balkan gelang die Blitzkriegsstrategie. Dagegen schlug sie gegen England fehl, das durch den Luftkampf im Sommer und Herbst 1940 nicht wesentlich geschwächt werden konnte und von den USA zunehmend umfangreichere Rüstungslieferungen erhielt. Obwohl die deutsche Wehrmacht in der ersten Jahreshälfte 1941 den europäischen Kontinent militärisch beherrschte, war der Krieg nicht gewonnen, und es wurde immer deutlicher, dass es Hitler an einer Konzeption zur Beendigung des Krieges fehlte.

Eine neue Phase des Krieges begann am 22. Juni 1941 mit dem Überfall Deutschlands auf die Sowjetunion und der anschließenden Besetzung durch Truppen der Wehrmacht und Angehörige der SS bis 1944. Das strategische Vorgehen der Deutschen, das den Decknamen „Unternehmen Barbarossa“ trug, war ein Vernichtungskrieg gegen die Zivilbevölkerung und die Armee. Insgesamt starben bis Kriegsende etwa 3,3 Millionen Kriegsgefangene an Hunger, Krankheiten, durch Schwerstarbeit oder Hinrichtung.

M1 Der Zweite Weltkrieg in Europa 1939–1945

M2 **Öffentliche Hinrichtung in Minsk**, der heutigen Hauptstadt Weißrusslands, Foto, 26. Oktober 1941. An jenem Sonntag wurden zwölf Personen von Angehörigen der Wehrmacht öffentlich hingerichtet. Sie trugen Schilder mit der Aufschrift „Wir sind Partisanen und haben auf deutsche Soldaten geschossen". Das entsprach nicht der Wahrheit. Sie gehörten zu einer Widerstandsgruppe, die genesende Rotarmisten, die sich im Lazarett des Infektionskrankenhauses befanden, mit Zivilkleidung und gefälschten Pässen versorgte, um sie zu den eigenen Einheiten zu führen. Bisher ungeklärt ist die Identität der jungen Frau. Im Holocaust-Museum in Washington wird sie als jüdische Widerstandskämpferin Masha Bruskina verehrt, auf einem Denkmal in einem Dorf nahe Minsk wird an Alexandra Wasiljewna Linewitsch erinnert, die nach Aussagen von Verwandten die Hingerichtete sein soll.

M3 Durchgeführte Hinrichtungen

Aus dem Bericht der Einsatzgruppe A (Baltikum) vom 15. Oktober 1941:

	Juden	*Kommunisten*	*zusammen*
Litauen	80 311	860	81 171
Lettland	30 025	1 843	31 868
Estland	474	684	1 158
Weißruthenien	7 620	–	7 620

Zit. nach Wolfgang Michalka (Hg.), Das Dritte Reich, Bd. 2, München (dtv) 1985, S. 191.

M4 Deutsche Besatzungspolitik im Osten

Aus dem Erlass Hitlers über „Die Ausübung der Kriegsgerichtsbarkeit im Gebiet ‚Barbarossa' und besondere Maßnahmen der Truppe" (13. Mai 1941):

4A Freischärler[1] sind durch die Truppe im Kampf oder auf der Flucht schonungslos zu erledigen … Auch alle anderen Angriffe feindlicher Zivilpersonen gegen die Wehrmacht … sind … auf der Stelle mit den äußersten Mitteln bis zur Vernichtung des Angreifers niederzukämpfen … Für Handlungen, die Angehörige der Wehrmacht … gegen feindliche Zivilpersonen begehen, besteht kein Verfolgungszwang, auch dann nicht, wenn die Tat zugleich ein militärisches Verbrechen oder Vergehen ist.

1 Partisanen und Widerstandskämpfer

Aus den Richtlinien für die Behandlung „politischer Kommissare"[1] (6. Juni 1941):

4B Im Kampf gegen den Bolschewismus ist mit einem Verhalten des Feindes nach den Grundsätzen der Menschlichkeit oder des Völkerrechts nicht zu rechnen … Die Truppe muss sich bewusst sein:
1. In diesem Kampfe ist Schonung und völkerrechtliche Rücksichtnahme diesen Elementen gegenüber falsch. Sie sind eine Gefahr für die eigene Sicherheit und die schnelle Befriedung der eroberten Gebiete.
2. Die Urheber barbarisch asiatischer Kampfmethoden sind die politischen Kommissare. Gegen diese muss daher sofort und ohne weiteres mit aller Schärfe vorgegangen werden. Sie sind daher, wenn im Kampf oder Widerstand ergriffen, grundsätzlich sofort mit der Waffe zu erledigen.

M4A und M4B zit. nach Hamburger Institut für Sozialforschung (Hg.), Verbrechen der Wehrmacht. Dimensionen des Vernichtungskrieges 1941–1944, Hamburg (Hamburger Edition) 2002, S. 46 f., 52.

1 Jeder Einheit der Roten Armee war ein Politkommissar zugeteilt, der Befehle von Kommandeuren aufheben konnte, die gegen die Prinzipien der KPdSU verstießen.

1 Beschreibe anhand von M1 den Verlauf des Zweiten Weltkriegs. Unterscheide die Phasen 1939 bis Ende 1942 und Ende 1942 bis 1945.

2 Untersuche und bewerte mithilfe von M2 bis M5 und M7 die deutsche Besatzungspolitik im Osten. Achte auf Aussagen zum Völkerrecht und auf den Begriff „Verfolgungszwang" (M4A, Z. 8).

3 Zeige anhand von M6, dass es verfehlt wäre, ehemaligen deutschen Wehrmachtsangehörigen pauschal vorzuwerfen, Kriegsverbrechen begangen zu haben.

4 Informiere dich im Internet über die Ausstellung „Verbrechen der Wehrmacht" des Hamburger Instituts für Sozialforschung (www.verbrechen-der-wehrmacht.de). Berichte in der Klasse.

M5 Untersuchung von „Dienstverpflichteten“ in der Ukraine vor dem Abtransport nach Deutschland, Foto, 1942

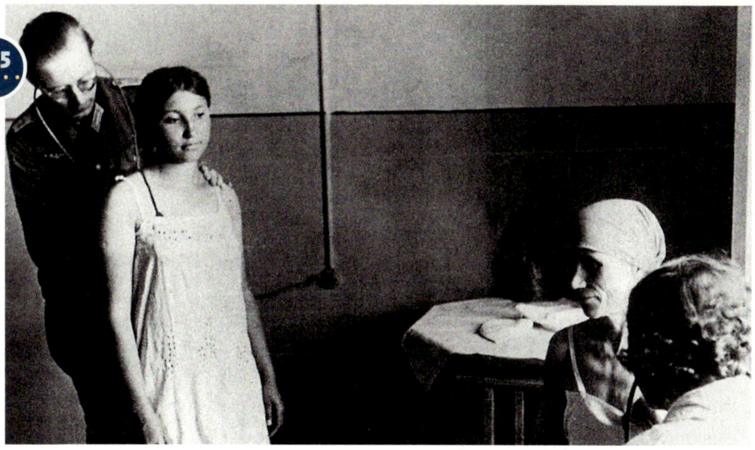

M6 Entscheidung eines Einzelnen

In den „Passauer Nachrichten“ erschien 1993 ein Bericht über den ehemaligen Major der deutschen Wehrmacht Max Liedtke:

Max Liedtke war 1942 Ortskommandant der ostpolnischen Stadt Przemyśl . Als im Juli 1942 die „Judenaussiedlung“ [Deportation in ein KZ] aus Przemyśl beginnen sollte, setzte sich Liedtke zur Wehr, indem er Straßen und Brücken sperren ließ, um die SS am Abtransport der jüdischen Bevölkerung zu hindern. Einige Stunden später musste er die Sperrung aufheben, konnte aber zusammen mit seinem Adjutanten Dr. Battel 80 bis 100 Juden mehrere Wochen vor dem Zugriff der SS schützen. Liedtke verstarb 1955 in sowjetischer Gefangenschaft. Seit 1993 wird er als einer der wenigen Wehrmachtsangehörigen als „Gerechter der Völker“ in der Holocaust-Gedenkstätte Yad Vashem in Jerusalem geehrt.

Hamburger Institut für Sozialforschung (Hg.), Verbrechen der Wehrmacht. Dimensionen des Vernichtungskrieges 1941–1944, Hamburg (Hamburger Edition) 2002, S. 591, bearb. d. Verf.

Kriegsverbrechen

Als Kriegsverbrechen werden Handlungen von Angehörigen eines Krieg führenden Staates betrachtet, die gegen Strafvorschriften des Staates oder internationale Strafbestimmungen verstoßen, z. B. die Führung eines Angriffskriegs, Mord, Grausamkeiten gegen die Zivilbevölkerung, systematischer Terror, Misshandlung und Tötung von Gefangenen, Zwangsarbeit fremder Staatsangehöriger. Völkermord (Genozid) gilt ebenfalls als Kriegsverbrechen.

M7 Der Russlandfeldzug als Weltanschauungs- und Beutekrieg

Der Historiker Ludolf Herbst schrieb 1996:

„Vernichtung“ und „Ausrottung“ wurden die Leitbegriffe für Hitlers Verständnis vom „Weltanschauungskrieg“. Das sowjetische System und seine Träger sollten vernichtet und das Land mit Terror überzogen werden. Rücksicht auf die Zivilbevölkerung war nicht zu nehmen … Die Wirtschaftsfachleute der Wehrmacht und der zuständigen Ministerien entwickelten eine explizite Hungerstrategie. Die agrarischen Überschussgebiete in Russland sollten von den Zuschussgebieten abgeschnitten werden, um auf diese Weise genügend Nahrungsmittel für die Wehrmacht bereitstellen und nach Deutschland schaffen zu können … Zwar waren die ökonomischen Verluste der UdSSR erheblich, … gleichwohl konnte die Rüstungsindustrie ihren Produktionsausstoß von 1940 auf 1942 insgesamt um 86 Prozent steigern … Erreicht wurde diese Leistungssteigerung … durch die Verlagerung von ca. 1500 Rüstungsbetrieben vom Westen in den Osten des Landes während des deutschen Angriffs im Jahre 1941, durch die Umstellung ziviler Bereiche auf die Rüstungsproduktion, durch den Neubau von Rüstungsbetrieben und durch die Steigerung der Produktion in den östlichen Landesteilen. Die Rechnung der deutschen Führung war nicht aufgegangen. Sie hatte ihr ebenso leichtfertiges wie gewagtes Spiel verloren und damit den gesamten Krieg.

Ludolf Herbst, Das nationalsozialistische Deutschland 1933–1945, Frankfurt a. M. (Suhrkamp) 1996, S. 351 ff.

Kriegswirtschaft und Zwangsarbeit

In den 1990er Jahren wurden Verhandlungen über eine abschließende Entschädigung von Menschen geführt, die im Zweiten Weltkrieg in Deutschland zu Zwangsarbeit verpflichtet waren.

Die deutsche Wirtschaft litt während des Zweiten Weltkriegs unter großem Arbeitskräftemangel, da die meisten deutschen Männer im arbeitsfähigen Alter zum Militärdienst eingezogen waren. Dieser Mangel konnte nur zum Teil durch den Einsatz von Frauen in traditionell den Männern vorbehaltenen Berufen ausgeglichen werden. Man schätzt, dass im Sommer 1944 ca. ein Viertel der in der deutschen Wirtschaft beschäftigten Menschen Zwangsarbeiter waren. Während des gesamten Zweiten Weltkriegs wurden schätzungsweise zwischen sieben und elf Millionen Menschen zur Zwangsarbeit im Deutschen Reich abgestellt.

Zwangsarbeiter ersetzten nicht nur die fehlenden deutschen Arbeiter, sie waren auch billiger als deutsche Fachkräfte. Der Staat bereicherte sich zudem teilweise durch Verleihgebühren, die er von der Industrie verlangte, und eröffnete sich damit eine zusätzliche Einnahmequelle. Die Arbeitsbedingungen der Zwangsarbeiter waren sehr unterschiedlich. Sie hingen von den konkreten Umständen ab. So ging es den meisten Zwangsarbeitern, die in der Landwirtschaft eingesetzt waren, relativ gut. Bei manchen Firmen herrschten jedoch z. T. katastrophale Zustände. Entsprechend der nationalsozialistischen Rassenideologie wurden Menschen aus den westlichen Nachbarländern (z. B. Niederlande und Belgien) besser behandelt als die Arbeiter aus Osteuropa.

In Friedrichshafen am Bodensee gab es mehrere Firmen, die insgesamt ca. 8000 Zwangsarbeiter beschäftigten. Die Zerstörung der Stadt am Kriegsende durch alliierte Bomber war eine verheerende Folge dieser boomenden Rüstungsindustrie.

Zwangsarbeit

Zwangsarbeit ist jede Art von Arbeit oder Dienstleistung, die von einer Person unter Androhung irgendeiner Strafe verlangt wird und für die sie sich nicht freiwillig zur Verfügung gestellt hat.

M1 Gerichtliche Aufarbeitung in der Nachkriegszeit

In der französischen Besatzungszone wurde ein Militärtribunal in Rastatt errichtet, auf dem Verbrechen gegen die Menschlichkeit verhandelt wurden:

Bei den so genannten Kriegsverbrecherprozessen in Rastatt 1945/46 wurden insgesamt 16 Mitarbeiter des Maybach-Motorenbaus wegen schlechter Behandlung von Fremdarbeitern angeklagt, wobei sich selbst im Urteil die Einschränkung findet „ohne dass diese schlechte Behandlung jemals den äußerst schwerwiegenden Charakter wie in den Konzentrationslagern angenommen hätte“ [1] … Sechs Mitarbeiter wurden freigesprochen, die restlichen zu Freiheitsstrafen zwischen ein und vier Jahren verurteilt. Diese Urteile wurden von vielen in Friedrichshafen als problematisch empfunden, da sie die besonderen Zeitumstände zu wenig berücksichtigten.

Zit. nach Christa Tholander, Fremdarbeiter 1939 bis 1945. Ausländische Arbeitskräfte in der Zeppelin-Stadt Friedrichshafen, Essen, 2001, S. 475 f.

1 Zit. nach Wilhelm Treue, Stefan Zima, Hochleistungsmotoren. Karl Maybach und sein Werk, Düsseldorf, 1992.

M2 **Panzer mit Maybachmotor**, Foto

M3 Hygienische Verhältnisse im Lager

Die ehemaligen Lagerinsassen Joop van Driel und Pieter de Haan berichteten 1994/98 über das Lager Seeblick I der Firma Maybach in Friedrichshafen:

… das große Problem war das Toilett, Abort, das war ein so großes Toilett mit Loch darüber und war so voll, dass es überläuft … Die Kanalisation dieses großen Barackendorfes funktionierte schon bald nicht mehr. Offene Urinpfützen mit Kot waren die Folge, Seuchen brachen aus … Die Waschräume, die war schrecklich. Im Winter hab ich mal mein Arbeitskleidung saubergemacht und Abfluss war zugefroren, es war so kalt, ich habe mit meinem Fuß im Wasser gestanden und den nächsten Tag hatte ich ganz dicke Beine … nach einer Woche war das besser, ich habe viel Glück gehabt …

Zit. nach Christa Tholander, Fremdarbeiter 1939 bis 1945. Ausländische Arbeitskräfte in der Zeppelin-Stadt Friedrichshafen, Essen 2001, S. 285.

Entschädigung der Zwangsarbeiter – eine Recherche

In den 1990er Jahren arbeitete eine Stiftungsinitiative Deutscher Unternehmen an der Frage der Entschädigung der Zwangsarbeiter des Zweiten Weltkriegs.

a) Informiert euch im Internet oder im Archiv eurer lokalen Zeitung über die Diskussionen, die im Zusammenhang der Arbeit dieser Stiftungsinitiative geführt wurden.

b) Sucht nach Gründen, warum eine Entschädigung der Zwangsarbeiter so lange nicht vorgenommen wurde und warum sie nach fast 50 Jahren doch noch geregelt wurde.

c) Organisiert eine Diskussionsrunde, bei der einige von euch als Vertreter der unterschiedlichen Interessengruppen teilnehmen: ein Vertreter eines deutschen Unternehmens, das Zwangsarbeiter beschäftigt hat; ein Vertreter eines deutschen Unternehmens, das keine Zwangsarbeiter beschäftigt hat; ein ehemaliger Zwangsarbeiter; der Bürgermeister der Stadt Friedrichshafen.

Internet-Tipp: www.wdr.de/online/wirtschaft/zwangsarbeit/index.phtml
oder: www.unser-parlament.de/download/SHOW/reden_dokumente/1990_2005/lambsdorff_2001

M4 Ausländische Frauen als Zwangsarbeiterinnen bei der Firma Maybach

Christa Tholander hielt 2001 in der Frauenakademie München einen Vortrag über ihre Studienergebnisse:

Exemplarisch für den Arbeitseinsatz der Ostarbeiterinnen ist das Schicksal der 49-jährigen Russin Anna Sujkowa und ihrer drei Töchter Antonina, Sinaida und Nina, im Alter von 15 bis 18 Jahren. Sie wurden im September 1941 aus Puschkin bei Leningrad von der Deutschen Wehrmacht verschleppt … Nach der als peinlich empfundenen medizinischen Untersuchung im Durchgangslager in Polen wurde die 18-jährige Antonina wegen einer Krankheit von ihrer Familie getrennt, die anderen kamen über das Durchgangslager für den süddeutschen Raum in Bietigheim im Mai 1942 nach Friedrichshafen zur Firma Maybach …

Anna war als zu alt für einen Einsatz an den Maschinen befunden worden und musste als Putzfrau arbeiten. Sinaida und Nina bildete Maybach als Revolverdreherinnen aus. Gearbeitet wurden zunächst 60, später 65 Stunden und mehr … Anna und ihre Familie wurden im März 1945 nach Blaubeuren versetzt. Alle hatten elf zum Teil sehr schwere Luftangriffe, eine Typhus- und Flecktyphusepidemie überlebt, waren nicht an der verbreiteten Tuberkulose erkrankt, an der so viele junge Menschen starben. Die Amerikaner, die sie befreiten, übergaben sie den Russen … Anna und ihre Töchter setzten die Russen bis Februar 1946 zu Aufräumarbeiten in Polen ein. Erst danach kamen sie in das zerstörte Puschkin zurück. Antonina, die so lange vermisste Tochter, kehrte 1967 heim zu ihrer Familie.

Christa Tholander, Zwangsarbeiterinnen in der Kriegswirtschaft 1939–1945 am Beispiel Friedrichshafens, 11. Juli 2001, zit. nach www.frauenakademie.de (Veranstaltungen wissenschaftliche Vorträge).

1 Erstelle mithilfe der Materialien dieser Seite eine Liste, wer in welcher Weise von der Zwangsarbeit der Fremdarbeiter profitiert hat.

2 Diskutiert über die Frage der Bestrafung der Mitarbeiter der Maybach-Werke, wie sie in M1 geschildert wird. Versucht auch aus der Sicht der Lagerinsassen (vgl. M3) zu argumentieren.

Rassenpolitik als Massenmord – die Shoah

Warten auf die Deportation

Mit dem Beginn des Zweiten Weltkriegs änderte sich die Lage für die europäischen Juden dramatisch. Durch die deutsche Besetzung ihrer Heimatländer gerieten etwa sieben der insgesamt zehn Millionen in Europa lebenden Juden unter den Herrschaftseinfluss der Nationalsozialisten. Die Verfolgung begann sofort mit der Besetzung Polens und war darauf gerichtet, die Juden zunächst in größeren Städten zu konzentrieren. Ghettos* wurden eingerichtet, die als Durchgangsstationen für eine Deportation* in spezielle Vernichtungslager dienten. In Deutschland hatte die Phase der Ghettoisierung 1939 mit der Einrichtung so genannter Judenhäuser begonnen. Unter unmenschlichen Bedingungen mussten Juden nun z. B. in Schulgebäuden oder jüdischen Gemeindehäusern wohnen. Selbst in der Leichenhalle des jüdischen Friedhofs in Hannover lebten zeitweilig 150 Frauen, Männer und Kinder. Damit verlor die jüdische Bevölkerung den Rest häuslicher Geborgenheit, in die sie sich bisher noch zurückziehen konnte.

Vielen Verfolgten gelang es unterzutauchen: Etwa 10 000 Juden versteckten sich in Deutschland.

M1 **„Selbstporträt im Versteck"**, Gemälde von Felix Nussbaum, 1943. Nussbaum zeigt sich im Gebetsmantel mit seiner Frau und seinem Sohn.

Der Mord an den Juden in Europa

Dem „bürgerlichen" Tod vor dem Krieg durch Entrechtung folgte die physische Vernichtung während des Krieges. Die Deportation der deutschen Juden begann 1941. Seit Mitte 1942 fuhren immer mehr Güterwaggons mit Deportierten in das Vernichtungslager Auschwitz, das zu einem zentralen Ort des nationalsozialistischen Massenmordes wurde.

Der Völkermord – lange mit dem (NS-)Begriff „Endlösung" bezeichnet, dann mit dem aus dem Griechischen entnommenen Wort „Holocaust" und in jüngster Zeit „Shoah" (hebräisch: vollkommenes, einzigartiges Opfer, totale Zerstörung) genannt – entzieht sich einer einfachen Erklärung. Unbestritten ist, dass der Völkermord eine zielgerichtete Umsetzung der nationalsozialistischen Rassenideologie war, aber die Tötungsbereitschaft des NS-Herrschaftssystems sich unter den Bedingungen des Krieges radikalisierte. Die Gesamtzahl der jüdischen Opfer in Europa ist nicht exakt feststellbar. Sie liegt zwischen fünf und sechs Millionen Menschen.

M2 **Juden-Deportation aus Würzburg**, Foto, 25. April 1942. 856 Männer, Frauen und Kinder wurden zum Güterbahnhof getrieben. Der Transport ging in die Vernichtungslager Bełżec, Majdanek und Treblinka.

Chronik judenfeindlicher Maßnahmen (Auswahl)

1939

30. April Zusammenlegung jüdischer Familien in „Judenhäusern" wird angeordnet.

1. September Ausgangssperre für Juden: im Sommer ab 21 Uhr, im Winter ab 20 Uhr.

23. September Rundfunkgeräte von Juden werden beschlagnahmt.

Ab 12. Oktober Erste Deportationen aus Österreich und Böhmen/Mähren nach Polen.

1941

1. September Juden müssen in der Öffentlichkeit einen gelben Stern tragen.

17. Oktober Beginn von Deportationen deutscher Juden aus dem „Altreich" nach Osten (Łódź, Kaunas, Minsk u. a.).

23. Oktober Auswanderungsverbot für Juden.

25. November Jüdisches Vermögen wird vor der Deportation eingezogen.

1942

20. Januar „Wannsee-Konferenz" über die Ermordung der europäischen Juden.

Juni Beginn der Massenvergasungen in Auschwitz.

M4 Das Ergebnis der Wannsee-Konferenz

Aus dem Protokoll der Besprechung in Berlin-Wannsee am 20. Januar 1942, bei der die „Endlösung der Judenfrage" von hohen Regierungsbeamten und SS-Führern abgestimmt wurde:

Geheime Reichssache … Anstelle der Auswanderung ist nunmehr als weitere Lösungsmöglichkeit … die Evakuierung der Juden nach dem Osten getreten … [Es] werden hier bereits jene praktischen Erfahrungen gesammelt, die im Hinblick auf die kommende Endlösung der Judenfrage von wichtiger Bedeutung sind. Im Zuge dieser Endlösung der europäischen Juden kommen rund 11 Millionen Juden in Betracht … In großen Arbeitskolonnen, unter Trennung der Geschlechter, werden die arbeitsfähigen Juden Straßen bauend in diese Gebiete geführt, wobei zweifellos ein Großteil durch natürliche Verminderung ausfallen wird. Der … verbleibende Restbestand wird, da es sich bei diesem zweifellos um den widerstandsfähigsten Teil handelt, entsprechend behandelt werden müssen.

Zit. nach Reinhard Rürup (Hg.), Topographie des Terrors, 13. Aufl., Berlin (Stiftung Topographie des Terrors) 2001, S. 144, 146 f.

M3 Abschiednehmen

Edith Wolff berichtete nach 1945 vom Besuch eines älteren Ehepaars, dessen Kinder bereits ausgewandert waren:

3A Eines Tages, Ende Februar 1943, erschienen Herr und Frau Kleinberger bei uns abends zu einem kurzen Besuch, um sich zu verabschieden – wie zu einer Reise. Sie teilten uns mit, dass sie noch ein sehr gutes Abendessen zu sich nehmen wollten … Sie hatten „die Liste" bekommen und sich schon längst mit einem Gegenmittel versorgt. Wir verstanden sofort, dass dieses „Medikament" ein Gift war … Wir aber konnten nichts dagegen tun und nichts mehr dagegen einwenden. Wir konnten den beiden Menschen nur stumm die Hand drücken – und ihnen im Herzen nur noch eine gute Reise ins Jenseits wünschen … Erst nach drei Tagen fand man in der Wohnung die Leichen.

Am 19. Juli 1942 mussten Theodor Tuch und seine Frau Clara den Zug „in ein Lager" besteigen – auch für sie eine Fahrt in den Tod. Vor ihrer Abfahrt schrieb Theodor einen Brief:

3B 4. Juli 42. Meine geliebten Kinder.
Das sind wohl die letzten Grüße aus Volksdorf. Meine ganze Hoffnung ist es, euch noch mal wiederzusehen. Es ist ganz schrecklich, nun in die Verbannung zu gehen, alles aufzugeben. Wir werden wohl in ein Lager kommen und auf jede Bequemlichkeit verzichten müssen … Wann werdet ihr diesen Brief erhalten, leben wir dann noch? Ich wünsche euch alles Gute, meine geliebten Kinder, bleibt alle gesund und habt viel Freude an euren Kindern und vergesst nicht eure Mutter, die sich so unbeschreiblich nach euch sehnt.

M3A und M3B zit. nach Wolfgang Benz (Hg.), Die Juden in Deutschland 1933–1945, 4. Aufl., München (Beck) 1996, S. 654, 659.

1 Interpretiere das Bild M1 vor dem Hintergrund deiner Kenntnisse über die Judenverfolgung bis 1938. Informiere dich im Internet über den Maler.

2 Analysiere M4 und untersuche die Sprache des Textes. Nimm S. 72 zu Hilfe.

M5 **Auf der Rampe bei der Ankunft im KZ Auschwitz,** Foto, 1944. An der Bahnrampe sonderte ein SS-Arzt die Arbeitsfähigen von den für den Tod Bestimmten („Selektion").

M6 **Häftlingskleid** aus dem Frauen-KZ Ravensbrück. Nach der Ankunft im KZ erhielt jeder Häftling eine Nummer, die auf die Kleidung aufgenäht wurde und fortan seinen Namen ersetzte. Frauen erhielten ein Kleid, manchmal Jacke und Kopftuch, Männer Jacke, Hose und Mütze.

Sinti und Roma – eine Internetrecherche

Führt in Kleingruppen eine Internetrecherche zum Thema „Verfolgung und Vernichtung der Sinti und Roma zwischen 1933 und 1945" durch. Berichtet in der Klasse.

3 Zeige an den Materialien S. 96–98 die Auswirkungen der NS-Todesmaschinerie auf die Lebensläufe ihrer Opfer.

4 Erarbeite an M2, M4 und der Doppelseite 98/99 die Methoden der „Todesbürokratie". Achte auf die Sprache.

5 Erörtere anhand von M8 die Problematik einer statistischen und grafischen Darstellung des Völkermords.

M7 Die Selektion überlebt

Ruth Klüger (geb. 1931) überlebte das KZ Auschwitz. Bei ihrer Ankunft gelang ihr eigentlich Unmögliches: Die Zwölfjährige schaffte es, von der Seite der zum Tode selektierten Häftlinge zu der der Arbeitsfähigen zu wechseln. 1992 schrieb sie:

Neben dem amtierenden SS-Mann … stand die Schreiberin, ein Häftling. Wie alt mag sie gewesen sein, neunzehn, zwanzig? … Sie [verließ] ihren Posten und fast in Hörweite des SS-Mannes ging sie schnell auf mich zu und fragte halblaut, mit einem unvergesslichen Lächeln ihrer unregelmäßigen Zähne: „Wie alt bist du"? „Dreizehn." Und sie, mich nachdrücklich mit den Augen fixierend, ganz eindringlich: „Sag, dass du fünfzehn bist." Zwei Minuten später war ich dran. … Auf die Frage nach meinem Alter gab ich die entscheidende Antwort …: „Fünfzehn bin ich."
„Die ist aber noch sehr klein", bemerkte der Herr über Leben und Tod, nicht unfreundlich, eher wie man Kühe und Kälber besichtigt. Und sie, im gleichen Ton die Ware bewertend: „Aber kräftig gebaut ist sie. Die hat Muskeln in den Beinen, die kann arbeiten. Schaun Sie nur."
Das war eine, die arbeitete für diese Verwaltung und strengte sich an für mich, ohne mich überhaupt zu kennen. Dem Mann war sie vielleicht ein wenig weniger gleichgültig, als ich es ihm war, und er gab nach. Sie schrieb meine Nummer auf, ich hatte eine Lebensverlängerung gewonnen.

Ruth Klüger, weiter leben. Eine Jugend in Deutschland, Göttingen (Wallstein) 1992, S. 130 ff.

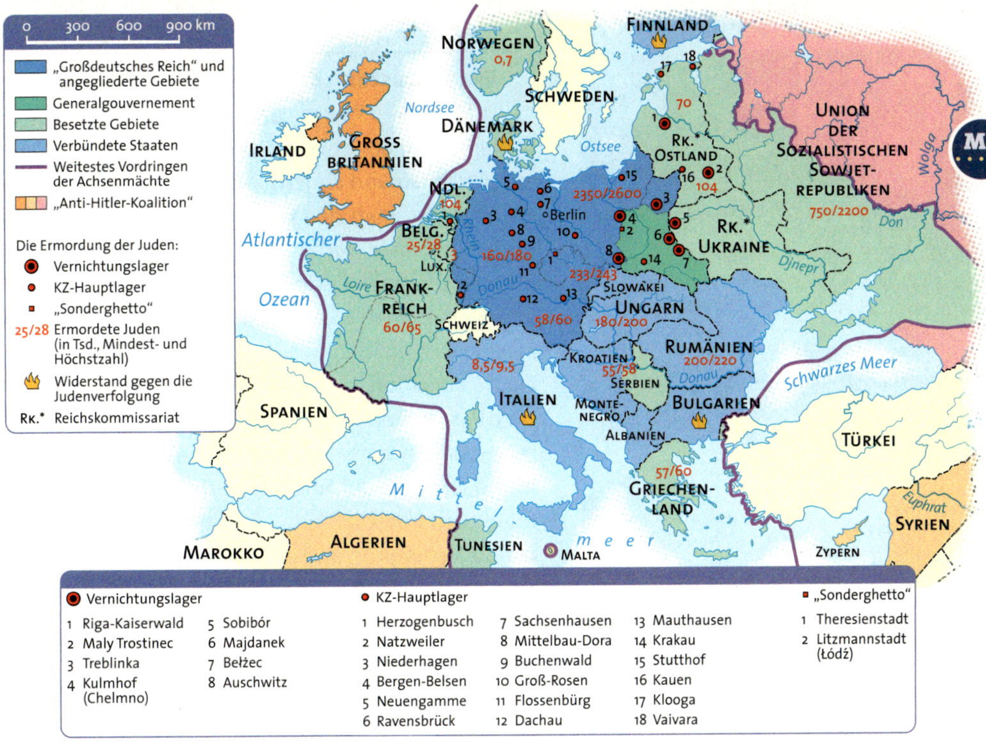

M8 **Die Vernichtung der europäischen Juden** durch die Nationalsozialisten 1939–1945

M9 „Ich hatte den Befehl ...“

Rudolf Höß (1900–1947) war Kommandant des Konzentrationslagers Auschwitz von 1940 bis 1943. 1947 wurde er als Kriegsverbrecher hingerichtet. 1946/47 sagte er:

Die „Endlösung“ der Judenfrage bedeutete die vollständige Ausrottung aller Juden in Europa. Ich hatte den Befehl, Ausrottungserleichterungen in Auschwitz im Juni 1942 zu schaffen … Als ich das Vernichtungsgebäude in Auschwitz errichtete, gebrauchte ich also Zyklon B, eine kristallisierte Blausäure … Es dauerte 3 bis 15 Minuten, … um die Menschen in der Todeskammer zu töten … Nachdem die Leichen fortgebracht waren, nahmen unsere Sonderkommandos die Ringe ab und zogen das Gold aus den Zähnen der Körper.

Zit. nach Léon Poliakov/Josef Wulf, Das Dritte Reich und die Juden, Berlin (Arani) 1955, S. 128 f.

M10 „In fünf Minuten sind alle getötet“

Der Arzt Dr. Miklos Nyiszli, Häftling in Auschwitz, berichtete, wie die Ankommenden zum „Baden“ in einen Entkleidungssaal geführt und aufgefordert wurden, sich innerhalb von zehn Minuten auszuziehen:

3000 Menschen sind nun im Saal, Männer, Frauen, Kinder … Ein SS-Mann … öffnet die beiden Flügel der großen Eichentür am Ende des Saales. Die Menge schiebt sich durch die Tür in den anliegenden Raum … In der Mitte des Saales … stehen Säulen … Es sind keine Stützsäulen, sondern viereckige Eisenblechrohre, deren Wände wie ein Drahtgitter durchlöchert sind … Gas entströmt durch die Löcher und füllt in wenigen Augenblicken den Raum, in dem die Deportierten zusammengepfercht sind. In fünf Minuten sind alle getötet.

Zit. nach Wochenschau II, Nr. 3/4, 1998, S. 170.

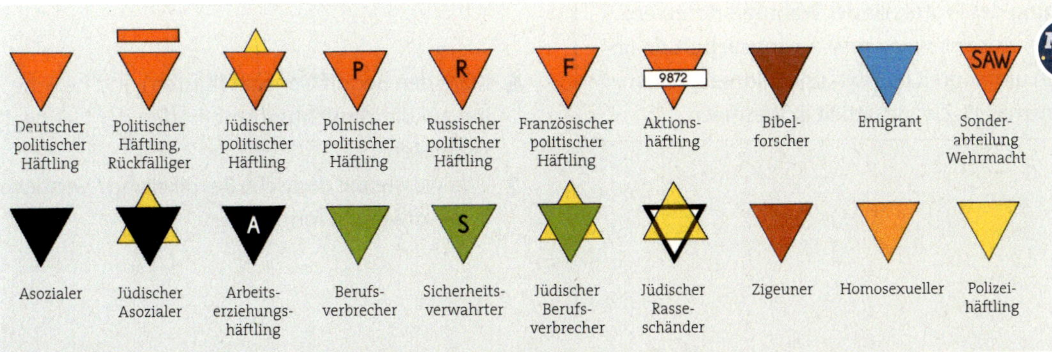

M11 **Kennzeichnung der KZ-Häftlinge** durch die NS-Bürokratie

M12 **KZ-Häftlinge beseitigen Trümmer** nach einem Bombenangriff in Bremen, Foto, 1944

Genozid

(griech.-lat.: Völkermord). Die Vernichtung nationaler, ethnischer, religiöser oder durch ihr Volkstum (ihre Kultur) bestimmter Gruppen durch Tötung, psychische und körperliche Schädigung, Minderung der Lebensbedingungen, Verbot und Verhütung der Vermehrung. Völkermord gilt nach dem Abkommen der Vereinten Nationen (UNO) als zu ächtendes Verbrechen. In der Bundesrepublik Deutschland ist der Völkermord nach dem Strafgesetzbuch eine nicht verjährende, mit lebenslänglicher Freiheitsstrafe zu ahndende Straftat.

Internet-Tipp

Die Homepage der Gedenkstätte „Haus der Wannsee-Konferenz" **www.ghwk.de** zeigt u. a. eine Abbildung des Protokolls der Wannsee-Konferenz. Unter der Adresse **www.nrw-zwangsarbeit.de** finden sich umfangreiche Text- und Bildmaterialien zum Thema NS-Zwangsarbeit in Westfalen.

M13 Was wussten „die Deutschen"?

Der Historiker Wolfgang Wippermann schrieb 1998:

Sicherlich wusste kaum jemand …, wie die in Auschwitz-Birkenau und anderen Vernichtungslagern eingesetzten Krematorien konstruiert waren. Doch dass die Menschen in Deutschland selber und vor allem im unbekannten „Osten" umgebracht wurden, davon hatte man mit Sicherheit gehört. Wie haben „die Deutschen" auf die Tatsache reagiert, dass in ihrem Namen und von ihren Landsleuten derartige unfassbare Verbrechen begangen wurden? Hier sind Differenzierungen notwendig. Keineswegs auf Zustimmung, sondern auf eine weit verbreitete Kritik ist der Krankenmord gestoßen … Dies trifft – leider – nicht auf die Verfolgung und Ermordung der „Asozialen", Homosexuellen und Sinti und Roma zu. Nach allem, was wir wissen …, konnten sich die Vollstrecker dieser rassistisch motivierten Verbrechen auf eine keineswegs nur schweigende Zustimmung von großen Teilen der Deutschen und, was das Schicksal der Sinti und Roma angeht, auch der Bevölkerung in den Ländern verlassen, die von deutschen Truppen erobert worden waren … Viele nichtjüdische Deutsche aus allen sozialen Schichten haben die „Verdrängung" der Juden aus dem Wirtschaftsleben insgeheim begrüßt … Bei der bald darauf einsetzenden Deportation der noch im Lande verbliebenen, meist armen und alten deutschen Juden sahen die nichtjüdischen Deutschen dagegen in der Regel … weg … Beides – die ökonomische Ausbeutung und die rassistische Diskriminierung [der fast überall in KZ-Außenlagern in Deutschland lebenden ausländischen Zwangsarbeiter] – fand vor aller Augen statt, ohne, von wenigen Ausnahmen abgesehen, auf Kritik zu stoßen. Man kann daraus nur den Schluss ziehen, dass die von den Nationalsozialisten errichtete hierarchische Rassenordnung von den meisten Deutschen akzeptiert wurde.

Wolfgang Wippermann, Umstrittene Vergangenheit, Berlin (Elefanten Press) 1998, S. 218 ff.

6 Kläre den Begriff Genozid (Kasten) und beziehe ihn auf die Vernichtungsmethoden der Nationalsozialisten.

7 Was wusste die deutsche Bevölkerung? Versuche, eine Antwort zu formulieren.

Widerstand gegen den Nationalsozialismus

Wer wehrte sich gegen die NS-Politik?

In den von Deutschland überfallenen Ländern kämpften Widerstands- und Partisanengruppen verzweifelt gegen die nationalsozialistische Besatzung. In Deutschland hatten sich viel weniger Menschen entschlossen, gegen die Herrschaft der Nationalsozialisten Widerstand zu leisten, da sie sich nicht auf den Rückhalt in der Bevölkerung stützen konnten und fürchten mussten, verraten zu werden. Dennoch entstanden in ganz unterschiedlichen Bevölkerungskreisen Widerstandsgruppen: in der Arbeiterbewegung, unter den traditionellen Eliten (Adel, Militär, höheres Bürgertum), in den christlichen Kirchen, unter Jugendlichen, in der jüdischen Bevölkerung. Außerdem gab es Widerstand von einzelnen Attentätern. Wenige Beispiele sollen dich anregen, über diese Gruppen zu arbeiten.

Widerstand

Seit der Antike gilt Widerstand als das Recht, den Missbrauch staatlicher Gewalt, z. B. durch Tyrannen (Herrscher ohne gesetzliche Bindung), abzuwehren. Im Mittelalter gab es ein Widerstandsrecht gegen die Willkür monarchischer und kirchlicher Gewalt. In der Neuzeit wurde das Widerstandsrecht Teil der Menschenrechte, seit dem 20. Jahrhundert vor allem als Rechtfertigung zur Abwehr diktatorischer Staatsgewalt oder völkerrechtswidriger Fremdherrschaft. Widerstand gegen die NS-Herrschaft war der gezielte Versuch, die Herrschaft der Nationalsozialisten mit allen Mitteln zu beseitigen, auch mit Gewalt. Dabei wurden bewusst persönliche Nachteile, Inhaftierungen oder gar die Todesstrafe in Kauf genommen. Die Vielfalt der Widerstandsformen macht eine genaue Abgrenzung zwischen Anpassung und Verweigerung, Opposition und Widerstand schwierig.

Lesetipp

Sophie Scholl/Fritz Hartnagel, Damit wir uns nicht verlieren. Briefwechsel 1937–1943, Frankfurt a. M. (S. Fischer) 2005.

Internet: www.gdw-berlin.de (Gedenkstätte deutscher Widerstand, Berlin).

M1 **Die Geschwister Hans und Sophie Scholl mit Christoph Probst** aus der Widerstandsgruppe „Weiße Rose", Foto, 1942

M2 Die „Weiße Rose"

Die Widerstandsgruppe „Weiße Rose" war an der Universität München gegründet worden. Ihre Mitglieder verbreiteten vom Sommer 1942 bis Februar 1943 Flugblätter gegen das NS-Regime. Nach ihrer Verhaftung im Februar 1943 wurden sie vom Volksgerichtshof* zum Tode verurteilt und hingerichtet. Im vorletzten Flugblatt (Ende Januar 1943) hieß es:

Aufruf an alle Deutschen!
Der Krieg geht seinem sicheren Ende entgegen … Mit mathematischer Sicherheit führt Hitler das deutsche Volk in den Abgrund. Hitler kann den Krieg nicht gewinnen, nur noch verlängern. Seine und seiner Helfer Schuld hat jedes Maß unendlich überschritten. Die gerechte Strafe rückt näher und näher! Was aber tut das deutsche Volk? Es sieht nicht und es hört nicht. Blindlings folgt es seinen Verführern ins Verderben … Deutsche! Wollt ihr und eure Kinder dasselbe Schicksal erleiden, das den Juden widerfahren ist? Wollt ihr mit dem gleichen Maße gemessen werden wie eure Verführer? Sollen wir auf ewig das von aller Welt gehasste und ausgestoßene Volk sein? Nein! Darum trennt euch von dem nationalsozialistischen Untermenschentum! Beweist durch die Tat, dass ihr anders denkt! … Der imperialistische Machtgedanke muss … für allezeit unschädlich gemacht werden … Freiheit der Rede, Freiheit des Bekenntnisses, Schutz des einzelnen Bürgers vor der Willkür verbrecherischer Gewaltstaaten, das sind die Grundlagen des neuen Europas.

Zit. nach Walther Hofer (Hg.), Der Nationalsozialismus. Dokumente 1933–1945, Frankfurt a. M. (Fischer) 1965, S. 327 f.

M3 Die Arbeiterbewegung

Anders als Anhänger der Kommunistischen Partei, die nach der Machtübernahme Hitlers den offenen, auf beiden Seiten gewalttätigen Kampf suchten, lehnten die Sozialdemokraten solche Auseinandersetzungen als antidemokratisch und totalitär ab. Der Historiker Peter Steinbach schrieb 2001 über den sozialdemokratischen Widerstand:

In Deutschland bildeten sich in vielen Hochburgen der SPD Zellen aus vier und fünf Mitgliedern, die Nachrichten sammelten und dem Exilvorstand [im Ausland] übermittelten, Druckschriften der „Sopade“[1] verteilten oder regionale Verbindungen knüpften … Sozialdemokratischer Widerstand war in den ersten Jahren … vor allem durch den Willen charakterisiert, den Zusammenhalt der Mitglieder zu erleichtern und die sozialdemokratische Gesinnung zu pflegen, um nach dem Sturz des Regimes politische Verantwortung übernehmen zu können … Widerstand war konspirative[2] Pflege der Gesinnung und Schulung des Bewusstseins. Aller Machtmittel und Agitationsmöglichkeiten ledig, konnte es nur darum gehen, zu überleben und sich bereitzuhalten, still zu helfen, im kleinen Kreis des Betriebs und der Nachbarschaft ein Netz der Solidarität zu knüpfen … Viele Sozialdemokraten fanden sich in den Konzentrationslagern wieder … – manche fanden den Weg in den Umkreis des 20. Juli 1944.

Peter Steinbach, Widerstand im Widerstreit, 2. Aufl., Paderborn (Schöningh) 2001, S. 156 ff.

1 Exil-SPD 2 verschwörerisch, verdeckt

M5 Das Militär

Am 20. Juli 1944 missglückte ein Bombenattentat auf Hitler, das eine Gruppe hochrangiger Wehrmachtsangehöriger geplant hatte. Die Attentäter wurden verhaftet und teilweise noch am selben Tag erschossen. Im Aufruf der Widerstandskämpfer, der nach dem Anschlag auf Hitler verbreitet werden sollte, hieß es:

Deutsche! Um sich an der Macht zu halten, hat er eine Schreckensherrschaft errichtet … Hitler … hat die göttlichen Gebote verhöhnt, das Recht zerstört, den Anstand verfemt, das Glück von Millionen vernichtet. Er hat Ehre und Würde, Freiheit und Leben anderer für nichts erachtet. Zahllose Deutsche, aber auch Angehörige anderer Völker schmachten seit Jahren in Konzentrationslagern, den größten Qualen ausgesetzt und häufig schrecklichen Foltern unterworfen … Durch grausame Massenmorde ist unser guter Name besudelt. Mit blutbefleckten Händen ist Hitler seinen Irrweg gewandelt … Daher ist kein Soldat, kein Beamter, überhaupt kein Bürger ihm mehr durch Eid verpflichtet … Unser Ziel ist die wahre, auf Achtung, Hilfsbereitschaft und soziale Gerechtigkeit gegründete Gemeinschaft des Volkes. Wir wollen Gottesfurcht anstelle von Selbstvergottung, Recht und Freiheit anstelle von Gewalt und Terror, Wahrheit und Sauberkeit anstelle von Lüge und Eigennutz … Wir wollen dazu beitragen, die Wunden zu heilen, die dieser Krieg allen Völkern geschlagen hat, und das Vertrauen zwischen ihnen wieder neu beleben.

Zit. nach Bodo Scheurig (Hg.), Deutscher Widerstand 1938 bis 1944, 2. Aufl., München (dtv) 1984, S. 278 ff.

M4 Feldmarschall Erwin von Witzleben, „Verschwörer“ des 20. Juli 1944, Foto, 8. August. Zur Demütigung musste er beim Prozess vor dem Volksgerichtshof seine Hose festhalten. Witzleben wurde am selben Tag verurteilt und hingerichtet.

M6 Die Kirchen

Die Haltung der Kirchenleitungen zum Nationalsozialismus war uneinheitlich. Sie schwankte zwischen Duldung des NS-Regimes und vereinzelten Protesten. Widerstand leisteten vor allem aktive Gemeindemitglieder, die dabei ihr Leben riskierten, wie der evangelische Pfarrer Dietrich Bonhoeffer (1906 – hingerichtet am 9. April 1945), aber auch der katholische Bischof Clemens August von Galen (1878–1946). Breiterer Widerspruch setzte wegen des „Euthanasie"-Programms der NS-Regierung ein (siehe S. 84 f.). In einer Predigt vom 13. Juli 1941 sagte von Galen:

Der physischen Übermacht der Gestapo steht jeder deutsche Staatsbürger schutzlos und völlig wehrlos gegenüber! … Keiner von uns ist sicher, und mag er sich bewusst sein, der treueste, gewissenhafteste Staatsbürger zu sein, dass er nicht eines Tages aus seiner Wohnung geholt, seiner Freiheit beraubt, in den Kellern und Konzentrationslagern der Gestapo eingesperrt wird … Das Recht auf Leben, auf Unverletzlichkeit, auf Freiheit ist ein unentbehrlicher Teil jeder sittlichen Gemeinschaftsordnung … Darum erhebe ich im Namen des rechtschaffenen deutschen Volkes, im Namen der Majestät der Gerechtigkeit, im Interesse des Friedens und der Geschlossenheit der inneren Front meine Stimme.

Zit. nach Günther van Norden, Das Dritte Reich im Unterricht, Frankfurt a. M. (Hirschgraben) 1970, S. 49 ff.

M7 „War der deutsche Widerstand umsonst?"

Der Historiker Richard Löwenthal schrieb 1982 über die Bedeutung des Widerstands gegen den Nationalsozialismus:

Der deutsche Widerstand … war immer die Leistung einer Vielzahl zersplitterter … Minderheiten – niemals eine Massenbewegung mit umwälzender Wirkung. Die totalitäre Diktatur Hitlers … hat sich so je länger, je mehr verhärtet, bis die Niederlage im Weltkrieg ihrer Herrschaft ein Ende setzte. War der deutsche Widerstand also umsonst? Natürlich nicht. Die Entschlossenheit der Träger des Widerstandes, dass sich die unkontrollierte Herrschaft … einer fanatisierten Bewegung niemals auf deutschem Boden wiederholen dürfe, teilte sich unter dem Eindruck der schließlichen nationalen Katastrophe und des Bekanntwerdens des vollen Umfangs der Verbrechen des Regimes der großen Mehrheit der Bevölkerung mit. Sie wurde die Grundlage für einen neuen demokratischen Konsens … Die Menschen, die aus den Gefängnissen und Lagern kamen …, leisteten einen entscheidenden Beitrag zum demokratischen Wiederaufbau.

Richard Löwenthal, Widerstand im totalen Staat, in: Ders./Patrik von zur Mühlen (Hg.), Widerstand und Verweigerung in Deutschland 1933 bis 1945, Bonn/Berlin (Dietz) 1982, S. 24.

Eine Wandzeitung zum Thema Widerstand anfertigen

Erarbeitet in Gruppen die Ziele und Methoden der Widerstandskreise bzw. -gruppen und vergleicht (M1/2, M3, M4/5, M6).

Recherchiert in Lexika, Fachliteratur und im Internet zum Widerstand im NS-Regime. Stellt Informationen zu Gruppen und Einzelpersonen, ihren Zielen, Erfolgen, Misserfolgen und ihrem Schicksal zusammen und präsentiert eure Ergebnisse auf einer Wandzeitung.

Vorschläge zur Auswahl über die auf den Seiten 101 bis 103 genannten Gruppen hinaus: „Kreisauer Kreis", „Rote Kapelle", Nationalkomitee Freies Deutschland, Goerdeler-Kreis, Georg Elser, Agent Fritz Kolbe, Jugendwiderstand (z. B. „Edelweißpiraten"), die Frauen der Rosenstraße, die jüdische Widerstandsgruppe „Chug Chaluzi".

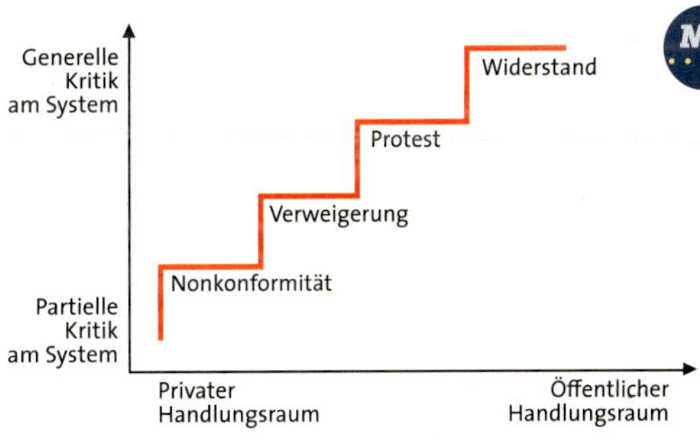

M8 Stufen abweichenden Verhaltens 1933–1945 (entwickelt von dem Historiker Detlev Peukert)

1. Erläutere den Begriff Widerstand in seiner historischen Bedeutung (Kasten S. 101) und begründe, warum eine Abgrenzung des Begriffs zu anderen Formen der Gegnerschaft zum NS-System schwierig ist. Ziehe M8 heran.
2. Untersuche, worin der Autor von M7 die Bedeutung des Widerstands sieht.
3. Lies im Grundgesetz (Art. 20, siehe Anhang) zur Frage des Widerstands in der Demokratie nach und vergleiche mit der historischen Bedeutung des Widerstandsrechts.

„Totaler Krieg" und Niederlage

Die Ausweitung zum Weltkrieg

Japan, das nach der Vorherrschaft im pazifischen Raum strebte, griff am 7. Dezember 1941 völlig überraschend den amerikanischen Militärstützpunkt Pearl Harbour auf Hawaii an. Vier Tage später erklärte die deutsche Führung den USA den Krieg. Sie meinte, damit die amerikanischen Kräfte zwischen dem asiatischen und europäischen Kriegsschauplatz aufsplittern zu können. Das war jedoch eine Fehleinschätzung. Der Präsident der USA, Franklin D. Roosevelt, und der britische Premierminister Winston Churchill vereinbarten, die größten Anstrengungen zunächst gegen das nationalsozialistische Deutschland zu richten, das mit einem verheerenden Bombenkrieg gegen englische Städte die Existenz Großbritanniens unmittelbar bedrohte. Außerdem sahen die USA auf globaler Ebene ihre politische Vorherrschaft gefährdet. Gemeinsam mit der Sowjetunion gründeten die beiden westlichen Alliierten die „Anti-Hitler-Koalition".

Die letzte Mobilisierung

Die Niederlage der deutschen Armee in Stalingrad Ende Januar 1943 wird allgemein als Symbol für die Wende des Krieges gesehen. Von 250 000 deutschen Soldaten, die an den Kämpfen teilnahmen, kamen etwa 90 000 um, fast ebenso viele gingen in Kriegsgefangenschaft, aus der nur etwa 6000 zurückkehrten. Nun war deutlich geworden, dass das Blitzkriegskonzept gescheitert war. Die deutsche Führung begann, Wirtschaft und Gesellschaft auf die Anforderungen eines längeren Krieges auszurichten. Am 18. Februar 1943 rief Reichspropagandaminister Joseph Goebbels im Berliner Sportpalast unter dem Jubel der Anhänger des NS-Regimes zum „totalen Krieg"* auf: Sieg mit allen Mitteln oder Niederlage hießen die Alternativen, vor die er Zivilbevölkerung und Soldaten stellte. Entgegen der NS-Ideologie wurden immer mehr Frauen dienstverpflichtet: zu Verwaltungsaufgaben, als „Luftwaffenhelferinnen" bei der Flugabwehr oder in der Rüstungsindustrie. Etwa sieben Millionen Arbeiterinnen und Arbeiter, die aus den besetzten Gebieten Europas nach Deutschland verschleppt worden waren, eine halbe Million KZ-Häftlinge und die meisten Kriegsgefangenen mussten Zwangsarbeit leisten.

Bombenkrieg und Kapitulation

Mit dem Vorrücken der sowjetischen Armee nach Westen und der Invasion Großbritanniens und der USA in der Normandie im Sommer 1944 wurde ein Ende des Krieges absehbar. Viele Deutsche standen unter dem Schock der britischen und amerikanischen Bombenangriffe, die 1942 begannen und seit 1943 fast täglich auf deutsche Städte geflogen wurden. Zum Jahreswechsel 1944/45 standen die Truppen der drei Alliierten an den Reichsgrenzen. Vor den vorrückenden sowjetischen Truppen flohen Millionen Menschen aus den deutschen Ostgebieten. Die Vergeltung für die grausame Besatzungsherrschaft der Deutschen in Polen und der Sowjetunion bekamen jetzt vor allem die deutschen Frauen mit ihren Kindern zu spüren, die in endlosen Flüchtlingstrecks nach Westen ihre Familie und ihr letztes Hab und Gut zu retten suchten (siehe S. 186 f.). Nach erbitterten Kämpfen trafen sich endlich, am 25. April 1945, amerikanische und sowjetische Verbände bei Torgau an der Elbe. In der Nacht vom 8. auf den 9. Mai wurde die bedingungslose Kapitulation durch die Führung der deutschen Wehrmacht unterzeichnet. Hitler hatte sich vorher, am 30. April, im Bunker der Reichskanzlei in Berlin umgebracht.

Der Krieg in Asien

Nach dem Waffenstillstand in Europa konzentrierten sich die westlichen Alliierten auf den Krieg gegen Japan. Obwohl die amerikanische Luftwaffe ein großes Übergewicht hatte, stimmte Präsident Truman – sein Amtsvorgänger Roosevelt war im April 1945 gestorben – dem Einsatz einer neuen Waffe mit bis dahin unbekannter Zerstörungskraft zu: der Atombombe. Am 6. August 1945 warf ein amerikanisches Flugzeug die erste Atombombe über der japanischen Stadt Hiroshima ab; 80 Prozent des Stadtgebiets wurden zerstört, nahezu 100 000 Menschen starben in wenigen Minuten, viele Zehntausende in den folgenden Monaten und Jahren an den Folgen der Strahlung und an Verbrennungen. Am 9. August folgte die Explosion einer zweiten Atombombe über Nagasaki. Wenige Tage später akzeptierte die japanische Regierung die amerikanischen Kapitulationsbedingungen. Damit war der Zweite Weltkrieg zu Ende.

M1 **Die durch Luftangriffe zerstörte Innenstadt Dresdens,** Foto, 1945

M3 **Gefallene Angehörige der Hitlerjugend,** die als Soldaten in Nordfrankreich kämpften, Foto, 1944/45

M2 **Die Toten des Zweiten Weltkriegs**

In Klammern der Anteil an Zivilisten.

Gesamtverluste: rund 55 Millionen Tote
(Erster Weltkrieg: rund 10 Millionen Tote)

Deutschland:	5 250 000	(500 000)
Sowjetunion:	20 600 000	(7 000 000)
USA:	259 000	
Großbritannien:	386 000	(62 000)
Frankreich:	810 000	(470 000)
Polen:	4 250 000	(4 200 000)
ferner 1,5 Mio. in den von der Sowjetunion 1939 annektierten polnischen Ostgebieten		
Italien:	330 000	
Rumänien:	378 000	
Ungarn:	420 000	(280 000)
Jugoslawien:	1 690 000	(1 200 000)
Finnland:	84 000	
Norwegen:	10 000	
Dänemark:	1400	
Bulgarien:	20 000	
Griechenland:	160 000	(140 000)
Belgien:	88 000	(76 000)
Niederlande:	210 000	(198 000)
Japan:	1 800 000	(600 000)

Ploetz, Geschichte der Weltkriege. Mächte, Ereignisse, Entwicklungen. 1900–1945, hg. von Andreas Hillgruber und Jost Dülffer, Freiburg (Ploetz) 1981, S. 151.

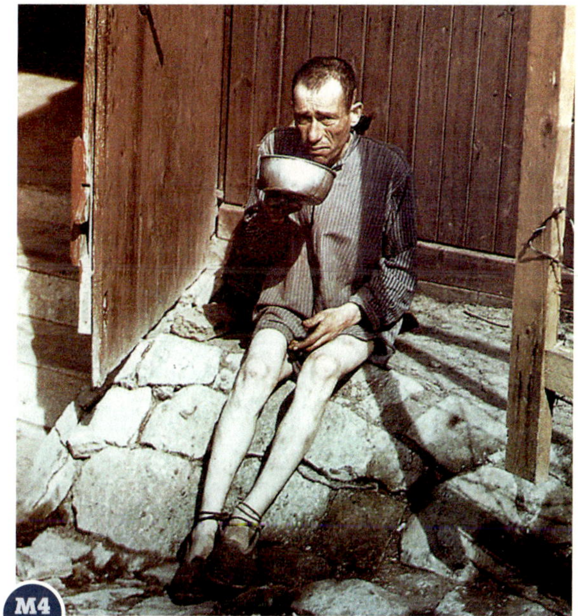

M4 **Ein Überlebender des KZ Buchenwald,** Foto, 1945

1 Schreibe – ausgehend von den Materialien auf dieser Doppelseite – einen Essay: „Kriegsende 1945". Ein Essay ist eine kürzere, leicht verständliche, nicht systematisch aufgebaute Abhandlung zu einem Thema/Problem. Nimm Informationen aus dem ganzen Kapitel zu Hilfe.

Einen historischen Spielfilm untersuchen

Historische Spielfilme erfreuten sich in den letzten Jahren großer Popularität. Insbesondere war immer wieder das Dritte Reich Gegenstand filmischer Auseinandersetzungen.
Der Film hat bei der Annäherung an einen historischen Gegenstand anderen Medien gegenüber enorme Vorteile. Er liefert durch seine bewegten Bilder und den Ton viel mehr Realität, überlässt weniger als etwa ein Buch der Fantasie der Zuschauer.
Genau darin liegt aber auch seine Problematik. Ein historischer Spielfilm ist keine historische Quelle und doch verblassen viele authentische Zeugnisse angesichts der Überzeugungskraft solcher Bilder. Ein Spielfilm folgt anderen Gesetzen und nicht selten werden der besseren Dramaturgie wegen Handlungsstränge verknüpft, die historisch so nicht miteinander verknüpft waren.
Viele Filme sagen über die Zeit, in der sie gedreht wurden, mehr aus, als über die Zeit, von der sie handeln. Wir erkennen das viel leichter, wenn wir einen historischen Spielfilm aus einem gewissen Abstand heraus betrachten. Ein Spielfilm über das Dritte Reich sagt uns folglich etwas über den gegenwärtigen Umgang mit diesem Abschnitt der Geschichte.
Er mag für Laien, sofern er nicht historische Tatsachen verdreht, auch geschichtliche Informationen liefern. Der unkritische Betrachter bleibt dabei allerdings der Perspektive des Films ausgeliefert.

Arbeitsschritte Einen historischen Spielfilm untersuchen

1. Schritt: Erste Annäherung an die Thematik des Spielfilms
Schau dir den Film aufmerksam an. Notiere dir anschließend Dinge, die dir aufgefallen sind. Vergleiche die Darstellung mit deinem Vorwissen über die behandelte Thematik.

2. Schritt: Vergleich mit anderen Medien und Quellen zur selben Thematik
Informiere dich mithilfe anderer Medien über die dargestellten geschichtlichen Zusammenhänge. Schau dir den Film ein weiteres Mal an und vergleiche erneut mit den von dir gesammelten Informationen. Hält sich der Film an historische Tatsachen? Werden Begebenheiten frei dazu erfunden und inwiefern beeinflussen diese den Ablauf oder die Bewertung der Ereignisse?

3. Schritt: Wertungen untersuchen
Welcher Gesamteindruck ergibt sich? Wie lässt sich die Analyse zusammenfassen? Welche vermutliche Wirkung soll erzielt werden (z. B. informierend, argumentierend, appellierend)? Wie lässt sich der Spielfilm in den historischen Zusammenhang einordnen?

4. Schritt: Die Filmaussage kritisch bewerten
Erörtere anhand deiner Ergebnisse, welchen Stellenwert du dem Film für die Erschließung des entsprechenden historischen Sachverhalts zubilligen würdest (irreführend, ungeeignet, problematisch, bedingt tauglich, tauglich, sehr hilfreich).

5. Schritt: Den Film als Zeitdokument beurteilen
Vergleiche den Film mit weiteren, die dieselbe Epoche zum Thema haben und zur ungefähr gleichen Zeit entstanden sind. Gibt es Ähnlichkeiten oder Unterschiede in der Herangehensweise und in Bezug auf die Perspektive auf die Ereignisse?

Gestaltungsmittel historischer Spielfilme

Zu den filmischen Gestaltungsmitteln der Einstellungsgrößen, der Kameraperspektive, Kamerabewegung und Personeneinstellungen vgl. „Einen Dokumentarfilm analysieren" (S. 130 f.)
Über diese technischen Gestaltungsmittel hinaus bieten sich dem Spielfilm weitere erzählerische Gestaltungsmöglichkeiten wie die Verknüpfung von unterschiedlichen Handlungssträngen oder das Einflechten eines erfundenen Handlungsstranges in die dargestellten historischen Abläufe. Ein häufig verwendetes Mittel ist auch die erzählerische Rahmenhandlung oder eine begleitende Stimme aus dem Off (d. h., der Sprecher ist nicht gleichzeitig im Bild zu sehen). Meist wird auf diese Weise der Bezug zur Gegenwart des Betrachters hergestellt.

M1 **Oskar Schindler,** Foto, 1957

M2 **Szenenbild aus dem Spielfilm „Schindlers Liste“,** 1993

M3 **Hitler zeichnet Jugendliche des Volkssturms aus,** Foto, 20. April 1945

M4 **Szenenbild aus dem Spielfilm „Der Untergang“,** 2004

Filmtipp
Schindlers Liste von Steven Spielberg, 1993
Comedian Harmonists von Joseph Vilsmaier, 1997
Sophie Scholl – Die letzten Tage von Marc Rothemund, 2004
Der neunte Tag von Volker Schlöndorff, 2004
Napola von Dennis Gansel, 2004
Der Untergang von Oliver Hirschbiegel, 2004

1 Analysiere einen Spielfilm über die Zeit des Nationalsozialismus und folge dabei den Arbeitsschritten.

Die Gegenwart des Vergangenen

Ende des Nationalsozialismus – und die Folgen?

Mit der totalen Niederlage Deutschlands und der Zerstörung der NS-Diktatur war die Zeit des „Dritten Reiches" nicht einfach beendet. Nun begann, was in der Geschichtswissenschaft die „zweite Geschichte" des Nationalsozialismus genannt wird. Sie dauert bis in unsere Gegenwart an und umfasst die Auseinandersetzung mit der nationalsozialistischen Herrschaft. Dabei ging es zunächst um die „Entnazifizierung" und um die rechtliche Aufarbeitung der Verbrechen des NS-Regimes, wie sie in den Nürnberger Prozessen gegen die Hauptkriegsverbrecher (siehe S. 202) durch die Alliierten und in den nachfolgenden Strafprozessen durchgeführt wurde. Parallel dazu stellte sich die Frage der Wiedergutmachung und der Entschädigung der Opfer der NS-Herrschaft. Die erst in den letzten Jahren begonnene Entschädigung der ausländischen Zwangsarbeiter zeigt, wie zögernd die westdeutschen Nachkriegsregierungen an eine umfassende Regelung herangingen. Da die Bundesrepublik den „Alleinvertretungsanspruch" für Deutschland behauptete, musste sie – da sich die kommunistische DDR-Regierung nicht in der Verantwortung für die „faschistische Hitler-Diktatur" sah – grundsätzlich auch die finanziellen Folgen übernehmen.

Ein weiterer Bereich der Auseinandersetzung mit den Folgen des NS-Systems ist bis in die Gegenwart die Abwehr und strafrechtliche Verfolgung des neonazistischen Rechtsextremismus, der als eine Gefährdung der demokratischen Grundordnung gesehen wird (siehe S. 112 ff.).

Je länger die Zeit des Nationalsozialismus zurückliegt, desto dringender stellt sich die Frage, wie die Erinnerung an das Geschehene lebendig gehalten werden kann, wie wir eine „Kultur der Erinnerung" entwickeln können. Vielfältige, nicht immer unumstrittene Formen der Erinnerung und der Hinwendung zu den Opfern der NS-Vergangenheit sind z. B. Gedenkstätten, Museen und Ausstellungen.

M1 **Artikel in der Berliner Morgenpost** vom 29. Januar 2002

Bonbongläser voller Zyankali

Schüler erforschten KZ-Krankenrevier

dpa Oranienburg – „Bonbongläser, große Bonbongläser voll mit Zyankali" – mit diesen Worten schildert Ella Brünsing ihre ersten Eindrücke vom Krankenrevier des gerade befreiten Konzentrationslagers Sachsenhausen. Im Sommer 1945 war sie von der sowjetischen Besatzungsmacht für die Versorgung der zurückgelassenen todkranken Häftlinge verpflichtet worden. Unter dem Titel „Befreier – Befreite – Besiegte" haben Moskauer und Oranienburger Schüler eine Ausstellung konzipiert, die am Sonntag aus Anlass des diesjährigen Holocaust-Gedenktages in der Gedenkstätte Sachsenhausen bei Berlin eröffnet wurde. Die Schau dokumentiert die Arbeit von russischen Militärärzten, ehemaligen Häftlingen und deutschen Pflegerinnen in den ersten Wochen nach der Befreiung des Konzentrationslagers in dem Krankenrevier. „Für mich war dieses Projekt wichtig, um die Geschichte zu verstehen", sagte der 18-jährige Lars Kröger vom Louise-Henriette-Gymnasium in Oranienburg. Gemeinsam mit rund 20 Schülern aus Moskau und Oranienburg hat er in den vergangenen eineinhalb Jahren in Archiven geforscht, Quellen ausgewertet und Zeitzeugen wie Ella Brünsing interviewt. „Noch heute berichten sie bewegt von ihrer Arbeit im Krankenrevier", sagt Kröger. Erschütternde Zeichnungen von abgemagerten Häftlingen sind ebenso zu sehen wie Fotos des Operationssaales, Sequenzen aus dem DEFA-Film „Todeslager Sachsenhausen" von 1946/47 und Pläne vom Tagesablauf im Krankenrevier.

Jugendliche Ausstellungsmacher bei der Eröffnung der Ausstellung „Befreier – Befreite – Besiegte" in der Gedenkstätte Sachsenhausen, Foto, 2002

M2 Öffentliches und privates Gedenken

Aus einem Zeitungsbericht über die Forschungen des Sozialpsychologen Harald Welzer (2002):

Wenn es um den Holocaust geht, empfiehlt Welzer…, zwischen dem offiziellen und dem familiären Deutschland zu unterscheiden … Das öffentliche Deutschland betreibe das Gedenken geradezu mit einer Obsession [Zwangsvorstellung]: Die Tätergesellschaft beschwöre damit, sich inzwischen geändert zu haben. Das aber „geht an den Leuten vorbei". Privat werde die Beschwörung der Gedenkformeln nicht selten als „Aufklärungs-Overkill" empfunden. Das wirke dann durchaus kontraproduktiv, gibt Welzer zu bedenken … Die Enkel neigen dazu, ihren Großvätern „antinationalsozialistische Grundhaltungen" zuzuschreiben – selbst dann, wenn Opa sich gar nicht als Widerstandskämpfer darstellt. „Wenn die Großväter in absehbarer Zeit alle weg sind", merkt Welzer an, „fehlt es an lebendigen Korrektiven" und diese Geschichten der nachfolgenden Generationen setzen sich nachhaltig fest. Somit gebe es perspektivisch „die Tendenz, ein Bild von der Vergangenheit zu zeichnen, in der die Nazis die Anderen waren".

Frankfurter Rundschau vom 26. Januar 2002.

M3 Warum soll ich trauern?

Eine 18-jährige Schülerin aus Niedersachsen schrieb dieses Gedicht (um 1995):

Warum soll ich trauern?
Was geht mich das an?
Wer sind die Opfer des Krieges?
Ich kenne sie nicht.

Ich bin jung, mir steht das Leben offen.
Warum soll ich da zurückschauen?
Meine Zukunft liegt doch nicht in
der Vergangenheit.

Ich habe keinen, den ich betrauern muss.
Wer sind die Opfer des Krieges?
Ich kenne sie nicht.

Die Toten sollen mahnen.
Wen? Mich?
Ich bin nicht dabei gewesen.
Was geht mich das an?

Zit. nach Michael Wermke (Hg.), Die Gegenwart des Holocaust – „Erinnerung" als religionspädagogische Herausforderung, Münster (LIT) 1997, S. 1

M4 **Denkmal für die ermordeten Juden Europas,** nach einem Entwurf von Peter D. Eisenman, Foto, 2005. Nach elfjähriger Debatte und zweijähriger Bauzeit wurde das Denkmal im Mai 2005 in unmittelbarer Nähe des Brandenburger Tors eröffnet. Das Denkmal besteht aus 2700 Betonstelen, ergänzt durch einen Ort der Information.

1. Stelle anhand von M1 dar, wie die Schülerinnen und Schüler sich mit der NS-Vergangenheit auseinandergesetzt haben, und nimm Stellung.
2. Beschaffe dir Informationen über das KZ Sachsenhausen und berichte darüber. Kontaktadresse: www.stiftung-bg.de; andere Gedenkstätten in Deutschland: www.gedenkstaettenforum.de (→ Gedenkstättenübersicht).
3. Zeige an M2 und M3 die Problematik der „Bewältigung" der NS-Vergangenheit. Nimm zu den Thesen der Autoren Stellung.
4. Bewerte M4 als Beispiel für eine „Kultur der Erinnerung".

Deutschland von 1918 bis 1945 – ein Überblick

Von der Demokratie in die Diktatur

In der Geschichtswissenschaft wird die wirtschaftliche und politische Entwicklung des 19. und beginnenden 20. Jahrhunderts häufig mit den Begriffen „Industrialisierung" und „Demokratisierung" beschrieben. Während sich um 1900 in vielen Staaten Europas, wie auch in Deutschland, hochentwickelte Industriegesellschaften entfalteten, scheiterten die 1917 bis 1919 neu entstandenen Demokratien im Laufe der 1920er und 1930er Jahre, die Tschechoslowakei ausgenommen.
In Deutschland, das sowohl wirtschaftlich-technisch als auch kulturell zu den fortgeschrittensten Ländern gehörte, wurde nicht nur die demokratische Verfassung durch die Gegner der Republik zerstört, sondern von den Nationalsozialisten ein Terrorsystem eingerichtet, dessen Hauptziele Rassismus, Völkermord und kriegerische Eroberung waren. Erklärt wird der katastrophale Weg deutscher Politik von manchen Historikern mit der Rückständigkeit Deutschlands in seiner demokratischen Entwicklung bereits im 19. Jahrhundert. Während andere (westliche) Staaten wie Frankreich, England und die USA viel früher demokratische Systeme besaßen, sei Deutschland in seinen monarchischen Machtstrukturen mit einem „unmodernen" Untertanenbewusstsein verharrt. Bürgertum und Arbeiterschaft sei es nicht gelungen, sich gegenüber der monarchisch-adligen Herrschaftsschicht durchzusetzen. Der Nationalsozialismus wird in dieser Sicht eher als spezielles deutsches Problem gesehen. Da es jedoch auch in anderen europäischen Staaten faschistische Bewegungen gab, wäre – so wird in der neueren Forschung argumentiert – der Nationalsozialismus vor allem als eine besonders extreme Variante des europäischen Faschismus zu sehen, als Antwort auf die große Krise des kapitalistischen Wirtschaftssystems in der Zeit nach dem Ersten Weltkrieg und gewissermaßen als Gegenmodell zur westlichen Parteiendemokratie.

M1 „Deutsche Pleite"

Der Schriftsteller Kurt Tucholsky (1890 bis 1935 Freitod in Schweden) gehörte zu den bedeutenden Satirikern und Zeitkritikern der Weimarer Republik. Folgenden Text schrieb er 1925:

„Die Geschäfte gehn nicht. Kein
Mensch hat Geld!
Es ist ein Elend auf der Welt!
Keine Kredite und keine Kunden!
Wie soll Deutschland dabei gesunden?
Geschäfte machen hat gar keinen Sinn.
Herzliche Grüße! Wir sitzen hier in
Lugano."

„Heut hab ich wieder welche entlassen.
Wissen Sie, eins kann ich gar nicht
fassen,
ununterbrochen frage ich mich:
Wovon leben die Leute eigentlich?
Kredite ... Aufwertung ... Groß-
industrie ...
Agrarpolitik ... Wo wohnen Sie?
Ich im Palace."
[...]
Ausgesperrt. Arbeitslos. Ohne Zeitung,
ohne Leitartikel zur Klagenverbreitung.
Die Tuberkulose sei ihnen gnädig ...
Die andern jammern in Rom und
Venedig.
„Kein Geld!" in den Bergen. „Kein
Kredit!" am Strand.
Armes Land. Armes Land.

Kurt Tucholsky, Gesammelte Werke, Bd. 4, hg. von Mary Gerald-Tucholsky und Fritz J. Raddatz, Reinbek (Rowohlt) 1975, S. 170 f.

9.11.1918 Ausrufung der Republik

1919 Mord an R. Luxemburg und K. Liebknecht

Weimarer Verfassung

Vertrag von Versailles

1923 Wirtschaftskrise; Inflation

1930–1933 Präsidialkabinette

1933
30.1. Machtübertragung
23.3. Ermächtigungsgesetz

1920 1925 1930

1918–1933 Weimarer Republik

M2 **„Das Verhängnis"**, Zeichnung von A. Paul Weber, 1932. Umschlagbild eines Buches mit dem Titel „Hitler – ein deutsches Verhängnis".

1 Schreibe eine Fortsetzung des Darstellungstextes, in der du die beiden vorgestellten Erklärungen für die Errichtung des nationalsozialistischen Terrorsystems mit deinem Wissen belegst bzw. widerlegst (Informationen aus Kapitel 1 und 2, Lexika, Sachbücher).

2 Interpretiere M1 und M2. Halte fest, was jeweils kritisiert wird und welche Mittel die Künstler einsetzen. Beurteile die Überzeugungskraft der Darstellungen.

Wir wiederholen zentrale Begriffe und Methoden

Daten und Begriffe	
Weimarer Verfassung	S. 34
Vertrag von Versailles	S. 36
Präsidialkabinette	S. 46
Notverordnungen	S. 46
SS-Staat	S. 56
Machtübertragung	S. 56
Führerprinzip	S. 65
Lebensraumpolitik	S. 65
Antisemitismus	S. 66
Novemberpogrom	S. 69
Konzentrationslager	S. 80
Angriff auf Polen	S. 91
Rassenlehre	S. 96
Holocaust	S. 96
Attentat auf Hitler	S. 102
bedingungslose Kapitulation	S. 104

Methoden	
Politische Plakate untersuchen	S. 32
Einen Spielfilm untersuchen	S. 106

9.11.1938 Novemberpogrom

1.9.1939 Angriff auf Polen

20.1.1942 „Wannsee-Konferenz"; Beginn der Shoah

1942/43 Widerstandsgruppe „Weiße Rose"

20.7.1944 Attentat auf Hitler

8.5.1945 bedingungslose Kapitulation

1935 1940 1945

1939–1945 Zweiter Weltkrieg

1933–1945 Nationalsozialistische Diktatur

Rechtsextremismus – ein Erbe des Nationalsozialismus?

Rechtsextremismus – alt und doch neu?

Die Zeit des Nationalsozialismus ist seit über 60 Jahren vorüber – und dennoch wirkt diese Epoche bis in unsere Gegenwart hinein, etwa in der politischen und juristischen Aufarbeitung der Folgen der nationalsozialistischen Diktatur sowie in der Frage der Erinnerung und des Gedenkens. Als „Erbe" der NS-Vergangenheit wird auch eine rechtsextremistische politische Einstellung angesehen. Wie zeigt sich Rechtsextremismus und welchen Bezug hat er zum Nationalsozialismus? Gibt es Grundeinstellungen rechtsextremistischen Denkens, unabhängig von einer bestimmten Zeit? Diese Fragen kannst du in diesem „Blickpunkt" an Materialien erarbeiten, die den Rechtsextremismus sowohl aus historischer als auch aus gegenwärtiger Sicht zeigen.

M1 **Geschändeter jüdischer Friedhof in Schwäbisch-Hall,** Foto, 2000

M2 Einstieg und Ausstieg eines Neonazis

Der Journalist Jörg Schindler berichtete 2001 über den Neonazi Matthias A., der die rechtsextreme Szene inzwischen verlassen hat:

Matthias … stammt aus einer südhessischen Kleinstadt. In seiner Familie gelte, erzählt er, das Dritte Reich als „gute alte Zeit", bei Festen wurden schon mal alle drei Strophen des Deutschlandliedes gesungen, im Büro seines Vaters lag die „Nationalzeitung" herum. Niemand schritt ein, als der kleine Matthias erst Panzer mit SS-Zeichen baute und später eine Reichskriegsflagge über sein Bett hängte.

Matthias war 16, als er … seine erste „Kameradschaft" gründete. Die vier, vielleicht fünf Jungen nannten ihren Klub „Germania" und fielen erstmals der Polizei auf, als sie eines Nachts Hakenkreuze an Wände schmierten. Im Mai 1998 trat er der Jugendorganisation der NPD bei. Weil er sich stets korrekt kleidete, weil er sich anders als viele Kameraden … nicht täglich sinnlos besoff und weil er sich „ohne Grunzlaute" ausdrücken konnte, landete Matthias bei den Jungen Nationaldemokraten schnell oben … Zusammen mit seiner neuen Freundin … beteiligte sich Matthias im Sommer 1999 zunehmend selbst an „Aktionen": In Gießen sprühten sie Hakenkreuze an einen „jüdischen Buchladen", in Worms schändeten die beiden die Synagoge. Nach einem weiteren Anschlag auf den jüdischen Friedhof in Alzheim gelangte Matthias' Freundin jedoch plötzlich an einen „Wendepunkt": Der ständige Konflikt mit der Polizei, die permanente Ich-gegen-den-Rest-der Welt-Haltung, Fragen wie die, warum Bücher von den Nazis verbrannt wurden – das habe bei ihr zum Umdenken geführt, sagt Matthias … Er habe einfach begonnen nachzudenken und festgestellt, dass zwischen Anspruch und Wirklichkeit der Szene riesige Lücken klaffen. Dass dort scheinbar auf „deutsche" Tugenden Wert gelegt werde, gleichzeitig aber geklaut, gesoffen und erbarmungslos gestritten werde. Dass das gesamte System lediglich auf Hass und dem Drill zu unbedingtem Gehorsam basiere. Dass die Geschichte nach Belieben zurechtinterpretiert werde … Nachdem er und seine Freundin verhaftet und im September 2000 zu Bewährungsstrafen verurteilt worden waren, begannen beide, sich gegen ihre alten Kameraden zu engagieren … Mit unvorhergesehenen Folgen: In ihrer früheren Wohnung bei Mainz gingen daraufhin täglich bis zu 20 Morddrohungen ein, auf diversen Homepages von Neonazis wurde die vollständige Adresse der beiden „Zecken" veröffentlicht, einmal überfielen Skinheads Matthias' Freundin … Dennoch machen die beiden weiter.

Jörg Schindler, Fluchthelfer, in: Betrifft: Rechtsextreme. Magazin der Bundeszentrale für politische Bildung, Sept. 2001, S. 26 f.

M3 Rechtsextremismus = Nationalsozialismus?

Der Politikwissenschaftler Hermann Bott schrieb 1969:

Das „Tausendjährige Reich" brach nach zwölf Jahren zusammen. Zum zweiten Mal in diesem Jahrhundert musste in Deutschland versucht werden, eine Demokratie auf der Basis der militärischen Niederlage aufzubauen. Doch dieses Mal standen die Vorzeichen günstiger … Sofern ehemalige Parteigenossen … in den ersten Jahren nach 1945 Versuche zur Wiederbelebung des Nationalsozialismus unternahmen, griffen die Alliierten ein, später die Gerichte der Bundesrepublik … Erst spät zeigten sich wesentliche Versäumnisse der „Vergangenheitsbewältigung": Aus dem Komplex des antidemokratischen Denkens gelöst, war der Nationalsozialismus zu oft als eine isolierte Erscheinung begriffen und präsentiert worden … Die Gleichsetzung von rechtsradikal mit nazistisch … trägt heute vielfach dazu bei, die Gefahr, die der parlamentarischen Demokratie vom Rechtsradikalismus droht, zu verdecken … So kann auch die NPD [Nationaldemokratische Partei Deutschlands] lautstark und subjektiv ehrlich den Nationalsozialismus ablehnen und doch mit ganz ähnlichen Denkschablonen und der gleichen Propagandatechnik wie die NSDAP die Demokratie bekämpfen … Die Gefahr einer NPD liegt eben nicht darin, dass sie ein neues Drittes Reich gründen möchte, sondern dass sie das schlummernde Potenzial (Leistungsfähigkeit) antiliberaler Haltungen wachruft und … einen neuen gefährlichen Irrationalismus[1] heraufbeschwört … Seine politischen Verhaltensmuster hat der neue Rechtsextremismus weitgehend von der NSDAP übernommen, nur ist die Umsetzung dieser Grundhaltung in politische Aktion und ihre konkrete Anwendbarkeit 1969 anders als 1933. Die … [folgende] Untersuchung geht von einem wesentlichen Inhalt rechtsradikaler Ideologie und Propaganda aus: der Fremdenfeindschaft … [Sie] äußert sich heute … vor allem in zwei Formen: als mehr oder weniger verkappter Antisemitismus und als Feindschaft gegenüber den zeitweise in der Bundesrepublik lebenden Ausländern.

Hermann Bott, Die Volksfeind-Ideologie, Stuttgart (DVA) 1969, S. 9 ff.

1 Auffassungsweise, die sich nicht auf Verstandesgründe, sondern auf emotionale, intuitive Gewissheitsvorstellungen stützt.

M4 Vergangenheitsbewältigung,
Karikatur von Walter Hanel, um 1980

M5 Rechtsextremistische Propagandaschriften,
um 1980

M6 **Anzeige der Wochenzeitung „Die Zeit"**, die 2001 in großen Tageszeitungen und Zeitschriften der Bundesrepublik abgedruckt wurde

M7 Aussagen der rechtsextremistischen NPD

Udo Voigt, der Bundesvorsitzende der NPD, für die die Bundesregierung im Januar 2001 beim Bundesverfassungsgericht das Verbot beantragt hat, in einer Informationsbroschüre seiner Partei (27. Mai 2000):

7A Wir müssen dieser Jugend beibringen, die Zustände, unter denen sie zwangsläufig aufwächst, nicht zu akzeptieren, sondern … aufzeigen, dass wir gemeinsam als Deutsche sehr wohl eine Zukunft haben werden … Voraussetzung dafür ist … die Schaffung einer Volksgemeinschaft!

Aus der Zeitschrift des Nationaldemokratischen Hochschulbundes (1991):

7B Wir müssen Freiräume schaffen, in denen WIR faktisch die Macht ausüben, … d. h. WIR bestrafen Abweichler und Feinde, WIR unterstützen Kampfgefährtinnen und -gefährten … Befreite Zonen sind sowohl Aufmarsch- als auch Rückzugsgebiete für die Nationalisten Deutschlands.

M7A: NPD-Infoseiten: 2. Tag des nationalen Widerstandes, S. 3.
M7B: Zit. nach Verfassungsschutzbericht (Bund) 2000, S. 61 und 65.

Internet-Tipp
www.erinnern-online.de
www.gesicht-zeigen.de
www.step21.de

Grundeinstellungen des Rechtsextremismus

1. „Natürliche Ungleichheit"
- Die nordeuropäische („arische") Rasse sei von Natur aus wertvoller als andere Menschen (Rassismus).
- Auf Deutschland und das deutsche Volk könne man extrem stolz sein (Nationalismus).
- Der Stärkere habe das Recht, sich gegenüber dem Schwachen durchzusetzen (Sozialdarwinismus*).
- Die Gleichberechtigung und Gleichstellung von Männern und Frauen sei „unnatürlich".

2. „Volksgemeinschaft"
- Das – „ethnisch reine" – Volk sei von besonderem Wert und bilde die Volksgemeinschaft.
- Gesellschaftliche Gruppen und unterschiedliche Interessen seien zu unterdrücken, um dem Ideal der „homogenen Volksgemeinschaft" nahezukommen.

3. „Führerprinzip und Gewalt"
- Herrschaft sei am besten durch das „Führerprinzip" bzw. einen autoritären Staat auszuüben.
- Demokratische Wahlen und Parlamente seien abzulehnen, ebenso die Gewaltenteilung und -kontrolle.
- Gewaltanwendung sei die schnellste und einfachste Lösung politischer Probleme.
- Für die noch mangelhafte Verwirklichung der eigenen Ziele seien „innere und äußere Feinde" verantwortlich, wie Andersdenkende, Minderheiten, Verschwörungen in Politik, Wirtschaft, Gesellschaft.
- Die Verbrechen des NS-Staates werden relativiert oder geleugnet, bis hin zum offenen Bekenntnis zur NSDAP.

M8 **Demonstration von Neonazis in Hamburg,** Foto, 2001

Offene Fragen zum Thema Rechtsextremismus

Zur Erklärung des Rechtsextremismus gibt es in der Wissenschaft keine einheitliche Auffassung. In Deutschland wurde diese Einstellung bisher vorwiegend als Folge („Erbe") der nationalsozialistischen Vergangenheit gesehen. Aufklärung über den Nationalsozialismus sollte Rechtsextremismus überwinden. Nicht alle Bemühungen waren jedoch erfolgreich – im Gegenteil: Seit der deutschen Einheit (1990) zeigen sich neue, vor allem gewalttätigere Formen, die auf weitere als nur historische Ursachen hindeuten. Neuere Forschungen beschreiben den Rechtsextremismus als Problem moderner Einwanderungsgesellschaften. So zeigen sich rechtsextremistische Tendenzen als „Fremdenfeindlichkeit" in allen europäischen Gesellschaften oder auch in den USA.

Wie kann eine demokratische, zivile Gesellschaft auf den Rechtsextremismus antworten – Gewalt in allen Formen ächten, Initiativen gründen? Was können wir in der Familie, in der Schule, im Freundeskreis, im Verein gegen rechtsextremistische Einstellungen tun?

M10 **Gedenkstein für Alberto Adriano,** Foto, 2000. Der mosambikanische Staatsangehörige wurde am 11. Juni 2000 im Stadtpark Dessau von drei männlichen Tätern angegriffen und starb wenig später an den Folgen der Tritte und Schläge. Der Hauptangeklagte wurde zu lebenslanger Freiheitsstrafe verurteilt, die beiden Mitangeklagten zu jeweils 9 Jahren Jugendstrafe. Auf dem Foto ist die Witwe des Opfers, Angelika Adriano zu sehen.

M9 Skins – Ursachenforschung

Aus einem Interview mit der Verhaltensforscherin Christiane Tramitz (2001):

Viele der Skins ... waren schon als Kinder aggressiv. Ihre Kindheit wurde geprägt durch eine Kombination aller unguten Faktoren, die man sich vorstellen kann: von Schulproblemen und Scheidung über Alkoholismus bis hin zu prügelnden Eltern ... Ausschlaggebend [für Kontakte zu rechtsextremistischen Gruppen] sind der Wunsch nach Anerkennung und Geborgenheit, nach Macht und der Möglichkeit, die aggressive Grundbereitschaft auszuleben ... Die Ideologie kommt erst in der Gruppe dazu ... Die ... Aggressionsbereitschaft wird durch Alkohol enthemmt. Die Skins verspüren Lust, ihre Opfer zu demütigen, sie fertigzumachen, und geraten in eine Art Machtrausch ... Der Ausstieg ist möglich. Zuerst muss sich das soziale Umfeld ändern. Abgesehen von einem Arbeitsplatz, einer permanenten Begleitung durch Bewährungshelfer und neuen sozialen Kontakten ist eine emotionale Stütze für die Aussteiger ungemein wichtig.

Ute Schröder, Frostzone, in: Betrifft: Rechtsextreme. Magazin der Bundeszentrale für politische Bildung, Sept. 2001, S. 32f.

1 Schildere, welcher Eindruck sich aus M1, M6, M8 und M10 zum Thema Rechtsextremismus ergibt.

2 Erarbeite anhand von M2 die Motive und den Wandel von Matthias und dessen Freundin in ihrer Einstellung zum Rechtsextremismus.

3 Untersuche, wie der Autor von M3 die Entwicklung des Rechtsextremismus nach 1945 beschreibt. Worin sieht er das Überdauernde? Berücksichtige M4 und M5.

4 Stelle anhand von M9 dar, wie der Rechtsextremismus der Skins erklärt wird, und nimm dazu Stellung.

5 Erarbeite mithilfe des Kastens (S. 114) und M7, welche Grundeinstellungen des Rechtsextremismus sich im Nationalsozialismus wiederfinden lassen. Ziehe Kapitel 2 heran.

6 Untersuche, welche Aussagen des Rechtsextremismus den Prinzipien des Grundgesetzes widersprechen.

7 Recherchiere im Internet, welche „Gegenbewegungen" zum Rechtsextremismus zurzeit bestehen, und referiere darüber in der Klasse.

3. Europa und die Welt nach 1945

In dem Wunsch, den Weltfrieden zu sichern, wurde 1945 die UNO („United Nations Organization") gegründet – den Frieden zu verwirklichen, ist ihr bis heute nicht gelungen. Schon in der ersten Hälfte des 20. Jahrhunderts waren Spannungen zwischen den USA und der Sowjetunion deutlich geworden, die sich nach 1945 so verstärkten, dass man vom „Kalten Krieg" sprach: Bis zur Auflösung der Sowjetunion 1991 bestimmte die Gegnerschaft zwischen dem westlichen Bündnissystem um die USA und dem östlichen um die Sowjetunion die Weltpolitik. Zwar kam es nie zu einem direkten, „heißen" Krieg zwischen den beiden Supermächten, aber um ihre außen- und militärpolitischen Interessen durchzusetzen, waren beide auf der ganzen Welt präsent – in Südostasien, Nahost, Mittelamerika, Afrika und in Europa.
Der Ost-West-Konflikt förderte aber auch das Bemühen um Kooperation über nationale Grenzen hinweg, z. B. innerhalb Westeuropas und Osteuropas, zwischen Industrie- und Entwicklungsländern.
Im folgenden Kapitel kannst du an ausgewählten Beispielen erarbeiten,
– welche Interessen die politisch und militärisch Handelnden in der Zeit des Kalten Krieges verfolgten,
– welche Folgen diese Politik hatte, unmittelbar und über das Ende des Kalten Krieges hinaus.

Großes Bild: **„Schwerter zu Pflugscharen"**, Skulptur des russischen Künstlers Jewgenij Wutschetitsch vor dem Gebäude der UNO in New York. Bild unten: **„Die Kolonialvölker im Licht der ‚Freiheitsfackel'"**, sowjetisches Plakat, 1957. Bild oben: **„Wir – Sie"**, Karikatur, 1981

1 Erläutere, welche Informationen über den Kalten Krieg du den Materialien entnimmst.

2 Viele Menschen behaupten, dass die Weltpolitik in der Zeit des Ost-West-Konflikts „übersichtlicher" gewesen sei als heute. Was könnte mit der Aussage gemeint sein? Notiert eure Vermutungen und überprüft sie in diesem Kapitel.

Der amerikanische Außenminister John F. Dulles (1888–1959) erklärte 1957 in einer Rundfunk- und Fernsehansprache:

Ich möchte über die Abrüstung sprechen. Wir benutzen dieses Wort natürlich nicht in seinem buchstäblichen Sinne. Niemand denkt daran, die Vereinigten Staaten oder die Sowjetunion oder irgendein anderes Land zu entwaffnen. Was wir anstreben, ist eine Maßnahme auf dem Gebiet der Rüstungen, durch die die Gefahr eines bewaffneten Angriffs herabgemindert wird … Es gibt eine so große Zahl stärkster Atomwaffen, dass ihr Einsatz in einem totalen Krieg das Leben überall auf der Welt bedrohen könnte … Wir glauben, dass es jeder Nation schwer – wenn nicht unmöglich – gemacht werden kann, einen massiven Überraschungsangriff zu beginnen.

Nikita Chruschtschow (1894–1971), der 1954–1964 die politische Führung der Sowjetunion innehatte, sagte in einer Rede 1957:

Glauben Sie mir, … wir wollen nur Frieden und Freundschaft. Die Sowjetunion besitzt interkontinentale … Raketen mit Wasserstoffladung. Aber ich erklärte bereits …, dass wir niemals eine solche Rakete gegen die USA einsetzen werden, wenn uns die USA nicht selbst dazu zwingen, indem sie unmittelbar oder durch ihre Satelliten [gemeint sind die Bündnispartner der USA] einen Krieg gegen uns beginnen.

Der Ost-West-Konflikt spaltet die Welt

Aus Alliierten werden Feinde

Schon auf den Konferenzen der Anti-Hitler-Allianz wurde deutlich: Die politischen, wirtschaftlichen und gesellschaftlichen Realitäten der Sowjetunion, der USA und Großbritanniens waren so unterschiedlich, dass ein Weiterbestehen des Bündnisses nach Ende des Zweiten Weltkriegs unwahrscheinlich war. Tatsächlich verschlechterte sich das Verhältnis zwischen den USA und der Sowjetunion rapide: Die Sowjetunion baute Gebiete in Ost- und Südosteuropa, die die Rote Armee befreit und besetzt hatte, zu einem Schutzgürtel gegen eventuelle Angriffe der USA aus. Dazu wurden diese Staaten nach sowjetischem Muster politisch, wirtschaftlich und gesellschaftlich umgestaltet. Als die Sowjetregierung auch auf Staaten wie die Türkei, Griechenland und den heutigen Iran Druck ausübte, werteten die USA dies als Bedrohung für die westliche Welt und setzten eine Politik der Eindämmung* (engl. containment) dagegen.
Wie schnell die politische Konfrontation an den Rand eines Atomkriegs führen konnte, zeigte sich in den so genannten Stellvertreterkriegen*, z. B. im Koreakrieg (1950–1953): 1950 überfielen Streitkräfte des seit 1948 kommunistischen Nordkorea den Süden. Die westliche Welt sah darin einen Beweis für die Aggressivität des kommunistischen Lagers, und der UN-Sicherheitsrat schickte Truppen nach Südostasien. Die unter amerikanischem Oberbefehl operierende Armee eroberte Südkorea zurück und drang bis an die Grenze Chinas vor. Pläne, gegebenenfalls Atomwaffen gegen China einzusetzen, lehnte Präsident Truman allerdings ab. Nach Verhandlungen wurde die alte Grenze zwischen Nord- und Südkorea schließlich bestätigt.

„Zur Stärkung der freien Welt"

Dieses Motto war dem Emblem des „European Recovery Program" (ERP) beigefügt, das in Deutschland die Bezeichnung „Marshallplan"* trug. Das Hilfsprogramm, über das die USA den wirtschaftlichen Wiederaufbau in Europa stützte, verstärkte und beschleunigte die Spannungen zwischen den USA und der Sowjetunion. 1947, als in Griechenland ein Bürgerkrieg zwischen kommunistischen Kräften und der konservativen Regierung das Vordringen des Kommunismus in den Mittelmeerraum befürchten ließ, verkündete Präsident Truman, dass die USA allen „in ihrer Freiheit bedrohten Völkern" wirtschaftlich und finanziell helfen würden (Trumandoktrin). Weil die USA wirtschaftlich schwache Staaten als besonders anfällig für kommunistische Ideen einschätzten und weil die amerikanischen Steuerzahler nicht bereit waren, die Verlierer des Zweiten Weltkriegs „aufzupäppeln", entwickelte die US-Regierung das ERP. Als Kredite und Warenlieferungen flossen bis 1952 Milliarden von Dollar in die europäischen Staaten, die sich einer liberalen Wirtschaftspolitik öffneten und bereit waren, miteinander zu kooperieren.
Für Stalin war dies unvereinbar mit den Prinzipien der planwirtschaftlich-sozialistischen Wirtschaftsordnung. Deshalb verbot er den Staaten im sowjetischen Einflussbereich die Teilnahme am „Marshallplan" und richtete 1949 den „Rat für gegenseitige Wirtschaftshilfe" (RGW) ein, über den die teilnehmenden Länder sich gegenseitig wirtschaftliche Hilfe leisteten.
War der Marshallplan Anstoß oder sogar Ursache dafür, dass in den nächsten 40 Jahren Europa in zwei feindliche Bündnisblöcke geteilt wurde und sich der Graben zwischen den unterschiedlichen politischen, wirtschaftlichen und gesellschaftlichen Systemen vertiefte?

M1 **„Kann dir die Hand nicht geben …"**, Karikatur aus der Stuttgarter Zeitung, 1950

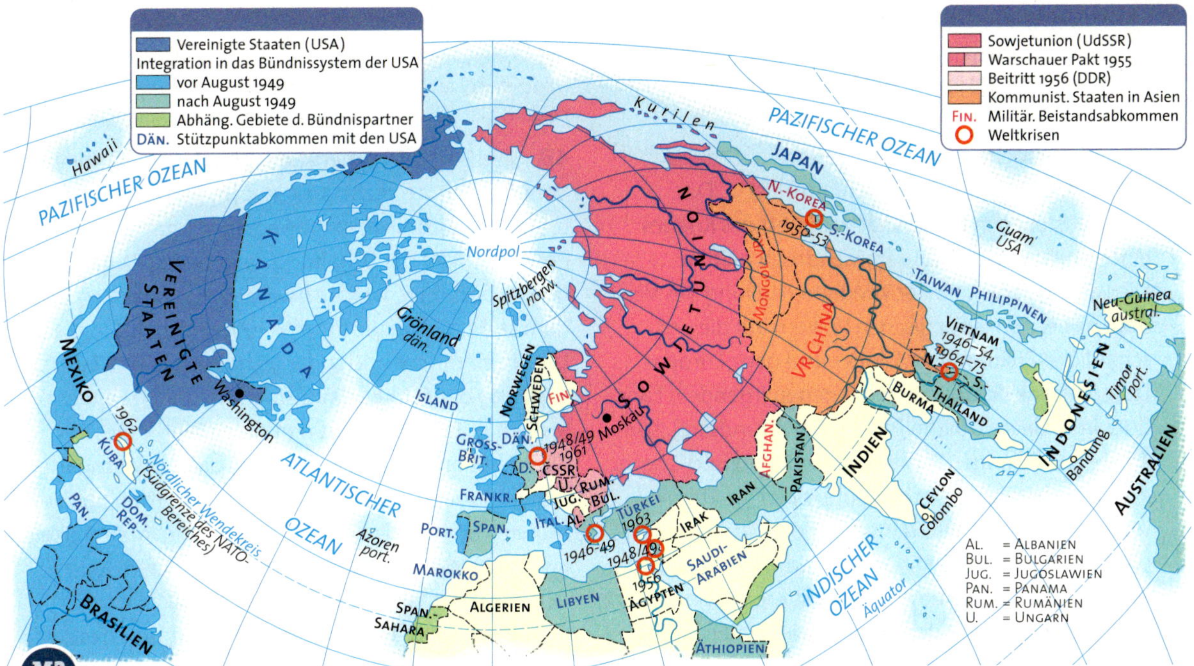

M2 Militärische Blockbildung im Kalten Krieg

M3 Strategien im „Kalten Krieg“

Der amerikanische Journalist James Reston schrieb in der „New York Times“ vom 23. Februar 1953 über die Methoden der Politik im Kalten Krieg*:

Allgemein gesprochen handelt es sich … um jede Form von Regierungsaktionen, die dazu beiträgt, den Willen und die Fähigkeit des Feindes einzuschränken, einen Krieg zu führen. Das mag propagandistische Rundfunksendungen einschließen, die beim Feind Zweifel erregen über unser Tun, oder es mag Unzufriedenheit innerhalb seines Gebiets erregen … Ferner mag es bedeuten, Ballons mit Propaganda hinter den Eisernen Vorhang* zu senden oder das kommunistische China mit Falschgeld zu überfluten oder die Flotte in einem bestimmten Gebiet zu versammeln, um die Truppen des Feindes zu zerstreuen, oder einen A- oder H-Bombentest in Eniwetok[1] zu veranstalten … oder antikommunistische Elemente hinter dem Eisernen Vorhang mit Druckpressen … oder sogar Gewehren auszustatten. Mit anderen Worten: eine Politik jeglichen Übels knapp am Rande des totalen Krieges …

Solange die sowjetischen Führer und ihre Verbündeten jedes nur denkbare Mittel der politischen, psychologischen Kriegsführung benutzen, um die westlichen Nationen zu entzweien und zu vernichten, hat hier niemand ernstlich Einwände gegen das Bestreben, den Feind zu schwächen und seine Pläne zu verwirren.

James Reston, Special to the New York Times, 23. Februar 1953, S. 6, Übers. d. Verf.

1 Atoll im Pazifik

1 Untersuche M1 mithilfe der Arbeitsschritte „Karikaturen entschlüsseln“ (siehe Methodenübersicht).

2 Erarbeite aus dem Darstellungstext (S. 118) und M2 die Phasen der militärischen Blockbildung im Kalten Krieg.

3 Welche Regionen entwickelten sich zu Krisengebieten? Finde Hinweise dazu in M2.

4 Benenne die Strategien des Kalten Krieges, die M3 anführt. Überlege, unter welchen Bedingungen sich daraus Krisen entwickeln konnten. Nutze deine Ergebnisse aus Arbeitsauftrag 3.

M4 Warum die USA in Europa Wirtschaftshilfe leisten wollen

Der US-Außenminister George C. Marshall (1880–1959) sagte am 5. Juni 1947 in der Harvard-Universität anlässlich der Verleihung der Ehrendoktorwürde:

4A Ich brauche Ihnen, meine Herren, nicht zu erzählen, dass die Weltlage sehr ernst ist … Das Geschäftsleben in Europa hat während des Krieges einen vollkommenen Zusammenbruch erlitten … Die Lösung liegt … in der Wiederherstellung des Vertrauens bei den europäischen Völkern auf die wirtschaftliche Zukunft ihrer Länder und ganz Europas … Unsere Politik richtet sich nicht gegen irgendein Land oder irgendeine Doktrin [politischer Grundsatz], sondern gegen Hunger, Armut, Verzweiflung und Chaos. Ihr Zweck ist die Wiederbelebung einer funktionierenden Weltwirtschaft, damit die Entstehung politischer und sozialer Bedingungen ermöglicht wird, unter denen freie Institutionen existieren können … Wenn die Regierung der Vereinigten Staaten in Zukunft Hilfeleistungen gewährt, so sollten diese eine Heilungskur und nicht ein Linderungsmittel darstellen. Jeder Regierung, die bereit ist, beim Wiederaufbau zu helfen, wird die volle Unterstützung der Vereinigten Staaten gewährt werden, … aber eine Regierung, die durch Machenschaften versucht, die Gesundung der anderen Länder zu hemmen, kann von uns keine Hilfe erwarten …

M4A und M4B zit. nach Europa-Archiv, Folge August 1947, S. 821 ff.

Der sowjetische Außenminister Wjatscheslaw Molotow (1890–1986) äußerte auf der Pariser Konferenz über europäische Wirtschaftsplanung zum ERP (2. Juli 1947):

4B Die Frage der amerikanischen Wirtschaftshilfe, über die … noch nichts bekannt ist, [ist] für die britische und die französische Regierung zum Vorwand geworden, auf der Schaffung einer neuen Organisation zu bestehen, welche über den europäischen Ländern steht, sich in die inneren Angelegenheiten dieser Länder einmischt und sogar Richtlinien für die Entwicklung der Schlüsselindustrien* in diesen Ländern festlegt … Es geht … aus den Aufgaben … dieser Organisation … völlig klar hervor, dass die europäischen Länder unter Kontrolle gestellt werden und ihre frühere wirtschaftliche und nationale Unabhängigkeit im Interesse einiger starker Mächte verlieren. Jedenfalls wird jetzt vorgeschlagen, die Möglichkeit der Erlangung eines amerikanischen Kredits durch ein Land von dessen Gehorsam gegenüber der oben erwähnten Organisation … abhängig zu machen … Die Sowjetunion kann selbstverständlich diesen Weg nicht einschlagen … Wohin würde die Verwirklichung des französisch-britischen Vorschlages … führen? … Das Ergebnis hiervon wäre, dass Großbritannien, Frankreich und eine Gruppe von Ländern, die ihnen folgen, sich von den anderen europäischen Staaten isolieren würden und dass sie Europa in zwei Staatengruppen aufteilen und dadurch neue Schwierigkeiten in den Beziehungen unter ihnen verursachen würden.

M5 Plakat, Bundesrepublik, 1950

Werbung für das ERP – ein Archivgang

In den Verträgen zwischen den USA und dem Empfängerland des ERP war jeweils vereinbart, dass die Öffentlichkeit über die Maßnahmen unterrichtet werden sollte. Die Public-Relations-Arbeit war deshalb ein wichtiger Bestandteil des Programms. War sie Werbung oder Propaganda? Welche Wirksamkeit besaß sie? – Diese und ähnliche Fragen für euren Heimatort oder seine Umgebung könnt ihr mithilfe von Archivmaterialien (z. B. Zeitungen, Verordnungen der Stadt) untersuchen. Nutzt dafür die Arbeitsschritte S. 190 f.

M6 **Plakatwerbung in Berlin,** Foto, 1950

M8 **Plakatwerbung in Bukarest,** Foto, 1947. Die Aufschrift lautet: „Nieder mit dem Imperialismus, dem Verursacher der Kriege."

M7 Was hat der Marshallplan bewirkt?

Der Wirtschaftswissenschaftler Walter Heering schrieb 1997 über die Wirkung der amerikanischen Wirtschaftshilfe:

Rückblickend stellt sich das Jahr 1947 als ein Schicksalsjahr dar, in dem sich die nach dem Krieg latent[1] vorhandene Spaltung Europas und der Welt in zwei Machtblöcke vollzog … Es scheint eher unwahrscheinlich, dass die Entwicklung ohne den Marshallplan einen grundsätzlich anderen Verlauf genommen hätte; er war lediglich Anlass, nicht aber Ursache der Blockbildung …

Eine genauere Analyse zeigt, dass der Marshallplan weder ein bloßes Hilfsprogramm für Europa und/oder die amerikanische Wirtschaft noch eine „kalte" Kriegserklärung an die UdSSR [Sowjetunion] war … Demgegenüber handelte es sich primär um die Bündelung knapper Ressourcen[2] zu einem umfassenden ökonomischen[3] Wiederaufbauprogramm, … [das] eine Teilnahme der Sowjetunion allerdings nahezu ausschloss. Damit war eine Teilung Europas und der Welt in einen westlichen und einen östlichen Wirtschaftsraum vorgezeichnet; erst die Reaktionen der Sowjetunion und ihre Machtpolitik ließen daraus eine politische Spaltung werden.

Walter Heering, Der Marshallplan und die ökonomische Spaltung Europas, in: Aus Politik und Zeitgeschichte B 22–23/97, S. 37 f.

1 (noch) verdeckt, verborgen
2 Geld- und Produktionsmittel 3 wirtschaftlichen

5 Vergleiche, wie M4A und M4B die Ziele der Wirtschaftshilfe kennzeichnen und wie sie die geplanten Maßnahmen bewerten.

6 Erschließe M5 mithilfe der Arbeitsschritte „Politische Plakate untersuchen" auf S. 32 f.

7 Nenne die Wirkung, die M7 dem Marshallplan zuspricht, und gib die Argumente dafür wieder.

8 Diskutiert anhand der Materialien M6 bis M8 die abschließenden Fragen des Darstellungstextes auf S. 118.

Die Kuba-Krise

Raketenbasen unter Palmen: Der Atomkrieg droht

Im Spätsommer 1962 informierte der westdeutsche Bundesnachrichtendienst den amerikanischen Geheimdienst CIA darüber, dass sowjetische Schiffe, die in den Hafen von Kubas Hauptstadt Havanna eingelaufen waren, nicht Wirtschaftsgüter, sondern Waffen an Bord hatten. Mit dieser Mitteilung sah die US-Regierung ihre Vermutung bestätigt, dass die Sowjetunion die Bitte des kommunistischen Staatschefs Fidel Castro, Kuba zu verteidigen, dazu nutzte, um die Insel zum militärischen Stützpunkt auszubauen. Castro hatte nach einem langem Guerillakrieg* 1959 den Diktator Batista gestürzt und die bis dahin engen wirtschaftlichen Verbindungen Kubas zu den USA beendet, indem er alle US-Besitzungen auf der Insel verstaatlichte. Nach dem gescheiterten Versuch der US-Regierung, das kommunistische Regime 1961 durch eine Invasion* von Exilkubanern zu stürzen, bemühte sich Castro um eine engere Zusammenarbeit mit der Sowjetunion – vor allem im militärischen Bereich. Durch diese Entwicklungen sah Präsident John F. Kennedy den Status quo gefährdet. Er forderte den sofortigen Abbau der militärischen Anlagen und ordnete eine Seeblockade um Kuba an. Daraufhin zog Fidel Castro Truppen zusammen und die sowjetische Regierung entsandte Kriegsschiffe. Die Streitkräfte von NATO und Warschauer Pakt waren in Alarmbereitschaft, die Situation drohte zu eskalieren. Da bot die US-Regierung an, die Blockade aufzuheben. Sie garantierte, Kuba nicht anzugreifen und die US-Raketen aus der Türkei zu räumen, wenn die Sowjetunion die Raketen aus Kuba abziehen würde. Nikita Chruschtschow, der sowjetische Regierungschef, lenkte ein: Die Raketen wurden abgebaut und in die Sowjetunion zurückgebracht.

Unter dem Eindruck der Kuba-Krise entschlossen sich die Regierungen der Supermächte zu Verhandlungen: 1963 wurde zwischen Washington und Moskau eine besondere Fernsprechverbindung, der so genannte „heiße Draht", eingerichtet, um in Krisenfällen die direkte Verständigung zwischen den Regierenden zu ermöglichen. Außerdem wurden in den folgenden Jahren Vereinbarungen über den Gebrauch von Atomwaffen getroffen. Zu einer direkten Konfrontation zwischen den Supermächten kam es bis zum Ende des Kalten Krieges nicht mehr, aber USA und Sowjetunion standen sich in so genannten Stellvertreterkriegen* als Gegner gegenüber.

Status quo
(lat.: Zustand, in dem sich etwas befindet). In der Phase des Kalten Krieges wurde mit dem Begriff ausgedrückt, dass die Regierungen die Blockbildung respektierten, indem die westlichen sich nicht in Vorgänge einmischten, die im Machtbereich der Sowjetunion stattfanden, aber das Gleiche auch von den Staaten des Ostblocks erwarteten.

M1 **Sowjetische Raketenbasis auf Kuba**, amerikanische Luftaufnahme, Mitte Oktober 1962. Von der Raketenbasis konnte die gesamte Ostküste der USA unter atomaren Beschuss genommen werden.

M2 Steht der Atomkrieg bevor?

In seiner Fernseh- und Rundfunkansprache an die Nation am 22. Oktober 1962 sagte der amerikanische Präsident John F. Kennedy:

Im Laufe der letzten Woche haben eindeutige Beweise die Tatsache erhärtet, dass derzeit auf dieser unterdrückten Insel mehrere Anlagen für Angriffsraketen errichtet werden. Der Zweck dieser Anlagen kann nur darin bestehen, die Möglichkeit eines Atomschlags gegen die westliche Hemisphäre zu schaffen …
Wir werden das Risiko eines weltweiten Atomkriegs nicht voreilig oder ohne Not eingehen – wir werden dieses Risiko aber auch nicht scheuen.

Zit. nach Robert F. Smith, What happened in Cuba, New York (Twayne) 1963, S. 340 ff, übers. d. Verf.

M3 „Lieber Genosse …“

Aus einem Briefwechsel zwischen Fidel Castro und Nikita Chruschtschow von 1962. Castro ließ die Briefe Ende 1990 in der kommunistischen Parteizeitung „Granma“ erstmals veröffentlichen:

3A Castro an Chruschtschow (26. Oktober): Meiner Einschätzung nach steht der Angriff fast unmittelbar für die nächsten 24 oder 72 Stunden bevor … Ich glaube, dass die imperialistische Aggressivität ausgesprochen gefährlich ist. Wenn die Imperialisten das brutale Vorhaben, in Kuba einzumarschieren, entgegen internationalem Gesetz und gegen jede Moral ausführen, wäre der Zeitpunkt gekommen, durch einen Akt klarer und legitimer Verteidigung ein solches Gefahrenpotenzial für die Zukunft zu beseitigen, ganz gleich, wie hart oder schrecklich diese Lösung wäre.

3B Chruschtschow an Castro (28. Oktober): In diesem Moment, da die Krise an einen Wendepunkt gelangt ist, möchte ich Sie bitten, Standfestigkeit zu zeigen und sich nicht von Gefühlen leiten zu lassen. Wir dürfen uns nicht von Provokationen herausfordern lassen, denn jetzt, da eine Lösung des Konflikts in Sicht ist, versuchen hemmungslose Militaristen des Pentagons, das Abkommen zu vereiteln und Sie zu Taten zu provozieren, die gegen Sie verwendet werden könnten. Ich bitte Sie, ihnen dazu keinen Anlass zu geben.

M3A und M3B zit. nach James G. Blight/B. J. Allyn/D. A. Welch, Cuba on The Brink, New York (Pantheon Books) 1993, S. 481 ff., Übers. d. Verf.

M4

Chruschtschow und Kennedy während der Kuba-Krise, Karikatur aus der „Daily Mail“, London 1962. Die Bildunterschrift lautet: „Einverstanden, Herr Präsident, wir wollen verhandeln …“

M5 Frieden – weil Krieg sinnlos ist?

Vor Mitgliedern der American University, Washington, D. C., sagte Präsident John F. Kennedy am 10. Juni 1963:

Ein totaler Krieg ist sinnlos in einem Zeitalter, in dem Großmächte umfassende und verhältnismäßig unverwundbare Atomstreitkräfte unterhalten können und sich weigern zu kapitulieren, ohne vorher auf diese Streitkräfte zurückgegriffen zu haben … Es ist heute, wenn der Friede gewahrt werden soll, unerlässlich, jedes Jahr Milliarden von Dollar für Waffen auszuwerfen, die lediglich zu dem Zweck geschaffen werden sicherzustellen, dass wir sie niemals einsetzen werden … Beide, die Vereinigten Staaten und ihre Verbündeten sowie die Sowjetunion und ihre Verbündeten, haben ein gemeinsames tiefes Interesse an einem gerechten und wirklichen Frieden und einer Einstellung des Wettrüstens. Abkommen, die zu diesem Ziel führen, sind im Interesse der Sowjets wie auch im unsrigen.

Zit. nach Ernst-Otto Czempiel/Carl-Christoph Schweitzer, Weltpolitik der USA nach 1945, Bonn (Bundeszentrale für politische Bildung) 1989, S. 277 ff.

1 Erläutere mithilfe von M1, M2 und M4, warum die Militäraktionen auf Kuba fast zu einem Krieg mit den USA geführt hätten.

2 Vergleiche in M3 die Argumentation der Briefschreiber. Überlege, welche Interessen sie jeweils vertreten.

3 Überprüfe anhand von M5 die These, dass die Kuba-Krise das politische Klima im Ost-West-Konflikt verändert hat.

Konfliktfeld Europa: der Prager Frühling

Mit Panzern gegen Reformen

In der Nacht vom 20. auf den 21. August 1968 marschierten Truppen der Sowjetunion, der DDR, Ungarns, Polens und Bulgariens in der Tschechoslowakei ein. Innerhalb von 36 Stunden hatten sie das ganze Land unter ihre Kontrolle gebracht, obwohl sich Hunderttausende von Zivilisten protestierend und demonstrierend den anrollenden Panzern entgegenstellten. Wie schon 1953 in der DDR (siehe S. 216 f.), 1956 in Ungarn und mehrfach in Polen wurde auch hier das Bemühen um Reformen gewaltsam zunichtegemacht. Die Hoffnung auf mehr eigene Entscheidungsfreiheit, die der sowjetische Ministerpräsident Chruschtschow 1956 mit seinen Worten von der „friedlichen Koexistenz"* der Machtblöcke und vom „eigenen Weg des Sozialismus" in den Staaten des Warschauer Pakts geweckt hatte, ging unter seinem Nachfolger Leonid Breschnew verloren. Die Entwicklung in der Tschechoslowakei im Frühjahr 1968, der „Prager Frühling", wie die kurze Zeit unter der neu gewählten Führung der Kommunistischen Partei um Alexander Dubček (1921–1992) genannt wurde, entsprach nicht den Vorstellungen der sowjetischen Regierung. Dubček hatte einen „Sozialismus mit menschlichem Angesicht" verkündet, der auf mehr Mitbestimmung und mehr Freiheiten (z. B. Meinungs-, Versammlungs- und Reisefreiheit) setzte und auf eine wirtschaftspolitische Öffnung in Richtung Marktwirtschaft zielte. So sollte die Entlohnung der Menschen von der Effektivität ihrer Arbeit und Eigeninitiative abhängen. Obwohl Dubček und die Reformer in der KPČ-Spitze ihre Bündnistreue beteuerten, mussten sie schließlich dem politischen Druck aus Moskau und der militärischen Gewalt weichen. Sie wurden aus ihren Ämtern entlassen und viele von ihnen gingen ins Exil im westlichen Ausland. Weltweit wurde die Invasion kritisiert, aber weder UNO, NATO noch einzelne Staatsregierungen mischten sich in den Konflikt ein.

M1 Die Geschichte eines Fotos

Der Historiker Guido Knopp erforschte 1994 die Geschichten berühmter Fotos. Über Emil Gallo (siehe M2) erfuhr er von dessen Tochter:

Nach Vaters Tod[1] … [stießen wir] auf eine alte Zeitung aus den Tagen des Einmarsches, und plötzlich sahen wir sein Bild … Vater hatte damals viele seelische Probleme. Meine Mutter war seit einigen Jahren tot. Er musste sich ganz allein um uns vier Kinder kümmern … Das Einkommen reichte gerade fürs Essen. Deshalb hatte er ständig Sorgen, war oft sehr angespannt und gereizt. Am Tag des Einmarsches, als die Panzer ihm den Weg versperrten, platzte wahrscheinlich alles aus ihm heraus, vielleicht war ihm alles egal.

Zit. nach Guido Knopp, Die großen Fotos des Jahrhunderts, München (C. Bertelsmann) 1994, S. 151 f.

1 Emil Gallo beging 1972 Selbstmord.

Protest gegen Panzer, Foto, 1968. Auf dem Šafárikplatz in Bratislava (heutige Slowakei) stellte sich Emil Gallo, ein Installateur der Stadtwerke, am Morgen des 21. August vor einen der Sowjetpanzer. **M2**

M3 Die Stimmung in der Bevölkerung

Jiři Pelikan, 1968 Leiter des tschechoslowakischen Fernsehens, der auf Druck Moskaus seinen Posten aufgeben musste und 1969 ins Exil ging, schrieb 1975 über den Sommer 1968:

Die sowjetischen Truppen … befanden sich [seit einem Manöver Ende Mai] … auf unserem Territorium … Diesen Druck beantworteten die Leute mit einer spontanen politischen Mobilisierung, die sogar so weit ging, dass sie die Dubček-Mannschaft materiell unterstützen wollten. Ich erinnere mich an alte Frauen, die ihren Ehering – ihr letztes Gut – spenden wollten. In wenigen Tagen spendete die Bevölkerung mehr als 90 Mill. Kronen für einen neu gegründeten Fond, der die Republik ökonomisch konsolidieren [festigen] sollte …
Die einfachsten Leute fanden in dieser Politik den Ausdruck ihrer Bedürfnisse … wieder. Zum ersten Mal seit langen Jahren waren sie glücklich und stolz, Tschechen oder Slowaken zu sein.

Jiři Pelikan, Ein Frühling, der nie zu Ende geht – Erinnerungen eines Prager Kommunisten, dt. v. E. Moldenhauer, Frankfurt a. M. (S. Fischer) 1976, S. 252 f.

M4 Mehr als eine „innere Angelegenheit“?

Am 15. Juli 1968 schickte der sowjetische Generalsekretär Leonid Breschnew (1906–1982) dem Zentralkomitee der Kommunistischen Partei der Tschechoslowakei einen Brief, der später als „Breschnew-Doktrin“ bekannt wurde:

Wir können … nicht damit einverstanden sein, dass feindliche Kräfte Ihr Land vom Weg des Sozialismus stoßen und die Gefahr einer Lostrennung der Tschechoslowakei von der sozialistischen Gemeinschaft heraufbeschwören. Das sind nicht mehr nur Ihre Angelegenheiten. Das sind die gemeinsamen Angelegenheiten aller kommunistischen und Arbeiterparteien und aller durch Bündnis, durch Zusammenarbeit und Freundschaft vereinten Staaten, … die sich im Warschauer Vertrag (vgl. S. 154) vereinigt haben, um ihre Unabhängigkeit, den Frieden und die Sicherheit in Europa zu gewährleisten, um eine unüberwindliche Schranke gegen die imperialistischen Kräfte der Aggression und Revanche aufzurichten.

Boris Meissner, Die Breschnew-Doktrin, Köln (Wissenschaft und Politik) 1969, S. 47 f.

M5 Panzer rollen in der ČSSR ein

Den Aufruf des Präsidiums des Zentralkomitees der KPČ sendete Radio Prag am 21. August 1968, um 4.30 Uhr:

5A An das gesamte Volk der ČSSR!
Gestern, am 20. August 1968, etwa 23 Uhr, überschritten Truppen der Sowjetunion, der Polnischen Volksrepublik, der DDR, der Ungarischen Volksrepublik und der Bulgarischen Volksrepublik die Staatsgrenze der ČSSR. Dies geschah ohne Wissen des Präsidenten der Republik … Das Präsidium des ZK der KPČ ruft alle Bürger unserer Republik auf, Ruhe zu bewahren und den einrückenden Truppen keinen Widerstand zu leisten, weil die Verteidigung unserer Staatsgrenzen nunmehr unmöglich ist … Das Präsidium erachtet diesen Akt als widersprechend … den Grundprinzipien der Beziehungen zwischen den sozialistischen Staaten.

Die sowjetische Nachrichtenagentur TASS erklärte in Moskau um 7.27 Uhr:

5B Die TASS ist bevollmächtigt zu erklären, dass sich Persönlichkeiten der Partei und des Staates der Tschechoslowakischen Sozialistischen Republik an die Sowjetunion und die anderen verbündeten Staaten mit der Bitte gewandt haben, dem tschechoslowakischen Brudervolk dringend Hilfe, einschließlich der Hilfe durch bewaffnete Kräfte, zu gewähren. Dieser Appell wurde ausgelöst, weil die in der Verfassung festgelegte sozialistische Staatsordnung durch konterrevolutionäre Kräfte gefährdet wurde, die mit den dem Sozialismus feindlichen äußeren Kräften in eine Verschwörung getreten sind.

M5A zit. nach Eckhard Siepmann, Heiß und kalt – die Jahre 1945–1969, 4. Aufl., Berlin (Elefanten-Press) 1993, S. 605.
M5B: Europa Archiv 1968, D 427 f.

1 Arbeite aus dem Darstellungstext und M3 heraus, was unter „Prager Frühling“ zu verstehen ist.

2 Emil Gallo gilt als „Held“ in seiner Heimat. Nenne Gründe für diese Bezeichnung anhand von M1 bis M3.

3 Diskutiert darüber, wie M4 und M5 das Ende des „Prager Frühlings“ begründen und bewerten. Berücksichtigt dabei den Kalten Krieg als Hintergrund.

4 Inwiefern verweisen M1 und M2 auf Probleme von Quellenarbeit?

Krieg in Vietnam

Krieg gegen den Kommunismus?

In Vietnam hatte von 1946 bis 1954 unter dem kommunistischen Revolutionsführer Ho Chi Minh eine Unabhängigkeitsbewegung gegen die Kolonialmacht Frankreich gekämpft. Die US-Regierung hatte Frankreich in diesem Krieg finanziell unterstützt, sich aber militärisch nicht engagiert, u. a. da sie auf Kritik der amerikanischen Öffentlichkeit an ihrer Südostasien-Politik Rücksicht nehmen musste. Nach der Niederlage Frankreichs wurde Vietnam auf der Genfer Indochina-Konferenz (1954) geteilt: In Nordvietnam etablierte sich mit sowjetischer und chinesischer Hilfe ein kommunistisches System, während in Südvietnam das autoritäre Regime Diem herrschte.
Die USA unterstützten den westlich orientierten Süden Vietnams finanziell und militärisch, denn sie wollten verhindern, dass mit ihm ein weiteres Gebiet in Südostasien unter kommunistischen Einfluss geraten könnte („Domino"-Theorie). Diese Befürchtungen waren nicht unbegründet, versuchte doch Ho Chi Minh mithilfe der in Südvietnam operierenden „Nationalen Befreiungsfront" (Vietcong), einer Guerillabewegung*, den Süden zu erobern. 1961 schickte Präsident Kennedy erstmals US-Truppen nach Südvietnam – zur Unterstützung gegen den Guerillakampf. 1964 nahm die US-Regierung einen – nie aufgeklärten – Angriff auf amerikanische Kriegsschiffe im Golf von Tonking zum Anlass, um sich vom Kongress die Zustimmung zur Kriegsführung in Vietnam geben zu lassen und das Truppenaufgebot erheblich zu vergrößern. Von 1965 an wurde Nordvietnam direkt angegriffen.

M1 Der Vietnamkrieg

Sieger, Verlierer oder nur Opfer?

Schon bald nach Kriegseintritt wurden in den USA und der westlichen Welt Stimmen laut, die den Militäreinsatz in Südostasien kritisierten. Als die Zahl der wehrpflichtigen Soldaten beständig stieg, die traumatisiert, verletzt oder in Särgen aus dem Dschungelkrieg zurückgebracht wurden – 56 000 Amerikaner verloren ihr Leben in Vietnam –, formte sich eine riesige Protestbewegung: Vor allem junge Menschen lehnten sich gegen den Einsatz in Vietnam auf, gegen Atomwaffen, gegen das wirtschaftliche und politische System der USA, gegen Rassendiskriminierung und gegen die Gesellschaft insgesamt. Die USA gerieten in eine schwere innenpolitische Krise.
Als bekannt wurde, dass die US-Regierung jahrelang chemische Waffen wie das stark dioxinhaltige Entlaubungsmittel „Agent Orange" in Südostasien eingesetzt hatte, sah sie sich nicht nur in den USA, sondern auch in der UNO massiver Kritik ausgesetzt. Von 1969 an zog Präsident Nixon die 543 000 in Südvietnam stationierten Soldaten nach und nach wieder ab und schloss 1973 einen Waffenstillstand mit Nordvietnam. Ein Jahr später griff dieses den südlichen Teil erneut an. 1975 kapitulierte Südvietnam.
Ganz Vietnam wurde „Sozialistische Republik", die Bevölkerung Südvietnams wurde umerzogen, enteignet oder auch umgesiedelt. Tausende flohen daraufhin aus dem Land. Was bedeutete der Rückzug aus dem Kriegsgebiet für die USA?

M2 **„Chrysantheme gegen den Krieg“**, Foto, 1967.
Am 21. Oktober 1967 demonstrierten in Washington eine Million Menschen gegen den Vietnam-Krieg, unter ihnen Jane Rose, 17 Jahre alt.

M3 Um den Frieden zu fördern?

Nach dem Zwischenfall im Golf von Tonking entschied der Kongress der USA 1964:

Angesichts der Tatsache, dass Seestreitkräfte des kommunistischen Regimes in Vietnam unter Verletzung sowohl der Grundsätze der Charta der Vereinten Nationen wie auch des Völkerrechts vorsätzlich und wiederholt Schiffe der Vereinigten Staaten … angegriffen haben, … und angesichts der Tatsache, dass die Vereinigten Staaten den Völkern Südostasiens helfen, ihre Freiheit zu schützen und selbst keine territorialen, militärischen und politischen Ambitionen[1] … haben, … mögen Senat und Repräsentantenhaus der Vereinigten Staaten von Amerika … beschließen, dass der Kongress die Entschlossenheit des Präsidenten als Oberbefehlshaber, alle notwendigen Maßnahmen zu ergreifen, um jeden bewaffneten Angriff auf die Streitkräfte der Vereinigten Staaten zurückzuschlagen, zu verhindern, gutheißt und unterstützt.

Zit. nach Ernst-Otto Czempiel/Carl-Christoph Schweitzer, Weltpolitik der USA nach 1945, Bonn (Bundeszentrale für politische Bildung) 1989, S. 297 f.

1 Ehrgeiz

M4 **Vietnamesisches Plakat**, 1967. Die Aufschrift lautet: „Für die Zukunft unserer Kinder bemühen wir uns, viele amerikanische Bombenflugzeuge abzuschießen.“

1. Untersuche, wie M3 den militärischen Einsatz in Vietnam begründet.
2. Besprecht, welche politischen Haltungen in M3 und M4 deutlich werden.
3. Nennt mögliche Gründe, warum M2 zu einem der bekanntesten Symbolbilder der Protestbewegung wurde (siehe Methodenübersicht „Symbole und Gesten deuten“).

M5 **Pham Thai, ein spätes Opfer des Kriegs,** Foto, 1999. Der 17-Jährige, dessen Vater im Vietnamkrieg auf einem US-Luftwaffenstützpunkt arbeitete, wo „Agent Orange" abgefüllt wurde, ist mehrfach behindert, hat stark verkürzte Beine und Polydaktylie (überzählige Finger oder Zehen).

M7 Als Kind im Krieg

Bay Ly, die sich heute für Kriegsopfer in Vietnam und den USA engagiert, war noch ein Kind, als Anfang der 1960er Jahre ihr Dorf in Zentralvietnam erstmals von Vietcong und republikanischen Soldaten Südvietnams umkämpft wurde. 1986 erinnerte sie sich:

Kinder, die wie ich kleiner und beweglicher als Erwachsene waren, wurden vom Vietcong für Spezialaufgaben ausgebildet. Wir mussten Sprenganlagen und Fallen präparieren und oft die letzten Handgriffe ausführen … Auf die häufig von Republikanern benutzten Wege legte der Vietcong Patronenfallen (sie bestanden aus einer über einem Nagel befestigten Gewehrkugel, die sich löste, sobald man auf sie trat), „Punji-Fallen" (mit Nägeln gespickte Bretter, die knietief im Boden versenkt waren und bei Betreten auseinanderbrachen und ihre vergifteten Stacheln oberhalb der Stiefel in die Beine bohrten) und mit Granaten versehene Stolperdrahtfallen jeder Größe … Für uns bedeutete Krieg immer noch Spiel und unser „Feind", darin wurden wir bestärkt, verdiente alles Schlechte, das ihm zustieß.
… Als die Republikaner wiederkamen, lief alles völlig anders. Einige Dorfbewohner unterstützten den Süden, und so wurden viele unserer geheimen Selbstverteidigungskräfte enttarnt und ins Gefängnis befördert. Wer nicht verhaftet wurde, musste die Gräben zuschütten … Nachdem ein Großteil unserer Arbeit für den Vietcong zunichtegemacht worden war, hissten sie die republikanische Flagge und ein Offizier erklärte in einer Rede, sie hätten uns vor dem Feind gerettet.

Zit. nach Le Ly Hayslip, Geboren in Vietnam, dt. v. Brigitte Jakobeit, Hamburg (Hoffmann und Campe) 1992, S. 60 f.

M6 **„Kriegstrophäe amerikanischer Soldaten",** Foto, um 1966

Ein verletzter Militärarzt M9
versorgt einen anderen amerikanischen Verwundeten, Foto, 1966

M8 Militärisches Engagement – zu welchem Preis?

Henry A. Kissinger (geb. 1923) war amerikanischer Außenminister und versuchte, im Vietnamkrieg zu schlichten. Er erhielt dafür 1973 den Friedensnobelpreis. 1994 schrieb er:

Die Vereinigten Staaten bezahlten … für ihr Abenteuer in Vietnam einen Preis, der in keinem Verhältnis zu irgendeinem vorstellbaren Gewinn stand … Die USA waren in den Indochina[1]-Krieg verwickelt worden, weil sie die Maximen[2] ihrer erfolgreichen Europapolitik auf eine Region mit grundlegend anderen politischen, sozialen und wirtschaftlichen Strukturen übertragen hatten … Der vielleicht schwerwiegendste, aus amerikanischer Sicht zweifellos aber schmerzlichste Dominostein, der als Folge des Vietnamkriegs fiel, war der Zusammenhalt der amerikanischen Gesellschaft. Der amerikanische Idealismus hatte Regierungsbeamte ebenso wie Kritiker zu der irrigen Annahme verleitet, die vietnamesische Gesellschaft lasse sich relativ mühelos und schnell in eine Demokratie nach amerikanischem Muster umwandeln. Als dieser optimistische Plan in sich zusammenbrach und offenkundig wurde, dass Vietnam alles andere als eine Demokratie war, war die Enttäuschung unvermeidlich.

Henry A. Kissinger, Die Vernunft der Nationen, Berlin (Siedler) 1994, S. 769 ff.

1 Name der französischen Kolonie, die aufgeteilt wurde in Laos, Kambodscha und Vietnam (vgl. dazu die Karte auf S. 126)
2 oberster Grundsatz

4 Untersuche an M7, wie die Landbevölkerung den Krieg erlebte.
5 Versuche auszudrücken, welche Gefühle die Bilder M5, M6 und M9 in dir auslösen.
6 Zeige in M8, wie Kissinger den Einsatz der US-Truppen in Vietnam begründet und bewertet.
7 Erkläre das Verhalten der Vietnamveteranen und der amerikanischen Öffentlichkeit bei der Heimkehr der Veteranen (M10).

M10 Alpträume eines Vietnamveterans

In der Fernsehdokumentation „Apokalypse Vietnam" (siehe S. 131) wurde der Zeitzeuge Mike Lake interviewt, der 1968 als amerikanischer Soldat nach Südvietnam kam:

Ich hatte gerade das College mit sehr guten Noten abgeschlossen und mich freiwillig für ein Sonderkommando gemeldet … Es war wie ein Abenteuer und ich war überzeugt, das Richtige zu tun … Wenn man älter wird, betrachtet man die Situation mit anderen Augen … Man hat uns seinerzeit in Vietnam einfach ausgesetzt … Dann kamen wir nach Hause zurück … Inzwischen hatte sich die Öffentlichkeit völlig gegen den Krieg gewandt und gesagt: „Es ist genug!" So schlug uns eisige Ablehnung entgegen; es war entsetzlich … Erst später bemühte sich die Regierung um uns … Ich leide seit 1987 am posttraumatischen Stress-Syndrom (PTSS). Das ist eine posttraumatische[1] Orientierungslosigkeit … Der eigentliche Grund für PTSS bei mir ist, dass ich zu viele Menschen getötet habe. Das tut mir heute unendlich leid … Das werde ich niemals vergessen können.

Zit. nach Wolfgang Schneider, Apokalypse Vietnam, Berlin (Rowohlt) 2000, S. 188 ff.

1 durch einen seelischen Schock entstandener Zustand

Einen Dokumentarfilm analysieren

M1 **Dreharbeiten für den Dokumentarfilm „Der Krieg der Vietcong"** von Jürgen Eike, Foto, 1999. Ein vietnamesisches Ehepaar gedenkt gefallener Soldaten, mit denen es auf der Seite der Vietcong gekämpft hat.

Gefilmte Wirklichkeit?

Dokumentarfilme wie auch Film- und Fernsehdokumentationen zeigen reale Bilder. Deshalb mag es dem Zuschauer erscheinen, als sähe er die Wirklichkeit. Aber tatsächlich handelt es sich dabei um Abbildungen, um Kunstprodukte. So werden beispielsweise Szenen und Sequenzen[1] bewusst ausgewählt und kombiniert, bestimmt die Kameraführung oder auch die Beleuchtung, was die Zuschauer wie wahrnehmen, können Originalgeräusche verändert oder durch Musik, Kommentare usw. überlagert oder ersetzt werden.
Für eine Filmanalyse ist hilfreich, wenn du

- die im Kasten aufgelisteten Grundbegriffe der Filmproduktion kennst,
- exemplarisch eine Filmsequenz auswählst und mithilfe des Schemas (siehe M3) protokollierst,
- sowohl bei der Erarbeitung als auch der Bewertung das Thema, den Inhalt und die Gestaltung des Films voneinander getrennt darstellst.

1 kleinste Abschnitte eines Filmes und eine Folge von kleinen Abschnitten

1 Analysiere einen Dokumentarfilm zum Vietnamkrieg bzw. einen Ausschnitt daraus. Folge dabei den Arbeitsschritten.

Gestaltungsmittel des Films

Bei der Filmaufnahme werden die „Einstellung" als kleinste Einheit und die „Sequenz" aus mehreren Einstellungen unterschieden. Der „Schnitt" verbindet Einstellungen ganz dicht, während die „Blende" Übergänge möglich macht.

Einstellungsgrößen

Es gibt sechs Grundeinstellungen:
- Die Totale vermittelt einen allgemeinen Überblick.
- Die Halbtotale: Personen sind von Kopf bis Fuß deutlich zu erkennen.
- Halbnah: Personen im Vordergrund sind von den Knien aufwärts zu sehen.
- Nah: Personen sind von Kopf bis Brust abgebildet.
- Groß: Der Kopf einer Person füllt das Bild; die Mimik ist zu sehen.
- Detail: Ein wichtiges Merkmal einer Person oder Sache wird gezeigt.

Kameraperspektive

Bei der Normalsicht befindet sich die Kamera auf Augenhöhe der Personen; bei der Frosch- und Unterperspektive ist die Position der Kamera sehr tief; die Vogelperspektive lässt den Betrachter von oben auf die Szene schauen.

Kamerabewegungen

Neben dem Stand gibt es die Fahrt (die Kamera folgt einer Person), den Schwenk (Drehbewegung) und Zoom (das Motiv wird näher „herangeholt" – wirkt größer – oder weiter „weggerückt").

Personeneinstellungen und -bewegungen

Eine Person kann frontal, von vorn, im Halbprofil, im Profil oder von hinten gefilmt werden, in Ruheposition oder in Bewegung.

Arbeitsschritte **Einen Dokumentarfilm analysieren**

1. Schritt: Thema und Inhalt des Filmes erfassen
Schau dir den Film mindestens einmal aufmerksam an und mache dir anschließend Notizen. Schreibe auch auf, von wem und wann der Film produziert worden ist.

2. Schritt: Schwerpunkte finden
Überlege, welche inhaltlichen Schwerpunkte der Film hat und wie dir, dem Zuschauer, das deutlich gemacht wird.

3. Schritt: Einen Filmausschnitt analysieren
Untersuche eine Sequenz aus dem Film genauer, indem du das Zusammenspiel von Bildinhalt, Kameraeinsatz und akustischen Mitteln mithilfe eines Beobachtungsbogens protokollierst.

4. Schritt: Wertungen untersuchen
Prüfe, inwiefern durch den Einsatz der filmischen Gestaltungsmittel Wertungen getroffen werden. Wer profitiert davon?
Tipp: Untersuche dazu die Sequenz dreimal: 1. indem du nur die Bilder anschaust, den Ton abdrehst, 2. indem du nur zuhörst, 3. indem du Bild und Ton auf dich wirken lässt. Vergleiche die Aussagen und deine Eindrücke.
Achte darauf, ob bzw. wie der Kommentar die Bildaussagen unterstützt, abschwächt oder infrage stellt.

5. Schritt: Die Filmaussage kritisch bewerten
Erörtere anhand deiner Ergebnisse abschließend, welche Rolle du dem Film zuweist: Zeuge, Berichterstatter, Ankläger, Agitator usw. Überlege bzw. informiere dich, ob dies der Absicht des Produzenten entsprach.

6. Schritt: Den Film als Zeitdokument beurteilen
Vergleiche den Film mit weiteren, die das Thema behandeln und zur gleichen Zeit entstanden sind. Wo gibt es Übereinstimmungen, wo Unterschiede? Wie erklärst du dir dies im Einzelnen?

M2 **Dreharbeiten für den Film „Narben des Krieges"** von Wolfgang Wegner, Foto, 1999. Kameramann, Tonassistent, Übersetzer und Regisseur interviewen eine Kindergärtnerin im Kriegsmuseum von Hanoi.

M3 **Auswertungsbogen für die Beobachtung**

Bildinhalt	
Einstellungsgröße	
Kameraperspektive	
Kamerabewegung	
Ton	

Filmtipp

Apokalypse Vietnam (MDR/Arte, 2000). 5-teilige Dokumentarreihe der Regisseure Sebastian Dehnhardt, Jürgen Eike und Wolfgang Wegner, die auf der Grundlage vietnamesischen und amerikanischen Archivmaterials entstand.

Englischsprachige Filme über den Vietnamkrieg:
Another Day Of War – The USAF In Vietnam (U.S. Air Force, 1967), 14 Min. – Zusammenschnitt aus Archivmaterial und inszenierten Szenen, um den Alltag der amerikanischen Soldaten im Vietnamkrieg zu zeigen.

No Vietnamese Ever Called Me Nigger (David Loeb Weiss, 1969), 68 Min. – Passanteninterviews und Aufnahmen von der Anti-Vietnamkrieg-Demonstration vom 15. April 1967 in Harlem; sie werden ergänzt durch Ausschnitte aus einem Gespräch mit drei afroamerikanischen Vietnamveteranen.

Filme könnt ihr entleihen beim Landesmedienzentrum oder bei der Gesellschaft IWF Wissen und Medien (Online-Recherche unter www.iwf.de).

„Glasnost“ und „Perestroika“ – Reformpolitik in der Sowjetunion

Von Chruschtschow bis Gorbatschow

Der Nachfolger Stalins, Nikita Chruschtschow (1894 bis 1971), hatte bei seinem Amtsantritt 1956 die Verbrechen des Stalinregimes scharf verurteilt und damit eine Periode des „Tauwetters" in der Sowjetunion eingeleitet. Neben gesellschaftlichen und wirtschaftlichen Reformen mit dem Ziel der Demokratisierung stand außenpolitisch die Politik der friedlichen Koexistenz, die zu einer ersten Entspannung im Kalten Krieg* führte. Widerstände des Parteiapparats und der Armee gegen seinen Kurs und eine Versorgungskrise zwangen Chruschtschow jedoch bereits 1963 zum Rücktritt. Unter seinem Nachfolger Leonid Breschnew (1906 bis 1982) verschärfte sich die Situation im Land. So genannte Dissidenten*, darunter Wissenschaftler und Intellektuelle, die bürgerliche Freiheiten und eine Demokratisierung von Staat und Gesellschaft verlangten, kamen ins Gefängnis oder wurden ausgebürgert. Ebenso wurden Autonomiebestrebungen der in der Sowjetunion lebenden nichtrussischen Völker unterdrückt.

In der Wirtschaft versuchte Breschnew, die Leistungskraft der Planwirtschaft* zu erhöhen, ohne das Prinzip der Zentralverwaltungswirtschaft zu beseitigen. Betriebe erhielten z. B. das Recht, über einen Teil der Gewinne selbst zu verfügen und sie zu investieren. Nach anfänglichen Erfolgen stagnierte seit etwa 1980 die Wirtschaft. Da die Konsumgüterindustrie zu Gunsten einer hohen Rüstungsproduktion vernachlässigt wurde, lag der Lebensstandard der Bevölkerung in der Sowjetunion weit unter dem der westlichen Industrieländer. Als im März 1985 der Reformpolitiker Michail Gorbatschow zum Generalsekretär der KPdSU gewählt wurde, waren die Erwartungen in der Bevölkerung hoch. Gorbatschow beschrieb seine Politik mit den Schlagworten Offenheit („Glasnost") und Umbau („Perestroika"). Für welche Politik standen sie?

M1 **„Genossen! Unsere Abteilung braucht eine Perestroika und muss anfangen, auf eine neue Art zu arbeiten!"**, Karikatur aus der russischen Satirezeitschrift „Krokodil", 1986

Michail S. Gorbatschow
geboren 1931 im Nordkaukasus als Sohn eines Bauern.
1946–1950 war Gorbatschow Arbeiter in einer Traktorenstation. Nach dem Studium der Rechts- und Agrarwissenschaften wurde er 1978 Sekretär im Zentralkomitee der KPdSU. Er machte eine steile politische Karriere und 1985 wählte ihn die Partei zu ihrem Generalsekretär. 1988–1990 war Gorbatschow Präsident des Obersten Sowjets (Parlament), 1990/91 sowjetischer Staatspräsident. Unter seiner Führung wurde in der Sowjetunion der Wandel zur parlamentarischen Demokratie und zur Marktwirtschaft eingeleitet. Für seine Politik, die zur Beendigung des Kalten Krieges führte, erhielt er 1990 den Friedensnobelpreis. Mit dem Ende des kommunistischen Systems erklärten zahlreiche Sowjetrepubliken ihre Unabhängigkeit. Gleichzeitig begann Gorbatschows Macht zu schwinden (Putschversuch 1991). Nach der Auflösung der Sowjetunion 1991 und der Gründung der Gemeinschaft Unabhängiger Staaten (GUS) verzichtete Gorbatschow Ende 1991 auf alle politischen Ämter.

M2 Neues Denken in der Gesellschaft

Michail Gorbatschow beschrieb 1987 sein politisches Programm in einem Buch:

Perestroika bedeutet, sich auf die schöpferische Kraft der Massen zu verlassen, Entwicklung einer umfassenden Demokratie sozialistischer Selbstverwaltung, Ermutigung eigener Initiativen und Selbstständigkeit, Stärkung von Ordnung und Disziplin, mehr Offenheit, mehr Kritik und Selbstkritik in allen Bereichen des gesellschaftlichen Lebens. Sie bedeutet ein hohes Maß an Achtung des Individuums und seiner persönlichen Würde.
Perestroika bedeutet die allseitige intensive Entwicklung der sowjetischen Wirtschaft ..., die Abkehr von der Kommandowirtschaft und von bürokratischen Methoden, die Ermutigung zu Innovationen und sozialistischem Unternehmergeist.
Das Wesen der Perestroika besteht darin, dass sie Sozialismus und Demokratie miteinander verbindet und das leninsche Konzept des sozialistischen Aufbaus sowohl in der Theorie als auch in der Praxis wieder einführt.
... Ohne Offenheit (Glasnost) kann es keine Demokratie geben. Und ohne Demokratie kann es keinen zeitgemäßen Sozialismus geben.
... Universale Sicherheit beruht in unserer Zeit auf der Anerkennung des Rechts jeder Nation, den Weg ihrer sozialen Entwicklung selbst zu bestimmen ... Eine Nation mag sich entweder für den Kapitalismus oder für den Sozialismus entscheiden ... Nationen können und sollen ihr Leben nicht nach dem Muster der USA oder der Sowjetunion ausrichten. Politische Positionen sollen deshalb frei sein von ideologischer Intoleranz. Es gibt heute keine Sicherheit mehr durch militärische Überlegenheit, sondern nur noch durch Partnerschaft.

Michail Gorbatschow, Perestroika und neues Denken für unser Land und die Welt, Moskau (Izd. Polit. Lit.) 1997, S. 30 ff., 54, 75 ff., 204, Übers. d. Verf.

1 Beschreibe anhand des Darstellungstextes S. 132 die politische und wirtschaftliche Entwicklung der Sowjetunion bis 1985.

2 Charakterisiere anhand von M2 den Reformansatz Gorbatschows.

3 Stelle M3 und M4 in einen Bezug zu dem Reformprogramm Gorbatschows.

4 Entschlüssle M1. Achte auf die Datierung.

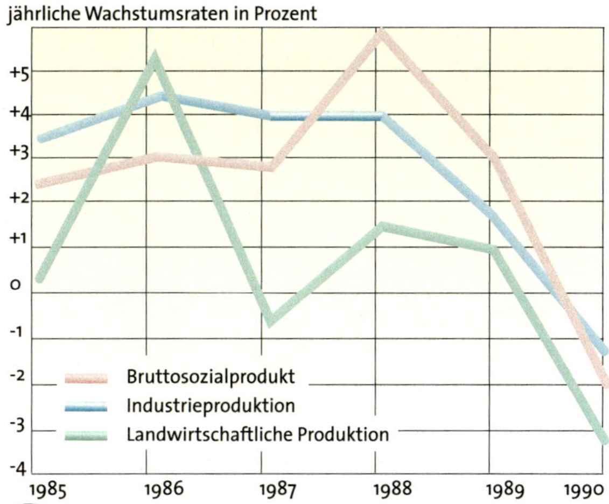

M3 Wirtschaftsentwicklung in der Sowjetunion während der ersten fünf Jahre der Reformpolitik Gorbatschows 1985–1990

M4 Streikende Bergleute in Sibirien, Foto, 1989.
In den Kohlezentren der Sowjetunion legten 1989 etwa eine halbe Million Bergleute die Arbeit nieder, um eine Verbesserung ihrer Lebens- und Arbeitsbedingungen zu erreichen. Streiks waren bis dahin unterdrückt worden, weil man davon ausging, dass die regierende Arbeiterpartei die Interessen der Arbeiter am besten vertreten würde und Streiks deshalb nur in einem kapitalistischen System notwendig seien.

M5 Die Auflösung der Sowjetunion und die Gemeinschaft Unabhängiger Staaten (GUS)

M6 Zwei Urteile über die sowjetische Reformpolitik unter Gorbatschow

Der russische Schriftsteller und Kritiker des kommunistischen Systems Lew Kopelew (1912–1997) schrieb:

6A Mit Michail Gorbatschow begann die Zerstörung des totalitären, partokratischen[1] Sowjetreichs; doch diese „Revolution von oben" war inkonsequent, Gorbatschow hat zwar erfolgreich vieles zerstört, aber nichts Neues aufzubauen vermocht. Sein eindeutig historisches Verdienst bleibt: die Abschaffung der Zensur und der unkontrollierbaren Macht des Geheimdienstes – alle politischen Häftlinge kamen frei. Erstmals seit 1917 durfte man in Russland wieder frei … sprechen, frei schreiben und frei publizieren. Doch die Wirtschaft und die administrativen[2] Strukturen waren hoffnungslos … ruiniert. Die unstillbare Machtgier des stalinschen Imperiums[3], … die maßlose Aufrüstung … und der zehnjährige Afghanistankrieg zerstörten nicht nur die Grundmauern der Volkswirtschaft, sondern auch die Moral … der Menschen … Mit den Militärs und mit dem militärisch-industriellen Komplex[4] konnte Gorbatschow nicht zurechtkommen. Die brutalen, mörderischen Ausschreitungen der Sondertruppen gegen friedliche Demonstranten [in verschiedenen Sowjetrepubliken] … machten den Zerfall der Sowjetunion unvermeidlich.

Lew Kopelew, Russland – eine schwierige Heimat, 2. Aufl., Göttingen (Steidl) 1995, S. 55 ff.

Ein westlicher Journalist über die Politik Gorbatschows:

6B Michail Gorbatschow … hoffte zweifellos selbst bei seinem Amtsantritt und noch Jahre darüber hinaus, den schon von schwerer Krankheit gezeichneten Patienten Sowjetunion heilen zu können. So hielt er bis zuletzt am „guten" Lenin fest, verurteilte in erster Linie Stalin und Breschnew, glaubte weiterhin an den Endsieg der sozialistischen Idee. Doch offenbar konnte das politische und ökonomische Zwangssystem Sowjetunion nur mit Gewalt zusammengehalten werden. Als Gorbatschow mit Glasnost die Freiheit wagte, brach es zusammen. Und so wurde der Partei- und Staatschef, der ein Arzt hatte sein wollen, de facto [tatsächlich] … zum Totengräber der Sowjetunion.

Stuttgarter Zeitung vom 4. Januar 1992.

1 von der Partei beherrschten 2 zur Verwaltung gehörend 3 großes Reich, Weltreich 4 Rüstungsindustrie

5 Untersuche an M6A und M6B, wie die Politik Gorbatschows jeweils bewertet wird. Welche Gemeinsamkeiten und Unterschiede von M6A und M6B lassen sich erkennen? Ziehe den Personenkasten S. 132 mit heran.

Die GUS – eine Internetrecherche

Beschaffe dir auf der Grundlage von M5 Strukturdaten (Fläche, Einwohner, ethnische Zusammensetzung, Industrie- und Agrarproduktion, Religion) zu den GUS-Staaten. Versuche, sie nach Gemeinsamkeiten zu gruppieren.

Internet-Tipp: **www.spiegel.de/jahrbuch**

Wandel im „Windschatten" der Sowjetunion?

Konflikte und Reformprozesse in Osteuropa

Ein Jahrzehnt nach dem Zusammenbruch des Kommunismus in Russland und in Ostmitteleuropa berichteten Korrespondenten 1999 von verwirrenden Eindrücken aus den früheren Warschauer-Pakt-Staaten: Im Kontrast zu bitterer Armut stand protzendes Luxusleben. Auf dem Land schwangen Kleinbauern noch immer die Sense, während in den Hauptstädten die Menschen durch glitzernde Einkaufsmeilen schlenderten.
Die Umwandlung der ehemals kommunistischen zu demokratischen und marktwirtschaftlichen Gesellschaften ist heute noch in vollem Gange. Dabei verbindet sich das Streben der Völker nach nationaler Eigenständigkeit mit einem „Drang nach Westen": in die NATO und in die Europäische Union.

M1 Demokratisch gewählte Gewerkschaften

Der polnische Regimekritiker Jacek Kuroń sagte 1980 über die Streikbewegung in seinem Land:

Der Lebensstandard sinkt schon seit langem ... Allenthalben fehlt es an Waren und Gütern, und die Waren, die vorübergehend einmal vorhanden sind, werden immer teurer ... Im Bereich des Gesundheitswesens, der Versorgung mit Medikamenten, ja in allen Lebensbereichen ist durch die fortschreitende Planlosigkeit und Inkompetenz[1] ein solches Desaster entstanden, dass dem Durchschnittspolen seine Verhältnisse unerträglich erscheinen ... Die Führung hat total versagt ... Der einzige Ausweg, den ich sehe, ist, schnellstens die Möglichkeit zu schaffen, dass sich die Arbeiter aus freiem Willen organisieren können ... Die jetzige Protestbewegung ist eben deshalb so wichtig, weil sie der Anfang einer Neuorientierung der Arbeiter ist. Deshalb sage ich, dass wir heute in Polen schon in einem anderen Land sind. Dies ist der einzige Weg zur Rettung für unser Land, ein Weg zu Demokratie und zur Überwindung der Krise zugleich: Nur eine in freien Wahlen organisierte Gesellschaft ist in der Lage, ein vernünftiges Programm anzunehmen.

Der Spiegel vom 4. August 1980, S. 98 ff.

1 Unvermögen

Das Beispiel Polen

Die Reformanstrengungen in Ostmitteleuropa lassen sich beispielhaft an den Entwicklungen in Polen erkennen. Hier führten, lange vor Gorbatschow, Mängel in der Konsumversorgung zu Widerständen in der Bevölkerung. Als 1980 die Preise für Fleisch erhöht wurden, kam es landesweit zu Arbeitsniederlegungen. Die Organisatoren der Streiks gründeten die unabhängige Gewerkschaft „Solidarność" (Solidarität) mit etwa zehn Millionen Mitgliedern bei 38 Millionen Einwohnern. Unterstützt wurde die Protestbewegung durch die katholische Kirche Polens und die Wahl des polnischen Kardinals Karol Wojtyla zum Papst 1978. 1981 wurde sie unter Erklärung des Kriegszustands von der kommunistischen Regierung verboten.
Acht Jahre später jedoch, als sich zeigte, dass der wirtschaftliche Stillstand in Polen ohne einen breiten Konsens nicht zu überwinden war, begann die Regierung, Verhandlungen mit den Vertretern der weiterhin verbotenen „Solidarność" zu führen. Vereinbart wurden die Anerkennung der Gewerkschaft und ein Termin für Parlamentswahlen (4. Juni 1989), bei denen sich neben der kommunistischen Vereinigten Arbeiterpartei zum ersten Mal auch Kandidaten der Opposition zur Wahl stellen durften.

M2 **Arbeiterführer Lech Walesa** spricht in Danzig vor Anhängern der Gewerkschaft „Solidarność", Foto, Herbst 1988. Übersetzung des Transparents: „Keine Freiheit ohne Gott und Solidarność".

1 Benenne auf der Grundlage des Darstellungstextes, M1 und M2 die Reformschritte in Polen. Versuche zu erklären, warum der Weg zur Demokratie ohne Gewaltanwendung verlief.

M3 **„Kapitän Mazowiecki begrüßt Sie zur Reise in die Marktwirtschaft"**, Karikatur, 1989

M5 Politischer Umbau und Wirtschaftskrise

In seiner Regierungserklärung sagte Tadeusz Mazowiecki, der erste nichtkommunistische polnische Ministerpräsident seit 42 Jahren, am 12. September 1989:

Heute steht Polen vor zwei Hauptaufgaben, den Staat politisch umzubauen und das Land aus der Wirtschaftsmisere herauszuführen. Der Ernst der Lage ist mir bewusst, und ich weiß, wie schwer es sein wird, die beiden Ziele in Einklang zu bringen … Die neue Regierung wird unter dem Druck handeln müssen, dass der gerade eingeleitete Aufbau der Demokratie infolge des Wirtschaftskollapses jeden Augenblick zusammenbrechen kann.

Das Parlament vom 10. August 1990, S. 13.

M4 Wahlen führen die Wende herbei

Der britische Historiker Timothy G. Ash, der 1989 in Polen lebte, berichtete über die Parlamentswahlen am 4. Juni 1989:

[Die Kommunisten] hatten nicht an Macht verloren. Noch immer gehörten ihnen die Armee, die Polizei, der Parteiapparat und die Nomenklatura[1]. Aber sie hatten die Wahl verloren. Während … alle Solidarność-Kandidaten bereits bei der ersten Runde durchgekommen waren, mussten die Partei-Koalitions-Kandidaten [Kandidaten der Regierung] am 18. Juni durch eine Stichwahl gehen … Mehr als die Hälfte der Wähler hatte auf der Liste Namen für Namen ausgekreuzt, darunter mit einem großen Strich auch den Innenminister, den Verteidigungsminister … Nur eine Regierung mit jenem eindeutigen Auftrag, wie ihn die Solidarność bekommen hatte, konnte nach den Wahlen genug Glaubwürdigkeit aufbringen, um all die schmerzhaften Maßnahmen, die jedes ernsthafte Wirtschaftsreformprogramm begleiten mussten, einzuleiten. Die Präsidenten Bush [USA], Mitterrand [Frankreich] und Mrs. Thatcher [Großbritannien] machten eindeutig klar, dass der Westen … größere … Weltbank-Maßnahmen nur einer ordnungsgemäß konstituierten[2] Regierung mit einer glaubwürdigen Wirtschaftspolitik anbieten würde.

Timothy G. Ash, Ein Jahrhundert wird abgewählt, München (Hanser) 1990, S. 354 f., 362 f.

1 Verzeichnis der wichtigen Führungspositionen
2 eingesetzten

M6 **Demonstration in Litauen**, Foto, 1989. Die baltischen Staaten Litauen, Lettland und Estland waren 1939 nach den Vereinbarungen des Hitler-Stalin-Paktes gewaltsam in die Sowjetunion eingegliedert worden. Im August 1991 wurden sie weltweit als unabhängige Staaten anerkannt und setzten 1992/93 demokratische Verfassungen in Kraft.

2 Stelle anhand von M3 bis M5 dar, welche Chancen und Schwierigkeiten mit den Wahlen 1989 verbunden waren. Überlege, inwiefern politischer und wirtschaftlicher Umbau zusammenhängen.

3 Zeige an M6, welche Hoffnungen die litauischen Bürger mit Gorbatschows Politik verbanden.

4 Vergleiche mithilfe der Karte M8 den Wandel in den Staaten Ostmitteleuropas. Halte Unterschiede in der Entwicklung fest.

5 Untersuche, wie Hobsbawm (M7) die Verwendung des Begriffs „Revolution" für die Vorgänge in Osteuropa beurteilt.

M7 Eine „osteuropäische Revolution"?

Der britische Historiker Eric Hobsbawm schrieb 1995 über die Gründe, die 1989 zum Wandel in den Staaten Osteuropas führten:

Vor allem im Hinblick auf das zweihundertjährige Jubiläum von 1789 schien es ganz selbstverständlich, die Umbrüche in den Jahren 1989 und 1990 als osteuropäische Revolution darzustellen. Zwar wirkt dieser Begriff durchaus angemessen, da Ereignisse, die zum endgültigen Sturz von Regimen führen, revolutionär sind, aber er ist irreführend. Denn keines der osteuropäischen Regime wurde gestürzt. Außer in Polen hatte es in keinem Land eine organisierte oder auch nur nichtorganisierte interne Kraft gegeben, die eine ernsthafte Bedrohung dargestellt hätte … Die unmittelbarste Bedrohung der Regime … war Moskau selbst, nachdem von dort der klare Bescheid gekommen war, dass man nicht mehr wie 1956 und 1968 mit einer militärischen Rettungsaktion herbeieilen würde … Wenn sie also überleben wollten, so hatte ihnen Moskau bedeutet, seien sie gut beraten, der Liberalisierungs-, Reform- und Flexibilitätslinie der polnischen und ungarischen Kommunisten zu folgen.

Eric Hobsbawm, Das Zeitalter der Extreme, München/Wien (Hanser) 1995, S. 603 f.

M8 Wandel in den Staaten Ostmitteleuropas bis 1990.

Die staatliche Einheit der Tschechoslowakei zerbrach 1992: Die Tschechische Republik und die Slowakei entstanden. In Jugoslawien kam es seit 1988 zu einem Nationalitätenkonflikt, der sich in den 1990er Jahren zu einem blutigen Bürgerkrieg entwickelte.

Welchen Weg nimmt die Einigung Europas?

Ein gemeinsames Europa schaffen?

Initiativen für die Öffnung der Grenzen und die Zusammenarbeit der Staaten gab es in Europa bereits nach dem Ersten, verstärkt nach dem Zweiten Weltkrieg. Die wichtigsten Fragen waren: Wie können Frieden, Wohlstand und Demokratie gesichert werden? Wie können ein Rückfall in den Nationalismus und künftige Kriege verhindert werden? Wie lässt sich Europa stärken, sodass es neben den USA und der Sowjetunion als dritte Kraft die Weltpolitik mitbestimmen wird? Und wie soll das „Bündnis Europa" organisiert werden: als Bundesstaat, dessen Entscheidungen denen der nationalen Regierungen übergeordnet sind, oder als Staatenbund, in dem die Staaten ihre Souveränität behalten?
Weil die Vergabe der amerikanischen Hilfsgelder koordiniert werden musste, ergab sich für die Staaten, die am „European Recovery Program" (Marshallplan, siehe S. 118) teilnahmen, die Notwendigkeit zusammenzuarbeiten: Schließlich wurde 1951 die Europäische Gemeinschaft für Kohle und Stahl (EGKS) gegründet. Die Idee für diese Montanunion hatte der französische Außenminister Robert Schuman (1886–1963): Unter der Aufsicht und Leitung einer internationalen Behörde sollte ein gemeinsamer Markt für Kohle, Eisenerz und Stahl geschaffen werden. Der deutsche Bundeskanzler Konrad Adenauer (1876–1967) setzte sich sehr für den europäischen Zusammenschluss ein. Nach dem verlorenen Zweiten Weltkrieg erhoffte er sich hierdurch für die junge BRD einen Schritt zur Gleichberechtigung mit den westeuropäischen Staaten.

Der Vertrag von Maastricht

Im Februar 1992 unterzeichneten die zwölf Mitgliedsstaaten der Europäischen Gemeinschaft in Maastricht den „Vertrag über die Europäische Union" (EU-Vertrag). Vereinbart wurden:
1. Binnenmarkt, Zollunion, gemeinsame Agrarpolitik, Wirtschafts- und Währungsunion,
2. eine gemeinsame Außen- und Sicherheitspolitik,
3. eine Zusammenarbeit in der Innen- und Rechtspolitik.

Auf zum Binnenmarkt Europa?

1957 unterzeichneten in Rom die Regierungschefs von Frankreich, Italien, der Bundesrepublik Deutschland und den Benelux-Staaten die Gründungsurkunde der EWG, der Europäischen Wirtschaftsgemeinschaft. Außerdem beschlossen sie, auf dem Gebiet der Atomenergie eng zusammenzuarbeiten, und richteten deshalb EURATOM, die Europäische Atomgemeinschaft, ein. Langfristig zielte die wirtschaftliche Zusammenarbeit auf eine Zollunion* ab, mit einem offenen und einheitlichen Wirtschaftsraum für die Mitgliedsstaaten und Außenzoll gegenüber Nichtmitgliedern. 1967 schließlich wurden EWG, EGKS und EURATOM unter eine gemeinsame Verwaltung gestellt und zur EG, der Europäischen Gemeinschaft, zusammengeschlossen. Die Zielsetzung der EG im Bereich der Wirtschaft führte die der EWG weiter: die Vollendung eines gemeinsamen Binnenmarkts und die Wirtschafts- und Währungsunion. Verwirklicht wurden diese Ziele erst mit dem Vertrag von Maastricht 1992.

M1 Die Europäische Gemeinschaft für Kohle und Stahl

Die Präambel (Einleitung) des am 18. April 1951 ausgefertigten Vertrags führte die Vertreter der sechs beteiligten Staaten auf und nannte als deren Ziele:

In der Überzeugung, dass der Beitrag, den ein organisiertes und lebendiges Europa für die Zivilisation leisten kann, zur Aufrechterhaltung friedlicher Beziehungen unerlässlich ist,
In dem Bemühen, durch die Ausweitung ihrer Grundproduktionen zur Hebung des Lebensstandards und zum Fortschritt der Werke des Friedens beizutragen,
Entschlossen, an die Stelle der jahrhundertealten Rivalitäten einen Zusammenschluss ihrer wesentlichen Interessen zu setzen, durch die Errichtung einer wirtschaftlichen Gemeinschaft den ersten Grundstein für eine weitere und vertiefte Gemeinschaft unter Völkern zu legen, … und die institutionellen Grundlagen zu schaffen, die einem nunmehr allen gemeinsamen Schicksal die Richtung weisen können,
Haben [wir] beschlossen, eine Europäische Gemeinschaft für Kohle und Stahl zu gründen.

Zit. nach Europa-Recht, 11. Aufl., München (dtv) 1991, S. 164.

Eine politische Einigung?

1949 wurde mit der Gründung des Europarats, in dem auch die Bundesrepublik Deutschland vertreten war, der erste Stein auf dem Weg zur politischen Einigung gelegt. Seine Macht blieb jedoch beschränkt: Die Regierungen der Einzelstaaten akzeptierten ihn nur als beratende Versammlung.

Ein militärisches Bündnis schien dringlicher zu sein: 1948 schlossen sich die Benelux-Staaten, Frankreich und Großbritannien zum Brüsseler Vertrag zusammen, der späteren WEU (Westeuropäischen Union). Die Verschärfung des Ost-West-Konflikts – 1949 zündete die Sowjetunion ihre erste Atombombe und in China kam die kommunistische Partei unter der Führung Mao Zedongs an die Macht – ließ sogar ein transatlantisches Bündnis notwendig erscheinen: Die USA, Kanada, die Mitglieder des Brüsseler Vertrags, Island, Italien, Norwegen, Dänemark und Portugal gründeten im Frühjahr 1949 die NATO (siehe S. 155) und sicherten einander militärischen Beistand zu. Die Bundesrepublik wurde 1955 Mitglied, nachdem der Plan, eine europäische Verteidigungsgemeinschaft (EVG) mit übernationalen Streitkräften zu gründen, gescheitert war.

Während die Römischen Verträge von 1957 die wirtschaftliche Integration vorantrieben, gilt das nur bedingt für die politische Einheit: Zwar verbesserten sich seit dem Vertrag über die deutsch-französische Zusammenarbeit 1963 die Beziehungen zwischen Frankreich und der Bundesrepublik, aber zwischen allen Mitgliedern der EG gab es Spannungen. In den 1980er Jahren unternahmen Deutschland und Frankreich mehrere Versuche, die politische Union voranzubringen. Die Grundsatzfrage „Bundesstaat oder Staatenbund?" blieb aber weiterhin unbeantwortet; Angelegenheiten, die eigentlich in den Entscheidungsbereich der Mitgliedsstaaten fielen, führten deshalb oft zu langwierigen Diskussionen.

Widerstand und Protest gibt es in Einzelfragen wie der Landwirtschaft, dem Verkehr und dem Umweltschutz immer wieder: vor allem gegen Maßnahmen und Gesetze, durch die sich Bauern benachteiligt oder bevormundet fühlten. Und nicht erst seit dem Ende des Kalten Krieges gibt es in vielen Staaten Europa-Kritiker: Offenbar ist es bisher nicht gelungen, die Vorteile der Europäischen Gemeinschaft zu vermitteln.

Osteuropa auf dem Weg in die EU

Die Europäische Union (EU) steht vor schwierigen Aufgaben. Nach dem Vertrag von Maastricht von 1992 stellt sich die Frage, wie ihre innere Ordnung künftig gestaltet werden soll. Die EU ist gegenwärtig bereits mehr als ein Bund selbstständiger Staaten, denn die Mitgliedsländer haben Teile ihrer Rechte, z. B. in der Gesetzgebung, an die EU abgegeben. Ihre weitere innere Entwicklung wird vor allem vom Willen der Mitgliedsstaaten abhängen, die darüber entscheiden, ob mehr einzelstaatliche Rechte auf die EU übertragen werden und beispielsweise der Einfluss des Europäischen Parlaments gestärkt werden soll. Eine Stärkung oder Begrenzung der „EU-Macht" wird dabei immer auch von den nationalen Interessen der Einzelstaaten abhängen. Der im Februar 2002 einberufene Verfassungskonvent soll die innere Reform voranbringen und z. B. klären, was in die Zuständigkeit der Einzelstaaten fällt und wie die Interessen der EU-Bürger besser gewahrt werden können. Bisher ist es nicht gelungen, eine gemeinsame europäische Verfassung zu verabschieden. Neben einer gemeinsamen Verfassung der EU ist die Osterweiterung zu einer bedeutenden Aufgabe geworden. Die Osterweiterung symbolisiert auch insofern die Überwindung des Ost-West-Gegensatzes, als jetzt Länder in die EU aufgenommen wurden, die vorher einem dem Westen gegenüber feindlichen Bündnissystem angehörten. Der 1949 gegründete „Rat für gegenseitige Wirtschaftshilfe" (RGW) war weit weniger erfolgreich als die EWG und hatte mit dem Zerfall der Sowjetunion seine Bedeutung verloren.

1 Erarbeite aus M1, welche Absichten die Unterzeichner mit dem Vertrag verbanden.

2 Überlege, ob der Schuman-Plan, als er bekannt wurde, als Wegbereiter einer europäischen Integration verstanden wurde.

M2 Großbritannien plant, der EWG beizutreten

Der Premierminister Harold MacMillan begründete den Entschluss im Unterhaus am 31. Juli 1962:

2A In unserer modernen Welt führt die Tendenz, dass sich größere Gruppen von Nationen bilden, die im gemeinsamen Interesse handeln, zu einer größeren Einheit und verleiht uns somit Stärke im Kampf um die Freiheit. Ich glaube, dass es sowohl unsere Pflicht ist als auch in unserem Interesse liegt, zu dieser Stärke beizutragen, indem wir … Zielen Rechnung tragen, die zur Konzeption einer europäischen Einheit führten und im Vertrag von Rom niedergelegt sind … Die britische Regierung ist daher nach langen und ernsten Überlegungen zu dem Schluss gekommen, dass Großbritannien richtig handle, wenn es … die Aufnahme von Verhandlungen beantragt mit dem Ziel eines Beitritts in die Gemeinschaft, sofern befriedigende Vereinbarungen getroffen werden können zur Berücksichtigung der Erfordernisse Großbritanniens … und der EFTA[1].

Zit. nach Europa-Archiv 16, 1962.

1 EFTA: European Free Trade Association, gegründet 1960 von Großbritannien, Norwegen, Dänemark, Schweden, der Schweiz, Österreich und Portugal als „Gegengewicht" zur EWG.

Der französische Staatspräsident Charles de Gaulle sagte in einer Pressekonferenz am 14. Januar 1963:

2B Ich frage, wie kann man nun England, so wie es ist, in dieses System einfügen? Man hat manchmal annehmen können, dass unsere englischen Freunde sich mit ihrem Antrag auf Beitritt zum gemeinsamen Markt so weit umstellen würden, dass sie sich alle Bedingungen auferlegen würden, die von den Sechs schon … praktiziert werden. Aber die große Frage ist und bleibt, ob Großbritannien sich gegenwärtig wie der Kontinent … in den Rahmen eines wahrhaft gemeinsamen Zolltarifs einfügen kann, ob es auf die Vorzugszölle gegenüber dem Commonwealth verzichten und aufhören kann zu fordern, dass seine Landwirtschaft bevorzugt werden muss … Es ist jedoch nicht unmöglich, dass England sich eines Tages genügend umstellt, … in welchem Falle die Sechs die Tür öffnen würden und Frankreich würde keine Einwände erheben.

Zit. nach Walter Lipgens, Die europäische Integration, Stuttgart (Klett) 1983, S. 93 f.

M3 Etappen der europäischen Einigung

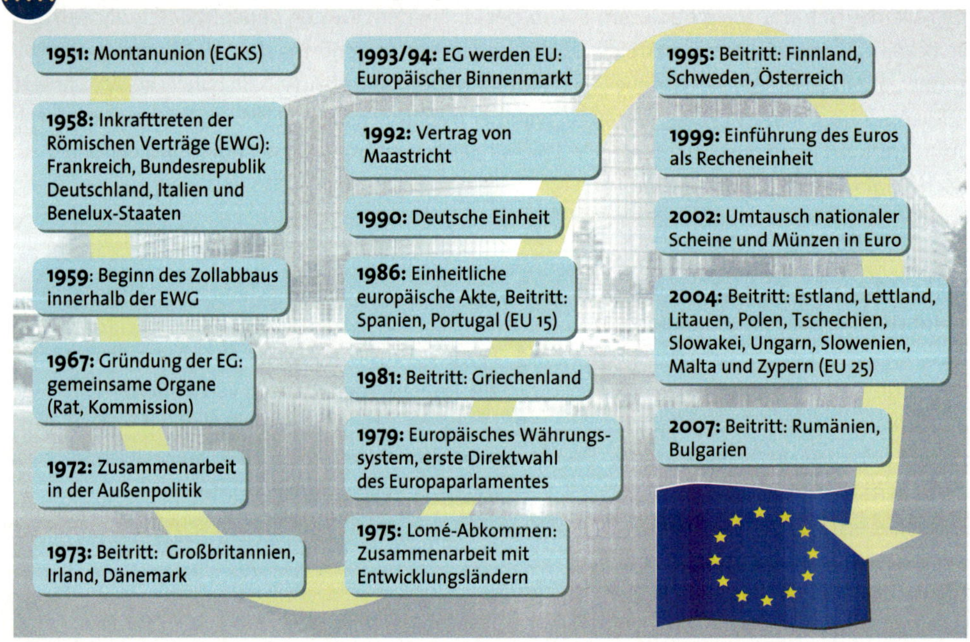

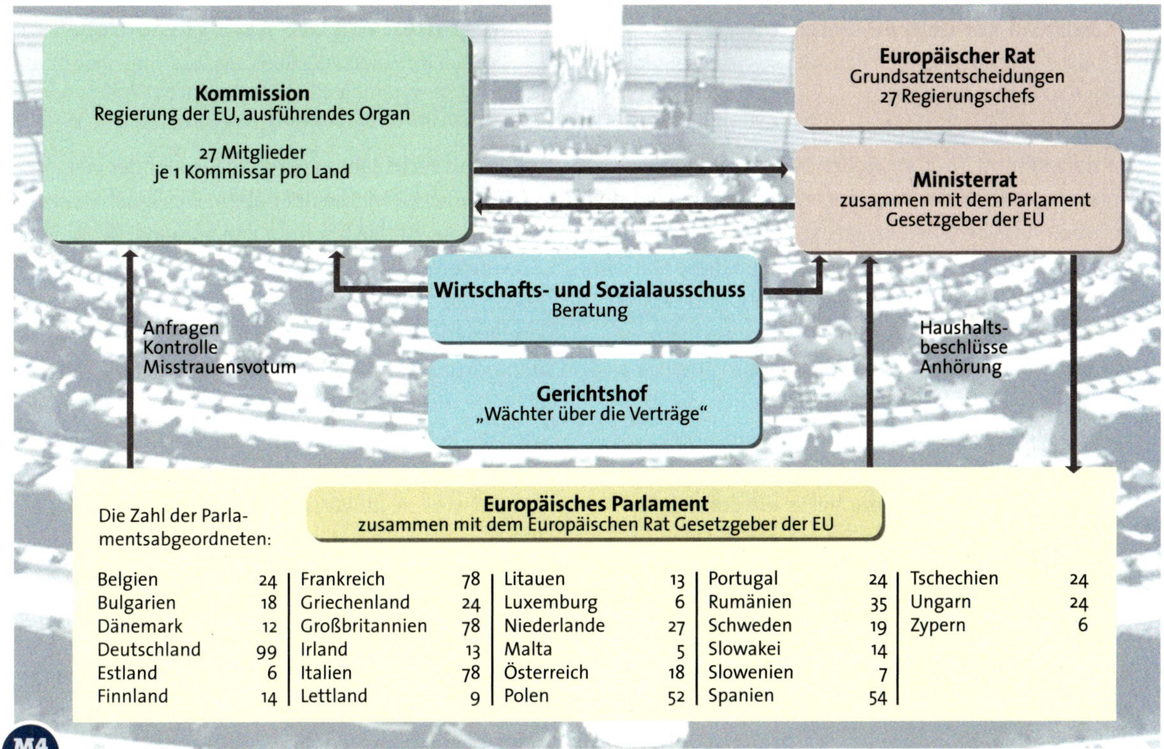

Belgien	24	Frankreich	78	Litauen	13	Portugal	24	Tschechien	24
Bulgarien	18	Griechenland	24	Luxemburg	6	Rumänien	35	Ungarn	24
Dänemark	12	Großbritannien	78	Niederlande	27	Schweden	19	Zypern	6
Deutschland	99	Irland	13	Malta	5	Slowakei	14		
Estland	6	Italien	78	Österreich	18	Slowenien	7		
Finnland	14	Lettland	9	Polen	52	Spanien	54		

M4

Die Europäische Union (EU) seit 2007

M5

Sieg des Realismus?

Die „Neue Zürcher Zeitung" kommentierte die Beschlüsse von Maastricht (13. Dezember 1991):

In der bedächtigen Kleinstadt Maastricht ... haben die Zwölf großen Europavisionen gehuldigt und – bei Licht besehen – nur sehr kleine Schritte hin zur Schaffung einer Europäischen Union unternommen. Die Diskrepanz[1] zwischen Wort und Tat ist in der Geschichte der europäischen Integration[2] allerdings nichts Neues. Solange sich alles vorwärts bewegt und der Schwung erhalten bleibt, nimmt man in Kauf, dass die Rhetorik der Realität um Jahre vorauseilt ... Die Europäische Union ist nicht viel mehr – auch nicht weniger – als eine Vereinigung von Staaten, die sich verpflichtet haben, spätestens bis zur Jahrtausendwende eine Wirtschafts- und Währungsunion einzugehen. Die politische Union ist ... auf den Weg geschickt worden, doch das Ziel bleibt im Nebel der Zukunft verborgen.

Zit. nach Otto Schmuck/Maximilian Schröder, Auf dem Weg zur Europäischen Union, Bonn (Bundeszentrale für politische Bildung) 1993, S. 24.

1 Missverhältnis
2 Eingliederung in ein großes Ganzes

3 Vergleicht, wie in M2A und M2B zum Beitritt Großbritanniens Stellung genommen wird.
4 Besprecht in der Klasse, wie ihr euch die Aussagen erklärt.
5 Erläutere, was mit „Sieg des Realismus" (M5) gemeint ist.
6 Erörtert in der Klasse, warum die politische Integration Westeuropas langsamer voranging als die wirtschaftliche. Nutzt dazu die Informationen und Materialien der Themeneinheit.

M6 Estland vor dem EU-Beitritt

Aus einem Interview mit dem Ministerpräsidenten von Estland, Mart Laar (2000):

Spiegel: Estland war ... über die Jahrhunderte hin fremdbestimmt. Warum wollen Sie die mit dem Zusammenbruch der Sowjetunion gerade errungene Souveränität wieder an Brüssel abgeben?

Laar: Eigentlich ist es das erste Mal, dass diese Nation selbst entscheiden kann, wohin sie geht und was sie macht ... Für mich ist wichtig, dass Europa nicht nur ein wirtschaftlicher Bund ist, sondern auch eine kulturelle und historische Identität hat. Ich denke, Europa sollte sich so viel wie möglich um seine Grundlagen kümmern, sodass für die Menschen Europäische Union nicht nur heißt: ein Euro-Geld. Es muss auch eine Idee, ein Traum sein ... Denn die Idee des Europa hat christliche Grundlagen ... Zugleich stimmt auch, dass nirgendwo sonst auf der Welt in einem so kleinen Territorium so viel verschiedene Kulturen zusammenleben. Es geht darum, dieses Mosaik als Ganzes noch schöner wirken zu lassen.

Der Spiegel vom 30. September 2000, S. 182 ff.

M7 Traum oder Albtraum? Polen in der EU

Über die Stimmung in der bäuerlichen Bevölkerung Polens vor dem geplanten EU-Beitritt 2004 schrieb der Journalist Christian Wernicke (2001):

Die Gefühle des Zygmunt Galecki schwanken ... „Die kommen hierher, kaufen für billiges Geld unsere Höfe und machen unsere Landwirtschaft platt!" Die Polen als Opfer, das kennen sie zur Genüge aus der leidvollen Geschichte ihrer Nation. Nur Sekunden später jedoch tönt Galecki ganz anders: Da schwärmt er von Polens edlem Weizen, vom besten Rindfleisch ... „Wir können ganz Europas Märkte überschwemmen", glaubt Galecki ..., „wenn der Westen uns nur endlich reinlässt!" ... Die Erweiterung der EU, jene viel beschworene „Versöhnung des Kontinents", ist hier Traum und Albtraum zugleich ... Inzwischen meint jeder zweite Pole, die EU profitiere mehr von Polens Öffnung gen Westen als das Land selbst; nur ganze sechs Prozent glauben noch, Polen mache den besseren Schnitt.

Die Zeit vom 11. April 2001.

M8 Migration von Ost- nach Westeuropa

In einer Untersuchung über den Zusammenhang zwischen EU-Erweiterung und Migration nach Westeuropa kam Rainer Münz zu folgendem Ergebnis (2000):

In fünf bis sechs Jahren wird die EU 18 oder vielleicht sogar 22 Mitglieder haben. Das macht vielen Bürgern Angst: Sie fürchten sich vor einer Welle von Zuwanderern ... Zusammen leben im Baltikum, in Polen, der Slowakei, Slowenien, Tschechien und Ungarn rund 70 Millionen Menschen ... Und von denen bekunden immerhin 4,7 Millionen ihr Interesse an einer Auswanderung. Doch in Wahrheit sitzen die meisten keineswegs auf gepackten Koffern ... Nur etwa 820 000 Menschen haben konkretere Vorstellungen, was sie im Westen tun wollen und wohin es gehen soll. Fast die Hälfte davon möchte nach Deutschland, ein Drittel nach Österreich, der Rest nach Skandinavien, in die Schweiz oder nach Nordamerika. Die potenziellen Migranten wollen in der Regel nur kurz- oder mittelfristig im Westen arbeiten ... So war es schon bei der Süderweiterung der EU: Auch damals warnten besorgte Stimmen vor einer Massenzuwanderung ... Doch die Südeuropäer kamen nicht, denn für viele von ihnen hatte die EU-Mitgliedschaft zusätzliche Chancen im Heimatland eröffnet.

Die Zeit vom 9. November 2000.

M9 Kartoffelanbau in Polen, Foto, 1994

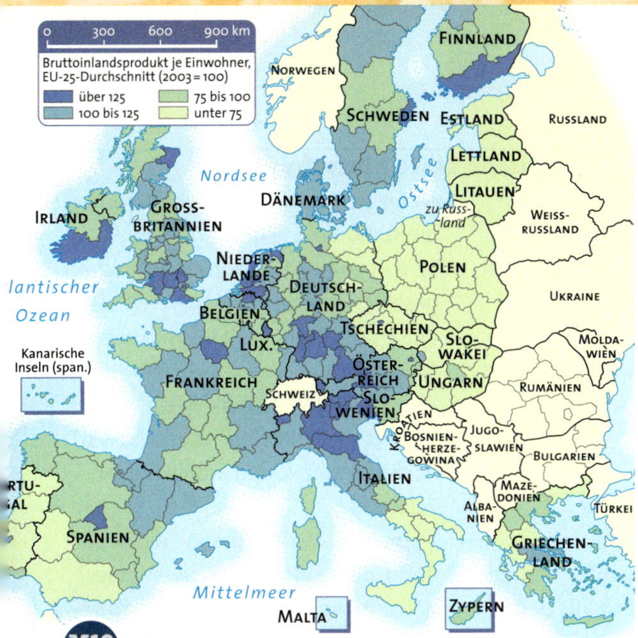

M10 **Die Wirtschaftskraft europäischer Regionen,** gemessen an dem Bruttoinlandsprodukt je Einwohner (Stand: 2003)

M11 **Finnisches Bankgebäude in der estnischen Hauptstadt Tallinn,** Foto, 2001

M12 Reiche Alte und arme Neue

Der Journalist Christian Habbe schrieb in einer Reportage über die Haltung der europäischen Staaten zum Beitritt der neuen EU-Länder (2002):

Die Union der Fünfzehn erwartet die Neuankömmlinge mit dem gebührenden Respekt – aber auch viel Argwohn ist dabei ... Mit den Neuen kommt Stress – und ... wohl noch schlimmer: bittere Armut. Vor allem deshalb hat es viele Jahre mit dem Beitritt zum Brüsseler Europa gehakt ... Denn es gelten harte Kriterien. Die Neuen müssen stabile demokratische und rechtsstaatliche Institutionen vorweisen sowie die Ziele der politischen Union mittragen. Und vor allem brauchten sie, so forderten die EU-Staatschefs bei ihrem Erweiterungsbeschluss 1993, eine „funktionsfähige Marktwirtschaft sowie die Fähigkeit, dem Wettbewerbsdruck und den Marktkräften innerhalb der Union standzuhalten" ... Im erweiterten Europa wird es prinzipiell Ungleichheit geben, noch dazu mit quälend langer Halbwertszeit: Die Wohlstandsdifferenz zwischen den reichen Alten und den armen Neuen dürfte sich kaum schneller als alle 35 Jahre halbieren, schätzen die Ökonomen.

Christian Habbe, Traum von Mitteleuropa, in: Spiegel special, Nr. 1, 2002, S. 119 f.

„Osterweiterung" – eine Dokumentation

Fertigt in Gruppen Porträts der zehn Staaten an, die 2004 der EU beigetreten sind. Recherchiert geschichtlich-politische und wirtschaftliche Daten unter der Fragestellung nach Voraussetzungen dieser Länder für den EU-Beitritt. Stellt eure Ergebnisse in der Klasse vor oder erstellt eine Website für eure Schule.

7 Kläre anhand des Darstellungstextes S. 139 die Begriffe „Vertiefung" und „Erweiterung" der EU.

8 Arbeite aus M6 die Motive des estnischen Ministerpräsidenten für den Beitritt zur EU heraus.

9 Erläutere die Überschrift von M7. Ziehe M9 mit heran.

10 Diskutiere mithilfe von M8 die Folgen der Osterweiterung.

11 Erkläre anhand von M10 bis M12 den Ausdruck „Reiches Europa, armes Europa".

Publizistische Texte hinterfragen

Information und Meinung

Publizistische Texte werden verfasst, um Leser von Zeitungen, Zeitschriften usw. zu informieren. Auch wenn sie den Sachtexten zugeordnet werden, sind sie eigentlich nicht sachlich: Ihre Autoren wählen gezielt einzelne Informationen aus, setzen sie miteinander in Verbindung und schaffen so ihre Sicht der Wirklichkeit. Darüber hinaus arbeiten sie ganz bewusst mit sprachlichen Mitteln, um die Meinung der Leser zu beeinflussen. Um dies zu erkennen und kritisch zu hinterfragen, bietet sich ein zweistufiges Verfahren an: das Analysieren des Textes und das Beurteilen seiner Aussage. Die drei Zeitungsartikel M1, M3 und M4 entstanden nach der Bundestagsdebatte über die Annahme des so genannten Schumanplan-Gesetzes.

Internet-Tipp
Dokumente und Hintergrundinformationen zur Geschichte der europäischen Einigung findest du auf der Homepage der EU: **www.europa.eu.int**

1 Erarbeite M1, M3 und M4 entsprechend den Hinweisen zur 1. Stufe.
2 Nutze Ergebnisse der Textanalyse, um die 2. Stufe vergleichend durchzuführen.
3 Versuche, Erklärungen zu finden für Unterschiede, die dir aufgefallen sind.

Arbeitsschritte Publizistische Texte hinterfragen

1. Stufe: Den Text analysieren
Lies zunächst den Text und kläre unbekannte Begriffe. Erarbeite dann den Text mithilfe des Modells zur Analyse von Textquellen (siehe Umschlag). Beachte, dass sich nicht alle Fragen des Modells anwenden bzw. beantworten lassen.

2. Stufe: Die Textaussage beurteilen
Prüfe anhand der folgenden Fragen, welche Erkenntnisse sich aus dem Text gewinnen lassen:
– Welchen Standort lässt die Argumentation des Autors erkennen? Vertritt er eine bestimmte politische, gesellschaftliche Position? Wenn ja, woran lässt sich diese festmachen (Textbelege)?
– Versucht der Text, die Meinung der Leser zu beeinflussen? Wenn ja, wie? Ist die Beeinflussung auffällig oder versteckt?
– Spiegelt die Textaussage die Meinung vieler oder nur weniger Leser? Wie und wo kann dies überprüft werden?

M1 „Alles Große ist ein Wagnis“

Unter dieser Überschrift kommentierte die „Badische Zeitung“ vom 12./13. Januar 1952 die Annahme des Schumanplans:

Im Grundsatz sind zwar alle überzeugt, dass eine Erweiterung des Wirtschaftsgebietes große Vorteile bringt. Diese Vorteile lassen sich aber nicht von vornherein genau bemessen, während sich die Übergangsschwierigkeiten eher belegen lassen. Daher stand am Anfang der Debatte im Bonner Bundestag auch das Wort Dr. Adenauers: „Alles Große ist ein Wagnis. Auch die Gründung eines neuen Europas ist kein risikofreies Unternehmen.“ … Auch von den Befürwortern … wurden gewisse Risiken nicht in Abrede gestellt. Ihr Appell war im Grunde ein Appell zum kühnen Mut, zum Vertrauen auf die Wandelbarkeit der Zukunft. (Haben wir sie nicht in den noch nicht sieben Jahren seit Kriegsende zu unserem Vorteil gründlich erfahren?) Es wirkt in der Tat wie ein Mangel an Selbstvertrauen, wenn man die Möglichkeiten der Montanunion nur danach bewertet, wo und wie man unter Umständen darin „überfahren“ werden könnte … Da die Abstimmung am Freitag nun das Ja erbracht hat, werden wohl die Deutschen aller Richtungen, vielleicht mit der einzigen Ausnahme der Kommunisten, den Wunsch haben, dass aus dem Schumanplan das Beste gemacht werde, dass er der Keim sei, aus dem ein besseres Europa als das alte erwachse, und dass wir in absehbarer Zeit auch die Blüte erleben.

Badische Zeitung vom 12./13. Januar 1952, S. 3.

M2 **Nach der Unterzeichnung des Schumanplans (Montanunion-EGKS) in Paris,** Foto, 1951. Der französische Außenminister Robert Schuman hält das Schlussdokument in den Händen; neben ihm die Vertreter Belgiens, Luxemburgs, Italiens, der Bundesrepublik Deutschland (Konrad Adenauer) und der Niederlande (von links nach rechts).

M3 „Eine Fahrt ins Ungewisse?“

Unter dieser Überschrift äußerte sich der Journalist Erich Dombrowski in der „Frankfurter Allgemeinen Zeitung“ am 12. Januar 1952 folgendermaßen:

Der Bundeskanzler hat als Wortführer des Schumanplans im Parlament den bezeichnenden Satz gesprochen: Alles Große ist ein Wagnis. Das ist eine den Willen beflügelnde Einstellung, von der sich auch Bismarck leiten ließ, als er nach dem deutschen Bruderkrieg daranging, aus der deutschen Kleinstaaterei … ein zusammenfassendes Deutsches Reich zu schaffen. Vieles musste er, als weitblickender Staatsmann, in Kauf nehmen, um das Ganze zustande zu bringen … Das ist heute, auf einer höheren Ebene, auch mit Europa der Fall … Eingegliedert in die Schutz- und Abwehrfront des Westens, wird das deutsche Volk, fortan in freier Selbstbestimmung, nunmehr vor die Aufgabe gestellt, seine riesigen sozialen Pflichten mit den Lasten auszugleichen, die ihm als Glied des militärischen Sicherungsgürtels Europas erwachsen. Das ist ein wirtschaftliches Problem, das ist ein finanzielles Problem …

Die Steigerung unserer Warenausfuhr … ist zum erheblichen Teil darauf zurückzuführen, dass das westliche Ausland sich industriell auf die Rüstung umgestellt hat und dadurch in der Befriedigung des zivilen Verbrauchs Lücken entstanden sind, in die wir gegenwärtig mit unserem Export hineinschlüpfen …

Es ist uns … eine gewisse Frist zum inneren Ausbau und zur inneren Festigung unserer Wirtschaft gegeben, die … ihre wirkliche Probe zu bestehen haben wird, wenn sich die internationalen Markt- und Absatzverhältnisse … wieder normalisieren.

So ist denn ein klar sehender und willensstarker Mann am Steuerruder des Schiffes notwendig, um diese Fahrt ins Ungewisse erfolgreich zu bestehen.

Frankfurter Allgemeine Zeitung vom 12. Januar 1952, S. 1.

M4 Europas Vertragsgebäude

In der „Frankfurter Rundschau“ schrieb der Journalist Hans Henrich am 12. Januar 1952:

Mit einer Mehrheit von drei Fünfteln hat sich der Deutsche Bundestag für den politischen Glauben an Europa entschieden; zwei Fünftel seiner Mitglieder verharrten in der Skepsis … Sieht man von den wenigen Kommunisten ab, so hatte man … den Eindruck, dass alle Mitglieder des Hohen Hauses ehrlich die europäische Einheit wollten, unabhängig davon, ob sie den Schumanplan als geeignetes Instrument dafür hielten oder nicht …

Der politische Grundgedanke des Planes ist grandios: Die entscheidenden Völker des europäischen Kontinents vereinigen ihre Grundstoffindustrien und schalten damit jede Möglichkeit aus, jemals wieder Krieg zu führen. Wenn dieses Ziel der gemeinsamen Produktion und des gemeinsamen Marktes wirklich erreicht wird, dann hat die letzte Stunde jener furchtbaren Überlieferung an Kleinstaaterei und europäischer Selbstzerfleischung geschlagen. Dr. Adenauer und die hinter ihm stehenden Parteien waren der Ansicht, dass dieses Ziel durch das Vertragswerk erreicht würde und dass deshalb, trotz mancher Bedenken im Einzelnen, das politische Bekenntnis zu ihm allein entscheidend sei.

Frankfurter Rundschau vom 12. Januar 1952, S. 2.

Die deutsch-französische Verständigung

Initiativen – Wege – Resultate

Die Aussöhnung der ehemals verfeindeten Länder Deutschland und Frankreich war eine der großen politischen Leistungen in der Nachkriegszeit. Im Deutsch-Französischen Vertrag (Élysée-Vertrag) vom 22. Januar 1963 bekam diese Annäherung der beiden Staaten eine verbindliche Basis. Für eine ganze Reihe öffentlicher Angelegenheiten wurde eine Zusammenarbeit vereinbart. Insbesondere erschien der Bereich Erziehung und Jugend für die künftige Entwicklung der Beziehungen von Bedeutung. Durch vielfältige Möglichkeiten der Begegnung sollte ein Netz zwischen den Jugendlichen der beiden Nachbarstaaten geschaffen werden, welches als Grundlage für eine gemeinsame Zukunft dienen sollte.

Neben unterschiedlichen Möglichkeiten des Austausches nahm man sich mit der Gründung von deutsch-französischen Gymnasien einer besonderen Herausforderung an, weil hier Jugendliche aus unterschiedlichen Bildungssystemen gemeinsam erzogen werden sollen. In Baden-Württemberg befindet sich in Freiburg i. Br. ein solches Gymnasium. Seit seiner Gründung 1972 sind die Schülerzahlen von anfangs 25 auf mittlerweile über 800 gestiegen. Davon kommen etwa 40 Prozent aus Frankreich und 60 Prozent aus Deutschland. Das Lehrerkollegium besteht aus 29 französischen Vollzeitkräften und etwa 90 deutschen Teil- und Vollzeitkräften. Angegliedert sind hier ein deutsch-französischer Kindergarten und ein Internat. Daneben gibt es noch das DFG in Saarbrücken und das Lycée Franco-Allemand in Buch (bei Versailles).

M1 Aussöhnungsvertrag zwischen Deutschland und Frankreich

Im Élysée-Vertrag von 1963 wurden Erziehungs- und Jugendfragen gesondert behandelt:

Die beiden Regierungen erkennen die wesentliche Bedeutung an, die der Kenntnis der Sprache des anderen in jedem der beiden Länder für die deutsch-französische Zusammenarbeit zukommt. Zu diesem Zweck werden sie sich bemühen, konkrete Maßnahmen zu ergreifen, um die Zahl der deutschen Schüler, die Französisch lernen, und die der französischen Schüler, die Deutsch lernen, zu erhöhen … Der deutschen und französischen Jugend sollen alle Möglichkeiten geboten werden, um die Bande, die zwischen ihnen bestehen, enger zu gestalten und ihr Verständnis füreinander zu vertiefen. Insbesondere wird der Gruppenaustausch weiter ausgebaut. Es wird ein Austausch- und Förderungswerk der beiden Länder errichtet, an dessen Spitze ein unabhängiges Kuratorium steht. Diesem Werk wird ein deutsch-französischer Gemeinschaftsfonds zur Verfügung gestellt, der der Begegnung und dem Austausch von Schülern, Studenten, jungen Handwerkern und jungen Arbeitern zwischen beiden Ländern dient.

Zit. nach www.ofaj.org/netzwerk/grund/vertrag63.html (Stand 25. September 2006)

M2 Bundeskanzler Konrad Adenauer und Staatspräsident Charles de Gaulle nach der Unterzeichnung des Deutsch-Französischen Vertrages am 22. Januar 1963 in Paris, Foto

M3 Binational auf dem Weg nach Europa

Zum dreißigjährigen Bestehen des Deutsch-Französischen Gymnasiums in Freiburg hält eine Festschrift Rückblick und Ausschau auf Geleistetes und noch zu Leistendes:

In einem Punkt besteht rasch Klarheit und Übereinstimmung: Das binationale und pädagogische Experiment soll zwar junge Menschen zusammenbringen und zu einer gemeinsamen Abschlussprüfung führen, es soll aber nicht versucht werden, eine totale Harmonisierung und Gleichschaltung zweier Systeme und Traditionen anzustreben …
Parallel dazu versuchen wir, die Schüler auch menschlich und persönlich einander näherzubringen, d. h. außerhalb des eigentlichen Unterrichts.
Zu diesem Zweck werden zahlreiche Arbeitsgemeinschaften (activitées dirigées) eingerichtet (Chor, Orchester, Theatergruppen, Sport, Kunst, Umwelt, Foto, Spanisch, Italienisch u. a. m.).
In der Unterstufe gibt es gemeinsame Klassenfeste und Wanderungen, in der Klassenstufe 6/6e den gemeinsamen Schullandheimaufenthalt und in der Oberstufe die Studienfahrt …
Um die … Kontakte zwischen den … deutschen und französischen Parallelklassen zu fördern, weisen wir ihnen im September 1976 räumlich benachbarte Klassenzimmer zu … Schon im Oktober gibt es in den Pausen deutsch-französische Rangeleien und gegenseitige Titulierungen mit nicht sehr feinem Vokabular … Ab November 1976 wird schließlich eine Fußball AG angeboten … Schon nach wenigen Wochen zeigt sich, dass hier keine gegenseitigen Animositäten bzw. Eifersüchteleien bestehen …
Dieses Aha-Erlebnis ist prägend für die weitere Konzeption und Gestaltung unserer außerunterrichtlichen Aktivitäten. Ein weiterer Fakt: Wir müssen zur Kenntnis nehmen, dass französische Eltern nicht gewohnt sind, am schulischen Leben mitzuwirken bzw. nicht einmal schulische Veranstaltungen zu besuchen. Es bestehen im Nachbarland andere Traditionen und Gepflogenheiten. Unser Anliegen ist es aber, die Eltern aktiv an unseren Bemühungen zu beteiligen.

Dieter Roser, Binational auf dem Weg nach Europa. Das Deutsch-Französische Gymnasium Freiburg, o. O., o. J., S. 11–13.

Stundenplan einer französischen Schülerin (3è)

STUNDENPLAN

Montag	Dienstag	Mittwoch	Donnerstag	Freitag
Chemie	Gk.	Mathe.	Geschi.	Deutsch
Geschi	Franz.	Bio. (dt.)	Mathe	Deutsch
Bio. (dt.)	Erdk. (dt.)	Deutsch	Engl. (int.)	Engl. (int.)
Engl. (int.)	Mathe.	Deutsch	Franz.	Physik
Franz.	Mathe.	Physik	Franz.	Sport
Mathe.	Deutsch	Franz.	Physik	Sport
Latein	Engl. (int.)	Bio.-Prakt. (dt.)	Chemie	
Engl. (int.)		Erdk. (dt.)		
Ital./Span.		Kunst		

Stundenplan eines deutschen Schülers (9.Klasse)

STUNDENPLAN

Montag	Dienstag	Mittwoch	Donnerstag	Freitag
Deutsch	Bio. (frz.)	Deutsch	Mathe.	Deutsch
Franz.	Reli./Ethik	Chemie	Mathe.	Deutsch
Franz.	Erdk. (frz.)	Bio. (frz.)	Engl. (int.)	Engl. (int.)
Engl. (int.)	Franz.	Mathe.	Physik	Geschi.
Mathe.	Franz.	Mathe.	Chemie	Sport
Physik	Gk	Franz.	Reli./Ethik	Sport
Latein	Engl. (int.)	Bio.-Prakt. (frz.)	Geschi.	
Engl. (int.)		Erdk. (frz.)		
Ital./Span.		Kunst		

M4 Beispiel von Stundenplänen des Deutsch-Französischen Gymnasiums. Der 9. Klasse in Deutschland entspricht die 3è des französischen Schulsystems. Der Englischunterricht findet integriert (int.) statt, das heißt, französische und deutsche Schüler lernen gemeinsam. Biologie und Erdkunde werden jeweils in der Fremdsprache Deutsch (dt.) bzw. Französisch (frz.) unterrichtet.

1 Erarbeite aus M1 die erwogenen Ziele und Maßnahmen zur Verbesserung der deutsch-französischen Beziehungen.

2 Analysiere das Foto M2 mithilfe der Methode „Symbole und Gesten deuten" (siehe Methodenübersicht).

3 Zeige anhand von M3, wie die Vorgaben des Élysée-Vertrages konkret umgesetzt werden. Welche Schwierigkeiten tauchen in der Praxis auf?

Europa – Aufbruch in das „globale Zeitalter“

Eine Verfassung für Europa und Beitritt der Türkei?

Die Aufgaben, vor denen Europa steht, sind groß.
Es muss als Ganzes in einer Welt, deren Machtgefüge sich verschiebt, einen ihm angemessenen Platz finden und es muss dabei viele Fragen in Bezug auf seine innere Ordnung beantworten.
Die EU ist gegenwärtig mehr als nur ein Bund selbstständiger Staaten, denn ihre Mitglieder haben bereits Teile ihrer Rechte (z. B. in der Gesetzgebung) an die EU abgegeben. Viele Angelegenheiten werden nicht mehr in den nationalen Parlamenten der jeweiligen Hauptstadt entschieden, sondern von Brüssel bzw. Straßburg (dem Sitz des Europaparlamentes) aus für alle Mitgliedsstaaten zentral geregelt. Die weitere innere Entwicklung der EU wird vor allem vom Willen der Mitgliedsstaaten abhängen, die darüber entscheiden, ob mehr einzelstaatliche Rechte auf die EU übertragen werden und beispielsweise der Einfluss des europäischen Parlamentes gestärkt werden soll. Eine Stärkung oder Begrenzung der „EU-Macht“ wird dabei immer auch von den nationalen Interessen der Einzelstaaten abhängen.
Ein im Februar 2002 einberufener Verfassungskonvent sollte die innere Reform der EU voranbringen. In zähen und langwierigen Verhandlungen einigten sich die Regierungen der EU auf eine gemeinsame Verfassung, die im Oktober 2004 in Rom feierlich unterzeichnet wurde. Die Anerkennung dieser Verfassung durch die einzelnen Mitgliedsstaaten sollte bis 2006 abgeschlossen sein. Durch ablehnende Volksabstimmungen in Frankreich und den Niederlanden geriet dieser Ratifizierungsprozess ins Stocken. Einmal mehr zeigte sich hier die Skepsis der Bürgerinnen und Bürger gegenüber einer stärkeren europäischen Integration.
Eine weitere, geopolitisch sehr bedeutende Frage betrifft den Beitritt der Türkei zur EU. Die Eingliederung von 70 Millionen Türken ist vor allem auch deshalb umstritten, weil sie fast alle muslimischen Glaubens sind und von daher durch einen nichteuropäischen Kulturkreis geprägt sind. Somit stellt sich im Zusammenhang mit dem möglichen Beitritt der Türkei auch die Frage nach dem Selbstverständnis Europas.

M1 Karikatur von Horst Haitzinger, 2003

M2 Pro und kontra EU-Verfassung in Frankreich

Marielle de Sarnez sitzt für die UDF im Europäischen Parlament. Sie befürwortete wie die meisten Politiker in Frankreich eine Ratifizierung[1] der EU-Verfassung:

2A Wir sind der Ansicht, dass die vorliegende Verfassung für die Zukunft des europäischen Aufbauwerks entscheidend ist. Sie wird endlich die Weichen für ein politisches Europa stellen, das heißt für eine echte Demokratie, die sämtliche Völker Europas vereint …
Eine Ratifizierung der Verfassung hat hohen Symbolcharakter. Mit ihr beginnt ein neues Kapitel des europäischen Aufbauwerks, die Entstehung eines politisch geeinten Europas …
Eine Ablehnung der Verfassung hingegen würde zu einer tiefen Krise für Europa führen … Das europäische Ideal als solches könnte infrage gestellt werden und wir würden den anderen Weltmächten, etwa den USA und China, gegenüber ins Hintertreffen geraten …
Die Verfassung bringt Europa einen entscheidenden Schritt weiter und bereitet den Weg für ein politisch geeintes Europa. Wir werden demokratischere und handlungsfähigere Institutionen bekommen, aber dabei sollten wir es nicht belassen. In vielen Bereichen brauchen wir mehr Europa: in der Sozial-, Wirtschafts- und Umweltpolitik, in Forschung und Entwicklung, in der gemeinsamen Sicherheits- und Verteidigungspolitik und in vielen anderen mehr.

1 Annahme

Francis Wurtz von der Kommunistischen Partei Frankreichs ist ein erklärter Gegner der EU-Verfassung:

2B Die Überbewertung des Marktes und das Abdanken der Politik in den Bereichen Wirtschaft und Währung sind meine Hauptkritikpunkte. Die gemeinsame Außen- und Sicherheitspolitik (GASP), die Unterordnung unter die NATO und die Gefahr militaristischer Auswüchse sind weitere kritische Punkte …
Die in Frankreich vorherrschende Ablehnung ist ein europäisches Nein, das auf gesamteuropäischer Ebene eine Debatte darüber einfordert, wie die Politikbereiche und die Arbeitsweise der Union im Lichte der Erfahrungen seit Bestehen des Binnenmarktes … zu verändern wäre. Dieses Nein drückt nicht etwa eine Abwendung von Europa aus, sondern Solidarität. Die damit gestellten Forderungen werden in den meisten Ländern der Union laut: Schluss mit einem Gesellschaftsmodell, das alle Bereiche der Konkurrenz unterwirft, das auf Existenzunsicherheit, dem Abbau der Leistungen der Daseinsvorsorge und der ungebremsten Suche nach sozialen und steuerlichen Minimalsätzen gründet. Und Ausweitung der Mitspracherechte gegenüber der Europäischen Zentralbank oder der Europäischen Kommission … Die Menschen ertragen es nicht mehr, vor vollendete Tatsachen gestellt zu werden.

2A und 2B zit. nach www.arte-tv.com/de/geschichte-gesellschaft (10. August 2006).

Eine Debatte veranstalten

Organisiert selbst eine Debatte zur Frage des EU-Beitritts der Türkei. Teilt euch je nach eurer Meinung in Gruppen pro und kontra EU-Beitritt. Sucht zusätzliche Argumente für eure Position. Berücksichtigt dabei aber auch die Argumente der Gegenseite. Tragt die Argumente in eurer Gruppe zusammen und vergleicht und diskutiert eure Ergebnisse. Wenn ihr genügend Argumente gesammelt habt, bestimmt ihr eine/n aus eurem Kreis, der eure Position in der anschließenden Debatte vertreten soll. (Recherchetipp: www.bpb.de, Suchbegriffe „EU, Türkei“)

1 Erarbeite anhand von M2 die Argumente für und gegen die EU-Verfassung. Stelle die Argumente in einer Tabelle gegenüber.

2 Ermittle die Aussage der Karikatur M1 (S. 149).

M3 Soll die Türkei der EU beitreten?

Der bayerische Ministerpräsident Edmund Stoiber äußerte sich dazu im „Spiegel“:

3A Der EU-Beitritt der Türkei wäre das Ende der politischen Union Europas, weil er die Integrationskraft übersteigt. Wir wollen eine EU, die eine echte politische Union ist, keine bloße Freihandelszone. … Die neuen Mitglieder haben eine Wirtschaftskraft, die bei über 45 Prozent des EU-Durchschnitts liegt. Schon diese Aufgabe stellt die EU vor eine enorme Herausforderung. Die Türkei verfügt aber bloß über rund 20 Prozent der mittleren EU-Wirtschaftskraft. Die Gemeinschaft würde sich ganz eindeutig politisch und finanziell übernehmen. Und die Türkei hat einen anderen historischen und kulturellen Hintergrund als die jetzigen Beitrittskandidaten … Die Türkei ist kein Teil der Wertegemeinschaft Europas. Sie nahm nicht teil am Ringen der Völker Europas um Freiheit, Eigenverantwortung und Solidarität …
Wir plädieren doch für eine privilegierte Beziehung zur Türkei nicht nur in der Sicherheitspolitik. Wir sollten eine spezielle Freihandelszone zwischen der EU und der Türkei anstreben. Aber man kann gravierende Entscheidungen wie einen EU-Beitritt nicht gegen den Mehrheitswillen unserer Bürger durchsetzen.

Aus: Der Spiegel 50/2002.

Der Grünen-Politiker Cem Özdemir sagte zu einem möglichen Beitritt der Türkei:

3B Jeder weiß, dass die Türkei noch einen langen Weg vor sich hat … Wer sagt, die Tür ist für die Türkei zu, riskiert, dass sie sich in eine Richtung entwickelt, die in niemandes Interesse sein kann …
Mit Erdogan ist hier jemand gewählt worden, der zumindest das Versprechen zu einem Neubeginn gegeben hat … Vor allem an zwei Punkten muss er noch beweisen, dass er sich von der Politik der Fundamentalisten abgewandt hat: Zum einen bei der Gleichstellung der Frauen, zum anderen beim Verhältnis zu den religiösen Minderheiten …
[Das Europäische an der Türkei] ist das, was … viele Menschen, vor allem in den Großstädten in der Türkei als Vision haben: Werte, die auch die Menschen innerhalb der EU verbinden … Aber eine Türkei, die mit sich selbst im Frieden ist und es schafft, Demokratie und Rechtsstaatlichkeit mit einer mehrheitlich muslimischen Bevölkerung unter einen Hut zu bringen, hätte eine Magnetfunktion für die gesamte Region … Warum sollen die arabischen Massen nicht sagen: Das, was in Afghanistan beginnt, was in der Türkei seit Jahren mit dem Parlamentarismus praktiziert wird, das wollen wir auch.

Aus: Spiegel online, 28. November 2002.

Sollte die Europäische Union Ihrer Meinung nach mittel- bis langfristig auch die Türkei aufnehmen, wenn diese die Beitrittskriterien erfüllt?

	Gesamt	*West*	*Ost*	*SPD*	*CDU*	*B'90*	*FDP*	*PDS*
Ja	60 %	60 %	58 %	69 %	52 %	71 %	71 %	61 %
Nein	32 %	32 %	30 %	24 %	42 %	20 %	20 %	39 %
Weiß nicht	7 %	7 %	10 %	7 %	5 %	9 %	4 %	0 %

M4 Stimmungsbild: Aufnahme der Türkei in die EU, Umfrage, Dezember 2002

3 Vergleiche die Positionen Edmund Stoibers und Cem Özdemirs in M3 miteinander. Zeige, wo beide Politiker von unterschiedlichen Tatsachenbehauptungen ausgehen und wie dadurch ihr Urteil beeinflusst wird.

4 Analysiere M4 und nenne mögliche Gründe für das Ergebnis der Umfrage.

Von der Bipolarität zur Multipolarität?

Der Ost-West-Konflikt ist zu Ende – was nun?

Am Ende des 20. Jahrhunderts schien für einen Augenblick die Epoche eines echten und andauernden Friedens möglich zu werden. Die Beilegung des Ost-West-Konflikts hatte dazu geführt, dass die Welt nicht mehr in zwei gegensätzliche Machtblöcke geteilt war (Bipolarität*). Nach Auffassung vieler Zeitgenossen schien jetzt, nach dem Scheitern des Kommunismus, eine einheitliche Weltordnung greifbar, und zwar auf der Grundlage der westlich-liberalen Demokratie. Diese Sichtweise wurde aber bereits nach 1990 durch den Balkankonflikt widerlegt. Auch in anderen Regionen entbrannten alte kulturelle und religiöse Konflikte neu, die der Kalte Krieg zeitweise überlagert hatte. Nicht zuletzt wuchsen in der islamischen Welt die Widerstände gegen eine durch den Westen dominierte Weltordnung. Mit den Terroranschlägen in den USA vom 11. September 2001 wurde deutlich, dass der global agierende Terrorismus die künftige Weltordnung stark beeinflussen könnte.

M1 **„Neue Weltordnung"**, Karikatur von Felix Mussil, 1995

M2 Neue Strukturen des internationalen Systems

Der Politikwissenschaftler Wichard Woyke schrieb 1997:

Mit dem Ende des Ost-West-Konflikts sind Verhältnisse entstanden, die von Komplexität, Unsicherheit sowie rapidem Wandel geprägt werden wie nie zuvor …

a) Es gibt die Fortexistenz von National- und Territorialstaaten … So überziehen heute fast 200 Staaten – 1945 waren bei der Gründung der Vereinten Nationen 50 Staaten zugegen – den Globus …

b) Eine immer größer werdende Anzahl internationaler Organisationen … tritt als Akteur in der internationalen Politik auf. Diese internationalen Organisationen übernehmen bestimmte Steuerungsfunktionen für Politikbereiche, die von den National-/Territorialstaaten nicht mehr geleistet werden können …

c) In den beiden letzten Jahrzehnten ist eine immer größere Globalisierung der internationalen Politik festzustellen. Scheinbar noch so bedeutungslose Entwicklungen in einem weit entfernten Land sind nicht mehr nur für dieses oder seine unmittelbare Umgebung von Bedeutung …

d) In der Welt macht sich eine Tendenz zur Regionalisierung und Multipolarisierung bemerkbar. Nicht mehr die Konfliktfigur des Ost-West-Konflikts ist strukturbestimmend, sondern regionale Zusammenschlüsse wie die Europäische Union (EU) …

e) Das internationale System wird weiter durch den Nord-Süd-Konflikt geprägt. Er gründet sich auf die unterschiedlichen politischen und wirtschaftlichen Entwicklungschancen von Industrie- und Entwicklungsländern …

f) In den industrialisierten Ländern – nicht in der Dritten Welt – hat das Militär einen Bedeutungswechsel erfahren. Es hat als klassisches Zeichen der Macht und der Souveränität eines Staates viel von seinem Stellenwert verloren …

g) Kriege sind nach dem Ende des Ost-West-Konflikts wieder führbar geworden; immer mehr ethnosoziale Auseinandersetzungen führen zu Massenelend und bestialischen Grausamkeiten.

Wichard Woyke, Von der Orientierungslosigkeit zur Konzeption – die Außenpolitik im vereinten Deutschland, in: Politische Bildung, Heft 1, 1997, S. 9f.

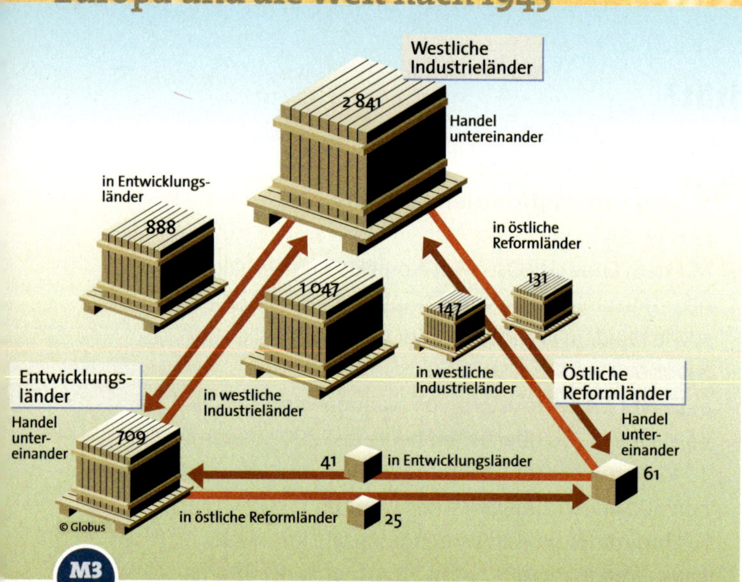

M3 **Welthandels-Dreieck,** Stand: 1999, Exporte in Mrd. Dollar

M4 „Kopfstaaten" und „Körperstaaten"

Der amerikanische Politikwissenschaftler Richard Rosecrance schrieb 2001:

Die Staaten können ihre materielle Produktion über tausende Kilometer verlagern und ihre Aufmerksamkeit zu Hause ganz auf Forschung, Entwicklung und Produktdesign konzentrieren. Das Ergebnis ist eine neue und produktive Partnerschaft zwischen „Kopfstaaten", die Produkte entwerfen, und „Körperstaaten", die sie herstellen. Trotz der offensichtlichen Ähnlichkeit mit der territorialen Vorherrschaft der Vergangenheit hat diese Beziehung zwischen entwerfenden und produzierenden Staaten keinen neuen Imperialismus* des Nordens über den Süden zur Folge … Produzierende Länder können die Kopfstaaten gegeneinander ausspielen, indem sie sie um die Nutzung ihrer Produktionskapazitäten in einen Wettbewerb treten lassen.

Richard Rosecrance, Das globale Dorf, übers. v. Axel Monte, Düsseldorf (Patmos/© Richard Rosecrance) 2001, S. 11f.

M5 Die „neue Welt" – drei Welten?

Der Politikwissenschaftler Ernst-Otto Czempiel versuchte, ein „Modell" der Welt nach dem Ost-West-Konflikt zu entwerfen. Er schrieb 1993:

Diese Welt … wird eine regionalisierte Welt sein … Regionale Führungsmächte werden ihre Ansprüche anmelden und durchsetzen, die neue Welt wird polyarch[1] sein. In diesen Regionen werden sich eigene …, gleichermaßen unabhängige Konflikte herausbilden; die neue Welt wird multipolar[2] sein. Sie wird zwar nach wie vor von den Regierungen als den weltpolitisch aktiven Exponenten[3] der Staaten bestimmt werden, wird aber keine Staatenwelt mehr sein. Die Ausbreitung der Menschenrechte und der Demokratisierung hat … die harte Schale des Nationalstaates von innen aufgebrochen … Die neue Welt wird eine Gesellschaftswelt sein … Mit der Emanzipation der Gesellschaften hängt es zusammen, dass sie sich nicht mehr mit der funktionalen Hauptleistung des Staates, Sicherheit zu gewährleisten, zufriedengeben. Sie fragen im politischen Sachbereich der Herrschaft ihre Teilnahme nach, ihre Partizipation am Entscheidungsprozess. Vor allem aber fordern sie ihre wirtschaftliche Entwicklung ein, die Verbesserung der Entfaltungschancen des Individuums. National wie international werden dadurch die wirtschaftlichen Akteure gestärkt, tritt die Relevanz militärischer Macht in den Hintergrund … Die neue Welt wird eine Wirtschaftswelt sein … Gerade weil sie komplexer und heterogener ist als je zuvor, lässt sich die zeitgenössische Welt nicht auf einen vereinheitlichenden Begriff bringen …

Ernst-Otto Czempiel, Weltpolitik im Umbruch, 2. Aufl., München (C. H. Beck) 1993, S. 14f.

1 von mehreren beherrscht sein 2 über mehrere Machtzentren verfügend 3 herausgehobener Vertreter

1 Entschlüssle M1 und stelle deine Sicht der gegenwärtigen Weltordnung dar.
2 Kennzeichne in M2 die Absätze a) bis g) mit jeweils einem Stichwort. Vergleiche mit den drei „Welten" in M5.
3 Beschreibe anhand von M3, M4 und M6 die Welt als „Wirtschaftswelt".
4 Diskutiert anhand der Materialien der Themeneinheit mögliche Antworten auf die Frage in deren Titel.

M6 Die Welt als Wirtschaftswelt um 2005

Das Szenario – eine Methode zum Erkennen künftiger Entwicklungen

Szenarien werden entwickelt, um mögliche oder wahrscheinliche „Zukünfte" zu erkennen. Sie sind weder Prognosen, die auf exakte Daten aus Gegenwart und Vergangenheit zurückgreifen, um sie in die Zukunft fortzuschreiben, noch sind sie wirklichkeitsferne Utopien oder Fantasien. Szenarien sind „Denkmodelle", die helfen sollen, bestimmte Bereiche unserer Welt durchschaubar zu machen und Handlungsfähigkeit zu unterstützen.
Schritte der Szenariotechnik: 1. Problemanalyse, 2. Bestimmung von Einflussbereichen, 3. Entwicklung zweier Extremszenarien, 4. Strategien und Maßnahmen zur Problemlösung.

Beispiel eines Szenarios zur „globalen Ordnung" in den nächsten zwanzig Jahren:

I. Überlebens-Szenario
Privatisierte, deregulierte Marktwirtschaft; treibende Kraft ist die Konkurrenz, der Sieg über die anderen; jedes Unternehmen, jede Region, Stadt, jedes Land sucht die eigenen Vorteile; technologische Wettläufe und „Kriege".

II. Pax-Triadica-Szenario
Eine Weltwirtschaftsordnung unter der Kontrolle der drei am meisten entwickelten Weltregionen (Triade Nordamerika, Westeuropa, Japan/Südostasien); keine Hegemonialmacht, sondern Gleichgewicht der Weltmächte (Weltregionen); Annahme eines friedlichen Welthandelssystems.

III. Regionales Integrations-Szenario
Es findet ein Prozess regionaler Integration statt, wie er in Westeuropa/Osteuropa, Nordamerika und Ost- und Südostasien zu erkennen ist. Unsicher ist, ob regionale Integration sich weltweit durchsetzen wird – z. B. auch in Afrika, Zentralasien, Indien und Lateinamerika.

Vorschlag für die Arbeit in Dreiergruppen:
Erarbeitet die Szenario-Technik. Untersucht, welche der dargestellten Szenarien sich in M2, M4 und M6 wiederfinden lassen. Besprecht eure Ergebnisse und stellt sie in der Klasse vor.

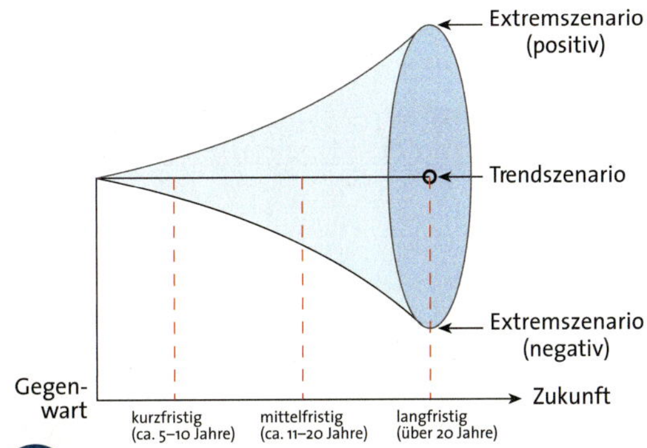

M7 Der Szenario-Trichter und die drei Grundtypen des Szenarios

Zwischen Abschreckung und Verteidigung

NATO und Warschauer Pakt

Am 4. April 1949 gründeten in Washington die USA, Kanada und zehn westeuropäische Staaten die NATO (North Atlantic Treaty Organization). Die USA reagierten damit auf die erfolgreichen Atombombenversuche der Sowjets und auf die Revolution in China, mit der die kommunistische Partei unter Mao Zedong an die Macht gekommen war. Als die Sowjetunion 1955 im Gegenzug mit sechs osteuropäischen Ländern und der DDR den Warschauer Pakt bildete, war dies der Beginn eines jahrzehntelangen Wettrüstens zwischen den beiden Machtblöcken. Aber nicht nur zu diesem Zeitpunkt, sondern bis zum Ende des Kalten Krieges und der Auflösung des Warschauer Paktes 1991 bestimmten Spannung und Misstrauen die Ost-West-Beziehungen. Das zeigte sich am so genannten Sputnik-Schock* 1957, als der erfolgreiche Start des sowjetischen Satelliten „Sputnik I" das Vertrauen des Westens in seine technologische Überlegenheit und militärische Sicherheit schwer erschütterte. Die Spannungen wurden aber auch in der Kuba-Krise (vgl. S. 122 f.) und in „Stellvertreterkriegen"* in Asien und Afrika bis in die 1980er Jahre hinein deutlich. Die Strategien der beiden Bündnisse zielten darauf, im Bereich der Atomwaffen ein nukleares Gleichgewicht* zu schaffen.

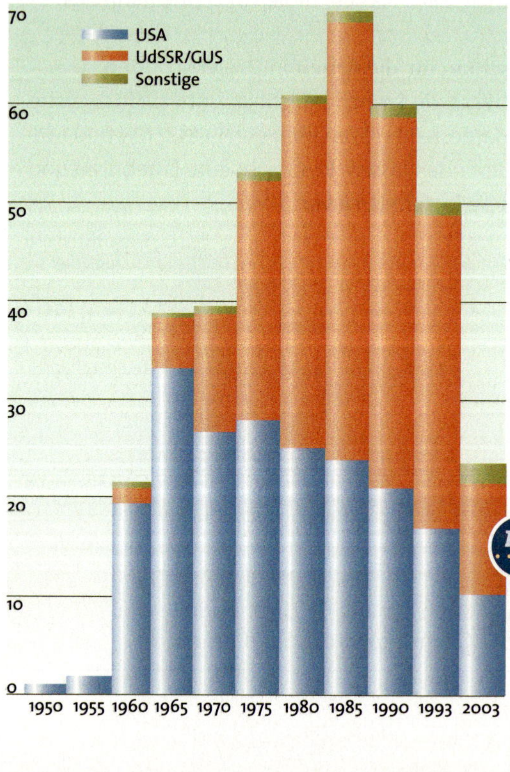

M1 **Zahl der weltweit vorhandenen nuklearen Sprengköpfe 1945–2003**

„Umdenken" beginnt im Osten

Seit Ende der 1960er Jahre kamen zwischen den USA und der Sowjetunion Gespräche und Abkommen zustande, die auf Rüstungsbegrenzung zielten. Ein wichtiger Ort, an dem blockübergreifend über Abrüstung* diskutiert wurde, war die Konferenz für Sicherheit und Zusammenarbeit in Europa* (KSZE), die 1973 in Helsinki erstmals zusammentrat. Sie beseitigte zwar nicht den Ost-West-Konflikt, bedeutete aber für ihre Teilnehmer – alle Staaten Europas sowie die Sowjetunion, die USA und Kanada – doch einen wichtigen Schritt in Richtung Entspannung. Zum einen waren regelmäßige Folgekonferenzen über eine zukünftige Friedensordnung in Europa vereinbart worden, zum anderen sicherten die Vereinbarungen der KSZE den Menschenrechtsbewegungen in den Ostblockstaaten Freiheiten zu, die oppositionelles Denken und Handeln möglich machten. Eine Annäherung zwischen NATO und Warschauer Pakt zeichnete sich erst ab, als Michail Gorbatschow das Amt des Generalsekretärs der KPdSU übernahm und mit seiner Politik der „Perestroika" begann (siehe S. 132 f.). Die entscheidende Wende zum Ende des Kalten Krieges bewirkten die Revolutionen in den ost- und südosteuropäischen Staaten Ende der 1980er Jahre. Mit der Demokratisierung seiner Mitgliedsstaaten zerfiel der politische Zusammenhalt des Ostblocks. Als sich 1990 die 35 KSZE-Staaten auf die „Charta von Paris" einigten, die ein friedliches Europa begründen soll, war der Kalte Krieg im Grunde beendet. Ob die OSZE (Organisation für Sicherheit und Zusammenarbeit in Europa), die 1994 gegründete Nachfolgerin der KSZE, geeignet ist, um heute bestehende Konflikte beizulegen oder militärische Auseinandersetzungen in einzelnen Staaten zu beenden, hat sie bisher nicht gezeigt. Die NATO besteht bis heute weiter.

M2 Politisch-militärische Zusammenschlüsse 1945–1990

Der Nordatlantik-Pakt

Der Bündnisvertrag der NATO-Staaten (NATO = North Atlantic Treaty Organization) wurde am 4. April 1949 geschlossen und besitzt bis heute Gültigkeit. Die Unterzeichner betonen ihren Wunsch nach weltweitem Frieden, zeigen sich aber auch entschlossen, die demokratischen Grundrechte sowie das kulturelle Erbe und den Wohlstand ihrer Länder gemeinsam zu verteidigen.

Im Vertrag verpflichten sie sich, den Frieden in der Welt nicht zu gefährden und internationale Konflikte mit gewaltlosen Mitteln zu lösen. Um die einzelnen Mitgliedsstaaten gegen Angriffe schützen zu können, wollen sie einzeln, aber auch gemeinsam ihre militärische Stärke so ausbauen, dass die nationale Sicherheit wie auch die der Bündnispartner gewährleistet ist.

Falls einer der Staaten angegriffen werden sollte, unterstützen ihn die anderen, „um die Sicherheit des nordatlantischen Gebiets wiederherzustellen und aufrechtzuerhalten“.

Der Warschauer Pakt

Der „Vertrag über Freundschaft, Zusammenarbeit und gegenseitigen Beistand“ wurde am 15. Mai 1955 zwischen der Sowjetunion und den meisten osteuropäischen Staaten geschlossen und existierte bis 1992. Er wurde – im Gegensatz zur NATO – ergänzt durch bilaterale (zwei Partner betreffend) Freundschafts- und Beistandspakte der einzelnen Mitgliedsstaaten.

Die Unterzeichner versichern, dass sie zum Weltfrieden beitragen und Streitfragen auf diplomatischem Weg klären würden. Sie erklärten sich zu internationaler Zusammenarbeit im Sinne der Friedenssicherung bereit. Wenn eines der Mitglieder angegriffen würde, so verpflichteten sich alle anderen, diesem beizustehen. Die Staaten des Warschauer Paktes beschickten aus ihren nationalen Streitkräften ein gemeinsames Kommando. Darüber hinaus war vereinbart, alle Maßnahmen zu unterstützen, die das Bündnis stark genug machten, „die friedliche Arbeit ihrer Völker zu sichern“.

1 Besprecht in der Klasse: Dienten NATO und Warschauer Pakt mehr – zur Abschreckung oder zur Verteidigung? Nutzt die Informationen auf dieser Doppelseite.

M3 NATO – Russland: ein Friedensbündnis?

In der „Grundakte über gegenseitige Beziehungen, Zusammenarbeit und Sicherheit zwischen der Nordatlantikvertrags-Organisation und der Russischen Föderation" wurde am 27. Mai 1997 in Paris festgelegt:

Die NATO und Russland … verfolgen gemeinsam das Ziel, … das gegenseitige Vertrauen und die Zusammenarbeit zu stärken …

Die NATO und Russland gehen von der Voraussetzung aus, dass das gemeinsame Ziel der Stärkung von Sicherheit und Stabilität im euro-atlantischen Raum zum Nutzen aller Staaten eine Antwort auf neue Risiken und Herausforderungen erfordert, wie z. B. aggressiven Nationalismus, die Verbreitung nuklearer, biologischer und chemischer Waffen, Terrorismus, die systematische Verletzung der Menschenrechte und der Rechte von Personen, die nationalen Minderheiten angehören, sowie ungelöste Gebietsstreitigkeiten, die eine Bedrohung für unser aller Frieden, Wohlstand und Stabilität darstellen … Zur … Entwicklung gemeinsamer Ansätze bei europäischen Sicherheitsproblemen und politischen Fragen werden die NATO und Russland den Ständigen Gemeinsamen NATO-Russland-Rat einrichten.

Zit. nach NATO Basic Texts, Grundakte – Paris 27 May 1997, S. 1–4.

M5 Amerikanische und sowjetische Soldaten demontieren Raketen, Fotos, 1991

M4 „Hilfe, ich werde verfolgt", Karikatur von Horst Haitzinger, 1981

2 Erarbeite die Bestimmungen von M3. Untersuche, inwieweit sie die Frage nach der Zukunft der NATO beantworten.

3 Setze dich kritisch mit der Aussage von M4 auseinander. Ziehe dazu M1 heran.

4 M5 ist in einer offiziellen Broschüre über die NATO abgedruckt. Erkläre, welche Aussage damit gemacht wird.

Den Nord-Süd-Konflikt überwinden

Partnerschaft statt „Nord-Süd-Gefälle"?

Am 23. Juni 2000 unterzeichneten Vertreter von EU und 71 Entwicklungsländern aus Afrika, der Karibik und dem Pazifik (AKP-Staaten) in Cotonou (Benin) ein Partnerschaftsabkommen mit einer Laufzeit von 20 Jahren. Mit ihm setzten sie die Zusammenarbeit im Rahmen der Lomé-Abkommen fort, von denen das erste 1975 in der Hauptstadt Togos unterzeichnet worden war. „Lomé I" sicherte wie seine drei Nachfolger den AKP-Staaten Finanzhilfen zu, garantierte gute Handelsbedingungen bei der Ausfuhr von Gütern und Waren und gewährleistete durch Zollerleichterungen den Zugang zum europäischen Markt.

Nach dem Ende des Ost-West-Konflikts und aufgrund der zunehmenden Globalisierung erschien es den Vertragspartnern sinnvoll, die Bedingungen der weiteren Zusammenarbeit neu zu verhandeln.
Hatte schon „Lomé IV" ausdrücklich die Achtung der Menschenrechte und demokratischen Grundsätze gefordert, so geht das „Abkommen von Cotonou" in seiner Zielsetzung darüber hinaus. Es will nämlich nicht nur die wirtschaftliche Entwicklung der AKP-Staaten vorantreiben und die Armut bekämpfen, sondern auch „zu Frieden und Sicherheit und zur Förderung eines stabilen und demokratischen Umfelds" beitragen.

M1 25 Jahre Lomé – 25 Jahre Partnerschaft?

In der Zeitschrift „Österreichische Entwicklungszusammenarbeit" zog der uruguayische Journalist Federico Nier-Fischer Bilanz (Juli 2001):

Aus der Sicht des Südens ist Europa … zu einem traditionellen Hilfegeber geworden, zu einem, der mit der linken Hand gibt und mit beiden Händen nimmt …
Dabei fing Anfang der 1970er Jahre alles so vielversprechend an. Im Rahmen des Lomé-Abkommens sollten … mehrgleisige Beziehungen der Zusammenarbeit zwischen Nord und Süd entwickelt werden, um im beidseitigen Interesse Entwicklungshindernisse abzubauen … Inzwischen ist die Kontrolle über die Rohstoffmärkte eindeutig wieder bei den Multis und den Börsen. Das Faktum sinkender Rohstoffpreise ist zwar ein Elixier[1] für die industrialisierte Welt, dieser Zustand hat aber fatale Auswirkungen auf die ärmsten Länder, die von Exporterlösen einzelner Rohstoffe abhängig sind … Lobenswerte Einrichtungen … wie der STABEX-Fonds[2] wurden im Laufe der Jahre finanziell ausgehungert … Märkte wie jene für Reis, Zucker, Fleisch hält die EU hermetisch[3] geschlossen, um ihre Agrarkonzerne zu schützen.

Federico Nier-Fischer, Zwei Krügerl Bier und ein Sackerl Chips, in: Österreichische Entwicklungszusammenarbeit, Juli 2001.

1 Heilmittel 2 STABEX = Stabilization of Export Earnings: Maßnahmen, um Erlöse aus Rohstoffexporten stabil zu halten 3 völlig dicht

M2 Die AKP-Staaten

1. Zeige anhand des Darstellungstextes und M2, welche Interessen die Lomé-Vertragspartner verfolgten.
2. Untersuche, wie der Autor in M1 die Umsetzung der Lomé-Abkommen bewertet und worauf er sein Urteil stützt.
3. Diskutiert anschließend, ob der Begriff „Partnerschaftsabkommen" auf die Lomé-Verträge und deren Nachfolger passt.

Im Einsatz für den Weltfrieden: die UNO

Die UNO – Macht oder Ohnmacht?

Der Friedensnobelpreis des Jahres 2001 wurde zu gleichen Teilen den Vereinten Nationen und ihrem Generalsekretär Kofi A. Annan verliehen. Damit sollte ihr Einsatz für eine „besser organisierte und friedlichere Welt" anerkannt werden. Warum erhielt die UNO gerade jetzt, da der Weltfrieden in Anbetracht von Bürgerkriegen und Terrorakten ferner denn je erschien, diese Auszeichnung?

Die Gremien der UNO müssen sich heute vor allem mit regionalen Konflikten, Bürgerkriegen und Menschenrechtsverletzungen (z. B. Kriegsverbrechen) befassen. Einer der Konflikte, in dem die UNO aktiv wurde, war der Bürgerkrieg zwischen den Völkern des ehemaligen Jugoslawiens. Obwohl die UNO dort gemeinsam mit der EU und der NATO einen Frieden erzwingen konnte, wird ihre Rolle bis heute höchst unterschiedlich beurteilt. Der Jugoslawien-Einsatz offenbarte ungelöste Probleme: Zwar sind die UNO-Truppen zu Neutralität verpflichtet, doch das Kriegsgeschehen zwingt sie oft, Partei zu ergreifen. Die finanzielle und personelle Ausstattung der UNO reicht für die Aufgaben der UNO bei weitem nicht aus, sodass sie einen Teil ihrer Aufgaben auf andere Organisationen, in militärischen Konflikten z. B. auf die NATO, überträgt.

M1 **Afghanische Kinder in einem Flüchtlingslager,** Foto, 2002. Die Kinder haben kurz vorher von der UNICEF-Vertreterin Schulbücher erhalten.

Kann eine Weltorganisation Frieden sichern?

1945 gründeten in San Francisco Delegationen von 51 Staaten die „United Nations Organization" (UNO). Als Vorbild diente ihnen der nach dem Ersten Weltkrieg in Genf gegründete Völkerbund, der allerdings gescheitert war, weil er zu wenig Machtmittel besessen hatte und weil wichtige Staaten wie die USA nicht Mitglied waren. Die UNO sollte eine stärkere Stellung erhalten – unter anderem dadurch, dass ein Sicherheitsrat geschaffen wurde, in den neben Frankreich, Großbritannien und China beide Supermächte, USA und Sowjetunion (heute: Russland), als ständige Mitglieder berufen wurden. Da schon die Vorgespräche der fünf Mitglieder unterschiedliche Auffassungen über die künftige Weltfriedensordnung erkennen ließen, wurde bestimmt, dass alle Entscheidungen des Sicherheitsrats einstimmig getroffen werden müssen.

In den Jahrzehnten des Kalten Krieges war der Sicherheitsrat kaum handlungsfähig: Über 270-mal legte einer der fünf Staaten sein Veto ein; 82-mal nahmen die USA, 124-mal die Sowjetunion dieses Recht in Anspruch. Die Maßnahmen, die der Sicherheitsrat zur Schlichtung von Konflikten zwischen zwei UNO-Mitgliedern zur Verfügung hat, reichen unterschiedlich weit: Zunächst kann er Verhandlungen fordern. Wenn die gegnerischen Parteien ihre Auseinandersetzung dennoch nicht beenden, kann er politische und wirtschaftliche Sanktionen (Strafmaßnahmen) verhängen. In einer weiteren Stufe können die Vereinten Nationen bzw. in deren Auftrag die Mitgliedsstaaten Streitkräfte in Krisengebiete entsenden: die UN-Friedenstruppen („Blauhelme") werden für die Friedenssicherung („peace keeping") eingesetzt, indem sie z. B. das Einhalten von Waffenstillstandsabkommen überwachen, oder als Kampftruppen, die den Frieden militärisch erzwingen („peace enforcement"). Die Zahl der UN-Soldaten und ihrer Einsätze stieg in den letzten Jahren deutlich an: Nach 1988 wurden mehr als doppelt so viele Einsätze beschlossen wie in den 40 Jahren zuvor. Die Hoffnungen vieler Menschen, dass nach dem Ende des Kalten Krieges die UNO eine zentrale Rolle bei der Friedenssicherung übernehmen könnte, scheint sich jedoch nicht zu erfüllen.

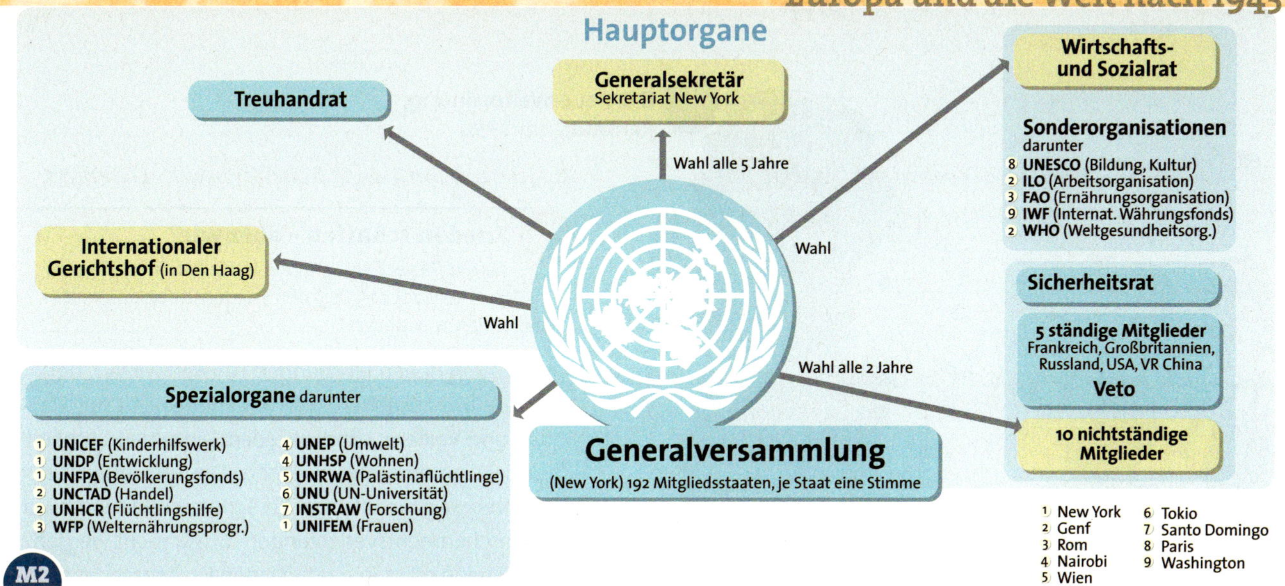

M2 Organisation der UNO (192 Mitgliedsstaaten, 2007)

M3 Die Gründungscharta der UNO

Am 26. Juni 1945 unterzeichneten 51 Staaten die Charta. Sie verpflichteten sich darin u. a. zu Folgendem:

Artikel 1 Die Vereinten Nationen setzen sich folgende Ziele:

1. Den Weltfrieden und die internationale Sicherheit zu wahren …

2. freundschaftliche, auf der Achtung vor dem Grundsatz der Gleichberechtigung und Selbstbestimmung der Völker beruhende Beziehungen zwischen den Nationen zu entwickeln …

3. eine internationale Zusammenarbeit herbeizuführen, um internationale Probleme … zu lösen und die Achtung vor den Menschenrechten und Grundfreiheiten für alle ohne Unterschied der Rasse, des Geschlechts, der Sprache oder der Religion zu fördern und zu festigen …

Artikel 2 Die Organisation und ihre Mitglieder handeln … nach folgenden Grundsätzen:

1. Die Organisation beruht auf dem Grundsatz der … Gleichheit aller ihrer Mitglieder …

3. Alle Mitglieder legen ihre internationalen Streitigkeiten durch friedliche Mittel so bei, dass der Weltfriede, die internationale Sicherheit und die Gerechtigkeit nicht gefährdet werden.

5. Alle Mitglieder leisten den Vereinten Nationen jeglichen Beistand bei jeder Maßnahme, welche die Organisation im Einklang mit dieser Charta ergreift.

Günther Unser, Die UNO, 4. Aufl., München (Beck/dtv) 1988, S. 232.

M4 **„Friede auf Erden"**, Karikatur in der Stuttgarter Zeitung, 24. Dezember 2001

1 Benenne in eigenen Worten die Ziele und Grundsätze der UNO, die M3 enthält.

2 Erkläre anhand von M1 und M2 die Machtmittel der UNO zu Gunsten des Weltfriedens.

3 Erläutere die Aussage von M4. Überprüfe mithilfe der Darstellungstexte, inwiefern sie zutrifft.

M5 **Die neue Weltordnung,**
Karikatur, um 1996

M6 Zum Jubiläum: Kein Grund zum Jubeln?

1995 konnte die UNO auf 50 Jahre Bestehen zurückblicken. Der Journalist Axel Veiel zog Bilanz:

Wenn die Geladenen am Montag in San Francisco auf die Weltorganisation anstoßen ..., wird man darüber hinwegsehen, dass die 185 Mitgliedsstaaten der UN ... die Organisation am Rande der Zahlungsunfähigkeit dahinvegetieren lassen ...
Die Vereinten Nationen sind reformbedürftig. In einer gründlich veränderten Welt müssen sie noch immer mit dem Handwerkszeug auskommen, mit dem ihre Väter sie einst ausstatteten ... [In der Charta] ist etwa verankert, dass die Siegermächte des Zweiten Weltkriegs im UN-Sicherheitsrat das Privileg ständiger Mitgliedschaft und eines Vetorechts genießen, was 50 Jahre später in einem veränderten Kräftefeld nicht recht einleuchten will. Und auch die in der Praxis freilich zunehmend missachtete Selbstbeschränkung, wonach sich die Vereinten Nationen nicht in innerstaatliche Konflikte einmischen dürfen, passt schlecht in eine Zeit, da Kriege fast ausschließlich Bürgerkriege sind. Während man solchen Regelungen anmerkt, dass sie aus einer anderen Epoche stammen, trifft dies für das vornehmste Ziel der Völkergemeinschaft nicht zu: Die ... Verpflichtung, gemeinsam Maßnahmen zur Wahrung des Weltfriedens und der internationalen Sicherheit zu treffen, hat nichts von ihrer Aktualität eingebüßt.

Stuttgarter Zeitung vom 24. Juni 1995.

M7 Frieden schaffen – aber wie?

Als der Generalsekretär der UNO, Kofi A. Annan, am 10. Dezember 2001 in Oslo den Friedensnobelpreis entgegennahm, sagte er:

In diesem neuen Jahrhundert müssen wir von der Erkenntnis ausgehen, dass der Friede nicht nur Staaten und Völkern, sondern jedem einzelnen Mitglied dieser Gemeinschaften gehört. Die Souveränität der Staaten darf nicht länger als Schutzschild für schwere Menschenrechtsverletzungen missbraucht werden. Der Friede muss in der täglichen Existenz jedes Menschen in Not real und greifbar werden. Um den Frieden muss man sich vor allem deshalb bemühen, weil er für jedes Mitglied der Menschheitsfamilie die Voraussetzung für ein Leben in Würde und Sicherheit ist ...
Aus dieser Vision der Rolle der Vereinten Nationen im nächsten Jahrhundert ergeben sich drei entscheidende Prioritäten für die Zukunft: die Beseitigung der Armut, die Verhinderung von Konflikten und die Förderung der Demokratie. Nur in einer Welt frei von Armut können alle Männer und Frauen das Beste aus ihren Fähigkeiten herausholen. Nur wo die Rechte des Einzelnen geachtet werden, können Meinungsverschiedenheiten politisch behandelt und friedlich beigelegt werden. Nur in einem demokratischen Umfeld, das auf der Achtung der Vielfalt und auf Dialog beruht, können individuelle Selbstverwirklichung und Selbstregierung gesichert und die Vereinigungsfreiheit garantiert werden.

Zit. nach UNIC-Bonn – Pressemitteilungen Nr. 439.

4 Untersuche, wie M5 die Arbeit der UNO nach dem Kalten Krieg bewertet. Nimm dazu Stellung.

5 Liste anhand von M6 Maßnahmen auf, mit deren Hilfe die UNO reformiert werden könnte.

6 Informiere dich über die Reformen, die die UNO 1997 eingeleitet hat (www.uno.de → Generalsekretät → Reform).

7 Worin sieht Kofi Annan (M7) die Aufgaben der UNO im 21. Jahrhundert? Diskutiert, ob sie mit den Zielen der UN-Charta von 1945 (M2) vereinbar sind.

Die UNO in Bosnien-Herzegowina

Der Balkankrieg

Als 1991/92 die ehemalige Sozialistische Republik Jugoslawien auseinanderbrach, begann damit ein Nationalitätenkrieg, der über ein Jahrzehnt den gesamten Balkan erschüttern sollte. Ein Auslöser des Konflikts war die Weigerung des serbischen Präsidenten Slobodan Milošević, auf Pläne der Teilrepubliken Slowenien und Kroatien einzugehen, einen losen Bund eigenständiger Staaten zu gründen. Als Slowenien und Kroatien schließlich ihre Unabhängigkeit erklärten, brach ein Bürgerkrieg zwischen der (serbischen) Bundesarmee auf der einen Seite und slowenischen und kroatischen Einheiten auf der anderen Seite aus. Dieser Konflikt konnte durch die Vermittlung von EU und KSZE schließlich beendet werden. Doch die Serben verlagerten die Auseinandersetzung nach Bosnien-Herzegowina, wo seit Generationen bosnische Muslime, griechisch-orthodoxe Serben, römisch-katholische Kroaten und andere Volksgruppen zusammenlebten. Mehr als drei Jahre lang tobte dort der Krieg mit unvorstellbarer Grausamkeit. Angriffe von Heckenschützen, Raketen- und Granatenbeschuss forderten unzählige Tote und Verletzte unter der Zivilbevölkerung aller Kriegsparteien. Der Bürgerkrieg kostete mindestens 250 000 Menschenleben. 4,5 Millionen Kroaten, Bosnier und Serben waren 1995 auf der Flucht.
Weil die USA und Russland gegen ein militärisches Eingreifen gestimmt hatten, beschränkten sich EU und UNO auf Sanktionen, beschlossen den Einsatz von Blauhelmsoldaten und richteten so genannte Schutzzonen für die Bevölkerung ein. Gleichzeitig organisierten sie Verhandlungen mit den Kriegsparteien. Doch sie konnten damit den Konflikt nicht lösen. Mehr noch: Massenvertreibungen, so genannte „ethnische Säuberungen", Vergewaltigungen, Morde, Hinrichtungen, die Verschleppung Tausender in Gefangenenlager waren mit diesen Mitteln ebenso wenig zu verhindern wie die weitgehende Eroberung und Zerstörung des Landes durch die serbische Armee.
Erst als 1995 im Auftrag der UNO NATO-Kampfflugzeuge serbische Stellungen und Einrichtungen angriffen und die US-Regierung sich in die Verhandlungen einschaltete, kam in Dayton ein Friedensvertrag zustande. 60 000 NATO-Soldaten wurden im Auftrag der UNO in Bosnien-Herzegowina stationiert, um die Umsetzung des Friedensabkommens zu überwachen.

M8 **UN-Soldaten schirmen in Sarajevo Zivilisten gegen Heckenschützen ab,** Foto, um 1994

Krieg in Bosnien-Herzegowina

3. März 1992 Die Muslime stimmen für die Unabhängigkeit Bosnien-Herzegowinas, die Serben boykottieren das Referendum.

April 1992 Die Europäische Union und die USA erkennen Bosnien-Herzegowina als selbstständigen Staat an, der in die UNO aufgenommen wird.

7. April 1992 Die Serben rufen eine eigene Republik in Bosnien aus.

13. April 1993 Die UNO verhängt militärisches Flugverbot über Bosnien.

5. Mai 1993 Sarajevo, Srebrenica, Žepa, Goražde, Tuzla und Bihač werden UN-Schutzzonen.

6. Februar 1994 68 Menschen sterben bei einem Angriff der jugoslawischen (serbischen) Armee auf Sarajevo; die NATO droht mit Luftangriffen, die Serben ziehen schwere Waffen ab.

April 1994 NATO-Luftangriffe beenden serbische Angriffe auf Goražde.

Mai 1995 Serben nehmen 350 Blauhelmsoldaten als Geiseln, die UNO schickt eine Eingreiftruppe.

Juli 1995 Die Serben erobern Srebrenica und Žepa und richten tausende Einwohner hin.

28. August 1995 37 Menschen sterben bei einem serbischen Angriff auf Sarajevo; die NATO erzwingt die Aufhebung der serbischen Belagerung.

21. November 1995 Bosnien, Kroatien und Serbien unterzeichnen ein Friedensabkommen in Dayton (USA).

M9 **Bosnien-Herzegowina** vor dem Krieg (oben) und nach dem Friedensvertrag von Dayton 1995 (unten)

M10 Die Blauhelme verlassen Sarajevo

Zlatko Dizdarevic, bis 1994 Chefredakteur der Tageszeitung „Oslobodjenje" (= Befreiung), hielt in seinem 1993 erstmals veröffentlichten Kriegstagebuch Eindrücke vom Leben im belagerten Sarajevo fest. Am 16. Mai 1992 schrieb er:

Gestern geschah etwas, was die Einwohner von Sarajevo schon lange befürchteten: Es wurde hier ein neues Waffenstillstandsabkommen unterzeichnet, und in New York verabschiedeten die Herren des Sicherheitsrats abermals eine Resolution, die uns betrifft ... Das Resultat war ein neuerlicher blutiger Angriff auf die Stadt gestern Abend. Vom Hochhaus der Oslobodjenje aus sah ich Tausende von Geschossen auf die Stadt niederhageln ... Heute Morgen in aller Frühe haben wir ... beobachtet, wie eine lange Lastwagenkolonne der UNO die Stadt verließ. Ganz im Stillen – um nicht zu sagen: verschämt und mit eingezogenem Kopf – zogen die weißen Lastwagen, Panzerfahrzeuge und Transporter ab ... Schon lange haben wir uns nicht mehr so elend, so verraten und verlassen gefühlt wie an diesem Morgen ... Im selben Augenblick eröffneten die Killer auf den umliegenden Höhen das Feuer auf die Stadt ... Ihre Freude war grenzenlos, haben sie doch eine große psychologische Schlacht gewonnen.

Zlatko Dizdarevic, Der Alltag des Krieges, übers. v. B. Schulze, Frankfurt a. M. (Campus) 1995, S. 30 f.

M11 Luftangriffe für den Frieden?

UN-Generalsekretär Butros-Ghali erklärte am 30. August 1995, warum NATO-Kampfflugzeuge im Auftrag der UNO serbische Stellungen angriffen:

Nachdem die Vereinten Nationen festgestellt haben, dass der tödliche Angriff auf das Stadtzentrum von Sarajevo am Montag von Stellungen der bosnischen Serben ausging, haben sie die NATO gestern dazu ermächtigt, Luftangriffe gegen militärische Stellungen der bosnischen Serben zu fliegen. Ziel dieses Vorgehens ist ..., von weiteren Angriffen auf Sarajevo und andere UN-Schutzzonen abzuschrecken ...
Es ist äußerst wichtig zu verdeutlichen, dass sich am Ziel der Vereinten Nationen in Bosnien nichts geändert hat – ... den Weg für eine Verhandlungslösung bereitzustellen. Der einzige Feind der Vereinten Nationen ist der Krieg an sich.

Süddeutsche Zeitung vom 31. August 1995.

M12 Der Balkankrieg: ein Fall für die UNO?

Hans Koschnick, 1994–1996 EU-Verwalter in der herzegowinischen Stadt Mostar, sagte 1997:

Der Balkankonflikt ist ein Konflikt, der im Rahmen der Weltgemeinschaft ausgetragen wird, weil es um ein Mitglied der Vereinten Nationen geht. Am Anfang war die Meinung in der UNO verbreitet, die Europäer sollten allein für friedliche Lösungen auf dem Balkan sorgen … Das ist … der EU nicht gelungen … Wir haben inzwischen daraus gelernt … Es ist jedenfalls keine akzeptable Idee, die Probleme Europas in New York zuerst bei der UNO abzuladen, ohne nach eigenständigen Lösungen gesucht zu haben. New York ist weit entfernt, und Leute, die aus Afrika und Asien kommen, haben ihrerseits ganz andere Probleme. Wenn ich afrikanischer Staatsmann wäre, würde ich mir den Kopf auch nicht zu sehr über Jugoslawien zerbrechen, sondern über Ruanda, Burundi, Nigeria oder den Sudan. Ich würde als asiatischer Regierungsvertreter Probleme haben mit Laos und Kambodscha, aber doch nicht vorrangig mit Europa.

Hans Koschnick, Praktische Friedensstiftung durch die Vereinten Nationen am Beispiel Mostar: Erfolge und Misserfolge, Bonn (Europa Union) 1997, S. 26 f.

M14 **Zwei bosnische Serben (links und rechts), die sich wegen Kriegsverbrechen an gefangenen muslimischen Bosniern 1992 vor dem UN-Gerichtshof in Den Haag verantworten müssen,** Foto, 2001

M13 **„Was kreuzen wir denn heute an?“,** Karikatur von Horst Haitzinger, 1994

Kinder im Krieg – in einer Hilfsorganisation aktiv werden

In Bosnien-Herzegowina – wie überall auf der Welt – litten und leiden bis heute insbesondere Kinder und Jugendliche unter den Bedingungen und Folgen des Krieges. Es gibt viele Organisationen, nationale und internationale, die sich für Kriegsopfer einsetzen. Bildet Gruppen: Informiert euch über die Arbeit solcher Organisationen, stellt sie vor und besprecht, inwiefern sie Friedensarbeit leisten. Überlegt, wie ihr selbst in diesem Sinn aktiv werden könnt.

Folgende Organisationen sind international tätig:
- Deutsches Rotes Kreuz: www.drk.de
- Komitee Cap Anamur: www.cap-anamur.org
- Schüler helfen leben: www.schueler-helfen-leben.de
- Unicef: www.unicef.de

8 Teilt die Klasse: Die eine Hälfte untersucht arbeitsteilig M10 und M13 darauf hin, welche Vorwürfe gegenüber der UNO erhoben werden. Die andere erarbeitet in Kleingruppen aus M8, M9, M11 und M14, welche Aufgaben die UNO im Bosnien-Krieg übernahm.

9 Diskutiert über die These, die UNO habe in Bosnien-Herzegowina versagt. Berücksichtigt die Informationen der gesamten Themeneinheit.

10 Wie beurteilt M12 die Erwartungen, die UNO werde – nach dem Ende des Kalten Krieges – zum Schalthebel einer auf Frieden ausgerichteten neuen Weltordnung? Setze dich kritisch mit dieser Einschätzung auseinander.

MUNBW: Model United Nations Baden-Württemberg

Länder vertreten, Kommissionen leiten

MUNBW wurde 2002 in Anlehnung an Planspiele in den USA initiiert. Dabei können Schülerinnen und Schüler einmal im Jahr eine Sitzungswoche der Vereinten Nationen nachvollziehen. Sie übernehmen dazu die „Patenschaft" für Mitgliedsländer der UNO oder für NGOs (Non-Governmental Organizations), die zwar nicht abstimmen dürfen, aber in den Ausschüssen Mitspracherecht haben. Die Jugendlichen vertreten in Delegationen von bis zu fünf Personen „ihre" Länder in den Ausschüssen (z. B. der Abrüstungskommission und der Menschenrechtskommission) und in der Generalversammlung. Das Regelwerk der Sitzungen wie auch das Entscheidungsverfahren insgesamt entsprechen denen der UNO. Aber im Unterschied zur UN-Versammlung ist Deutsch die Konferenzsprache, auch wenn einige Teilnehmer aus dem Ausland kommen.

Politische Entscheidungen brauchen Grundlagen

Damit die Delegationen die Interessen ihrer Länder vertreten können, brauchen sie das nötige Know-how. Deshalb werden den Teilnehmern von MUNBW im Vorfeld bis zu vier Vorbereitungstage angeboten, in denen sie sich auf die Sitzungswoche vorbereiten können. Die Projektleitung hat dazu ein Drei-Phasen-Modell entwickelt:

In der ersten Phase eignen sich die Jugendlichen Wissen über die Geschichte, Zielsetzung und Aufgaben der UNO an, verschaffen sich einen Überblick über ihre Resolutionen und über das Verfahren, wie diese zustande kommen. In der zweiten Phase setzen sich die künftigen Delegierten mit ihrem Land auseinander (Geschichte, politisches System, Wirtschaft, Kultur, weltpolitische Stellung usw.). Ein Besuch bei der politischen Vertretung ihres Landes bietet Gelegenheit, sich über die aktuelle Lage zu informieren.

In der dritten Phase werden die Teilnehmer auf die Sitzungen vorbereitet: Sie erfahren, wie Resolutionen entworfen werden, welche Regeln für die Debatten gelten; sie lernen verbindliche Redewendungen kennen, werden eingeführt in die Funktion der Sitzungsleitung und der Geschäftsordnung.

Raum für vielfältige Erfahrungen

Wer am Planspiel teilnimmt, lernt nicht nur Fakten und Daten über die UNO kennen, sondern sammelt vielfältige Erfahrungen: im Umgang mit Multimedia, bei der Recherche, Aufarbeitung und Präsentation von Informationen, bei „Redegefechten" (Argumentation, Rhetorik) oder auch in der Pressearbeit.

Tipp für die Teilnahme

An dem Planspiel können Schülerinnen und Schüler im Alter von 16 bis 21 Jahren aus Gymnasien in Deutschland und deutschen Schulen im Ausland teilnehmen.
Die Anmeldung erfolgt über die Homepage: www.munbw.de.
Dort findet ihr auch Informationen über die Themen und Ausschüsse des aktuellen MUNBW-Projekts.

M1 **Die Startseite der Homepage www.munbw.de,** Stand: Oktober 2006

M2 **MUNBW-Generalversammlung der Delegierten in Stuttgart,** Foto, 2006

M3 MUNBW 2006– ein Erlebnisbericht

Joschka Mütterlein hat seine Erfahrungen in einem Bericht festgehalten:

Was hatte ich mir denn bitteschön darunter vorzustellen? … Ich las zwar viel darüber, aber eine Konferenz dieser Größe konnte ich mir nicht vorstellen. Sicher, der „große Bruder" war schon im Fernsehen beobachtet worden, natürlich las man in den Zeitungen davon und bestimmt hatte man auch im Unterricht schon davon gehört, dennoch blieb alles irgendwie schwammig …

Politisch zu denken, das lernt man weder in der Schule noch außerhalb so richtig, deshalb hofften wir auf Brasilien, Australien oder Saudi-Arabien, gewissermaßen die Urlaubsländer. Zugeteilt bekamen wir dann Armenien, was ein herber Rückschlag war. Armenien? Wo liegt das überhaupt? Nach einigen Tagen und Wochen waren wir aber bereit. Wir hatten alles über unser Land herausgefunden, unsere Positions- und Arbeitspapiere verfasst und schon mal einen wichtigen Schritt zum Weltpolitiker getan: Wir lernten, wo unser kleines Land politisch oder wirtschaftlich punkten konnte und welche Seiten wir während der Versammlung besser verstecken sollten. Wir lernten die Position unseres Landes in Worte zu fassen und diese kurz und prägnant zu Papier zu bringen, wir lernten unsere Standpunkte überzeugend zu formulieren …So fuhren wir dann Ende April nach Stuttgart …

Wir waren Armenier und als solche wurden wir von den anderen wahrgenommen, wir repräsentierten eine Nation, genau wie jeder andere auch. Schnell begannen wir unsere Kontakte zu filtern, wir wichen der Türkei aus, Aserbaidschan wurde nicht einmal beachtet. Bald suchten wir verstohlen den Kontakt zur russischen Delegation, die uns ehemaligen Satellitenstaat sofort unterstützte, auch Deutschland war als wichtiger Handelspartner gern gesehen … So waren die Fronten bereits geklärt, als am nächsten Morgen der erste Sitzungstag begann. Wieder war der Eindruck überwältigend. Ich kam in die Generalversammlung – meine vier Mitstreiter waren anderen Ausschüssen zugeordnet – und stand plötzlich vor über hundert Delegierten, die bereits lebhaft mit den gestrigen Bekanntschaften diskutierten …

Die Prozedur der folgenden Tage glich sich weitgehend, zu jedem neuen Thema debattierte man zunächst allgemein, in Lobbyphasen sammelte man Stimmen für seinen Resolutionsentwurf, bis schließlich der mit den meisten Stimmen weiter behandelt und abgeändert wurde …

Ich muss sagen, MUNBW hat mich verändert. Ich sehe, wie komplex die Welt ist, aber verstehe nun auch, warum sie es ist …

Zit. nach http://munbw.volano.ch/downloads/dokumentation_munbw_2006 (Stand: Oktober 2006).

1 Überprüfe, inwieweit M3 die Kernelemente von MUNBW enthält. Was erfährst du darüber hinaus?

2 Welche Informationen brauchst du noch, um zu entscheiden, ob du bei MUNBW mitmachen willst? Recherchiere im Internet.

Die Entkolonialisierung: Neubeginn der Geschichte?

Unabhängig – in welche Zukunft?

In Lateinamerika waren es die Napoleonischen Kriege zu Beginn des 19. Jahrhunderts, in Asien und Afrika der Erste und vor allem der Zweite Weltkrieg, die in den Kolonien die Menschen zur Befreiung ihres Landes mobilisierten: Die Erfahrung, für eine fremde Macht Truppen zu stellen und diese Macht geschwächt oder im Kampf unterlegen zu sehen, sowie die Tatsache, dass die in die Heimat zurückkehrenden Männer nun militärisch ausgebildet waren, ließen in den Kolonien den Widerstand gegen die Herrschaft der Kolonialmächte wachsen. Auch hofften die Menschen, die sich für die Befreiung einsetzten, dass das 1941 in der Atlantik-Charta* festgeschriebene Selbstbestimmungsrecht der Völker ihren Unabhängigkeitskampf erleichtern würde. Darin sahen sie sich jedoch bald getäuscht, denn im beginnenden Kalten Krieg wurde die Entkolonialisierung zur Machtfrage.

Von den afrikanischen Kolonien südlich der Sahara erreichte als Erste die Unabhängigkeitsbewegung der Goldküste ihr Ziel: 1957 wurde Kwame Nkrumah (1909–1972) erster Regierungschef des unabhängigen Ghana; die meisten anderen Staaten konnten solche Erfolge erst in den 1960er Jahren feiern.

Nicht überall verlief der Prozess friedlich. Zwar erschien der Schritt in die Unabhängigkeit den Menschen zunächst wie eine Befreiung, die Aufnahme in die UNO als Anerkennung ihrer Selbstständigkeit und politischen Gleichberechtigung, und die Regierungen versprachen, die wirtschaftlichen Kräfte des Landes zum Wohl aller einzusetzen. Doch oft blieb die wirtschaftliche Bindung und Abhängigkeit der jungen Staaten an ihre ehemaligen Kolonialmächte, den Weltmarkt oder ausländische Hilfe (z. B. Entwicklungshilfe) erhalten. Aus der willkürlichen Grenzziehung der Kolonialzeit ergeben sich bis heute immer wieder ethnische Konflikte: Bürgerkriege, Überbevölkerung und Massenarmut, Spannungen zwischen selbst ernannten politischen Eliten und der übrigen Bevölkerung belasten bis in die Gegenwart hinein die Entwicklung und Stabilität vieler ehemaliger Kolonien.

Der Historiker Ki-Zerbo behauptete 1981, mit der Entkolonialisierung würde das „Kapitel Fremdherrschaft" geschlossen. Hatte er Recht mit seiner Behauptung?

Das Beispiel Indiens

Indiens Unabhängigkeitsbewegung spielte bei der Entkolonialisierung eine Vorreiterrolle, denn seit den zwanziger Jahren des 20. Jahrhunderts verlieh sie unter der Führung Mahatma Gandhis (1869–1948) ihrem Anspruch durch gewaltlosen Widerstand Nachdruck: Britische Importwaren wurden boykottiert oder vernichtet, Steuerforderungen ignoriert. Zwar konnte sich die Kolonialregierung noch auf einflussreiche Inder stützen, die von der Zusammenarbeit mit den Briten profitierten, aber der Widerstand in der Bevölkerung wuchs: Zum einen verfügte die Regierung seit Ende des Ersten Weltkriegs nur noch über eine zahlenmäßig kleine bewaffnete Truppe, zum anderen war es ihr nicht gelungen, durch Modernisierungsmaßnahmen die Armut im Lande zu bekämpfen. Als es 1942 zu Protestaktionen zu Gunsten der Unabhängigkeit kam, erfassten diese Unruhen schnell das ganze Land. Im Juni 1945 schließlich bestimmte die neu gewählte Regierung in London, dass Indien unabhängig werden sollte. Die Verfassung musste allerdings von Hindus und Muslimen gemeinsam verabschiedet werden. Das erwies sich als unmöglich, denn die beiden Gruppen waren zu keiner Verständigung bereit. Wieder kam es zu schweren Auseinandersetzungen, die Tausende das Leben kostete.

1947 wurde die britische Kronkolonie für unabhängig erklärt – und geteilt: Die Staaten Indien und Pakistan entstanden. Ein „Neubeginn" der Geschichte?

M1 Analphabeten in ehemaligen Kolonien

In Prozent der Einwohner, ab 15 Jahren:

	männlich	*weiblich*
Algerien (2002)	20	40
Ghana (2000)	34	50
Indien (2001)	26	52
Indonesien (2004)	13	6
Namibia (2001)	13	17
Niger (2005)	57	85
Pakistan (2005)	27	64
Ruanda (2000)	29	40
Südafrika (1998)	15	16
Togo (2000)	31	61

Zusammengestellt nach Unesco Institute of Statistics (www.uis.unesco.org, Stand: 2006)

M2 Die Dekolonisation 1945–1990

„Niemand bricht durch unsere Mauer aus Wäldern oder durch unsere Festung aus dem gemeinsamen Willen aller." Plakat der Unabhängigkeitsbewegung Simbabwes (ZANU), 1975

M3

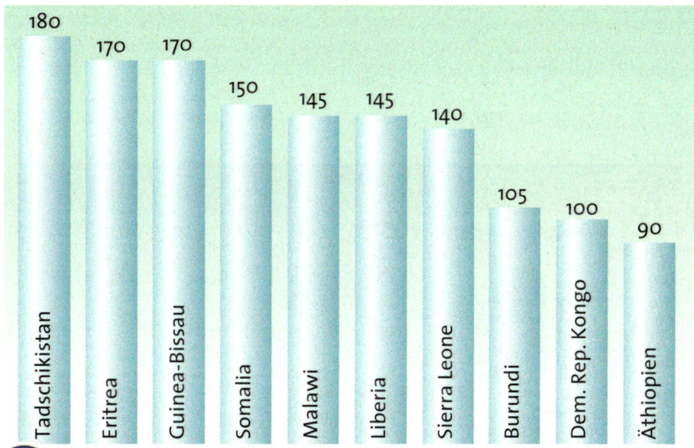

M4 **Aufstellung der zehn ärmsten Länder der Erde** (in Bruttosozialprodukt pro Kopf, US-Dollar), Stand: 2003. Zum Vergleich: Das Bruttosozialprodukt pro Kopf beträgt in der EU etwa 25 000 US-Dollar.

1 Tragt anhand von M3 euer Vorwissen zum Thema „Kolonien" zusammen.

2 Schaue dir M1, M2 und M4 genau an. Erkläre die Aussagen und setze sie zueinander in Verbindung.

M5 Wie wird Indiens Zukunft aussehen?

Gopal Krishna Gokhale, Führer des gemäßigten Flügels der indischen Kongresspartei, die für die Unabhängigkeit kämpfte, schrieb zu Beginn des 20. Jahrhunderts an einen englischen Freund:

5A Wir haben endlose Spaltungen und Unterteilungen im Lande, die große Masse des Volkes ist unwissend und hängt so zäh ... an alten Denkweisen und Gefühlen, dass sie allem Wandel zuwider ist und den Wandel der Dinge nicht einmal versteht. Wir haben 70 Millionen Mohammedaner, die allen nationalen Bestrebungen mehr oder weniger feindselig gegenüberstehen, und alle Macht ist in den Händen einer Gruppe hier nicht verwurzelter ausländischer Beamter ... Aus dieser Masse soll ein starkes, freies, einiges und demokratisches Indien entstehen, das in der Lage ist, einen würdigen Platz unter den Nationen der Welt einzunehmen. Man kann leicht an der Aufgabe, dieses Indien zu schaffen, verzweifeln, und ich weiß nicht, ob es gelingen wird. Doch wir können alle auf dieses Ziel hinarbeiten.

M5A und M5B zit. nach Dieter Rothermund, Der Freiheitskampf Indiens, Stuttgart (Klett) 1981, S. 29 f.

Der Politiker Jawaharlal Nehru (1889–1964), von 1947 bis 1964 Premierminister Indiens, sagte 1929 in einer Ansprache vor der Kongresspartei, deren Präsident er im selben Jahr geworden war:

5B Das Problem der Gleichheit blieb ungelöst. Indien ignorierte es mit Absicht und baute seine Gesellschaftsordnung auf das Fundament der Ungleichheit ... Ich muss offen bekennen, dass ich ein Sozialist und Republikaner bin und nicht an Könige und Fürsten glaube und auch nicht an jene Ordnung, die die modernen Könige der Industrie hervorbringt, die größere Macht über Glück und Leben der Menschen haben als die Könige früherer Zeiten und deren Methoden ebenso ausbeuterisch sind wie die der alten Aristokratie. Ich sehe jedoch ein, dass ein Verband von der Zusammensetzung des Nationalkongresses unter den gegenwärtigen Umständen kein sozialistisches Programm annehmen kann. Wir wollen uns nur vor Augen halten, dass die Philosophie des Sozialismus die gesamte Gesellschaftsstruktur der Welt durchdrungen hat ... Indien muss auch diesen Weg beschreiten, wenn es seine Armut und Ungleichheit überwinden will, es [sollte allerdings] seine eigenen Methoden entwickeln und das Ideal dem Geiste seines Volkes anpassen.

M6 **Connaught Circus in New Delhi**, das Wirtschaftszentrum Delhis, Foto, 1993

M7 **Mahatma Gandhi** zeigt im Rahmen seiner Boykottmaßnahmen gegen die Kolonialregierung den Gebrauch des Handspinnrads, Foto, um 1930

M8 Indien heute aus unterschiedlichen Perspektiven

Sabine Muscat beschreibt Indiens Weg als Wandlung vom Entwicklungsland zum Global Player:

8A Der politische und wirtschaftliche Einfluss Indiens in der Welt ist langfristig gesichert … Doch der Boom rauscht an den meisten Indern vorbei. Das Land braucht dringend Arbeitsplätze außerhalb der Softwarelabore, Bildung außerhalb der Spitzenuniversitäten und die nötige Infrastruktur … Der Optimismus ist so groß wie nie zuvor in diesem Land, das ein Subkontinent ist und dessen 1,1 Milliarden Einwohner im Durchschnitt 25 Jahre alt sind … Indiens Erfolg ist ein Selbstläufer geworden … „Die Frage ist nicht mehr, ob Indien fliegen kann, sondern nur noch, wie hoch“, diagnostizierte daraufhin das britische Magazin „The Economist“.

Sabine Muscat, Ein Kontinent bricht auf. Indien auf den Weg vom Entwicklungsland zum Global Player, in: Das Parlament, Nr. 32–33, 2006.

Eberhard Weber ist Senior Lecturer an der University of the South Pacific in Suva (Fidschi) und hat mehrere Jahre in Indien gelebt:

8B Sicherlich hat Indien seit seiner Unabhängigkeit im Jahr 1947 im Vergleich zu vielen anderen Entwicklungsländern große Fortschritte gemacht. Heute wird in Indien so gut wie alles hergestellt: von der einfachen Wasserpumpe bis hin zur Atombombe. Versäumt wurde allerdings von allen bisherigen Regierungen, die wirtschaftliche Entwicklung sozial abzusichern. Trotz High-Tech, schicker Shopping Malls, Mobile Phones und Weltraumsatelliten leben noch etwa eine halbe Milliarde Inder/-innen von weniger als umgerechnet einem US-Dollar am Tag. Hunger und bitterste Armut sind im Wirtschaftswunderland Indien auch heute noch die Realität der Bevölkerungsmehrheit.

Eberhard Weber, Der Congress tanzt wieder. Die Ära der Hindufundamentalisten in Indien ist vorerst vorbei, in: iz3w, Aug./Sept. 2004, S. 278 f.

Mahatma („große Seele“) Gandhi

Gandhi wurde am 2. Oktober 1869 als Mohandas Karamchand Gandhi in Porbandar als Sohn vornehmer Hindus geboren. Er studierte in England Jura und arbeitete in Bombay als Rechtsanwalt. Von 1893 bis 1914 war er Führer der Inder in Südafrika, von 1920 an kämpfte er für die Befreiung Indiens von der britischen Herrschaft. Gandhi war ein tief religiöser und den Traditionen verpflichteter Mensch; sein Handeln zeichnete sich durch geschicktes politisches Taktieren aus und war an der Zukunft des Landes ausgerichtet. Aus dieser Haltung heraus entwickelte er die Methode des waffenlosen Kampfes: die Verweigerung der Zusammenarbeit und den Ungehorsam gegenüber der Kolonialregierung („non-cooperation“ und „civil disobedience“). Achtmal kam er dafür ins Gefängnis; durch konsequentes Fasten erzwang er mehrfach seine Freilassung. Als langjähriger Präsident der Kongresspartei bemühte er sich um die Einigung zwischen Hindus und Muslimen, konnte aber die Teilung des Landes nicht verhindern. Am 30. Januar 1948 wurde Gandhi in Delhi von einem fanatischen Hindu ermordet.

Filmtipp

Gandhi

Regie: Richard Attenborough, Filmbiografie, 1982.

3 Zeige, wie die beiden Politiker in M5 die Situation Indiens und die Perspektiven für die Zukunft bewerten.

4 Erläutere anhand von M7, wie Gandhi die britische Kolonialregierung boykottierte. Warum ließ er sich wohl in dieser Haltung fotografieren?

5 Vergleiche die beiden Einschätzungen der Situation im heutigen Indien (M8). Worin lassen sich Gemeinsamkeiten, worin Unterschiede feststellen?

Apartheid – koloniales Erbe oder moderner Rassismus?

Höhepunkt und Ende der Apartheid

Die Regierung Südafrikas wurde seit den 1960er Jahren aufgrund der Apartheidpolitik zunehmend international isoliert und sah sich mit wirtschaftlichen Sanktionen und dem Abzug von Auslandskapital konfrontiert. Die wirtschaftliche Lage im Land verschlechterte sich. Finanzielle Probleme und Arbeitslosigkeit trafen vor allem die Jugendlichen der Townships, der Schwarzensiedlungen. Viele von ihnen schlossen sich der „Black-Consciousness-Bewegung" an, um gemeinsam Druck auf die Regierung auszuüben.

Nach den blutigen Auseinandersetzungen zwischen den Apartheidgegnern und der Regierung von 1976/77 (siehe S. 174, M9) verbot die Regierung die Organisationen, die für die Abschaffung der Apartheid kämpften. Ihre Mitglieder arbeiteten nun vorwiegend im Untergrund und viele ihrer Führer organisierten Protestaktionen vom Ausland aus.

Erst 1990 entschloss sich der neu gewählte Staatspräsident Frederik de Klerk zu entscheidenden Maßnahmen: Alle Verbote und Apartheidgesetze wurden aufgehoben – auch gegen den Widerstand der weißen Opposition. 1994 fanden erstmals Wahlen statt, an denen alle Bevölkerungsgruppen Südafrikas teilnehmen durften. Aus ihnen ging der ANC als Sieger hervor.

M1 **Apartheid im Alltag**, Foto, um 1983

Südafrika nach dem Ende der Apartheid

Im April 1996 nahm unter der Leitung des Erzbischofs von Kapstadt, Desmond Tutu, die Wahrheits- und Versöhnungskommission ihre Arbeit auf. Sie war mit dem Ziel geschaffen worden, politisch motivierte Verbrechen aufzuklären, die in Südafrika zwischen 1960 und 1993 von Angehörigen der staatlichen Behörden und der weißen Minderheitsregierung oder von deren Gegnern begangen wurden. Die Arbeit erwies sich als äußerst schwierig: 7000 Angeklagte beantragten Amnestie – alle beriefen sich dabei auf ein Gesetz von 1995, das Personen, die zur Aufklärung von Verbrechen beitragen, Straffreiheit in Aussicht stellte. Mehr als 20 000 Aussagen waren zu erfassen und nicht zuletzt musste sich die Kommission dem Vorwurf stellen, gegen Angeklagte aus den Reihen des „African National Congress" (ANC), der Vereinigung der Apartheidgegner, zu milde zu sein. Viele Kommissionsmitglieder fragten sich, ob ihre Arbeit jemals Aussicht auf Erfolg haben würde. Aber sie war ein Versuch des „neuen Südafrika", die Vergangenheit zu bewältigen – in der Hoffnung auf eine Zukunft, in der alle Menschen des Landes friedlich zusammenleben könnten.

Was war geschehen, das die Wahrheitskommission notwendig machte? Wie ist zu erklären, dass eine Regierung Gewalt im eigenen Staat bewusst förderte oder zumindest nicht dagegen einschritt? Inwiefern steht die Gewalt im Zusammenhang mit der Entkolonialisierung Südafrikas?

Internet-Tipp

Informiere dich im Internet über die genaueren Ziele und die Schwierigkeiten der südafrikanischen Wahrheitskommission (z. B. unter www.uni-muenster.de/PeaCon/wuf/wf-97/9730211m.htm oder http://cms.ifa.de, Suchbegriff „Wahrheitskommission").

1 Erläutere anhand von M1, M2 und dem Faktenkasten Grundzüge und Wirkung der Apartheid.

Apartheid – Chronik der Diskriminierung

– Seit dem 17. Jahrhundert siedelten Europäer, darunter viele französische und niederländische Calvinisten (neben den Lutheranern die zweite große Gruppe der Reformation), nahe dem Stützpunkt der niederländischen East Indian Company am Kap der Guten Hoffnung. Die Siedler, die in der Mehrzahl Bauern waren und sich „Buren" (niederl. boers = Bauern) nannten, vertrieben die einheimischen Bevölkerungsgruppen ins Landesinnere oder machten sie neben Sklaven aus Indonesien und Ostafrika zu ihren Arbeitskräften. Das Vordringen der Siedler nach Norden führte zu Kriegen mit weiteren Gruppen.

– Ende des 18. Jahrhunderts übernahmen die Briten die Macht am Kap, erklärten das Land 1814 zur Kronkolonie, holten britische Siedler ins Land und verboten die Sklaverei.

– Die Buren lehnten die britische Herrschaft ab und zogen 1836 auf der Suche nach neuen Siedlungsgebieten zu Tausenden ins Landesinnere („Der große Treck"). Sie unterwarfen mit militärischer Gewalt die Einheimischen und gründeten Burenrepubliken. Für die Arbeit auf gewinnversprechenden Zuckerrohrplantagen wurden viele Inder angeworben, weil sich nicht genügend Schwarze bereitfanden, für die weißen Farmer zu arbeiten.

– Die Entdeckung von Gold- und Diamantenvorkommen brachte neben chinesischen vor allem weitere britische Einwanderer nach Südafrika und führte zu Auseinandersetzungen, die um die Jahrhundertwende in den „Burenkrieg" zwischen der britischen Armee und den Buren führten. Der Krieg endete damit, dass die Provinzen Kapkolonie, Oranje-Freistaat, Natal und Transvaal 1910 zur Südafrikanischen Union zusammengefasst wurden, einem de facto unabhängigen Staat mit Englisch und später auch Africaans (Sprache der Buren) als Amtssprache.

– Vereint in dem Wunsch, die eigenen Interessen zu schützen, gingen Briten und Buren gegen die nichtweiße Mehrheit vor und setzten „Apartheid" durch: Schwarze wurden in Reservate, so genannte Homelands, umgesiedelt und zwangsenteignet. Ihr Zuzug in Städte war streng reglementiert. Nichtweiße erhielten nur wenig qualifizierte, schlecht bezahlte Arbeit; Passgesetze begrenzten zusätzlich ihren Freiraum und ihre Mobilität; ihr Wahlrecht wurde eingeschränkt.

– 1948 erhob die regierende Partei der Buren, die „Nasionale Party", die Apartheid zum politischen Programm: Die Bevölkerung Südafrikas wurde nach „Rassen" eingeteilt („Whites", „Blacks", „Coloured", „Asians") und strikt getrennt.

– Die politischen Rechte der nichtweißen Bevölkerung wurden in den folgenden Jahren drastisch eingeschränkt, ihre Bildungschancen und Arbeitsbedingungen verschlechterten sich.

– Widerstand leisteten Organisationen wie der ANC (Afrikanischer Nationalkongress). Sie riefen zu gewaltfreien, aber illegalen Demonstrationen, Protestaktionen u. Ä. auf. Viele ihrer Mitglieder wurden mehrfach verhaftet, gefoltert und verurteilt.

– 1990 bis 1993 wurde die Apartheid abgeschafft. Insgesamt sind tausende Südafrikaner Opfer der Apartheid geworden – die genaue Zahl lässt sich heute nicht mehr feststellen.

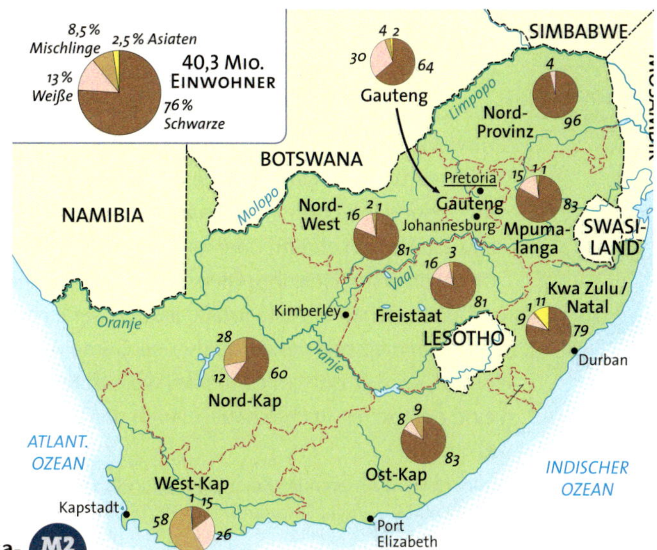

M2 Die Verteilung der südafrikanischen Bevölkerung 1994

M3 Das Apartheidprogramm

Die Apartheididee wird in ihrem Kern dem Psychologie-Professor Hendrik Frensch Verwoerd (1901–1966) zugeschrieben, der 1950 „Minister für Eingeborenenfragen" wurde und von 1958 bis zu seiner Ermordung durch einen weißen Fanatiker Premierminister Südafrikas war. In einer Rede im Senat sagte er am 3. September 1948:

Niemand wird leugnen, dass für den Eingeborenen ebenso wie für den Europäer die vollständige Trennung das Ideal gewesen wäre … Wenn wir hier ein weißes Südafrika hätten in dem Sinne, wie es ein weißes England … gibt, und wenn es irgendwo anders einen Eingeborenenstaat für die Eingeborenen gegeben hätte, … dann würden wir sicher nicht die Reibungen und Schwierigkeiten erlebt haben, die wir heute erleben …

Die Basis unserer Rassenpolitik kann man im Grundsatzprogramm der Partei[1] finden …: „Die Partei akzeptiert die christliche Vormundschaft der europäischen Rasse als Grundprinzip ihrer Politik gegenüber den nichteuropäischen Rassen. Im Einvernehmen hiermit wünscht sie, den nichteuropäischen Rassen die Gelegenheit zu gewähren, sich selbst auf ihren eigenen Gebieten zu entwickeln, gemäß ihren natürlichen Talenten und Fähigkeiten …, aber sie tritt energisch gegen jede Blutmischung zwischen der europäischen und den nichteuropäischen Rassen ein …"

Da die Nationen der Welt jede auf ihrem eigenen Territorium ihre eigene nationale Entwicklung vollziehen, wird hier jeder der verschiedenen Eingeborenengruppen die Gelegenheit geboten, ihre eigene Entwicklung zu vollziehen – jede auf ihrem eigenen Territorium … Der Eingeborene, der Rechtsanwalt wird, oder das Eingeborenenmädchen, das Krankenschwester oder Lehrerin oder was immer wird, sie können in erster Linie ihre Dienste dort für ihre eigene Gemeinschaft leisten. Sobald jedoch der Eingeborene in die Zone der europäischen Gemeinschaft kommt, wird er dort im Lande des weißen Mannes keine politischen Rechte haben. Auch das Umgekehrte gilt.

Zit. nach Franz Ansprenger, Kolonisierung und Entkolonisierung in Afrika, 3. Aufl., Stuttgart (Klett) 1979, S. 57 ff.

1 Gemeint ist die burische „Nasionale Party", deren Vorsitzender Verwoerd war.

M4 Die Freiheitscharta

Die Charta wurde 1956 vom „Volkskongress" in Kliptown angenommen. Teilnehmer waren: weiße Kommunisten, Delegierte des ANC (Afrikanischer Nationalkongress), SAIC (Südafrikanisch-Indischer Kongress), SACPC (Südafrikanischer Volkskongress der Farbigen), Kongress der Demokraten, SACTU (Südafrikanischer Gewerkschaftskongress):

Wir, das Volk von Südafrika, geben unserem ganzen Land und der Welt kund:

– dass Südafrika all denen gehört, die darin leben, ob schwarz oder weiß, und dass keine Regierung Befugnisse ausüben darf, wenn sie sich nicht auf den Willen des ganzen Volkes stützt;

– dass unserem Volk sein angestammtes Recht auf Land, Freiheit und Frieden von einer auf Unrecht und Ungleichheit beruhenden Regierungsform geraubt wurde;

– dass unser Land niemals gedeihen und frei sein wird, wenn nicht unser ganzes Volk brüderlich zusammenlebt sowie über gleiche Rechte und Möglichkeiten verfügt;

– dass nur ein demokratischer, vom Willen des ganzen Volkes getragener Staat allen ohne Unterschied von Hautfarbe, Rasse, Geschlecht oder Glaube ihre angestammten Rechte sichern kann. Daher nehmen wir, das Volk von Südafrika, Schwarze und Weiße zusammen … diese Freiheitscharta an. Wir verpflichten uns, mutig und entschlossen gemeinsam so lange zu kämpfen, bis die hierin festgelegten demokratischen Veränderungen durchgeführt sind …

Das Volk wird regieren! … Alle nationalen Gruppen werden gleiche Rechte haben! … Das Volk wird am Reichtum des Landes beteiligt sein! … Das Land wird denen übergeben, die es bearbeiten! … Alle sind vor dem Gesetz gleich! … Die Türen werden dem Lernen und der Kultur geöffnet!

The Freedom Charter, zit. nach Rainer Falk, Südafrika – Widerstand und Befreiungskampf, Köln (Pahl-Rugenstein) 1986, S. 49 f.

2 Vergleiche die Wertungen von M3 und M4 über die Bevölkerungsgruppen in Südafrika und die politischen Ziele, die daraus abgeleitet werden. Inwiefern ist die Amtsbezeichnung Verwoerds (M3) hierfür aufschlussreich?

3 Untersuche, in welchen Punkten die Freiheitscharta (M4) dem Programm der Apartheid (M3) widerspricht.

M5 **Staatspräsident Nelson Mandela** vor dem Parlamentsgebäude in Kapstadt, Foto, 8. Mai 1996. Kurz zuvor wurde die neue südafrikanische Verfassung verabschiedet, die allen Bürgerinnen und Bürgern gleiche Rechte garantiert.

Nelson Rolihlahla Mandela

Nelson Mandela wurde am 18. Juli 1918 in der Transkei als Sohn eines „chief" geboren und nach den Traditionen der Xhosa erzogen. Wegen politischer Aktivitäten musste er die Universität verlassen, arbeitete dann in einer Anwaltskanzlei und schloss parallel dazu sein Jurastudium ab.

1944 trat er dem ANC bei und war bald führendes Mitglied der ANC-Jugendliga, die zu gewaltfreiem Widerstand gegen die herrschende weiße Minderheit aufrief. 1952 wurde Mandela erstmals verboten, Johannesburg zu verlassen und Versammlungen zu besuchen. 1958 heiratete er Nomzamo Winnie Madikizela, von vielen ANC-Anhängern als „Mutter der Nation" verehrt.

Seit 1961 organisierte Mandela aus dem Untergrund heraus Streiks und lenkte den militärischen Arm des ANC „Umkhonto we Sizwe" (Speer der Nation). Mandela warb auch im Ausland um Unterstützung. 1964 wurde er wegen Terrors, Umsturzversuches und kommunistischer Tätigkeit lebenslänglich auf die Gefängnisinsel Robben Island verbannt. Für seine Freilassung setzten sich Menschenrechtsorganisationen, Kirchenvertreter, Politiker, Künstler auf der ganzen Welt ein. Als die Regierung Südafrikas 1985 auf internationalen Druck hin Mandela die Freilassung anbot, wenn er den gewaltsamen Kampf gegen sie aufgäbe, lehnte er ab. Am 11. Februar 1990 veranlasste der Reformpolitiker und Staatspräsident Frederik de Klerk die Freilassung Mandelas. Mandela erreichte durch Verhandlungen mit der Regierung das Ende der Apartheid. Dafür wurden er und de Klerk 1993 mit dem Friedensnobelpreis ausgezeichnet. Von 1994 bis 1999 war Nelson Mandela Staatspräsident Südafrikas.

M6 Wofür ich bereit bin zu leben und zu sterben

Nelson Mandela sagte in seiner Verteidigungsrede, bevor er zu lebenslanger Haft verurteilt wurde (1964):

Der ANC wurde 1912 gegründet zur Verteidigung der Rechte des afrikanischen Volkes … Im Jahr 1960 führte die Regierung eine Volksabstimmung durch, als deren Ergebnis die Republik ausgerufen wurde. Die Afrikaner, deren Stimmanteil 70 Prozent beträgt, waren nicht stimmberechtigt … Wir … entschlossen uns zur Abhaltung einer Konferenz, die alle Afrikaner zum Generalstreik aufrief, um der Forderung nach der Einberufung eines Nationalkonvents Nachdruck zu verleihen … In Übereinstimmung mit der Politik des ANC sollte dieser Streik eine gewaltlose Demonstration werden … Die Regierung … schickte gedungene Söldner, Kampfwagen und Soldaten in die Townships, die Vorstädte der Schwarzen, um durch diese Demonstration ihrer militärischen Stärke die Leute einzuschüchtern. Das war ein Zeichen, dass sich die Regierung entschlossen hatte, nur noch mit Gewalt zu herrschen, und diese Entscheidung wurde richtunggebend für Umkhonto …

Ich habe gegen die Vorherrschaft der Weißen und ich habe gegen die Vorherrschaft der Schwarzen gekämpft. Eine demokratische und freie Gesellschaft, in der alle friedlich und mit gleichen Möglichkeiten miteinander leben können, hat mir stets als Ideal vorgeschwebt. Es ist ein Ideal, für das ich leben und das ich verwirklichen möchte. Aber wenn es sein muss, bin ich bereit, für dieses Ideal zu sterben.

Zit. nach Rainer Falk, Südafrika – Widerstand und Befreiungskampf, Köln (Pahl-Rugenstein) 1986, S. 65 f. und 92 f.

4 Untersuche anhand dieser Seite, wie sich Mandelas moralisches Bewusstsein in seinem politischen Handeln widerspiegelte.

M7 Sie werden kommen …

Der südafrikanische Autor Paul Hotz (geb. 1955) schilderte in der Kurzgeschichte „November 76" einen alten Mann, der sich während der landesweiten Unruhen nach dem Soweto-Aufstand (M9) in seinem Haus in Natal verbarrikadiert hat und auf den Tod wartet:

Es ist drei Uhr nachts und ich, der Schlaflose, erwarte den Augenblick. Ich wünsche mir nicht, dass der Tod mich unverhofft fordert … Heute Nachmittag waren sie auf der Veranda, wahrscheinlich versuchten sie, durch die Ritzen im Vorhang zu spähen. Ich saß in meinem Lehnstuhl, das Gewehr über die Knie gelegt, und wartete auf das Klirren von Glas und den Lauf irgendeiner auf uns gerichteten Kalaschnikow. Sie müssen hier wohl eine Falle vermuten.
Termiten nagen an den Bodenbrettern, der Rost ächzt unter dem Anstrich. Ich habe mich hier nie zu Hause gefühlt, obwohl ich hier geboren wurde, in diesem Haus, das seit drei Generationen meiner Familie gehört. Die Geister dieses Landes sind uns und unserer Ordnung feindlich gesinnt. Der Busch verschlingt alle Bemühungen, etwas von Wert zu schaffen …
Der Gedanke an jene, die nach uns kommen werden, ist nicht erfreulich. Ich stelle mir vor, wie sich ihre dicken schwarzen Finger schweißig um die chinesische Vase legen, sie an die Wand schleudern und wie sie lachen, wenn sie zerbirst. Sie reißen das Bild mit dem Wappen herunter, schlagen Löcher in die Porträts, brechen die Türen des Schranks auf, in dem die Drinks stehen, trinken sich einen blinden Rausch an. Wenn das Schießen beginnt, werde ich meine Pflicht Mary gegenüber erfüllen müssen – ich könnte nie zulassen, dass sie dies alles ertragen müsste … Nach dem Karneval wird das Vakuum nicht mehr den Anschein von Freiheit haben … Sie werden sich fürchten wie Kinder und uns zurückwünschen, um ihre ausufernde Welt einzudämmen … Ohne uns wird man hier bald wieder auf den Bäumen hocken.

Paul Hotz, November 76, dt. v. S. Koehler, in: Die Sonnenfrau, hg. v. Wolfram Frommlet, Wuppertal (Peter Hammer) 1994, S. 224 ff.

M8 Ein historischer Neubeginn?

Die Verfasser eines Reiseführers informierten 1998 ihre Leser über das Ende der Apartheid in Südafrika:

Im April 1994 ist es dann endlich so weit. Millionen von Südafrikanern stellen sich vor den Wahllokalen an … Jahrhunderte der Unterdrückung sind vorüber, als schwarze, braune und weiße Menschen gemeinsam in den langen Warteschlangen stehen, um ihre Stimmen abzugeben … Das Ergebnis fällt schließlich so aus, wie es die Geschichte verlangt. Nelson Mandela, der einstige Staatsfeind Nummer eins, führt den ANC in einen grandiosen Wahlsieg. Am 10. Mai 1994 leistet er den Amtseid als erster schwarzer Staatspräsident Südafrikas. 342 Jahre weiße Vorherrschaft sind zu Ende …
Erst mit dem politischen Wandel ist Südafrika zu einem wunderbaren Reiseland geworden. Wer vor Jahren mit seinem Besuch noch ein rassistisches System bestätigt hätte, unterstützt heute einen im Aufbau begriffenen, multirassischen Staat.

Elke Loßkarn/Dieter Loßkarn, Südafrika, 2. Aufl., Köln (Vista Point) 1998, S. 11 ff.

Der Schüleraufstand von Soweto im Juni 1976, Foto, 1976. Mehr als 10 000 südafrikanische Schülerinnen und Schüler protestierten gegen die Einführung von Africaans als Unterrichtssprache. Aus dem Massenprotest entstanden landesweite Unruhen und Streiks, bei denen insgesamt etwa 1000 Menschen getötet wurden.

M9

M10 Die Arbeit der Wahrheitskommission

Ein Journalist berichtete 1997 in einer deutschen Tageszeitung:

Nie hat Albert Moerane an der Spitze von Protestzügen gestanden … Aber er vertrat eine damals verbotene politische Einstellung. Das hat seine Zukunft zunichte gemacht. Blind und schwer hirngeschädigt wurde Moerane 1989 aus der Haft entlassen … Angesichts des spindeldürren Mannes, der nicht mehr sitzen kann und nur noch hilflos lallt, verblassen alle Schlagworte von Versöhnung, Vergebung, Schuldbekenntnis und Heilen gesellschaftlicher Wunden … Opfer und Täter stehen jetzt einander bei Sitzungen der Wahrheitskommission gegenüber. „Schaut mir wenigstens ins Gesicht und sagt, dass es euch leid tut", sagt der hemmungslos weinende Dawie Ackermann zu drei wegen Mordes verurteilten jungen Männern, die Amnestie beantragt haben. Am 25. Juli 1993 waren sie in die … voll besetzte St.-James-Kirche in Kapstadt eingedrungen, hatten in die Menge gefeuert und Handgranaten geworfen. Damit hätten sie zur Befreiung Südafrikas beitragen wollen. Sie töteten elf Menschen, darunter Ackermanns Frau, und verletzten mehr als fünfzig.

Peter Pauls, Folterknechte und Gepeinigte treffen erneut aufeinander, in: Stuttgarter Zeitung vom 22. Juli 1997, S. 3.

M12 Auf der Suche nach Gerechtigkeit

Martin Coetzee, Generalsekretär der Wahrheitskommission Südafrikas, über Vergangenheitsbewältigung und kollektive Versöhnung im Südafrika nach der Apartheid:

Unser Leitmotiv war stets „Die Wahrheit schmerzt – aber Schweigen tötet". Wir waren der Auffassung, nur das Bekenntnis zur Wahrheit öffnet den Weg zur Versöhnung. Wir wollten keinen kollektiven Verdrängungsprozess … Wir glauben, dass die Opfer schwerer Menschenrechtsverletzungen ein Anrecht auf die volle Wahrheit haben. Wir wollten nicht verschweigen, wer wem was angetan hat – darum waren die Anhörungen auch öffentlich. Die Medien berichteten darüber. Gesicht und Name der Täter wurden gezeigt und genannt. Dieses Verfahren war eine sinnvolle Alternative zu Generalamnestie und Verdrängung. Die Demokratie in Südafrika sollte nicht auf einer kollektiven Lüge aufbauen … Es gab keinen Tag der Rache. Wir haben im ganzen Land Workshops abgehalten, um möglichst viele sehr schnell mit dem Geist und der Arbeit der Wahrheitskommission vertraut zu machen. Vor allem in ländlichen Gebieten, wo viele Verbrechen kaum registriert oder aufgedeckt wurden, war es wichtig, die Menschen zur Aufklärung zu ermutigen.

Freitag – die Ost-West-Wochenzeitung vom 9. Februar 2001.

M11 **Euphorie in Südafrika**, Karikatur, 1994

5 Welche „Bilder" zeigen M7 und M9 von den Unruhen in Soweto 1976? Überlege, welche Wertungen sie enthalten und wie diese zu erklären sind.

6 Als Nelson Mandela 1990 aus der Haft entlassen wurde, behaupteten viele, in Südafrika habe der „Wind of Change" eingesetzt. Erörtert in der Klasse, ob diese Behauptung zutrifft. Zieht dazu M8 und M10 heran.

7 Stelle dar, welche Gründe zur Einsetzung der Wahrheitskommission führten (M12). Welche Vorbehalte könnten es aufseiten der Täter bzw. der Opfer gegen diese Art der Vergangenheitsbewältigung geben?

Europa und die Welt nach 1945 – ein Überblick

Im Spannungsfeld rivalisierender Kräfte

Über vier Jahrzehnte bestimmten der Ost-West-Konflikt, das Wettrüsten der Supermächte und die Angst vor einem Atomkrieg die Weltpolitik. Während die USA die demokratischen Staaten (West-)Europas in ihren Einflussbereich zogen und diese Verbindung erst durch finanzielle und wirtschaftliche Hilfe, später durch politische und militärische Zusammenarbeit (NATO) förderten und sicherten, ging die Sowjetunion mit den sozialistischen Staaten Osteuropas und der DDR Bündnisse ein. Die Sowjetunion wies sich die politische und militärische „Befehlsgewalt" über RGW und Warschauer Pakt zu. Die Entwicklung der west- und osteuropäischen Staaten lief seit Ende der 1940er Jahre deutlich auseinander, nicht nur im Hinblick auf ihre politischen und gesellschaftlichen Systeme, sondern vor allem auch im Hinblick auf ihre Wirtschaftskraft. Obwohl das Gefälle innerhalb der Europäischen Gemeinschaft relativ groß blieb, war sie insgesamt dem RGW am Weltmarkt überlegen.

Gemeinsam war den Staaten in West und Ost, dass sie, obwohl sie mit ihren jeweiligen Bündnispartnern auf Gebieten wie Wirtschaft, Kultur, Außen- und Verteidigungspolitik eng zusammenarbeiteten und Maßnahmen grenzübergreifend koordinierten, nicht bereit waren, ihre Souveränität aufzugeben. Mehrfach entstanden im Westen Initiativen für einen europäischen Bundesstaat, für ein geeintes Europa; sie scheiterten jedoch immer wieder, sodass auch die Europäische Union heute nur bedingt über bundesstaatliche Instanzen und Rechte verfügt.

Internationale Bündnisse im Wandel

Die Rivalität der Supermächte war auf der ganzen Welt präsent: Sie schickten Waffen, Truppen und Diplomaten in fast alle Krisengebiete und Regionen, in denen die politischen Verhältnisse instabil waren. Ihre (militärische) Präsenz verstärkte häufig die bestehenden Spannungen, führte zu Kriegen, aus denen sie sich oft vorzeitig zurückzogen bzw. nicht als Sieger hervorgingen (z. B. in Korea und Vietnam). Sie provozierten auch selbst Konflikte, indem sie – wie die Sowjetunion in der Tschechoslowakei – mit militärischer Gewalt ihre Interessen durchsetzten oder den „Rivalen" zum Gegenschlag herausforderten (Kuba-Krise). Kritik am militärischen Engagement der Supermächte wurde weltweit immer wieder laut – von Geschädigten, von Kriegs- und Rüstungsgegnern, von Bürgerrechts- und Friedensinitiativen.
Erst zu Beginn der 1970er Jahre begannen die USA und die Sowjetunion, sich über eine mögliche Rüstungsbegrenzung zu verständigen. Das Ende des Ost-West-Konflikts und den Beginn der Abrüstung brachten schließlich die „Perestroika" und die Revolutionen in Osteuropa 1989/90. Auch nach dem Ende des Ost-West-Konflikts wird die Welt von blutigen Auseinandersetzungen erschüttert. Heute sieht sich vor allem die UNO mit der schwierigen Aufgabe konfrontiert, Lösungen zu finden, die den Frieden in den betreffenden Regionen wiederherstellen und sichern.

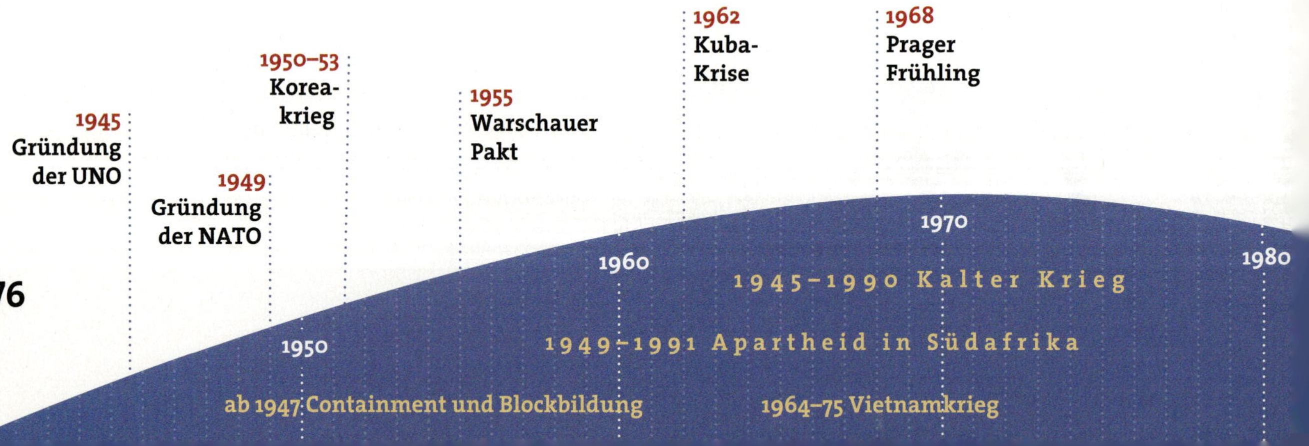

Aus Kolonien werden Staaten

Mit Indiens Unabhängigkeitserklärung begann die Phase der Entkolonialisierung, in deren Verlauf die meisten Länder, die über Jahrzehnte, wenn nicht gar über Jahrhunderte hinweg von überwiegend europäischen Kolonialmächten beherrscht und ausgebeutet worden waren, ihre Unabhängigkeit erhielten. Die Wege, die zur Befreiung führten, glichen einander nicht. Sie waren jedoch in der Mehrzahl geprägt von Unruhen, von Kämpfen rivalisierender Volks- und Bevölkerungsgruppen oder Parteien. Und die meisten führten zu Diktaturen oder Militärregimen. Gemeinsam war im Grunde allen, dass der politischen Unabhängigkeit nicht die wirtschaftliche folgte: Sie blieben gebunden an ihre früheren Kolonialmächte, den Weltmarkt, ausländische Kredite, Aufträge und Entwicklungshilfe. Und alle tragen bis in die Gegenwart hinein Spuren bzw. Lasten der Kolonialzeit: Viele dieser „jungen" Staaten sind hoch verschuldet. Die schlechte wirtschaftliche Lage, hohe Arbeitslosigkeit, geringe Bildungschancen und die damit verbundene Perspektivlosigkeit bedingen bzw. verschärfen soziale Spannungen und fördern die Bereitschaft zu Gewalt und Krieg. Um stärker zu werden, schlossen die meisten der ehemaligen Kolonien Bündnisse (z. B. die AKP-Staaten) – und erhofften, dass sie als Gemeinschaft eher internationale Partner und Finanziers finden würden. Im Fall der Lomé-Abkommen hat sich die Hoffnung erfüllt.

Wir wiederholen zentrale Begriffe und Methoden

Daten und Begriffe	
Containment	S. 118
Kalter Krieg	S. 119
Blockbildung	S. 119
Kuba-Krise	S. 122
Auflösung des Ostblocks	S. 135
NATO	S. 155

Methoden	
Einen Dokumentarfilm analysieren	S. 130
Publizistische Texte hinterfragen	S. 144

1 Analysiert M1. Diskutiert, mit welcher politischen Richtung der französische Karikaturist sympathisiert haben könnte. Nennt Belege dafür in M1.

M1 **„Nein ...!"**, Plakat von Jean Effel, 1980

1990 Auflösung des Ostblocks

1991 Auflösung des Warschauer Pakts

1993 Europäische Union (EU)

2004 Osterweiterung der EU

Globale Informationsgesellschaft – digital vernetzt und doch gespalten?

Eine „digitale Kluft"?

Wenn von Information, Kommunikation, Massenmedien die Rede ist, wird schnell deren Globalisierung mitgedacht und angenommen, sie sei inzwischen überall realisiert. Wie steht es aber um die globale Informationsgesellschaft? Wer nimmt bisher an ihr teil bzw. wer ist von der Teilnahme (noch) ausgeschlossen? Welche Möglichkeiten werden gesehen, um die „digitale Kluft" zu verringern?

Lernen als Aktivität im Internet

Die weltweite Verbreitung des Internets zeigt die gegenwärtige und mögliche künftige Entwicklung der Medien. Die Informations- und Massenmedien haben aber bereits die Geschichte des 20. Jahrhunderts stark beeinflusst.

Mediengeschichte beschäftigt sich mit der Frage, welchen Einfluss die Medien (Massenpresse, Rundfunk, Fernsehen) auf das Alltagsleben der Menschen hatten. Welche Voraussetzungen waren nötig, um die Medien nutzen zu können (z. B. Lesefähigkeit, finanzielle Lage, Freizeit)? Wie wurden sie verbreitet und genutzt? Wie veränderten sie den Alltag?

M1 Das „Loch-in-der-Wand-Experiment"

Der Journalist Walter Wüllenweber schrieb 2001 im Magazin „Stern":

„Ich nenne es das Loch-in-der-Wand-Experiment", sagte Sugata Mitra, der Mann, der die Idee dazu hatte. Die Wand ist eine für Indien typische Mauer. Haarscharf trennt sie zwei Welten. An die eine Seite branden die Ausläufer des berüchtigten Kalkaj-Slums. Hier wurde Satish Kumar geboren, hier lebt er: eine Kloake, in der die Menschen in Hütten hausen, unter Plastikplanen oder unter freiem Himmel. Schweine durchwühlen Müllberge. Keine Wasserleitung, keine Toiletten … Auf der anderen Seite der Mauer arbeitet der Wissenschaftler Sugata Mitra. Hier plätschern Springbrunnen. Der Duft frisch gemähten Rasens mischt sich mit dem Slumgestank. Männer in Anzügen stehen beisammen mit Teetassen in der Hand. In den Jacketts fiepen Handys. Unmittelbar an der Mauer steht eine Ganesh-Statue, der Gott des Erfolgs, dahinter das palastartige Hauptquartier von NIIT, einem der großen Softwareproduzenten Indiens und dem weltweit größten Entwickler von Computer-Lernprogrammen. Rund 5000 Mitarbeiter beschäftigt der Konzern in 37 Ländern … Im Frühjahr 1999 verblüffte Sugata Mitra seinen Chef mit einem Vorschlag … Wenige Tage später beobachteten die „Anzüge" im Garten, wie sich Handwerker an der Mauer zu schaffen machten. Dicht neben der Ganesh-Statue stemmten sie ein Loch in die Wand und installierten darin ein Computer-Terminal plus einen Joystick, der wie eine Maus funktioniert. Den Computer schlossen sie ans Internet an. Fertig. Das Experiment hatte begonnen. Mit einer versteckten Videokamera zeichnete Sugata Mitra damals die ersten Momente auf – ein beeindruckendes Dokument. Am unteren Bildrand läuft eine eingeblendete Uhr. Die Blechklappe, die den Bildschirm vor Regen schützt, wird hochgeklappt:

1. Minute: Ein etwa 12-jähriger Junge steht vor dem Bildschirm und fummelt am Joystick.
2. Minute: Er hat verstanden, wie er den Cursor steuern kann.
5. Minute: Durch Doppelklick öffnet er eine Datei.
8. Minute: Er ist im Internet …

Schon zwei Minuten später beginnt der Junge aus dem Slum, das Gelernte seinen Freunden beizubringen. Seit diesem Moment hängt vor dem Loch in der Wand eine Kindertraube. Sie hängt dort bis heute. Von Sonnenaufgang bis in die Nacht … Die meisten Kinder sprechen nur Hindi. Statt zur Schule zu gehen, betteln sie. Sie können nicht lesen, schon gar keine lateinischen Schriftzeichen. Doch nur wenige Wochen, nachdem sich die Klappe zum ersten Mal öffnete, fanden sich die Kinder problemlos im weltweiten Netz zurecht … Inzwischen wird das Experiment auch im Ausland beobachtet. Das Londoner Institute für Social Inventions verlieh dem „Hole in the Wall" den Preis „Soziale Erfindung des Jahres".

Stern, Heft 42, 11. Oktober 2001.

M2 „Programmieren liegt uns im Blut“

Aus einem Interview mit indischen Informatikstudenten (1998):

Frage (nachdem vorher über die großen Unterschiede im Einkommen der Eltern früher und der jungen Generation heute gesprochen wurde): Also ein tiefer Riss zwischen der Generation der Eltern, die noch sehr in indischen Traditionen verhaftet ist, und den westlich geprägten jungen Leuten?

Sapna Nair (25): Wenn wir zu Hause in unseren Familien sind, fällt der Unterschied gar nicht so sehr ins Gewicht. Wir kleiden uns oft indisch, essen indisch, verrichten das Puja, das traditionelle Gebet. Manche stellen auch im Büro einen roten Ganesh auf ihren Computer. Das ist der elefantenköpfige Gott der Weisheit. Das eigentliche Arbeitsleben ist aber völlig anders als das unserer Eltern …

Frage: Warum haben gerade Inder ein so herausragendes Talent zum Schreiben von Software?

Devjyoti Paul (27): Das hat viel mit unserer hinduistischen Tradition zu tun. Indische Gelehrte kannten bereits vor 3000 Jahren das ganze Sonnensystem. Mathematik war schon früh sehr entwickelt, sie kannten Differenzialgleichungen, rechneten mit der Zahl Null. Wer den Hinduismus verstehen und leben will, braucht systematische Denkansätze. Und genauso ist es, wenn man sich ans Programmieren macht. Wir haben das gleichsam im Blut.

BMW-Magazin, H. 2, 1998, S. 98 ff.

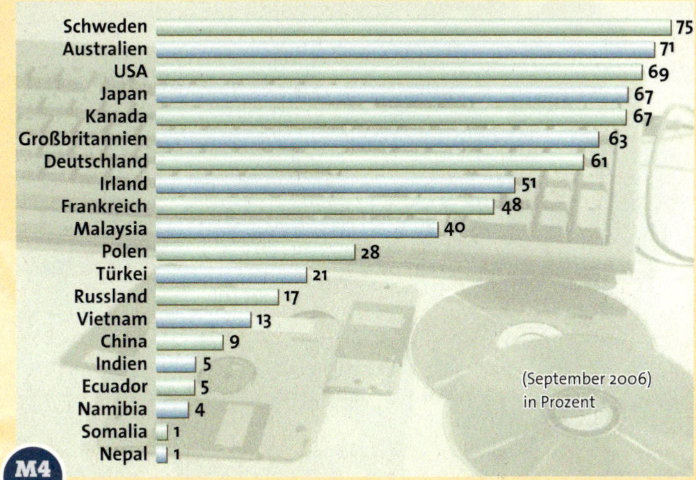

M4 **Internet-Nutzer weltweit**, 2006

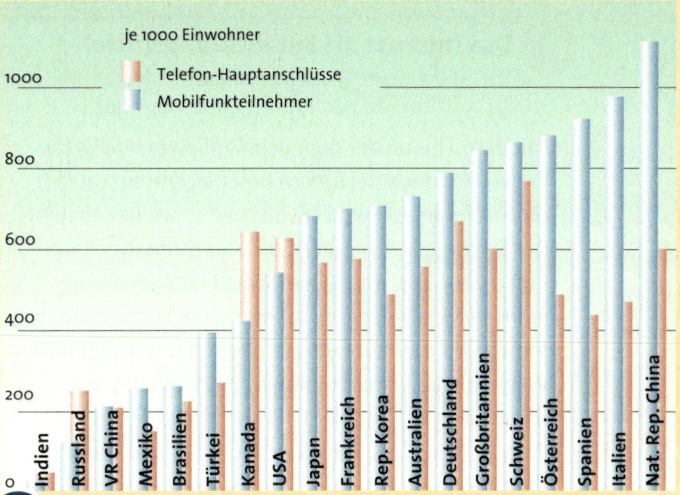

M5 **Telefonanschlüsse und Mobilfunkteilnehmer**, 2003

„Das Fenster zur Welt“, indische Kinder vor einem PC mit Joystick, Foto, 2001

M3

1 Erarbeite an M1 und M3, was unter „digitaler Kluft“ zu verstehen ist.

2 Untersuche an M2, in welchem Verhältnis kulturelle Tradition und neue Technologien zueinander stehen.

3 Beschreibe mithilfe von M4 und M5 die Verbreitung von Telefon, Mobilfunk und Internet und erörtere mögliche Folgen für die Menschen bzw. die Kommunikationssituation in den verschiedenen Regionen.

M6 Das Radio – Ablösung durch Fernsehen und Internet auch in Afrika? Foto, 2000. Bisher spielte der Rundfunk in vielen Entwicklungsländern eine zentrale Rolle als Informationsquelle und zur Aufklärung, zum Beispiel in gesundheitlichen Fragen. Das Internet wird vermutlich bald die „einseitige" Kommunikation ablösen und neue Formen des Informationsaustausches und der Einbindung in die globale Kommunikation schaffen, wie sie in den Industrieländern bereits stärker verbreitet sind.

M7 Das Internet als Entwicklungshilfe?

Das „Hamburger Abendblatt online" berichtete am 2. März 2001 über die Konferenz „Digital Dividends":

Mit dem Thema der digitalen Kluft zwischen Dritte-Welt- und Industrieländern beschäftigte sich auch die Konferenz „Digital Dividends" … Im Beisein einiger Schwergewichte der Computerbranche, unter ihnen Bill Gates und 3Com-Chef Eric Benhamou, wurden Möglichkeiten diskutiert, die Lücke zwischen Industrieländern und Dritter Welt durch den Einsatz von Informationstechnologie zu schließen – zum finanziellen Nutzen der IT-Branche wie der Entwicklungsländer. C. K. Pralahad, Wirtschaftsprofessor an der Universität Michigan, wurde frenetischer Beifall zuteil, als er den Zuhörern ins Gedächtnis rief, dass die vier Milliarden Menschen der Dritten Welt, die jährlich mit weniger als 1500 Dollar pro Kopf überleben müssen, sehr wohl einen Markt darstellten. Einzig Bill Gates stellte sich gegen diese euphorische Grundstimmung. Kein Mensch, wandte Gates ein, sei am Internet interessiert, solange nicht ausreichend für seine Gesundheit und Bildung gesorgt sei. Jemand, der mit einem Dollar pro Tag auskommen müsse, werde diesen nicht unbedingt in einem Internetcafé ausgeben. Der Microsoftgründer legte der Computerindustrie nahe, mehr Geld in sinnvolle Entwicklungshilfe-Programme zu investieren, statt ständig leere Versprechungen zu machen.

Hamburger Abendblatt online vom 2. März 2001. www.abendblatt.de, Autoren: Alexander Buhler/Jens Ossa.

M8 Great Firewall of China

Für die Bewohner der Volksrepublik China ist das Onlinelexikon „Wikipedia" gesperrt. Dort muss man auf eine zensierte Alternative der Suchmaschine „Baidu" zurückgreifen:

Die Große Mauer in China sollte früher nicht nur das Reich der Mitte sichern, sondern auch von barbarischen Einflüssen fernhalten. Heute dienen Zensur und Internet-Filter als Mauer gegen den barbarischen Westen, von einem freien Informationsfluss im Internet kann in China nicht die Rede sein. Man spricht vom „Great Firewall of China". Ausgesperrt wird aus dem chinesischen Netz auch die bekannte Wikipedia … Dafür gibt es seit April eine neue, chinesischsprachige Enzyklopädie, die nutzergenerierte[1] Inhalte anbietet: … In der Baidu Baike können nur Nutzer Artikel schreiben oder verändern, die sich vorher registriert haben. Freigeschaltet werden alle Beiträge von Moderatoren … Dass dabei zensiert wird, liegt auf der Hand. „Schlechte Bewertungen des gegenwärtigen nationalen Systems" und „Angriffe auf Regierungsinstitutionen" sind nicht erlaubt. Das Problem, wie man mit Einflussversuchen der chinesischen Behörden umgeht, stellt sich allen weltweit operierenden Internetfirmen.

Albrecht Ude, Zeit online, 23. Mai 2006.

1 von Nutzern der Enzyklopädie selbst verfasste Artikel

M9 **Radiohörer,** Foto, 1926

M10 „Leitmedien“ im 20. Jahrhundert

Der Historiker Axel Schildt unterschied 2001 folgende Phasen der Informationsgesellschaft im 20. Jahrhundert:

Die einzelnen Phasen können auf die Zeit um 1900 bis um 1930 (Massenpresse), von etwa 1930 bis um 1960 (Rundfunk) und ab etwa 1960 (Fernsehen) datiert werden. Das jeweilige „Leitmedium“ bestimmte den Beginn einer neuen Phase in der Medienverbreitung. Parallel und die Phasen überschneidend wurden weitere Medien wichtig, wie die illustrierte Massenpresse, der Stummfilm und der Tonfilm. Voraussetzungen der massenmedialen Entwicklung seit 1900 waren: die Urbanisierung (Großstadtentwicklung), die Alphabetisierung und Bildung, die elektrische Telegrafie, die Fotografie, die neue Drucktechnik (Rotationspresse, Offsetdruck, Zeilensetzmaschine) und die Entstehung eines Nachrichtenmarktes (Agenturen).

Zusammengestellt nach Axel Schildt, Das Jahrhundert der Massenmedien, in: Geschichte und Gesellschaft, 27. Jg., Heft 2, 2001, S. 177 ff.

Massenmedien im 20. Jahrhundert – im Internet erforschen und darstellen

Zur Erforschung der Mediengeschichte im 20. Jahrhundert könnt ihr ein „Web-Quest“ durchführen. Dabei geht ihr von bestimmten Fragen aus und holt möglichst alle Informationen aus dem Internet. Die Ergebnisse werden als Website präsentiert, von der andere lernen und sie als Anlass für weitere Untersuchungen nehmen können.

a) Legt gemeinsam das Thema fest: Geht von den Rahmenfragen am Ende des Darstellungstextes aus und grenzt eure Fragestellung weiter ein (z. B. die Geschichte der Zeitung, des Radios).

b) Stellt eure „Quellen“ zusammen (Web-Adressen, z. B. Suchmaschinen, wie www.google.de).

c) Bildet Interessengruppen und führt eine Recherche durch (siehe Methodenübersicht). Achtet dabei auf die Fragestellung und die Einhaltung des Themas. Bewertet innerhalb der Gruppen eure Ergebnisse auf Verwendbarkeit.

d) Entwickelt auf einem Plakat eine Strukturskizze, wie ihr die Informationen der einzelnen Gruppen auf einer Website darstellen möchtet. Erstellt aus euren Ergebnissen Textdokumente, sammelt Grafiken und Abbildungen. Erarbeitet gemeinsam mit „Fachleuten“ an eurer Schule eine Web-Präsentation.

4 Stelle fest, welche Positionen in M7 vertreten werden, und nimm Stellung.

5 Untersuche an M8, wie Internetnutzung und politische Verhältnisse zusammenhängen. Informiere dich über die politische Situation in China.

6 Vergleiche die Situation in Afrika heute (M6) mit den Zeit-Phasen der „Leitmedien“ in Deutschland (M10).

M11 **Zuschauer bei der Fernsehübertragung der Fußball-WM,** Foto, 1954

4. Deutschland – geteilt und vereint

„Wahnsinn!“ war vielleicht das Wort, das beim Fall der Mauer im November 1989 am häufigsten ausgerufen wurde, als Ostdeutsche und Westdeutsche sich in Berlin in den Armen lagen und der Rest der Nation ungläubig und mit offenem Mund auf den Fernseher starrte. Die seit 1990 bestehende Einheit Deutschlands ist inzwischen eine Selbstverständlichkeit. Sie wird von kaum jemandem noch grundsätzlich infrage gestellt. Aber nicht alles scheint – vor allem aus ostdeutscher Sicht – an der deutschen Einheit gelungen zu sein.
Um die gegenwärtige Lage zu verstehen, ist es notwendig, in der Geschichte Deutschlands nach der Entstehung der deutschen Teilung und der darauf folgenden Entwicklung zu fragen. Dieses Vorgehen – von gegenwärtigen Fragen und Problemen auszugehen und ihre Entstehungsbedingungen zu erforschen – wird als gegenwartsgenetische Untersuchungsmethode bezeichnet. Entsprechend ist dieses Kapitel angelegt: Es wird gefragt nach der heutigen Situation im vereinigten Deutschland, nach der Ausgangssituation 1945, nach der Spaltung und doppelten Staatsgründung, nach dem Alltagsleben in Ost und West und nach den Voraussetzungen und Folgen der deutschen Einheit von 1990.

Der Potsdamer Platz in Berlin,
Fotos von 1987 – 1950 – 2001

1 Setzt euch mit den Aussagen zur Zustandsbeschreibung Deutschlands nach 1990 auseinander. Formuliert eigene Thesen.

2 Beschreibt die Abbildungen und überlegt, wie sich in ihnen deutsche Geschichte seit 1945 widerspiegeln könnte.

Die Leute hier kriegen 80 Prozent von dem, was ihre Kollegen im Westen verdienen. Das kann nicht wahr sein. Die Mieten sind auch nicht niedriger. Wenn, dann sollten die Leute auch weniger bezahlen dürfen.

Claudia Pechstein, Olympiasiegerin, 2002

Ich bin ein Kind des Kalten Krieges. Alles, was ich in der Schule über Politik und Geschichte gelernt und gehört habe, war geprägt von den Lehrern und Historikern jener Zeit. Damals hätte ich mir nie träumen lassen, dass Deutschland eines Tages wieder EIN LAND sein wird. Doch es ist so, und dadurch wird der Geburtstag dieser Republik auch großartig.

Hans Meiser, TV-Talkmaster, zum 50. Geburtstag der Bundesrepublik 1999

Die Wiedervereinigung vor sechs Jahren war einer der ganz großen Augenblicke unserer Geschichte … Seit 1990 haben wir mit vereinten Kräften schon vieles erreichen können. Unsere gemeinsamen Leistungen beim Aufbau in den neuen Bundesländern werden überall auf der Welt anerkannt und bewundert … Jeder weiß, dass im vereinten Deutschland noch sehr viel zu tun bleibt. Der Aufbau in den neuen Bundesländern wird noch Jahre dauern und große Anstrengungen erfordern.

Helmut Kohl, Bundeskanzler, 1996

Wie muss sich ein 12-Jähriger fühlen, dessen Eltern keine Arbeit haben? Er geht in die Schule, die Eltern schlafen noch. Er kommt heim, sie sitzen rum. Wie sollen sie ihm Orientierung geben?

Thomas Brussig, Schriftsteller, 2002

Deutschland ist meine Heimat. Und von der sollte ich glauben, dass sie einen guten und einen schlechten, einen richtigen und ein falschen Teil hat. Fünf Jahre ist es erst her, dass sie zum ersten Mal das Deutschlandlied spielten, weil ich schneller geschwommen war als andere … Ich kann mir gut vorstellen, jahrelang in einem anderen Land zu leben. Aber ich kann mir nicht vorstellen, mich nicht auf den Tag der Rückkehr zu freuen.

Franziska van Almsick, Schwimmerin, 1998

M1 **Demonstration in Leipzig,**
Foto, 11. Dezember 1989

„Wir sind das Volk!" – „Wir sind ein Volk!" – „Deutschland einig Vaterland!" Diese Rufe und Aufschriften auf Transparenten aus der Zeit vom Herbst 1989 bis Anfang 1990 sind vielen Menschen in Deutschland noch in deutlicher Erinnerung – damals oft verbunden mit Gefühlen überwältigender Freude und Dankbarkeit.
Heute bleiben allenfalls noch „erinnerte Gefühle" zum Mauerfall und der Vereinigung beider deutscher Staaten am 3. Oktober 1990. Mehr als 15 Jahre danach sehen viele im Osten den Westen ferner denn je liegen. Wie nehmen die Deutschen heute die Einheit und das Zusammenwachsen wahr?

1 Tauscht – ausgehend von M2 und M3 – eure Meinungen und Erfahrungen über „Ossis" und „Wessis" aus.

2 Vergleiche M1 und M5 und ordne sie in den zeitlichen Zusammenhang ein. Formuliere Hypothesen zu den Ursachen der Unterschiede.

3 Erläutere anhand von M4 das „Wechselspiel" im Verhältnis von Ost- und Westdeutschen. Ziehe den Darstellungstext heran.

4 Untersuche die „Feindbildtheorie" in M6. Versuche sie mit Beispielen aus Kapitel 3 zu belegen. Nimm zusammenfassend zur Position des Autors Stellung.

M2 „Wir waren ziemlich schnell gespalten"

Die ostdeutsche Schülerin Maxim, 17 Jahre, 11. Klasse, erinnerte sich 1991 an den Fall der Mauer:

Die Atmosphäre in der Klasse hat sich im Herbst '89 verändert. Wir waren ziemlich schnell gespalten. Die eine Gruppe hing am alten System, die andere war wesentlich offener, diskutierte über die verschiedenen Möglichkeiten. Die erste Gruppe wurde im Laufe der Monate unpolitisch, die andere spaltete sich in links und rechts.
Anfangs fand ich schon toll, dass die Mauer weg war. Als aber das Einheitsgeschrei in Leipzig losging und ich merkte, dass es mit der DDR zu Ende geht, war ich schon nicht mehr so begeistert. Ich wusste natürlich auch, dass es so kommen musste. Es war ja wirklich ein Unding, dass zwischen zwei deutschen Ländern so eine undurchlässige Grenze war. Diese Erkenntnis entwickelte sich bei mir aber auch erst allmählich. Manchmal habe ich überlegt, ob wir die Chance gehabt hätten, etwas Besseres aus diesem Land zu machen, wenn die Grenze später geöffnet worden wäre. Vielleicht hätten sich die Leute dann nicht so blindlings in die Einheit gestürzt.
Gewünscht hätte ich mir den dritten Weg, von dem anfangs die Rede war. Eben eine DDR, in der die Menschen gern gelebt hätten. Je mehr Zeit nach der Wende verging, desto klarer wurde mir, dass eine andere Entwicklung unlogisch gewesen wäre. Die Teilung war nur möglich durch die Diktatur und die starke Mauer.
Unter den Jugendlichen hat sich auch schnell herauskristallisiert, wofür man war. Entweder du warst für Deutschland oder du warst noch für diese DDR. Anfangs war die Mehrheit für Deutschland. Jetzt ändert es sich langsam.

Zit. nach Christoph Kleßmann/Georg Wagner, Das gespaltene Land, München (C. H. Beck) 1993, S. 47 f.

M5

„**Einheit**“, Karikatur von Burkhard Mohr, 1995

M3 Der Blick nach Osten

Der Tankstellenbesitzer Edgar Emter aus Lauterbach im Schwarzwald sagte 2000 zu einem Reporter:

Die DDR war immer weit weg für mich, Verwandte oder Bekannte hab ich dort nicht. Hatte ich auch nie. Die Schweiz, Frankreich oder Österreich sind uns einfach näher. Gut, die Nachbarn haben ab und zu ein Päckchen geschickt, ich nicht. Den Fall der Mauer hab ich damals im Fernsehen verfolgt, für mich hatte das aber eher 'nen faden Beigeschmack … Insgesamt ist das aber schon in Ordnung. Von der Geschichte her hat das seine Berechtigung … Was bei uns 40 Jahre lang gedauert hat, kann dort nicht in 10 Jahren passieren.

Der Spiegel, Nr. 40, 2000, S. 78.

M4 Ein Wechselspiel von Störungen?

Aus einem Interview mit dem ostdeutschen Psychotherapeuten Hans-Joachim Maaz (2001):

Frage: Versuchen Sie eine grobe Diagnose: In welchem Zustand ist der Patient Deutschland elf Jahre nach der Vereinigung?

Hans-Joachim Maaz: Am wichtigsten scheint mir, dass die Distanz zwischen Ost und West noch stärker gewachsen ist. Dabei lassen sich auf ostdeutscher Seite drei Phasen unterscheiden: Der anfänglichen Aufbruchstimmung und Euphorie folgten Ernüchterung und Enttäuschung. Und jetzt stellen wir fest, dass der Osten nach seinem Selbstwert sucht, getreu dem Motto: „Wir sind auch wer“. Darin liegt Trotz und darin liegt zugleich die Botschaft: Wir sind anders als die Westdeutschen – und wir wollen auch nicht werden wie die …

Mein Befund ist klar: Zwischen Ost- und Westdeutschland ist ein Wechselspiel von fast gleichwertigen Störungen zu beobachten. Im Osten existiert bis heute die Hoffnung, erlöst zu werden, in glücklichere Verhältnisse geführt zu werden. Das ist die Hoffnung des Untertanen. Dazu passt die Illusion im Westen, der Osten wäre tatsächlich zu beglücken. Man müsse nur Geld schicken, dann würden die Menschen frei, froh und dankbar.

Die Zeit vom 29. März 2001.

M6 Feindbilder

Der Historiker Wolfgang Benz schrieb 2001:

Arroganz wurde zum Feindbild der einen Seite, das „Jammern“ diente zur Festlegung der anderen. Beide Bilder gründen auf Erfahrungen, Missverständnissen und nicht richtig einzuordnenden Realitäten der Gegenseite. Die Vorurteile wurzeln in unterschiedlicher Sozialisation[1], basieren auf Gewohnheiten und Verhaltensweisen, die von der Gegenseite nicht wahrgenommen oder nicht richtig eingeordnet werden können. Durch die Verbreitung der Vorurteile über Witze, ausgrenzende Verständigung im Alltagsgespräch und schließlich mithilfe öffentlicher Medien entsteht eine scheinbare Repräsentativität. Dadurch verdichtet sich die angebliche Gewissheit, alle „Wessis“ seien so und alle „Ossis“ verhielten sich so, auch wenn die ursprünglich zugrunde liegenden individuellen Erfahrungen nicht verallgemeinert werden dürfen …

Die Erfahrungen, die Bürgerinnen und Bürger der beiden deutschen Staaten in der Zeit des Kalten Krieges gemacht hatten, die Einflüsse, denen sie ausgesetzt waren, die Zeitungsnachrichten, Fernsehbilder und Radiokommentare, die sie gelesen, gesehen und gehört hatten, prägten das Bild vom anderen nachhaltig … Zwei sehr verschiedene Welten trafen, ohne jede Vorbereitung, im Herbst 1989 aufeinander. Die Menschen in Ost und West mussten sich aneinander gewöhnen, hatten dazu wenig Zeit, und bald sah es so aus, als gebe es eine neue Einteilung in Verlierer und Gewinner, in Sieger und Unterlegene.

Wolfgang Benz, Stereotype des Ost-West-Gegensatzes, in: Informationen zur politischen Bildung, Nr. 271, 2001, S. 48, 52.

1 Einordnung des heranwachsenden Individuums in die Gesellschaft

Flucht, Heimkehr und Vertreibung nach dem Zweiten Weltkrieg

Massenflucht, Vertreibung und Heimkehr

Mit dem Vorrücken der sowjetischen Truppen setzte im Herbst 1944 eine Flucht- und Vertreibungswelle der deutschen Bevölkerung ein. Die Vergeltung für die grausame Besatzungsherrschaft der Deutschen in weiten Teilen Mittel- und Osteuropas (dazu hatten auch Vertreibungen in Polen gehört) bekamen jetzt vor allem Frauen mit ihren Kindern zu spüren, die aus Furcht vor der Roten Armee, aber auch als Opfer von „wilden" Vertreibungen in endlosen Flüchtlingstrecks ihre Familie und ihr letztes Hab und Gut zu retten suchten. Viele Menschen starben auf dem Weg nach Westen.

Neben der Rache gab es für die Vertreibung weitere Motive: Polen sollte für das an die Sowjetunion fallende Ostpolen durch die deutschen Ostgebiete entschädigt werden, was die Entfernung der einheimischen Bevölkerung einschloss. Nationale Minderheiten sollten kein Ansatzpunkt für territoriale Forderungen und Konflikte mehr sein. Die Alliierten sahen in ethnisch homogenen Staaten einen Beitrag zur Stabilität dieser Länder und stimmten deshalb dem „Transfer" auf der Potsdamer Konferenz im August 1945 zu. Entsprechend dieser Vereinbarung kam es danach zur planmäßigen Vertreibung fast aller Deutschen aus den Gebieten östlich von Oder und Neiße, der Tschechoslowakei und Ungarn. Humane Regeln wurden dabei kaum beachtet.

Insgesamt waren am 1. April 1947 in den vier Besatzungszonen Deutschlands etwa 10 Millionen Flüchtlinge und Vertriebene registriert, einschließlich einer Million Flüchtlinge, die aus Angst vor dem Kommunismus, offener Repression und politischer Verfolgung aus der sowjetischen Zone in die drei westlichen Zonen geflohen waren. Umgekehrt befanden sich bei Kriegsende 9 bis 11 Millionen Zwangsarbeiter, Kriegsgefangene und KZ-Häftlinge anderer Nationalitäten in Deutschland, die zurück in ihre Heimat – vor allem in die Sowjetunion, nach Polen und in die baltischen Staaten – drängten.

Die Städte und Gemeinden im Gebiet der heutigen Bundesrepublik bemühten sich, die Neuankömmlinge unterzubringen und zu versorgen. Dies war jedoch in den zerbombten Städten nicht einfach. Die mit der eigenen Existenzsicherung beschäftigten Einheimischen teilten häufig nur ungern das, was sie gerettet oder auf dem Schwarzmarkt organisiert hatten. Hinzu kam, dass die Flüchtlinge und Vertriebenen aus einem ganz anderen kulturellen Umfeld stammten, häufig einer anderen Konfession angehörten, fremde Dialekte sprachen und sich mit neuen gesellschaftlichen Strukturen konfrontiert sahen, die es ihnen erschwerten, sich heimisch zu fühlen. Dennoch gelang es den Flüchtlingen und Vertriebenen in wenigen Jahren, sich mit großem Arbeitseinsatz, gegenseitiger Hilfe und staatlicher Förderung eine neue Existenz aufzubauen.

M1 Deutsche Flüchtlinge aus Polen, die in Berlin angekommen sind und auf einen Zug nach Westen warten, Foto, Dezember 1945

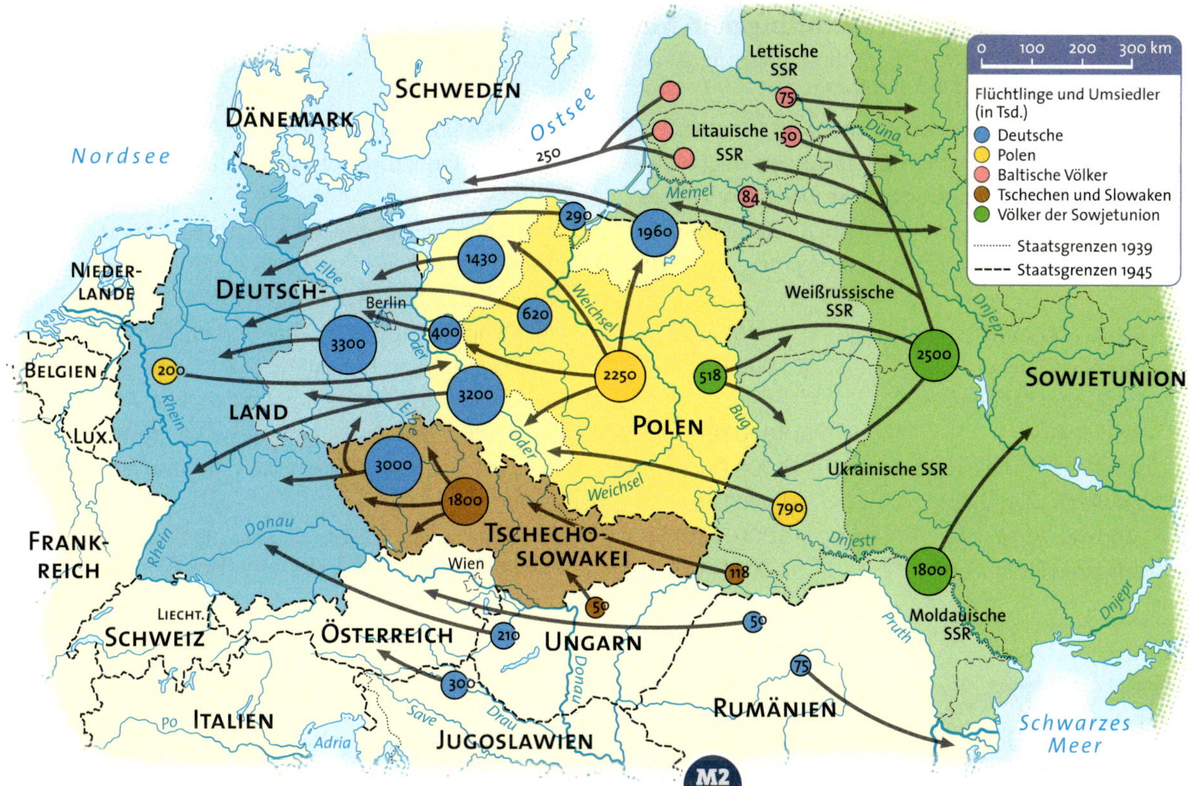

M2 Flucht, Vertreibung und Umsiedlung 1945–1950

M3 Plädoyer für die Vertreibung Deutscher

Der britische Premier Winston Churchill sprach sich am 15. Dezember 1944 vor dem Unterhaus für die Vertreibung Deutscher aus Ostpreußen und anderen osteuropäischen Gebieten aus:

Die Vertreibung ist, soweit wir in der Lage sind, es zu überschauen, das befriedigendste und dauerhafteste Mittel. Es wird keine Mischung der Bevölkerung mehr geben, wodurch endlose Unannehmlichkeiten entstehen …

Ich sehe auch nicht ein, warum in Deutschland kein Platz für die Bevölkerung Ostpreußens und der anderen von mir erwähnten Gebiete sein sollte. Schließlich wurden bereits sechs bis sieben Millionen Deutsche in diesem schrecklichen Kriege getötet, in den sie zum zweiten Male in einer Generation Europa ohne Zaudern gestürzt haben … Überdies ist zu erwarten, dass noch mehr Deutsche in den Kämpfen des kommenden Frühjahrs und Sommers getötet werden.

Zit. nach Claudia Kraft, Vertreibungen und Umsiedlungen in, aus und nach Polen, Geschichte lernen, H. 105, 2005, S. 35.

1 Setze dich kritisch mit Churchills Argumenten zur Vertreibung (M3) auseinander.

2 Zeige anhand von M1 bis M5, wo, wie und aus welchen Gründen in den Jahren 1945 bis 1947 Millionen von Menschen in Europa über weite Entfernungen hinweg „unterwegs" waren.

M4 Unterbringung von Flüchtlingen in Nord-Baden 1946

Nach der ersten Welle von Ostflüchtlingen im Winter 1945/46 gab am 8. April 1946 der Kommissar für Flüchtlingswesen in Karlsruhe für Nord-Baden bekannt:

Mit Rücksicht auf die bereits jetzt von einzelnen Dienststellen erhobenen Vorstellungen wegen Zuteilung von Flüchtlingstransporten werden nochmals folgende Flüchtlingskontingente für die einzelnen Stadt- und Landkreise bekannt gegeben:

Stadt- und Landkreis Bruchsal:	6 000 Flüchtlinge
Landkreis Buchen:	21 000 Flüchtlinge
Stadt- und Landkreis Heidelberg:	38 000 Flüchtlinge
Stadt- und Landkreis Karlsruhe:	48 000 Flüchtlinge
Landkreis Mannheim:	21 000 Flüchtlinge
Landkreis Mosbach:	15 000 Flüchtlinge
Landkreis Pforzheim:	6 000 Flüchtlinge
Landkreis Sinsheim:	21 000 Flüchtlinge
Landkreis Tauberbischofsheim:	24 000 Flüchtlinge

… Aus den hierher gerichteten Schreiben und Beschwerden einzelner Gemeinden ist der Eindruck erweckt, dass für die bisherigen Zuweisungen von Flüchtlingen eine planmäßige Vorbereitung der Unterbringung nicht besteht. Diese Ungewissheit muss unverzüglich beseitigt werden. Jede Aufnahmegemeinde muss wissen, auf welche Mindestflüchtlingszahl sie sich zur Dauerunterbringung einzurichten hat …

Zit. nach Generallandesarchiv Karlsruhe (Hg.), Der deutsche Südwesten zur Stunde Null, Karlsruhe, 1975, S. 169.

M5 Vertriebene Deutsche aus Jugoslawien im Lager Schlotwiese in Stuttgart-Zuffenhausen, Foto, 1950

3 Erläutere, welche Informationen M4, M5 und M6 über die Maßnahmen der Behörden zur Bewältigung der „Flüchtlingsströme“ bieten.

4 Fasse mit deinen eigenen Worten M6 zusammen. Wie beurteilt die Zeitzeugin die Ankunft und Aufnahme in Bretten?

5 Überlege, was ein Brettener „Altbürger“ M6 hinzufügen würde, um die Situation der Ortsansässigen zu verdeutlichen. Nutze dazu M1 und M2 auf S. 190 f. (Methodenseite).

6 Stelle mithilfe von M7 die Folgen der Zwangsarbeit in Deutschland für Anna P. nach dem Ende des Krieges heraus. Diskutiert gemeinsam die Folgen der Verschleppung auf ihr weiteres Leben.

7 Fragt eure Großeltern, Verwandten oder Nachbarn nach ihren Erfahrungen in der Nachkriegszeit mit Flucht oder Vertreibung (siehe Arbeitsschritte „Zeitzeugen befragen“, S. 195).

M6 Ankunft im Westen

Else Z., die zusammen mit ihrem Ehemann und ihren vier Kindern aus der Tschechoslowakei ausgesiedelt wurde, kam im Mai 1946 nach Bretten (Nord-Baden). 1995 berichtete sie über ihre Ankunft dort:

Es war etwa zwei Uhr, als wir in Bretten ankamen. Kein Mensch am Bahnhof. Der Stationsvorsteher kam und sagte: „Aussteigen! Wir fahren weiter", und ich fragte: „Ja, sind wir denn nicht gemeldet?" Na, sie wussten nichts davon, dass ein Transport kam. Ich sagte: „Die Kinder haben Hunger! Wir haben noch nichts gegessen!" Ich habe mich dann vorgestellt und wurde dann auch bestimmt zur Leiterin des Transports nach Bretten. Also bin ich mit zwei Männern aus dem Transport zum Bürgermeister ... Er hat dann sofort das Rote Kreuz angerufen, die kamen dann sogleich mit Lebensmitteln, hauptsächlich Milch ... „Und die Quartiere?", habe ich gefragt. Sagte er: „Kommen Sie, ich zeige Ihnen die Quartiere." – Da waren drei Baracken, wo die Fremdarbeiter wohnten, die waren völlig verlaust, verdreckt, Mäuse drin. ... Ich sagte: „Das geht doch nicht! Dann bleiben wir lieber in den Waggons." Wir haben dann Decken bekommen, Essen auch ...

Später waren wir 3000 Heimatvertriebene. Wir wurden ... die Zigeuner genannt ... Ich habe gesagt: „... Ihr müsst jetzt auf die Leute zugehen. Die kommen nicht auf uns zu! Ihr müsst mit den Leuten sprechen!" Ich war ja in den Schulen, für die Kinder im Kindergarten, damit eine Zusammenführung kommen könnte. Es war wichtig für uns, dass wir mit den Deutschen gesprochen haben ...

Ich habe im Lager gesagt, dass wir eine eigene Partei gründen müssen, damit wir hier das Mitspracherecht bekommen ... Dadurch konnten wir die Zuteilung der Bezugsscheine (für Schuhe, Mäntel, Lampen, Glühbirnen, Bleche, Gläser usw.) gerechter aufteilen, denn bevor ich im Gemeinderat war, wurde ich in den Verteilerkreis aufgenommen ... Unsere Partei hieß ... „Selbsthilfe". In jedem Ort haben die Heimatvertriebenen eine eigene Partei gegründet ...

Die Hauptschwierigkeit bestand in der Anerkennung unserer Partei. Sie wollten, dass wir so bleiben, wie wir waren. Als das Lager 1948 geräumt werden musste, haben der Landrat und der Bürgermeister angeregt, dass die badische Landessiedlung diese Siedlung baut. Wir haben das Grundstück sehr billig bekommen, da es sehr steinig war ... Natürlich war es bei einigen Altbürgern ein Dorn im Auge, dass die Heimatvertriebenen Häuser gebaut haben ...

Heute sind viele Altbürger mit Heimatvertriebenen oder deren Nachkommen verheiratet. Wir haben ein gutes Verhältnis zueinander ...

Maria Halbritter/Christoph Magar, Kriegsende und Nachkriegszeit, Bretten 1945–1948, Brettener stadtgeschichtliche Veröffentlichungen, Bd. 17, Bretten, 1995, S. 233–236.

M7 Rückkehr einer Zwangsarbeiterin

Der Text basiert auf 1993 geführten Interviews mit Anna P. (geb. 1926), die mit 16 Jahren aus dem russischen Taganrog als Zwangsarbeiterin nach Deutschland verschleppt wurde und nach Kriegsende ihren Heimweg antrat:

Ein Offizier setzte sich für Anna P. ein ... So konnte sie schon bald zurück nach Taganrog fahren. Dort erfuhr sie, dass ihre Stiefmutter inzwischen verstorben war. Der Vater hatte ein drittes Mal geheiratet. Ein Studium wurde Anna P. verwehrt, da sie in Deutschland gewesen war.[1] So entschloss sie sich, zu ihrer Schwester nach Baku, Aserbaidschan, zu ziehen, wo sie dann als Friseuse arbeitete. Später arbeitete sie als Pflegerin in einem Krankenhaus und besuchte die Abendschule. Als man dort jedoch erfahren habe, dass sie eine ehemalige Fremdarbeiterin war, sei sie sofort entlassen worden. In Baku lernte Anna P. „den Mann ihres Lebens" kennen, der an der Militärhochschule studierte. Eine Freundin riet ihr, den Mann in Ruhe zu lassen, da alle wussten, dass Anna P. in Deutschland gewesen war. Eine Frau mit dem Stigma[2] „Fremdarbeit in Deutschland" hätte seine Karriere zerstört. So entschloss sich Anna P., den Mann zu verlassen, und kehrte zurück nach Taganrog, wo sie einen Mann heiratete, der auch in Deutschland gewesen war.

Zit. nach Alexander von Plato/Almut Leh, „Ein unglaublicher Frühling". Erfahrene Geschichte im Nachkriegsdeutschland 1945–1948, Bonn (Bundeszentrale für politische Bildung) 1997, S. 221 f.

1 Rückkehrern aus dem Westen wurde unterstellt, kapitalistisch infiziert zu sein.
2 negativ bewertetes Merkmal

Im Archiv recherchieren

An sicherem Ort aufbewahren

Archiv ist von dem griechischen Wort „archeion" (= Regierungsgebäude in der griechischen Polis) abgeleitet, wo wichtige Schriftstücke aufbewahrt wurden. Auch in heutigen Archiven werden viele wichtige und interessante Dokumente verwahrt, die belegen, wie Menschen zu früheren Zeiten gelebt haben. Sie lagern sicher in so genannten Magazinräumen. Wer mit ihnen arbeiten möchte, muss sie bestellen und kann sie im Lesesaal des Archivs einsehen, aber nicht entleihen.
Während bei privaten Archiven eine besondere Erlaubnis für die Benutzung notwendig ist, hat bei öffentlichen Archiven jeder Zutritt. Oft drückt sich schon im Namen des Archivs aus, was dort gesammelt wird. In einem Stadtarchiv finden sich Dokumente zur Stadtgeschichte, z. B. Akten der städtischen Ämter, Ratsprotokolle, Stadtpläne, Fotos und Zeitungen. Die Sammlungen sind jedoch nicht immer vollständig. Es gibt auch Archivmaterialien, die für eine bestimmte Zeit für die Benutzung gesperrt sind, z. B. wenn sie Informationen über noch lebende Personen enthalten.

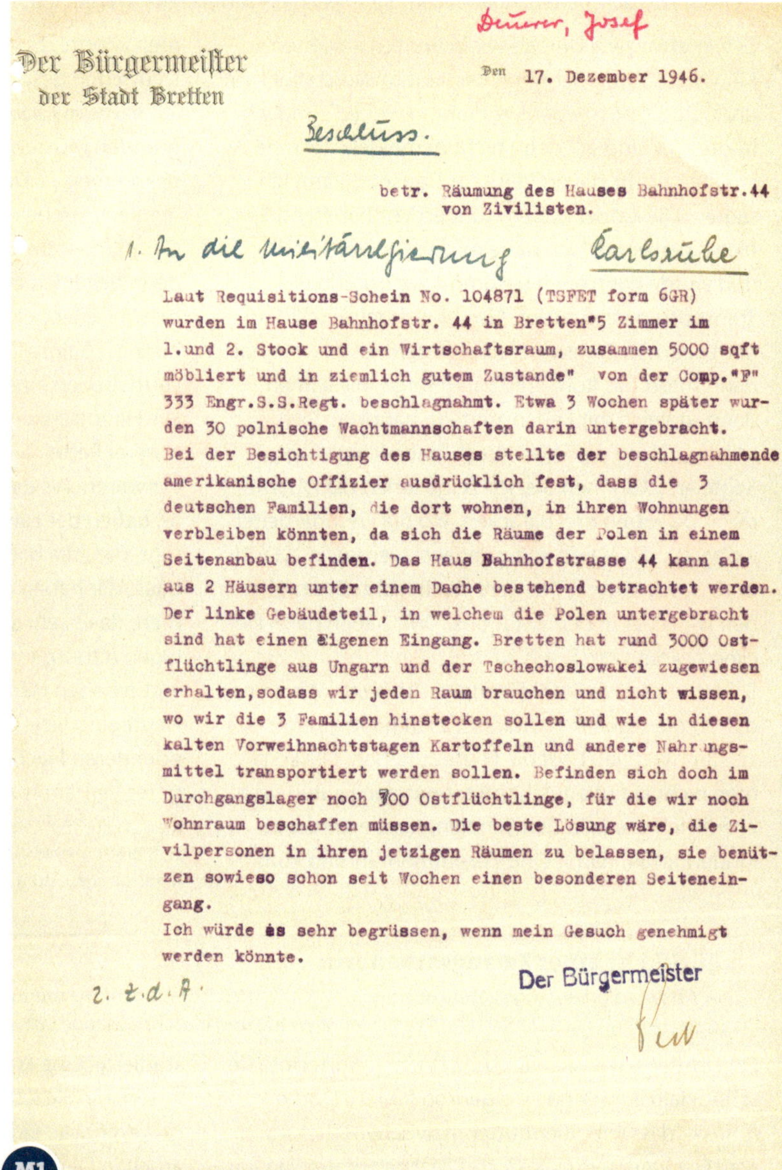

Deurer, Josef

Der Bürgermeister
der Stadt Bretten

Den 17. Dezember 1946.

Beschluss.

betr. Räumung des Hauses Bahnhofstr.44
von Zivilisten.

1. An die Militärregierung Karlsruhe

Laut Requisitions-Schein No. 104871 (TSFET form 6GR) wurden im Hause Bahnhofstr. 44 in Bretten"5 Zimmer im 1.und 2. Stock und ein Wirtschaftsraum, zusammen 5000 sqft möbliert und in ziemlich gutem Zustande" von der Comp."F" 333 Engr.S.S.Regt. beschlagnahmt. Etwa 3 Wochen später wurden 30 polnische Wachtmannschaften darin untergebracht.
Bei der Besichtigung des Hauses stellte der beschlagnahmende amerikanische Offizier ausdrücklich fest, dass die 3 deutschen Familien, die dort wohnen, in ihren Wohnungen verbleiben könnten, da sich die Räume der Polen in einem Seitenanbau befinden. Das Haus Bahnhofstrasse 44 kann als aus 2 Häusern unter einem Dache bestehend betrachtet werden. Der linke Gebäudeteil, in welchem die Polen untergebracht sind hat einen eigenen Eingang. Bretten hat rund 3000 Ostflüchtlinge aus Ungarn und der Tschechoslowakei zugewiesen erhalten,sodass wir jeden Raum brauchen und nicht wissen, wo wir die 3 Familien hinstecken sollen und wie in diesen kalten Vorweihnachtstagen Kartoffeln und andere Nahrungsmittel transportiert werden sollen. Befinden sich doch im Durchgangslager noch 700 Ostflüchtlinge, für die wir noch Wohnraum beschaffen müssen. Die beste Lösung wäre, die Zivilpersonen in ihren jetzigen Räumen zu belassen, sie benützen sowieso schon seit Wochen einen besonderen Seiteneingang.
Ich würde es sehr begrüssen, wenn mein Gesuch genehmigt werden könnte.

Der Bürgermeister

2. z.d.A.

M1 Schreiben des Bürgermeisters der Stadt Bretten an die Militärregierung vom 17. Dezember 1946,
Stadtarchiv Bretten

1 Teilt euch in zwei Gruppen: Stellt euch gegenseitig mithilfe des Arbeitsschritts 4 die Archivalien M1 und M2 vor.

2 Besprecht, welche Informationen über die Situation 1946/47 die beiden Quellen bieten. Welche Fragen sind durch sie entstanden bzw. welche beantworten sie nicht?

3 Führt unter Beachtung der Arbeitsschritte eine Recherche im Gemeinde- bzw. Stadtarchiv zur Lebenssituation von Einheimischen, Flüchtlingen und Vertriebenen in den Jahren 1945–1947 durch.

Arbeitsschritte **Im Archiv recherchieren**

1. Schritt: Genaue Eingrenzung des Themas
Vor dem Archivbesuch solltet ihr das Thema der Recherche inhaltlich und zeitlich genau eingrenzen, damit ihr im Archiv gezielt suchen könnt.

2. Schritt: Archivbesuch vorbereiten
Erkundigt euch nach den Öffnungszeiten des Archivs und versucht, bereits telefonisch herauszufinden, ob dort Material zu eurem Thema zu finden ist. Vielleicht legt euch der Archivar die gesuchten Dokumente zu einem bestimmten Termin heraus. Ansonsten könnt ihr im Archiv mithilfe von Findbüchern, in denen alle Akten aufgelistet sind, die Schriftstücke in den Lesesaal bestellen. Plant dafür entsprechend Zeit ein.

3. Schritt: Archivalien sichten und auswählen
Bei der Arbeit mit Archivalien handelt es sich um einmalige Originale, die ihr in den Händen haltet. Geht entsprechend sorgsam damit um. Fragt nach, ob ihr die für euch interessanten Schriftstücke kopieren dürft (bei Quellen aus dem 20. Jahrhundert z. T. möglich). Ansonsten notiert interessante Sachverhalte und schreibt ggf. das Schriftstück wortwörtlich ab. Notiert immer die vollständige Quellenangabe und den Fundort. Dabei sind euch die Archivmitarbeiter behilflich.

4. Schritt: Ergebnisse auswerten und präsentieren
Tragt die Ergebnisse eurer Archivrecherche zusammen und stellt die gefundenen Quellen der Klasse vor. Geht dabei ein auf:
– Fundort, Quellenart (z. B. Brief, Urkunde), Autor, Adressat, Entstehungszeit, Inhalt, Besonderheiten wie Unterstreichungen usw.
– Aussagewert der Quelle, bezogen auf euer Thema/eure Untersuchungsfragen. Berichtet auch, was bei der Suche ergiebig war und wo Probleme lagen (z. B. Lesbarkeit von Quellen).
Formen der Präsentation: Wandzeitung, Ausstellungstafeln für das Schulfoyer u. a.

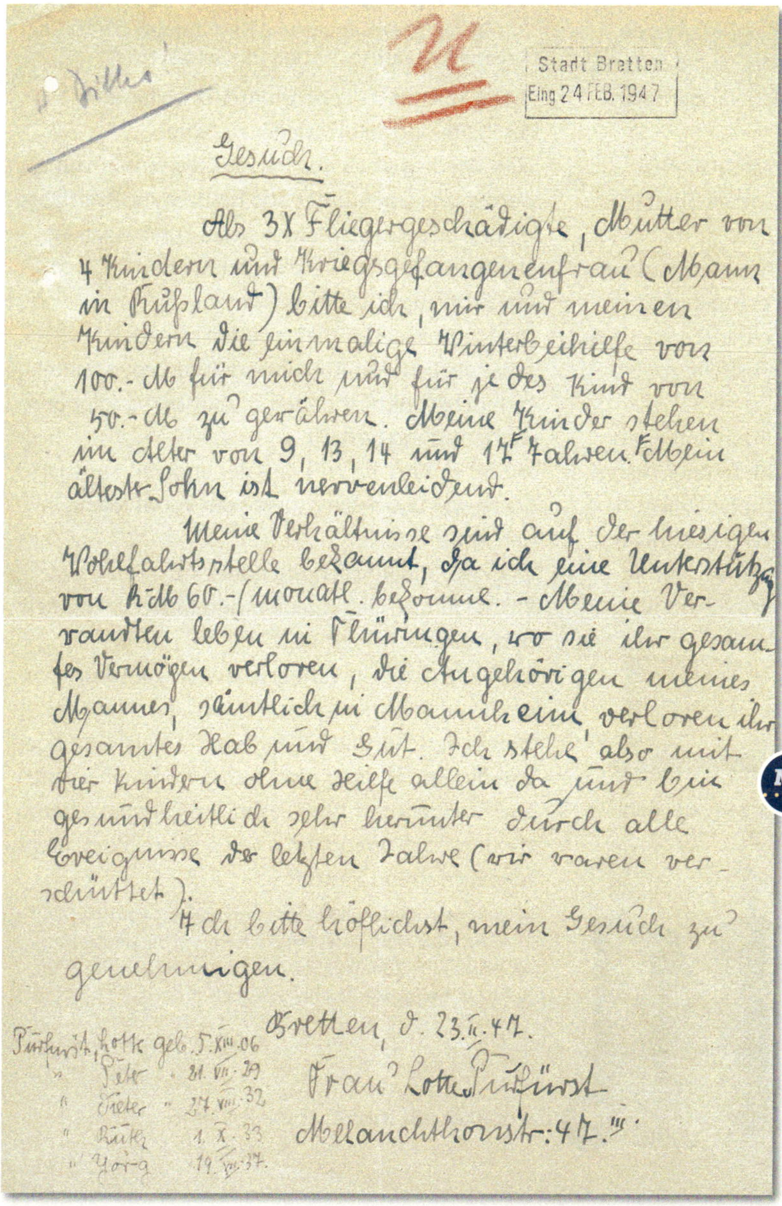
Stadt Bretten
Eing 24 FEB. 1947

Gesuch.

Als 3x Fliegergeschädigte, Mutter von 4 Kindern und Kriegsgefangenenfrau (Mann in Rußland) bitte ich, mir und meinen Kindern die einmalige Winterbeihilfe von 100.- M für mich und für jedes Kind von 50.- M zu gewähren. Meine Kinder stehen im Alter von 9, 13, 14 und 17 Jahren. Mein ältester Sohn ist nervenleidend.

Meine Verhältnisse sind auf der hiesigen Wohlfahrtsstelle bekannt, da ich eine Unterstützung von RM 60.- monatl. bekomme. – Meine Verwandten leben in Thüringen, wo sie ihr gesamtes Vermögen verloren, die Angehörigen meines Mannes, sämtlich in Mannheim, verloren ihr gesamtes Hab und Gut. Ich stehe also mit vier Kindern ohne Hilfe allein da und bin gesundheitlich sehr herunter durch alle Ereignisse der letzten Jahre (wir waren verschüttet).

Ich bitte höflichst, mein Gesuch zu genehmigen.

Bretten, d. 23.II.47.
Frau Lotte Pürfürst
Melanchthonstr. 47.III

Pürfürst, Lotte geb. 5.XII.06
" Peter 31.VII.29
" Dieter 27.VIII.32
" Ruth 1.X.33
" Jörg 19.?.37

M2 **Schreiben einer Brettener Bürgerin an das Bürgermeisteramt vom 24. Februar 1947**, Stadtarchiv Bretten

Neubeginn in Trümmern und Not

„Stunde Null“

Am Ende des Krieges standen die Deutschen im wahrsten Sinne des Wortes vor den Trümmern der zwölfjährigen NS-Diktatur: Ein großer Teil der Verkehrswege und Industrieanlagen war zerstört und etwa 25 Prozent des Wohnraumes lag in Schutt und Asche, in Groß- und Mittelstädten betrug die Zerstörungsrate sogar zwischen 50 und 90 Prozent. 7,5 Millionen Menschen waren deshalb obdachlos geworden. Der Wiederaufbau verlief schleppend, weil es sowohl an Materialien als auch an Arbeitskräften mangelte.
Die Versorgung der deutschen Bevölkerung mit Lebensmitteln lag in den Händen der Besatzungsmächte. Wie in fast allen Staaten, die unter den Folgen des Krieges litten, wurden Lebensmittel und viele andere Waren nur auf Bezugsscheine ausgegeben. Wer auf dem Land lebte, konnte von seinen Produkten leben oder sie gegen Waren eintauschen.
Die Frauen trugen die Hauptlast, da sich Millionen Männer in Kriegsgefangenschaft befanden. Sie standen stundenlang für Lebensmittel Schlange, machten „Hamsterfahrten“ aufs Land, leisteten Schwerstarbeit als so genannte Trümmerfrauen und erzogen die Kinder allein. In vielen deutschen Städten bildeten sich seit 1945 Frauenausschüsse, die durch Selbsthilfe zur Linderung der Not beitragen wollten.
Besonders die Kinder in den Städten litten unter den Auswirkungen des Bombenkrieges: Die meisten waren traumatisiert durch die zahllosen Nächte in Bunkern und Kellern, andere hatten Eltern, Verwandte oder ihr Zuhause verloren. Viele lebten auf der Straße. Im Grunde waren alle unterernährt und häufig krank.

M2 **Trümmerfrauen,** Foto, 1946

M3 Versorgungsmaßnahmen in Stuttgart

Mit der „Bekanntmachung Nr. 1“ informierte der Oberbürgermeister am 10. Mai 1945 die Bevölkerung:

… Die Stuttgarter Lebensmittel-Einzelhandelsgeschäfte sind sofort wieder zu öffnen …
Zum Wiederaufbau des Transportwesens in Stuttgart werden alle Eigentümer und Besitzer von Kraftfahrzeugen und Arbeitspferden nebst Fuhrwagen im Stadtkreis Stuttgart verpflichtet, binnen 8 Tagen … ihre Fahrzeuge usw. zu melden …
Die Stuttgarter Geschäfte dürfen keinerlei bewirtschaftete Lebensmittel ohne gültige Lebensmittelkartenabschnitte abgeben … Zuwiderhandlungen werden streng bestraft …
Kinder im Alter bis zu 1 Jahr des engeren Stuttgarter Stadtgebiets erhalten, soweit der Vorrat reicht, in den Apotheken je
2 Dosen Kinder-Milchpräparate und
1 Dose Kinder-Getreidenährmittel bzw. Kinder-Reisnährmittel …
Die Stuttgarter Einwohnerschaft wird ausdrücklich darauf aufmerksam gemacht, dass geschlagenes Holz in den Stuttgarter Stadt- und Staatswaldungen von der Bevölkerung nicht weggenommen werden darf … Eigenmächtiges Fällen von Bäumen, ebenso die unbefugte Wegnahme von aufbereitetem Brennholz wird streng bestraft …

Bekanntmachungen des Oberbürgermeisters vom 10. Mai 1945, in: Klaus-Jörg Ruhl, Die Besatzer und die Deutschen – Amerikanische Zone 1945–1948, Düsseldorf (Droste) 1980, S. 74; Nachweis: Stadtarchiv Stuttgart.

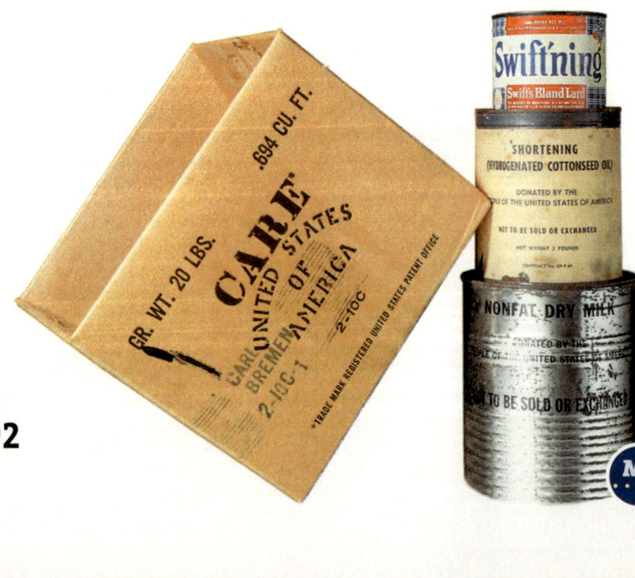

M1 **Carepaket mit Inhalt,** Foto, um 1946

M4 Auf Hamstertour

Hermann Haetscher erinnerte sich 2004:

Im Privatbereich entwickelte sich schnell eine Hamstertour besonders in das Bauland wie Osterburken. Die Stadtmenschen brachten vieles ihres Hausrates dorthin, um es gegen Lebensmittel einzutauschen. Die täglichen Personenzüge waren in der Regel überfüllt. Auf Trittbrettern, Dächern und in Viehwagen saßen die Menschen, um auf dem Heimweg Kartoffeln, Mehl, Fleisch, Gemüse, Obst, Eier mit nach Hause zu nehmen.
Es spielten sich oft unvorstellbare Szenen ab, geklaut wurde während der Fahrt wie die Raben, nur nicht mit leeren Händen heimkehren. Unfälle standen auf der Tagesordnung. Beteiligt waren Jung und Alt, denn alle hatten ja Hunger. Dieser Zustand hielt bis zur Währungsreform an.

Volker Keller, Mannheim 1945 – Kriegsende und Neubeginn, Gudensberg-Gleichen (Wartberg) 2004, S. 46.

M6 Schulkinderspeisung durch die „Mannheimer Notgemeinschaft der Wohlfahrtsverbände", Foto, 1947

M5 Aufruf an die Haushalte in Offenburg, Januar 1946

AUFRUF!

Jede Familie
hat bis zum 29. Januar 1946

1 Wolldecke
1 Leintuch

beides in gutem Zustande, abzuliefern.

Ausgenommen von der Ablieferungspflicht sind die Evakuierten, die Flüchtlinge und die Ausgebombten.

Ablieferungszeit:

von 8-12 Uhr und 14-17 Uhr

Rathaus, Zimmer 7

Haushaltsausweise sind mitzubringen.

Gegen Säumige müssen Zwangsmaßnahmen ergriffen werden.

Offenburg, den 25. Januar 1946.

Der Bürgermeister:
WEGHAUPT

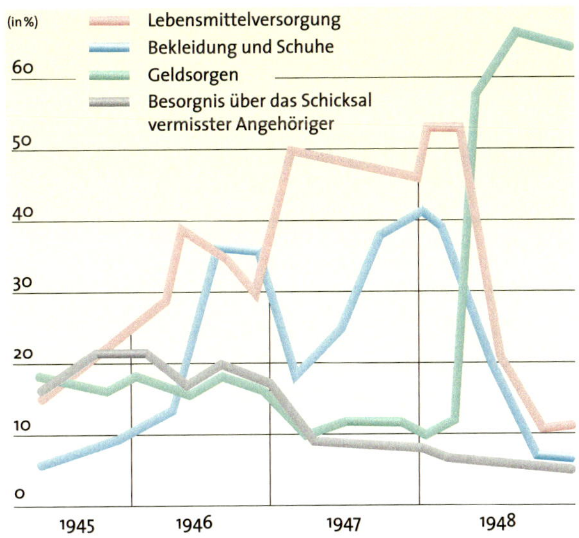

M7 Umfrageergebnisse der amerikanischen Militärregierung über die Hauptsorgen der Deutschen, 1945–1948. Die gestellte Frage lautete: „Was sind momentan Ihre größten Sorgen?"

1 Beschreibe, welche Probleme und Nöte den Alltag der Menschen 1945–1947 bestimmten (Darstellungstext, M7).

2 Zeige an M1 bis M6, wie versucht wurde, die Situation zu bewältigen.

3 Prüfe anhand von M4 und M7, ob sich die Lage der Menschen verbesserte.

„Schule nach 1945" – Zeitzeugen erinnern sich

Unterrichten – aber wie und was?

Die meisten Schulen hatten in den letzten Kriegsmonaten als Sammellager, Lazarette, Notunterkünfte usw. gedient oder waren so beschädigt, dass sie nicht mehr benutzt werden konnten. Nach Kriegsende wurden viele von den Besatzungstruppen beschlagnahmt. Aber nicht nur die Frage nach geeigneten Gebäuden musste geklärt werden, auch nach deren „Ausstattung". Außerdem machte sich die allgemeine Versorgungskrise natürlich auch in den Schulen bemerkbar. Im April 1947 begann die so genannte „Hoover-Speisung", die der ehemalige US-Präsident Hoover für unterernährte Kinder initiiert hatte: In Württemberg-Baden erhielt ungefähr die Hälfte aller Kinder diese Zusatzverpflegung. Viele Jugendliche, die daheim oder im Feld den Krieg bewusst erlebt hatten, waren desillusioniert, orientierungslos und hatten kein Interesse mehr an Politik bzw. politischem Wiederaufbau. Die Militärregierungen bestanden aber darauf, gerade die Jugendlichen „von der Straße zu holen" und sie politisch zu erziehen. Sie forderten von den Städten und Gemeinden die Wiederaufnahme des Schulbetriebs und die Einführung von Aus- und Weiterbildungsangeboten.

M1 Demokratie lernen

Ilse W., 1929 in Bretten geboren, erinnerte sich 1995 an die Situation im Brettener Gymnasium:

Schreibpapier war äußerst knapp, Schulbücher gab es keine … Die schulischen Notizen schrieben wir auf alle möglichen verfügbaren Zettel …

Wir hatten ja nur die Diktatur kennen gelernt und hatten dieses System als normal, ja rechtens empfunden, zumal uns Werte wie Treue, Ehrlichkeit, Liebe zum Vaterland, Pflichtgefühl, Kameradschaftsgeist nahegebracht wurden …

Nun gab es Lektionen über die Demokratie. Ob wir deren Spielregeln verstanden haben? Jedenfalls. Wir haben als Schüler mal gestreikt. Unsere Lehrer … bürdeten uns … riesige Mengen von Hausaufgaben auf … So stand eines Morgens an der Schultafel: Wir streiken! … Die Standpauke des Direktors … ertrugen wir gleichmütig …: Wir hatten gekämpft!

Maria Halbritter/Christoph Magar, Kriegsende und Nachkriegszeit, Bretten 1945–1948, Brettener stadtgeschichtliche Veröffentlichungen, Bd. 17, Bretten, 1995, S. 204 f.

M2 „Disziplin war oberstes Gebot"

Eine Karlsruher Zeitzeugin berichtete 2006 über ihre Zeit im Bühler Gymnasium, das sie 1945–1947 besuchte:

Wir wohnten im Schwarzwald; nach Karlsruhe konnten wir nicht zurück, da unser Haus durch einen Fliegerangriff beschädigt und besetzt war.

Wir waren drei Mädchen in der Klasse und 30 Jungen. Aber die Zahl der männlichen Schüler schwankte, weil oft Kriegsheimkehrer zu uns stießen – und viele davon kurze Zeit später wieder gingen.

Die meisten Lehrer waren ältere Herren, die im Dritten Reich wegen ihrer politischen Gesinnung außer Dienst gewesen waren; dazu kamen Kriegsversehrte. Disziplin war oberstes Gebot; Ohrfeigen und „Tatzen" waren an der Tagesordnung – auch für die Kriegsheimkehrer, von denen ja viele Furchtbares erlebt und erlitten hatten. Außer der absolut waltenden Strenge waren keine pädagogischen Konzepte zu erkennen.

Unsere Ausstattung war schlecht: Wir mussten im Unterricht die Bücher tauschen, weil es zu wenige gab, und die alten mussten ja erst „entnazifiziert" werden. Selbst Füllertinte war nicht immer zu haben.

Unsere persönliche Ausstattung war auch mehr als dürftig: Im Winter trug ich die Kniebundhose meines Vaters, der in Kriegsgefangenschaft war, und eine Jacke, die wir aus dem Militärmantel eines geflüchteten Soldaten hergestellt hatten. Das Sommerkleid hatte ich aus Bettwäsche genäht und mein Dirndl aus einer großen Fahne. Das „Pausenbrot" bestand über Monate hinweg in Pellkartoffeln mit Schale.

Was wir im Unterricht lernen sollten, war im ersten Nachkriegsjahr nicht vorgegeben. Die Unsicherheit der Lehrer war deutlich zu spüren. Die französische Militärregierung hatte angeordnet, dass wir jetzt Französisch statt Englisch lernen sollten. Dafür wurden Lehramtsanwärter aus dem Elsass eingesetzt. Das waren nette Kerle, aber vom Unterrichten hatten sie wenig Ahnung.

Von der Verfasserin aufgeschrieben im Juli 2006.

1 Beschreibe anhand von M1 und M2 die Schulerinnerungen der beiden Zeitzeuginnen und vergleiche sie anschließend.

2 Besprecht: Welche Aussagen habt ihr erwartet, welche verwundern euch? Warum?

Zeitzeugen befragen

Geschichte aus erster Hand

Zeugen der Vergangenheit können oft ein anschaulicheres Bild ihrer Erlebnisse zeichnen, als es schriftliche Quellen vermögen. Durch gezielte Befragung von Zeitzeugen können wir Quellen „erzeugen", ein Verfahren, das Wissenschaftler „Oral History" nennen. Der Umgang mit Zeitzeugenberichten erfordert allgemeine historische Kenntnisse über das Thema, denn aus der subjektiven Erfahrung einer einzelnen Person können wir nicht schließen, dass ihr Erleben typisch für die Zeit war. Oft können oder wollen Zeitzeugen sich nicht mehr an alles erinnern oder sie vermischen ihre Erinnerung mit Dingen, die sie erst später erfahren haben. Deshalb ist die Bewertungsphase der Berichte wichtig.

M1 Es fehlte am Nötigsten

Der 1930 in Mannheim geborene Herbert T. erzählte 2006 über seine Schulzeit in den Nachkriegsjahren:

Überall herrschte Chaos: Fenster, Heizung und Beleuchtung fehlten. Schulmöbel, Lehrmittel waren verschwunden, Kreide, Schwamm nirgends aufzutreiben. Schreibmittel, Papier, Bleistifte, Tinte gab es nicht einmal auf dem Schwarzmarkt. Einen offiziellen Lehrplan, der aussagte, was uns beigebracht werden sollte, gab es wohl nicht. Es war nur klar, dass es die NS-Ideologie nicht sein durfte. So vermittelten die Lehrer eben den Stoff, den sie in ihrer „vor-braunen" Zeit gelernt oder studiert hatten, und hofften, damit nichts falsch zu machen. In Physik lernten wir folglich in den Jahren 1946–1950 die wissenschaftlichen Erkenntnisse von 1914 kennen. Wenn ich an unsere Lehrer zurückdenke, dann erinnere ich mich nur an alte Männer. Jüngere waren noch nicht aus Krieg oder Gefangenschaft zurück. Außerdem mussten ja alle vor ihrer Wiederverwendung auf ihre politische Vergangenheit überprüft werden. Da fehlten plötzlich viele, auch sehr gute Lehrer. Schulleiter verloren ihren Posten und wurden „für einfache Dienste" eingesetzt, sie mussten z. B. die Bibliothek ordnen. Schulbücher gab es nicht. Lehrer schrieben stundenlang Texte an die Tafel. Neudrucke waren nur gegen die Ablieferung von Altpapier zu bekommen. Beim Papiersortieren war ich eingesetzt. Ich fand dabei Englischsprachiges aller Art: von Comics bis US-Field-Manuals, also Dienstvorschriften für den GI. Die klaute ich und lernte so Englisch. Am deutlichsten erinnere ich mich an unsere knurrenden Mägen. Als die Schülerspeisung eingeführt wurde, brachten auch viele Lehrer ihre Essgeschirre mit. Wozu wohl?

Von der Verfasserin aufgeschrieben im Juli 2006.

Arbeitsschritte Zeitzeugen befragen

1. Schritt: Befragung vorbereiten
Thema der Befragung klären, Überblick verschaffen (Schul-/Sachbücher). Fragen vorbereiten, die durch das Gespräch leiten. Vermeidet Fragen, durch die sich Befragte angegriffen fühlen könnten.
Zeitzeugen finden (Familie, Bekannte, über die Stadtverwaltung, im Stadtarchiv, bei Kirchen, Parteien oder Gewerkschaften, Annonce in der Lokalzeitung). Klärt Ort, Zeit und Ablauf des Gesprächs (mehrere Zeitzeugen gleichzeitig einladen?).

2. Schritt: Befragung durchführen
Für eine angenehme Atmosphäre sorgen, Begrüßung, Gesprächsleitung und Dauer der Befragung absprechen, Aufnahmegeräte starten und Fotos machen (um Einverständnis der Gesprächspartnerin/des Gesprächspartners bitten). Protokoll führen (vorher absprechen). Fragen stellen und/oder Gelegenheit zum freien Erzählen geben. Dank, Verabschiedung.

3. Schritt: Ergebnisse auswerten, bewerten und präsentieren
Eindrücke austauschen (Erkenntnisgewinn, Glaubwürdigkeit der Erzählung). Informationen mit bisherigen Kenntnissen vergleichen, Unterschiede klären. Was ist neu? Wo gibt es „Lücken"? Wie lassen sie sich erklären? Eigene Gesprächsführung kritisch bewerten.
Auf Präsentation einigen (Text/Bilddokumentation: Mappe, Ausstellung, Ton-/Videodokumentation).

1 Werte M1 nach dem 3. Arbeitsschritt aus. Nutze dafür die Informationen aus dem Darstellungstext S. 194.
2 Führt zu einem Themenbereich aus diesem Kapitel eine Zeitzeugenbefragung durch.

Alliierte Besatzungspolitik 1945–1948

Was soll aus Deutschland werden?

Lange vor Kriegsende hatten die USA, die Sowjetunion und Großbritannien erste Vereinbarungen darüber getroffen, wie sie nach einer Niederlage Deutschlands auf den Wiederaufbau Europas Einfluss nehmen wollten. Im Sommer 1945 trafen sich die Staatsführer der drei Alliierten in Potsdam, um sich auf das zukünftige Vorgehen in Deutschland zu einigen. Obwohl auf der Potsdamer Konferenz bereits die unterschiedlichen politischen Vorstellungen der Sowjetunion und der westlichen Staaten aufeinanderprallten, kamen die Alliierten zu einem Ergebnis: „Demilitarisierung“, „Denazifizierung“, „Dezentralisierung“ und „Demokratisierung“ waren die Leitlinien, auf die sie sich einigten. Außerdem vereinbarten sie, Deutschland als eine wirtschaftliche Einheit zu betrachten.

Die alleinige Zuständigkeit in ihrer Zone ermöglichte den vier Besatzungsmächten (den drei Alliierten und Frankreich), das Potsdamer Abkommen unterschiedlich auszulegen. Während alle Besatzungsmächte unter Demilitarisierung dasselbe verstanden, nämlich die Auflösung des deutschen Militärs und die Zerstörung der deutschen Waffenmacht, wurde bald deutlich, dass die anderen drei „D“ unterschiedlich interpretiert wurden. Wie nahmen die Alliierten auf die Entwicklung Deutschlands nach 1945 Einfluss? Und welche Rolle spielte dabei der beginnende Kalte Krieg?

Neubeginn des politischen Lebens

Die Besatzungsmächte versuchten schon bald nach Kriegsende, das öffentliche Leben und die Wirtschaft in Gang zu bringen. Auf deutscher Seite bemühten sich spontan entstandene antifaschistische Ausschüsse, Betriebsräte, Gewerkschaften, Parteien und kirchliche Gruppen um den Wiederaufbau. Parteien und Verbände wurden in den Westzonen zunächst nur auf örtlicher Ebene zugelassen. Neben den traditionellen Arbeiterparteien KPD und SPD und den Liberalen (FDP und LDP) entstand mit der Christlich-Demokratischen Union (CDU) eine Partei, die – anders als das frühere Zentrum – katholische und evangelische Christen politisch vereinigte. Die von den westlichen Alliierten eingesetzten Verwaltungen auf Gemeinde- und Länderebene begannen seit 1945/46 zu arbeiten. In der SBZ war die Situation anders: Dort waren bereits 1945 Zentralverwaltungen geschaffen worden, die den Aufbau des politischen Lebens bestimmten. In allen Zonen förderte die jeweilige Besatzungsmacht ihr genehme politische Kräfte oder behinderte andere in ihrer Arbeit. Deutlich wurde das in den ersten Monaten nach dem Krieg vor allem in der sowjetischen Besatzungszone. Die KPD erhielt hier von Anfang an eine bevorzugte Stellung. Im April 1946 wurden in der sowjetischen Besatzungszone KPD und SPD zur SED (Sozialistische Einheitspartei Deutschlands) zwangsvereinigt.

M1 Mitteleuropa 1945–1949

Reformen – einschneidend nur in der SBZ

In der sowjetischen Zone gehörte zu den frühesten und einschneidendsten Maßnahmen nach dem Krieg eine Bodenreform*. Weil die Großgrundbesitzer laut offizieller Begründung für Hitlers Aufstieg wesentlich mitverantwortlich gewesen waren, wurden sie entschädigungslos enteignet; alle Landgüter über 100 Hektar wurden aufgeteilt. Den größten Teil des enteigneten Bodens erhielten Landarbeiter und „Umsiedler", d.h. Vertriebene. Tiefe Eingriffe erfolgten unter der sowjetischen Besatzungsmacht auch im industriellen Bereich. Nach einem Volksentscheid 1946 in Sachsen, der 77 Prozent Zustimmung brachte, wurden auch in den anderen Ländern der SBZ die wichtigsten Industriebetriebe in staatliche Leitung übernommen. Damit war bereits eine wichtige Voraussetzung für die spätere Planwirtschaft geschaffen.

Auch in den Westzonen gab es Vorschläge zur Bodenreform, zur Sozialisierung von Großbetrieben und zur Mitbestimmung von Arbeitern und Angestellten in der Wirtschaft, um die neue demokratische Ordnung durchzusetzen. Angesichts des Vorgehens in der SBZ und der Tatsache, dass die Westalliierten an einer raschen Ankurbelung der Wirtschaft in ihren Zonen interessiert waren, wurden viele Reformansätze jedoch nicht verwirklicht. Die amerikanische Militärregierung hielt Sozialisierung mit ihren Vorstellungen von einer freien Wirtschaft für unvereinbar und wurde dabei von konservativen Teilen der CDU und der FDP unterstützt. Was blieb, war die 1947 von den Engländern in den Betrieben der Eisen- und Stahlindustrie eingeführte paritätische Mitbestimmung*.

1 Erarbeite anhand der Materialien auf dieser Seite, welche Entscheidungen die Siegermächte des Zweiten Weltkriegs über die Zukunft Deutschlands trafen. Unterscheide nach Regelungen über das Territorium und über den politischen Aufbau.

2 Untersuche mithilfe von M2, M5 und M6 (S. 198), unter welchen Umständen die Vereinigung von KPD und SPD zur SED stattfand.

M2 Die Demokratisierung Deutschlands

Im Gründungsaufruf der KPD vom 11. Juni 1945 hieß es:

Mit der Vernichtung des Hitlerismus gilt es gleichzeitig, die Sache der Demokratisierung Deutschlands, die Sache der bürgerlich-demokratischen Umbildung, die 1848 begonnen hat, zu Ende zu führen … Wir sind der Auffassung, dass der Weg, Deutschland das Sowjetsystem aufzuzwingen, falsch wäre, denn dieser Weg entspricht nicht den gegenwärtigen Entwicklungsbedingungen in Deutschland. Wir sind vielmehr der Auffassung, dass die entscheidenden Interessen des deutschen Volkes in der gegenwärtigen Lage für Deutschland einen anderen Weg vorschreiben, und zwar den Weg der Aufrichtung eines antifaschistischen, demokratischen Regimes, einer parlamentarisch-demokratischen Republik mit allen demokratischen Rechten und Freiheiten für das Volk.

Zit. nach Geschichte in Quellen, Die Welt seit 1945, bearb. von Helmut Krause und Karlheinz Reif, München (bsv) 1980, S. 200.

Die Konferenz von Potsdam (17. Juli–2. August 1945)

Die Sowjetunion, die USA und Großbritannien hielten in einem Protokoll folgende Vereinbarungen fest:

Deutschland wird in vier Besatzungszonen geteilt, die Hauptstadt Berlin in vier Sektoren. In den einzelnen Zonen haben die jeweiligen Militärbefehlshaber die oberste Gewalt. Ein Alliierter Kontrollrat fällt Entscheidungen, die Deutschland als Ganzes betreffen.

Reparationen entnimmt jede Besatzungsmacht aus ihrer Zone (Demontage*, Geldleistungen aus Guthaben oder laufender Produktion).

Die deutsche Bevölkerung aus den Gebieten östlich der Oder-Neiße-Grenze* (polnische Verwaltung) und Nordostpreußen (sowjetische Verwaltung) wird nach Deutschland umgesiedelt.

In Deutschland soll in begrenztem Umfang ein politisches Leben entstehen: Parteien, Gewerkschaften und Verbände werden zugelassen. Voraussetzung ist die gründliche Entnazifizierung der Bevölkerung.

M3 Alliierte Politik in den Westzonen

Der Historiker Christoph Kleßmann schrieb über den Verwaltungsaufbau in den westlichen Besatzungszonen (1986):

Zuweilen fanden die Sieger beim Einmarsch einen funktionierenden [Verwaltungs-]Apparat vor, der dann vorläufig weiterzuarbeiten hatte … Amerikaner und Briten beließen deutsche Verwaltungsfachleute an untergeordneter Stelle zunächst vielfach in ihren Positionen … Als Verwaltungsleiter wurden jedoch durchweg unbelastete Personen eingesetzt. In der Regel waren es erfahrene kommunale Fachbeamte mit überwiegend bürgerlicher Orientierung …
Die ersten Ministerpräsidenten und Regierungschefs der Länder wurden direkt [von der jeweiligen Militärregierung] ernannt, sie waren allein verantwortlich gegenüber der Militärregierung … Die ersten Regierungen, meist Allparteienkabinette, standen damit schnell vor politischen Legitimationsproblemen, denen man nicht beliebig lange ausweichen konnte. Die ersten Gemeinde- und Kreistagswahlen 1946 in allen Zonen und die Wahlen zu den Landtagen und verfassunggebenden Versammlungen der Länder 1947 waren die wichtigsten Schritte auf diesem Weg.

Christoph Kleßmann, Die doppelte Staatsgründung, 4., erg. Aufl., Bonn (Bundeszentrale für politische Bildung) 1986, S. 74 f.

M5 SPD und KPD: erzwungene Vereinigung

Aus einem Bericht der britischen Militärregierung in Deutschland an das britische Außenministerium über ein Treffen mit den Ost-SPD-Mitgliedern Otto Grotewohl und Gustav Dahrendorf am 4. Februar 1946:

Ich sagte, wir könnten nicht verstehen, dass die SPD wirklich mit den Kommunisten zusammengehen könnte, es gebe doch wahrlich noch einen Unterschied zwischen Freiheit und Totalitarismus. Grotewohl sagte, das sei keine Frage von Programmen, sondern nackter Tatsachen … Sie würden nicht nur persönlich unter stärksten Druck gesetzt …, ihre Organisation in den Ländern sei vollkommen unterwandert. Männer, die ihm noch vor vier Tagen versichert hätten, sie seien entschlossen, Widerstand zu leisten, flehten ihn nun an, die Sache hinter sich zu bringen. Auf diese Leute sei jede nur mögliche Art von Druck ausgeübt worden, von dem Versprechen, ihnen einen Arbeitsplatz zu besorgen, bis zur Entführung am helllichten Tag, und wenn er, Grotewohl, … mit dem Zentralausschuss (der SPD) den Widerstand fortsetzen würde, dann würden sie ganz einfach abgesetzt werden … Dies alles hat mich sehr deprimiert; aber es sieht so aus, als würden die Russen jetzt ihre Glacéhandschuhe ausziehen.

Zit. nach Rolf Steininger, Deutsche Geschichte seit 1945, Bd. 1, Frankfurt a. M. (Fischer) 1996, S. 191 f.

M4 Wahlergebnisse der Landtagswahlen 1946/47 (in %)

Die SED trat nur in der SBZ und in Berlin zur Wahl an. Die Wahlergebnisse im Saarland bleiben hier unberücksichtigt:

	CDU/CSU	*SPD*	*KPD/SED*	*FDP/LDP*
Britische Zone	31,6	37,2	10,4	6,6
Amerikanische Zone	42,7	33,5	8,2	11,1
Französische Zone	50,0	29,0	8,2	12,3
Sowjetische Zone	24,5	–	47,5	24,6

Zusammengestellt nach Themen und Probleme der Geschichte, Deutschland seit 1945, hg. von Eberhard Wilms, Berlin (Cornelsen) 2002, S. 46.

3 Fasse anhand des Darstellungstextes S. 196, M3 und M4 schriftlich zusammen, wie der politische Aufbau in den westlichen Besatzungszonen verlief.

4 Analysiert in Partner- oder Gruppenarbeit die Plakate M7–M10. Vergleicht anschließend deren Aussagen.

M6 **Wilhelm Pieck und Otto Grotewohl (rechts)** auf dem „Vereinigungsparteitag" von KPD und SPD, Foto, 1946

M7 Wahlplakat der CDU in der SBZ

M9 Wahlplakat der CDU in den Westzonen 1946

M8 Wahlplakat der SED in der SBZ

M10 Wahlplakat der SPD in den Westzonen 1948

Getrennte Wege für Ost und West

Amerikaner und Briten waren an einem raschen Wirtschaftsaufschwung Deutschlands interessiert. Das hatte – für die USA – Außenminister James F. Byrnes in Stuttgart am 6. September 1946 in einer viel beachteten Rede deutlich gemacht. Am 1. Januar 1947 legten die beiden Staaten ihre Zonen zu einer wirtschaftlichen Einheit, zur Bizone, zusammen; Frankreich schloss sich 1949 an, sodass ein vereinigtes Wirtschaftsgebiet der drei westlichen Besatzungszonen entstand. Als im Frühjahr 1948 der „Marshallplan" in Kraft trat (siehe S. 139 ff.), kam es zu heftigem Protest der sowjetischen Besatzungsmacht. Sie warf den USA vor, sich aus einer gemeinsamen Deutschlandpolitik zurückzuziehen.
Der Konflikt verschärfte sich mit der Währungsreform: Damit Deutschland die amerikanischen Kredithilfen des Marshallplans nutzen konnte, führten die westlichen Alliierten am 21. Juni 1948 in ihren Zonen die „Deutsche Mark" (DM) als offizielles Zahlungsmittel ein. Die Sowjetunion, die amerikanische Wirtschaftshilfe in ihrer Zone untersagt hatte, kündigte am 24. Juni eine eigene Währungsreform für die SBZ und Groß-Berlin an. Die Westmächte führten daraufhin die DM auch in den Westsektoren Berlins ein. Gleichzeitig wurde die Zwangsbewirtschaftung der meisten Waren aufgehoben, d. h. die staatliche Lenkung der Produktion der Preise und der Verteilung wurde beendet. In der SBZ fielen die Regelungen für Umstellung der Sparguthaben zwar etwas günstiger aus. Im Gegensatz zu den Westzonen unterlagen die Produktion und die Festsetzung der Preise jedoch weiterhin staatlicher Lenkung. Viele Zeitgenossen spürten, dass die Währungsreform die Spaltung Deutschlands in Ost und West vertiefte.

5 Bringe mithilfe der Darstellungstexte die Maßnahmen, die die Spaltung Deutschlands vertieften, in eine zeitliche Abfolge (1947 bis 1949).

6 Untersuche, welche Positionen in M11 und M15 zum Ausdruck kommen. Beachte jeweils die Quellenart.

7 Beschreibe mithilfe von M12, M13 und M16 die Folgen der Währungsumstellung für die Bevölkerung der Westzonen und der SBZ.

8 Überprüfe anhand der Informationen dieser Doppelseite den Zusammenhang zwischen Berlin-Blockade und der staatlichen Teilung Deutschlands, den der Darstellungstext behauptet.

Die Berlin-Blockade

Am 23. Juni 1948, zeitgleich mit der Währungsreform in den Westzonen, berichteten die Zeitungen von „technischen Störungen" im Personenverkehr zwischen den Westzonen und Westberlin. Einen Tag darauf sperrte die Sowjetunion die Zonengrenze und ordnete eine Blockade der Westsektoren Berlins an. Nur noch über einen Luftkorridor war der Zugang nach Berlin möglich. Der Auslöser für diese Maßnahmen war die Währungsreform, mit der die Westalliierten auch die Konsequenz aus den unüberbrückbaren politischen Gegensätzen zur sowjetischen Besatzungsmacht gezogen hatten. Die Sowjetunion verfolgte mit der Blockade, die erst im Mai 1949 aufgehoben wurde, vor allem ein Ziel: Die Gründung eines westdeutschen Staates sollte verhindert werden. Sie erreichte jedoch das Gegenteil. Die Amerikaner versorgten die Bevölkerung in Berlin (West) durch eine Luftbrücke. Berlin (West) wurde zum Freiheitssymbol, denn die Blockade schien offensichtlich zu beweisen, dass sich mit der Sowjetunion nicht über eine Vereinigung der Zonen verhandeln ließ. Die Gründung der Bundesrepublik wurde dadurch noch beschleunigt statt verlangsamt.

M11 **Plakat der SED** für die Einbeziehung Gesamtberlins in das Währungsgebiet der SBZ, 1948

M12 Sich wirklich etwas kaufen können

Der Wirtschaftswissenschaftler Karl-Heinz Willenborg schrieb über die Währungsreform in den Westzonen:

In den Schaufenstern und Regalen der Geschäfte türmten sich die Waren … Nicht der alte Ramsch …, nein Kochtöpfe, Fahrräder, Schnürsenkel, Glühbirnen, Dinge, für die man früher von Geschäft zu Geschäft gelaufen war … Ein Jahre angestauter Konsumbedarf brach sich nun Bahn. Viele Konsumenten gerieten bei dem Erlebnis, mit dem neuen Geld wirklich etwas kaufen zu können, in Rauschzustände. Und die Händler hatten nichts Eiligeres zu tun, als mit den frisch verdienten D-Mark sich bei Großhandel und Produzenten mit neuen Waren einzudecken … Nicht nur Lebensmittel, sondern auch wichtige Konsumgüter wie Schuhe und Textilien blieben zunächst noch so knapp, dass sie bewirtschaftet werden mussten … Die Rückkehr zur Leistungskonkurrenz setzte die Betriebe einem starken Rationalisierungsdruck aus. Zahlreiche Arbeitsplätze fielen dem zum Opfer … Händler und Produzenten nutzten den Nachfrageschub mit … kräftigen Preiserhöhungen aus. Die Lebenshaltungskosten stiegen um 17 Prozent an, während die Löhne erst im November nachziehen konnten … Als sich [im Dezember] der Preisauftrieb beruhigte, spürten immer mehr Deutsche, dass es 1948 … deutlich aufwärts gegangen war.

Karl-Heinz Willenborg, Das neue Geld: Die Währungsreform und ihre wirtschaftlichen Folgen, in: Jürgen Weber (Hg.), Der Bauplan für die Republik, München (Olzog) 1996, S. 112.

M13 Die Situation in der „Ostzone“

Eine im sowjetischen Sektor Berlins erscheinende Zeitung berichtete im Herbst 1948:

Nachdem das erste Geschrei über die „sozialere“ Form der Geldneuordnung in der Ostzone verpufft ist, zeigt sich, je länger die Zeit ins Land geht, um wie viel hoffnungsloser die Lage für die Ostzonen-Deutschen geworden ist … Bezeichnend ist, dass man heute bereits in der Ostzone gegen DM eine Anzahl begehrenswerter Waren zu Westpreisen erhält. Offiziell wird zwar ein DM-Besitzer in der Ostzone verhaftet, inoffiziell jedoch werden ihm zahlreiche günstigere Angebote gemacht.

Zit. nach Christoph Kleßmann/Georg Wagner (Hg.), Das gespaltene Land. Leben in Deutschland 1945–1990, München (C. H. Beck) 1993, S. 178.

M14 Ankunft eines amerikanischen „Rosinenbombers“ während der Berlin-Blockade, 1948

M15 Eingliederung in den Westen

Der spätere Außenminister der USA, John Foster Dulles, äußerte sich vor einem Ausschuss des amerikanischen Senats zum Marshallplan (1948):

Das westliche Deutschland sollte so schnell wie möglich dem westlichen Wirtschaftssystem eingegliedert werden … Ich finde mich nicht notwendigerweise mit einer permanenten Teilung Deutschlands ab, sondern sage, dass der einzige Weg, Deutschland unter Bedingungen zusammenzubringen, die für uns und die westlichen Staaten akzeptabel sind, der ist, mit der Eingliederung des westlichen Deutschlands in die so gesunde und kraftvolle Wirtschaft Westeuropas zu beginnen, sodass die Bewohner des östlichen Deutschlands einfach sagen werden: „Gut, diesen Weg gehen wir nicht mehr weiter. Wir wollen ein wesentlicher Bestandteil des Westens sein.“

Zit. nach Joachim Hoffmann/Werner Ripper (Hg.), Deutschland im Spannungsfeld der Siegermächte, Frankfurt a. M. (Diesterweg) 1982, S. 178.

M16 Schaufenster nach der Währungsreform, Foto, Juni 1948. Über Nacht füllten sich die Geschäfte mit zuvor gehorteten Waren.

Neuanfang durch Entnazifizierung?

„Entfernt die Kriegsverbrecher“

„Entfernt die Kriegsverbrecher aus allen Positionen“ forderte nach dem Krieg ein Spruch, der am zerstörten Berliner Schloss prangte. Und tatsächlich gehörte die Beseitigung von Nationalsozialismus und Militarismus zu den wichtigsten Zielen der Alliierten. Als erste Maßnahmen wurden z. B. die deutschen Anwohner über die Gelände der Konzentrationslager geführt, die Bevölkerung durch Dokumentarfilme über die Verbrechen der Nationalsozialisten aufgeklärt. Die Alliierten ließen die alten Schulbücher vernichten und genehmigten nur Unterrichtsmaterialien, die ihren jeweiligen politischen Vorstellungen entsprachen. In den 1950er Jahren wurde aber deutlich, dass es einigen ehemaligen aktiven Nationalsozialisten gelang, Karriere zu machen, so z. B. Hans Globke, der 1935 als führender Jurist die Nürnberger Rassengesetze* kommentiert und an Entwürfen weiterer antijüdischer Gesetze mitgearbeitet hatte. Globke wurde 1953 der engste Berater von Bundeskanzler Konrad Adenauer. Auch in der DDR stiegen ehemalige Mitglieder von NSDAP und SS in wichtige politische Ämter auf.

Gesetz Nr. 104 zur Befreiung von Nationalsozialismus und Militarismus

Vom 5. März 1946

1. **Nationalsozialismus und Militarismus haben in Deutschland zwölf Jahre die Gewaltherrschaft ausgeübt, schwerste Verbrechen gegen das deutsche Volk und die Welt begangen, Deutschland in Not und Elend gestürzt und das Deutsche Reich zerstört. Die Befreiung von Nationalsozialismus und Militarismus ist eine unerläßliche Vorbedingung für den politischen, wirtschaftlichen und kulturellen Wiederaufbau.**
2. **Während der vergangenen Monate, die der Kapitulation folgten, hat die Amerikanische Militärregierung die Entfernung und den Ausschluß von Nationalsozialisten und Militaristen aus der Verwaltung und anderen Stellen durchgeführt.**
3. **Der Kontrollrat hat am 12. Januar 1946 für ganz Deutschland Richtlinien für diese Entfernung und den Ausschluß in der Anweisung Nr. 24 aufgestellt, die für die deutschen Regierungen und für das deutsche Volk verbindlich sind.**
4. **Das Gesetz Nr. 8 der Militärregierung einschließlich seiner ersten Ausführungs-Verordnung hat die Befreiung auf das Gebiet der gewerblichen Wirtschaft ausgedehnt und das Vorstellungsverfahren durch deutsche Prüfungsausschüsse eingeführt.**
5. **Die Amerikanische Militärregierung hat nunmehr entschieden, daß das deutsche Volk die Verantwortung für die Befreiung von Nationalsozialismus und Militarismus auf allen Gebieten mitübernehmen kann. Der Erfüllung der damit dem deutschen Volk übertragenen Aufgabe dient dieses Gesetz, das sich im Rahmen der Anweisung Nr. 24 des Kontrollrates hält.**
6. **Zur einheitlichen und gerechten Durchführung dieser Aufgabe wird gleichzeitig für Bayern, Groß-Hessen und Württemberg-Baden das folgende Gesetz beschlossen und verkündet:**

I. Abschnitt

Grundsätze

Artikel 1

(1) Zur Befreiung unseres Volkes von Nationalsozialismus und Militarismus und zur Sicherung dauernder Grundlagen eines deutschen demokratischen Staatslebens im Frieden mit der Welt werden alle, die die nationalsozialistische Gewaltherrschaft aktiv unterstützt oder sich durch Verstöße gegen die Grundsätze der Gerechtigkeit und Menschlichkeit oder durch eigensüchtige Ausnutzung der dadurch geschaffenen Zustände verantwortlich gemacht haben, von der Einflußnahme auf das öffentliche, wirtschaftliche und kulturelle Leben ausgeschlossen und zur Wiedergutmachung verpflichtet.

(2) Wer verantwortlich ist, wird zur Rechenschaft gezogen. Zugleich wird jedem Gelegenheit zur Rechtfertigung gegeben.

Artikel 2

(1) Die Beurteilung des Einzelnen erfolgt in gerechter Abwägung der individuellen Verantwortlichkeit und der tatsächlichen Gesamthaltung; darnach wird in wohlerwogener Abstufung das Maß

M1 Präambel und Artikel 1 des Gesetzes zur Befreiung von Nationalsozialismus und Militarismus vom 5. März 1946

Die Maßnahmen der Besatzungsmächte

Gegen die Hauptkriegsverbrecher Nazi-Deutschlands gingen die Alliierten im Rahmen der Nürnberger Prozesse* gemeinsam vor. Hier wurden zwischen November 1945 und Herbst 1946 die Verbrechen von 24 NSDAP-Prominenten und knapp 700 SS-Ärzten, Juristen, hohen Offizieren, SS-Führern und Mitgliedern von KZ-Wachmannschaften verhandelt. Viele der Angeklagten wurden hingerichtet oder mit hohen Freiheitsstrafen belegt.

In der sowjetischen Zone wurde klar unterschieden zwischen aktiven Nazis und Mitläufern. Unter der Parole „Ausrottung der Überreste des Faschismus“ wurden bis 1948 etwa 520 000 Personen aus ihren Stellungen entfernt, in der Justiz beispielsweise etwa 85 Prozent des bisherigen Personals. Allerdings nutzten die Machthaber Entlassungen auch dazu, vor allem Sozialisten und Kommunisten in zentrale öffentliche Positionen zu bringen. „Kleinere“ ehemalige NSDAP-Mitglieder wurden von den Bestrafungen ausgenommen, um sie möglichst rasch in die neue, sozialistische Gesellschaft einzubinden.

In der amerikanischen und weniger konsequent in der französischen und britischen Zone wurden etwa 12 Millionen ehemalige Mitglieder der NSDAP oder ihrer Unterorganisationen anhand eines umfangreichen Fragebogens überprüft, in dem nach der politischen Einstellung und Tätigkeit gefragt wurde. Spruchkammern stellten daran den Grad der Verantwortung für die nationalsozialistische Politik fest. Tatsächlich verurteilt wurden allerdings nur etwa 10 Prozent der Angeklagten.

Als sich der Ost-West-Konflikt verschärfte, regte sich in den USA und in Deutschland Widerstand gegen die Entnazifizierung; Anfang der 1950er Jahre endete sie dann abrupt. Nicht nur kleine Nazis, sondern auch viele, die in leitenden Positionen lebenvernichtende Entscheidungen getroffen, verbrecherische Urteile gefällt oder Menschen zu Tode gequält hatten, wurden jetzt entlastet oder gar nicht mehr verfolgt.

M2 Rechtfertigung eines Beteiligten

Auszug aus einem Gerichtsverfahren gegen einen Zugführer der Reichsbahn (1945):

Ankläger: Ist es wahr, dass bei dem sechstägigen Bahntransport von Nordhausen nach Belsen von den fünftausend fast verdursteten KZ-Häftlingen zweiundvierzig Menschen tatsächlich am Durst gestorben sind?
Angeklagter: Wir hatten ein Portion Tote, aber mich ging es nichts an. Ich war nicht Dienstältester.
Ankläger: Es ist überhaupt nicht zu verstehen, dass Sie die Gefangenen verdursten ließen. Zwischen Nordhausen und Belsen gibt es viele Bäche und Flüsse. Sie konnten doch den Zug halten und Wasser holen lassen.
Angeklagter: Ich meine, das geht ja nicht, dass jeder über einen Zug bestimmen kann, wie er will. Es ist doch so, dass der Zugführer seinen bestimmten Plan hatte, nach dem er fahren musste … Die Gefangenen hatten es auf dem Transport ganz gemütlich. Je hundert Stück Häftlinge auf einem Waggon.
Ankläger: Warum haben Sie auf den Bahnhöfen kein Wasser für die Gefangenen geholt?
Angeklagter: Diese Bahnhöfe, dieses Wasser … es gibt da Bestimmungen, das ist nur für die Lokomotiven da. Auch hatte ich ja gar nicht das Kommando.

Zit. nach Eike Geisel (Hg.), Vielleicht war das alles erst der Anfang. Tagebuch aus dem KZ Bergen-Belsen 1944–1945, Berlin (Rotbuch) 1982.

M3 Die Wirkung der Entnazifizierung

Der CDU-Abgeordnete Dr. Scheffbuch sagte am 30. Mai 1947 im Stuttgarter Landtag:

Man kann nicht … erst 90 Prozent des Volkes auf die Anklagebank zwängen und hernach den größten Teil doch wieder laufen lassen. Man kann nicht Millionen Menschen für Monate und Jahre in der Ungewissheit der Existenz zappeln lassen und sie hernach für einen demokratischen und friedlichen Neuaufbau gewinnen wollen. Man kann nicht Hunderttausende hinauswerfen und gleichzeitig sich einbilden, man könne ohne sie eine zerrüttete Wirtschaft und eine zerschlagene Verwaltung wieder aufrichten …

Zit. nach Paul Sauer, Demokratischer Neubeginn in Not und Elend, Ulm (Vaas) 1978, S. 155.

M4 **Plakat zur Anwerbung von Neulehrern in der SBZ**, 1945. Neulehrer hatten keine fachliche Ausbildung, sondern wurden nach politischen Gesichtspunkten ausgewählt und in Schnellkursen angelernt.

Filmtipp

Hitlers Eliten nach 1945 (SWR, 2002), 5-teilige Dokumentarreihe der Autoren Wilhelm Reschl, Kurt Schneider, Alexander Stenzel, Gerolf Karwath und Gabriele Trost zu den Themen Journalisten, Unternehmer, Ärzte, Offiziere und Kalter Krieg mit Naziakten. Begleitbuch zur Dokumentationsreihe: Karrieren im Zwielicht – Hitlers Eliten nach 1945, Frankfurt a. M. (Campus) 2002.

1 Stelle mithilfe von M1 und M2 eine Hypothese darüber auf, warum die Entnazifizierung für die deutsche Gesellschaft nach 1945 ein wichtiges Problem blieb.

2 Bearbeite die Hypothese an den Materialien dieser Doppelseite. Diskutiert die Ergebnisse in der Klasse.

3 Überlege, welche Wirkung die schnelle Beendigung der Entnazifizierung für die politische Einstellung vieler Deutscher gehabt haben könnte.

Die Entstehung des Südweststaats

Baden-Württemberg – Binde- oder Trennstrich?

Die Vereinigung der 1945 von den Besatzungsmächten deklarierten Länder Württemberg-Baden, Baden (= Südbaden) und Württemberg-Hohenzollern zum Südweststaat, der den Namen Baden-Württemberg erhielt, war von heftigen politischen Auseinandersetzungen begleitet, vor allem in Baden. Kritisiert wurden insbesondere die Modalitäten der vorgeschriebenen Volksabstimmung, d. h. vor allem der Auszählungsmodus: In Freiburg wollte man nach den alten Ländern (Baden, Württemberg, Hohenzollern) zählen lassen und forderte, um den Südweststaat zu realisieren, eine deutliche Mehrheit in beiden Bezirken; in Stuttgart bestand die Regierung darauf, in Nord- und Südbaden, Nord- und Südwürttemberg jeweils getrennt zählen zu lassen, und fand eine Mehrheit in drei der vier Bereiche für ausreichend.

Auch wenn sich in einer Volksabstimmung 1951 die Mehrheit der Bevölkerung für den Südweststaat aussprach, im März 1952 sich in Stuttgart die verfassunggebende Versammlung konstituierte, die Funktionen des Landtags übernahm, am 25. April 1952 Reinhold Maier (DVP) erster Ministerpräsident Baden-Württembergs wurde und am 19. November 1953 die baden-württembergische Verfassung in Kraft trat, gingen die Auseinandersetzungen weiter: 1956 stellte der Heimatbund Baden beim Bundesinnenministerium einen Antrag auf Zulassung eines Volksbegehrens in ganz Baden, der abgelehnt, aber dann vor das Bundesverfassungsgericht gebracht wurde. Dessen Richter fällten noch im gleichen Jahr ein Urteil zu Gunsten des Heimatbundes: Die badische Bevölkerung habe das Recht, nochmals in einer Volksabstimmung über die Zugehörigkeit Badens zum Südweststaat zu entscheiden, da infolge der Spaltung Badens nach 1945 der badische Volkswille „überspielt" worden sei.

Aber es dauerte noch 14 Jahre, bis diese Volksabstimmung realisiert wurde. Am 7. Juni 1970 fand sie statt: Bei einer Wahlbeteiligung von 62,5 % stimmte eine Mehrheit von 81,9 % für den Verbleib Badens in Baden-Württemberg.

M1 **Die Ländergrenzen im deutschen Südwesten 1945–1952**

M2 **„Mutter denk an unsere Zukunft"**, Plakat, 1951

M3 Zeitzeugen über die Gründung des Südweststaats

Bettina Zundel befragte im Jahr 2002 mehrere Zeitzeugen aus dem Landkreis Tuttlingen:

3A *Werner M., 76 J., damals Verwaltungsbeamter*
Also wir waren dafür.... Das war für unsere Infrastruktur, dass wir da so Industrieland und so weiter gewinnen konnten, war das also ganz wichtig für unsere Entwicklung ... und dann kam ja ... die Verwaltungsreform ... Am Anfang haben die ja immer gemeint, jetzt hätten sie nichts mehr zu melden, aber man hat ja Ortschaftsräte gelassen ...

3B *Karl M., 81 J., Landwirt und Gemeinderat*
Man hat keinen Grund gehabt, dagegen zu sein, aber auch keinen dafür, das war so Halbe Halbe ... Ursprünglich waren wir Reichenauer, ... rein alemannisch ... Ich will mal sagen, das ist nicht direkt etwas gegen die Schwaben gewesen, das war immer wirtschaftlich bedingt ..., vielleicht auch von der Religion her, ... ein Teil ist ja evangelisch bei den Schwaben ... Die Einheimischen waren schon mehrheitlich katholisch hier ...

3C *Nepomuk U., 81 J., Sägewerksbesitzer*
Ich habe mir Gedanken darüber gemacht ... und bin aber ... nicht zur Wahl gegangen, weil ich mich nicht entschließen konnte ... Damals war ich ... badisch angehaucht, zumal ich in der badischen Landesriege mitgeturnt habe, und bin in ganz Baden herumgekommen dadurch, ... und das Land war mir lieb und recht, und im Grunde genommen habe ich mir nicht allzu viel versprochen von den Fusionen ... Man sieht ja heute auch bei den Fusionen, ... es wird unpersönlicher ...

3D *Frau M. T., 95 J., Naturwissenschaftlerin, 1945 mit der Familie aus Ostpreußen geflüchtet*
Wie damals die Wahl war, konnte auch unsere Familie schon wählen, ... aber wir sind dann übereingekommen, dass wir nicht zur Wahl gegangen sind, weil wir sagten, das ist eine Angelegenheit der Einheimischen ... Und wir waren diese Kleinstaaterei nicht gewöhnt, wir fanden es etwas absonderlich für unsere Begriffe ...
Und dann war, dass man uns also erzählte, ... dass die Badener so schreckliche Angst hatten, dass sie ... eben dann weniger zu sagen haben ...

Bettina Zundel, Zeitzeugen berichten, in: Landkreis Tuttlingen/Kreisarchiv (Hg.), Der Landkreis Tuttlingen und die Gründung des Landes Baden-Württemberg, Tuttlingen (Landratsamt Tuttlingen), 2002, S. 61–66.

M4 **„Der Heimat die Treue“,** Plakat, 1951

1. Stelle anhand des Textes und M1 die Ausgangssituation für die Bildung des Südweststaats dar.
2. Erarbeitet nach der Methode „Politische Plakate untersuchen“ (S. 32) M2 und M4. Nutzt die Informationen auf der Doppelseite.
3. Vergleicht, wie die Zeitzeugen (M3A–M3D) ihre Einstellung zur Gründung des Südweststaats und ihr damaliges Verhalten begründen.

Die Gründung der Bundesrepublik Deutschland

Souveränität und Westbindung als Ziel

Die drei westlichen Alliierten entschieden angesichts der Bildung kommunistischer Staaten in Mittel- und Osteuropa, die Gründung eines westdeutschen Staates voranzutreiben. Dazu waren zwei Fragen am vordringlichsten zu klären: 1. Wie sollte die künftige Verfassung dieses neuen Staates aussehen? 2. Sollte der Staat souverän sein, d. h. über seine innen- und außenpolitischen Angelegenheiten selbst entscheiden können? Hinter beiden Fragen stand jedoch das Problem, wie zukünftig der Weg zur staatlichen Einheit ganz Deutschlands offengehalten werden konnte.

Am 1. September 1948 trat in Bonn der Parlamentarische Rat* zusammen, dem 61 Männer und 4 Frauen angehörten. Diese Abgeordneten waren von den Parlamenten der westdeutschen Bundesländer gewählt worden. Bei den ersten Wahlen zum Deutschen Bundestag im August 1949 erhielten die beiden stärksten Parteien etwa gleich viele Stimmen: Die CDU/CSU als eine neue Sammlungsbewegung der konservativ-christlichen, vorwiegend bürgerlichen Wählerschaft kam auf 31 Prozent der Stimmen. Die traditionsreiche Arbeiterpartei SPD, die sich am „demokratischen Sozialismus" orientierte, erhielt 29,2 Prozent der Stimmen. Die FDP zog mit 11,9 Prozent der Stimmen in den Bundestag ein.

M1 Eine Verfassung für Westdeutschland

Die Militärgouverneure der drei westlichen Zonen erteilten den Ministerpräsidenten in ihrem Bereich am 1. Juli 1948 in Frankfurt a. M. die folgende Weisung („Frankfurter Dokumente"):

In Übereinstimmung mit den Beschlüssen ihrer Regierungen autorisieren die Militärgouverneure der amerikanischen, britischen und französischen Besatzungszone in Deutschland die Ministerpräsidenten der Länder ihrer Zonen, eine verfassunggebende Versammlung einzuberufen, die spätestens am 1. September 1948 zusammentreten sollte … Die verfassunggebende Versammlung wird eine demokratische Verfassung ausarbeiten, die für die beteiligten Länder eine Regierungsform des föderalistischen Typs[1] schafft, die am besten geeignet ist, die gegenwärtig zerrissene deutsche Einheit schließlich wiederherzustellen, und die [die] Rechte der beteiligten Länder schützt, eine angemessene Zentralinstanz schafft und Garantien der individuellen Rechte und Freiheiten enthält.

Ursachen und Folgen. Eine Urkunden- und Dokumentensammlung zur Zeitgeschichte, hg. von Herbert Michaelis und Ernst Schraepler, Bd. 26, Berlin (Dokumenten-Verlag Dr. Herbert Wendler & Co) o. J., S. 148 f.

1 Gliederung des Staates in mehrere gleichberechtigte Einheiten (z. B. Bundesländer) im Gegensatz zum zentralistischen Staat

M2 Der Parlamentarische Rat nach der Abstimmung über das Grundgesetz, Foto, 1949. Die Verfassung wurde am 8. Mai 1949 mit 53 gegen 12 Stimmen verabschiedet und trat am 24. Mai 1949 in Kraft (Gründungsdatum der Bundesrepublik Deutschland). Reimann und Renner (beide KPD) sowie Heile (Deutsche Partei), der das Grundgesetz wegen der seiner Meinung nach zu starken Zentralgewalt gegenüber den Bundesländern ablehnte, blieben nach der Verkündung des Ergebnisses demonstrativ sitzen.

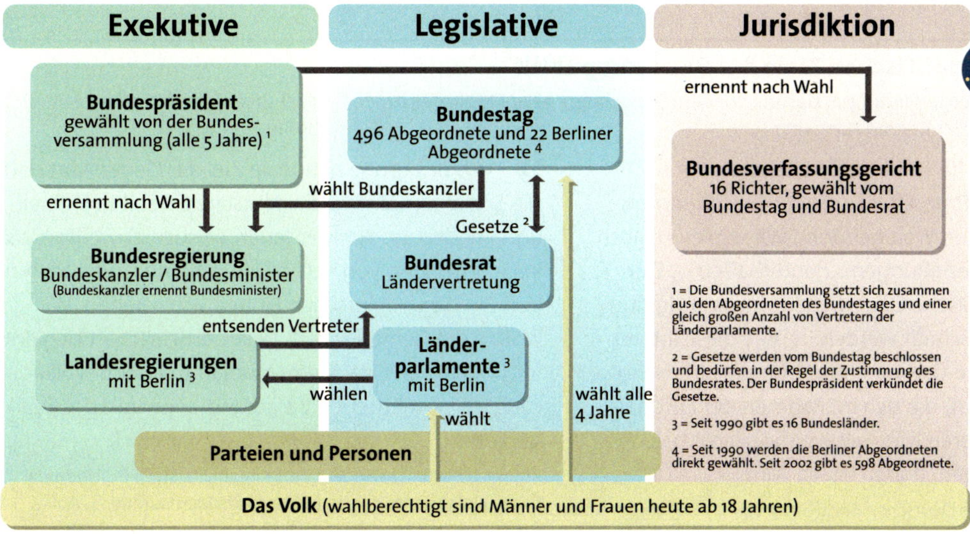

M3 Der Staatsaufbau der Bundesrepublik Deutschland von 1949 bis 1990. Die Bezeichnung „Grundgesetz“ wurde gewählt, um deutlich zu machen, dass nur eine vorläufige „Verfassung“ ohne Zustimmung zu einer endgültigen Teilung Deutschlands beschlossen wurde.

M4 Das Grundgesetz beschließen? – Eine Streitfrage

Auf der letzten Sitzung des Parlamentarischen Rates am 8. Mai 1949 sollte das von den Abgeordneten erarbeitete Grundgesetz beschlossen werden. Der kommunistische Abgeordnete Heinz Renner stellte den Antrag, auf diese Abstimmung zu verzichten und stattdessen mit dem „Deutschen Volksrat“ zusammenzuarbeiten, der parallel zum Parlamentarischen Rat in der sowjetisch besetzten Zone gebildet worden war:

4A *Heinz Renner (KPD):* Heute stehen wir erneut vor der Tatsache, dass das Präsidium des Deutschen Volksrats … noch einmal mit einer Einladung an uns herangetreten ist, in den nächsten Tagen in Braunschweig oder an irgendeinem von uns zu bestimmenden Ort zusammenzukommen … Ich bin der Meinung, dass in diesem Augenblick jeder, der die Interessen des deutschen Volkes höher stellt als die Interessen einer Partei, … verpflichtet ist, unserem Antrag zuzustimmen, umso mehr, als wir wissen, dass auf der Gegenseite uns deutsche Hände entgegengereckt werden, die mit uns zusammen ganz Deutschland und unserem Volke gesunde Lebensbedingungen und den Frieden schaffen wollen.

M4A und M4B zit. nach Der Parlamentarische Rat 1898–1948. Akten und Protokolle, Bd. 9, bearb. von Wolfram Werner, München (Harald Boldt) 1996, S. 505 ff. und 509 ff.

4B *Carlo Schmid (SPD) antwortete:* Das drängendste Anliegen aller Deutschen ist heute die Wiederherstellung der Einheit ihres Vaterlandes … Aber eine solche Einigung wäre vor der Geschichte sinnlos, wenn sie nicht die Voraussetzungen für eine Einheit Deutschlands in der Freiheit, in der Freiheit des Ganzen und in der Freiheit der Individuen, schaffte. Diese Einigung muss zum Gegenstand haben die Schaffung gleicher demokratischer Lebensbedingungen überall in Deutschland, im Westen wie im Osten … Wir wollen nicht ein Deutschland, in dem [das ehemalige KZ] Buchenwald sich wieder mit Häftlingen füllt[1] … Wir wollen nicht ein Deutschland, in dem die Polizei … allmächtig ist. Und wir wollen nicht ein Deutschland, in dem es politisch nur eine Einheitsmeinung in einer Einheitspartei geben darf.

1 In der SBZ wurden einige ehemalige Konzentrationslager als Internierungslager für deutsche Kriegsgefangene, NS-Verbrecher oder aus anderen Gründen Verhaftete weitergeführt.

1. Stelle den Weg zur Gründung der Bundesrepublik dar. Nutze dazu die Informationen auf S. 206 f.
2. Beschreibe M3 und erläutere, worin sich demokratische Elemente zeigen.
3. Vergleiche die Positionen Renners und Schmids (M4).
4. Erarbeite mithilfe der Materialien auf S. 208 die Positionen für bzw. gegen eine Westintegration der Bundesrepublik.

M5 Die außenpolitischen Ziele der Bundesrepublik

In seiner ersten Regierungserklärung vor dem Bundestag sagte Bundeskanzler Konrad Adenauer 1949:

5A Es besteht für uns kein Zweifel, dass wir nach unserer Herkunft und nach unserer Gesinnung zur westeuropäischen Welt gehören. Wir wollen zu allen Ländern gute Beziehungen … unterhalten … Der deutsch-französische Gegensatz … muss endgültig aus der Welt geschafft werden. … Alle diese Interessen sollen in eine Ordnung und Übereinstimmung gebracht werden, die sich im Rahmen der Europäischen Union, deren Mitglied wir möglichst bald zu werden wünschen, finden lassen wird.

Verhandlungen des Deutschen Bundestages, I. Wahlperiode, 7. Sitzung, 20.9.1949, in: Stenografische Berichte, Bd. 1, S. 29 f.

Der SPD-Vorsitzende Kurt Schumacher erklärte 1952 im Vorwort eines Aktionsprogramms der SPD:

5B Als das große nationale Ziel der Gegenwart sieht die Sozialdemokratie die deutsche Einheit in Freiheit und Frieden an. Sie wird jeden Versuch abwehren, die Verschmelzung von Teilen Deutschlands mit anderen Völkern dieser deutschen Einheit vorzuziehen. Wir wollen die Gemeinschaft. Jede Gemeinschaft beginnt für uns aber mit der Gemeinschaft mit der Bevölkerung der sowjetischen Besatzungszone und des Saargebietes.

Zit. nach Dieter Dowe und Kurt Klotzbach (Hg.), Programmatische Dokumente der deutschen Sozialdemokratie, 3. Aufl., Bonn (J. H. W. Dietz Nachf.) 1990, S. 302.

Konrad Adenauer

Geboren 1876 in Köln als Sohn eines Kanzleirats. Nach dem Jurastudium arbeitete Adenauer beim Landgericht. Als Mitglied der Zentrumspartei wurde er 1917 Oberbürgermeister von Köln. 1933 wurde er von den Nationalsozialisten abgesetzt. Im Mai 1945 setzten ihn die Amerikaner wieder als Oberbürgermeister von Köln ein. 1946 wurde Adenauer zum Vorsitzenden der CDU in der britischen Zone gewählt. Von September 1948 bis Mai 1949 war er Präsident des Parlamentarischen Rates. Der Bundestag wählte Adenauer im September 1949 zum Bundeskanzler. Er wurde mehrfach wiedergewählt, bis er 1963 zurücktrat. Er prägte als Kanzler so sehr die Politik seiner Zeit, dass man von der „Ära Adenauer" spricht. 1967 starb Adenauer in Rhöndorf bei Bonn.

Kurt Schumacher

Geboren 1895 in Culm (Westpreußen) als Sohn eines Kaufmanns. 1914 wurde Schumacher Kriegsfreiwilliger und kehrte schwer kriegsverletzt (Armamputation) zurück. Er studierte Jura und Volkswirtschaft und wurde 1918 Mitglied der SPD. Als Reichstagsabgeordneter (1930–1933) kämpfte er mit anderen SPD-Abgeordneten gegen die Nationalsozialisten. Von 1933 bis 1943/44 war er in KZ-Haft.
1946 wurde er zum SPD-Vorsitzenden gewählt. Er verhinderte die Vereinigung der SPD mit der KPD in den Westzonen. Leitbild seiner Politik als Oppositionsführer im Bundestag war die Herstellung der nationalen Einheit Deutschlands. Schumacher starb 1952 in Bonn.

Verträge und Bündnisse der Bundesrepublik bis 1955

21. September 1949 Besatzungsstatut. Die drei westlichen Alliierten sichern sich die Kontrolle über die inneren und äußeren Angelegenheiten des westdeutschen Staates.

22. November 1949 Petersberger Abkommen. Die Bundesrepublik erhält die Erlaubnis zur Aufnahme konsularischer Beziehungen mit dem Ausland und zum Abschluss völkerrechtlicher Verträge.

25. Juli 1952 Frankreich, Italien, die Benelux-Staaten und die Bundesrepublik gründen die Europäische Gemeinschaft für Kohle und Stahl („Montanunion").

5. Mai 1955 Pariser Verträge. Die Bundesrepublik erhält die Souveränität und tritt der NATO bei. Die drei Westalliierten behalten sich die Entscheidungsbefugnis in allen Fragen vor, die Deutschland als Ganzes betreffen.

1. Januar 1957 Eingliederung des Saarlandes in die Bundesrepublik nach einer Volksabstimmung (1955).

Die Gründung der Deutschen Demokratischen Republik

Blockparteien und Massenorganisationen

Während in Westdeutschland die Staatsgründung auf entstehende demokratische Strukturen in den Kommunen und Ländern aufbauen konnte, hatte in der sowjetischen Besatzungszone die SED ihre Vorherrschaft gefestigt. Seit 1948 berief sie „Volkskongresse" ein, deren Delegierte aus Parteien und Gewerkschaften von der SED benannt wurden und als „gesamtdeutsches Vorparlament" einen Friedensvertrag und die deutsche Einheit vorbereiten sollten. Im März 1948 trat der „Deutsche Volksrat" zusammen. Er beriet einen Verfassungsentwurf, den die SED vorgelegt hatte.

Die Entwicklung in der SBZ beschleunigte sich im Mai 1949: Als Reaktion auf die Entstehung der „Bundesrepublik Deutschland" im Westen veranlasste die Sowjetunion die Gründung der „Deutschen Demokratischen Republik": Der Zweite Deutsche Volksrat setzte am 7. Oktober die Verfassung in Kraft und erklärte sich zur Provisorischen Volkskammer der DDR. In der Volkskammer war als führende politische Kraft die SED vertreten, daneben Vertreter der Massenorganisationen* wie Freie Deutsche Jugend (FDJ) und Freier Deutscher Gewerkschaftsbund (FDGB) sowie die so genannten Blockparteien wie Christlich-Demokratische Union (CDU), Liberal-Demokratische Partei Deutschlands (LDPD), deren Anzahl von Sitzen jedoch bereits vor den Wahlen auf einer Einheitsliste* festgelegt war.

M1 Das Präsidium des III. Parteitages der Sozialistischen Einheitspartei Deutschlands in Berlin (Ost), Foto, 1950. In der vorderen Reihe Rosa Thälmann (sitzend), Wilhelm Pieck, Walter Ulbricht (siehe S. 210), der auf diesem Parteitag zum Generalsekretär gewählt wurde, Otto Grotewohl und Erich Honecker (von links nach rechts).

M2 Staatsaufbau und Herrschaftsverhältnisse in der Deutschen Demokratischen Republik bis 1989

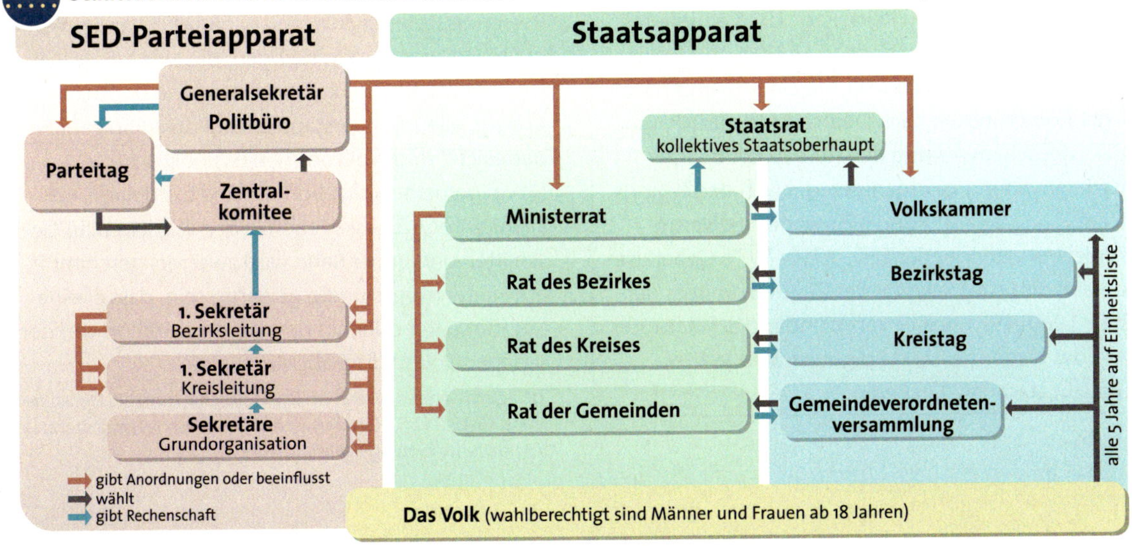

M3 „Der neue sozialistische Mensch“

Folgende Leitsätze für die Bevölkerung der DDR verkündete der Generalsekretär Walter Ulbricht auf dem V. Parteitag der SED (Juli 1958):

1 Du sollst dich stets für die internationale Solidarität der Arbeiterklasse und aller Werktätigen sowie für die unverbrüchliche Verbundenheit aller sozialistischen Länder einsetzen.

2 Du sollst dein Vaterland lieben und stets bereit sein, deine ganze Kraft und Fähigkeit für die Verteidigung der Arbeiter-und-Bauern-Macht einzusetzen.

3 Du sollst helfen, die Ausbeutung des Menschen durch den Menschen zu beseitigen.

4 Du sollst gute Taten für den Sozialismus vollbringen, denn der Sozialismus führt zu einem besseren Leben für alle Werktätigen.

5 Du sollst beim Aufbau des Sozialismus im Geiste der gegenseitigen Hilfe und der kameradschaftlichen Zusammenarbeit handeln, das Kollektiv achten und seine Kritik beherzigen.

6 Du sollst das Volkseigentum schützen und mehren.

7 Du sollst stets nach Verbesserung deiner Leistungen streben, sparsam sein und die sozialistische Arbeitsdisziplin festigen.

8 Du sollst deine Kinder im Geiste des Friedens und des Sozialismus zu allseitig gebildeten, charakterfesten und körperlich gestählten Menschen erziehen.

9 Du sollst sauber und anständig leben und deine Familie achten.

10 Du sollst Solidarität mit den um ihre nationale Befreiung kämpfenden und den ihre nationale Unabhängigkeit verteidigenden Völkern üben.

Zit. nach „10 Gebote zur sozialistischen Moral“, Plakat, 1958, Deutsches Historisches Museum Berlin.

Walter Ulbricht

Geboren 1893 in Leipzig als Sohn eines Schneiders. Ulbricht schloss eine Tischlerlehre ab. 1912 trat er in die SPD ein, 1919 wechselte er in die KPD. 1924 besuchte er die Parteischule in Moskau, wo er im Sinne der kommunistischen Weltanschauung ausgebildet wurde. 1928–1933 war er Abgeordneter im deutschen Reichstag. 1933 emigrierte er nach Frankreich und siedelte 1938 nach Moskau über. Im April 1945 kehrte er mit einer Gruppe deutscher Kommunisten nach Deutschland zurück, um in sowjetischem Auftrag den Aufbau der Berliner Stadtverwaltung zu organisieren. Nach der Zwangsvereinigung von SPD und KPD war er stellvertretender Vorsitzender der SED, 1950–1971 Generalsekretär bzw. Erster Sekretär des Zentralkomitees der SED. 1960–1971 war er Vorsitzender des Staatsrates und des Nationalen Verteidigungsrates. Walter Ulbricht starb 1973 in Berlin.

M4 Politischer Druck und persönliche Freiheit

Aus einem anonymen Brief aus der DDR an „Kameraden“ in der Bundesrepublik, Ende Dezember 1949:

Ich glaube, im Westen kann man sich überhaupt keine richtige Vorstellung davon machen, unter was für Umständen und unter welchem politischen Druck wir hier vegetieren, welch mehr als unverschämten Lug und Trug wir uns täglich in Rundfunk und Presse bieten lassen müssen und welcher Gefahr für die persönliche Freiheit wir stündlich ausgesetzt sind … Die Sozialistische Einheitspartei (SED) beherrscht, von Russen gestützt und befohlen, natürlich zusammen mit den Massenorganisationen, die, wie z. B. FDGB, Demokratischer Frauenbund und Freie Deutsche Jugend, alle selbstverständlich auf dem Papier „überparteilich“ sind, vollkommen das politische Leben … Das allgemeine Spitzeltum ist eine Landplage, vor allem unter Arbeitskollegen in den Betrieben. In Geschäften und in der Bahn wird zwar viel geschimpft, aber jeder muss ständig gewärtig sein, dass er eine Stunde später oder auf der nächsten Station von der schönen Volkspolizei abgeholt wird.

Zit. nach Manfred Overesch, Die Deutschen und die Deutsche Frage 1945–1955, Hannover (Niedersächsische Landeszentrale für politische Bildung) 1985, S. 130 f.

M5 SED-Plakat zum XIX. Parteitag der KPdSU, 1952

M6 „Stalinisierung" von Partei und Staat

Der Historiker Werner Müller schrieb 1997 über die DDR zu Beginn der 1950er Jahre:

Ab Juni 1948 konnte unter dem Siegel der „Partei neuen Typus" die Stalinisierung der SED betrieben werden: der Umbau der Parteistruktur nach dem Vorbild der KPdSU und das Einschwören auf Politik, Ideologie und Persönlichkeit von Josef W. Stalin … Die Stalinisierung von Partei und Staat, Säuberungen, Verfolgungen, ideologische Indoktrination[1], Kirchenkampf, Kampf gegen Einflüsse westlicher Kultur und Antiamerikanismus bestimmten das Bild nach der Staatsgründung. Hunderttausende, vor allem frühere Sozialdemokraten und tatsächliche oder vermeintliche „Abweichler"[2], Angehörige früherer Splittergruppen der Arbeiterbewegung sowie Westemigranten wurden aus der SED ausgeschlossen, verloren vielfach ihre Stellungen und auch die persönliche Freiheit … Auch die „bürgerlichen" Parteien, die „Massenorganisationen" und der Staats- und Verwaltungsapparat blieben von derartigen Terrormechanismen nicht verschont. Stalins Doktrin von der „Verschärfung des Klassenkampfes" führte zu einer Agenten-Psychose[3] und öffentlichem Misstrauen in bislang unbekanntem Maße. Mit den „Säuberungs"-Maßnahmen rückten zugleich junge Funktionäre in verantwortliche Stellungen ein, die sich jedoch vielfach als überfordert erwiesen.

„Wir müssen alles in der Hand haben". Die Ära Ulbricht – Parteidiktatur mit Anspruch auf Demokratie, in: Praxis Geschichte, H. 5, 1997, S. 6 f.

1 Massive psychologische und ideologische Beeinflussung von Personen oder Gruppen 2 Von der offiziellen Parteilinie abweichende Mitglieder 3 Krankhafte Angst vor z. B. „westlichen Agenten"

Verträge und Bündnisse der DDR bis 1955

6. Juli 1950 Görlitzer Vertrag. Die DDR erkennt die Oder-Neiße-Grenze als Staatsgrenze zwischen Deutschland und Polen an.

29. September 1950 Aufnahme der DDR in den Rat für gegenseitige Wirtschaftshilfe (RGW) – gegründet 1949 unter sowjetischer Führung.

14. Mai 1955 Warschauer Pakt. Die DDR wird Gründungsmitglied des Militärbündnisses unter sowjetischer Führung.

20. September 1955 Vertrag zwischen der DDR und der Sowjetunion. Die Sowjetunion erklärt die DDR für souverän. Sie erkennt die gemeinsame Verantwortung der vier Alliierten für Deutschland aber auch weiterhin an.

1. Stelle den Weg zur Gründung der DDR dar. Nutze dazu die Informationen auf S. 209 f.
2. Beschreibe anhand von M3 das Verhältnis von Individuum und Gemeinschaft bzw. Staat.
3. Charakterisiere anhand von M2 und M4 den Staatsaufbau und die Herrschaftsverhältnisse in der DDR.
4. Überprüfe mithilfe von M5, M6 und dem Kasten, inwiefern man von einer Ostbindung der DDR sprechen kann.
5. Analysiere die Folgen der „Stalinisierung" in der DDR, wie M6 sie darstellt.

Staatssicherheit – Machtinstrument der SED-Diktatur

„VEB Horch und Greif“: das Spitzelsystem

Die SED-Regierung, die sich freien Wahlen durch die Bevölkerung nicht gestellt hatte, richtete 1950 zur Sicherung ihres Machtmonopols eine politische Geheimpolizei nach dem Vorbild der Sowjetunion ein. Das „Ministerium für Staatssicherheit“ (MfS) wurde in der Bevölkerung ironisierend „VEB (d. h. Volkseigener Betrieb) Horch und Greif“ oder Stasi* genannt. Es unterstand dem Generalsekretär des Zentralkomitees der SED, begann mit etwa 1000 hauptamtlichen Mitarbeitern und hatte 1989 etwa 91 000 Beschäftigte. Dazu kamen – nach dem Stand beim Zusammenbruch der SED-Herrschaft 1989 – etwa 175 000 so genannte „inoffizielle Mitarbeiter“ (IM). Sie verpflichteten sich – in aller Regel in schriftlichen Bereitschaftserklärungen –, Informationen über Personen zu liefern, die „die Sicherheit des Staates“ gefährdeten. Das MfS förderte ein elitäres Bewusstsein seiner Mitarbeiter. Ihre Loyalität sollte z. B. dadurch gestärkt werden, dass sie bei der Versorgung mit Konsumartikeln oder bei der Berufswahl bevorzugt wurden.

Folgende Aufgabenbereiche waren definiert:
- Bestrebungen gegen die sozialistische Gesellschaftsordnung der DDR aufdecken, politisch aktive Personen überprüfen, überwachen und einschätzen
- „nicht legale“ Gruppierungen ausspionieren, „unterwandern“ und öffentliche Aktivitäten verhindern
- „Straftaten gegen die Staatsgrenze“ vereiteln, den Transitverkehr (Durchreise durch die DDR) überwachen
- die Volkswirtschaft gegen Sabotage und Kriminalität schützen
- Pläne und Aktivitäten anderer Staaten und ausländischer Organisationen aufklären, wissenschaftlich-technische Informationen beschaffen
- Tätigkeiten fremder Geheimdienste unterbinden
- „faschistische Kriegsverbrechen“ aufdecken

Mit dem Zusammenbruch der SED-Herrschaft 1989/90 endete auch das Stasi-Spitzelsystem. Das Ministerium für Staatssicherheit wurde am 11. Januar 1990 aufgelöst. Die Akten der Staatssicherheit werden heute von einem Bundesbeauftragten an zentraler Stelle verwahrt, wo sie Stasi-Opfer, Wissenschaftler oder Journalisten auf Antrag einsehen können.

M1 **Stasi-Observanten**, fotografiert aus der Ständigen Vertretung der Bundesrepublik Deutschland in Ostberlin, Foto, 1982

M2 „Zersetzungsmaßnahmen“ der Stasi

Dem DDR-Schriftsteller und Psychologen Jürgen Fuchs (1950–1999) wurden Verleumdung und Herabsetzung der Staats- und Gesellschaftsordnung der DDR vorgeworfen. In einer Aktennotiz des Ministeriums für Staatssicherheit für den Zeitraum von August bis September 1982 hieß es:

F. wurde kontinuierlich, vor allem in den Nachtstunden, in seiner Wohnung angerufen, ohne dass sich der Anrufer meldete. Gleichzeitig wurde jeweils der Fernsprechanschluss zeitweilig blockiert.
Im Namen von F. wurde eine Vielzahl von Bestellungen von Zeitungen, Zeitschriften, Prospekten, Offerten u. dgl. aufgegeben, darunter auch Bestellungen, die zur Kompromittierung[1] des F. geeignet sind. Mehrfach wurden Taxis und Notdienste (Schlüsselnotdienste, Abflussnotdienst, Abschleppdienst) vorwiegend nachts zur Wohnung des F. bestellt.

Zit. nach Jens Gieseke, unter Mitarbeit von Doris Hubert, Die DDR-Staatssicherheit, Bonn (Bundeszentrale für politische Bildung) 2000, S. 64.

1 kompromittieren: bloßstellen

M3 „... und zwar in den Nachtstunden"

Aus dem Bericht eines in die Bundesrepublik desertierten Leutnants des Staatssicherheitsdienstes von 1979:

Mitte 1958 wurde im Amtssitz des evangelischen Bischofs Noth in Dresden vom Staatssicherheitsdienst ein Abhörgerät eingebaut. Den Einbau leitete der Chef der Bezirksverwaltung ... Die Angelegenheit ging folgendermaßen vor sich: Oberleutnant Löffler beantragte den Einbau eines Abhörgerätes mit der Begründung, „in der evangelischen Kirche gibt es nicht genügend Informationen, wir brauchen deshalb andere Quellen, um Auskunft über die Tätigkeit der Kirche zu erhalten". Man nahm Verbindung auf zu einem im Landeskirchenamt tätigen Heizer, der sich früher einmal selbst für Spitzeldienste angeboten hatte. Dieser Heizer verschaffte den Mitarbeitern der Bezirksverwaltung Zutritt zu den Räumen des Landeskirchenamtes, und zwar in den Nachtstunden. Außerdem lieferte er den Inhalt der Papierkörbe, den er verbrennen sollte, bei Leutnant Jänicke ... ab. Der Heizer erhielt für seine Tätigkeit Geldbeträge in Höhe von 100,– bis 150,– DM. Er gab der Bezirksverwaltung Gelegenheit, sich Nachschlüssel für alle Räume des Landeskirchenamtes anfertigen zu lassen. So war es möglich, das kleine Abhörgerät direkt an den Telefonanschluss des Bischofs anzuschließen und mit einer Leitung zum Büro von Leutnant Jänicke zu verbinden. Dort wurden Telefongespräche auf Band aufgenommen und dann ausgewertet.

Zit. nach Christoph Kleßmann/Georg Wagner, Das gespaltene Land, München (C. H. Beck) 1993, S. 430.

M4 **Tücher als „Geruchsspurenträger" in Weckgläsern**, um 1985. Mit der „Geruchs-Konserven-Methode" wurde der Individualgeruch von Bürgern konserviert. Im Bedarfsfall konnten Spürhunde (so genannte Geruchsdifferenzierungshunde) verdächtige Personen identifizieren, wenn sie an einer „Tatortgeruchskonserve" Witterung erhalten hatten.

M5 „Unendlich wichtiger sind die Opfer"

Konrad Weiß, Dokumentarfilmer, Sprecher der Bürgerbewegung „Demokratie jetzt" in der ehemaligen DDR und zeitweiliger Bundestagsabgeordneter von Bündnis 90/Die Grünen, schrieb 1993:

Alles, was Stasi-Leute erschnüffelten, und alles, was sie zu Protokoll gaben, diente dem einen Zweck: der Partei die Macht zu erhalten und sich das eigene Stück vom Kuchen zu sichern ... Dem ordneten sie alles unter, alle Fakten, alle Daten, alle Befunde ... Unendlich wichtiger sind die Opfer: ihre Tapferkeit und ihre Angst, ihr Schweigen, ihre Verwirrung, ihr Hass. Sie allein wissen, wie es war. Denn sie haben den Staatssicherheitsdienst erlitten: in der Einsamkeit der kalten Zellen, bei stundenlangen Verhören, in den Nächten voller Angst. Sie wurden gefoltert und geschändet, bespitzelt und observiert, wurden bis ins Intimste belauscht. Ihnen wurden Freundschaft und Liebe, Kameradschaft und Mitmenschlichkeit vorgetäuscht, sie wurden erpresst und betrogen, wurden kalt und berechnend verletzt ... Ich habe mein Leben lang gewusst, dass meine Post gelesen, meine Telefonate abgehört, meine Gespräche belauscht wurden. Es gab immer Menschen, zu denen ich auf Distanz gegangen bin, weil ich hinter ihrer Freundlichkeit den Spitzel vermutet habe.

Konrad Weiß, „Wir müssen uns der Wahrheit stellen", in: Spiegel spezial, Nr. 1, 1993, S. 7 ff.

1. Erarbeite anhand der Materialien dieser Doppelseite die „Ermittlungsarbeit" der Staatssicherheit.
2. Überlege, welche Folgen die Stasi-Aktivitäten für den Umgang der Menschen untereinander haben konnten.
3. Untersuche, welche der in den Materialien genannten Ziele und Methoden der Stasi sich im Darstellungstext wiederfinden lassen.
4. Prüfe anhand der Informationen auf dieser Doppelseite die These vom „Machterhalt der Partei" (M5, Zeile 2 ff.) als Zweck der Staatssicherheit.

M1 **Plakat** aus der Bundesrepublik Deutschland, 1951. Herr „Ohne-mich“: Gegner einer Wiederaufrüstung in Westdeutschland

Feindbilder im Kalten Krieg

Bilder und Worte als Waffen

Als in den 1980er Jahren zwischen Ost und West wieder über Abrüstung verhandelt wurde, schrieb der Schweizer Historiker und Politikwissenschaftler Daniel Frei 1985 in seinem Buch „Feindbilder und Abrüstung“: „Die meisten Kommentatoren befassen sich mit der Zahl und Leistungsfähigkeit der Waffen – … Doch wichtiger als die Sprengköpfe sind die Köpfe der Menschen … Das Bild, das jede Seite sich vom Gegner macht, bestimmt auch den Gang der Verhandlungen.“

Mit der politischen Teilung Deutschlands und Europas nach 1945 und der Einschränkung und Verhinderung des gegenseitigen Informationsaustausches, beispielsweise durch Pressemedien, verfestigten sich die gegenseitigen „Bilder“ vom Gegenüber. Ungenaue Kenntnisse und vorschnelle Bewertungen – gesteigert durch gezielte Propaganda auf beiden Seiten – förderten in der Phase des Kalten Krieges (siehe S. 118 ff.) die Entstehung von Feindbildern. Die Ursachen für die Verzerrung und Verfälschung von Wahrnehmungsmustern im historisch-politischen Bereich sind bislang unzureichend erforscht. Als ein wichtiger Auslöser vereinfachender bzw. verfälschender Wahrnehmung wird der Konflikt angenommen, der ein bestimmtes Bild vom Gegner hervorbringt. Im Fall des Ost-West-Konflikts muss von tieferen Konfliktursachen ausgegangen werden, die in den Feindbildern oft nicht mehr erkennbar oder verdeckt sind. Feindbilder scheinen ein Eigenleben zu entwickeln.

M2 **Plakat** aus der Bundesrepublik Deutschland, 1952

M3 **Der Zusammenhang zwischen Konflikt, Rüstung und Feindbild**

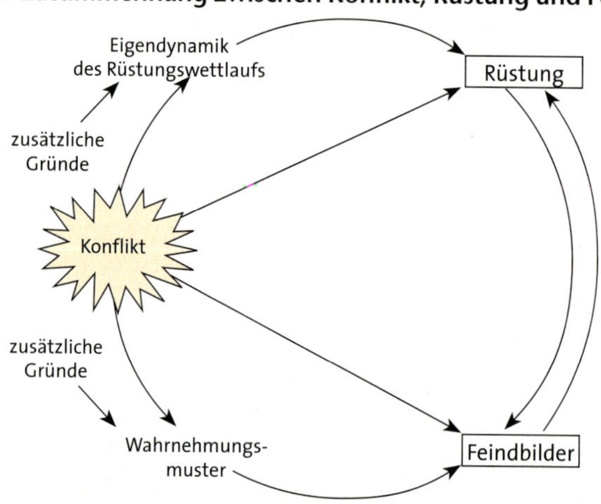

1 Erarbeite anhand von M1, M2, M5 und M6 die hier dargestellten Feindbilder im Kalten Krieg. Achte besonders auf die Bildelemente und deren (symbolische) Bedeutung und formuliere zu jedem Bild eine zusammenfassende Aussage.

M4 „Spiegelbildlichkeit der Argumente"

Der Historiker Wolfgang Bickel schrieb 1991:

Hervorstechendes Merkmal des Vorgangs [der Entstehung von Feindbildern] ist die Spiegelbildlichkeit der Argumente. Schematisch erfolgt eine Zuordnung, die sich selbst Rechtschaffenheit, Friedensliebe, Reinheit, die Vorstellung, unschuldig bedroht zu sein, zuspricht, im jeweiligen Anderen den Vertreter des Bösen, der Feindseligkeit, des Todes sieht. Auffallend ist das hohe Maß an Aggressivität, das sich mit der Versicherung, unschuldig zu sein, schlecht verträgt … Die einzelnen Denkoperationen im Rahmen des Freund-Feind-Gefüges von der Konstruktion einer Rakete bis zur Kalkulation der Wirkung eines Erstschlages mögen von rationaler Klarheit sein – die Grundstruktur ist total irrational. Die Sicht ist dermaßen beschränkt, dass es nicht auffällt, in welchem Maße die Zuteilung der Attribute des Bösen „an den Gegner" und die Vorbereitung seiner Vernichtung doch den Tatbestand der Bosheit bereits erfüllen … Im Zentrum jenes globalen Vorgangs, des Kalten Krieges …, stehen also psychische Prozesse. Und von entscheidender Bedeutung ist hierbei die mangelnde Fähigkeit und Bereitschaft, das Unakzeptable in sich zu erkennen und die Verantwortung dafür zu übernehmen. Akzeptabel werden Arglist und Aggressivität erst, wenn sie im Dienst einer so genannten guten Sache als Gutes getarnt aufsteigen dürfen – und hierzu braucht man den Feind. Im Kampf für die gute Sache ist es verdienstvoll, zu töten – was ja dann auch legalisiert und im tiefsten Sinne sanktioniert ist … Es muss generell davon ausgegangen werden, dass, soweit menschliche Überlieferung zurückreicht, Gefühle sozialer Solidarität und gesellschaftlicher Zugehörigkeit immer auch durch Feindbilder aufgebaut werden. Dies scheint sich zudem ohne bewusste Steuerung zu vollziehen. Dabei bietet sich als Feind jemand an, der nicht zur Gruppe gehört, dessen Aussehen als fremd, dessen Verhalten als unberechenbar erscheint … Kommt nun eine lebhafte Vorstellung hinzu, dieses Fremde bedränge die Gruppe und hindere sie in ihrem Lebensraum, dann werden ungewöhnliche Energien freigesetzt mit dem Ziel, koste es, was es wolle, sich der Bedrohung zu entledigen.

Wolfgang Bickel, „Seien wir doch ehrlich …". Vom Bild des Feindes im Kalten Krieg, in: Praxis Geschichte, H. 5, 1991, S. 28.

2 Erläutere die in M4 erwähnte „Spiegelbildlichkeit der Argumente" und untersuche, wie der Autor die Entstehung von Feindbildern erklärt.

3 Stelle einen Bezug zwischen M4 und den Plakaten (Aufgabe 1) her. Nimm den Darstellungstext zu Hilfe.

4 Überlege, wo sich in der Gegenwart Ansätze für Feindbilder zeigen. Bedenke deine eigene Sichtweise.

5 Besprecht Möglichkeiten, um Feindbildern entgegenzuwirken – in der Politik und im alltäglichen Miteinander.

M5 **Plakat** aus der DDR, 1950. Anspielung auf einen angeblichen Kartoffelkäferabwurf der Amerikaner über der DDR

M6 **Plakat** aus der DDR, 1952. Dargestellt sind (von vorn) Truman, Churchill und Adenauer.

Deutsch-deutsche Politik

Der Kalte Krieg vertieft die Gegensätze

Die Einbindung der beiden deutschen Staaten in unterschiedliche Machtblöcke war ein zentraler Bestandteil des Kalten Krieges. So vertiefte sich mit der weltpolitischen Konfrontation der Supermächte USA und Sowjetunion in den 1950er Jahren die innerdeutsche Abgrenzung. Verstärkt wurde sie durch die Wiederbewaffnung der Bundesrepublik und deren NATO-Beitritt 1955.
Die konsequente Westorientierung der Regierung Adenauer und ihr Anspruch, die Bundesrepublik allein vertrete Deutschland, machten eine politische bzw. diplomatische Verständigung mit der Regierung in Ostberlin praktisch unmöglich. Andererseits war deutlich zu erkennen, dass die sowjetische Besatzungsmacht und später die DDR-Regierung mit dem Auf- und Ausbau des SED-Staats ein Modell gestaltete, das mit den Grundsätzen einer parlamentarischen Demokratie nicht vereinbar war.
Während sich in der Bundesrepublik das demokratisch-parlamentarische System stabilisierte, zeigten sich in der DDR Anfang der 1950er Jahre Widerstände gegen die SED, die die politische Vielfalt und Mitsprache der Bevölkerung unterdrückte bzw. zu „steuern" versuchte.

M1 Karikatur von Hanns Erich Köhler, 1949

Der 17. Juni 1953 – eine gescheiterte Revolution?

Im Juli 1952 rief die SED den „planmäßigen Aufbau des Sozialismus" in der DDR aus. Bauern, Handwerker und Kaufleute wurden gewaltsam zur Aufgabe ihrer wirtschaftlichen Selbstständigkeit gezwungen. Die Versorgungslage der Bevölkerung verschlechterte sich. Am 16. Juni 1953 legten die Bauarbeiter der Berliner Stalinallee, eines Aushängeschilds der Regierung für den Wiederaufbau der DDR, die Arbeit nieder. Sie zogen zum Sitz der Regierung, um gegen die Erhöhung ihrer Arbeitsnormen um zehn Prozent zu protestieren. Am folgenden Tag kam es nicht nur in Berlin, sondern auch in über 270 anderen Orten der DDR zu Streiks und Massendemonstrationen, an denen mindestens 300 000 Menschen teilnahmen. Nur durch den Einsatz sowjetischer Panzer konnte die Protestbewegung gestoppt werden. Es gab Dutzende von Toten und Tausende von Verhaftungen.

M2 Die Forderungen der Streikenden

Die Streikleitung mehrerer großer Betriebe in Bitterfeld schrieb am 16. Juni 1953 an die Regierung der DDR:

Wir Werktätigen des Kreises Bitterfeld fordern von Ihnen:

1. Rücktritt der so genannten Deutschen Demokratischen Regierung, die sich durch Wahlmanöver an die Macht gebracht hat,
2. Bildung einer provisorischen Regierung aus den fortschrittlichen Werktätigen,
3. Zulassung sämtlicher großer demokratischer Parteien Westdeutschlands,
4. freie, geheime, direkte Wahlen in vier Monaten,
5. Freilassung sämtlicher politischer Gefangener (direkt politischer, so genannter Wirtschaftsverbrecher und konfessionell Verfolgter),
6. sofortige Abschaffung der Zonengrenze und Zurückziehung der Vopo [Volkspolizei],
7. sofortige Normalisierung des sozialen Lebensstandards,
8. sofortige Auflösung der so genannten Nationalarmee,
9. keine Repressalien gegen einen Streikenden.

Zit. nach Der Aufstand vom 17. Juni 1953, Bonn (Bundesministerium für innerdeutsche Beziehungen) 1983, S. 14 f.

Der Mauerbau 1961 – ein Mittel gegen die „Abstimmung mit den Füßen“

Der Aufstand vom 17. Juni 1953 hatte gezeigt, dass die SED-Herrschaft nicht gegen den Willen der sowjetischen Führung in Moskau gestürzt werden konnte. Walter Ulbricht verhinderte in der DDR eine öffentliche Diskussion über eine Reform des sozialistischen Systems. Anders als in der Sowjetunion, so behauptete er, sei eine „Entstalinisierung“ nicht notwendig, weil es Personenkult und Unterdrückung nicht gebe.
Solange die Grenze zwischen den beiden deutschen Staaten nicht befestigt war, hatte jeder Unzufriedene die Möglichkeit, in die Bundesrepublik zu fliehen, vor allem über die offene Grenze zwischen den Westsektoren und dem Ostsektor von Berlin. Auf diese Weise verlor die DDR-Wirtschaft viele junge und qualifizierte Arbeitskräfte. Es dauerte nicht lange und „Republikflucht“ wurde als schwerer Straftatbestand in das DDR-Strafrecht aufgenommen.
Nachdem ein Plan des Generalsekretärs der KPdSU Chruschtschow 1958 gescheitert war, die Westalliierten ultimativ zum Abzug aus Westberlin zu bewegen und Berlin zu einer „freien und entmilitarisierten Stadt“ zu machen, begannen in den Warschauer-Pakt-Staaten geheime Überlegungen, Ostberlin von den Westsektoren abzuriegeln. In der Nacht vom 12. zum 13. August 1961 begannen Angehörige der Volkspolizei, Betriebskampfgruppen und Soldaten, völlig überraschend für die Bevölkerung, quer durch Berlin und entlang der DDR-Westgrenze Grenzanlagen zu errichten. Die Abschottung gegenüber der Bundesrepublik verband die SED-Führung mit einer technologischen und wirtschaftlichen Modernisierung der DDR. Tatsächlich zeigten sich um 1970 Erfolge in einer verbesserten Produktivität und einem höheren Lebensstandard. Diese Entwicklung wurde auch dadurch gefördert, dass der Anteil der erwerbstätigen Frauen stark anstieg (1960: 70 Prozent; 1980: 90 Prozent).

Entspannungspolitik – für die Menschen in Ost und West?

Seit 1969 regierte in der Bundesrepublik mit Willy Brandt erstmals ein sozialdemokratischer Bundeskanzler. Vor dem Hintergrund der Entspannungspolitik zwischen den Großmächten USA und Sowjetunion verfolgte er eine neue Politik gegenüber der DDR und den übrigen Ostblockstaaten. Brandt stand auf dem Standpunkt, dass eine Annäherung an die östlichen Nachbarn Deutschlands nur dadurch zu erreichen sei, dass die Bundesrepublik ausdrücklich die Verantwortung für die Verbrechen des Nationalsozialismus übernahm. Die DDR wies als erster sozialistischer Staat auf deutschem Boden jede Verantwortung zurück. Die SPD/FDP-Regierung vereinbarte in Verträgen mit Polen und der Sowjetunion, auf die gewaltsame Durchsetzung von Grenzveränderungen zu verzichten und die gegenseitigen Beziehungen zu normalisieren. Damit erkannte sie faktisch die durch den Zweiten Weltkrieg geschaffenen Grenzlinien und die Zugehörigkeit der ehemaligen deutschen Ostgebiete zu Polen bzw. der Sowjetunion an.
Das zweite Ziel der Außenpolitik Brandts war die wirtschaftliche, kulturelle und politische Annäherung zwischen der DDR und der Bundesrepublik. 1971 einigten sich die vier Alliierten auf ein Berlin-Abkommen, das die Transitwege zwischen dem eingeschlossenen Westteil der Stadt und der Bundesrepublik sicherte. Der Grundlagenvertrag* zwischen der Bundesrepublik und der DDR erleichterte ab 1972 briefliche, telefonische und persönliche Kontakte der Deutschen in beiden Staaten. Die Ostverträge* waren in der Bundesrepublik hart umkämpft. Die Politik Willy Brandts und seiner Regierung wurde jedoch in den Bundestagswahlen im November 1972 klar bestätigt.

Internet-Tipp
www.17juni53.de

1 Analysiere M1 mithilfe der Methode „Karikaturen entschlüsseln“ (siehe Methodenübersicht).
2 Vergleiche die Forderungen M2 mit dem ursprünglichen Anlass des Streiks (Darstellungstext). Welche Entwicklung lässt sich erkennen?

M3 Die Sicht der SED auf den 17. Juni

In einem Bericht der SED-Kreisleitung Stalinstadt (seit 1961 Eisenhüttenstadt) hieß es am 17. Juni 1953 mittags:

Die Schicht, die heute früh um 6.00 Uhr begann, brachte die Diskussion vom Streik der Bauarbeiter in Berlin mit in unser Werk … Die Kollegen waren verärgert über die nicht termingemäße Zahlung der Löhne. (Haben noch Geld von April zu bekommen, von 1000,– bis 8000,–.) Diese Kraftfahrer nahmen heute früh die Arbeit nicht auf. Es wurde früh ein Lkw über die Gleise geschoben, um den Ringverkehr in der Stalinstadt zu unterbrechen. Es wurden sofort Diskussionsgruppen [der SED] eingesetzt. Die Kraftfahrer haben ihre Arbeit wieder aufgenommen … Im Raum des Hochofens V entstanden, insbesondere bei den Arbeitern der dortigen Baufirmen, beim Schichtwechsel um 14.00 Uhr Gruppenbildungen. Die Arbeiter legten die Arbeit nieder und forderten andere Arbeiter ebenfalls dazu auf … Der Demonstrationszug zog zur Sinterei[1], insgesamt ca. 150–200 Arbeiter. Diese waren mit ihren Werkzeugen, Hämmern und Äxten bewaffnet. Genossen demonstrierten am Anfang der Demonstration nicht … Bei Beginn der Demonstration waren von einzelnen Baustellen die verantwortlichen Leiter von der zentralen Bauleitung zu einer Besprechung abberufen worden. Deshalb gelang es auch teilweise den Provokateuren so leicht, die Bauarbeiter zu veranlassen, die Baustellen zu verlassen.

Zit. nach Eisenhüttenstadt, hg. von der Arbeitsgruppe Stadtgeschichte, Berlin (be.bra) 1999, S. 139 f.

1 Anlage zur Kalk- und Mineralstoffgewinnung

M4 Bestätigung der Teilung?

Egon Bahr, von 1969 bis 1972 Staatssekretär im Bundeskanzleramt, blickte 1993 auf die Ereignisse des 17. Juni 1953 in der DDR zurück:

Der 17. Juni war das unverlierbare Zeichen, dass es Deutsche gab, die bereit waren, für Freiheit und Demokratie etwas zu tun. Das war ein Sieg. Es war aber auch das Zeichen, dass man von innen heraus die Lage nicht ändern kann und von außen, vom Westen, keine Gewalt angewendet wurde. Insofern kann man sagen, es war noch vor dem Bau der Mauer die Bestätigung des Status quo, das heißt der deutschen Teilung.

Das war die DDR. Eine Geschichte des anderen Deutschland, hg. von Wolfgang Kenntemich u. a., Berlin (Rowohlt) 1993, S. 39.

M5 „Die Lösung“

Der Schriftsteller Bertolt Brecht verfasste 1953 folgendes Gedicht:

Nach dem Aufstand des 17. Juni
Ließ der Sekretär des Schriftstellerverbands
In der Stalinallee Flugblätter verteilen,
Auf denen zu lesen war, daß das Volk
Das Vertrauen der Regierung verscherzt habe
Und es nur durch verdoppelte Arbeit
Zurückerobern könne. Wäre es da
Nicht einfacher, die Regierung
Löste das Volk auf und
Wählte ein anderes?

Bertolt Brecht, Gesammelte Werke, Bd. 10, Frankfurt a. M. (Suhrkamp) 1967, S. 1009 f.

M6 **Auf dem Potsdamer Platz in Berlin fliehen Aufständische vor den Schüssen sowjetischer Panzer,** Foto, 17. Juni 1953

3 Stelle anhand von M3 die Aktionen der Arbeiter und die Reaktionen der SED in Eisenhüttenstadt dar.

4 Untersuche, welche Wertungen über die Ereignisse am 17. Juni 1953 in M4 und M5 deutlich werden. Berücksichtige jeweils die Quellenart.

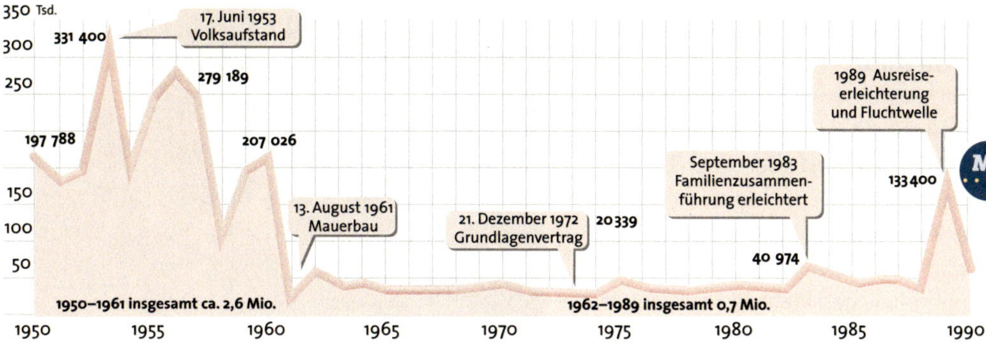

M7 **Flüchtlingszahlen** (aus der DDR in die Bundesrepublik), 1950–1990

M8 Der Schießbefehl

Albert Norden, der von 1958 bis 1981 Mitglied des Politbüros der SED war, erklärte 1963 vor Grenzsoldaten:

Ich sage, jeder Schuss aus der Maschinenpistole eines unserer Grenzsicherungsposten zur Abwehr solcher Verbrechen rettet in der Konsequenz Hunderten von Kameraden, rettet tausenden Bürgern der DDR das Leben und sichert Millionenwerte an Volksvermögen. Ihr schießt nicht auf Bruder und Schwester, wenn ihr mit der Waffe den Grenzverletzer zum Halten bringt. Wie kann der euer Bruder sein, der die Republik verrät, der die Macht des Volkes antastet! Auch der ist nicht unser Bruder, der zum Feinde desertieren will. Mit Verrätern muss man sehr ernst sprechen. Verrätern gegenüber menschliche Gnade zu üben heißt, unmenschlich am ganzen Volk handeln.

Zit. nach Die Volksarmee, 1963, Nr. 41.

Mittwoch, 16. August 1961 · 10 Pf

Bild Zeitung

Der Osten handelt – was tut der Westen?

...denn Zigarren raucht der Mann!

Der Westen tut NICHTS!

Enttäuscht

Präsident Kennedy schweigt...

Macmillan geht auf die Jagd...

...und Adenauer schimpft auf Willy Brandt

Mehr über das Thema Berlin auf der letzten Seite

für moderne menschen

temagin

ein modernes schmerzmittel

M9 **Aufmacher der Bild-Zeitung,** 16. August 1961

M10 Alltag im Schatten der Mauer

Klaus W., der 1961 in einem Vorort von Berlin lebte, erinnerte sich 1999:

Wir sind 1961 im September nach Glienicke gezogen, also genau nach der Zeit, als die Mauer gebaut wurde. Unser Grundstück lag genau an der Mauer ... Die Nachbarn auf der Westseite kannten wir nicht mehr. Man konnte zwar rübergucken oder auch mit Steinen schmeißen, kennen gelernt haben wir sie aber erst nach dreißig Jahren ... Meine ganze Kindheit und Jugend habe ich also an der Mauer verbracht. Das war nicht immer einfach, wir durften zum Beispiel keine Kinder mit nach Hause bringen, mein eigener Kumpel, mein Klassenkamerad, konnte mich nicht besuchen, weil unser Haus im Grenzgebiet lag ... Die Verwandtschaft musste, wenn Geburtstag oder Ähnliches war, vier bis sechs Wochen vorher einen Antrag stellen ... Die Grenzer sind sogar ... gekommen, um im Keller die Wände abzuklopfen, ob irgendwo ein Tunnel gegraben wurde.

Aufgezeichnet von Frank Schirrmeister, in: PZ: DDR intern, Nr. 97, März 1999, S. 26.

5 Informiere dich anhand von M7 über den Mauerbau 1961 und nimm Stellung zu M10 und M11.

6 Beurteile die Haltung der DDR-Führung in M8.

7 Mehr als zehn Jahre nach der Wiedervereinigung wurden DDR-Grenzsoldaten verurteilt, weil sie den Schießbefehl M8 befolgt hatten. Was spricht deiner Ansicht nach für, was gegen solche Strafverfahren?

8 Versuche, ausgehend von M9, das Verhalten „des Westens" zu erklären.

M11 Die Mauer im Kopf

Die Journalistin Margret Boveri schrieb 1962:

Ebenso schlimm wie die Mauer aus Steinen, Mörtel und Zement, die am 13. August quer durch Berlin gebaut worden ist, scheint mir die Mauer zu sein, die sich im Laufe der letzten fünfzehn Jahre fast unmerklich in der Vorstellungswelt der Deutschen auf beiden Seiten der Trennungslinie gebildet hat. Vielleicht ist sie sogar noch schlimmer, weil die Steinmauer sich einmal, wenn die politischen Voraussetzungen gegeben sein werden, … von einem Tag auf den anderen abtragen lässt … Dagegen die immaterielle und doch so undurchdringliche Mauer, von der hier die Rede sein soll, kann nicht aufgrund von Beschlüssen der verantwortlichen Regierenden einfach abgebaut werden. Sie hat keinen geografischen Ort und ist doch in der Landschaft des Kalten Krieges in ihrer Doppelseitigkeit allgegenwärtig … Es wird schwer sein, sie abzutragen; denn in jeder Seele weist sie ihre eigene erlebnisbedingte Struktur auf.

Zit. nach Christoph Kleßmann, Zwei Staaten, eine Nation, Bonn (Bundeszentrale für politische Bildung) 1988, S. 502 f.

M13 **Bundeskanzler Brandt (links) und der Vorsitzende des DDR-Ministerrats Stoph** während des ersten deutsch-deutschen Gipfeltreffens in Erfurt (DDR), Foto, 1970

Die Grenze – eine Zeitzeugenbefragung

Frage im Verwandten- und Bekanntenkreis nach Erlebnissen bei Fahrten über die innerdeutsche Grenze. Berichte in der Klasse.

Demonstration anlässlich der Ostverträge, Foto, 1972

M12

Willy Brandt

Geboren 1913 in Lübeck (ursprünglicher Name Herbert Karl Frahm), Sohn einer Verkäuferin.
Als Schüler schloss sich Brandt der Sozialistischen Arbeiter-Jugend an und wurde 1930 SPD-Mitglied. 1933 emigrierte er nach Norwegen, wo er Geschichte studierte und als Journalist arbeitete. Nach seiner Ausbürgerung durch die Nationalsozialisten 1938 wurde Brandt norwegischer Staatsbürger. 1947 wurde er unter dem Schriftstellernamen Willy Brandt wieder eingebürgert.
1949–1957 und seit 1969 war er Bundestagsabgeordneter, 1957–1966 Regierender Bürgermeister von Berlin. Seit Anfang der 1960er Jahre entwickelte Brandt unter dem Motto „Wandel durch Annäherung" Ideen für eine neue Ostpolitik. 1966 wurde Brandt Vizekanzler und Außenminister in einer CDU/SPD-Koalition, 1969–1974 Bundeskanzler der SPD/FDP-Koalition. 1971 erhielt Brandt den Friedensnobelpreis für seine Entspannungspolitik. Er starb 1992 in Unkel.

M14 Zwei gleichberechtigte Staaten – eine deutsche Nation?

Im März 1970 lud der Ministerpräsident der DDR, Willi Stoph, den Bundeskanzler Willy Brandt nach Erfurt ein.

14A *Stoph sagte in seiner Begrüßungsrede:* In Ihrem Schreiben vom 22. Januar 1970 erklärten Sie, Sie seien bereit, Verhandlungen zwischen der DDR und der Bundesrepublik auf der Grundlage der Gleichberechtigung und Nichtdiskriminierung zu führen … Wenn Sie sich selbst auf Prinzipien des Völkerrechts beziehen, Herr Bundeskanzler, dann verlangt das, … die souveräne Gleichheit der DDR [mit der BRD] in einem völkerrechtlich gültigen Vertrag anzuerkennen.

M14A und M14B: Ingo von Münch (Hg.), Dokumente des geteilten Deutschland, Bd. 2, Stuttgart (Kröner) 1975, S. 174ff.

14B *Brandt entgegnete Stoph:* Wir können diese Teilung nicht einfach ungeschehen machen. Aber wir können uns bemühen, die Folgen dieser Teilung zu mildern und aktiv zu einer Entwicklung beizutragen, die sich anschickt, die Gräben zuzuschütten, die uns trennen in Europa und damit auch in Deutschland. Dabei gehe ich aus von der fortdauernden und lebendigen Wirklichkeit einer deutschen Nation … Die starken Bande der gemeinsam erlebten und gemeinsam zu verantwortenden Geschichte, der keiner entfliehen kann, die Bande der Familie, der Sprache, der Kultur und all jener Unwägbarkeiten, die uns Zusammengehörigkeit fühlen lassen, sind eine Realität … Erlauben Sie mir, noch einmal die Grundsätze zu bestätigen, von denen sich die Bundesregierung leiten lässt …:
1. Beide Staaten haben ihre Verpflichtung zur Wahrung der Einheit der deutschen Nation. Sie sind füreinander nicht Ausland.
2. Im Übrigen müssen die allgemein anerkannten Prinzipien des zwischenstaatlichen Rechts gelten, insbesondere der Ausschluss jeglicher Diskriminierung, … die Verpflichtung zur Lösung aller Streitfragen und zur Respektierung der beiderseitigen Grenzen.

M15 Reiseverkehr zwischen Ost und West

Angaben in Mio. (ohne Ausländer). Nach einer Meinungsumfrage hatten etwa 38 Prozent der Westdeutschen Verwandte und Bekannte in der DDR.

Reisende (in Mio.)	*1971*	*1972*	*1977*	*1979*	*1986*
aus der BRD in die DDR	1,27	1,54	2,98	2,92	3,79
aus Westberlin nach Ostberlin und in die DDR	0,09	2,0	3,4	3,1	1,8
aus der BRD nach Ostberlin von Westberlin aus	2,7	2,0	2,0	1,4	1,1
aus der DDR nach Westberlin und in die BRD[1]	1,05	1,08	1,32	1,37	1,76
davon: Reisende, die nicht im Rentenalter sind[2] (in Tsd.)	0	11,4	41,6	41,0	244,0

Zusammengestellt nach Zahlenspiegel, hg. vom Bundesministerium für innerdeutsche Beziehungen, Bonn, 1982 und 1988.

1 seit 1964 möglich 2 seit 1972 möglich

9 Untersuche an M12, worin sich der Konflikt um die neue Ostpolitik der Regierung Brandt zeigt.

10 Vergleiche die Positionen der west- und ostdeutschen Regierungen in M14.

11 Prüfe an M15, welche Verbesserungen der Grundlagenvertrag für die Menschen brachte.

12 Untersuche M16 mithilfe der Arbeitsschritte „Karikaturen entschlüsseln" (siehe Methodenübersicht). Beachte den historischen Kontext.

M16 „Menschliche Erleichterungen", Karikatur, 1973

Markt und Plan: zwei Wirtschaftsmodelle

„Wirtschaftswunder“ dank sozialer Marktwirtschaft?

„Wir sind wieder wer“ – so kennzeichnete Ende der 1950er Jahre der Bundeswirtschaftsminister und spätere Bundeskanzler Ludwig Erhard (1897–1977) die Stimmung in der Bundesrepublik. 1949 hätte eine solche Bilanz sicherlich niemand vorherzusagen gewagt: Bombenschäden, Reparationsforderungen der Alliierten und die finanzielle Belastung des Staates durch die Versorgung von Witwen, Waisen und Kriegsversehrten ließen nicht auf eine positive Wirtschaftsentwicklung hoffen. Mit der Einführung der sozialen Marktwirtschaft* kam es in der Ära Adenauer jedoch zu einem rasanten Wirtschaftsaufschwung. Die Grundidee dieses Wirtschaftssystems bestand darin, dass der sich an Angebot und Nachfrage ausrichtende freie Wettbewerb durch Gesetze überwacht wird, z. B. durch das Verbot von Firmenzusammenschlüssen, wenn dadurch der Wettbewerb gefährdet würde, oder durch Sozialgesetze (Arbeitslosenhilfe, Lohnfortzahlungen bei Krankheit).

Auch wenn Ludwig Erhard bis heute als „Vater“ der sozialen Marktwirtschaft gilt, hing der schnelle wirtschaftliche Aufstieg der Bundesrepublik doch eng mit ihrer Integration in das westliche Bündnissystem zusammen. Der Marshallplan und die Einbeziehung der Bundesrepublik in Montanunion und EWG führten dazu, dass die deutsche Wirtschaft ganz wesentlich von der steigenden Nachfrage nach Exportgütern (vor allem Kohle und Stahl, Maschinen, Autos) profitierte. Ein wichtiger Grund für den Aufschwung in der Bundesrepublik waren auch die niedrigen Löhne und die hohe Arbeitsleistung, die deutsche Produkte auf dem Weltmarkt billig machten. Der wachsende Bedarf an Arbeitskräften konnte bis Ende der 1950er Jahre durch die große Zahl der Vertriebenen und der Übersiedler aus der DDR gedeckt werden.

Bei den Bundesdeutschen wuchs der Wunsch nach Konsum: Haushaltsgeräte, Motorroller, Autos und Reisen gelten heute als Kennzeichen des „Wirtschaftswunders“. Nicht jeder konnte sich diese Dinge leisten und gerade hier wurden Armut und soziale Ungerechtigkeit deutlich. Der Ausbau der Bundesrepublik zum Sozialstaat erlaubte allerdings mehr Bürgern als je zuvor, an der Konsumgesellschaft teilzuhaben: So wurden z. B. 1957 die Renten an die allgemeine Lohnentwicklung angepasst, damit die Rentner vom wirtschaftlichen Aufschwung profitieren konnten.

M1 **Kundgebung des Deutschen Gewerkschaftsbundes,** Foto, 1. Mai 1956

M2 Soziale Marktwirtschaft (Bundesrepublik)

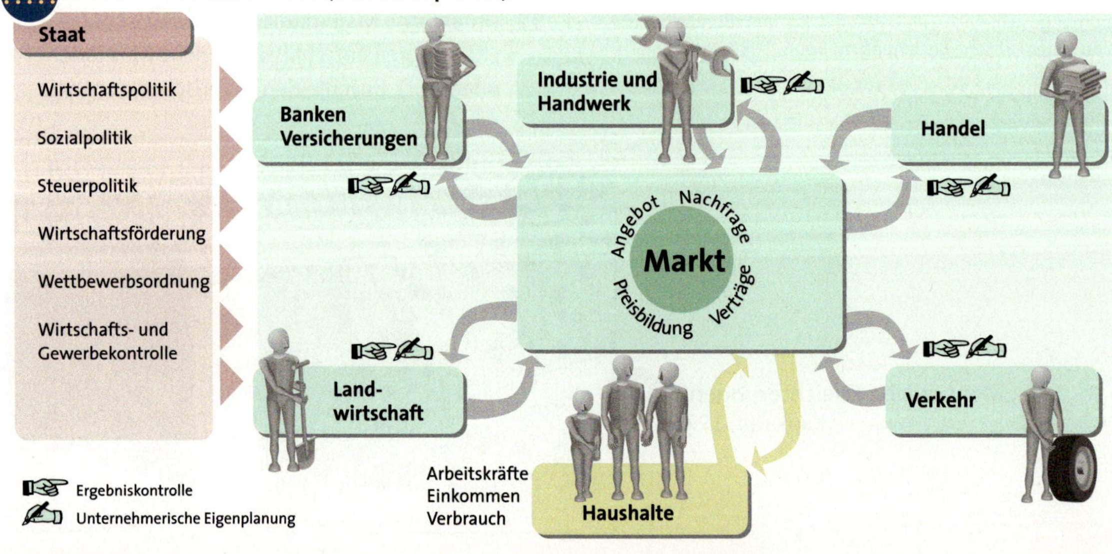

Aufbau des Sozialismus mithilfe der zentralen Planwirtschaft?

Nach der Bodenreform und der Verstaatlichung vieler Industrieanlagen in der SBZ führte die DDR-Regierung in den 1950er Jahren die Umgestaltung der Wirtschaft konsequent weiter: Sie löste private Unternehmen und landwirtschaftliche Betriebe auf und wandelte sie in „Volkseigene Betriebe" (VEB*) und „Landwirtschaftliche Produktionsgenossenschaften" (LPG*) um. Nach dem Vorbild der Sowjetunion wurde die zentrale Planwirtschaft* eingeführt: Auf der Grundlage von Fünfjahresplänen bestimmten staatliche Behörden, welche Waren und Güter in welchem Betrieb hergestellt werden sollten. Vorgeschrieben war die Produktionshöhe innerhalb eines bestimmten Zeitlimits.
Die Ausgangsbedingungen waren schwieriger als in der Bundesrepublik: Zum einen hatte die sowjetische Besatzungsmacht die meisten Industriebetriebe demontiert und mehr Reparationen entnommen als die Besatzungsmächte in den westlichen Zonen. Zum anderen wanderten viele qualifizierte Arbeitskräfte in den Westen ab. Bei der im Gebiet der DDR angesiedelten Industrie handelte es sich vorwiegend um weiterverarbeitende Industrie, die auf Zulieferungen aus der westdeutschen Schwerindustrie angewiesen war. Diese Situation führte dazu, dass in der DDR der Bereich der Schwerindustrie verstärkt ausgebaut wurde – auf Kosten der Leicht- und Konsumgüterindustrie.
DDR-Unternehmen waren im internationalen Wettbewerb bald benachteiligt: So stellte die DDR zwar Mitte der 1960er Jahre nach der Sowjetunion die zweitstärkste Wirtschaftsmacht im RGW dar, aber im Weltvergleich fiel sie immer weiter zurück.

Da die Löhne staatlich festgelegt waren, konnten gute Arbeitskräfte kaum mit finanziellen Vorteilen rechnen. Um sinkender Arbeitsleistung zu begegnen, mussten deshalb neue Anreize geschaffen werden, z. B. mit Prämien verbundene Auszeichnungen wie „Held der Arbeit" oder Sonderurlaub und bevorzugte Wohnungszuteilung.
Die Städte Wolfsburg und Eisenhüttenstadt wurden in den 1950er Jahren an Industriestandorten in West- und Ostdeutschland neu aufgebaut: Was bestimmte den Alltag, was die Wünsche ihrer Bewohner? Materialien dazu finden sich auf den folgenden Seiten.

Bekanntmachung einer LPG M3
im Kreis Meißen (Sachsen),
Foto, undatiert

1 Erläutere anhand von M2 und M4 die Grundzüge von sozialer Marktwirtschaft und Planwirtschaft.

2 Vergleiche M1 und M3. Welche Botschaften teilen sie mit? Welche Interessen stehen hinter diesen Aktionen?

Zentrale Planwirtschaft (DDR) M4

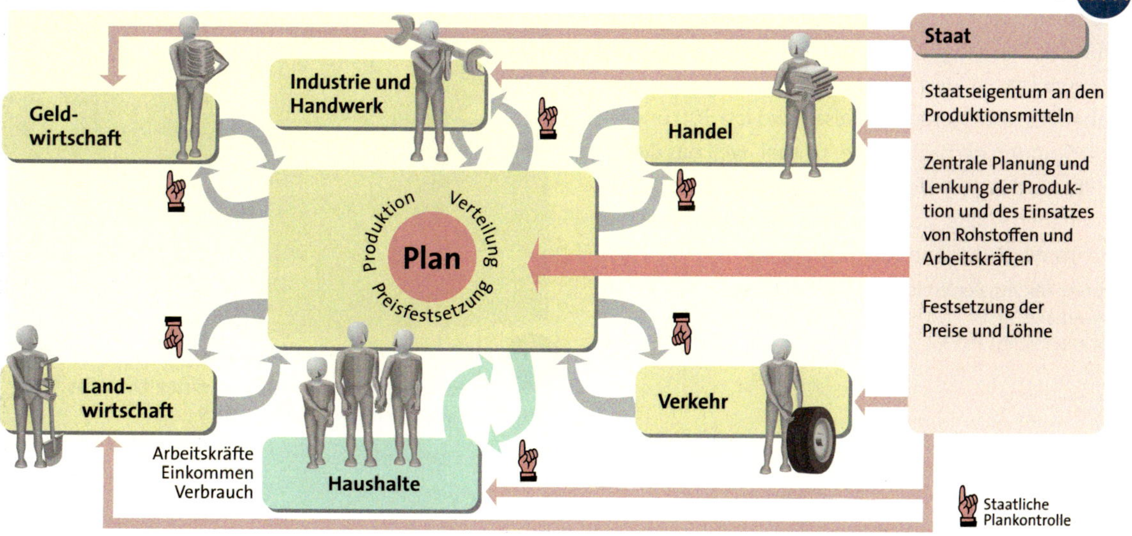

Wolfsburg: „Wirtschaftswunderstadt"

Im Auftrag der Nationalsozialisten entwarf der Ingenieur Ferdinand Porsche 1936 einen Kleinwagen, der so billig produziert werden konnte, dass er für breite Schichten der Bevölkerung erschwinglich war. Zwei Jahre später legte Adolf Hitler am Mittellandkanal den Grundstein für eine Fabrik und eine Stadt. Dort sollte der nach der NS-Ferienorganisation „Kraft durch Freude" benannte „KdF-Wagen" produziert werden. Im Zweiten Weltkrieg wurden in dieser Fabrik aber nur Fahrzeuge für das Militär hergestellt. Erst nach 1945 begann in Wolfsburg die Massenproduktion für zivile Zwecke. Wolfsburg und der Volkswagen sind typisch für das bundesrepublikanische „Wirtschaftswunder" der Nachkriegszeit. Wie erlebten die VW-Arbeiter und -Arbeiterinnen diese Entwicklung?

M5 Eine eigene Wohnung

Der Bergmann Walter Schaefer verließ 1946 das Ruhrgebiet und wechselte zu VW. Er berichtete 1988:

Zwischen 1950 und 1960, das war für mich einmal, wie soll ich sagen, wieder zu etwas zu kommen. Das heißt, wieder Eigentum zu besitzen. Nicht große Gelder anzulegen, aber eine eigene Wohnung zu haben. Ja, sich einigermaßen kleiden zu können. Ein ruhiges und glückliches Familienleben zu führen, mit den Kindern, mit der Frau. Ich bin ja 1946 hier angekommen praktisch mit nix, mit gar nichts … 1947 hab ich geheiratet. Dann hab ich zur Miete gewohnt in einem Zimmer. Möbel waren nicht da. Dann 1955 kam ich [in die eigene Wohnung] nach Wolfsburg … Man ging dazu über, hat Möbel gekauft. Ja, Geld war nicht da. Also dann hieß es abzahlen, abzahlen, abzahlen … Ich habe viele Stunden gemacht damals im Werk. Die Möglichkeit war da bei uns ab 1950, dass wir kaum einen Sonnabend/Sonntag gehabt haben. Es sind Monate gewesen, wo ich 300 und 360 Stunden gemacht habe. Einmal, weil das Geld fehlte, und zum anderen eben, weil man sich was anschaffen wollte, aber auch, weil es eben nötig war, um im Werk wieder mit aufzubauen.

Monika Uliczka, Berufsbiografie und Flüchtlingsschicksal. VW-Arbeiter in der Nachkriegszeit, Hannover (Hahnsche Buchhandlung) 1993, S. 233.

M6 Direktor Heinrich Nordhoff mit der Belegschaft des VW-Werks in Wolfsburg, Foto, 1955. Das Bild wurde anlässlich der Fertigstellung des millionsten Volkswagens für das Titelblatt der amerikanischen Zeitschrift „Time-Life" angefertigt.

M7 Westdeutsche Familie auf einer Urlaubsreise am Gardasee in Italien, Foto, 1955

M8 „Eine ganz gefährliche Feststellung"

Seit 1954 betrieb VW eine systematische technologische Reform. Direktor Heinrich Nordhoff erläuterte in einem Schreiben an die Führungskräfte seine Ziele (6. März 1953):

1. Das Qualitätsniveau unserer Erzeugnisse lässt nach …
2. Der Prozentsatz der Nacharbeit ist zu hoch, er geht in manchen Abteilungen bis zu 100 % – das ist keine Arbeit mehr, sondern Murks.
3. Unsere Wagen haben viel mehr Karosseriegeräusche als früher …
4. Die Ordnung und Sauberkeit in der Fabrik lässt nach, es liegt viel wild herum … Das ist eine ganz gefährliche Feststellung, die unbedingt eine entschiedene Kursänderung erfordert. Unabhängig davon bitte ich, Ordnung und Sauberkeit im Betriebe sofort wiederherzustellen … Die dazu notwendigen Ausgaben bewillige ich gern.

Zit. nach Volker Wellhöner, „Wirtschaftswunder" – Weltmarkt – westdeutscher Fordismus, Münster (Westfälisches Dampfboot) 1996, S. 143.

M11 Schöne und weniger schöne Zeiten

Ludwig Rawert hatte in Brandenburg eine Lehre als Schmied gemacht. Seit 1946 arbeitete er bei VW. An den Alltag im Betrieb erinnerte er sich 1988:

Ja, schöne Zeiten waren auf einmal angesagt: von 1950 bis 1954. Das waren gemütliche Zeiten. Also man konnte alles in Ruhe machen … Und von 1954 fing es dann an, immer mehr, immer mehr, immer mehr, nicht! … Man kann sagen, von Jahr zu Jahr wurde die Stückzahl immer erhöht. Und dann war noch einmal eine schöne Zeit, dann waren wir … auch bald zehn Jahre zusammen mit den Kumpels. Da hat einer den anderen gekannt, auch gegenseitig so geholfen. Und die letzte Zeit, da haben sie uns immer so durcheinander gewürfelt. Also dann wurde die Abteilung immer kleiner; dann kamen die Transferstraßen …, dann mussten soundso viele wieder verschwinden. Und dann war das Band nicht mehr schön, nicht.

Monika Uliczka, Berufsbiografie und Flüchtlingsschicksal. VW-Arbeiter in der Nachkriegszeit, Hannover (Hahnsche Buchhandlung) 1993, S. 235.

M9 Der Wert der Arbeit

Für den Kauf eines Konsumartikels musste ein Industriearbeiter in der Bundesrepublik so lange arbeiten:

	1950	*1960*
1 kg helles Mischbrot	0,23 min	0,18 min
1 kg Schweinekotelett	4,35 min	2,25 min
1 kg Bohnenkaffee	22,37 min	6,15 min
1 VW Käfer	3946 min	1395 min

Harald Winkel, Die Wirtschaft im geteilten Deutschland 1945 bis 1970, Wiesbaden (Franz Steiner) 1974, S. 107.

3 Stelle anhand von M6 und M8 das von der VW-Betriebsleitung gewünschte Arbeitsverhalten und -verhältnis dar.

4 Vergleiche dies mit der Arbeitswirklichkeit aus der Sicht eines Belegschaftsmitglieds (M11).

5 Erläutere anhand von M5 und M11, inwiefern VW für viele Mitarbeiter mehr als nur einen Arbeitsplatz bedeutete.

6 Erarbeite aus M10, welchen Stellenwert Frauenarbeit in der VW-Produktion hatte. Sprecht über mögliche Gründe der Werksleitung.

7 Erkläre, inwiefern M7 und M9 Hinweise auf die Entwicklung des Lebensstandards in der Bundesrepublik bieten.

M10 **Autoreinigung**, Foto, 1955. Von 1949 an wurden bei VW keine verheirateten Frauen mehr beschäftigt. Arbeiterinnen wurden auf „typische Frauenarbeiten" verwiesen. Dies änderte sich erst in den 1960er Jahren, als Arbeitskräfte fehlten.

Eisenhüttenstadt: „Erste sozialistische Stadt im Grünen“

Die DDR verfügte 1949 nur über ein einziges Hochofenwerk. Da der Bedarf an Stahl und Eisen wuchs, die Importmöglichkeiten aus anderen Ostblockländern aber begrenzt und die aus der Bundesrepublik politisch unerwünscht waren, beschloss der Parteitag der SED 1950 im Rahmen des ersten Fünfjahresplans, das Eisenhüttenkombinat Ost (EKO) zu errichten. Ziel der SED war es, die Produktion bis 1955 fast zu verdoppeln, vor allem die Schwerindustrie auszubauen. Im östlichen Brandenburg wurde das neue Eisenhüttenkombinat gegründet mit einem Stahlwerk, drei Walzstraßen, Gießereien und einer Großschmiede. Für die „Werktätigen“ entstand eine geplante Wohnstadt, die als „erste sozialistische Stadt“ beispielhaft für den Städtebau in der DDR sein sollte. War zunächst geplant, die Stadt nach Karl Marx zu benennen, so erhielt sie 1953 den Namen Stalinstadt. Seit 1961 heißt sie Eisenhüttenstadt.

Wie gestaltete sich der Alltag im EKO und in seiner Wohnstadt, die errichtet worden waren, um die wirtschaftliche Existenz des jungen Staates zu sichern und sein politisches System zu repräsentieren?

M12

Schaufenster in Eisenhüttenstadt, Foto, 1967. Die Pkw konnten nur bestellt werden, oft mit einer Wartezeit von 12 bis 15 Jahren.

M13 Mehrarbeit – wofür?

Hellmut Schönstädt, früher Diplomgartenbauingenieur, berichtete 1999 über das VEG* Gartenbau Eisenhüttenstadt:

Es waren ja meistens Frauen, die bei uns arbeiteten ... Wenn im Betrieb Not am Mann war, haben in den Anfangsjahren die Frauen am Tage ihre eigentliche Arbeit gemacht und kamen nachmittags, wenn die Männer Feierabend hatten, mit ihren Männern und haben mit der Schubkarre die Erde in die Gewächshäuser reingekarrt ... Sie haben mit Duldung des Betriebes Leistungen erbracht, die ihre Frauen nach dem Leistungsprinzip vergütet bekamen. Sie haben es nur gemacht, weil die Familie sich eben auch eine Waschmaschine, einen Fernseher, einen Trabbi anschaffen wollte. In unserem Betrieb wurde ja nur durch Leistungsvergütung Geld verdient, die Grundlöhne waren ja gering. Durch die spätere Möglichkeit, Jahresendprämien zu zahlen, konnten gute Arbeitsleistungen zusätzlich belohnt werden.

Zit. nach Eisenhüttenstadt, hg. von der Arbeitsgruppe Stadtgeschichte, Berlin (be.bra) 1999, S. 207.

M14 Sozialistisches Gemeinschaftsleben

Der FDJ-Funktionär Werner Häsler, der 1955 nach Eisenhüttenstadt zog, blickte 1994 zurück:

Wir müssen mal überlegen, was uns der Begriff bedeutete: erste sozialistische Stadt. Wir haben zum Beispiel gesagt: Bei uns gibt es keine privaten Schneider, wir haben die Genossenschaft, keinen privaten Einzelhändler, sondern Konsum und HO[1], und es gibt hier keine Blockparteien, es gibt nur die SED ... Unter anderem gab es die Auffassung: Schrebergärten haben in der ersten sozialistischen Stadt nischt zu suchen, denn die halten die Leute ab von der Versammlung, vom Gemeinschaftsleben und so weiter ... Und dann kam die Rede von Walter Ulbricht in Leipzig ..., [der] sagte: Der Schrebergarten ist immer ein proletarisches Freizeitvergnügen gewesen! – Wups, da gab's eine Umorientierung auch hier in Stalinstadt: Da müssen wir ja dem Drang nach Schrebergärten nachgeben! Denn den gab es in der Bevölkerung.

Zit. nach Eisenhüttenstädter Lesebuch, hg. von Dagmar Semmelmann u. a., Berlin (edition bodoni) 2001, S. 99 f.

1 HO = Handelsorganisation

M15 „Eine gute Hausgemeinschaft"

Frau H., in Breslau geboren, kam 1955 nach Eisenhüttenstadt, wo sie als Schaffnerin arbeitete. 1999 erzählte sie:

Wir haben im Clara-Zetkin-Ring gewohnt, zweieinhalb Zimmer ... [Mein Mann] hat sich um eine andere Wohnung gekümmert. Aber man hat gesagt, wir hätten genug Wohnraum für vier Personen, ... es gäbe für uns keine größere Wohnung. Wenn er irgendjemanden findet, der tauschen will, soll er tauschen. Das haben wir gemacht ... Wir waren immer eine gute Hausgemeinschaft im Clara-Zetkin-Ring ... Jeden Monat wurde eine Hausversammlung durchgeführt und das, was vorkam, besprochen. Wenn es Beschwerden gab oder einer meinte, dass noch was zu machen war, hat sich der Hausvertrauensmann drum gekümmert ... Man hat praktisch bloß am Wochenende mal mit den Mietern sprechen können. Im Sommer ja, wenn der Tag länger war, da hat man sich mal gesehen, aber im Winter nicht, da waren alle in der Wohnung.

Zit. nach Eisenhüttenstadt, hg. von der Arbeitsgruppe Stadtgeschichte, Berlin (be.bra) 1999, S. 113f.

M17 Planwirtschaft vor Ort

Der beim Werksverkehr des EKO beschäftigte Lothar Ritter erinnerte sich 1994 an die Parteisitzungen, an denen er teilgenommen hat:

Ich war mehrere Jahre in der Zentralen Parteileitung im EKO, und der damalige Produktionsdirektor Kurt Schröder, der musste so am 25./26. jedes Monats über den Stand der Planerfüllung berichten. Ich saß als Vorzeigearbeiter mit da drin, damals war ich Lokführer und hab von der Ökonomie nicht allzu viel verstanden. Aber ich wusste: Wenn drei, vier Tage vor Ultimo noch 10 000 Tonnen Roheisen gefehlt hatten und am 31. wurde dann Planerfüllung gemeldet, dann war da irgendwas manipuliert worden! Das hat sich dann permanent gesteigert und nach dem Amtsantritt von Honecker, muss man sagen, noch potenziert. Da stimmte die gemachte Erfahrung nicht mehr mit dem überein, was als Ideologie verkündet wurde.

Zit. nach Eisenhüttenstädter Lesebuch, hg. von Dagmar Semmelmann u. a., Berlin (edition bodoni) 2001, S. 95.

Wohnstadt Eisenhüttenstadt, Foto, 1974.
Dem Wohnungsmangel der Nachkriegszeit begegnete die DDR mit dem Bau einer großen Zahl einheitlicher und modern ausgestatteter Neubauwohnungen in Plattenbauweise.

M16

8 Nenne mithilfe des Darstellungstextes die Ziele der EKO-Gründung.

9 Untersuche die in M13 und M17 dargestellten Arbeits- und Produktionsbedingungen. Vergleiche sie mit denen im VW-Werk Wolfsburg (M8, M11, S. 225).

10 Erarbeite anhand von M12, M14 bis M16, wie sich der Anspruch des Programms „Eisenhüttenstadt – erste sozialistische Stadt in Deutschland" im Alltag der Bevölkerung widerspiegelte. Beachte Wertungen der Zeitzeugen.

Auf dem Weg zum Einwanderungsland

Arbeiten in Deutschland – auf Zeit?

Als die Bundesrepublik Deutschland zur Zeit des „Wirtschaftswunders" den steigenden Arbeitskräftebedarf der Wirtschaft nicht mehr durch inländische Arbeitskräfte decken konnte, begann mit der deutsch-italienischen Vereinbarung von 1955 die Anwerbung von ausländischen Arbeitskräften, von „Gastarbeitern".
Es folgten weitere Anwerbevereinbarungen in den 1960er Jahren u. a. mit der Türkei, Griechenland, Portugal, Spanien und Jugoslawien. Groß angelegte Werbekampagnen in den Hauptstädten dieser Länder weckten die Hoffnung auf eine „goldene Zukunft". Ökonomische und teilweise politische Zwänge in den Anwerbeländern ließen die Zahl der Arbeitsmigranten bis 1973 auf 2,6 Millionen ansteigen. Dabei wurde die Zuwanderung in der Vorstellung der Deutschen wie auch im Selbstverständnis der Ausländer zunächst als ein Verbleiben auf Zeit angesehen. Mit dem Anwerbestopp 1973 deutete sich an, dass sich das Verhältnis zu den Zuwanderern veränderte.
Auch in der DDR wurden seit den 1960er Jahren ausländische Arbeitskräfte mit befristeten Arbeitsverträgen für die industrielle Produktion angeworben, wenn auch in geringerem Maß als in der Bundesrepublik. Die „ausländischen Vertragsarbeiter" kamen zunächst aus Ungarn und Polen, seit den 1970er Jahren aus Algerien, Kuba und Mosambik und schließlich seit 1980 mehrheitlich aus Vietnam. Nach der „Wende" 1989/90 blieben deren Lebensperspektiven zumeist unsicher, da ihre an den Arbeitsvertrag geknüpfte Aufenthaltsgenehmigung für Deutschland auslief.

M1 **„Sprühdosendialog"** an einer Hauswand, Foto, 1991

Zuwanderung oder Einwanderung – eine Frage der Rechtsprechung?

In den letzten beiden Jahrzehnten haben sich in der Bundesrepublik das gesellschaftspolitische Klima und die Situation für die Zuwanderer verändert.
Nach dem Zusammenbruch des Ostblocks kamen neben Flüchtlingen aus der Dritten Welt vermehrt Menschen aus Ost- und Südosteuropa, die ihre Heimat verließen, um politischen Umwälzungen und wirtschaftlicher Misere, ethnischen Spannungen und Nationalitätenkonflikten zu entkommen. Entsprechend trug die fortschreitende Beruhigung der politischen Situation in den postkommunistischen Ländern in den 1990er Jahren z. T. zu einer rückläufigen Entwicklung der Asylbewerberzahlen bei. Der starke und abrupte Rückgang der Asylbewerberzahlen ist jedoch zu einem Großteil auf die Änderung des Asylrechts im Jahr 1993 zurückzuführen: auf die Neuregelung des in Artikel 16 der Verfassung verankerten Grundrechts auf politisches Asyl. Seither kann sich nicht mehr auf dieses Grundrecht berufen, wer aus einem „sicheren Drittstaat" in die Bundesrepublik einreist (wobei an Deutschland ausnahmslos Länder grenzen, die als „sichere Drittstaaten" gelten) oder wer aus einem so genannten sicheren Herkunftsland kommt. Eine Verminderung der Asylgesuche hat auch das „Flughafenverfahren" bewirkt. Dabei werden die Ankommenden noch vor der Einreise im Flughafenbereich überprüft, ob sie berechtigt sind, Asyl zu beantragen. Ist das nicht der Fall, werden sie innerhalb weniger Tage abgeschoben.
Bei der Zuwanderung von Aussiedlern handelt es sich um eine „Rückwanderung" (Remigration) von Deutschen, deren Vorfahren teilweise bereits im 18. Jahrhundert in Gebiete des heutigen Polens, Rumäniens oder der ehemaligen Sowjetunion ausgewandert waren. Da die Aussiedler jedoch immer weniger Deutsch können, sind auch sie auf Sprachkurse angewiesen, die neben anderen Maßnahmen ihre Integration fördern sollen.

M2 Gründe für die Anwerbung ausländischer Arbeitskräfte

Zur Ausländerbeschäftigung bemerkte der Staatssekretär im Arbeitsministerium, L. Kattenstroth, im März 1966:

2A So tragen die ausländischen Arbeitnehmer, von denen 90 v. H. in bestem Schaffensalter zwischen 18 und 45 Jahren stehen, einerseits zur Gütervermehrung bei, ohne andererseits die Konsumgüternachfrage in der Bundesrepublik in gleichem Umfang zu erhöhen ... Hinzu kommt, dass die ausländischen Arbeitnehmer in der Bundesrepublik Lohnsteuer und Sozialversicherungsbeiträge nach denselben Regeln wie inländische Arbeitnehmer zahlen. Bei dem Lebensalter der ausländischen Arbeitnehmer wirkt sich das zurzeit vor allem für die deutsche Rentenversicherung sehr günstig aus ... Man kann hiernach wohl sagen, dass die Beschäftigung ausländischer Arbeitskräfte nicht nur für die Wirtschaft selbst einen Gewinn, sondern auch für die Allgemeinheit weitaus mehr Vorteile als Nachteile bringt.

Zit. nach „Magnet Bundesrepublik" – Probleme der Ausländerbeschäftigung. Informationstagung der Bundesvereinigung der Deutschen Arbeitgeberverbände, Köln, 1966, S. 13f.

Aus einem Diskussionsbeitrag einer Konferenz der Arbeitgeberverbände zum Thema „Gastarbeiter" (1966):

2B Was bringen die ausländischen Arbeitskräfte auf dem Gebiet der Mobilität? Wenn wir das näher betrachten, stellen wir fest, dass die ausländischen Arbeitskräfte, die hier bei uns sind, total mobil sind, nicht nur der einzelne ausländische Arbeitnehmer, sondern die ausländischen Arbeitnehmer insgesamt durch den enormen Rückfluss und das starke Wiedereinwandern ... Der Betrieb A, der im nächsten Jahr die Arbeitnehmer nicht mehr braucht, wird keine neuen Arbeitnehmer einstellen, und der Betrieb B, der im Wachstumsbereich tätig ist, wird im nächsten Jahr seine 100 oder 1000 Arbeitskräfte bekommen. Dadurch wird meiner Ansicht nach ein außerordentlich günstiger Effekt ausgelöst.

C. Rosenmöller, Diskussionsbeitrag in: Probleme der ausländischen Arbeitskräfte in der Bundesrepublik. Konjunkturpolitik. Beiheft 13, Berlin, 1966, S. 105.

M3 „Deutschland war das gelobte Land"

Der Sizilianer Guiseppe Bruno kam 1962 nach Deutschland. Ein Zeitungsartikel berichtete 2005:

In seinem ersten deutschen Winter lief Guiseppe Bruno nachts an den Schienen entlang und taute mit einem Flammenwerfer vereiste Weichen auf. 14 Neapolitaner arbeiteten in dieser Kolonne der Bundesbahn, ein Deutscher und er .... Im Sommer hatte er ... auf dem Frankfurter Hauptbahnhof gestanden und Ausschau gehalten nach seinem Vater, der zwei Jahre zuvor zum Geldverdienen nach Deutschland gekommen war. Vier Jahre hatte es nicht geregnet im Süden Siziliens, und die Brunos, zuvor eine der reichsten Familien im Dorf ..., versanken in Schulden.
1960 hatte sich der Bauer Luigi Bruno deshalb in einer Schuhfabrik in Frankfurt-Höchst verdingt, im Juli 1962 kam sein Sohn nach. ... Der junge Guiseppe Bruno, des Lesens und Schreibens kaum mächtig, weil er schon mit neun Jahren nur noch auf den elterlichen Feldern schuftete, ... beneidete die „tedesci", die „Deutschen", die auf Heimaturlaub ins Dorf kamen, Geld und Geschenke mitbrachten ...: „Deutschland war das gelobte Land." ...
Bruno, der ohnehin viel Gutes sagt über seine neue Heimat, hat sich damals „nie beleidigt gefühlt", und wenn jemand ... „Spaghettifresser" rief, retournierte (entgegnete) er eben den „Kartoffelfresser" ...
1962 war er nach Frankfurt gekommen und hatte Schotter bei der Bahn geschaufelt ... und jetzt, 43 Jahre und 16 Berufe später, steht er, der für die ... Straßenreinigung Straßen fegt, vor dem Vorruhestand. Guiseppe Bruno war nur nach Deutschland gekommen, um die Kredite des Vaters abzubezahlen ..., aber er wird bleiben. „Ich vertrage das heiße Klima nicht mehr." ...

Christoph-Albrecht Heider, Italienische Reise, in: Frankfurter Rundschau vom 14. Dezember 2005, S. 23.

1 Arbeite aus M2 die Argumente heraus, die für die Anwerbung ausländischer Arbeitskräfte genannt werden.

2 Beschreibe die Migrationsgeschichte von Guiseppe Bruno (M3). Ist sie typisch für die „Erste Generation" der Arbeitsmigranten (vgl. S. 228)?

M4 „Deutschland kam uns vor wie ein fernes Märchenland“

Alexandre Nhawton aus Mosambik war 1983–1992 Vertragsarbeiter in der DDR:

Als Alex 1983 in Mosambik mit anderen jungen Männern – allesamt Schulabbrecher ohne Ausbildung – auf seinen Deutschlandaufenthalt vorbereitet wurde, dachte er noch, die Chance seines Lebens zu bekommen. „Sie haben uns die DDR in schillerndsten Farben beschrieben. Deutschland kam uns vor wie ein fernes Märchenland“, erinnert er sich. „Wir waren jung und naiv. Heute denke ich, man hat bewusst Leute geholt, die nichts vom Leben wussten.“ …

Der Traum vom Märchenland zerbrach an der Realität; Frustrationen machten sich breit. „Wir hörten immer nur von unseren Pflichten. Disziplin war das oberste Gebot. Aber wir waren jung und wollten nicht nur arbeiten, sondern auch leben und Spaß haben.“ … Als sehr belastend schildert Alex auch die Lebensbedingungen im Ausländerwohnheim: „Die Besuchszeiten waren strikt begrenzt. Nach 22 Uhr durfte sich kein Fremder mehr im Haus aufhalten. Von unseren Gästen verlangte man den Personalausweis und sie wurden registriert … So blieben wir meist unter uns. Unter uns hieß, dass wir mit mehreren Personen winzige Zimmer teilten … Wir lebten sehr isoliert. Gaststätten- und Diskothekenbesuche waren problematisch. Es hing auch damit zusammen, dass wir sehr wenig Geld hatten. 60 Prozent unseres Lohnes gingen direkt auf Konten in Mosambik und sollten uns erst nach der Rückkehr ausgezahlt werden …

Vorgeführt fühlte er sich …, als man ihn auswählte, vor deutschen Schülerinnen und Schülern über sein Heimatland zu erzählen. „Ich musste einen Aufsatz vorlesen, den Deutsche geschrieben hatten. Meine Meinung war dabei nicht gefragt. Aber egal, wenigstens die Kinder freuten sich, einmal meine schwarze Haut anfassen zu können.“

Zit. nach Schülerwettbewerb Deutsche Geschichte (Hg.), Weggehen – ankommen, Unterrichtsideen, Bd. II, Hamburg (edition körber) 2002, S. 38.

M5 Die Wirkung des Anwerbestopps

1973, zur Zeit wirtschaftlicher Krise und steigender Arbeitslosigkeit, erließ die Bundesregierung einen Anwerbestopp für Ausländer aus Nicht-EG-Staaten. Die Folgen beschrieb der Sozialwissenschaftler und Politiker Daniel Cohn-Bendit 1992:

Die Rechnung ging … nicht auf, und zwar weil wieder der alte Fehler gemacht wurde: Man sah in den Ausländern Nur-Arbeitskräfte, deren anderweitige Existenz der Beachtung nicht wert war. Und dafür kam nun prompt die Quittung: Während in dem genannten Zeitraum der Anteil der ausländischen Beschäftigten um etwa ein Viertel zurückging, nahm die Wohnbevölkerung zwar kurzfristig (in den Jahren 1976 und 1977) ab, insgesamt aber sogar noch geringfügig zu: von 3,96 auf 3,98 Millionen.

Was war geschehen? … Ausländer aus Nicht-EG-Staaten sahen sich nun (und zwar gerade auch dann, wenn sie arbeitslos geworden waren) vor die Alternative gestellt, die es vorher nicht gegeben hatte: Entweder in die alte Heimat zurückkehren in der Gewissheit, dass eine erneute Remigration in die Bundesrepublik unmöglich sein würde, oder aber zu bleiben und den Wunsch nach einem dauerhaften Aufenthalt in der Bundesrepublik durch den möglichst schnellen Nachzug der Familie … zu unterstreichen.

Daniel Cohn-Bendit/Thomas Schmid, Heimat Babylon. Das Wagnis der multikulturellen Demokratie, Hamburg (Hoffmann u. Campe) 1992, S. 112 ff.

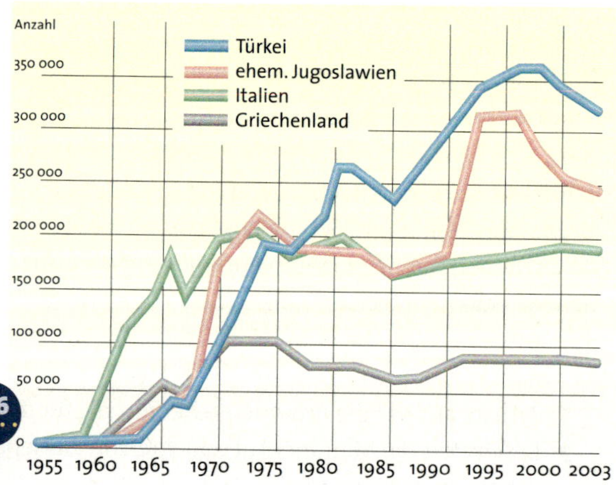

M6 Zahl der Staatsangehörigen aus Griechenland, Italien, dem früheren Jugoslawien und der Türkei in Baden-Württemberg seit 1955

M7 **Ankunft in der Bundesrepublik Deutschland,** Foto, 1964. Zu diesem Foto meldete die Deutsche Presseagentur: „Mit verlegener, ein wenig misstrauischer Miene stand der millionste Gastarbeiter der Bundesrepublik, Armado Sa. Rodrigues aus dem kleinen Dorf Vale de Madeiros in Portugal auf dem Köln-Deutzer Bahnhof inmitten eines Rudels von Reportern und Kameraleuten. Nach mehr als zwei Tagen Fahrt in einem großen Gastarbeiter-Transport war er nicht auf einen solchen Empfang gefasst. Unser Bild zeigt Rodrigues, der stolz auf dem Moped sitzt, das er bei seiner Ankunft geschenkt bekam."

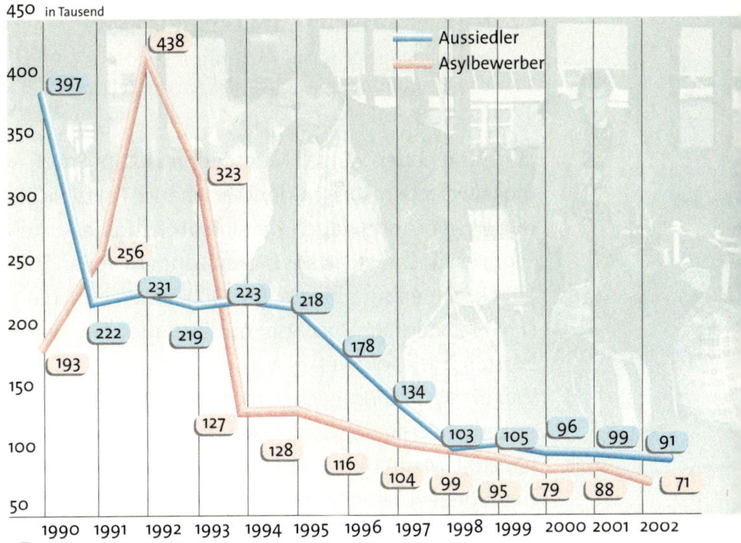

M8 **Zuwanderung von Asylbewerbern und Aussiedlern** nach Deutschland 1990–2002

Ausländer / Deutsche / Aussiedler

Ausländer ist jeder, der nicht Deutscher im Sinne des Grundgesetzes Art. 116 Abs. 1 ist.

Als Deutscher gilt, wer die deutsche Staatsangehörigkeit besitzt oder als Flüchtling oder Vertriebener deutscher Volkszugehörigkeit, als dessen Ehegatte oder Abkömmling in dem Gebiet des deutschen Reiches nach dem Stand vom 31. Dezember 1937 Aufnahme gefunden hat.

Als Aussiedler werden die Personen bezeichnet, die deutsche Staatsangehörige oder Volkszugehörige sind und vor dem 8. Mai 1945 ihren Wohnsitz in den Gebieten östlich der Oder-Neiße-Grenze, in Polen, Rumänien, der Sowjetunion, Ungarn und der Tschechoslowakei hatten und diese verlassen (haben).

3 Vergleiche M1 und M7. Welche Beziehungen zwischen Deutschen und Ausländern liest du daraus ab?

4 Vergleicht die Erfahrungen, die in M4 geschildert werden, mit denen von M3.

5 Von dem Schweizer Schriftsteller Max Frisch stammt folgende Aussage: „Wir riefen Arbeitskräfte und es kamen Menschen." Prüfe anhand von M5 und M6, ob sie auf die Bundesrepublik bzw. Baden-Württemberg zutrifft.

6 Erläutere die in M8 dargestellte Entwicklung, nutze dafür die Informationen aus dem Darstellungstext.

M9 Menschenrecht auf Freizügigkeit?

Der ehemalige deutsche Außenminister Hans-Dietrich Genscher schrieb am 14. August 1988 für die Zeitung „Bild am Sonntag":

Jahrelang haben wir das Menschenrecht auf Freizügigkeit von den Staaten des Warschauer Pakts eingefordert, jahrelang haben wir eine großzügige Ausreisepraxis für Deutsche aus diesen Ländern verlangt. Jetzt kommen sie – bis zu 200 000 können es in diesem Jahr werden. Gorbatschow lässt auch hier den Worten Taten folgen …

Wer die Menschenrechte einforderte und jetzt nur noch Probleme sieht, setzt sich dem Verdacht aus, er habe die Menschenrechte nur als Propagandainstrument gegenüber dem Osten missbraucht. Unser Land hat Millionen von Flüchtlingen und Vertriebenen aufgenommen, als es in Trümmern lag und Hunger und Not herrschten. Einheimische und Vertriebene haben das Land gemeinsam aufgebaut. Sollten wir heute in unvergleichbar besserer Lage nicht Zehntausende oder Hunderttausende aufnehmen können?

Die Deutschen, die zu uns kommen, sind keine Last. Sie werden uns bereichern mit Erfahrungen und Einsichten eines schweren Lebens.

Der Bundesminister des Auswärtigen informiert. Mitteilung für die Presse, Nr. 1173/88, 14. August 1988.

M10 **Ankunft deutschstämmiger Aussiedler** auf dem Berliner Flughafen Schönefeld, Foto, 1997

M11 Erfahrungen in Deutschland

Eduard, der 1995 als Aussiedler mit seinen Eltern aus Sibirien nach Deutschland gekommen ist, erzählte 2000:

Ich habe mir gedacht: Die Hauptsache ist, du musst die Sprache lernen, einen Job kriegen und dann kannst du gut leben. So habe ich mir das vorgestellt in Deutschland. Ich habe nicht gedacht, dass es so schwer wird, Deutsch zu lernen. Und dass die Gesellschaft doch ganz anders ist als in Russland. Das liegt daran: Hier ist Kapitalismus und in Russland ist Sozialismus. In Russland war doch 70 Jahre lang Sozialismus, und das hat sich auch nach dem Zusammenbruch der Sowjetunion nicht sofort geändert … Dass ich aus Russland komme, merkt man doch. Richtig sprechen tue ich sowieso nicht – so mit Artikeln. Das muss ich noch lernen. Die Leute tun mich angucken und denken: Alles klar. Dann heißt es: Scheiß Ausländer. Das ist immer so. Also, mit Nazis und so. Für die Deutschen bin ich ein Russe, obwohl ich Deutscher bin. Ist Scheiße …

Ich bin mit 16 hierher gekommen. Meine Mutter hatte Angst, dass es Krieg gibt wegen Tschetschenien, dass die alles kurz und klein schlagen. Wenn du nach Deutschland willst, musst du alles billig verkaufen. Heute gibt es kaum noch Russlanddeutsche in den Dörfern. Die sind alle ausgewandert. Wir haben alles zurückgelassen oder halt billig an die Russen oder die Kasachen verkauft. Das Haus meiner Großeltern, einfach alles. Nur ein paar Bücher, Fotos, Klamotten und Schaschlikstäbe zum Grillen haben wir mitgenommen.

Deutsche Shell (Hg.), Jugend 2000. 13. Shell-Jugendstudie. Bd. 2, Opladen (Leske u. Budrich) 2000, S. 94 ff.

Podiumsdiskussion vorbereiten

Organisiert eine Podiumsdiskussion zum Thema „Zuwanderer in Deutschland". Geht in drei Schritten vor: 1. in Gruppen vorbereiten, 2. Diskussion vor der Klasse durchführen, 3. Positionen und Ergebnis festhalten.

M12 Flucht nach Deutschland

Ein Mädchen, das mit 16 Jahren aus Eritrea nach Deutschland geflohen ist, berichtete drei Monate nach seiner Flucht:

Ich bin in Eritrea geboren und lebte bei meinen Eltern … Mein Vater unterstützte die Kämpfer der ELF (Eritrean Liberation Front). Die Äthiopier haben das herausbekommen und ihn ins Gefängnis gebracht. Dort haben sie ihn vor fünf Jahren erschossen.
In unserem Haus gab es seither keine Ruhe. Deshalb gingen auch zwei meiner Brüder zu den Kämpfern … Die beiden anderen Brüder – wir waren fünf Kinder – wurden zu Hause verhaftet und verschleppt. Wir wissen bis heute noch nicht, ob sie noch leben …
Wir haben uns nicht lange überlegt, in welches Land ich hätte gehen können. Da ein Verwandter hier war und ich seine Adresse hatte, kam ich nach Deutschland. Es ist nicht so, dass ich aus unserem Land auswandern wollte, aber mit dem Krieg kann man nicht leben … Der Abschied war schlimm. Ich bin jetzt seit fast drei Monaten in Deutschland und meine Mutter weiß noch nichts von mir. Sie weiß noch nicht, wo ich bin und ob ich gut angekommen bin.
Auch hier geht es mir schlecht. Ich hatte gedacht, wenn ich hierher komme, könnte ich lernen und vielleicht in ein Internat kommen. Nichts. Man schläft, isst, wartet. Nichts. Die Leute im Übergangswohnheim gehen kaputt. Man macht ein Stündchen Deutschunterricht am Tag, aber das ist zu wenig, denn die deutsche Sprache ist nicht leicht … Es war nicht leicht, meine Freunde zu verlassen. Es gibt aber auch nicht mehr viele Jugendliche in Eritrea. Viele sind weg. Einige im Krieg, einige sind nach Deutschland oder in andere europäische Länder geflohen. Solange es keinen Frieden gibt, kann ich nicht nach Eritrea zurück. Wer zurückgeht, der wird getötet.

Zit. nach Horst Hamm (Hg.), Flucht nach Deutschland. Lebensberichte, Freiburg i. Br., 1988, S. 116f.

M13 Zufluchtsort Bundesrepublik?

Helmut Kohl, Bundeskanzler von 1982 bis 1998, erklärte am 27. August 1986 vor der Presse in Bonn:

Ich habe mich entschlossen, heute selbst vor der Bundespressekonferenz zu sprechen, weil der Zustrom der Wirtschaftsasylanten Ausmaße angenommen hat, die zu einer ganz erheblichen Belastung für die Bundesrepublik Deutschland geworden sind und zu einer erheblichen Beunruhigung in der Bevölkerung geführt hat.
… Ich bin nicht gewillt, diese Entwicklung tatenlos hinzunehmen. Wir wollen auch weiterhin ein Land bleiben – und ich hoffe, das ist unter Demokraten ganz unstreitig –, in dem die wirklich politisch Verfolgten Zuflucht finden …
Wir können es aber nicht hinnehmen, dass der Grundrechtsartikel zunehmend pervertiert und zweckentfremdet wird. Es ist einfach unmöglich, dass die Bundesrepublik Deutschland Zufluchtsort für alle diejenigen sein soll, die in materieller Not sind, ohne politisch verfolgt zu sein. Hierbei steht für mich außer Frage, dass wir die Verpflichtung haben, gerade aufgrund der Erfahrungen unserer eigenen Geschichte, den in Not geratenen Menschen, besonders den Völkern der Dritten Welt, zu helfen.

Zit. nach Außenpolitik der Bundesrepublik Deutschland. Dokumente von 1949 bis 1994, hg. aus Anlass des 125. Jubiläums des Auswärtigen Amts, Bonn/Köln (Wissenschaft und Politik/Nottbeck) 1995, S. 532f.

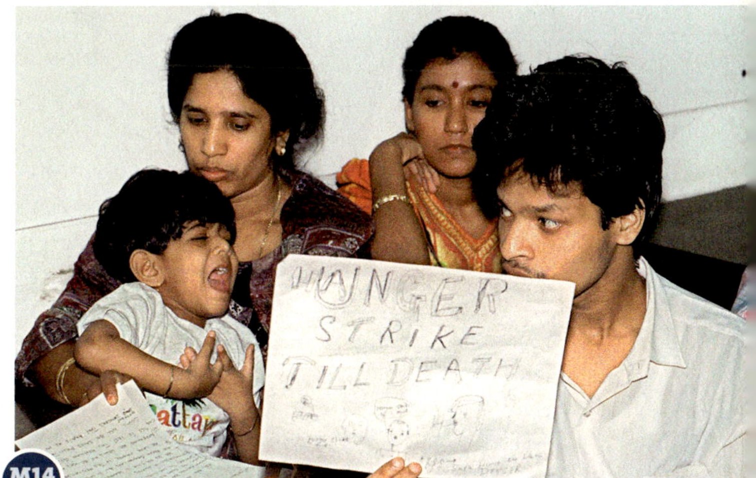

M14 **Asylsuchende** aus Sri Lanka und Pakistan im Transitbereich des Frankfurter Flughafens, Foto, 1993. Einige der Asylbewerber protestierten mit einem Hungerstreik gegen ihre drohende Abschiebung.

7 Vergleiche die politischen Stellungnahmen zur Zuwanderung von Asylsuchenden und Aussiedlern (M9 und M13). Setze dich kritisch mit der jeweiligen Argumentation auseinander.

8 Stellt anhand von M9 bis M14 Ziele deutscher Migrationspolitik und Interessen von Migranten dar. Welche lassen sich in Übereinstimmung bringen, welche nicht?

Alte und neue Leitbilder: Wie gleichberechtigt sind die Frauen?

Kinder, Küche und Karriere?

Mitte der 1960er Jahre schlugen Bildungspolitiker der Bundesrepublik Alarm: Wissenschaftliche Untersuchungen hatten ergeben, dass in der Bundesrepublik ein Bildungsnotstand herrschte. Als Beleg dafür wurde vor allem die geringe Zahl von Abiturienten angeführt. Die Studien hatten außerdem gezeigt, dass Mädchen, Katholiken, Arbeiterkinder und Kinder aus ländlichen Gebieten in auffallend geringer Zahl weiterführende Schulen besuchten. Diesen Notstand zu beseitigen, war das Ziel der Bildungsreformen, die in den 1970er Jahren durchgeführt wurden. Denn seit dem Sputnik-Schock* (Oktober 1957) fürchteten viele westliche Staaten, dass sie technisch von den Ostblockstaaten überboten werden könnten. Um das zu verhindern, wurden Fachkräfte, Akademiker und Wissenschaftler gebraucht. Aber auch der bundesrepublikanische Arbeitsmarkt meldete Bedarf an: Die expandierende Wirtschaft benötigte dringend mehr Fach- und Führungskräfte, insbesondere nachdem durch den Bau der Mauer die Zuwanderung aus der DDR gestoppt war. Auch angeworbene ausländische Arbeitnehmer (siehe S. 228 f.) konnten die Lücken auf dem Arbeitsmarkt nicht füllen. Mehr Kinder und Jugendliche als bisher sollten deshalb eine qualifizierte Ausbildung erhalten: Jungen und Mädchen aus allen Gesellschaftsschichten und Konfessionen.

Das Grundgesetz hatte für die Bundesrepublik die Gleichberechtigung von Mann und Frau festgeschrieben. In der DDR hatte die SED Vergleichbares getan, indem sie die Gleichberechtigung der Frau im öffentlichen Leben und im Beruf zu einem ihrer Parteigrundsätze erklärte. SED, Gewerkschaft und Frauenorganisationen wirkten in den folgenden Jahren massiv darauf hin, dass die Frauen tatsächlich ins Berufsleben integriert wurden. Allerdings war die Gleichstellung der Frau in der DDR nicht nur ein politischer Grundsatz, sondern sie war auch wirtschaftlich notwendig – für die Gesamtwirtschaft und finanziell für die Einzelfamilie.

M1 **Werbeanzeige für Waschpulver,** Bundesrepublik, 1959

M2 **Werbeanzeige,** Bundesrepublik, 1964

1. Vergleiche M1 und M2 (siehe Arbeitsschritte S. 32). Inwiefern ist eine Veränderung des Frauenbildes zu erkennen?
2. Fasse zusammen, was der Bundesfamilienminister über die Berufstätigkeit von Frauen (M3) schrieb.
3. Untersuche anhand von M4, wie sich die Verteilung von Jungen und Mädchen auf die verschiedenen Schularten in der Bundesrepublik entwickelt hat.

M3 Der Mutterberuf

Franz-Josef Wuermeling, Bundesfamilienminister von 1953 bis 1962, schrieb 1959:

Gesellschaft und Staat sind nicht befugt, die persönliche Entscheidung einer Frau, ob sie erwerbstätig sein will oder nicht, zu bestimmen oder gar Urteile über einen solchen Entschluss zu fällen, ... Staat und Gesellschaft haben aber die Pflicht, der Frau und Mutter den Verzicht auf familienfremde Tätigkeit so weit wie möglich zu erleichtern – ... weil das Wirken der Hausfrau und Mutter in der Familie für das Gemeinwohl von ungleich höherem Wert ist als der wirtschaftliche Nutzen aus Fabrik- oder Büroarbeit. Da wird heute so viel von der Gleichberechtigung der Frau geredet, aber so wenig von dem höchsten und schönsten Beruf der Frau und Mutter in der Familie. Dazu müssen wir klar und weithin hörbar aussprechen: Mutterberuf ist Hauptberuf wie jeder andere Beruf und hat höheren Wert als jeder Erwerbsberuf. Und niemand kann zwei Hauptberufe gleichzeitig voll ausfüllen.

Zit. nach Angela Delille/Andrea Grohn, Blick zurück aufs Glück. Frauenleben und Familienpolitik in den 50er Jahren, Berlin (Elefanten Press) 1985, S. 67f.

M5 Ausbildung für Familie oder Beruf?

1969 führte die Erziehungswissenschaftlerin Helge Pross eine der ersten großen Studien zur Mädchenbildung in der Bundesrepublik durch. Sie kam u. a. zu folgenden Ergebnissen:

Mädchen und ihre Eltern ziehen den früheren [Schul-]Abschluss vor, weil der Beruf, zu dem er Zugang verschafft, lediglich als Übergang und nicht als lebenslängliche Tätigkeit angesehen wird. Diese Auffassung ist realistisch und kurzsichtig zugleich. Sie ist realistisch, weil die Hauptlast der häuslichen Pflichten auch in der absehbaren Zukunft von den Frauen getragen werden muss und der Beruf insofern tatsächlich ein Nebenberuf bleibt ... Denkbar ist freilich ... die ... Rückkehr in die Erwerbssphäre, nachdem die Kinder herangewachsen sind ... Dann widerspricht die heute so realistisch scheinende Entscheidung für eine kurze Schul- und Lehrzeit dem individuellen Interesse. Soweit kurze Ausbildung schlechtere Ausbildung ist, erschwert sie die Rückkehr in den Beruf.

Zit. nach Elke Kleinau/Christine Mayer (Hg.), Erziehung und Bildung des weiblichen Geschlechts, Bd. 2, Weinheim (Deutscher Studienverlag) 1996, S. 139f.

M4 Chancengleichheit für Jungen und Mädchen?

Die Tabelle zeigt die prozentuale Verteilung von 16-jährigen Schülerinnen und Schülern auf allgemeinbildende und Berufsschulen in der Bundesrepublik 1960–1995. Die Daten 1960 bis 1980 beziehen sich auf die alten Bundesländer, 1995 auf alle 16:

	1960	*1970*	*1980*	*1995*
Gymnasium				
weiblich	10,9	14,7	22,8	31,6
männlich	15,1	18,0	21,0	24,2
Realschule				
weiblich	7,2	6,8	14,4	17,3
männlich	7,0	8,4	13,2	16,6
Hauptschule				
weiblich	0,5	1,2	7,0	13,1
männlich	0,6	1,8	8,3	16,0
Berufsschule				
weiblich	64,9	57,9	32,4	16,4
männlich	70,5	61,6	42,6	26,1

Zit. nach Hannelore Faulstich-Wieland/Elke Nyssen, Geschlechterverhältnisse im Bildungswesen – eine Zwischenbilanz, in: Handbuch für Schulentwicklung, Bd. 10, hg. v. H.-G. Rolff u. a., Weinheim (Juventa) 1998, S. 166.

M6 Frauendemonstration in Stuttgart, Foto, 1983

4 Welche Schlussfolgerungen über die jeweiligen Ausbildungschancen bzw. Berufsperspektiven lassen sich aus M4 ziehen? Diskutiert darüber in der Klasse.

5 Beschreibe mithilfe des Darstellungstextes und M5 die Ausbildungssituation vieler Mädchen in der Bundesrepublik um 1969. Nimm zur Bewertung in M5 Stellung.

M7 Berufsperspektiven vermitteln

Zu einem Aufruf des Politbüros der SED von 1964, das die verstärkte Qualifikation von Frauen für wissenschaftlich-technische Berufe forderte, nahm die an der Technischen Universität Dresden lehrende Physikerin Lieselott Herforth 1964 in der „Deutschen Lehrerzeitung“ Stellung:

[Die] Einsicht, wie notwendig für die Zukunft jedes Mädchens das Lernen ist, vor allem auch in der Mathematik und den naturwissenschaftlichen Fächern, fehlt noch oft. In den meisten Fällen sind die Ursachen darin zu sehen, dass den Mädchen weder in der Schule noch im Elternhaus zu einem technischen Beruf geraten wird … Mit der Verwirklichung … des Frauenkommuniqués sieht es nicht besonders gut aus, denn die jetzt immatrikulierten Mädchen verlassen doch erst in fünf Jahren die Universitäten … Mehr Frauen in naturwissenschaftlich-technische Berufe bedeutet eben mehr in den Schulen wirken, veraltete Anschauungen ausmerzen! Klare Berufsperspektiven vermitteln!

Deutsche Lehrerzeitung. Organ des Ministeriums für Volksbildung und des Zentralvorstandes der Gewerkschaft Unterricht und Erziehung. Nr. 10, Berlin, 6. März 1964, S. 1.

M8 **„Mutti kommt heim“**, Ölgemälde von Fritz Skade, 1964. Der Auftraggeber des Bildes war der Freie Deutsche Gewerkschaftsbund (FDGB).

M9 **Gleiche Leistung – gleicher Lohn,** Plakat der SED, 1954

M10 Mit 24 Jahren Direktorin

Karin Krutsch, Tochter eines Arbeiterehepaars, wurde nach der Lehre ohne Abitur zum Studium zugelassen und nach drei Berufsjahren als Fachdirektorin Chefin von 200 Mitarbeitern eines VEB. Im Jahr 2001 erinnerte sie sich:

Der berufliche Aufstieg lief in der DDR über persönliche Leistung, aber natürlich auch über politisches Wohlverhalten … Ein anderer Weg bestand für Personen, die zu den Geförderten im Sozialismus gehörten. In den sechziger Jahren wurden mehr Frauen in leitenden Positionen gewünscht. Davon hatte auch ich profitiert, als ich mit 24 Direktorin wurde. Ich war damals sehr stolz. Heute würde ich es nicht wieder machen – die Aufgabe war sehr schwer und man verliert seine Jugend.
Die Ziele zu erfüllen wurde gegen Ende der DDR, vielleicht seit 1985, immer schwerer. Der Plan … war einfach nicht mehr realistisch. Wir mussten z. B. eine bestimmte Zahl an Unterkleidern herstellen. Mit unseren vorhandenen Näherinnen konnten wir das aber nicht schaffen … Für Wochenendarbeit durften wir den Näherinnen … Prämien bieten. Aber auch damit kamen nicht alle. Denn in den letzten Jahren der DDR bekam man für Geld zu wenig zu kaufen. Da war den Näherinnen die Freizeit lieber. Mehr als mit Geld konnte man noch durch Appelle an den Gemeinschaftssinn erreichen, wie „Tut es für das Kollektiv“, „Ihr schadet doch den anderen“ etc.

Zit. nach Friedrich Thießen (Hg.), Zwischen Plan und Pleite, Köln (Böhlau) 2001, S. 123.

M11 Zwischen Kindergarten und Betrieb

Die 27-jährige Ingenieurin Martina Daske leitete ein Jugendforscherkollektiv im Kaltwalzwerk Bad Salzungen, während ihr Mann als Techniker in einem Kalibergwerk arbeitete. Sie erzählte 1986:

Kurz nach halb sechs gehen wir zu Hause weg, ich bringe die unausgeschlafene Tochter in den Kindergarten, renne in den Betrieb und nach zehn und einer halben Stunde kommen wir wieder zurück … Ich weiß, dass Frauen früher 12 bis 14 Stunden im Betrieb arbeiten mussten. Aber heutzutage immer nur so reden, als ob wir jungen Mütter mit Kindergeld und Babyjahr schon wie im Paradies leben, das ist nur die halbe Wahrheit … Man ist auch heute nur so sehr gleichberechtigt, wie man selbst etwas aus den gesetzlichen Möglichkeiten macht. Das Wichtigste dabei: Die Arbeit, die man erledigt, muss befriedigen; die Seele darf im Betrieb nicht immerzu SOS rufen.

Landolf Scherzer, Der Erste. Eine Reportage aus der DDR, Köln (Kiepenheuer & Witsch) 1989, S. 200.

M13 Kinderbetreuung in einem Betriebskindergarten, Foto, um 1986. In der DDR konnten Eltern ihre Kinder bereits im Säuglingsalter ganztägig in „Krippen" betreuen lassen, ab dem vierten Lebensjahr in Kindergärten.

M12 Weibliche Berufstätigkeit in Ost und West

Die Zahlen beziehen sich auf Frauen über 15 Jahre, die Lohn und Gehalt bekommen oder ein Einkommen als Selbstständige erwirtschaften. Nicht berücksichtigt sind u. a. Arbeitslose, Studierende und Hausfrauen:

	BRD	*DDR*
1960	54 %	67 %
1965	54 %	75 %
1970	53 %	81 %
1975	51 %	85 %
1980	51 %	85 %

Zusammengestellt nach Zahlenspiegel Bundesrepublik Deutschland/Deutsche Demokratische Republik, hg. vom Bundesministerium für innerdeutsche Beziehungen, Bonn, 1985, S. 52.

Zeitzeugen befragen

Fragt weibliche Verwandte und Bekannte, die in den 1950er oder 1960er Jahren die Schule besuchten bzw. in den Beruf einstiegen, was ihre Berufswahl und -entscheidung bestimmt hat. Vergleicht ihre Aussagen mit eurer Situation und euren Vorstellungen. Besprecht, inwiefern und warum es Unterschiede gibt.

6 Untersuche, wie M7 die Situation der Mädchenbildung in der DDR und die Zielsetzung der Regierung beurteilt. Vergleiche mit M5.

7 Erläutere anhand von M8 und M9 die offizielle Einstellung der DDR zur Erwerbsarbeit von Frauen.

8 Vergleiche anhand von M10, M11 und M13 das propagierte Frauenbild der DDR mit der Wirklichkeit im Alltags- und Berufsleben.

9 Sprich über M11 mit berufstätigen Frauen, die Familie haben. Wie meistern sie die Aufgabe „Familie und Beruf" – ähnlich wie die Zeitzeugin oder ganz anders?

10 Werte M12 aus. Lassen sich daraus Schlüsse ziehen über die Stellung der Frau in der BRD und DDR? Diskutiert die Frage in der Klasse.

Jung sein: Individualität und Anpassung

„Begrenzte Träume"? – Jugend in der DDR

Die SED sah seit Beginn ihrer Herrschaft in der Jugend einen wesentlichen Baustein zum Aufbau des Sozialismus. Die Jugendlichen waren, so hieß es z. B. im Jugendgesetz von 1974, „zu Staatsbürgern zu erziehen, die den Ideen des Sozialismus treu ergeben sind, den Sozialismus stärken und gegen alle Feinde zuverlässig schützen". 1946 war die Freie Deutsche Jugend (FDJ) gegründet worden. Als einziger zugelassener Jugendverband der DDR spielte sie an Schulen, Hochschulen, in Betrieben und in der Armee eine wichtige Rolle. Neben Ferien- und Freizeitangeboten organisierte die FDJ Treffen mit Jugendlichen aus anderen Städten und Ländern. Aufmärsche und Kampfdemonstrationen dienten der Mobilisierung und Motivierung der Jugendlichen für die Ziele des Staates. Im Jahre 1987 waren etwa 87 Prozent der DDR-Jugendlichen Mitglied in der FDJ. Außer der FDJ machten auch andere staatliche Organisationen wie die „Gesellschaft für Sport und Technik" Angebote für Jugendliche. Ihnen gelang es jedoch nicht, deren ganze Freizeitgestaltung zu erfassen. So entstand z. B. eine Musikszene, die von Gruppen wie den Puhdys, Karat und Lift geprägt wurde. So genannte „Jugend-Subkulturen" gehörten zum Alltag der DDR-Jugend, wie Punks, die Heavy Metals, Skinheads und Grufties. Sie alle wurden von der Staatssicherheit misstrauisch überwacht. Wie empfanden Jugendliche in der DDR die Spannung zwischen den Forderungen des Staates und ihren individuellen Wünschen?

„25 und ein bisschen Meise"

So lautet einer von Millionen Graffiti-Sprüchen, die seit Ende der 1960er Jahre von Jugendlichen an Wände, Brücken, Denkmäler usw. gesprüht worden sind. Sprayen ist illegal und z. B. an Gleisanlagen riskant. Die „Writer" sagen, dass sie damit, wie mit Rap und Hip-Hop, ihrem Lebensgefühl Ausdruck verleihen und sich gegen Erwartungen und Normen der Gesellschaft abgrenzen.

Die Graffiti-Szene, die sich im Laufe ihrer Geschichte ständig verändert hat, hatte in der DDR eine geringe Bedeutung. In der Bundesrepublik entwickelte sie sich zu einer der bekanntesten Jugendkulturen des 20. Jahrhunderts. Zu ihnen zählen die Wandervögel genauso wie die Halbstarken, Rocker, Hippies, Ökos, Punks, Skins, Raver – um nur einige zu nennen. Obwohl sich diese Gruppen stark in Auftreten, „Inszenierung" und ihrer politischen Orientierung unterschieden, war ihnen gemeinsam, dass ihre Mitglieder durch bestimmte Erkennungszeichen eine eigene Identität herstellten. Fast immer fühlte sich „die Gesellschaft" durch sie provoziert, lehnte sie ab und bekämpfte sie sogar.

M2 Motive für die Mitgliedschaft in der FDJ

Eine Studie 1992 ergab folgende Ergebnisse (Mehrfachnennungen waren möglich):

1 Weil es für die schulische und berufliche Entwicklung nötig war . . . . 76,0 %
2 Weil fast alle Mitglieder waren . . . . 62,5 %
3 Weil ich keinen Ärger wollte . . . . 59,9 %
4 Weil ich gern unter Gleichaltrigen war . . . . 44,9 %
5 Weil hier eine interessante Freizeitgestaltung möglich war . . . . 30,4 %
6 Weil die FDJ meine Interessen vertrat . . . . . 29,5 %
7 Weil interessante politische Diskussionen möglich waren . . . . 20,6 %

Jugend 92. Jugendwerk der Deutschen Shell, Opladen, 1992, S. 63, zit. nach Praxis Geschichte, H. 3, 2000, S. 26.

M1 **FDJ-Aufmarsch**, Foto, 1985

M3 „Lieber sterben als genormt sein"

Gilbert Furian, der wegen seiner regierungskritischen Haltung das Studium abbrechen musste und zwei Jahre in Haft war, interviewte 1982 Mitglieder der Ostberliner Punkszene:

Fatzo: Auf Punk bin ich gekommen, weil ich … was im Radio gehört hab von den Pistols. … Die haben mir gefallen, und die ich dann getroffen hab, die hier rumgelaufen sind, so schocken auf allen Ebenen: die Genormten, die Spießer, die Bullen und alle. Und dann hab ich mir Klamotten besorgt, und denn gings los. Und man hat ja auch gesehen, wenn man mit den Jungs hier rumgezogen is, was die für Schwierigkeiten hatten, mit ihrer Meinung durchzukommen, wegen Bullen und so, bei den Leuten auf der Straße … Arbeiten gehn musste ja, irgendwie, aber mit Lust und Liebe jeh ick da bestimmt nich hin. Und hab keene Lust, mit fünfundsechzig …, denn setz ick mir uff die Bank und fütter die Tauben. …

Zit. nach Gilbert Furian/Nikolaus Becker, Auch im Osten trägt man Westen, Archiv der Jugendkulturen, Berlin, 2000, S. 11 f.

M5 DDR-Rockmusik: nicht DDR-spezifisch

Klaus Renft, Rockmusiker, Gründer der „Butlers" und Klaus Renft Combo, der 1975 nach Westberlin ausreiste, schrieb in seiner Autobiografie 1997:

… Wir wollten mit unseren Themen niemanden bösartig provozieren, wir wollten nur nichts schlucken, wir ließen einfach unseren Gefühlen freien Lauf und sahen da eigentlich keinen Widerspruch zur Staatsidee. Was wir nicht mitkriegen wollten, solange wir spielten: Die Idee war vom Staat längst versaut worden.

… Unsere Texte … sind um Längen besser gewesen als das, was in der bundesdeutschen Szene von Rock und Schlager aufgetischt wurde damals. Unsere Texte bemühten sich um Entkrampfung, richteten sich gegen spießbürgerliche Beklemmungsanlässe und hatten ab und zu Witz …

Eines war die DDR-Rockmusik … überhaupt nicht: so richtig DDR-spezifisch … Entweder war Rockmusik in der DDR rebellisch, das war dann ein Drang raus aus dem DDR-Mief …, oder Rockmusik war Pseudophilosophie, Pseudopoesie, und das hatte auch nicht viel mit der DDR zu tun …

Zit. nach Stiftung Haus der Geschichte der Bundesrepublik Deutschland – Zeitgeschichtliches Forum Leipzig – Bundeszentrale für politische Bildung (Hg.), Rock! Jugend und Musik in Deutschland, Berlin (Ch. Links) 2005, S. 74.

M4 160 000 Besucher beim Bruce-Springsteen-Konzert in Berlin Weißensee, 19. Juli 1988

1 Vergleiche M1 und M4 und formuliere Vermutungen über das Lebensgefühl von Jugendlichen in der DDR.

2 Beschreibe anhand von M2 bis M5 Beispiele für „Individualität" und „Anpassung".

3 Benenne Hinweise in M1 bis M5 und M7, die die abschließende Frage des Darstellungstextes beantworten helfen.

M6 **„Halbstarke"**, Foto von Fritz Neuwirth, 1953

M8 „Blinde Zerstörungswut"?

Die „Westdeutsche Allgemeine Zeitung" schrieb über die Krawalle am 1. Dezember 1956 in Dortmund:

8A Letzter Lagebericht von der „Rock-and-Roll-Front" ... Das Capitol[1] ... steht noch – vier Schaufenster zu Bruch – sechs Autos umgeworfen – zwölf Verkehrsschilder demoliert – ein Dutzend Mülltonnen vernichtet. Eine regelrechte Schlacht zwischen Polizei und „Rock-and-Rollern" wurde am Samstagabend geschlagen: mit einem Wasserwerfer und Gummiknüppeln ging eine Hundertschaft ... gegen die „außer Rand und Verstand" tobenden Jahrgänge 1938 bis 1944 vor und schlug sie in die Flucht.

Ein damals Beteiligter erinnerte sich 1989:

8B Diese Krawalle hier in Dortmund, ... das wären keine geworden, wenn die Polizei sich anders verhalten hätte ... Als die Leute ... aus dem Kino kamen, dann stand da draußen schon die Polizei mit Wasserwerfern usw. Die ließen die Leute auch nicht abziehen, wie sie das wollten. Man drängte sie: Weitergehen! Weitergehen! Weitergehen! Und dann wurden die Leute rebellisch. Und dann wurde der Wasserwerfer eingesetzt.

M8A zit. nach Schock und Schöpfung, hg. vom Deutschen Werkbund und Württembergischen Kunstverein Stuttgart, Darmstadt/Neuwied (Luchterhand) 1986, S. 271. M8B zit. nach Nordstadtbilder, Essen, 1989, S. 245.

1 Name eines Kinos

M7 „Acht-Stunden-Ideologie"

Matthias Bothe, Jahrgang 1952, wegen „staatsfeindlicher Hetze" 1977 für ein Jahr im Gefängnis, erinnerte sich 1988 an seine Jugend in der DDR:

Ich hörte aufmerksamer den Gesprächen meiner Eltern zu, die sich keineswegs mit dem deckten, was der Lehrer in der Schule erzählte ... Dazu kam noch das Fernsehen, das buchstäblich jeden Tag den enormen Qualitätsunterschied in Information und Unterhaltung demonstrierte. So wurde ich, wie fast alle Kinder und Jugendlichen in diesem Land, zur DDR-spezifischen Schizophrenie erzogen, nämlich in der Schule so zu tun als ob und das zu sagen, was der Lehrer hören wollte, und zu Hause, unter Freunden die eigene wirkliche Meinung zu sagen ... In der DDR heißt das „Acht-Stunden-Ideologie".

Zit. nach Von Deutschland nach Deutschland, hg. von Gerhard Finn und Lieselotte Julius, Köln (Verlag Wissenschaft und Politik) 1988.

Zuschauer bei einem Konzert von Bill Haley in der Bundesrepublik, Foto, 1958 M9

M10 „Die auffällige Jugend“

Mit diesem Titel überschrieb im Oktober 1967 das Magazin „Der Spiegel“ folgenden Text:

Beatig und verpoppt, protestierend und gammelnd, mini-frech und marihuana-fromm, narzisstisch[1] in sich selbst versunken, aktivistisch explodierend – das ist zwar nicht „die Jugend“, aber ihre auffällige Minderheit, die „übertriebene Generation“. Amerikas Hippies, Maos „Rote Garden“ und Berlins aufsässige Studenten, Twiggy, Rudi Dutschke und die Beatles haben im kapitalistischen Westen wie im kommunistischen Osten vorweggenommen, was die Bevölkerungsexplosion der Erde bescheren wird: mehr Einfluss der Jugend in einer sich verjüngenden Menschheit. Schon jetzt ist die Hälfte der Amerikaner nicht einmal 25 Jahre alt. 1980 wird jeder zweite Mensch jünger als 22 sein. „Niemals zuvor“, so schwärmt Mary Quant, 33, Mutter des Minirocks, „waren die Jungen, so wie heute, die Schrittmacher.“

Der Spiegel vom 2. Oktober 1967, S. 166.

1 selbstbezogen, in sich selbst verliebt

M12 **Loveparade in Berlin 2006**, Foto, 2006

M11 Jugendkulturen – eine Minderheit?

Der Leiter des Archivs der Jugendkulturen, Klaus Farin, schrieb 2006:

Nicht mehr als 20 bis 25 Prozent der Jugendlichen schließen sich wirklich Jugendkulturen an, werden also mit ganzem Herzen Punk oder Skinhead, Grufti oder Skateboarder. Doch der Einfluss … sollte nicht unterschätzt werden. Denn die Angehörigen von Jugendkulturen sind so etwas wie … die Meinungsbildner und kulturellen Vorbilder für die große Zahl der Gleichaltrigen, die sich mit keiner Jugendkultur voll identifizieren können – aber sich doch an diesen orientieren.

Am offensichtlichsten macht sich dieser Einfluss in der Musik und in der Mode bemerkbar. Musik, die heute nur in den angesagten Klubs gespielt wird, ist morgen in den Charts, was die hippen Szene-Insider heute tragen, wird morgen zur Massenmode …

Klaus Farin, Jugendkulturen in Deutschland 1950–1989, Bonn (Bundeszentrale für politische Bildung) 2006, S. 9.

Anpassung und Protest – eine Umfrage

Führt in eurem Schul-/Wohnort eine Umfrage unter Jugendlichen zu folgenden Fragen durch: Welche Erwartungen, die Erwachsene, Schule, Beruf usw. an sie stellen, akzeptieren sie bzw. finden sie gut? Welche lehnen sie ab? Gegen welche protestieren sie? Wie äußern sie ihre Kritik? Welche Wünsche, Erwartungen haben Jugendliche an die Gesellschaft, in der sie leben?

4 Untersuche in M6 und M12, wie die abgebildeten Jugendlichen zeigen, was ihnen gefällt.

5 Charakterisiere die Protesthaltungen und -aktionen, die du in M8 und M9 erkennst.

6 Analysiere M10 hinsichtlich der Begriffe und Argumente, die zeigen, wie der Autor die gesellschaftliche Entwicklung wertet.

7 Überprüfe anhand deiner Kenntnisse und Erfahrungen die Aussagen über Jugendkulturen (M11).

„Wir nicht!" – Ziviler Ungehorsam in West und Ost

„1968" – eine Jahreszahl schreibt Geschichte

Das Jahr 1968 wird gleichgesetzt mit Protest und Revolte einer Bewegung junger Erwachsener, die in der ganzen (westlichen) Welt an den Grundfesten der politischen Ordnung rüttelten. In der Bundesrepublik, in der seit 1966 eine Große Koalition aus CDU/CSU und SPD regierte, zeigte sich der Protest z. B. in der „Außerparlamentarischen Opposition" (APO), in der sich sozialistische Studenten- und Schülergruppen zusammengeschlossen hatten. Mit politischen Aktionen und ihrer Anti-Haltung, die sich z. B. in der Kleidung, im Musik- und Drogenkonsum und in der Suche nach ideologischen und gesellschaftlichen Alternativen ausdrückte, wandten sich die „68er" gegen Erstarrung und Verkrustung der Gesellschaft, gegen den „Muff" in Hochschulen und Schulen. Sie mahnten z. B. an, dass die Bundesrepublik ihre NS-Vergangenheit verdrängen würde, dass Personen, die im „Dritten Reich" wichtige Funktionen innegehabt hatten, in der Bundesrepublik wiederum in Schlüsselpositionen saßen. Sie protestierten aber auch gegen die Politik der Bundesregierung, die trotz internationaler Kritik an der US-Kriegsführung in Vietnam auf der Seite der USA stand und diktatorische Unrechtssysteme wie das Schah-Regime in Persien unterstützte. Als am 2. Juni 1967 der Schah Westberlin besuchte, demonstrierten zahlreiche Berliner – nicht nur Studenten – gegen seinen Empfang. Bei gewalttätigen Ausschreitungen wurde der Student Benno Ohnesorg von der Kugel eines Polizisten tödlich getroffen. Der Protest hatte nun eine neue Dimension: Gewalt – gegen Sachen und Menschen.
In der DDR kam es zu Protestaktionen, als Truppen des Warschauer Pakts 1968 unter deutscher Beteiligung in die Tschechoslowakei einmarschierten.
Welche Wirkung hatten die „68er" für die Gesellschaft und das politische System in der Bundesrepublik und in der DDR?

Die Friedens- und Anti-Atombewegung

Nach den langen Jahren des wirtschaftlichen Aufschwungs hatte die Bundesrepublik seit den 1970er Jahren wie alle westlichen Staaten mit Preisanstieg, hoher Arbeitslosigkeit und Staatsverschuldung zu kämpfen. Die wachsende Zahl von Bürgerinitiativen machte deutlich, dass viele Menschen unzufrieden waren mit den Parteien und mit ihren eigenen Möglichkeiten, Einfluss auf die Politik zu nehmen. Vor allem junge und akademisch gebildete Menschen engagierten sich zunehmend für Umweltschutz und Frieden. Beide Themen waren miteinander verknüpft und verschärften in den 1980er Jahren die Forderung der Bürger nach Alternativen: Mit dem Einmarsch der Sowjetunion in Afghanistan und dem Beschluss der NATO im Dezember 1979, die sowjetische Aufstellung von nuklearen Mittelstreckenraketen mit der atomaren „Nachrüstung" in Westeuropa zu beantworten, schien die Epoche der Entspannungspolitik zu Ende. Die Angst vor einer atomaren Vernichtung wurde verstärkt durch die Nutzung von Atomkraft für die Energieversorgung.
Die Bürgerbewegungen, die in dieser Zeit in der Bundesrepublik, aber auch in der DDR, entstanden, befassten sich mit ähnlichen Themen und stimmten darin überein, in Opposition zur offiziellen Politik zu stehen. Die Bedingungen für den politischen Meinungsstreit in der DDR unterschieden sich jedoch grundsätzlich von denen in der Bundesrepublik. Welche Ziele verfolgten die Initiativen jeweils?

1 Erarbeite anhand des Faktenkastens, M1, M3 und M8 (S. 245), welche Ziele die Protestierenden 1968 in der Bundesrepublik verfolgten.

2 Analysiere, wie die Verfasser der Leserbriefe (M2) die Ereignisse des 2. Juni bewerteten.

M1 **Sitzstreik auf den Straßenbahnschienen der Stuttgarter Königstraße gegen die Notstandsgesetze**, Foto, 1968

Daten zur Studentenbewegung von 1968

1968

17. Februar Der in Westberlin gegründete Sozialistische Deutsche Studentenbund (SDS) organisiert einen Internationalen Vietnam-Kongress in Berlin.

21. Februar 100 000 Berliner folgen dem Aufruf des Senats zur Gegenkundgebung.

11. April Rudi Dutschke, ein führendes Mitglied des SDS, wird bei einem Attentat schwer verletzt; in der ganzen Bundesrepublik kommt es zu Straßenschlachten; die Auslieferung von Zeitungen des Springer-Verlags wie der „Bild"-Zeitung wird gestört.

Mai Der „Aktionsrat zur Befreiung der Frauen" wird gegründet.

30. Mai Der Bundestag verabschiedet die „Notstandsgesetze"*, die es der Regierung bei inneren Unruhen ermöglichen, das Post- und Fernmeldewesen einzuschränken und die Bundeswehr einzusetzen.

21. August In mehreren Städten der DDR protestieren Jugendliche gegen den Einmarsch von Warschauer-Pakt-Truppen in Prag.

April–Juni 1969 Studenten stören massiv Hochschulveranstaltungen.

21. Oktober 1969 Willy Brandt wird Bundeskanzler einer sozialliberalen Koalition; er kündigt an: „Wir wollen mehr Demokratie wagen."

21. März 1970 Selbstauflösung des SDS.

M2 Reaktionen auf den 2. Juni

Aus Leserbriefen westdeutscher Zeitungen zu den Gewalttätigkeiten während des Schah-Besuchs am 2. Juni 1967:

2A Der Staatsbesuch stand unter einem „schlechten Stern", aber erst die Maßnahmen der Polizei, im Einvernehmen mit den Innenministern der Länder, stellten ihn darunter …

2B Die Verantwortung für [Benno] Ohnesorgs Tod liegt bei jenen, die die Demokratie zu einer Stätte für Krawall und Radikalismus herabwürdigen und damit solche erhitzten Spannungen schaffen, wie sie dort gegeben waren. Von der großen Zahl der Studenten ist zu hoffen, dass sie aus dem tragischen Tod ihres Kommilitonen die richtige Konsequenz ziehen und saubere Formen der Auseinandersetzung hochhalten, die die Demokratie lebensfähig machen.

2C Wir Berliner Arbeiter, die wir die Blockade durchgehalten haben, lehnen es ab, uns mit einer Hand voll übergeschnappter Studenten auseinanderzusetzen.

2D Diese Demokratie wurde von meiner Generation (ich bin 49 Jahre alt) mit geschaffen. Ich schätze, dass sie so gut ist, wie wir sie machen. Deshalb möge man das Studium der akademischen Twens komprimieren, die Boys zur exakten Arbeit anhalten und dann – allez hopp! – knallhart an die Maloche.

M2A u. M2B: Auszüge aus Leserbriefen an die Frankfurter Allgemeine Zeitung vom 5. Juni 1967; M2C: Die Zeit vom 23. Juni 1967; M2D: Die Zeit vom 30. Juni 1967.

M3 Anfänge der Frauenemanzipation?

Helke Sander, geboren 1937 in Berlin, bis 2001 Filmregisseurin und Hochschuldozentin, kam 1965 mit ihrem Sohn zum Studium nach Westberlin. Sie war SDS-Mitglied und Mitbegründerin des „Aktionsrats zur Befreiung der Frauen" und der Kinderläden. 2001 erinnerte sie sich:

[Wir] haben nicht etwa angefangen mit dem Ziel, „jetzt werden wir eine Frauenbewegung". Wir wollten zeigen, dass die Kinderfrage, die Mütterfrage und die Frage der Reproduktion [Fortpflanzung] in der Gesellschaft eng zusammenstanden … Wir dachten, es wäre schön, alle paar Straßen einen Kinderladen zu gründen, um das leidige Zeitproblem für die Frauen auf eine praktische Art anzugehen … Als wir die ersten Kinderläden in Gang gebracht hatten, kamen einige Männer wutschnaubend an und meinten plötzlich, „das ist auch mein Kind und ihr könnt nicht einfach irgendetwas gründen!" Diese Männer nahmen uns die Sache dann relativ schnell aus der Hand und machten daraus den „Zentralrat der Kinderläden" … Manchmal frage ich mich, was ich mit meinem Engagement erreicht habe, und muss sagen: Ich weiß es nicht. Bei Bewegungen, egal, welche es sind, gibt es immer eine Aufbruchstimmung … und dann schüttelt sich das irgendwie ins Gebräuchliche, … dann wird es in Paragrafen gefasst und in Verordnungen, dann gibt es Frauenbeauftragte und dies und das, was wir uns nie so vorgestellt haben.

Zit. nach Ute Kätzel, Die 68erinnen, Berlin (Rowohlt) 2002, S. 163 ff.

M4 Eine ähnliche Bewegung wie im Westen?

Erika Berthold, geboren 1950 in Gera-Langenberg als Tochter eines renommierten DDR-Historikers, ist heute freie Verlagslektorin. 1968 verliebte sie sich in Frank Havemann, Sohn des damals prominentesten DDR-Regimegegners Robert Havemann. Ende der 1970er Jahre trat sie der SED bei. Sie erinnerte sich 2001:

Damals nahmen wir sehr intensiv Anteil an den Entwicklungen in der ČSSR. Demokratischer Sozialismus war etwas, das uns gefiel ... Am 21. August war der Einmarsch in Prag ... Am 21. oder wahrscheinlich eher am 22. August gingen wir abends im Dunkeln in Grüppchen los, Sandra Weigl und Thomas Brasch, Rosita und ich, und verteilten unsere selbst gemalten Flugblätter, steckten sie in Briefkästen und legten sie in Telefonzellen. Die Stasi hatte uns aber längst auf dem Kieker und verfolgte uns, was wir nicht bemerkten. In der Marienstraße in Mitte wurden Rosita und ich eingefangen ... Wir wurden alle so um die zwei Jahre verknackt ... Kurze Zeit später wurde entschieden, dass alle Strafen zur Bewährung ausgesetzt werden ... Unsere Eltern kamen auch nicht ungeschoren davon. Braschs Vater, der stellvertretender Kulturminister war, trat erst einmal in den Hintergrund. Mein Vater flog aus Amt und Würden ...

Im Frühjahr 1969 stellte sich heraus, dass ich schwanger war ... Ein befreundetes Ehepaar ... befand sich damals in einer Ehekrise ... Angeregt durch die Kommunen in Westberlin, beschlossen wir ... zusammenzuziehen ... Am 31. Oktober 1969 wurde Marie geboren. Nun waren wir also zwei Paare und drei Kinder, dazu ein Kreis von Freunden und von Gästen. Florian Havemann, der Bruder von Frank, verabscheute diese Lebensform ... Rosita und Florian Havemann sind Anfang der siebziger Jahre in den Westen gegangen. Es war interessant: Entweder begaben sich die aus unserer Gruppe wieder zurück in die Strukturen der DDR und sagten, wir wollen hier etwas verändern, oder sie gaben diesen Gedanken auf und gingen in den Westen. Dazwischen gab es nichts ... Von den frauenemanzipatorischen Aktionen haben wir in der DDR nur wenig mitgekriegt ...

Im Osten gab es keine Studentenbewegung. Das hängt damit zusammen, dass die Universitäten bei uns nach klaren Hierarchien gegliedert und zugleich sehr kontrolliert waren ... Es gab ein Potenzial an kritisch und reformerisch Gesinnten und auch an religiösen Leuten, aber eben keine Studentenbewegung ... Man darf auch nicht vergessen, dass die Themen, derentwegen die Fronten im Westen stark aufeinanderprallten, im Osten zum Teil Staatsdoktrin waren.

Zit. nach Ute Kätzel, Die 68erinnen, Berlin (Rowohlt) 2002, S. 223 ff.

M5 DDR-Jugendliche protestieren

Ein Bericht der Abteilung Jugend des SED-Zentralkomitees vom 30. September 1968 vermerkt:

21. 8. 1968 in Erfurt auf dem Anger: Zirka 150 junge Menschen – provokatorische Äußerungen zu den Ereignissen in der ČSSR und zur Politik der SED – provokatorisches Auftreten einiger gegenüber den Sicherheitsorganen.

21. 8. 1968 Weimar: 6 Jugendliche riefen mittels selbst gefertigter Flugzettel zu einem Protestsitzstreik vor dem Hauptpostamt auf ... – Rädelsführer wurden im Schnellverfahren abgeurteilt.

Zit. nach Ulrich Mählert/Gert-Rüdiger Stephan, Blaue Hemden – rote Fahnen, Opladen (Leske und Budrich) 1996, S. 179.

Spurensuche 1968 – ein Projekt

Informiert euch bei Erwachsenen, die ihr kennt, wie sie die Jahre 1967–1970 erlebt haben, welche Ereignisse ihnen in Erinnerung geblieben sind. Lasst euch Fotos, Gegenstände, Kleider usw. zeigen, die aus dieser Zeit stammen. Recherchiert im Archiv nach Ereignissen an eurem Wohnort und Reaktionen der Behörden und der Bevölkerung darauf. Nutzt die Arbeitsschritte zur Projektarbeit, Archivrecherche und Zeitzeugenbefragung (siehe Methodenübersicht).

3 Vergleiche die Proteste in der Bundesrepublik mit den Aktionen in der DDR. Ziehe dafür M4 und M5 heran.

4 Untersuche M6 und M7 unter folgender Fragestellung: Welche Forderungen werden gestellt? An wen richten sie sich? Welche Themen stehen im Vordergrund? Vergleiche deine Ergebnisse.

M6 Der „Krefelder Appell"

Rund 1000 Aufrüstungsgegner, darunter Pfarrer Martin Niemöller, Petra Kelly, Gründungsmitglied der Grünen, und General a. D. Gert Bastian, beschlossen im November 1980 den Appell:

Immer offensichtlicher erweist sich der Nachrüstungsbeschluss der NATO vom 12. Dezember 1979 als verhängnisvolle Fehlentscheidung … Ein selbstmörderischer Rüstungswettlauf konnte nicht im letzten Augenblick gestoppt werden … Die Teilnehmer am Krefelder Gespräch … appellieren daher gemeinsam an die Bundesregierung,
– die Zustimmung zur Stationierung von Pershing-II-Raketen und Marschflugkörpern in Mitteleuropa zurückzuziehen;
– im Bündnis künftig eine Haltung einzunehmen, die unser Land nicht länger dem Verdacht aussetzt, Wegbereiter eines neuen, vor allem die Europäer gefährdenden nuklearen Wettrüstens sein zu wollen …
Alle Mitbürgerinnen und Mitbürger werden deshalb aufgerufen, diesen Appell zu unterstützen, um durch unablässigen und wachsenden Druck der öffentlichen Meinung eine Sicherheitspolitik zu erzwingen,
– die eine Aufrüstung Mitteleuropas zur nuklearen Waffenplattform der USA nicht zulässt;
– Abrüstung* für wichtiger hält als Abschreckung;
– die Entwicklung der Bundeswehr an dieser Zielsetzung orientiert.

Alfred Mechtersheimer (Hg.), Nachrüsten? Dokumente und Positionen zum NATO-Doppelbeschluss, Reinbek (Rowohlt) 1981, S. 249 f.

M7 Der „Berliner Appell"

Der 1982 von den DDR-Regimekritikern Rainer Eppelmann und Robert Havemann initiierte Appell bildete eine Art Grundsatzprogramm der DDR-Friedensinitiativen:

Es kann in Europa nur noch einen Krieg geben, den Atomkrieg … Darum: Wenn wir leben wollen, fort mit den Waffen! Und als Erstes: Fort mit den Atomwaffen! Ganz Europa muss zur atomwaffenfreien Zone werden. Wir schlagen vor: Verhandlungen zwischen den Regierungen der beiden deutschen Staaten über die Entfernung aller Atomwaffen aus Deutschland …
Wir wenden uns an die Öffentlichkeit und an unsere Regierung, über die folgenden Fragen zu beraten und zu entscheiden:
a) Sollten wir nicht auf die Produktion, den Verkauf und die Einfuhr von so genanntem Kriegsspielzeug verzichten?
b) Sollten wir nicht anstelle des Wehrkundeunterrichts[1] an unseren Schulen einen Unterricht über Fragen des Friedens führen?
c) Sollten wir nicht anstelle des jetzigen Wehrersatzdienstes für Kriegsdienstverweigerer einen sozialen Friedensdienst zulassen?
d) Sollten wir nicht auf alle Demonstrationen militärischer Machtmittel in der Öffentlichkeit verzichten …

Wolfgang Büscher (Hg.), Friedensbewegung in der DDR, Texte 1978–1982, Hattingen (Scandica) 1982, S. 242 ff.

1 Seit 1978 erhielten Mädchen und Jungen der 9. und 10. Klassen in der DDR Wehrkundeunterricht (u. a. zum Umgang mit Schusswaffen).

M8 Wohngemeinschaft in Hamburg,
Foto, 1968

M9 **Die Grünen bei ihrer ersten Bundestagssitzung** neben Abgeordneten der CDU, Foto, 1983

M11 **Friedensdemonstration in Bonn,** 10. Oktober 1981, Foto. An der bis dahin größten Friedensdemonstration nahmen etwa 300 000 Menschen teil.

M10 Von der Initiative zur Partei?

Im Bundesprogramm der Grünen von 1981 kennzeichnet sich die 1979/80 gegründete Partei folgendermaßen:

Wir sind die Alternative zu den herkömmlichen Parteien. Hervorgegangen sind wir aus einem Zusammenschluss von grünen, bunten und alternativen Listen und Parteien. Wir fühlen uns verbunden mit all denen, die in der neuen demokratischen Bewegung mitarbeiten: den Lebens-, Natur- und Umweltschutzverbänden, den Bürgerinitiativen, der Arbeiterbewegung, christlichen Initiativen, der Friedens- und Menschenrechts-, der Frauen- und Dritte-Welt-Bewegung … Die Zerstörung der Lebens- und Arbeitsgrundlagen und der Abbau demokratischer Rechte haben ein so bedrohliches Ausmaß erreicht, dass es einer grundlegenden Alternative für Wirtschaft, Politik und Gesellschaft bedarf … Es bildeten sich Tausende von Bürgerinitiativen, die in machtvollen Demonstrationen gegen den Bau von Atomkraftwerken antreten, … sie stehen auf gegen die Verwüstung der Natur, gegen … die Folgen und Ursachen einer Wegwerfgesellschaft, die lebensfeindlich geworden ist.

Das Bundesprogramm der Partei Die Grünen (1981), in: Irmgard Wilharm, Deutsche Geschichte 1962–1983, Bd. 2, Frankfurt a. M. (Fischer) 1985, S. 226 f.

5 Wie präsentierten sich Die Grünen in ihrem Bundesprogramm (M10)? Stellt Vermutungen an über Reaktionen der Bürger und der politischen Parteien und diskutiert darüber.

6 Vergleiche anhand von M11 und M12 die Formen und Ziele der Protestbewegungen in West und Ost.

7 Beschreibe anhand von M13 und M14 die Auseinandersetzung zwischen Staat und Friedensbewegung in der DDR in den 1980er Jahren.

M12 **„Kirchentag von unten"**, Foto, 1987. Gegen den offiziellen Kirchentag in Ostberlin 1987 wurde ein „Kirchentag von unten" initiiert, aus dem die Protestbewegung „Kirche von unten" hervorging.

M13 **Die Jenaer „Friedensgemeinschaft"** beteiligt sich an der Gedenkdemonstration für die Bombardierung der Stadt im Zweiten Weltkrieg, Foto, 1982. Der Demonstrant Roland Jahn (vorn links) wurde bald darauf verhaftet und in die Bundesrepublik abgeschoben.

M14 „Schwerter zu Pflugscharen"

Der Historiker Stefan Wolle schrieb 1999 über die Friedensbewegung der DDR:

1980 verkündeten der Bund der Evangelischen Kirchen in der DDR und die … Freikirchen für den Herbst desselben Jahres eine Friedensdekade. Sie sollte mit einem Bittgottesdienst am 9. November beginnen und zehn Tage später … mit einer „Friedensminute" enden, zu der um 13 Uhr im ganzen Land die Glocken läuteten. Ihre Losung lautete „Frieden schaffen ohne Waffen", anschaulich gemacht durch ein zugkräftiges Symbol. Auf einem kreisrunden, von dem Bibelspruch „Schwerter zu Pflugscharen (Micha 4,3)" umgebenen Bild schwingt eine kräftige Heroengestalt einen mächtigen Hammer, um ein Schwert zur Pflugschar umzuschmieden … Die SED-Führung … verordnete dem ganzen Land an jedem Mittwoch um 13 Uhr eine Minute lang „Sirenenprobe". … Die Polizei begann Jagd auf junge Leute zu machen, die sich das Symbol … auf Kleidungsstücke oder Taschen genäht hatten, riss es bisweilen gewaltsam ab oder schnitt es mit der Schere heraus … Das … verstärkte die Attraktivität der unerwünschten Abbildung …

Stefan Wolle, Die heile Welt der Diktatur, Bonn (Bundeszentrale für politische Bildung) Bonn 1999, S. 261.

Wyhl – Bürgerinitiativen mobilisieren

„Nai hämmer gsait“

Mit Parolen wie dieser demonstrierten im September 1983 rund 50 000 Kernkraftgegner in der Nähe des Bauplatzes des geplanten Kernkraftwerks Süd bei Wyhl am Kaiserstuhl. Zu der Kundgebung hatten badische und elsässische Bürgerinitiativen aufgerufen, die seit 1972 gemeinsam versuchten, den Bau zu verhindern. In einem bis dahin unbekannten Maße gewannen und mobilisierten sie Bürger von Städten und Gemeinden rechts und links des Rheins für ihre Protestaktionen. Und selbst 1983, als der damalige Ministerpräsident Späth bereits verkündet hatte, dass der Bau des Kernkraftwerks in den nächsten zehn Jahren nicht nötig wäre, wollten die Bürgerinitiativen mit ihrer Kundgebung deutlich machen, dass sie sich auch in Zukunft gegen ein Kernkraftwerk wehren würden. Sie hatten tatsächlich Erfolg: Seit 1995 ist der Bauplatz als Naturschutzgebiet ausgewiesen.

Wie die Bürgerinitiativen in Wyhl, so entstanden und verfuhren seit Anfang der 1970er Jahre zahlreiche Gruppen: Aus einem konkreten Anlass heraus, der sie bzw. ihre Interessen unmittelbar betraf, suchten sie nach Mitteln und Wegen, um ihre Interessen zu wahren oder durchzusetzen. Solche Gruppen waren bzw. sind meist sehr heterogen: Ihre Mitglieder sind nur dadurch „verbunden“, dass sie bestimmte gemeinsame Interessen und Ziele haben; sobald diese verwirklicht sind oder scheitern, lösen sich Bürgerinitiativen wieder auf. Die Vielfalt solcher Aktionen, aber auch die Gefahr, sich dadurch strafbar zu machen, sind am Wyhler Beispiel zu erkennen.

Der Widerstand gegen das Kraftwerk Süd

1971 Gründung von Bürgerinitiativen gegen den Bau eines Kernkraftwerks in Breisach

1972 Pfingsten: „Rheintalaktion“: Zusammenschluss badischer und elsässischer Bürgerinitiativen

1972 Sommer: Protestaktionen (Unterschriftensammlungen, Traktordemonstrationen); Ministerpräsident Filbinger bezeichnet alle Kernkraftwerksgegner als Linksradikale

1973 Standortwechsel: Kernkraftwerk soll in Wyhl gebaut werden; Gründung von Bürgerinitiativen; Proteste; Demonstrationen; Informationsveranstaltungen für die Bevölkerung

1974 Frühjahr/Sommer: Rücktritt von Gemeinderäten im elsässischen Marckolsheim wegen eines geplanten Bleiwerks; Protestdemonstrationen mit tausenden Teilnehmern gegen die Bauvorhaben in Wyhl und Marckolsheim; Zusammenschluss von 21 Bürgerinitiativen; Besetzung des Bauplatzes in Marckolsheim; Kundgebungen

1974/75 Herbst/Winter: „Badische Fraueninitiative“: Offener Brief an den Ministerpräsidenten; in Wyhl wird Bürgerentscheid genehmigt; in ihm stimmen 55 % für, 43 % gegen den Geländeverkauf; mehrere Bürgermeister und Einzelkläger aus Anrainergemeinden klagen gegen die 1. Teilerrichtungsgenehmigung des Wirtschaftsministeriums

1975 Februar: Geländeverkauf, Baubeginn, Bauplatzbesetzung durch 300 Personen; Räumung durch die Polizei, Festnahmen; kurz darauf: erneut Besetzung; Abzug der Polizei

Französische Regierung untersagt Bleiwerk in Marckolsheim

1975 März: Verwaltungsgericht ordnet Baustopp an, Einspruch der Betreiberfirma (Badenwerk AG)

1975 Sommer: Informationsveranstaltungen von Wissenschaftlern auf dem Baugelände

1975 Oktober: Verwaltungsgerichtshof genehmigt Bau; Bauplatz wird nach Verhandlungen und Klage-Androhungen vonseiten der Betreiberfirma geräumt

1976 „Offenburger Vereinbarung“: Vorläufiger Baustopp; Gutachten werden vereinbart; Klagen gegen Protestierende zurückgenommen; Auseinandersetzungen mit der Landesregierung dauern an

1977 Gerichtsurteil: Kraftwerk darf wegen eines fehlenden Berstschutzes vorerst nicht gebaut werden

1978–1982: Bürgerinitiativen setzen landes- und bundesweit ihre Protestaktionen fort; Landespolitiker halten am Bauvorhaben fest

1982: Verwaltungsgerichtshof erklärt den Bau des Kernkraftwerks für rechtens

M1 **Umweltschützer und Kernkraftgegner stürmen das Baugelände des geplanten Kraftwerks Süd,** Foto, 23. Februar 1975

M2 **Sternmarsch und Kundgebung auf dem Bauplatz Wyhl,** Foto, Ostern 1975

M3 **Offener Protest-Brief an den Ministerpräsidenten**

Am 10. Oktober 1974 schrieben 230 Frauen in einem offenen Brief:

Nachdem alle bisher von unserem Gebiet vorgetragenen und schriftlich eingereichten Bedenken in Bezug KKW Wyhl und Bleiwerk Marckolsheim scheinbar ungehört verhallten, wenden sich heute wieder die Frauen und Mütter des betroffenen Gebiets an Sie. Muss es für Sie und Ihre Mitarbeiter nicht ein beschämendes Gefühl sein, das Vertrauen Ihrer Landeskinder so zu belohnen, indem 100 000 Einsprüche aus unserem Gebiet und 360 Unterschriften der Frauen und Mütter aus Weisweil, die einem in allem Anstand an Sie gerichteten offenen Brief beigefügt waren, höchstens Ihren Papierkorb bereichert oder Ihnen ein mitleidiges Lächeln entlockt haben? …
Herr Ministerpräsident, wir kämpfen um ein gesundes Leben unserer Kinder und deren Nachkommen. Wir wehren uns nicht gegen eine saubere, gesunde Industrie, die doch mithilfe der heutigen Forschung erreicht werden müsste. Was nützt es uns, wenn wir nach einigen Jahren dahinsiechen müssen? Dann werden auch Ihre so groß geplanten Fabrikhallen leer stehen. Es scheint uns fast, als ob, von Stuttgart aus gesehen, Deutschland vor den Bergen des Schwarzwaldes enden und Frankreich erst hinter den Kämmen der Vogesen beginnen würde.
Sollten Sie, Herr Ministerpräsident, und Ihre Mitarbeiter nicht bereit sein, unseren eindringlichen Appell ernst zu nehmen, so werden wir Frauen des Kaiserstuhls und des betroffenen Gebietes entschlossen sein, Ihnen bei der nächsten Wahl die verdiente Quittung zu präsentieren …

Zit. nach Nina Gladitz (Hg.), Lieber heute aktiv als morgen radioaktiv, Berlin (Klaus Wagenbach) 1976, S. 83.

1 Liste mithilfe des Kastens und der Materialien auf, welche Gruppen sich bei den Auseinandersetzungen gegenüberstanden und welche Interessen diese jeweils verfolgten.
2 Stelle anhand der Informationen dar (Text, Kasten, Materialien), welche Mittel und Methoden die Protestierenden bzw. Bürgerinitiativen anwandten, um ihren Forderungen Nachdruck zu verleihen.
3 Besprecht: Welche Aktivitäten dienten im Wesentlichen den Interessen der Protestierenden, welche denen der regionalen Bevölkerung bzw. denen der Allgemeinheit?

Schritte zur Einheit

„Die friedliche Revolution“

Die auf „Glasnost“ (Offenheit) und „Perestroika“ (Umgestaltung) ausgerichtete Politik des sowjetischen Generalsekretärs Michail Gorbatschow (siehe S. 134 ff.) hatte ab 1985 in der Sowjetunion und einigen Ländern des Ostblocks zu umfassenden gesellschaftlichen Reformen geführt – nicht jedoch in der DDR. Die SED-Führung machte deutlich, dass sie auch kleinste Ansätze von Reformdiskussionen unterdrücken würde. In dieser angespannten Lage fanden am 7. Mai 1989 in der DDR Kommunalwahlen statt, deren Ergebnisse – wie üblich – gefälscht wurden. Diesmal aber bildeten sich oppositionelle Gruppen, die offen dagegen protestierten und Strafanzeige erstatteten. In Leipzig und anderen Städten fanden von Woche zu Woche mehr Menschen den Mut, für die Verbesserung der Verhältnisse in der DDR auf die Straße zu gehen.
Ein zweites Ereignis, das ebenfalls im Mai stattgefunden hatte, ermutigte viele Bürgerinnen und Bürger: Ungarn, „sozialistisches Bruderland“ und Urlaubsziel der DDR-Bürger, hatte seine Grenze zu Österreich geöffnet. Immer mehr Ostdeutsche flohen nun über die „grüne Grenze“ in den Westen. Tausende, die im September die Botschaft der Bundesrepublik in Prag belagerten, durften nach Westdeutschland ausreisen. Die SED-Führung war auf eine solche Massenbewegung nicht vorbereitet. Innerhalb weniger Monate brach das stabil erscheinende politische System in sich zusammen.

M1 Karikatur von Cleo Petra Kurze, 1989

Weichenstellungen für einen deutschen Staat?

Nach dem Fall der Mauer am 9. November 1989 zeigte sich auf drei Ebenen die Notwendigkeit, politisch zu handeln: Innenpolitisch versuchte die SED-Führung, durch angekündigte Reformen ihre Machtstellung zu halten. Dagegen stand die Bürgerbewegung in der DDR, die eine schnelle Demokratisierung des Staates forderte. Auf der deutsch-deutschen Ebene versuchte die Bundesregierung, geführt von Bundeskanzler Helmut Kohl (CDU) und Hans-Dietrich Genscher (FDP), mit einem 10-Punkte-Programm tatkräftig Einfluss auf die weitere Entwicklung zu nehmen. Es sah die stufenweise Vereinigung über eine Vertragsgemeinschaft zu einem Bundesstaat vor. Die SPD unterstützte die Idee der baldigen Konföderation. Teile der Parteiführung warnten aber aus wirtschaftlichen Gründen vor einer zu raschen Vereinigung beider Staaten. Auf internationaler Ebene mussten nun die ehemaligen vier Siegermächte ihre Positionen zur „deutschen Frage“ klären.
Im Winter 1989/90 spitzte sich die Lage in der DDR weiter zu: Zum einen wurde bei den Demonstrationen aus der Losung „Wir sind das Volk!“ „Wir sind ein Volk!“, zum anderen verließen täglich tausende von Bürgern das Land. In der Volkskammer, dem Parlament der DDR, saßen weiterhin die durch manipulierte Wahlen ins Amt gekommenen Abgeordneten. Im Ministerium für Staatssicherheit arbeiteten die Beschäftigten auf Hochtouren daran, die Akten, Spuren jahrzehntelanger Bespitzelung, zu vernichten. In dieser Situation wurde auf Initiative der Bürgerbewegung der DDR ein Runder Tisch eingerichtet, dem Vertreter der oppositionellen Gruppen, aber auch der alten Blockparteien angehörten. Ende Januar 1990 wurde in diesem Gremium beschlossen, am 18. März 1990 die ersten freien Volkskammerwahlen stattfinden zu lassen.

1 Erschließe die Karikatur M1 (siehe Methodenübersicht); ziehe M2 und M3 dazu heran.
2 Untersuche M2 mithilfe des Modells zur Quellenanalyse (siehe Anhang).
3 Stelle anhand des Darstellungstextes S. 250 fest, welche „Weichenstellungen“ 1989/90 sichtbar wurden. Formuliere Hypothesen über politische Handlungsspielräume auf den drei Ebenen.

M2 Ein demokratischer Dialog

Im Gründungsaufruf des „Neuen Forums", der am 9. September 1989 verabschiedet und im ganzen Land über die Schwarzen Bretter der Kirchen verbreitet wurde, hieß es:

In unserem Lande ist die Kommunikation zwischen Staat und Gesellschaft offensichtlich gestört. Belege dafür sind die weit verbreitete Verdrossenheit bis hin zum Rückzug in die private Nische oder zur massenhaften Auswanderung … Die gestörte Beziehung behindert die Lösung der anstehenden lokalen und globalen Aufgaben … Auf der einen Seite wünschen wir uns eine Erweiterung des Warenangebots und bessere Versorgung, andererseits sehen wir deren soziale und ökologische Kosten und plädieren für die Abkehr von ungehemmtem Wachstum. Wir wollen Spielraum für wirtschaftliche Initiative, aber keine Entartung in eine Ellenbogengesellschaft … Wir wollen geordnete Verhältnisse, aber keine Bevormundung … Wir wollen ein wirksames Gesundheitswesen für jeden; aber niemand soll auf Kosten anderer krankfeiern. Wir wollen an Export und Welthandel teilhaben, aber weder zum Schuldner und Diener der führenden Industriestaaten noch zum Ausbeuter und Gläubiger der wirtschaftlich schwachen Länder werden. Um all diese Widersprüche zu erkennen, Meinungen und Argumente dazu anzuhören und zu bewerten, … bedarf es eines demokratischen Dialogs über die Aufgaben des Rechtsstaates, der Wirtschaft und der Kultur. Über diese Fragen müssen wir in aller Öffentlichkeit, gemeinsam und im ganzen Land nachdenken und miteinander sprechen … Wir bilden deshalb eine politische Plattform für die ganze DDR, die es den Menschen aus allen Berufen, Lebenskreisen, Parteien und Gruppen möglich macht, sich an der Diskussion und Bearbeitung lebenswichtiger Gesellschaftsprobleme in diesem Land zu beteiligen … Allen Bestrebungen, denen das Neue Forum Ausdruck und Stimme verleihen will, liegt der Wunsch nach Gerechtigkeit, Frieden und Demokratie sowie Schutz und Bewahrung der Natur zugrunde.

Zit. nach Bernd Lindner, Die demokratische Revolution in der DDR 1989/90, Bonn (Bundeszentrale für politische Bildung) 1998, S. 50.

M3 Argumente aus Moskau

Der Leipziger Kabarettist Bernd-Lutz Lange erinnerte sich 1992:

Der Hauptgrund für das politische Aufbegehren war einfach die Fassungslosigkeit darüber, dass mit der Ära Gorbatschow eben nicht die Reform bei uns begann. In dem Moment, wo man Gorbatschow abgelehnt hat, war eigentlich die DDR doch schon verloren, denn plötzlich hatten Leute Mut, die vorher nie Mut gehabt hätten … Nun hatten wir erstmalig Fakten und Überlegungen, wie man Politik, wie man Reformen machen müsste … Nachdem abzusehen war, dass man also das abblockte, da begann das ja auch bei vielen Genossen …, dass man sagte, so, das trage ich nicht mehr mit. Und dann ging's natürlich los, der Zustand dieses Landes, die unheimlichen Menschenmassen, die im Sommer das Land verließen, wo sollte das enden? Eines Tages wären ja bloß noch die Rentner da gewesen. Also Gründe, um dieses System ändern zu wollen, gab's genug.

Zit. nach Ekkehard Kuhn, Der Tag der Entscheidung. Leipzig, 9. Oktober 1989, Berlin, Frankfurt a. M. (Ullstein) 1992, S. 28.

M4 **Die Außenminister von Österreich und Ungarn** zerschneiden symbolisch den „Eisernen Vorhang", Foto, 27. Juli 1989

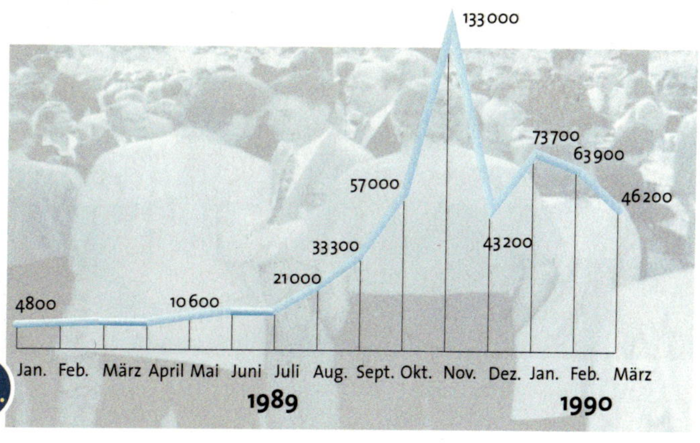

Fluchtbewegung aus der DDR, Januar 1989 bis März 1990 M5

M6 **Der Berliner Grenzübergang Checkpoint Charlie** am Morgen nach der Maueröffnung, Foto, 10. November 1989

Die DDR im Herbst 1989

30. September DDR-Flüchtlinge in den bundesdeutschen Botschaften in Prag und Warschau dürfen in die Bundesrepublik ausreisen.

6./7. Oktober Die DDR begeht den 40. Jahrestag ihrer Gründung. Anwesend ist der sowjetische Staats- und Parteichef Michail Gorbatschow.

18. Oktober Staats- und Parteichef Honecker (SED) muss zurücktreten. Nachfolger wird Egon Krenz (SED).

7./8. November SED-Regierung und Politbüro treten zurück.

9. November Das Politbüromitglied Günter Schabowski löst durch eine Presseerklärung über Reisefreiheit die Öffnung der DDR-Grenze aus („Fall der Mauer").

13. November Der als „Reformer" geltende Hans Modrow (SED) wird von der Volkskammer zum Ministerpräsidenten gewählt.

7. Dezember Der „Runde Tisch" (Vertreter der alten Blockparteien und der Oppositionsgruppen wie „Neues Forum" und „Demokratischer Aufbruch") übernimmt die Kontrolle der DDR-Regierung.

Montagsdemonstration in Leipzig, Foto, 4. Dezember 1989. Am 25. September 1989 formierten sich die Menschen zur ersten Montagsdemonstration. 6000 bis 8000 Menschen zogen mit dem Ruf „Keine Gewalt!" über den Leipziger Ring. Am 2. Oktober löste die Polizei den Zug mit 20 000 Menschen auf. Am 9. Oktober wurden tausende Einsatzkräfte um Leipzig zusammengezogen. Die Losung der Demonstranten: „Wir sind das Volk!" Am 6. November demonstrierten 250 000 Menschen. Am 13. November tauchte auf der Montagsdemonstration zum ersten Mal ein Transparent mit dem Text „Deutschland einig Vaterland" auf.

M7

M8 Ausreise und „Republikflucht“ – warum?

Aus einem Lagebericht des Ministeriums für Staatssicherheit (1989):

Als wesentliche Gründe [für das Verlassen der DDR] ... werden angeführt:
- Unzufriedenheit über die Versorgungslage;
- Verärgerung über unzureichende Dienstleistungen;
- Unverständnis für Mängel in der medizinischen Betreuung und Versorgung;
- eingeschränkte Reisemöglichkeiten innerhalb der DDR und nach dem Ausland;
- unbefriedigende Arbeitsbedingungen und Diskontinuität im Produktionsablauf;
- Unzulänglichkeiten/Inkonsequenz bei der Anwendung/Durchsetzung des Leistungsprinzips sowie Unzufriedenheit über die Entwicklung der Löhne und Gehälter;
- Verärgerung über bürokratisches Verhalten von Leitern und Mitarbeitern staatlicher Organe, Betriebe und Einrichtungen sowie über Herzlosigkeit im Umgang mit den Bürgern;
- Unverständnis über die Medienpolitik der DDR.

Dieter Grosser u. a. (Hg.), Deutsche Geschichte in Quellen und Darstellungen, Bd. 11, Stuttgart (Reclam) 1996, S. 320 ff.

M10 „Signal der Hoffnung“

Bundeskanzler Helmut Kohl sagte am 13. Februar 1990 nach Gesprächen mit dem DDR-Ministerpräsidenten Modrow:

Ich habe ... das Angebot unterbreitet, sofortige Verhandlungen zur Schaffung einer Währungsunion und Wirtschaftsgemeinschaft aufzunehmen ... Aus unserer Sicht besteht dieses Angebot aus zwei Teilen: 1. An einem Stichtag wird die Mark der DDR ... durch die D-Mark ersetzt. 2. Zeitgleich müssen von der DDR die notwendigen rechtlichen Voraussetzungen für die Einführung einer sozialen Marktwirtschaft geschaffen sein ... In dieser Situation – und das sage ich mit Bedacht – geht es um mehr als ökonomische Fragen, so wichtig sie sind. Es muss uns darum gehen, ein klares, ein unmissverständliches Signal der Hoffnung und der Ermutigung für die Menschen in der DDR zu setzen ... Für uns, für die Bundesrepublik Deutschland, bedeutet dies, dass wir in diesem Angebot unseren stärksten wirtschaftlichen Aktivposten einbringen – das ist die D-Mark.

Presse- und Informationsamt der Bundesregierung, Bulletin, 13.2.1990.

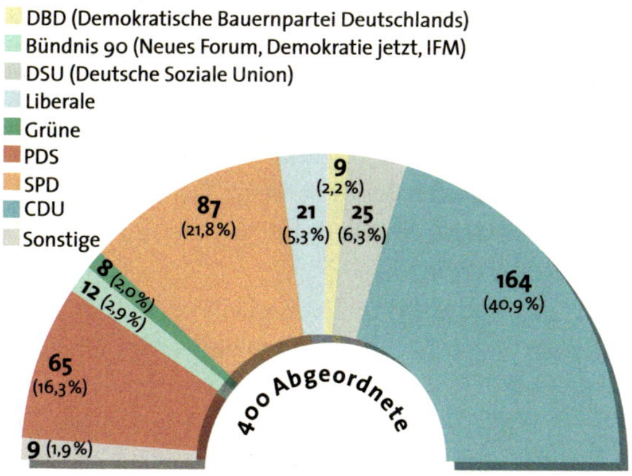

19 = Anzahl der Mandate, 5 % = Stimmenanteil in Prozent

M9 Ergebnis der Wahlen zur Volkskammer der DDR vom 18. März 1990. Die Wahlbeteiligung lag bei 93,2 Prozent. Die „Allianz“ (CDU, Demokratischer Aufbruch und DSU), die SPD und die Liberalen einigten sich auf eine „Große Koalition“ unter Lothar de Maizière als Ministerpräsident.

M11 Karikatur von Peter Dittrich, 1990

4 Ordne M4–M8 in den zeitlichen Rahmen „Herbst 1989“ (Kasten, S. 252) ein und beurteile aufgrund dessen die innenpolitische Situation der DDR.

5 Analysiere M10 unter der Frage, was hier als „Signal der Hoffnung“ verstanden wird.

6 Beschreibe M11 und erläutere die Aussage der Karikatur. Berücksichtige dafür M9 und M10.

Staatsvertrag BR Deutschland – DDR. Die wichtigsten Vertragsinhalte

Währungsunion

- DM einzige Währung
- Deutsche Bundesbank alleinige Zentralbank
- Mark der DDR : DM
  1:1 für Löhne und Gehälter, Renten, Mieten, Pachten, Stipendien, Guthaben von natürlichen Personen (Höchstgrenze 5000 Mark)
  2:1 für alle übrigen Forderungen und Verbindlichkeiten

Wirtschaftsunion

Die DDR schafft die Voraussetzungen für die soziale Marktwirtschaft.

- Privateigentum
- Freie Preisbildung
- Wettbewerb
- Gewerbefreiheit
- Freier Verkehr von Waren, Kapital, und Arbeit
- Ein mit der Marktwirtschaft verträgliches Steuer-, Finanz-, und Haushaltswesen.
- Einfügung der DDR-Landwirtschaft in das EG-Agrarsystem.

Sozialunion

Die DDR schafft Einrichtungen entsprechend denen in der BR Deutschland

- Rentenversicherung
- Krankenversicherung
- Arbeitslosenversicherung
- Unfallversicherung
- Sozialhilfe

Die DDR schafft und gewährleistet nach dem Vorbild der BR Deutschland

- Tarifautonomie
- Koalitionsfreiheit
- Streikrecht
- Mitbestimmung
- Betriebsverfassung
- Kündigungsschutz

Die BR Deutschland gewährt für die Anschubfinanzierung der Sozialsysteme Mittel aus dem Bundeshaushalt und für den Haushaltsausgleich der DDR Finanzzuweisungen aus dem Sonderfonds „Deutsche Einheit" in Höhe von 115 Mrd. DM.

M12 Staatsvertrag zur Wirtschafts-, Währungs- und Sozialunion,
1. Juli 1990

M13 Die Sicht der ehemaligen Siegermächte

Die Zeitung „Die Zeit" druckte im März 1990 die Stellungnahmen der Regierungschefs der ehemaligen Siegermächte des Zweiten Weltkriegs zur Frage der deutschen Einheit ab:

13A Margaret Thatcher (Großbritannien): Im Unterschied zu George Bush war ich von Anfang an gegen die deutsche Wiedervereinigung … Deutschland zu vereinigen hieß, es zur beherrschenden Nation in der Europäischen Gemeinschaft zu machen … Ich hielt es auch für falsch, dass Ostdeutschland, gegen das wir schließlich gekämpft hatten, sich als erstes [Land] der Europäischen Gemeinschaft anschließen sollte, während Polen und die Tschechoslowakei, für die wir in den Krieg gezogen waren, noch warten mussten …

13B George Bush (USA): Um ganz ehrlich zu sein: Wir hatten unsere Differenzen mit Lady Thatcher und François Mitterrand, vielleicht weil Amerika weit entfernt ist und für sich liegt. Aber ich hatte das Gefühl, die deutsche Wiedervereinigung wäre im fundamentalen Interesse des Westens … Ich war auch überzeugt, dass Helmut Kohl ein vereintes Deutschland nicht aus der NATO herausführen würde …

13C M. Gorbatschow (Sowjetunion): Wie Kanzler Kohl nahmen wir ursprünglich an, es werde eine Art Assoziation deutscher Staaten geben, eine Konföderation vielleicht … Wir hatten den Kalten Krieg beendet … Sollte all das aufs Spiel gesetzt werden für den Versuch, das aufzuheben, was die Deutschen selbst wollten, indem wir Truppen einmarschieren ließen? Nein! …

Die Zeit vom 8. März 1990.

Die Verträge zur deutschen Einheit

1. Juli 1990 „Staatsvertrag zur Wirtschafts-, Währungs- und Sozialunion". Die Bundesrepublik und die DDR vereinbaren die Einführung der sozialen Marktwirtschaft in der DDR. Die D-Mark wird dort alleiniges Zahlungsmittel.

31. August 1990 „Einigungsvertrag". Die beiden deutschen Staaten beschließen die Einführung der bundesrepublikanischen Rechtsordnung in den neu gegründeten Bundesländern. Der Beitritt der neuen Länder zur BRD erfolgt nach Art. 23 GG am 3. Oktober 1990.

12. September 1990 „Zwei-plus-Vier-Vertrag". Die vier Siegermächte stimmen der Vereinigung der beiden deutschen Staaten zu. Deutschland erkennt die Oder-Neiße-Grenze zu Polen völkerrechtlich verbindlich an.

7 Erläutere M12 und beschreibe die weiteren Schritte zur Einheit (Kasten).

8 Erarbeite an M13 die Positionen der Großmächte zur Einheit und beurteile die politischen Motive.

Eine Umfrage durchführen

Die deutsche Einheit in der Meinung der Bevölkerung

Der 9. November 1989 und der 3. Oktober 1990 liegen über 16 Jahre zurück. Wie haben die Menschen in Ost und West die Vereinigung der beiden deutschen Staaten in ihrer Erinnerung? Wie beurteilen sie ihre gegenwärtige Situation? Antworten auf solche und andere Fragen kann eine Umfrage bringen, zu der auf dieser Seite Anregungen gegeben werden.

Arbeitsschritte Eine Umfrage durchführen

1. Schritt: Thema eingrenzen und Fragen sammeln
Klärt, worüber ihr etwas erfahren möchtet. Beispiel für eine Grundfrage: Welche Empfindungen sind mit dem … (Datum, Ereignis) verbunden?
Grenzt die Personen-(Ziel-)gruppe ein und sammelt „vorläufige" Fragen.

2. Schritt: Fragebogen erstellen
Legt die Anzahl der Fragen fest. (Beachtet den Zeitaufwand!) Entscheidet: Mündliche oder schriftliche Befragung? Legt die Frageformen fest (siehe M1). Gestaltet den Fragebogen.

3. Schritt: Befragung durchführen
Welche Zielgruppe wird wann, wo und von wem befragt? (Beispiele: zuerst Mitschülerinnen, Mitschüler; dann Bürgerinnen und Bürger am Schul- oder Wohnort) Vermeidet Doppelbefragungen!

4. Schritt: Daten auswerten, interpretieren und Ergebnisse kritisch reflektieren
Auszählung und Kontrolle (Computereinsatz?) – Was kann aus den Ergebnissen gefolgert werden? Gibt es Probleme bei der Interpretation?

5. Schritt: Aufbereitung und Präsentation der Daten
Bearbeitet die Daten in Kleingruppen und/oder teilt sie nach Themen auf. Entscheidet euch für die grafische Darstellung (z. B. Computergrafik; Wandzeitung, Broschüre, Schülerzeitung, regionale Presse).

M1 Beispiel für eine Fragensammlung mit unterschiedlichen Frageformen

Entscheidungs-/Auswahlfragen:

1 Haben Sie vor 1989 an die deutsche Einheit geglaubt?
❑ Ja ❑ Nein

2 Was empfanden Sie persönlich am 9. November 1989?
❑ Freude ❑ Sorge ❑ Angst ❑ Ungewissheit ❑ Jubel ❑ war mir gleichgültig

Freie (offene) Fragen:

3 Wo haben Sie den Fall der Mauer erlebt?

____

4 Welche Veränderungen hat die Einheit für Sie gebracht?

____

Skalenfragen:
Es empfiehlt sich eine ungerade Zahl von Antworten. Die mittlere ist „neutral", die Endpunkte zeigen Zustimmung oder Ablehnung.

5 Können Sie sich vorstellen, in den neuen (alten) Bundesländern zu arbeiten?
❑ niemals ❑ möglichst nicht ❑ vorstellbar ❑ wäre bereit ❑ kein Problem

Maßzahlfragen:
Aus den Einzeldaten können in der Auswertung „Klassen" gebildet werden, um die Darstellung übersichtlicher zu gestalten (z. B. Altersgruppen 20–29, 30–39 usw.).

6 Wie alt sind Sie? ___ Jahre

7 Wie viele Menschen haben Sie als Verwandte/Bekannte in Ost- bzw. Westdeutschland? ___ Personen

M2 Beispiel für eine Auswahlfrage mit grafischer Darstellung im Kreisdiagramm

Glauben Sie, dass sich Ost- und Westdeutsche gleichberechtigt fühlen?

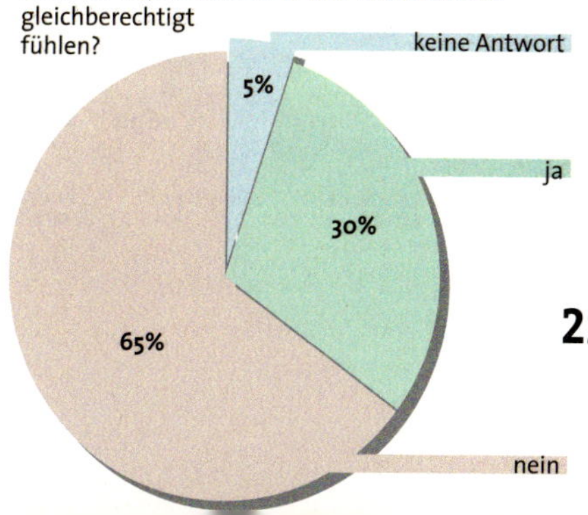

Staatliche Einheit – gespaltene Gesellschaft?

„Jetzt wächst zusammen, was zusammengehört."

Diese Feststellung machte der frühere Bundeskanzler Willy Brandt am 10. November 1989 bei einer Kundgebung in Berlin. Der Jubel über die Einheit wich schnell der Ernüchterung. Bald wurde erkennbar, wie schwierig sich das Zusammenwachsen von Ost und West gestalten würde. Das galt besonders für die Menschen in Ostdeutschland, die sich – wenngleich mehrheitlich gewollt – „über Nacht" in einem anderen politischen, gesellschaftlichen und wirtschaftlichen System wiederfanden.

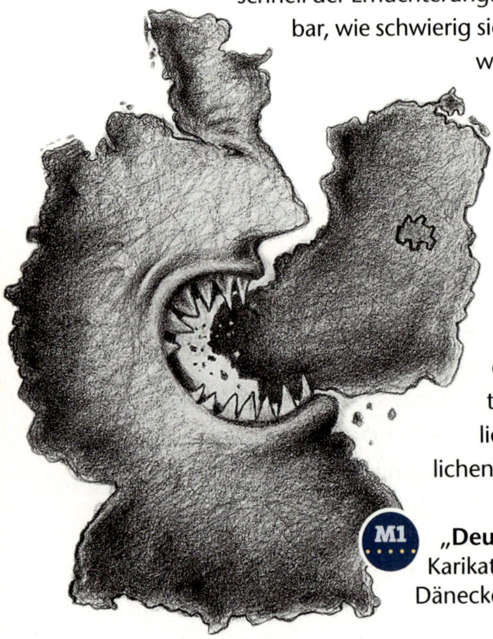

M1 „Deutsche Einheit", Karikatur von Dietmar Dänecke, 1997

Besonders kompliziert war der Wandel von der Plan- zur Marktwirtschaft. Die Privatisierung der staatlichen Betriebe und Kombinate übernahm die im März 1990 gegründete Treuhandanstalt. Sie suchte nach Käufern für rentable Unternehmen und legte unrentable Betriebe still. Mit diesem Wandel wurde die ostdeutsche Bevölkerung schnell mit dem für sie in dieser Form nicht bekannten Problem der Arbeitslosigkeit konfrontiert. Die Einführung der bundesrepublikanischen Sozialversicherung, die Modernisierung der Infrastruktur und der Arbeits- und Wohnbedingungen sowie die Umweltschutzmaßnahmen erforderten finanzielle Mittel in enormer Höhe, zeigten aber auch schnell positive Wirkungen auf die Lebensqualität. Gesicherte Bürgerrechte, umfassende Konsummöglichkeiten, freie Medien, Reisefreiheit und persönliche Entfaltungsmöglichkeiten wurden bei den noch bestehenden Problemen häufig nicht mehr bewusst wahrgenommen.

M2 Ökonomische und ökologische Bestandsaufnahme 1990

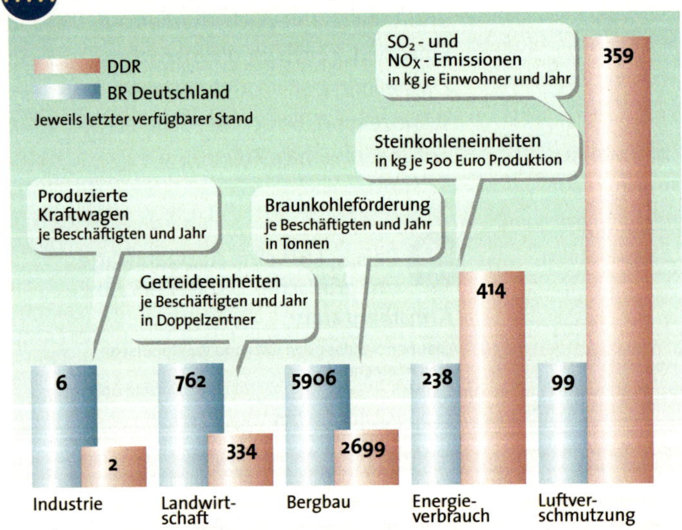

M3 Woran scheitert der DDR-Sozialismus?

Der Historiker Stefan Wolle schrieb 1998:

Der DDR-Sozialismus ist nicht an seinen Fehlern, sondern an seiner Vollendung gescheitert … Zu lange hatte man den Menschen Eigeninitiative, Verantwortungsbewusstsein und Risikobereitschaft ausgetrieben und ihnen so den Willen genommen, den Sozialismus zu verteidigen … Der Untergang der DDR war Teil eines welthistorischen Vorgangs. Die sozialistische Diktatur hatte sich als schwach und hilflos erwiesen. Keines der Probleme der modernen Gesellschaft hat der Sozialismus besser gelöst als Marktwirtschaft und Demokratie. Nach sieben Jahrzehnten Terror, Lüge und wirtschaftlicher Katastrophen stahlen sich die Protagonisten davon wie kleine Ganoven. Zurückgeblieben ist eine Landschaft seelischer, ökonomischer und ökologischer Verwüstungen.

Stefan Wolle, Die heile Welt der Diktatur, 2. Aufl., Bonn (Bundeszentrale für politische Bildung) 1999, S. 342ff.

M4 **Die Skulptur „Berlin" des spanischen Bildhauers Eduardo Chillida vor dem Bundeskanzleramt,** Foto, 2003

M5 Stillstand im Aufbau Ost?

Der Wirtschaftsexperte Joachim Ragnitz sagte im Interview 2005:

Der Aufbau Ost ist weitgehend zum Stillstand gekommen, und zu befürchten ist, dass weite Teile Ostdeutschlands in den nächsten Jahren weiter zurückfallen werden. Zu einem Milliardengrab wird der Osten aber nur, wenn man an der illusorischen Vorstellung der Gleichwertigkeit der Lebensverhältnisse festhält, statt regionale Unterschiede im Wohlstand zu akzeptieren …

Wichtig ist, dass öffentliches Geld stärker als bislang nach Effizienzkriterien eingesetzt wird … Die Ost-Länder nehmen leider ihre Verantwortung nicht ernst. Alle außer Sachsen verwenden das Geld großenteils nicht für Aufbauarbeiten, sondern stopfen Löcher in den Landesetats. Der Bund sollte seine Kontrollaufgaben besser wahrnehmen, als er es in der Vergangenheit getan hat.

Bernd Honnigfort, „Die Politik versagt", in: Frankfurter Rundschau, Nr. 228, vom 30. September 2005, S. 25.

Deutsche Biografien erforschen

Recherchiert die Biografien von Männern und Frauen aus der ehemaligen DDR vor und nach 1990. Stellt eure Ergebnisse als „Steckbriefe" in der Klasse vor.

Lesetipp:

Helmut Müller Enbergs/Jan Wielgohs/Dieter Hoffmann (Hg.), Wer war wer in der DDR? Ein biografisches Lexikon, Berlin (Christoph Links/Bundeszentrale für politische Bildung) 2000

Internet-Tipp:

www.ddr-im-www.de (→ Personen)

1 Erschließe die Aussage der Karikatur M1.

2 Vergleiche anhand von M2 die ökonomische und ökologische Situation der beiden deutschen Staaten.

3 Beurteile die Aussagen des Historikers Wolle (M3) zum Scheitern des DDR-Sozialismus.

4 Beschreibe M4. Wie hat der Künstler versucht, Teilung und Vereinigung darzustellen?

5 Zeige, wie J. Ragnitz (M5) die wirtschaftliche Lage in Ostdeutschland im Jahr 2005 beurteilt und welche Forderungen er daraus ableitet.

Deutschland nach 1945 – ein Überblick

Kriegsende und Besatzungszeit

Nach der Zerschlagung der nationalsozialistischen Diktatur übernahmen 1945 die vier Siegermächte USA, Sowjetunion, Großbritannien und Frankreich die oberste Staatsgewalt in Deutschland. Jede von ihnen kontrollierte eine Besatzungszone des ehemaligen Deutschen Reichs und einen Sektor der Hauptstadt Berlin. Der Alltag der Bevölkerung war durch Hunger und Wohnungsnot gekennzeichnet. Millionen von Menschen mussten aus den unter sowjetische und polnische Verwaltung gestellten Gebieten östlich von Oder und Neiße fliehen. Das gemeinsame Ziel der Alliierten war die Entmilitarisierung und Entnazifizierung Deutschlands. Auf der Ebene der Gemeinden und Länder durften sich deutsche Politiker seit 1945/46 am Aufbau von Staat und Wirtschaft beteiligen. Unter den Vorzeichen des Kalten Krieges kam es im Alliierten Kontrollrat schon bald zu Spannungen. Die Spaltung Deutschlands zeichnete sich ab, als die USA und Großbritannien ihre Zonen 1947 zu einem Wirtschaftsgebiet zusammenlegten. Die Sowjetunion scheiterte 1948/49 mit dem Versuch, durch die Blockade der Zugangswege zur Herrschaft über ganz Berlin zu gelangen.

Die zwei deutschen Staaten: Abgrenzung und Annäherung

Im Westen wie im Osten Deutschlands entstand auf Weisung und mit Unterstützung der Siegermächte 1949 jeweils ein eigener Staat: die Bundesrepublik Deutschland mit Regierungssitz in Bonn und die Deutsche Demokratische Republik mit Regierungssitz im sowjetischen Sektor Berlins.

Die Bundesrepublik entwickelte sich zu einer parlamentarischen Demokratie mit einer föderalistischen Struktur. Bis heute bestimmen die großen politischen Parteien CDU/CSU, SPD, FDP und Bündnis 90/Die Grünen das politische Leben der Bundesrepublik. Das politische Leben in der DDR war von Anfang an von der Sozialistischen Einheitspartei Deutschlands (SED), die 1946 aus der Zwangsvereinigung von KPD und SPD hervorgegangen war, dominiert. Die Bürger stimmten dort über eine „Einheitsliste" ab, die eine zuvor festgelegte Sitzverteilung zwischen der SED, den übrigen Parteien und Massenorganisationen enthielt. Die Wahlergebnisse wurden gefälscht, um eine möglichst hohe Zustimmung der Bevölkerung vorzutäuschen. Heute bezeichnen Historiker die Staatsordnung der DDR als SED-Diktatur.

Um die seit Jahren andauernde Massenflucht von Ost nach West zu stoppen, entschied sich die SED 1961 zum Bau einer Mauer an der Berliner Sektorengrenze. Ein erster Ausgleich zwischen DDR und Bundesrepublik fand auf Initiative der ab 1969 in Bonn regierenden SPD/FDP-Koalition unter Willy Brandt statt. Die Entspannungspolitik erleichterte Kontakte zwischen den Einwohnern beider Staaten.

Wirtschaft und Gesellschaft

In der Bundesrepublik setzte sich das Konzept der sozialen Marktwirtschaft durch: Der Staat hielt sich bei Eingriffen in das wirtschaftliche Leben zurück, gewährleistete aber die soziale Absicherung aller Bürger. In den 1950er Jahren erlebten die Bundesbürger ein „Wirtschaftswunder", das die Grundlage für einen bis dahin in Deutschland nicht gekannten Wohlstand bildete. Die soziale Ungleichheit in der Bevölkerung wurde dadurch allerdings nicht abgebaut. Seit den 1980er Jahren nahm außerdem das Problem der Arbeitslosigkeit wieder zu.

In der DDR herrschte Planwirtschaft: Der Staat bestimmte über den Einsatz von Arbeitskräften und Rohstoffen und legte die Preise und

1945–49 Flucht und Vertreibung

1945 Konferenz von Potsdam

1948/49 Berlin-Blockade

1948 Währungsreform

1949
23. 5. Verkündung des Grundgesetzes
7. 10. Gründung der DDR

17. 6. 1953 Volksaufstand in der DDR

1955 Beginn der Anwerbung von „Gastarbeitern"

13. 8. 1961 Bau der Mauer

1940 · 1950 · 1960

Entnazifizierung

1949–1963 Ära Adenauer

1949–1989 SED-Staat

Löhne fest. Das sozialistische Wirtschaftssystem sorgte zwar für Vollbeschäftigung, war aber nicht in der Lage, die Versorgung der Bevölkerung mit wichtigen Konsumgütern sicherzustellen.
Frauen waren in der DDR häufiger erwerbstätig als in der Bundesrepublik. Hinsichtlich ihrer Doppelbelastung mit Familie und Beruf machten Frauen aus Ost und West aber ähnliche Erfahrungen.
Angesichts der wirtschaftlichen Stagnation und der weltweiten militärischen Aufrüstung in den 1970er Jahren warnten viele Menschen in Ost- und Westdeutschland vor einem ungebremsten Fortschrittsglauben und der Bedrohung des Friedens und der Umwelt. In der Bundesrepublik wurden diese Sorgen von einer neuen Partei, den Grünen, aufgenommen und im Parlament zur Sprache gebracht. Die SED versuchte dagegen, die Friedens- und Umweltbewegung mithilfe der in allen gesellschaftlichen Bereichen agierenden Staatssicherheit zu unterdrücken.

Die Vereinigung Deutschlands

Die Reformpolitik in der Sowjetunion seit 1985 ermunterte kritische DDR-Bürger, von der SED größere politische Freiheit zu verlangen. Als im Sommer 1989 die Grenze zwischen Ungarn und Österreich durchlässig wurde, flüchteten tausende DDR-Bürger in den Westen. In Leipzig und anderen Städten fanden Massendemonstrationen gegen die Regierung statt. Die SED wagte es nicht, mit Waffengewalt gegen die Protestierenden vorzugehen. Nach der Maueröffnung am 9. November 1989 trat die Mehrzahl von ihnen für die Vereinigung mit der Bundesrepublik ein. Bei den ersten freien Wahlen in der DDR siegten die Parteien, die für eine schnelle Einheit plädierten. Am 3. Oktober 1990 wurde schließlich auf Beschluss der Volkskammer und des Bundestages sowie mit der Erlaubnis der ehemaligen Alliierten die staatliche Einheit Deutschlands hergestellt. Wie sehr sich die Bundesrepublik und die DDR auseinanderentwickelt hatten, wurde erst jetzt deutlich.

1 Diskutiert ausgehend von M1 die Frage: „Wie haben Ost- und Westdeutsche die Teilung erlebt und welche Meinung haben sie von der Vereinigung Deutschlands seit 1989?" Nutzt eure Kenntnisse aus diesem Kapitel.

Wir wiederholen zentrale Begriffe und Methoden

Daten und Begriffe	
„Stunde Null"	S. 192
Konferenz von Potsdam	S. 196
Währungsreform	S. 200
Berlin-Blockade	S. 200
Westintegration	S. 201
Entnazifizierung	S. 202
Verkündung des Grundgesetzes	S. 206
Ära Adenauer	S. 208
Gründung der DDR	S. 209
SED-Staat	S. 216
Volksaufstand in der DDR	S. 216
Bau der Mauer	S. 217
Entspannungspolitik	S. 217
Ostverträge	S. 217
Grundlagenvertrag Bundesrepublik – DDR	S. 217
Soziale Marktwirtschaft	S. 222
APO	S. 242
Friedliche Revolution in der DDR	S. 250
Fall der Mauer	S. 252
Beitritt der neuen Länder zur Bundesrepublik	S. 254

Methoden	
Im Archiv recherchieren	S. 190
Zeitzeugen befragen	S. 195
Eine Umfrage durchführen	S. 255

1966/67
APO

1968/69
Studentenbewegung

1970–72
Ostverträge

1972
Grundlagenvertrag zwischen BRD und DDR

1989
Friedliche Revolution in der DDR

9. 11.
Fall der Mauer

3. 10. 1990
Beitritt der neuen Länder zur Bundesrepublik

1970

1980

1990

Entspannungspolitik

Jüdisches Leben in Deutschland seit 1945

Leben „im Land der Täter"?

Was nach Auschwitz kaum jemand für möglich gehalten hätte, geschah nach dem Ende des Krieges 1945 in Deutschland: Jüdinnen und Juden, die sich bis zum Zusammenbruch der NS-Herrschaft versteckt hielten, blieben in Deutschland, andere ließen sich erneut im „Land der Täter" nieder oder kamen bewusst zurück. Welche Motive bewegten diese Menschen nach Kriegsende? Wie sieht die jüdische Bevölkerung ihre Situation im gegenwärtigen, seit 1990 vereinten Deutschland?

M1 1945: Bleiben oder Weggehen?

Aus einem Interview mit einem ehemaligen KZ-Häftling, der als Sohn jüdischer Eltern in Krakau geboren wurde und heute in München lebt (2001):

Die Befreiung aus dem KZ Dachau am 28. April 1945 habe ich nicht bewusst mitbekommen. Sehr krank und geschwächt lag ich danieder ... Vom Lager aus machte ich meine ersten Ausflüge in die nahe Stadt Dachau, um meine neu gewonnene Freiheit zu genießen ... Mein Schwager und ich hielten es nicht lange in der Sammelunterkunft aus, wir suchten ein Zimmer in der Gegend und fanden schließlich eines ... Das war Ende 1945. Auch bei der Arbeitssuche hatte ich Glück. 1947 fand ich bei den Amerikanern eine Arbeit als Chauffeur. Mit den Deutschen war die Verständigung einfacher als mit den Amerikanern. Meine Muttersprache war Jiddisch, das mit dem Deutschen viele Ähnlichkeiten hat ... Mit der Zeit lernte ich auch Deutsche kennen, mit einigen von ihnen freundete ich mich sogar an. Viele meiner jüdischen Schicksalsgenossen wollten von den Deutschen nichts mehr wissen und wollten nichts wie weg nach Amerika oder Palästina.

... Ich hatte keine großen Berührungsängste mit den Deutschen. Woher das kommt? Ich glaube erstens, weil es in meinem Heimatdorf in Polen keinen großen Unterschied machte, ob jemand Jude oder Christ war. Die Juden und Christen in unserem Dorf gingen z. B. gemeinsam auf eine Schule. Zweitens habe ich in den KZs bei den SS-Leuten die Erfahrung gemacht, dass nicht jeder Deutsche von Grund auf schlecht ist. Einige haben mir sogar geholfen.

Zit. nach Weggehen – Ankommen, hg. vom Schülerwettbewerb Deutsche Geschichte, Hamburg (edition Körber-Stiftung) 2002, S. 63.

Auf dünnem Eis: die jüdische Remigration

Im Frühjahr 1945 wurden ca. 50 000 Jüdinnen und Juden aus den Konzentrationslagern befreit. Sie lebten weiterhin in Lagern, nun als „Displaced Persons". Hinzu kamen in den folgenden Jahren viele aus Osteuropa. Auf eine Einwanderung in die USA oder in das britisch verwaltete Palästina mussten sie mehrere Jahre warten. Dies änderte sich mit der Gründung des Staates Israel (1948). Die Zahl der jüdischen DPs betrug 1947 in den Westzonen 182 000, bis 1952 war sie auf 12 000 zurückgegangen. In der 1949 gegründeten DDR ließen sich meist kommunistisch eingestellte deutsche Juden nieder, die Mehrzahl jedoch zog in die Bundesrepublik. Zusammen mit einer etwa gleich großen Zahl deutscher Juden, die die Shoa überlebt hatten, bildeten die vorwiegend aus Osteuropa stammenden DPs die Keimzelle für neue jüdische Gemeinden in ganz Deutschland. Die Bundesregierung unter Kanzler Adenauer bemühte sich früh um die Aussöhnung mit den Juden im In- und Ausland, vor allem mit dem Staat Israel, mit dem Anfang der 1950er Jahre Wiedergutmachungszahlungen vereinbart wurden. Auch in der DDR erhielten Juden als Opfer des Faschismus eine gesetzlich geregelte Rente und sozialpolitische Vergünstigungen. Trotz dieser Entwicklung rissen aber in West- und Ostdeutschland antisemitische Ausschreitungen, wie die Schändung jüdischer Friedhöfe, nicht ab und dauern – in unterschiedlicher Intensität – in der Gegenwart an (siehe S. 112 ff.).

Bis 1990 war in der DDR die Zahl der jüdischen Gemeindemitglieder von 3100 (1945) auf 350 (1990) kontinuierlich zurückgegangen, vor allem wegen der Überalterung der Gemeinden. In der Bundesrepublik verteilten sich 1990 etwa 30 000 Jüdinnen und Juden auf 90 Gemeinden. Seit der deutschen Einheit und dem politischen Umbruch in der ehemaligen Sowjetunion stehen die jüdischen Gemeinden vor der Aufgabe, größere Zuwanderergruppen aus Osteuropa zu integrieren. Vielfältige Angebote der Gemeinden fördern den kulturellen Austausch mit der nichtjüdischen Bevölkerung.

M2 Erfahrungen einer „Rückkehrerin“

Frau L. lebte während des Holocaust in Palästina und heiratete dort einen Münsteraner. Ihr Mann kehrte 1952 nach Münster zurück, aus gesundheitlichen Gründen und weil ihm angeboten wurde, den Arbeitsplatz, den er unter der NS-Regierung verloren hatte, wieder anzutreten; Frau L. folgte ihm 1954 mit ihren Kindern. 1997 erinnerte sie sich:

Ich kam nach Münster und sah mir diese jüdische Gemeinde an mit der Problematik, die da entstand. Die Menschen lebten ganz unter sich und hatten kaum Kontakte mit der Umwelt, mit ihren deutschen Menschen und Nachbarn. Vielleicht bestanden einige Freundschaften, jedenfalls waren die nicht sichtbar. Ich kam aus einem Milieu, einem Land, wo sozusagen alles jüdisch war ..., und auf einmal musste ich mich mit Menschen konfrontieren ..., die aktiv in diesem Krieg gewesen waren, auch in der Vernichtung meines Volkes. Es war interessant, dass sich die Gemeinden, auch die Führungen dieser jüdischen Gemeinden, in erster Linie aus Menschen zusammensetzten, die Überlebende aus einem KZ waren, die auch nicht mehr die Kraft hatten, irgendetwas anzufangen und meistens ... an die Orte zurückgingen, in denen sie geboren waren, obwohl sie in diesen Orten schlimme Erfahrungen gemacht hatten.

Zit. nach Geschichte im Gespräch: Kriegsende und Nachkriegszeit in Münster, bearb. von Sabine Heise, hg. von Franz-Josef Jakobi und Roswitha Link, Münster (Agenda) 1997, S. 362 ff.

M4 „Deutscher Jude oder jüdischer Deutscher“

Michael Wolffsohn, Geschichts- und Politikwissenschaftler, wurde 1947 als Sohn deutsch-jüdischer Emigranten in Tel Aviv geboren. Er lebt seit 1954 in der Bundesrepublik. In einem Interview im Juni 1999 sagte er:

Ich bin deutscher Jude oder jüdischer Deutscher ... Beides gehört für mich unauflöslich zusammen ... Im Vergleich zu Umfragen vor zwanzig Jahren haben sehr viel mehr Juden der dritten Generation und ein Teil der zweiten gesagt, dass sie sich auch als Deutsche fühlen. Das war früher eine ganz kleine Minderheit ... Die zweite, dritte und vierte Generation lebt nicht zwangsweise hier. Dass die Generation der unmittelbar Überlebenden den Weg nicht gefunden hat, hat viele Gründe. Für die zweite oder dritte Generation gibt es keine Ausrede. Man kann, wenn man nicht nach Israel will, in andere Länder gehen. Es ist aber fraglich, ob in anderen westlichen Demokratien ... die Lebensbedingungen für Juden besser sind ... Man lebt relativ gut, nicht nur materiell, auch ideell. Die große Mehrheit der Deutschen meint es ernst mit der Vokabel „neues Deutschland“, „liberales Deutschland“.

Zit. nach Ingrid Wiltmann, Jüdisches Leben in Deutschland, Frankfurt a. M. (Suhrkamp TB) 1999, S. 222.

M3 **Mitarbeiter des Jüdischen Krankenhauses** im sowjetischen Sektor Berlins bei einer Gedenkveranstaltung, Foto, 1946

1 Erarbeite aus M1, M2 und M3 Motive und Erfahrungen von Juden im Nachkriegsdeutschland.

2 Diskutiert, ob es angemessen ist, die Beziehung zwischen Juden und Nicht-Juden mit „Auf dünnem Eis“ zu beschreiben. Nutzt dazu die Informationen aus Kapitel 2 und 3.

3 Informiert euch bei einer jüdischen Gemeinde über ihre Entwicklung und ihre Aktivitäten (www.zentralratdjuden.de).

5. Historisch bedingte Brennpunkte der Gegenwart

Nach dem Ende des Kalten Krieges war die Rede von einer „neuen Weltordnung", hofften viele Menschen auf wachsende Stabilität und Sicherheit in der Welt. Diese Hoffnung wurde bereits durch den Golfkrieg 1990/91 zerstört und entstand infolge weiterer regionaler und internationaler Krisen und Konflikte auch nicht mehr. Von einer „Weltunordnung" ist heute die Rede, trotz bzw. gerade wegen der weltweiten wirtschaftlichen, politischen und kulturellen Verflechtung, die seit den 1990er Jahren wächst und sich verdichtet – sie wird als „Globalisierung" bezeichnet. Auch wenn Gegner der Globalisierung sie dafür verantwortlich machen, dass lokale und regionale Brennpunkte leichter und schneller als in früheren Jahrhunderten „Flächenbrände" auslösen, so liegen die Ursachen der meisten aktuellen Konflikte in der Vergangenheit.
Anhand einzelner Beispiele, die keinesfalls das gesamte Krisen-Spektrum abdecken können, kannst du in diesem Kapitel „Ursachenforschung" betreiben. Darüber hinaus kannst du Konsequenzen ableiten und überlegen, wie eine auf Frieden und Sicherheit ausgerichtete Gestaltung der globalisierten Welt ermöglicht werden könnte.

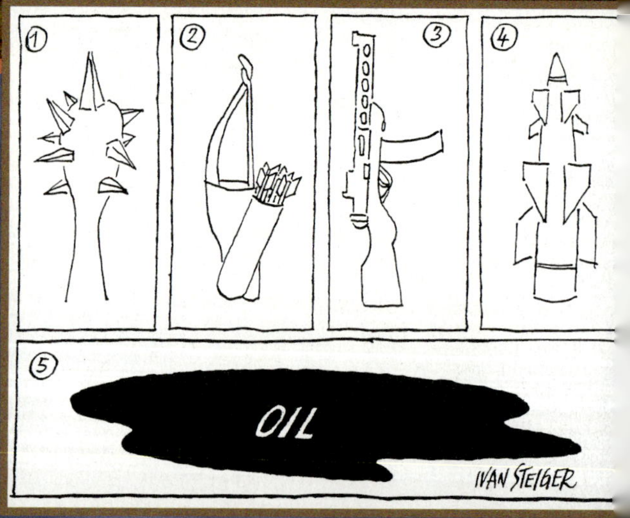

1 Beschreibe die Abbildungen und stelle einen Bezug zum Kapitelthema her.

2 Ordne die Materialien folgenden Bereichen zu: Politik, Wirtschaft, Rohstoffe (Ressourcen), Kultur und Religion. Inwiefern handelt es sich bei den Beispielen um Konflikte und Konfliktpotenziale?

Großes Bild: **Wanderarbeiter in der Ruine seines Hauses in Shanghai, das geplanten Hochhäusern weichen musste**, Foto, 2005.
Links unten: **Karikatur zum 2. Golfkrieg**, Ivan Steiger, 1991.
Rechts unten: **Mädchen im Slum von Calcutta,** Foto, 8. August 2006.
Rechts oben: **Karikatur zum Einmarsch Israels im Libanon,** Gerhard Mester, 2006.

Zum Internationalen Friedenstag, 21. September 2006, veröffentlichte das „United Nations Regional Information Centre" folgende Informationen:

„Die weltweiten Militärausgaben lagen 2005 nach Schätzungen des Internationalen Friedensforschungsinstituts Stockholm bei 1100 Milliarden US-Dollar. Das entspricht 2,5 Prozent des Bruttosozialprodukts der Welt oder durchschnittlich 173 US-Dollar pro Kopf.
Die Beiträge der Vereinten Nationen zu wirtschaftlichen, sozialen und humanitären Programmen für die ärmsten Länder der Welt ... belaufen sich auf 10,5 Milliarden pro Jahr. UNO-Friedenseinsätze kosten jährlich fünf Milliarden US-Dollar."
www.unric.org vom 26. September 2006.

Der Konflikt im Nahen Osten

Israel und Palästina – zwei Staaten in einem Land?

Eine Heimat in Palästina finden – dieser Gedanke bestimmte das ganze 20. Jahrhundert hindurch einen Konflikt, der Tausende von Juden und Arabern das Leben gekostet hat und bis heute nicht beigelegt ist. Der Streit um Palästina begann um die Wende zum 20. Jahrhundert. Eine große Zahl Juden, die sich von dem Antisemitismus in den europäischen Staaten bedroht fühlte, wanderte nach Palästina ein, um nach der Idee ihres Vordenkers Theodor Herzl einen eigenen Staat im „Land ihrer Väter" zu gründen (Zionismus*). Aber auch die arabischen Bewohner Palästinas forderten einen eigenen Staat. Nachdem ein Teilungsplan der UNO von 1947 gescheitert war, riefen 1948 führende zionistische Politiker den Staat Israel aus. Die Folge der Staatsgründung war der (erste) Nahost-Krieg mit den arabischen Nachbarn Israels. Hunderttausende Palästinenser wurden aus ihrer Heimat vertrieben. Viele von ihnen leben heute noch mit ihren Nachkommen in Flüchtlingslagern im Libanon, in Syrien, Jordanien und im Gaza-Streifen.

Neben machtpolitischen Interessen geht es im israelisch-palästinensischen Konflikt z. B. um die Wasserversorgung, den wirtschaftlichen Ertrag und damit auch die Einkommensverteilung in einem Land, das große landschaftliche Unterschiede aufweist. Wichtig sind auch religiöse Fragen: Wem gehört z. B. eine heilige Stätte wie der Tempelberg in Jerusalem, auf den Juden und Muslime seit Jahrhunderten gleichermaßen Anspruch erheben?

Internationale Interessen im Nahen Osten

In den israelisch-palästinensischen Konflikt waren immer auch fremde Mächte verwickelt. So wurde der Nahe Osten nach dem Zerfall des Osmanischen Reichs dem Völkerbund unterstellt. Großbritannien sah in seinem Mandatsgebiet Palästina eine wichtige strategische Funktion für sein Kolonialreich. Die Briten hatten bereits 1917 den jüdischen Siedlern in Palästina einen Staat als neue „Heimstatt" zugestanden. Demgegenüber stand die Zusicherung des Völkerbundes von 1920, die den arabischen Einwohnern Palästinas Unabhängigkeit und Selbstbestimmung für die Zukunft versprach.

Zur Zeit des Kalten Krieges verstand sich die Sowjetunion als Verbündete des arabischen Lagers, musste aber erkennen, dass ihr Einfluss vom Erfolg und Misserfolg der amerikanischen Nahost-Diplomatie abhängig war. Deren Unterstützung wiederum galt vor allem Israel, u. a. weil in den USA viele eingewanderte Juden leben. Aus strategischen Gründen musste sich die US-Regierung aber auch um freundschaftliche Beziehungen mit den arabischen Staaten bemühen. So übernahmen die USA mehrfach im Nahost-Konflikt die Rolle der Vermittler und leiteten Friedensgespräche. Die arabischen Staaten fordern bis heute einen arabischen Palästinenserstaat. Radikal-islamische Regime wie das des Iran erklärten es zur „heiligen Pflicht", den Islam gegen die „Ungläubigen" zu schützen. Als politisches Vertretungsorgan der Palästinenser gründeten die arabischen Staaten 1964 die PLO* („Palestine Liberation Organization").

M1 **Die Altstadt von Jerusalem** mit dem Felsendom und der Klagemauer, Foto, 2000

Naher Osten – ferner Frieden?

Die Bilder, die seit Sommer 2000 um die Welt gehen, zeigen Hass und Gewalt: Junge Palästinenserinnen und Palästinenser im Gaza-Streifen und im Westjordanland demonstrieren, bauen Barrikaden und werfen Steine gegen israelische Soldaten. Viele der schwer Bewaffneten reagieren aggressiv und nutzen ihre militärische Überlegenheit, um die Interessen des israelischen Staates durchzusetzen.

Der rote Faden der Gewalt lässt sich zurückverfolgen: Die Forderung nach einem freien Palästina und dem Kampf gegen Israel fand insbesondere in den Flüchtlingslagern, deren Bewohner unter Diskriminierung und Armut litten, viele Anhänger. Schon in den 1950er Jahren bildeten sich hier radikale politische Gruppen und Organisationen, die gewaltsam ihr Ziel zu erreichen versuchten: einen eigenen Staat Palästina.

In den 1980er Jahren spalteten sich aus der PLO, der es zunächst gelungen war, die verschiedenen Strömungen zusammenzuhalten, mehrere radikale Gruppen ab, die während der ersten Intifada* großen Zulauf erhielten.

1988 entstand im Gaza-Streifen die religiös motivierte Organisation Hamas (Bewegung Islamischer Widerstand), die bis heute einen ihrem Verständnis nach Heiligen Krieg gegen Israel führt und ein einheitliches islamisches Palästina schaffen will. Sie ist für viele Terroranschläge auf israelische Einrichtungen und für Selbstmordattentate verantwortlich, die zahlreiche Menschenleben gekostet haben. Finanziell unterstützt wird die Organisation von Palästinensern aus den USA, Europa und Saudi-Arabien.

Auch auf israelischer Seite gibt es radikale politische und religiöse Gruppen, die vor Gewaltanwendung nicht zurückschrecken. Zu ihnen zählen viele Siedler, die seit 1996 mit Zustimmung der Regierung in die Autonomiegebiete der Palästinenser vordringen.

Ist Frieden möglich? Diese Frage ist bisher offengeblieben.

1 Erkläre mithilfe des Darstellungstextes, M1 und M2 die historisch bedingte Problematik zwischen Israel und Palästina.

M2 Der Hintergrund des Konflikts

Der Historiker Norman G. Finkelstein schrieb 2002:

Die zionistische Bewegung strebte im späten 19. Jahrhundert die Errichtung eines jüdischen Staates mit überwiegend, wenn nicht sogar rein jüdischer Bevölkerung in Palästina an … Den wichtigsten Gruppen … war von Anfang an klar, dass die einheimische arabische Bevölkerung Palästinas ihre Enteignung nicht stillschweigend hinnehmen würde … Im Grunde hatte die zionistische Bewegung lediglich die Wahl zwischen zwei Strategien …: dem, was Benny Morris „den Weg Südafrikas" nannte – „die Schaffung eines Apartheidstaates, in dem sich eine Minderheit von Siedlern zu Herren über eine große, ausgebeutete einheimische Mehrheit aufschwingt" –, oder „dem Weg des Transfers" – „wenn man alle oder die meisten Araber um- oder aussiedeln würde, könnte man einen homogenen jüdischen Staat oder zumindest einen Staat mit einer überwältigenden jüdischen Mehrheit schaffen" …

Zit. nach B. Morris, „Revisiting the Palestinian exodus of 1948, in: Eugene L. Rogan/Avi Shlaim (Hg.), The War of Palestine, Cambridge 2001, S. 39 f.

M3 Der neue Staat Israel

Am 14. Mai 1948 erfolgte die offizielle Gründung des Staates Israel. In der Unabhängigkeitserklärung hieß es:

In Erez Israel [„Land der Väter"] stand die Wiege des jüdischen Volkes; hier wurde sein geistiges, religiöses und politisches Antlitz geformt … Der Staat Israel wird … auf den Grundlagen der Freiheit, Gleichheit und des Friedens … gegründet sein; er wird volle soziale und politische Gleichberechtigung aller Bürger ohne Unterschied der Religionen, der Rasse und des Geschlechts gewähren; er wird die Freiheit des Glaubens, des Gewissens, der Sprache, der Erziehung und Kultur garantieren; er wird die heiligen Stätten aller Religionen sicherstellen und den Grundsätzen der Verfassung der Vereinten Nationen treu sein. Wir appellieren … an die Angehörigen des arabischen Volkes, die im Staate Israel leben, den Frieden zu bewahren und sich am Aufbau des Staates auf der Grundlage voller bürgerlicher Gleichheit … zu beteiligen.

Zit. nach Arno Ullmann (Hg.), Israels Weg zum Staat, München (dtv) 1964, S. 307.

M4 „Versetzt euch in unsere Lage“

Schülerinnen einer deutsch-arabischen Schule in Ostjerusalem und junge Israelis schrieben sich gegenseitig Aufsätze in Briefform (um 1989):

4A Die 17-jährige Lara an eine israelische Schülerin: Es gibt einiges, was wir gemeinsam haben, du und ich: Jeder von uns hat seine eigenen Träume, seine eigenen Wünsche und Erwartungen an die Zukunft. Dennoch – uns trennen Welten.
Du hast alle Möglichkeiten, dir deine Wünsche zu erfüllen ... Du hast einen Staat, eine Fahne, einen Pass ... du hast deine Freiheit: Du hast ein Leben! ... Ich habe kein Zuhause, keinen Staat, keine Freiheit ... ich habe nichts ... Du lebst, aber lässt andere nicht leben. Du lernst, aber lässt andere nicht lernen. Du atmest reine Luft und erfüllst unsere Luft mit Tränengas und Giften ... Die Welt bleibt stehen, sieht zu, wie wir sterben, wie unsere Tränen fließen, wie wir weinen. Helft uns doch, versetzt euch in unsere Lage ... Auch wir haben Rechte und wir haben das Recht zu kämpfen!

4B Ella, auch 17 Jahre alt, antwortet darauf: Auch ich bin deiner Meinung, es ist nicht richtig, dass ihr keinen Staat, keinen Ausweis, keine Fahne und keine Hymne haben dürft (obwohl eure Fahne und eure Hymne bereits existieren). Doch was die geschlossenen Universitäten und Schulen betrifft, so möchte ich dir sagen, dass es bei euch vor der israelischen Besetzung gar keine Universitäten gab, und heute habt ihr sechs Universitäten. Außerdem ist der Ausbildungsstand an den Grundschulen bei euch heute wesentlich höher als früher ... Du schreibst von deinem Wunsch nach einem eigenen Staat, aber du sprichst nicht von deinem Wunsch nach Frieden und das wundert mich. Willst du denn einen Staat und keinen Frieden?

Roswitha Benda, „... dann werden die Steine schreien“, München (Kindler) 1990, S. 153 f., 171 f.

M5 Palästina den Palästinensern!

Aus der Charta, die der palästinensische Nationalrat, das oberste Vertretungsorgan der PLO, auf der Konferenz in Kairo vom 10. bis 17. Juli 1968 annahm:

3. Das palästinensisch-arabische Volk besitzt ein legales Recht auf sein Vaterland, und sobald dessen Befreiung vollendet ist, wird es das Selbstbestimmungsrecht allein und nach eigenem Willen und seiner eigenen Wahl ausüben ...
10. Fedajin-Aktionen[1] bilden den Kern des palästinensischen Volkskriegs um die Befreiung ...
14. Das Schicksal der arabischen Nation, ja sogar die Existenz des Arabertums, hängt vom Schicksal der Palästinenserfrage ab ...
19. Die Teilung Palästinas 1947 und die Gründung Israels ist von Grund auf null und nichtig, ... weil dies im Gegensatz zum Willen des palästinensischen Volkes und seines natürlichen Rechtes auf sein Vaterland geschah.

Zit. nach Rolf Tophoven (Hg.), Der israelisch-arabische Konflikt, 5. aktualisierte Aufl., Bonn (Bundeszentrale für politische Bildung) 1999, S. 60 f.

1 (arab.) Fedajin = Freiheitskämpfer

Yitzhak Rabin

Rabin wurde am 1. März 1922 in Jerusalem geboren. 1940–1967 war er Soldat und nahm in führender Stellung an den Nahost-Kriegen teil. 1967 bis 1973 war er Botschafter in Washington. 1974 wurde er Arbeitsminister, kurz darauf israelischer Ministerpräsident, trat aber zwei Jahre später zurück. 1984 wurde er Verteidigungsminister und 1992 wiederum Ministerpräsident. In dieser Funktion bemühte er sich um den Frieden mit den Palästinensern. 1994 erhielt er zusammen mit Außenminister Simon Peres und Palästinenserführer Arafat den Friedensnobelpreis.
Am 4. November 1995 wurde Rabin bei einer Friedensdemonstration von einem israelischen Extremisten erschossen.

M6 Das Abkommen von Camp David

Der amerikanische Präsident Jimmy Carter (1977–1981) teilte am 18. September 1978 dem amerikanischen Kongress das Ergebnis der Verhandlungen zwischen dem ägyptischen Präsidenten Anwar as-Sadat und dem israelischen Ministerpräsidenten Menachem Begin mit:

Wir suchten in Camp David nach einem Frieden, der nicht nur für ihre beiden eigenen Völker, sondern für alle Völker des Nahen Ostens, für die Bürger der Vereinigten Staaten, ja für die ganze Welt von lebenswichtiger Bedeutung ist ... Es gibt keine zwei Nationen, die mehr gelitten hätten als Ägypten und Israel. Aber die Gefahren und Kosten des Konflikts in dieser Region waren auch für unsere Nation groß ... Die strategische Lage dieser Länder und die Ressourcen, über die sie verfügten, bedeuten, dass die Vorgänge im Nahen Osten die Menschen überall auf der Erde direkt angehen ...

Der Gipfel hat unsere höchsten Erwartungen übertroffen, aber wir wissen, dass er noch viele schwierige Probleme hinterlassen hat, die gelöst werden müssen ... Ich habe ... die anderen Führer der arabischen Welt gebeten mitzuhelfen, um den Fortschritt in Richtung auf einen umfassenden Frieden in Gang zu halten.

Zit. nach Reden, die die Welt bewegten, 10. Aufl., Stuttgart (Mundus) 1989, S. 613 f., 618.

M8 Leitpunkte von Camp David – ein Urteil

Der in Syrien geborene Politikwissenschaftler Bassam Tibi, der an der Universität Göttingen lehrt, urteilte 1997 über den Camp-David-Frieden:

In Camp David hatten im September 1978 sowohl ... Menachem Begin als auch sein ägyptischer Widersacher Anwar as-Sadat die beschränkte Stabilität ihrer Länder, nicht aber die gesamte Region im Auge ... Der Einzige bei den Verhandlungen von Camp David, der ehrlich – wenngleich naiv – an einen gesamtregionalen Frieden dachte, war der amerikanische Präsident Jimmy Carter ...

In Camp David verfolgte der ägyptische Präsident, ebenso wie Begin, sein politisches Kalkül. Ägyptens Kriegswirtschaft stand damals kurz vor dem Zusammenbruch. Die Sowjetunion lieferte Waffen, konnte aber keine Wirtschaftshilfe gewähren. Um westliche Zahlungen zu bekommen, musste sich Ägypten für Israel öffnen ... Heute bekommt Ägypten als Gegenleistung zum Frieden mit Israel US-Finanzhilfe in Milliardenhöhe, außerdem eine Weizenhilfe in Höhe von ca. 700 Mio. US-Dollar, die den Brotpreis in Ägypten niedrig hält und einen Massenaufstand ... verhindert.

Bassam Tibi, Pulverfass Nahost, Stuttgart (DVA) 1997, S. 256 ff.

Lesetipp

Ghazi Abdel-Qadir, Die sprechenden Steine, Weinheim (Beltz & Gelberg) 1998.
Der Palästinenserjunge Kamal erzählt über sein Leben in Warda, einem Dorf im Westjordanland, und über Ereignisse während der Intifada.

2 Vergleiche anhand von M3 und M5 das Selbstverständnis des Staates Israel und der Palästinenser. Überlege, welche Folgen sich daraus jeweils für die politische Situation in Palästina ergaben.

3 Zeige die Einstellungen der Verfasser von M4 gegenüber ihren Adressaten.

4 Vergleiche die Wertungen von M6 mit denen von M8. Besprecht in der Klasse mögliche Gründe für die Unterschiede.

M7 Palästinensische Jungen in einem militärischen Ausbildungslager, Foto, 2002

Chronik des Nahostkonflikts

1948/49 Die Gründung des Staates Israel löst den 1. Nahost-Krieg aus.

1956 2. Nahost-Krieg um den Suezkanal und Sinai.

1967 3. Nahost-Krieg (Sechs-Tage-Krieg); Israel siegt über Ägypten, Syrien und Jordanien; Besetzung arabischer Gebiete durch israelische Truppen; der Kampf der Palästinenser um ihr Land beginnt.

1973 4. Nahost-Krieg (Yom-Kippur-Krieg): Ägypten und Syrien greifen Israel an; arabische Staaten lösen durch Exportstopp von Erdöl eine internationale Energiekrise aus.

1975–1985 Bürgerkrieg im Libanon: Christlich-muslimische Kämpfe führen zum Eingreifen Syriens und Israels.

1979 Auf der Grundlage des Camp-David-Abkommens schließen Israel und Ägypten Frieden. Etappenweise Räumung des Sinai und Rückgabe an Ägypten.

1982 Angriff israelischer Truppen gegen Palästinenser im Libanon.

1987 Beginn der ersten „Intifada" (arab.: Abschüttelung): bewaffnete Auseinandersetzungen zwischen Palästinensern und israelischem Militär.

1993–1996 Israelisch-palästinensische Vereinbarungen zur Beilegung des Konflikts in Oslo.

1994 Friedensschluss zwischen Israel und Jordanien.

1995 Das Osloer Abkommen sichert den Palästinensern im Westjordanland und im Gaza-Streifen Autonomie zu.

2000 Israelisch-palästinensische Konferenz scheitert; Ausbruch der zweiten „Intifada".

2005 Abzug Israels aus dem Gaza-Streifen.

2006 Januar: Die radikal-islamistische Hamas erringt deutliche Mehrheit bei der palästinensischen Parlamentswahl.
Sommer: Krieg im Libanon: Nach der Entführung zweier Soldaten durch die radikal-islamistische Hisbollah schickt Israel Truppen in den Libanon; die UNO entwickelt Friedensplan, der eine UN-Friedenstruppe vorsieht.

Yassir Arafat

Arafat wurde 1929 in Jerusalem geboren. Bereits als Jugendlicher kämpfte er gegen zionistische Gruppen. 1959 gründete er die Kampforganisation „Al Fatah", die seit 1965 vom Libanon aus einen Guerillakrieg gegen Israel führte. 1969 wurde er Vorsitzender des Exekutivrats der PLO. Im Ausland wurde er als Vertreter der Palästinenser zunehmend akzeptiert, wenn ihm auch der Ruf als Terrorist anhaftete. Innerhalb der PLO spalteten sich mehrfach radikale Gruppen ab. Arafats Position blieb unklar: Er setzte sich für Frieden ein, distanzierte sich aber nicht vom Terror.
1988 rief Arafat den Staat Palästina aus. Da er gleichzeitig das Existenzrecht Israels anerkannte und sich vom Terrorismus lossagte, waren die UNO und die USA zur Vermittlung bereit (Oslo-Vereinbarungen). Arafat forderte den Aufbau eines unabhängigen Palästinenserstaates, suchte in den letzten Jahren auch den Ausgleich mit Israel. Die Scharon-Regierung akzeptierte ihn nicht als Gesprächspartner – anders als ihre Vorgängerinnen. Am 11. November 2004 starb Arafat.

M9 **UN-Teilungsplan für Palästina von 1947 (links), Israel 1948–1997 (rechts)**

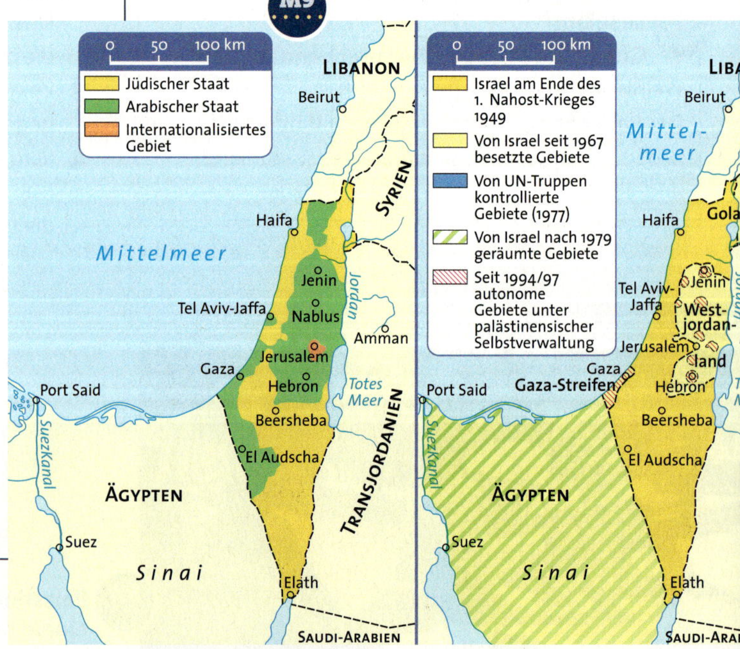

M10 „Die Hoffnungen sind bescheiden"

Der israelische Schriftsteller David Grossman schrieb 2003:

... Leider ist es heute kaum vorstellbar, dass Israelis und Palästinenser die seelische Stärke haben, ihre Feindschaft ... zu überwinden ... Angesichts dieser Situation scheint die Region nicht ohne massive internationale Intervention stabilisiert werden zu können. Tatsächlich werden ... in Israel, in den Reihen der Palästinenser und auf dem internationalen Feld immer mehr Stimmen laut, die nach internationalen Friedenstruppen unter der Führung der USA (und nicht der UNO, die in Israel nicht als fairer Vermittler gilt) rufen. Sie sollen als Puffer zwischen Israelis und Palästinensern dienen und beide Kontrahenten zwingen, die notwendigen Schritte für eine Einigung zu unternehmen.
Die Hoffnungen sind also bescheiden und vorsichtig. Selbst wenn es zu einer Vereinbarung kommt, wird es offenbar noch sehr lange dauern, bis sich gute nachbarschaftliche Beziehungen zwischen Israel und Palästina entwickeln werden ...

David Grossmann, Diesen Krieg kann keiner gewinnen, Frankfurt a. M. (Fischer TB) 2006, S. 198 f.

M12 Die Brücke überqueren

Uri Avnery, Gründungsmitglied des Israelischen Rates für Israelisch-Palästinensischen Frieden, kommentierte die Situation 2006 folgendermaßen:

... Ich glaube, dass es nun die Aufgabe der israelischen Friedensgruppen sei, ... die erste Brücke zwischen Israelis und Hamas zu schlagen und den Weg zu einem Dialog zwischen der Regierung Israels und der Regierung Palästinas zu ebnen ...
In solch einem Prozess, der eine Veränderung der Ansichten von Millionen Menschen auf beiden Seiten verlangt, sind die ersten Kontakte wichtig. Das Establishment und seine zahlreichen Diener in den Medien versuchen diese zu ignorieren ... Aber es ist eine wichtige Aufgabe.
Mehr als die Hälfte der palästinensischen Bevölkerung hat für Hamas gestimmt. Hamas ist eine Tatsache. Sie wird in jedem denkbaren Szenarium eine größere Rolle spielen. Die Mehrheit der Israelis sehnt sich nach einem Ende des Konfliktes, und genau so auch die Mehrheit der Palästinenser. Beide Regierungen müssten schließlich diese Realität anerkennen. Unsere Aufgabe ist es nun, ihnen zu helfen, die Brücke zu überqueren.

Uri Avnery, Ein Treffen mit Hamas, zit. nach www.zmag.de vom 3. Juni 2006.

M11 **Nach einem israelischen Bombenangriff in Beirut**, Foto, 16. August 2006

5 Erarbeite mithilfe von M9 und dem Faktenkasten Phasen, in die sich der Nahostkonflikt einteilen lässt. Berücksichtige dabei die Aspekte Verständigung und Auseinandersetzung bzw. Gewalt.

6 Viele Zeitgenossen behaupten, die Biografien Yitzak Rabins und Yassir Arafats spiegelten wie kaum andere die Geschichte des Nahost-Konflikts im 20. Jahrhundert wider. Finde mithilfe der Personenkästen S. 266/268 Argumente für diese Behauptung.

7 Untersucht zu zweit M10 und M12: Arbeitet aus dem jeweiligen Text heraus, wie der Autor die Chance auf Frieden zwischen Israelis und Palästinensern einschätzt, welche Möglichkeiten, welche Schwierigkeiten er sieht.

8 Beschreibe die Abbildung M11. Welche Stimmung vermittelt sie, welche Gefühle entstehen beim Betrachten?

9 Kann es Frieden im Nahen Osten geben? Diskutiert diese Frage anhand der Informationen und Materialien der Seiten 264 ff.

China: Wirtschaftsmacht im Fernen Osten

Mit der „sozialistischen Marktwirtschaft“ auf Erfolgskurs?

Nach dem Tod Maos änderte sein Nachfolger Deng Xiaoping (1904–1997) nichts am politischen System des Landes, aber er setzte mit der „sozialistischen Marktwirtschaft“ Reformen in Gang und ermöglichte eine Öffnung zum Weltmarkt. Sie zeigten schnell Wirkung: Die Wirtschaft wächst rasant. China ist mittlerweile nach den USA und Deutschland die drittgrößte Handelsnation. Der Anstieg seiner Exportquoten im Textilbereich gefährdet Millionen von Arbeitsplätzen in Textilnationen wie der Türkei, Indonesien, Bangladesh und Lesotho. Insbesondere weil die Welthandelsorganisation (WTO), der China seit 2001 angehört, Handelsbeschränkungen zwischen ihren Mitgliedern praktisch aufgehoben hat.

Die wirtschaftlichen Entwicklungen haben auch die Gesellschaft verändert, vor allem Unterschiede extremer werden lassen. So gibt es z. B. nicht mehr die „Eiserne Reisschüssel“, die Garantie, in Staatsbetrieben beschäftigt zu werden, wenn auch zu Minimallöhnen und geringer Sozialversicherung: 40 bis 200 Millionen Arbeitslose (je nach Schätzung) sind heute die Folge davon. Riesig ist auch das Heer von Wanderarbeitern, die auf der Suche nach Arbeit vom Land in die Stadt drängen. Für Hungerlöhne, ohne Rechte und Sicherheiten arbeiten sie Tag und Nacht, um ihre Familien zu ernähren. Ihnen gegenüber stehen die kleine, aber stetig wachsende Gruppe akademisch gebildeter Fachkräfte, die schon heute die Mittelschicht der chinesischen Industriestädte dominiert, und die Gruppe der Unternehmer, die überwiegend dem Dienstleistungsbereich zugehören.

Drastische Veränderungen erleben die Chinesen auch aufgrund der demografischen Entwicklung, die sich vor allem auf dem Land negativ auswirkt: Die Gesellschaft altert sehr schnell – eine Folge der steigenden Lebenserwartung und der Ein-Kind-Politik, die jedem Ehepaar verbietet, mehr als ein Kind zu bekommen. Da die jungen Menschen in die Städte abwandern, bleiben die alten Menschen, die traditionell in den Familien integriert waren, unversorgt zurück. Eine staatliche Sozialfürsorge gibt es nicht.

Die von Deng Xiaoping angestoßenen Reformen regte die Volkswirtschaft an, aber längst nicht alle Bewohner des Landes haben davon profitiert. In der 2. Hälfte der 1980er Jahre kam es deshalb zu massiven Protesten, zumal die Regierung nicht bereit war, auch das politische System zu öffnen. Demonstrationen gegen die Regierung, an denen sich Studenten und Arbeiter 1989 beteiligten, wurden mit aller Härte von der eingesetzten Armee niedergeschlagen.

Das kommunistische Regime zeigte damit, dass es keineswegs bereit war, sein Machtmonopol aufzugeben, geschweige denn das Land zu demokratisieren. Daran hält sie bis heute fest.

M1 **Chinas Wachstum 1990–2005**

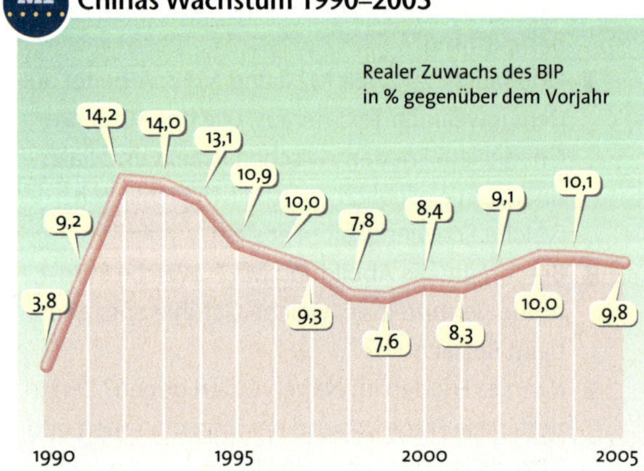

M2 **Einkaufsstraße in Shanghai,** Foto, 5. Oktober 2005

M3 „Die Stiefkinder der Nation“

In der Zeitung „Die Zeit“ war am 7. Oktober 2004 zu lesen:

… Wang Benyun, 36 Jahre, … verkörpert den neuen chinesischen Bauerntypus des 21. Jahrhunderts: Wie jeder dritte arbeitsfähige Landbewohner unter den 800 Millionen wechselt er ständig zwischen Feld- und Lohnarbeit. Auf seinem Hof steht der verrostete Lastwagen, mit dem Wang jeden Winter in Peking Gemüse ausfährt. So verdient der Bauer das Schulgeld seiner zwei Töchter … Stadtkinder müssen für die Schule keine Gebühr zahlen, Dorfschulen kosten die Bauern 40 Prozent ihres Einkommens. Städter haben meist Anspruch auf Krankenversicherung und Rente, Bauern so gut wie nie … „Wir sind die Stiefkinder der Nation“, sagt der brave Wang … „Auf Dauer brauchen die Bauern nicht mehr Geld, sondern mehr Rechte und Demokratie.“ Das wird schwierig … Von Provinzmandarinen und Konzernmanagern über Rechtsanwälte und Ärzte bis zu VW-Polo-Fahrerinnen und städtischen Arbeitslosen reicht Chinas Mittelschicht, die von der 800-Frage nichts wissen will – genauso wenig wie die westlichen Investoren …

Zit. nach Informationen zur politischen Bildung Nr. 289/2005 (Volksrepublik China), S. 40.

M4 Pro-Kopf-Einkommen in China 1990–2004 (in Yuan)

Jahr	*Land*	*Stadt*
1990	686	1510
1992	784	2027
1996	1926	4839
2000	2253	6280
2004	2936	9422

M6 Umweltverschmutzung – ein Politikum?

Die deutsche Journalistin Petra Kolonko schrieb am 26. November 2005:

Zuerst vertuschte die Chemiefabrik den Austritt des Giftes in den Songhua-Fluss, dann taten es die lokalen Funktionäre dem Unternehmen gleich. Tagelang schon trieb der Benzolteppich auf dem Fluss, ohne dass die Bevölkerung davor gewarnt worden wäre. Erst als der Giftteppich auf die Millionenstadt Harbin zukam, wurde gehandelt – aber gleichzeitig vertuscht … Erst zwei Tage später gab die Stadtverwaltung zu, dass das Trinkwasser aus Angst vor Vergiftungen abgestellt worden sei … Der Fall des Songhua-Flusses ist spektakulär, doch ereignen sich in China ständig Umweltunfälle … Die umweltverschmutzenden Fabriken stecken oft unter einer Decke mit den lokalen Funktionären, die von ihnen profitieren und gegen Gefälligkeiten und finanzielle Zuwendungen gern übersehen, dass gegen Umweltvorschriften verstoßen wird.

Doch im Unterschied zu früher nehmen Chinas Bauern nicht mehr alles hin. Weil die Landbevölkerung keine Möglichkeiten hat, gegen ihre Funktionäre … vorzugehen …, kommt es immer häufiger zu Protesten, Demonstrationen und Versammlungen … Auch in den Städten bildet sich ein Umweltbewusstsein … Umweltinitiativen und -gruppen werden von der Regierung genau beobachtet … Auch Kontakte der Umweltschützer mit dem Ausland werden nicht gern gesehen …

Zit. nach Informationen zur politischen Bildung Nr. 289/2005 (Volksrepublik China), S. 43.

1 Stelle anhand von M1 und M2 die wirtschaftliche Entwicklung Chinas (1990–2005) dar. Nutze auch die Informationen aus dem Darstellungstext.

2 Beschreibe auf der Grundlage von M3–M5 die gesellschaftlichen und politischen Spannungen im heutigen China.

3 Analysiere aus M6 Aussagen, die erklären können, warum die chinesische Regierung Umweltschützer „genau beobachtet“.

4 Diskutiert auf der Grundlage der Doppelseite und eurer Kenntnisse aus Kapitel 1, ob sich China auf Erfolgskurs befindet.

M5 Arbeitslose Frauen suchen in Harbin Arbeit, Foto, 2003. An den Fahrrädern haben sie Schilder befestigt, die ihre Qualifikation zeigen.

Europa als Migrationsziel

Ein Europa ohne Grenzen?

Ein Studium in England oder eine Fahrt von Spanien nach Frankreich ohne Grenzkontrolle ist für viele Zuwanderungswillige aus nichteuropäischen Staaten reine Utopie, jedoch für die Bürgerinnen und Bürger der Europäischen Union seit Jahren Realität. EU-Bürger haben schon seit 1968 das Recht, in einem anderen Staat der Gemeinschaft auf Dauer zu arbeiten, und seit 1993 können sie sich innerhalb der EU dauerhaft niederlassen. Mit der Umsetzung des Schengener Abkommens entfielen 1995 auch die Grenzkontrollen zwischen den Mitgliedsstaaten.

Trotz Arbeitslosigkeit und sozialer Ungleichheit haben die wohlhabenden und sicheren Länder Europas nichts von ihrer Anziehungskraft auf Menschen verloren, deren Leben in weiten Teilen der Erde durch Überbevölkerung, Armut, Krieg und politische Verfolgung bestimmt wird. Diese Migrantinnen und Migranten treffen an den Grenzen der Europäischen Union aber auf eine Staatengemeinschaft, die mit zunehmender Freizügigkeit und dem Fall der Binnengrenzen verstärkt Maßnahmen ergreift, um die Einwanderung in ihr Gebiet einzuschränken.

Es gibt unterschiedliche Positionen, wie sich die EU gegenüber der Zuwanderung verhalten soll. Wirtschaftsvertreter und Arbeitnehmer sehen in den Zuwanderern in erster Linie Arbeitskräfte, die in den europäischen Arbeitsmarkt integriert werden müssen. Menschenrechtsvertreter argumentieren mit dem Recht auf Asyl für politisch Verfolgte und von Armut und Gewalt bedrohte Flüchtlinge.

M1 **Karikatur** von Jan Tomaschoff, um 1999

M2 „EU-Zuwanderung: Wachstumsmotor für Großbritannien"

Unter diesem Titel veröffentlichte „Fuchsbriefe online – Für Unternehmer, Manager und Banker" am 18. Mai 2006 folgenden Text:

Die Erweiterung der EU führt zu einer Völkerwanderung nach Großbritannien. London geht davon aus, dass bis zum Jahr 2020 noch rund 7 Mio. Zuwanderer aus den neuen Mitgliedsländern der EU nach Großbritannien kommen werden ... Neben den (350 000) Polen sind bislang mindestens 50 000 Litauer und eine nahezu ähnlich hohe Zahl Slowaken nach Großbritannien eingewandert. Kommen Bulgarien und Rumänien ... in die EU, rechnet die Regierung in London mit weiteren 50 000 Zuzüglern. Zwar erhöht die Zuwanderung die einheimische Arbeitslosenzahl leicht ... Da die neuen Arbeitskräfte aber zu geringeren Löhnen als angestammte einheimische Arbeitskräfte zu arbeiten bereit sind, geht von der Zuwanderung Lohndruck aus, den die Bank von England ausdrücklich begrüßt. Positiv kommt hinzu, dass ein großer Teil der Zuwanderer über eine gute Berufsausbildung verfügt ... Als Folge der starken Zuwanderung wird inzwischen mit einem erheblich höheren Bedarf an Wohn-Neubauten gerechnet. Zugleich hat sich schon gezeigt, dass die polnischen und sonstigen Zuwandererfamilien deutlich mehr Kinder haben beziehungsweise bekommen, als das dem Durchschnitt der britischen Bevölkerung entspricht. Fazit: Die Zuwanderung wird voraussichtlich zu einer stabilen Wachstumsgröße für die britische Wirtschaft.

www.fuchsbriefe.de/themen vom 12. August 2006.

M3 Illegale Einwanderer nach Europa, Foto, 2003. Das Boot mit 42 völlig erschöpften Menschen wurde am 23. Juni 2003 von der italienischen Küstenwache aufgegriffen. Jährlich versuchen Tausende, über das Meer nach Europa zu gelangen. Die meisten werden wieder in ihre Heimatländer zurückgeschickt.

M4 „Odyssee nach Schengenland“

... betitelte der Kommentator der Zeitung „Die Zeit“, Bartholomäus Grill, 2004 seinen Artikel:

Abertausende von Afrikanern riskieren ihr Leben für ein Ziel: Europa ... Die Glücklichen schaffen es bis ins Schengenland. Für viele Migranten aber endet die Odyssee in der Katastrophe. Sie verdursten in der großen Wüste. Sie werden unterwegs ausgeraubt und erschlagen. Sie ertrinken im Atlantik ...
Aber das schreckt die Menschen nicht ab, es immer wieder zu versuchen. Sie haben nichts zu verlieren. Jenseits des Meeres liegt eine bessere Welt ... Die Endstation ihrer Sehnsucht, das ist zum Beispiel eine Baracke im Flughafen von Fuerteventura ... Sie haben kein Geld, keine Papiere, keine Arbeit ... Man will sie nicht im gelobten Land ...
Die Europäer ahnen, dass sie Einwanderer brauchen werden, aber sie tun sich schwer, darüber eine ehrliche Debatte zu führen, weil unter den Maßgaben ihrer Abschottungspolitik Zuwanderer mehr kosten, als sie nützen. Gerade der Wohlfahrtsstaat habe sie in Verruf gebracht, sagt der holländische Historiker Pieter Emmer; er degradiere sie zu Sozialhilfeempfängern, arbeiten und ihre Migrationstalente entfalten dürfen sie nicht. Insgeheim aber wisse man sehr wohl, dass es ohne Zuwanderer im Baugewerbe, in der Landwirtschaft oder im Dienstleistungssektor düster aussehen würde ... Er plädiert dafür, die Einwanderung dem Markt zu überlassen ...
Aber die EU-Staaten halten an der Strategie des Abschottens fest ... Dabei stimuliert gerade der Austausch von Gütern, Dienstleistungen und Informationen die globalen Migrationsströme. Diese führen ihrerseits zu erstaunlichen Transferleistungen. Im Jahr 2001 wurden die Rücküberweisungen von legalen und illegalen Migranten in die Entwicklungsländer auf 60 Milliarden Dollar geschätzt – das übersteigt die Entwicklungshilfe des Nordens um 20 Prozent. So besehen wäre eine liberalere Einwanderungspraxis der EU auch ein Instrument, um die extreme Wohlstandskluft zwischen Reichen und Armen zu schmälern ...

Bartholomäus Grill, Odyssee nach Schengenland, Die Zeit online-Archiv 3/2004.

Internet-Tipp
www.unhcr.de
www.europa.eu.int

1 Entschlüssle die Karikatur M1 (siehe Methodenübersicht).
2 Analysiere die Argumentation von M2 und setze dich kritisch mit ihr auseinander.
3 Arbeite aus M3 und M4 die zentralen Aussagen zur Zuwanderungssituation in und an den Grenzen der EU heraus.

Die Golfkriege

Militärische Auseinandersetzungen um Vormacht und Rohstoffe

2003 marschierten die USA, unterstützt von militärischen Einheiten verbündeter Staaten, in den Irak ein, um das Regime des Diktators Saddam Hussein zu stürzen und so die Produktion von Massenvernichtungsmitteln und deren Einsatz zu unterbinden. Außerdem sollte verhindert werden, dass der Irak die USA und ihre Verbündeten im Nahen Osten bedrohten. Damit begann der dritte Krieg in der Golfregion innerhalb eines Vierteljahrhunderts (1980 bis 1988 Iran-Irak-Krieg, 1990 bis 1991 Golfkrieg).

Die Zahl der Kriege zeigt, dass man die Golfregion durchaus als „Pulverfass" bewerten könnte: Viele bedeutende Erdöl exportierende Länder liegen hier. Die Mehrzahl ihrer Regierungen waren und sind militärisch hochgerüstet. Die meisten Menschen sind tief religiös und vom arabischen Nationalismus geprägt. Letzteres ist als Folge der Kolonialpolitik europäischer Großmächte zu sehen, während das Anwachsen islamischer Bewegungen – im Nahen Osten generell – vor allem auf die Armut vieler Menschen und auf die Verbreitung westlicher bzw. amerikanischer Feindbilder zurückzuführen ist.

Die Supermächte USA und UdSSR zeigten schon früh Interesse: So unterstützten die USA, um ihre Vormachtstellung zu sichern, Saddam Hussein im Irak 1980 gegen Iran. 1990, nach dem Einmarsch irakischer Truppen in Kuwait, hatte sich die Situation insofern geändert, als es nun galt, den Bündnispartner Saudi-Arabien vor Saddam Husseins Angriffen zu schützen. Zwar hatte man die irakische Armee aus Kuwait zurückgedrängt und die Militärhandlungen beendet, aber ein dauerhafter Frieden wurde nicht erreicht.

Im Jahr 2003 ging dem militärischen Konflikt kein Angriff vonseiten des Irak voraus, sondern der Krieg wurde von der US-Regierung für notwendig erklärt, da der Irak zusammen mit dem Iran und Nordkorea zur „Achse des Bösen" gehöre und mitverantwortlich für den internationalen Terrorismus sei. Der UNO gegenüber wurde der militärische Angriff damit begründet, dass der Irak Massenvernichtungsmittel produziere. Für beide Argumente gibt es bis heute keine Beweise.

M1 Für eine neue Weltordnung?

Am 16. Januar 1991 sagte US-Präsident George Bush in seiner Rede an die Nation zum Beginn des Angriffs gegen den Irak:

… Dieser Konflikt begann am 2. August, als der Diktator des Irak in ein kleines und hilfloses Nachbarland einmarschierte. Kuwait, ein Mitglied der Arabischen Liga und ein Mitglied der Vereinten Nationen, wurde zerschmettert, sein Volk brutal misshandelt.
… Während ich zu Ihnen spreche, werden militärische Ziele im Irak aus der Luft angegriffen. Wir sind entschlossen, Saddam Husseins Atombombenpotenzial auszuschalten. Wir werden auch seine Chemiewaffeneinrichtungen zerstören …
Wir haben im vergangenen Jahr große Fortschritte dabei gemacht, die lange Ära des Konflikts und des Kalten Krieges zu beenden. Wir sehen vor uns die Möglichkeit, für uns selbst und für kommende Generationen eine neue Weltordnung zu schaffen, eine Welt, in der die Regeln des Gesetzes, nicht das Gesetz des Dschungels, das Verhalten der Nationen untereinander bestimmen …

Zit. nach Frankfurter Allgemeine Zeitung Nr. 15 vom 18. Januar 1991, S. 6.

1 Vergleiche, welche Gründe und Ziele für den Krieg in M1 und M2 genannt werden.

2 Überprüfe deine Ergebnisse mithilfe des Darstellungstextes.

3 Erschließe das Foto M3 (siehe Methodenübersicht). Besprecht, was für ein „Bild" vom Krieg vermittelt wird.

4 Beschreibe, wie in M4 der US-Präsident den Beginn der Kriegshandlungen darstellt.

5 Untersuche, wie M5 die Frage in der Überschrift beantwortet.

6 Diskutiert anhand eurer Ergebnisse die Bedeutung der Golfregion für die internationale Sicherheit.

M2 Angriff auf Kuwait als Selbstverteidigung?

Der irakische Staatspräsident Saddam Hussein sagte am 21. Februar 1991 in einer Hörfunkansprache:

... Die Amerikaner haben Irak das Brot verwehrt und das Getreideabkommen annulliert, das mit amerikanischen Gesellschaften ... abgeschlossen wurde. Sie formulierten die Parole des wirtschaftlichen, technologischen und wissenschaftlichen Boykotts gegen Irak, der dann generell in Europa und Japan in Kraft trat ...
Die Ereignisse sind nämlich Ergebnis oder Ergebnisse ... des Konfliktes, der sich vor dem 2. August ereignet hat ... Schaut her, ihr Leute, ... und beobachtet die wirklichen Absichten der Aggression. ... Beobachtet ihre Medien, wie sie über irgendetwas berichten. ... Irak soll aller Eigenschaften entblößt werden als aufrichtige Gläubige und Söhne des Arabertums, die ihrem Volk, ihrem Vaterland und ihrer Nation treu ergeben sind. Nieder mit ihnen und mit ihren feigen Taten und mit dem, was sie anstreben ...

Radio Bagdad, 21. Februar 1991, zit. nach Europa-Archiv 7/1991.

M4 Krieg für Freiheit?

US-Präsident George W. Bush kündigte am 19. März 2003 in einer Rede den Beginn des Irak-Kriegs an:

Liebe Landsleute, zu dieser Stunde befinden sich amerikanische und verbündete Streitkräfte in der Anfangsphase der militärischen Operationen zur Entwaffnung des Irak, um seine Bevölkerung zu befreien und die Welt vor einer ernsten Gefahr zu schützen ...
In diesem Konflikt steht Amerika einem Feind gegenüber, der Konventionen des Krieges oder moralische Regeln missachtet ... Wir kommen in den Irak mit Respekt für sein Volk, für seine große Zivilisation und für die Religionen, die sie ausübt ...
Nun, da der Konflikt da ist, ist der einzige Weg, seine Dauer zu begrenzen, entschlossen zuzuschlagen ... Wir werden als Ergebnis nur den Sieg akzeptieren ... Wir werden diese gefährlichen Zeiten hinter uns lassen und mit der Arbeit des Friedens fortfahren ...

Zit. nach Stuttgarter Zeitung Nr. 67 vom 21. März 2002, S. 6.

Irakischer Kriegsgefangener im Lager bei An Najaf, Foto, 31. März 2003. Das Foto zeigt einen Iraker, der seinen Sohn beruhigt. Der Junge war entsetzt, als seinem Vater Plastikhandschellen angelegt und ein Sack übergestülpt wurde – letzteres geschah nach Militärangaben, um Gefangene zu desorientieren und ihre Identität zu schützen. Ein amerikanischer Soldat durchtrennte später die Handschellen, damit der Gefangene den Jungen trösten konnte.

M3

M5 Was folgt dem Irak-Krieg?

Der Politikwissenschaftler Rüdiger Göbel beurteilte 2004 die Lage nach dem offiziellen Kriegsende im Irak so:

Der schnelle Sieg über die Armee Saddam Husseins ließ viele im Glauben, die Supermacht hätte einen totalen Sieg errungen. Doch ... die Guerilla gewinnt immer mehr die Herzen und Köpfe der Iraker. Kinder jubeln vor ausgebrannten amerikanischen Panzern. Dabei hatte Bush seinen Soldaten doch versprochen, das irakische Volk würde bei ihrer Ankunft freudig das Sternenbanner schwenken. Im Angesicht drückender militärischer Überlegenheit gibt das besetzte und angeblich besiegte Volk nicht auf. Für viele Millionen von Unterdrückten und Ausgegrenzten ... ist der irakische Widerstand ein Hoffnungsschimmer, dass dem amerikanischen Streben nach unumschränkter Macht endlich wieder Einhalt geboten wird. Sie haben einen Traum: Eines Tages werden die von Bush geschickten Rambobesatzer gezwungen sein, sich erniedrigt zurückzuziehen ...

Rüdiger Göbel, Nicht dem nächsten Krieg den Weg bereiten, in: Ders. u. a. (Hg.), Der Irak – Krieg, Besetzung, Widerstand, Köln (PapyRossa) 2004, S. 265 f.

Bürgerkriege in Afrika

Bürgerkriege mit internationaler Dimension

Die afrikanische Zeitgeschichte weist nur wenige Kriege zwischen Staaten auf, jedoch unzählige Bürgerkriege, d. h. Auseinandersetzungen zwischen verfeindeten Bevölkerungsgruppen oder zwischen Regierung und Rebellen. Viele dieser Konflikte gewinnen allerdings auch eine internationale Dimension, denn in sie sind häufig – vor allem „hinter den Kulissen" – Akteure eingebunden, die aus dem Ausland, oft sogar aus großer Distanz das Geschehen beeinflussen. Während es diesen vor allem um finanzielle Gewinne geht, wollen die inländischen Kriegsherren („warlords") ihre Macht vergrößern, wenn nicht sogar selbst die Macht im Land übernehmen. Dazu nutzen sie vor allem Jugendliche, insbesondere arbeitslose Männer und Kindersoldaten. Entscheidend für das Ausmaß an Gewalt und Länge eines Bürgerkriegs ist, wie viel Geld den Beteiligten zur Verfügung steht, um sich militärisch auszurüsten. Die notwendigen Einnahmen beziehen sie aus dem Verkauf von Rohstoffen wie Gold, Diamanten, Holz, Erdöl usw. Da nach diesen weltweit eine große Nachfrage besteht und gerade Waffenhändler an Bürgerkriegen gut verdienen, dauern Auseinandersetzungen dieser Art oft Jahre bzw. flackern immer wieder auf. Ihre Ursachen sind vielfältig, reichen meist in die Kolonialgeschichte oder in die Phase der Dekolonisation zurück. Aufgrund ihrer wirtschaftlichen, sozialen und psychologischen Auswirkungen behindern sie die Entwicklung der betreffenden Region bzw. des Landes nachhaltig, selbst in Friedenszeiten.

1 Bürgerkriege in Afrika stellen ein internationales Problem und Sicherheitsrisiko dar. Erörtere auf der Grundlage des Darstellungstextes, M1 und M4 diese Behauptung.

2 Beschreibe die in M2 und M3 gezeigten Folgen von Bürgerkriegen.

3 Informiert euch unter www.medico.de über die 1999 gegründete Kampagne Fatal Transactions. Besprecht, inwieweit sie dazu beitragen kann, die Gefahr von Bürgerkriegen zu verringern.

M1 Ursachen und Folgen eines Bürgerkriegs

Die Psychologin Maria Roth beschrieb diese am Beispiel des seit 1983 andauernden Nord-Süd-Konflikts im Sudan:

… Wesentliche Wurzeln der Krisen sind meist ethnisch-religiöse Gegensätze im Land … Die staatlichen Führungen können im Inneren ihres Landes keine Sicherheit gewährleisten … Dies führt zu dem … Dilemma, in dem die staatliche Führung einen inneren Feind sucht, um sich zusätzliche Legitimation zu verschaffen. Ethnisch-religiöse Minderheiten werden zumeist Opfer dieses Feindbildes … Diese inneren Konflikte werden bewusst von den Regierungen geschürt, um sich weitere Macht zu sichern. Es kommt zu einer Explosion gewaltsamer innerstaatlicher Auseinandersetzungen, die zunehmend unter der Zivilbevölkerung ihre Opfer fordert …
Die Folgen des Krieges sind für die Menschen und den Staat selbst verheerend. Hohe Verluste an Menschenleben, Gesundheit, an Wohnungen und Industrieanlagen. Es droht die Gefahr des Zusammenbruchs von Organisationsnetzen, der selbst die letzten noch funktionierenden Strukturen lahmlegen kann. Zerstörung des Agrarpotenzials (Grundlage für landwirtschaftliche Produktion), Probleme bei der Trinkwasserversorgung und Verluste von Existenzgrundlagen stellen weitere schwerwiegende Hürden für das Land und seine Bewohner. Doch was ist mit der Bevölkerung solcher Kriegsgebiete, die sich nicht nur mit den materiellen Verlusten, sondern auch mit den psychischen Belastungen von Kriegserlebnissen konfrontiert sieht? Im Sudan stehen sich Moslems und Christen gegenüber. Tausende wurden getötet, Frauen vergewaltigt und Kinder versklavt. So hat zum Beispiel die Regierung nicht nur Christen getötet und in die Sklaverei verkauft, sondern sie auch systematisch gefoltert … Die gegnerische Seite rächt sich und der Teufelskreis nimmt seinen Lauf …

Maria Roth, Der Bürgerkrieg im Sudan und seine Folgen. Ein Leben in Angst und Verzweiflung, in: Der Sudan zwischen Krieg und Frieden, hg. von Melha Rout Biel, Marburg (Tectum) 2003, S. 212 ff.

M2 **Kindersoldaten in Bunia, Demokratische Republik Kongo,** Foto, 10. Juni 2003. Die Jugendlichen gehören zur Miliz der Kongolesischen Patrioten (UPC), die in Bunia über mehrere hundert Kämpfer verfügt; viele von ihnen sind Kindersoldaten, die entführt und/oder zum Kriegsdienst gezwungen worden sind.

Lesetipp

Südwind (Hg.), Kongo: Handys, Gold und Diamanten – Kriegsfinanzierung im Zeitalter der Globalisierung, Siegburg, 2003.

M3 **Überfülltes Flüchtlingslager in Darfur, Sudan,** Foto, 19. Oktober 2004. Mehr als 1,5 Millionen Menschen waren in der Darfur-Region auf der Flucht aus Angst vor arabischen Reitermilizen, die seit Februar 2003 die Zivilbevölkerung terrorisierten, während die Regierung nichts dagegen tat.

M4 Wer hat Interesse am Bürgerkrieg?

Der äthiopische Wissenschaftler Belachew Gebrewold skizzierte 2005:

... Nehmen wir den Bürgerkrieg in der Region Kivu im Osten der Demokratischen Republik Kongo, in welchem sich seit 1997 die kongolesische Regierung und verschiedene Rebellengruppen bekämpfen. In diesem Konflikt unterstützte das Nachbarland Ruanda mit einer militärischen Intervention zunächst aus sicherheitspolitischen Gründen die kongolesischen Rebellengruppen ... in ihrem Kampf gegen die Hutu-Milizen. Ruanda wollte einmal verhindern, dass sich die Hutu-Milizen nach ihrer Flucht aus Ruanda in der Grenzregion neu stabilisieren ... Die Regierung Ruandas solidarisierte sich zudem mit den Tutsi in der DR Kongo, die nach der Behauptung Ruandas durch die dort lebenden Hutu bedroht seien ... Wirtschaftspolitische Interessen [kamen] hinzu. Ruanda führte Gold, Diamanten und Coltan [Roh-Erz, aus dem v. a. das Metall Tantal gewonnen wird für die Raumfahrtindustrie und die Computertechnologie, Anm. Red.] aus der rohstoffreichen Konfliktregion aus und besserte mit den Exporterlösen den eigenen Staatshaushalt auf. Diese ... Interessen bestanden auch noch fort, nachdem Ruanda die Kivu-Region verlassen hatte, folglich sicherte sich das Land seinen weiteren Einfluss durch wechselnde Allianzen mit verschiedenen Rebellengruppen. Auch Uganda beteiligte sich am Bürgerkrieg ... und konnte daraufhin sein Exporteinkommen aus Holz, Kaffee, Gold, Diamanten und anderen Gütern beträchtlich erhöhen ...
Die kongolesischen Rebellengruppen sind nur wenig an einer Beendigung des Konflikts interessiert ... Besonders die aus ruandischen Regimegegnern und kongolesischen Hutu bestehende Miliz ... ist bestrebt, die Umsetzung verschiedener Friedensabkommen und die Entwaffnung ... durch die UN zu verhindern, da sie bei einer Befriedung der Region an Einfluss und zugleich wichtige Einnahmequellen verlöre. Den einzigen Anreiz für eine Kooperation bieten lukrative Posten in der seit 2002 eingesetzten nationalen Übergangsregierung, an welcher auch Rebellengruppen beteiligt worden sind ...

Belachew Gebrewold, Wenn Kriege zum Geschäft werden, www.bpb.de/themen/HLKHYW.html vom 6. September 2006.

Historisch bedingte Brennpunkte der Gegenwart – ein Überblick

Der Konflikt im Nahen Osten

Die Spannungen zwischen Israel und Palästina reichen zurück bis zu den Anfängen der Zionistischen Bewegung im ausgehenden 19. Jahrhundert.

Neben der Tatsache, dass der Staat Israel in einem Gebiet gegründet wurde, das schon von Palästinensern besiedelt war, bestimmen vor allem Religion und geschichtliches (Selbst-) Verständnis den Konflikt: Die Religion spielt im Leben vieler Israelis eine wichtige Rolle, und die Politik bedient sich oft religiös-fundierter Argumente und Symbole. Auf palästinensischer Seite hat die Religion ebenfalls sehr an Bedeutung gewonnen und wird seit Jahren als politisches „Instrument" eingesetzt. Neben der Religion bildet der Umgang mit der (eigenen) Geschichte ein wichtiges Konfliktfeld: Viele Israelis rechtfertigen z. B. mit der Shoa die Staatsgründung, die Palästinenser verweisen u. a. auf das Unrecht, das sie durch die Vertreibung 1948/49 erlitten haben.

Allerdings lehnen auch viele Israelis und Palästinenser den Konflikt, mehr noch die darin verwendeten Mittel und Methoden ab. Die Chance auf einen friedlichen Ausgleich wird jedoch verringert durch radikale, militante Gruppen und durch internationale Interessen bzw. deren Vertreter (z. B. die USA, Arabische Liga), selbst wenn Letztere immer wieder als Vermittler in Erscheinung treten.

Wirtschaftliche Herausforderungen durch die Globalisierung

Das ausgehende 20. Jahrhundert ist gekennzeichnet durch die Entwicklung und weltweite Verbreitung von Informations- und Kommunikationstechniken. Sie wird als „dritte Industrielle Revolution" bezeichnet und hat Arbeits- und Lebensbedingungen der Menschen weltweit in kürzester Zeit erheblich verändert. Damit sind zahlreiche Probleme verbunden, die die Weltwirtschaft insgesamt wie auch die nationale und regionale Wirtschaftslage betreffen: So vergrößerten sich z. B. die Unterschiede zwischen den reichsten Staaten und den ärmsten, den am wenigsten entwickelten Ländern, was u. a. eine starke Migrationswelle in Richtung Industriestaaten und in den Entwicklungsländern Landflucht bzw. Urbanisierung zur Folge hatte. Aber auch die Industrienationen stehen vor Problemen, denn Unternehmen wandern ab oder verlagern Teile ihrer Produktion in Länder, wo sie günstiger produzieren.

Zu erwarten ist, dass Staaten wie China und Indien zu den Gewinnern der Globalisierung gehören werden, wenn auch sicherlich nur ein Bruchteil ihrer Bevölkerung davon profitiert.

Kriege um Macht und Rohstoffe

Bei der Mehrzahl der seit dem Ende des Zweiten Weltkriegs geführten Kriege handelt es sich nicht um Auseinandersetzungen zwischen zwei Staaten, sondern um innerstaatliche Konflikte. Wissenschaftler erklären ihre große Zahl gerade in Schwarzafrika und Asien – und zwar vor allem in ehemaligen Kolonien – damit, dass es dort während der Entkolonialisierung nicht gelang, stabile soziale und politische Strukturen zu schaffen. Deshalb konnten die mit der Unabhängigkeit verbundenen Herausforderungen nicht bewältigt werden. Unterhalb der Regierungsebene haben sich Personen, Gruppen und Organisationen etabliert und die staatliche Autorität unterwandert.

Sie bauten ihre Macht aus und nutzten Konflikte zwischen Bevölkerungsgruppen, um diese zu „militarisieren", d. h. mit Waffen auszustatten. Die daraus resultierenden Bürgerkriege forderten in der Vergangenheit vor allem unter der Zivilbevölkerung Opfer: Millionen von Menschen starben, wurden verletzt, verstümmelt oder flüchteten und verloren ihren Besitz.

Kennzeichen solcher Kriege ist, dass sie zum „Privatgeschäft" geworden sind: Privatleute, international operierende Organisationen, beteiligen sich, um Gewinn zu machen, z. B. durch den „Tausch" weltweit nachgefragter Rohstoffe gegen Waffen. Rohstoffe sind aber nicht nur Finanzmittel von Bürgerkriegen, sondern spielen auch in zwischenstaatlichen bzw. internationalen Konflikten eine immer größere Rolle: Ziel ist es, (bestimmte) Rohstoffe für das betreffende Land oder für den Weltmarkt zu „sichern".

M1 **Standortfrage im Kontext der Globalisierung,** Karikatur von Greser & Lenz, 1997

M2 **„Wirtschaft findet heute auf einem globalen Spielfeld statt"**

Der indische IT-Experte Sanjay Purohit sagte 2006:

… Wir müssen Wirtschaft neu denken. In der Vergangenheit … konnten [Unternehmen] Kleider nur herstellen, wenn sie den nötigen Stoff hatten. Und sie konnten ihr Produkt nur verkaufen, wenn die Kunden in ihre Läden kamen … Lassen Sie mich ein Beispiel nennen. Wenn Sie früher eine Reise buchen wollten, sind Sie ins Reisebüro gegangen, haben mit einem Berater gesprochen und der hat Ihnen eine Reise herausgesucht. Heute machen Sie das im Internet selber …

Wirtschaft findet heute auf einem globalen Spielfeld statt, auf dem jeder mitspielen kann … Indien bildet pro Jahr 300 000 Ingenieure aus. Das sind extrem talentierte junge Leute, die mit niemandem in der Welt den Vergleich scheuen müssen. … Studien zeigen, dass Indien und China ab 2015 die größte Arbeitsbevölkerung der Welt stellen. Diese Massen auszubilden wird eine riesige Herausforderung sein. Gleichzeitig wird es Volkswirtschaften geben, die zu wenig Arbeitskräfte haben. Wir werden Wege finden müssen, den Bedarf und das Angebot an Arbeitskraft miteinander in Einklang zu bringen …

Stuttgarter Zeitung Nr. 5 vom 7. Januar 2006, S. 11.

1 Erläutere anhand von M1, M2 und Informationen aus diesem Kapitel, inwiefern die wirtschaftliche Globalisierung zu den „historisch bedingten Brennpunkten" der Gegenwart (und Zukunft) gehört.

Terrorismus – Krieg aus Schwäche?

M1 Historische Wurzeln des modernen Terrorismus

Der Journalist Peter Orzechowski schrieb am 12. April 2002 in der Wochenzeitung „Das Parlament":

Der jüdische Historiker Josephus Flavius (37–97 n. Chr.) berichtet … von einer extremen Splittergruppe, den Sikariern, die sich auf Anschläge in den Städten spezialisiert hatten. Vornehmlich im Schutz feiernder Menschenmengen schlichen sie sich an ihre Opfer heran und erstachen sie mit einem kurzen Dolch (sica). Ihre Mord- und Brandserie richtete sich vor allem gegen jene Juden, die mit den römischen Besatzern zusammenarbeiteten. Flavius nennt die Sikarier Verbrecher eines neuen Typs, den es bisher noch nicht gegeben habe.

Heutige Wissenschaftler verlegen die „Geburt des Terrors als ein politisches Mittel" in eine spätere Zeitepoche … Der legendäre „Alte vom Berg" gründete Ende des 11. Jahrhunderts in Khorasam, einer Bergregion an der persisch-afghanischen Grenze, einen Geheimorden: die Assassinen. Von ihren Bergfestungen verlegten sie 1092 ihren Aktionsschwerpunkt auf die Städte und ermordeten zahlreiche Fürsten …

In Europa taucht der Terrorismus erstmalig während der Französischen Revolution auf. Das „Regime des Terrors" der Jahre 1793/94 war freilich kein Krieg der Untergrundgruppen, sondern ein Herrschaftsinstrument des neuen Staates …

Im 19. Jahrhundert bestimmte der Terror die Pläne italienischer und irischer Patrioten in ihrem Kampf um die Unabhängigkeit ihrer Länder genauso wie die der Revolutionäre und Anarchisten[1] in ihrem Versuch, die Monarchien zu stürzen …

1878 gründeten russische Revolutionäre die Organisation „Narodnaja Wolja" (Volkswille). Ihr Ziel, die Bauern zu einem Aufstand zu mobilisieren, scheiterte zwar, aber ein Mordanschlag auf Zar Alexander II. im März 1881 gelang.

… Zwischen den 80er Jahren des 19. Jahrhunderts und dem ersten Jahrzehnt des 20. Jahrhunderts ereigneten sich zahllose Attentate auf Staatsmänner in Europa und Amerika. Unter den Opfern: die US-Präsidenten Garfield und McKinley, der französische Präsident Carnot, Kaiserin Elisabeth von Österreich, König Umberto von Italien …

Nach dem Ersten Weltkrieg … bildeten sich neben den linksextremen Gruppen auch nationalistische, rechtsextreme Terrororganisationen heraus. Überall kämpften sie um territoriale Unabhängigkeit oder um einen Umsturz des politischen Systems. In Italien, Deutschland und Russland schufen Terrorgruppen öffentliche Unruhe, schürten Angst und Hass gegen Minderheiten und bestimmten mit ihren Uniformen und Aufmärschen das Straßenbild …

Das Parlament vom 12./19. April 2002, bearb. d. Verf.

1 Anhänger der Idee, dass eine Gesellschaft ohne Staatsgewalt und gesetzlichen Zwang am besten funktioniert

M2 Attentat großserbischer Nationalisten auf den österreichischen Thronfolger in Sarajevo am 28. Juni 1914, kolorierte Zeichnung, 1915

1 Beschreibe anhand der Abbildungen und M1 Ursprünge und Formen des Terrorismus.

2 Untersuche und erörtere, wie der Verfasser von M4 Terrorismus überwinden will.

3 Nimm anhand von M4 zur Überschrift der Themeneinheit Stellung.

M3 **Attentat der Terrororganisation RAF („Rote Armee Fraktion") auf den Generalbundesanwalt Siegfried Buback**, Foto, 7. April 1977. Die RAF entstand aus einer radikalen Splittergruppe der Studentenbewegung und hatte dem westdeutschen Staat den bewaffneten Krieg erklärt. Mit der Entführung und Ermordung prominenter Persönlichkeiten versuchte sie, Mitte der 1970er Jahre ihr unklares „sozialistisches" Programm durchzusetzen.

M4 Terrorismus und Globalisierung

Der israelische Journalist Uri Avnery schrieb nach den Terroranschlägen von New York und Washington (2001):

Das ist die Kehrseite der Globalisierung: Alle Probleme der Welt betreffen jeden in der Welt. Jeder Fall von Ungerechtigkeit, jeder Fall von Unterdrückung. Terrorismus, die Waffe der Schwachen, kann leicht jeden Punkt der Erde erreichen. Jede Gesellschaft kann leicht anvisiert werden, und je weiter eine Gesellschaft entwickelt ist, umso gefährdeter ist sie. Immer weniger Menschen werden benötigt, um immer mehr Menschen Leid zuzufügen …

Das ist die Realität des 21. Jahrhunderts, die diese Woche allen Ernstes begann. Sie muss zur Globalisierung aller Probleme und zur Globalisierung ihrer Lösungen führen. Nicht abstrakt, durch einfältige Vereinbarungen der Vereinten Nationen, sondern durch die globale Bemühung, Konflikte beizulegen und Frieden zu erreichen, unter Beteiligung aller Nationen und der Vereinigten Staaten in einer führenden Rolle.

israel & palästina, Themenheft 65, Oktober 2001, S. 17 ff., übers. von Marianne Weiß.

M5 Eine Form der Kriegführung

Der Politikwissenschaftler Caleb Carr schrieb über den modernen Terrorismus (2002):

Den Terroristen von heute und jenen Männern, die in früheren Zeiten Krieg gegen Zivilisten führten, ist außerdem und ganz offensichtlich gemein, dass sie unfähig waren bzw. sind, die Strategie des Terrors als durchweg untauglich zu erkennen. Es überrascht und ist wohl nur schwer zu akzeptieren, aber was wir Terrorismus nennen, ist in der Tat eine Form der Kriegführung; und es … ist gerade jetzt … noch schwerer zu begreifen, dass diese Form der Kriegführung nie Erfolg hatte. Aus dieser Einsicht können wir heute unsere größte Hoffnung schöpfen; gleichzeitig müssen wir ihr eine sehr ernste Warnung entnehmen. Krieg gegen Zivilisten, motiviert von Hass, Rache, Gier oder politischer bzw. psychologischer Instabilität, war immer schon die unsinnigste aller militärischen Taktiken, ja, es lässt sich kaum eine andere nennen, die der eigenen Sache so sehr schadet. Und doch haben eben diese Imperative – Hass, Rache, Gier und Instabilität – immer wieder große wie kleine Nationen und Gruppen auf die Strategie des Terrors und die Taktik der Kriegführung gegen Zivilisten zurückgreifen lassen.

Caleb Carr, Terrorismus – die sinnlose Gewalt, München (Heyne) 2002, S. 13 f.

M6 **Anschlag auf das World Trade Center in New York vom 11. September 2001**, Foto, 2001. Bei dem Terroranschlag lenkten islamistische Terroristen zwei entführte Passagiermaschinen in die beiden Türme des Bürohochhauses.

So kannst du dein Wissen überprüfen 283

Auf den folgenden Seiten kannst du dein Wissen überprüfen: Zu jedem Kapitel findest du eine Seite, auf der du deine Kenntnisse wiederholen kannst.

Bildungsstandards: Daten und Begriffe 288

Auf dieser Doppelseite sind alle wichtigen Daten und Begriffe aus den Bildungsstandards mit den entsprechenden Seitenverweisen, wo du Informationen dazu im Buch findest, zusammengestellt.

Aus dem Grundgesetz der Bundesrepublik Deutschland 290

Hier findest du die wichtigsten Artikel des Grundgesetzes und ein Verfassungsschema der Bundesrepublik Deutschland.

Lexikon 292

Die Begriffe, die auf den Themenseiten mit einem * gekennzeichnet sind, werden hier erklärt.

Methodenübersicht 298

In dieser Übersicht sind sowohl die Arbeitsschritte aus diesem Buch als auch aus den Bänden 1 bis 3 zusammengestellt.

Register 311

Das alphabetische Register hilft dir, Informationen über Personen, Ereignisse und wichtige Begriffe im Buch schnell zu finden.

Kapitel 1: Gesellschaftsentwürfe der Moderne: Die USA und China

M1 Nachruf auf Mao

Hua Kuo-feng, der nach Mao Zedongs Tod (9. September 1976) offiziell zu dessen Nachfolger erklärt wurde, sagte in der Trauerrede für den Verstorbenen:

… Der Vorsitzende Mao hat in den von ihm angeleiteten Kämpfen gegen die in- und ausländischen Klassenfeinde und die Klassenfeinde innerhalb und außerhalb der Partei, in langwierigen, harten, scharfen und komplizierten Klassenkämpfen … unsere Partei gestählt und erzogen …

Entsprechend dem Interesse und dem Wunsch der Arbeiterklasse und der armen Bauern und unteren Mittelbauern, die Revolution weiterzuführen, initiierte der Vorsitzende Mao persönlich die Große Proletarische Kulturrevolution und leitete sie an. Sie hat die Komplotte … zur Restauration des Kapitalismus durchkreuzt … Das ist die Gewähr dafür, dass unser Land auf dem marxistisch-leninistischen Weg siegreich voranschreiten kann …

Der Vorsitzende Mao … hat … sein Leben lang, bis zum letzten Atemzug, all seine Energien der Befreiung des chinesischen Volkes, der Befreiung der unterjochten Nationen und unterdrückten Völker der ganzen Welt und dem Kommunismus gewidmet. Die Geschichte der revolutionären Bewegung des Proletariats kennt nur sehr wenige proletarische Revolutionäre von der Größe des Vorsitzenden Mao, der die verschiedensten revolutionären Stürme erlebt und alle Schwierigkeiten und Hindernisse überwunden hat, stets mit Arbeitern, Bauern und anderen Werktätigen ein Herz und eine Seele war, immer an der Spitze der revolutionären Bewegung stand und sie auf ihrem Vormarsch anleitete …

Zit. nach Reden, die die Welt bewegten, 10. Aufl., Stuttgart (Mundus) 1989, S. 602–604.

M2 **Plantagenaufseher und seine Landarbeiter in Mississippi,** Foto von Dorothea Lange, 1936. Lange arbeitete 1935–1939 an einem Regierungsprojekt mit, das die Lebensverhältnisse in den USA während der Depressionsjahre dokumentieren sollte.

1. Arbeite aus M1 die Verdienste und Leistungen heraus, die Mao zugewiesen werden.
2. Überprüfe anhand deiner Kenntnisse oder der Seiten 16–21 diese Zuweisungen und die Wertungen von M1.
3. Stelle Ursachen und Gründe für die wirtschaftliche und gesellschaftliche Krise in den USA der 1920er Jahre dar.
4. Beschreibe die in M2 dargestellte Szene. Erläutere, inwiefern das Foto Zeitkritik enthält.
5. Erörtere die These, der New Deal habe die Beziehung von Politik – Wirtschaft – Gesellschaft in den USA verändert. Nutze dazu deine Kenntnisse aus dem Kapitel (S. 10 bis 15).

Kapitel 2: Deutschland zwischen Demokratie und Diktatur 1918–1945

M1 Ein Überlebender des Holocaust erinnert sich

Als die sowjetische Armee vorrückte, wurde das KZ Auschwitz aufgelöst. Willi Kessler kam in das KZ Buchenwald:

… Mir gab damals eine ältere Frau eine Tüte mit zwei Brötchen. Das hatte ein Reichsbahnbediensteter, der eine Armbinde „Deutsche Wehrmacht" trug, gesehen; er riss mir die Tüte förmlich aus der Hand, schlug mir ins Gesicht, warf die Tüte auf den Boden und trampelte darauf herum …

Am 11. April 1945 schlug dann die Stunde der Befreiung. Ich habe sie im alten Lager halbwegs im Traum mitbekommen. Ich sah auf einmal amerikanische Soldaten vor mir stehen, wusste nicht, ob es ein Trugbild, ob es Wahrheit, ob es Wirklichkeit war oder ob ich nur träumte …

Auschwitz ist ein Meer von Schmerzen, Qualen, Demütigungen und Todesängsten. Auschwitz, das ist ein Menschheitstrauma, das nicht wieder ausgelöscht werden kann: Sechs Millionen Ermordete, man weiß nicht, wo sie begraben wurden. Die meisten der sechs Millionen Opfer haben kein Grab. Aber die, die überlebt haben, vergessen sie nicht; denn das Gedächtnis der Opfer ist immer besser als das Gedächtnis der Schuldigen. Die Angeklagten in den KZ-Prozessen können sich bekanntlich an nichts mehr erinnern – wie kann aber ein Häftling die KZ-Jahre vergessen, wie kann ein Volk einen grausamen und zum Teil bald gelungenen Versuch der Ausrottung, den Holocaust, vergessen! Wie kann eine Minderheit, welche am meisten gelitten hat, die zwölf Jahre der Entrechtung und Erniedrigung, der Angst und des Hungers vergessen! … Sinn und Ziel meiner Dokumentation … soll es sein … mitzuhelfen, eine Wiederholung der Vergangenheit unmöglich zu machen.

Die Vergangenheit mahnt! Zum 40. Jahrestag des Aufstandes im Warschauer Ghetto. Eine Tagung der Friedrich-Ebert-Stiftung, Bonn, 1983, S. 159 ff.

1 Beschreibe die Stadien der Judenverfolgung von der Entrechtung bis zum Holocaust und ordne sie anschließend den Bericht in M1 zu.

2 Sammle die Aussagen, welche M1 über den Umgang mit der Vergangenheit macht, und formuliere eine eigene Meinung dazu.

3 Beschreibe anhand des Schaubildes M2, wie das deutsche Volk im Nationalsozialismus erfasst und kontrolliert wurde. Was lässt sich mithilfe von M2 über die Rolle der Frau in den Vorstellungen der Nationalsozialisten aussagen?

4 Setze die Ideologie des Nationalsozialismus zur Außenpolitik von 1933 bis 1939 in Verbindung.

5 Erörtere die Möglichkeiten des Widerstandes im Nationalsozialismus.

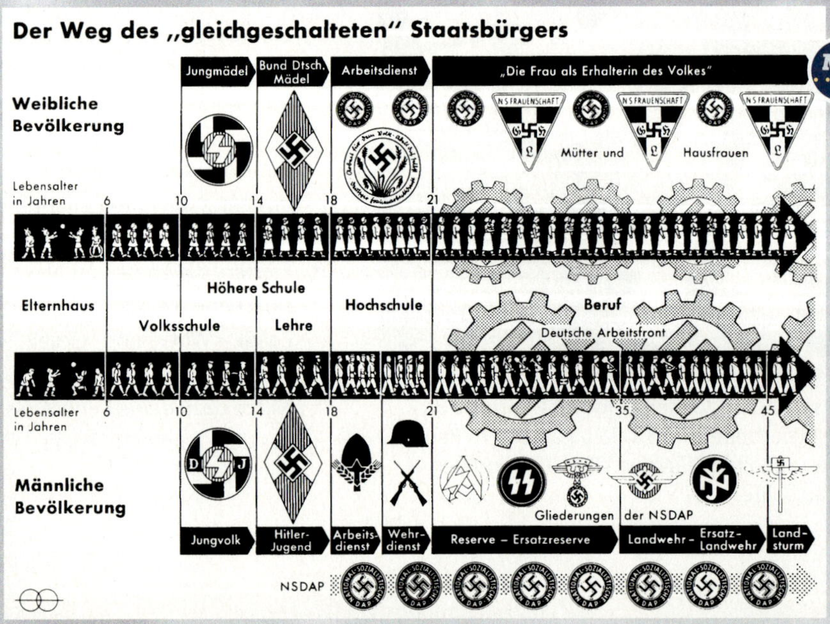

M2 Gleichschaltung der Gesellschaft im Nationalsozialismus

Kapitel 3: Europa und die Welt nach 1945

M1 **Die „Friedensrede“**

Rede des amerikanischen Präsidenten John F. Kennedy am 10. Juni 1963 an der American University in Washington:

Ich spreche vom Frieden, weil der Krieg ein neues Gesicht bekommen hat. Ein totaler Krieg ist sinnlos in einem Zeitalter, in dem Großmächte umfassende und verhältnismäßig unverwundbare Atomstreitkräfte unterhalten können und sich weigern, zu kapitulieren, ohne vorher auf diese Streitkräfte zurückgegriffen zu haben. Er ist sinnlos in einem Zeitalter, in dem eine einzige Atomwaffe fast das Zehnfache an Sprengkraft aller Bomben aufweist, die von den gesamten alliierten Luftstreitkräften während des Zweiten Weltkrieges abgeworfen wurden. Und er ist sinnlos in einem Zeitalter, in dem die bei einem Atomkrieg freigesetzten tödlichen Giftstoffe von Wind und Wasser, Boden und Saaten bis in die entferntesten Winkel des Erdballs getragen und sich selbst auf die noch ungeborenen Generationen auswirken würden. Es ist heute, wenn der Friede gewahrt werden soll, unerlässlich, jedes Jahr Milliarden von Dollar für Waffen auszuwerfen, die lediglich zu dem Zweck geschaffen werden, sicherzustellen, dass wir sie niemals einzusetzen brauchen. Aber zweifellos ist die Anlage solcher unnützen Arsenale, die nur die Vernichtung und niemals dem Aufbau dienen können, nicht der einzige, geschweige denn der wirksamste Weg zur Gewährleistung des Friedens …
Der Friede braucht nicht unerreichbar zu sein und der Krieg nicht unvermeidlich. Indem wir unser Ziel klarer definieren, indem wir es greifbarer und weniger fern erscheinen lassen, können wir dazu beitragen, dass alle Völker es erkennen, Hoffnung daraus schöpfen und sich unbeirrt darauf zu bewegen …

Zit. nach Geschichte in Quellen. Die Welt nach 1945, S. 580 ff.

M2 **Karikatur von Felix Mussil,** 1994

1. Beschreibe Kennedys Analyse der Weltlage (M1) und ordne die Rede in den Zusammenhang internationaler Politik ein.
2. Benenne mithilfe der Seiten 118–134 des Kapitels Stationen des Ost-West-Konfliktes.
3. Erarbeite M2 anhand der Methode „Karikaturen entschlüsseln“ (siehe Methodenübersicht). Vergleiche anschließend die Aussage von M2 mit der Rolle der UNO im Konflikt im ehemaligen Jugoslawien.
4. Skizziere die Organisationsform der UNO mit ihren wichtigsten Institutionen.
5. Beschreibe die Struktur der EU des Jahres 2002 und nenne die wichtigsten politischen Schritte auf dem Weg dorthin (siehe S. 138–141).

Kapitel 4: Deutschland – geteilt und vereint

M1 **Die Durchführung des Planes – das heißt Frieden,** Plakat von 1952

M2 **Plakat zur Bundestagswahl 1953,** veröffentlicht durch: Die Waage. Gemeinschaft zur Förderung des Sozialen Ausgleichs e. V., Köln

1 Untersuche die Plakate M1 und M2 (siehe Methodenübersicht) und vergleiche ihre Aussagen. Erschließe die historischen Zusammenhänge, auf die sie sich beziehen, mithilfe der Seiten 222–227.

2 Beurteile die Aussagen der Plakate unter Berücksichtigung der wirtschaftlichen und gesellschaftlichen Entwicklung in den beiden deutschen Staaten während der 1950er Jahre.

3 Vergleiche die Beziehung von Staat und Bürger in der Bundesrepublik und der DDR von der Staatsgründung bis zum Ende der DDR bzw. der Wiedervereinigung. Berücksichtige dabei langfristige Konfliktpotenziale und Auseinandersetzungen.

4 Skizziere wichtige Ereignisse, Entwicklungen und Maßnahmen, die zur Wiedervereinigung Deutschlands führten.

5 Heute sind – insbesondere in den östlichen Bundesländern – Produkte stark nachgefragt, die unter Markennamen aus DDR-Zeiten angeboten werden. Nenne mögliche Gründe für ein solches Kaufverhalten.

Kapitel 5: Historisch bedingte Brennpunkte der Gegenwart

M1 Die Folgen von 9/11 in der „globalisierten" Welt

Bassam Tibi, in Syrien geborener deutscher Experte für Internationale Beziehungen, schrieb zum Jahrestag des Terroranschlags auf das World Trade Center in New York:

Die Anschläge vom 11. September 2001 werden mit dem internationalen Kürzel 9/11 erfasst. Fünf Jahre später erinnert eine Reihe aktueller Ereignisse an zwei Tatbestände, die in direkter Linie zu 9/11 stehen: Erstens, dass man bei diesem Jahrestag nicht mit abgeschlossener Geschichte zu tun hat ..., sondern mit einem Prozess, der uns voraussichtlich noch das ganze 21. Jahrhundert begleiten wird, nämlich der Religionisierung der Weltpolitik ... Zweitens müssen die Europäer verstehen, dass die islamische Religion und alle Entwicklungen in der Welt des Islam auf Europa überschwappen ... [Es] ist der Irrglaube mancher Europäer, 9/11 sei ein US-Problem, mit dem Europa wenig zu tun habe ... Das ist falsch ... Anfang 2006 entspann sich zunächst lokal in Kopenhagen ein Konflikt, der zu einer globalen Konfrontation eskalierte. Er wurde entfacht, keineswegs aber verursacht durch einige Mohammed-Karikaturen der dänischen Zeitung „Jyllands-Posten" ... Von Südostasien über Südasien, von Nahost bis Westafrika wurden europäische Einrichtungen brutal angegriffen, in Brand gesetzt und EU-Fahnen symbolisch verbrannt. Selbst im Gazastreifen, wo die EU jährlich eine halbe Million Euro humanitär einsetzt, wurde ihre Vertretung angegriffen und demoliert ...

Die islamische Weltsicht wird nicht neutral bestimmt durch Wahrnehmung der Fakten, sondern von der Religion. Eben dies meint das Stichwort „Religionisierung der Politik" ...

Mit 9/11 ist Religion in Europa wichtiger geworden ... In dieser Situation muss man aufeinander zugehen, muss über die Probleme im Dialog reden. Dies aber darf nicht so geschehen, wie es viele Führer des organisierten Islam oft tun: Ein Dialog voller Täuschungen und Anklagen führt zu nichts! Die Europäer dürfen nicht mehr nach der Devise handeln „Selig sind die Belogenen", und die Muslime müssen lernen, die Europäer ernst zu nehmen, ihre Intelligenz nicht weiter zu unterschätzen ... Gelingt dies nicht, dann steuern wir langfristig auf eine Katastrophe zu.

Bassam Tibi, Die Politik ist wieder religiös geworden, ob wir wollen oder nicht, in: Stuttgarter Zeitung vom 4. September 2006, S. 11.

M2 Proteste gegen Mohammed-Karikaturen in Pakistan, März 2006

1. Erläutere anhand von M1, was Bassam Tibi unter „Religionisierung der Weltpolitik" versteht und welche Forderungen er daraus an „Europa" und „den Islam" ableitet.
2. Diskutiert, ob seine Einschätzung über die Religion als Ursache von internationalen Konflikten zutreffend ist. Nutzt dazu eure Kenntnisse aus dem Kapitel.
3. Erörtere auf der Grundlage der Informationen aus diesem Kapitel die These des so genannten Globalismus, nämlich dass der Weltmarkt heute und künftig politisches Handeln verdränge und ersetze.
4. Stelle mithilfe einer Visualisierung dar, inwiefern die fünf ausgewählten Themen bzw. Brennpunkte des Kapitels historisch bedingt sind. Ziehe dafür (nochmals) die einzelnen Darstellungstexte heran.

Deutschland 1918–1945

Zur Vorbereitung auf eine Prüfung oder Vergleichsarbeit findest du hier alle Daten und Begriffe, die im Bildungsplan von Baden-Württemberg aufgezählt sind.

1919 Weimarer Verfassung 34
1919 Vertrag von Versailles. 36
1930 Präsidialkabinette 46
Notverordnungen. 46
30. Januar 1933 Machtübertragung 56
SS-Staat. 56
Führerprinzip 65
Lebensraumpolitik 65
Antisemitismus 66
9. November 1938 Novemberpogrom 69
Rassenlehre. 96
Holocaust 96
Konzentrationslager. 96
1. September 1939 Angriff auf Polen 91
20. Juli 1944 Attentat auf Hitler. 102
8. Mai 1945 bedingungslose Kapitulation. . . . 104

Europa und die Welt nach 1945

Containment 118
Kalter Krieg 119
Blockbildung 119
1962 Kuba-Krise 122
Auflösung des Ostblocks 135
1949 Gründung der NATO 155

Deutschland nach 1945

„Stunde Null" 192
1945 Konferenz von Potsdam 196
1948/1949 Berlin-Blockade 200
1948 Währungsreform 200
Westintegration 201
Entnazifizierung 202
23. Mai 1949 Verkündung des Grundgesetzes 206
1949–1963 Ära Adenauer 208
7. Oktober 1949 Gründung der DDR 209
17. Juni 1953 Volksaufstand in der DDR 216
SED-Staat 216
13. August 1961 Bau der Mauer 217
1970–1972 Ostverträge 217
1972 Grundlagenvertrag BRD–DDR 217
Entspannungspolitik 217
Soziale Marktwirtschaft 222
1967/1968 APO 242
1989 Friedliche Revolution in der DDR 250
9. November 1989 Fall der Mauer 252
3. Oktober 1990 Beitritt der neuen Bundesländer zur Bundesrepublik 254

Artikel 1

(1) Die Würde des Menschen ist unantastbar. Sie zu achten und zu schützen ist Verpflichtung aller staatlichen Gewalt.

(2) Das deutsche Volk bekennt sich darum zu unverletzlichen und unveräußerlichen Menschenrechten als Grundlage jeder menschlichen Gemeinschaft, des Friedens und der Gerechtigkeit in der Welt [...]

Artikel 2

(1) Jeder hat das Recht auf die freie Entfaltung seiner Persönlichkeit, soweit er nicht die Rechte anderer verletzt und gegen die verfassungsmäßige Ordnung oder das Sittengesetz verstößt.

(2) Jeder hat das Recht auf Leben und körperliche Unversehrtheit. Die Freiheit der Person ist unverletzlich. In diese Rechte darf nur aufgrund eines Gesetzes eingegriffen werden.

Artikel 3

(1) Alle Menschen sind vor dem Gesetz gleich.

(2) Männer und Frauen sind gleichberechtigt. Der Staat fördert die tatsächliche Durchsetzung der Gleichberechtigung von Frauen und Männern und wirkt auf die Beseitigung bestehender Nachteile hin.

(3) Niemand darf wegen seines Geschlechts, seiner Abstammung, seiner Rasse, seiner Sprache, seiner Heimat und Herkunft, seines Glaubens, seiner religiösen oder politischen Anschauungen benachteiligt oder bevorzugt werden. Niemand darf wegen seiner Behinderung benachteiligt werden.

Artikel 4

(1) Die Freiheit des Glaubens, des Gewissens und die Freiheit des religiösen und weltanschaulichen Bekenntnisses sind unverletzlich.

(3) Niemand darf gegen sein Gewissen zum Kriegsdienst mit der Waffe gezwungen werden [...]

Artikel 5

(1) Jeder hat das Recht, seine Meinung in Wort, Schrift und Bild frei zu äußern und zu verbreiten und sich aus allgemein zugänglichen Quellen ungehindert zu unterrichten. Die Pressefreiheit und die Freiheit der Berichterstattung [...] werden gewährleistet. Eine Zensur findet nicht statt.

Artikel 8

(1) Alle Deutschen haben das Recht, sich ohne Anmeldung oder Erlaubnis friedlich und ohne Waffen zu versammeln.

(2) Für Versammlungen unter freiem Himmel kann dieses Recht durch Gesetz [...] beschränkt werden.

Artikel 9

(1) Alle Deutschen haben das Recht, Vereine und Gesellschaften zu bilden.

(2) Vereinigungen, deren Zweck oder deren Tätigkeit den Strafgesetzen zuwiderlaufen oder die sich gegen die verfassungsmäßige Ordnung oder gegen Gedanken der Völkerverständigung richten, sind verboten.

Artikel 10

(1) Das Briefgeheimnis sowie das Post- und Fernmeldegeheimnis sind unverletzlich.

(2) Beschränkungen dürfen nur aufgrund eines Gesetzes angeordnet werden.

Artikel 11

(1) Alle Deutschen genießen Freizügigkeit im ganzen Bundesgebiet.

Artikel 12

(1) Alle Deutschen haben das Recht, Beruf, Arbeitsplatz und Ausbildungsstätte frei zu wählen. Die Berufsausübung kann durch Gesetz [...] geregelt werden.

(2) Zwangsarbeit ist nur bei einer gerichtlich angeordneten Freiheitsentziehung zulässig.

Artikel 12a

(1) Männer können vom vollendeten achtzehnten Lebensjahr an zum Dienst in den Streitkräften, im Bundesgrenzschutz oder in einem Zivilschutzverband verpflichtet werden.

(2) Wer aus Gewissensgründen den Kriegsdienst mit der Waffe verweigert, kann zum Ersatzdienst verpflichtet werden.

Artikel 13

(1) Die Wohnung ist unverletzlich.

(2) Durchsuchungen dürfen nur durch den Richter, bei Gefahr im Verzuge auch durch die in den Gesetzen vorgesehenen anderen Organe angeordnet und nur in der dort beschriebenen Form durchgeführt werden [...]

Artikel 14

(1) Das Eigentum und das Erbrecht werden gewährleistet. Inhalt und Schranken werden durch die Gesetze bestimmt.

(2) Eigentum verpflichtet. Sein Gebrauch soll zugleich dem Wohl der Allgemeinheit dienen.

(3) Eine Enteignung ist nur zum Wohle der Allgemeinheit zulässig [...]

Artikel 15

Grund und Boden, Naturschätze und Produktionsmittel können zum Zweck der Vergesellschaftung durch ein Gesetz, das Art und Ausmaß der Entschädigung regelt, in Gemeineigentum [...] übergeführt werden [...]

Artikel 16

(1) Die deutsche Staatsangehörigkeit darf nicht entzogen werden [...]

(2) Kein Deutscher darf an das Ausland ausgeliefert werden.

Artikel 16a
(1) Politisch Verfolgte genießen Asylrecht.
(2) Auf Absatz 1 kann sich nicht berufen, wer aus einem Mitgliedsstaat der Europäischen Gemeinschaften oder aus einem Drittstaat einreist, in dem die Anwendung des Abkommens über die Rechtsstellung der Flüchtlinge und der Konvention zum Schutze der Menschenrechte und Grundfreiheiten sichergestellt ist [...]

Artikel 17
Jedermann hat das Recht, sich einzeln oder in Gemeinschaft mit anderen schriftlich mit Bitten oder Beschwerden an die zuständigen Stellen und an die Volksvertretung zu wenden.

Artikel 18
Wer die Freiheit der Meinungsäußerung, insbesondere die Pressefreiheit, die Lehrfreiheit, die Versammlungsfreiheit, die Vereinigungsfreiheit, das Brief-, Post- und Fernmeldegeheimnis, das Eigentum oder das Asylrecht zum Kampfe gegen die freiheitliche demokratische Grundordnung, missbraucht, verwirkt diese Grundrechte. Die Verwirkung und ihr Ausmaß werden durch das Bundesverfassungsgericht ausgesprochen.

Artikel 19
[...] (2) In keinem Fall darf ein Grundrecht in seinem Wesensgehalt angetastet werden.

Artikel 20
(1) Die Bundesrepublik Deutschland ist ein demokratischer und sozialer Bundesstaat.
(2) Alle Staatsgewalt geht vom Volke aus. Sie wird vom Volk in Wahlen und Abstimmungen und durch besondere Organe der Gesetzgebung, der vollziehenden Gewalt und der Rechtsprechung ausgeübt [...]
(4) Gegen jeden, der es unternimmt, diese Ordnung zu beseitigen, haben alle Deutschen das Recht zum Widerstand, wenn andere Abhilfe nicht möglich ist.

Artikel 21
(1) Die Parteien wirken bei der politischen Willensbildung des Volkes mit [...]

Verfassung der Bundesrepublik Deutschland

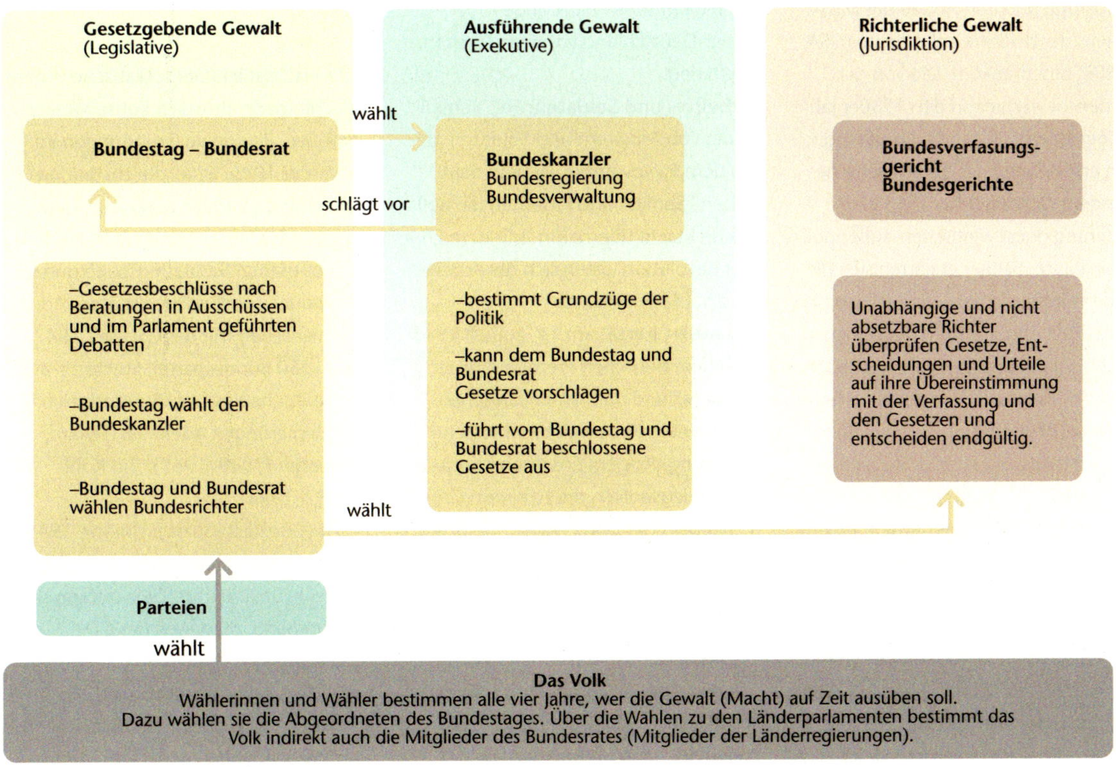

Im Lexikon werden Fremdwörter, Ereignisse und historische Begriffe erläutert. Sie sind in den Darstellungstexten dieses Buches mit einem * versehen. Die Begriffe, die auf den Themenseiten in Kästen erklärt sind, haben einen Verweis auf die jeweilige Seite.

Abrüstung, in Konferenzen und Verhandlungen versuchten die Regierungen im 20. Jh. immer wieder, Rüstung zu vermindern und zu kontrollieren. Auf den Haager Friedenskonferenzen von 1899 und 1907 kam es neben allgemeinen Erklärungen zur Abrüstung und Regelungen des Kriegsrechts zu keinen konkreten Schritten. Auch die Abrüstungsbemühungen nach dem Ersten Weltkrieg und – ausgehend vom Völkerbund – in den 1920er und Anfang der 30er Jahre brachten keine wesentlichen Erfolge. Erst die unmittelbare Bedrohung der Welt durch einen atomaren Krieg im Zuge der Kuba-Krise 1962 führte zu Abrüstungsverhandlungen, die sich jedoch auf die Begrenzung von Aufrüstung und den Abbau des Misstrauens der beiden Großmächte (USA, UdSSR) beschränkten. Die von der Friedensbewegung in den 1980er Jahren geforderte weltweite Abrüstung kam erst in Gang, als der sowjetische Präsident Gorbatschow 1985 eine Änderung der sowjetischen Außenpolitik einleitete. Seither erklärten sich die beiden Großmächte zu freiwilligen und einseitigen Abrüstungsmaßnahmen sowohl von atomaren Waffen als auch von konventionellen Streitkräften bereit.

Alliierte, Bezeichnung für die Gegner Deutschlands im Ersten und Zweiten Weltkrieg.

Antisemitismus, antisemitisch, Ablehnung oder Bekämpfung von Juden aus rassischen, religiösen oder sozialen Gründen. Der Begriff wurde im Jahre 1879 geprägt, aber Judenfeindschaft gab es schon in der Antike und im Mittelalter. In der zweiten Hälfte des 19. Jh. entwickelte sich ein völkisch-rassisch begründeter Antisemitismus, mit dem gesellschaftliche Konflikte auf die Juden als Feindbild übertragen wurden. In der nationalsozialistischen Ideologie bildete der Antisemitismus ein zentrales Element, das systematisch bis zur „Endlösung" umgesetzt wurde: Es begann mit der Ausschaltung der Juden aus dem politischen, wirtschaftlichen und kulturellen Leben (Nürnberger Gesetze von 1935). Weitere Stufen waren der Novemberpogrom am 9./10. November 1938 , die Ghettoisierung und die Verpflichtung den Judenstern zu tragen, schließlich die physische Vernichtung aller Juden, die so genannte „Endlösung" (formal beschlossen auf der Wannsee-Konferenz 1942). Etwa sechs Millionen Juden wurden in den Konzentrations- und Vernichtungslagern 1933–1945 getötet.

Apartheidpolitik, soziale, wirtschaftliche und politische Diskriminierung der farbigen Bevölkerung zu Gunsten der führenden Schicht der Weißen.

Appeasement(politik), Bezeichnung für die britische Politik gegenüber Hitler-Deutschland vor dem Zweiten Weltkrieg.

Arbeiter- und Soldatenräte, Vereinigung von Arbeitern und Soldaten, die ab dem 9. November 1918 in deutschen Fabriken und Kasernen die politische Macht übernahm. Mit dem Ende der Revolution lösten sich die Arbeiter- und Soldatenräte auf.

Atlantik-Charta, am 14. August 1941 von dem britischen Premierminister Churchill und dem amerikanischen Präsidenten Roosevelt beschlossene Erklärung der gemeinsamen Kriegs- und Nachkriegspolitik, die zu einem Grunddokument der UNO wurde. Gefordert wurden u. a. Verzicht auf Gebietsgewinn, Anerkennung des Selbstbestimmungsrechts der Völker bezüglich der Regierungsform, territorialer Veränderungen, der Gleichberechtigung im Welthandel, der Freiheit der Meere, des Verzichts auf Waffengewalt.

Ausländer, siehe S. 231

Aussiedler, siehe S. 231

BDM (Bund deutscher Mädel), siehe HJ

Benelux, Wirtschaftsunion zwischen Belgien, den Niederlanden und Luxemburg, gegründet 1958. Die Exilregierungen der drei Länder unterzeichneten bereits 1944 entsprechende Verträge. Die Mitgliedsstaaten gehören der EU, der NATO und dem Europarat an.

Bipolarität, bezeichnet die Struktur des internationalen Staatensystems, bei dem zwei antagonistische Machtzentren (zwei Führungsmächte) allein bestimmend sind und das internationale Geschehen kontrollieren. Den Gegensatz dazu bildet ein System der Multipolarität, bei dem es mehrere Machtzentren bzw. Führungsmächte gibt.

Bodenreform, Neuverteilung landwirtschaftlicher Flächen, entschädigungslose Enteignung des Großgrundbesitzes. Ihr folgte in den sozialistischen Staaten nach 1945 meist die Kollektivierung.

CDU (Christlich-Demokratische Union), Nachfolgerin christlich konservativer Parteien. Regionale Gründungen im Sommer 1945, erste „Reichstagung" im Dezember 1945, erster Zusammenschluss der Regionalverbände 1946 in der britischen Besatzungszone unter Adenauer, sonst noch verboten, Arbeitsgemeinschaft mit der CSU seit 1947, seit 1950 Bundespartei. Stellte als stärkste politische Kraft der Bundesrepublik die Regierungen Adenauer, Erhard, Kiesinger (1949–1969) und Kohl (1982–1998).

CSU (Christlich-Soziale Union), 1945 gegründete, konservative, christliche Partei in Bayern. Ihre Ziele decken sich weitgehend mit denen der CDU.

DAF (Deutsche Arbeitsfront), 1933–1945 Einheitsverband der Arbeitnehmer und Arbeitgeber.

Demontage, Abbau von Industrie- oder Verkehrsanlagen durch Siegerstaaten in besiegten Ländern als Reparationsleistung, z. B. nach dem Ersten und Zweiten Weltkrieg in Deutschland.
Deportation, Zwangsverschleppung z. B. ausländischer Arbeitskräfte, auch politischer Gegner oder feindlicher Bevölkerungsgruppen, z. B. während des Nationalsozialismus.
DGB (Deutscher Gewerkschaftsbund), 1949 gegründete Gesamtorganisation der Einheitsgewerkschaften der Arbeiter, Angestellten und Beamten in der Bundesrepublik Deutschland mit Sitz in Düsseldorf.
Dissidenten Andersdenkender, Abweichler
„Drittes Reich", Bezeichnung des „Reichs" der Nationalsozialisten, die ihre Herrschaft als Vollendung nach dem Heiligen Römischen Reich Deutscher Nation (962–1806) und dem Bismarck-Reich (1871–1918) sahen. Das Mittelalter übernahm den Begriff der christlichen Prophetie und bezeichnete damit eine Welt, in der der Zwiespalt von Idee und Wirklichkeit aufgehoben ist.

Eindämmungspolitik, von George F. Kennan 1947 entworfenes außenpolitisches Konzept der USA mit dem Ziel, das Vordringen des Weltkommunismus mit wirtschaftlich-finanziellen oder militärischen Mitteln einzudämmen.
Einheitsliste, In der DDR wurden den Parteien und den Massenorganisationen FDGB, FDJ, KB (Kulturbund), DFD (Demokratischer Frauenbund Deutschlands) und seit 1985 VdgB (Vereinigung der gegenseitigen Bauernhilfe) bei Wahlen die Mandate nach einem bestimmten Schlüssel im Voraus zugewiesen. Die Nationale Front (Dachverband aller Parteien und gesellschaftlichen Gruppen) stellte eine Einheitsliste aller Kandidaten auf. Von der Möglichkeit, auf der Liste einzelne Kandidaten zu streichen und damit andere „hochzuwählen", machten nur wenige Wähler Gebrauch. Nach dem Wahlgesetz konnte geheim gewählt werden. Als „normaler" Wahlakt galt jedoch das öffentliche Einwerfen des unveränderten Stimmzettels („Zettelfalten"). Durchschnittlich wurden offiziell über 99 % Ja-Stimmen abgegeben.
„Eiserner Vorhang", auf Churchill zurückgehende Bezeichnung für die während des Kalten Krieges durch Europa verlaufende Grenze.
Entwicklungshilfe, Übertragung von finanziellen Mitteln, Gütern und Leistungen aus den Industrieländern in die Entwicklungsländer als staatliche oder private Zuwendungen.
Ermächtigungsgesetz, am 23. März 1933 von Hitler dem Reichstag vorgelegt, sollte der Regierung für die Dauer von vier Jahren unumschränkte Gesetzgebungsvollmacht geben, blieb bis 1945 gesetzliche Grundlage der NS-Diktatur in Deutschland.
Eugenik, siehe S. 84
Euthanasie, siehe S. 84

Faschismus, siehe S. 51
FDGB (Freier Deutscher Gewerkschaftsbund), Einheitsgewerkschaft der DDR für alle Arbeiter, Angestellten und die Angehörigen der Intelligenz.
FDJ (Freie Deutsche Jugend), einzige erlaubte Jugendorganisation der DDR.
Freikorps, bewaffneter Kampfverband, der nicht zur regulären Armee eines Staates gehört. Freikorpsverbände spielten nach 1919 eine wichtige Rolle: Die Reichsregierung setzte sie zur Grenzsicherung im Osten und zur Bekämpfung kommunistischer Umsturzversuche ein. Die Mitglieder der Freikorpsverbände standen der Weimarer Republik feindselig gegenüber. Sie beteiligten sich an politischen Morden gegen linksgerichtete Politiker wie Rosa Luxemburg und Karl Liebknecht.
Fünfjahresplan, staatlich festgelegte Produktionsziele, Instrument der Wirtschaftslenkung in der Planwirtschaft (siehe dort).

Gaza-Streifen, Teil des ehemaligen Mandatsgebietes Palästina an der ägyptischen Grenze entlang der Mittelmeerküste. Seit 1948 umstritten, von palästinensischen Flüchtlingen überfüllt, seit 1967 von Israel besetzt. Seit 1993 Teilautonomie der Palästinenser im Gaza-Streifen und in Jericho (Gaza-Jericho-Abkommen).
Genfer Konventionen, internationale Vereinbarungen zur Humanisierung des Krieges. Zuerst 1864 Rotes Kreuz zur Verbesserung der Verwundetenversorgung, 1906 und 1929 erweitert, 1949 in vier Genfer Konventionen verbessert (bes. im Hinblick auf den Schutz der Zivilpersonen im Krieg) und von allen bedeutenden Nationen anerkannt. Die Genfer Konvention von 1929 ersetzte die Abkommen vor dem Ersten Weltkrieg. Nach dem Zweiten Weltkrieg (1949) traten an die Stelle der früheren Vereinbarungen die vier Genfer Abkommen.
Genozid, siehe S. 100
Gestapo (Geheime Staatspolizei), die 1933 von Göring aufgestellte politische Polizei, 1936 unter Himmler reichseinheitlich organisiert und unter Heydrich mit der Kriminalpolizei zur Sicherheitspolizei zusammengefasst.
Ghetto, ital., abgeschlossenes Judenquartier, im Mittelalter zuerst 1179 in Italien, dann auch in einigen deutschen Städten, in der Zeit der Aufklärung abgeschafft, von den Nationalsozialisten wieder eingeführt, v. a. in den polnischen Gebieten.
Gleichschaltung, Vereinheitlichung allen politischen, wirtschaftlichen, sozialen und kulturellen Lebens nach dem Willen der Nationalsozialisten durch Eingliederung (oder Verbot, z. B. Gewerkschaften, SPD) in NS-Institutionen bzw. -Organisationen, 1933/34.
Grüne, (Die Grünen), v. a. aus der

Umweltschutzbewegung Anfang 1980 entstandene Partei, 1983 erstmals im Bundestag vertreten.
Grundlagenvertrag, Grundvertrag über die Verbesserung der Beziehungen zwischen der Bundesrepublik Deutschland und der DDR 1972. Er enthält Gewaltverzicht, Unverletzlichkeit der Grenzen, Achtung der Selbstständigkeit, Verbesserung des Verkehrs, Austausch ständiger Vertretungen, Verbesserung der kulturellen Beziehungen, der Arbeitsmöglichkeiten für Journalisten u. a. m.
Guerillakrieg, span., kleiner Krieg, Kampf irregulärer einheimischer Truppen gegen eine Besatzungsmacht, eine feindliche Armee oder im Bürgerkrieg. In den Entwicklungsländern die vorherrschende Kampfform für die nationale und soziale Befreiung (China von 1927 bis 1949, Vietnam 1946–1973, Kuba 1956–1959 u. a.).

HJ (Hitlerjugend), Jugendorganisation der NSDAP, ab 1936 Staatsjugend (mit Jungvolk, Jungmädel und Bund Deutscher Mädel).
Holding, Gesellschaft, die Anteile (z. B. Aktien) an anderen Unternehmen erwirbt, um wirtschaftlichen Einfluss zu erlangen. Sie übt keine Produktions- und Handelsfunktionen aus, sondern dient häufig als Dachgesellschaft zur einheitlichen Leitung von Konzernen.
Holocaust, der biblische Begriff für Brandopfer bezeichnet heute weltweit die systematische Vernichtung der Juden durch den NS-Staat.

Imperialismus, Ausdehnung der Herrschaft eines Staates über andere Länder. Seit dem Ende des 19. Jahrhunderts Ausnutzungs- und Abhängigkeitsverhältnis zwischen Industriestaaten und wenig entwickelten Staaten und Regionen. Die Zeit zwischen 1880 und 1918 gilt als Epoche des Imperialismus.
Inflation, inflationär, lat., Geldentwertung durch starke Vermehrung der umlaufenden Geldmenge gegenüber dem Güterumlauf. Als Folge steigen die Preise, es setzt eine Flucht in Sachwerte ein, z. B. in den Anfangsjahren der Weimarer Republik.
Intifada, Bezeichnung für die seit 1987 in den von Israel besetzten Gebieten existierende Widerstandsbewegung der Palästinenser.
Invasion Militärmaßnahmen in einem Krieg, mit der die angreifenden Truppen die Selbstverwaltung eines bestimmten Gebietes aufheben und die Kontrolle übernehmen.
Isolationismus, Politik eines Staates, sich von Bindungen an andere Staaten fern zu halten, z. B. die USA nach dem Ersten Weltkrieg.

Kapitalismus, Wirtschaftsordnung, deren Träger private Einzelunternehmer, auch Gesellschaften, sind, die Kapital zur Gewinnerzielung einsetzen.
Kalter Krieg, siehe Ost-West-Konflikt.
Koexistenz, friedliches Nebeneinander von politischen und gesellschaftlichen Systemen und Ordnungen.
Kolonialismus, Errichtung von Handelsstützpunkten und Siedlungskolonien in militärisch und politisch schwächeren Ländern (vor allem Asien, Afrika und Amerika) sowie die Inbesitznahme durch überlegene Staaten (insbesondere Europas) seit dem 16. Jahrhundert
Kommunismus, von Marx begründete Lehre eines revolutionären Sozialismus, der auf eine kollektive Herrschaft des Proletariats durch Umsturz der bürgerlich-kapitalistischen Gesellschaftsordnung zielt.
Konferenz für Sicherheit und Zusammenarbeit in Europa (KSZE), Europäische Sicherheitskonferenz, Abkommen über Gewaltverzicht, Kooperation und gesellschaftliche Kommunikation in Europa unter Beteiligung der Sowjetunion und der Warschauer-Pakt-Staaten, der USA, Kanadas, der Bundesrepublik Deutschland und anderer europäischer Staaten, mit der Schlusskonferenz und Schlussakte von Helsinki 1975. 1995 ging sie in die OSZE über mit ständigen Einrichtungen in Prag, Warschau und Wien.
Kreisauer Kreis, eine Gruppe der Widerstandsbewegung im Dritten Reich, die nach dem Ort ihrer Zusammenkünfte auf dem Gut Kreisau (Schlesien) des Grafen von Moltke benannt wurde.
Kriegsverbrechen, siehe S. 93
KZ (Konzentrationslager), Internierungslager seit Beginn des 20. Jahrhunderts; im nationalsozialistischen Deutschland zur Ausschaltung politischer Gegner und zur Vernichtung der Juden benutzt.

LDPD (Liberaldemokratische Partei Deutschlands), neben der SED, aber unter ihrer Führung stehende politische Blockpartei der DDR.
Liberalismus, in Ideen der Aufklärung wurzelnde Staats- und Gesellschaftsauffassung, welche die von geistigem, politischem und wirtschaftlichem Zwang freie Entfaltung der Persönlichkeit vertritt und die Interessen des Individuums über die des Staates, der Kirche usw. stellt.
LPG (Landwirtschaftliche Produktionsgenossenschaft), seit 1952 in der DDR eingeleitete, seit 1960 erzwungene Zusammenfassung bäuerlicher Betriebe zu Großgenossenschaften.

Maoismus, verkürzte Bezeichnung für die Herrschaft der Kommunistischen Partei Chinas nach ihrem Führer Mao Zedong.
Marktwirtschaft, Wirtschaftsordnung mit freiem Wettbewerb, d. h. ohne staatliche Eingriffe, mit freier Wahl der Verbrauchsgüter, freier Preisbildung entsprechend Angebot und Nachfrage, mit unbehindertem Gewinnstreben. In der sozialen Marktwirtschaft wird der freie Wettbewerb durch den Staat überwacht, der den wirtschaftlichen Rahmen mitbestimmt und wirtschaftliche

Störungen durch marktgerechte Mittel zu beheben sucht, indem er z. B. durch Kredite oder Krediteinschränkungen, Steuerbegünstigungen, Subventionen, Maßnahmen der Sozialpolitik (Umverteilung des Volkseinkommens) den Geldumlauf zu beschleunigen oder zu bremsen versucht.

Marshallplan, auf den US-Außenminister Marshall zurückgehendes amerikanisches Hilfsprogramm für Europa nach dem Zweiten Weltkrieg. Die Marshallplan-Hilfe war die Grundlage für die rasche wirtschaftliche Gesundung Westeuropas.

Massenorganisationen, Arbeiter-, Kultur-, Sport-, Frauen-, Jugendverbände etc., die, im Sinne einer Massenbewegung, alle Gruppeninteressen den gesellschaftspolitischen Tendenzen des Staates, der Staatspartei, unterordnen.

Menschenrechte, auch Grundrechte, die seit der amerikanischen Unabhängigkeitserklärung 1776 und der Französischen Revolution 1789 jedem Menschen verbürgten, angeborenen, unveräußerlichen Rechte, die die persönliche Freiheit des Einzelnen garantieren. Trotz der Menschenrechtserklärung der UNO 1948 sind diese Rechte bis heute nicht in allen Mitgliedsländern verwirklicht. Konvention der Menschenrechte des Europarats 1950. Als Grundrechte sind sie im Grundgesetz der Bundesrepublik Deutschland garantiert.

Migration, siehe S. 187

NATO, siehe S. 155

New Deal, siehe S. 13

Notstandsgesetze, staatsrechtliche Ermächtigung der Regierung, bei dringender Gefahr besondere Maßnahmen zu ergreifen. In der Bundesrepublik Deutschland erst seit 1968 eingeführt und von heftigen Protesten begleitet.

Notverordnung, durch die Weimarer Verfassung garantiertes Recht des Reichspräsidenten, ohne Einwilligung des Parlaments Regierungsverordnungen mit Gesetzeskraft zu erlassen, die einzelne Grundrechte vorübergehend außer Kraft setzen können.

Novemberpogrom, die von höchster Stelle organisierte Misshandlung der Juden in Deutschland mit Zerstörung ihrer Gotteshäuser, Geschäfte usw. am 9./10. November 1938.

NSDAP (Nationalsozialistische Deutsche Arbeiterpartei), 1919 in München für nationalistisch gesinnte, radikale und antidemokratische Bürger gegründet. Unter Führung Hitlers Einzug in den Reichstag, seit 1933 einzige in Deutschland zugelassene Partei, 1945 aufgelöst.

nukleares Gleichgewicht, kennzeichnete den Zustand zwischen den USA und der Sowjetunion im Kalten Krieg, die sich militärisch auf allen Ebenen blockierten, weil keiner von ihnen einen strategischen „Zug" durchführen konnte ohne die Gefahr auszuschließen, dass er sich dadurch selber vernichtete.

Nürnberger Gesetze, juristische Definition der Rassenlehre der Nationalsozialisten 1935. Die jüdischen Deutschen wurden zu „Staatsangehörigen minderen Rechts" erklärt.

Nürnberger Prozesse, Gerichtsverfahren, die 1945–1949 vor dem Internationalen Militärtribunal in Nürnberg zur Ahndung von nationalsozialistischen Kriegsverbrechen durchgeführt wurden.

Oder-Neiße-Grenze, von Stettin entlang der Oder und der Görlitzer Neiße bis zur böhmischen Grenze verlaufend, auf der Jalta-Konferenz beraten, 1945 in Potsdam bis zur endgültigen Regelung durch einen Friedensvertrag von den Westmächten als vorläufige Westgrenze Polens zugestanden. Sie wurde 1950 von der DDR als endgültige Staatsgrenze anerkannt. 1970 verpflichtete sich die Bundesrepublik Deutschland im deutsch-polnischen Vertrag, sie als unantastbare Grenze zu achten. 1990 als Grenze zu Polen von Deutschland endgültig anerkannt.

Ostverträge, Sammelbezeichnung für den Moskauer Vertrag 1970, den Warschauer Vertrag mit Polen 1970, das Berlinabkommen 1971 und den Grundlagenvertrag mit der DDR 1972.

Ost-West-Konflikt, Gegensatz der beiden Machtblöcke USA (mit NATO-Staaten) und Sowjetunion (mit Warschauer Pakt-Staaten) nach der Errichtung der von Russland beherrschten Volksdemokratien in Mittel- und Südosteuropa nach dem Zweiten Weltkrieg. Seit der Kubakrise wurde er durch die Politik der friedlichen Koexistenz gemildert.

Palestine Liberation Organization (PLO), 1964 gegründete Dachorganisation der palästinensischen Befreiungsbewegung, deren Ziel die Errichtung eines palästinensischen Staates ist. Seit 1993 Teilautonomie der Palästinenser im Gaza-Streifen und in der Stadt Jericho.

paritätische Mitbestimmung, in den Betrieben der Bundesrepublik Deutschland haben die Arbeitnehmer das gesetzlich festgelegte Recht auf Mitbestimmung im sozialen und wirtschaftlichen Bereich, aber auch bei Personalfragen. In Großbetrieben setzt sich der Aufsichtsrat zu gleichen Teilen aus Arbeitnehmern und Arbeitgebern zusammen.

Parlamentarischer Rat, 1948/49 verfassunggebende Versammlung zur Ausarbeitung des Bonner Grundgesetzes im Auftrag der westlichen Militärgouverneure. Die 65 Mitglieder wurden von den Landtagen der Bundesländer delegiert.

Parlamentarismus, siehe S. 31

Planwirtschaft, siehe S. 223. Im Gegensatz zur freien oder sozialen Marktwirtschaft eine gelenkte Staatswirtschaft, die alle Bereiche der Wirtschaft durch genaue Planung festlegt.

Pogrom, russ., Hetze, gewaltsame Ausschreitungen gegen Minderheitengruppen (Judenverfolgung).

Potsdamer Abkommen, siehe S. 197
Prager Frühling, urspr. bedeutendes Musikfestival, 1968/69 Bezeichnung für den Versuch tschechischer und slowakischer Politiker, einen „Sozialismus mit menschlichem Antlitz" aufzubauen. Von Truppen des Warschauer Pakts gewaltsam beendet.
Proletarier, nach marxistischer Lehre Arbeiter, die nichts als ihre Arbeitskraft besitzen und diese gegen Lohn zur Verfügung stellen müssen (siehe Kapitalismus).
Präsidialkabinette siehe S. 49

Rätesystem, Regierungssystem, bei dem die in Fabriken und Kasernen gewählten Vertreter der Arbeiter und Soldaten direkt regieren. Die übrige Bevölkerung ist nicht an der Regierung beteiligt, siehe Sowjet.
Reichsregierung, im Deutschen Reich 1919–1945 das zentrale Organ der vollziehenden Gewalt.
Reparationen, siehe S. 37
Revisionismus, das Bemühen, bestehende Zustände durch Verhandlungen zu ändern. In der Weimarer Republik z. B. das Bestreben, die Regelungen des Versailler Vertrages für Deutschland abzumildern bzw. rückgängig zu machen.
RGW (Rat für gegenseitige Wirtschaftshilfe), Gegengründung der Sowjetunion gegen die OEEC. Seit 1950 war die DDR Mitglied. 1990 Selbstauflösung.

SA (Sturmabteilungen), die politische Kampftruppe der NSDAP, nach der Machtübernahme 1933 auch als Hilfspolizei eingesetzt.
SBZ, Sowjetische Besatzungszone in Deutschland nach 1945.
Schlüsselindustrien Industriebranchen, die für die wirtschaftliche Entwicklung eines Landes oder einer Region von besonderer Bedeutung sind.
SED (Sozialistische Einheitspartei Deutschlands), führende Staatspartei der DDR, 1946 gegründet, nachdem die KPD der SBZ nicht die erwartete Zustimmung erreicht hatte. Mitglieder waren etwa 15 % der wahlberechtigten DDR-Bürger. 1990/91 umgewandelt in die PDS (siehe dort).
Selbstbestimmungsrecht der Völker, das vor allem seit seiner Verkündung durch US-Präsident Wilson nach dem Ersten Weltkrieg für die Minderheiten in Europa wichtig gewordene Prinzip, dass der Bevölkerung die freie Entscheidung über ihre Staatszugehörigkeit zustehe. Es spielte vor allem in den Friedensverträgen von 1919/20 eine Rolle.
Separatismus, separatistisch, lat., Bestreben nach Loslösung eines bestimmten Gebietes aus einem Staat, z. B. der rheinische Separatismus am Beginn der Weimarer Republik.
Sozialdarwinismus, Übertragung der Lehren Darwins (1809–1892) – nur die stärksten und anpassungsfähigsten Rassen und Arten (Tiere und Pflanzen) setzen sich in der Natur durch – auf den Bereich des menschlichen Zusammenlebens in Gesellschaft und Staatengemeinschaft.
Sozialdemokratie, politische Bewegung der Arbeitnehmer, die in der zweiten Hälfte des 19. Jahrhunderts aus der Arbeiterbewegung hervorging. Die Sozialdemokratie strebt die Verwirklichung einer gerechten und solidarischen Gesellschaft an. In Deutschland werden diese Ziele von der SPD (siehe dort) verfolgt.
SPD (Sozialdemokratische Partei Deutschlands), gegründet 1863 (siehe Sozialdemokratie).
Sputnik-Schock, der erfolgreiche Start des ersten Satelliten in die Erdumlaufbahn („Sputnik I") durch die Sowjetunion erschütterte das Vertrauen des Westens, besonders der USA, in seine technologische Überlegenheit und militärische Sicherheit gegenüber dem Osten schwer.
SS (Schutzstaffel), politische Kampftruppe zunächst innerhalb der SA zum persönlichen Schutz Hitlers, dann Verselbstständigung gegenüber der SA unter Himmler, schließlich Übernahme aller Sicherungsaufgaben des NS-Staates und Aufstellung eigener Truppenverbände (Waffen-SS).
Stasi Umgangssprachlicher Ausdruck für das Ministerium für Staatssicherheit der DDR
Status quo, siehe S. 122
Stellvertreterkrieg, kriegerischer Konflikt unterhalb der Atomschwelle während des Kalten Krieges, der, von den beiden Supermächten USA und Sowjetunion unter Kontrolle gehalten, zwischen kleinen Mächten aus den jeweiligen Lagern geführt wurde, z. B. in Nahost, in Korea.

totaler Krieg, Vernichtungskrieg, der sich auch gegen die Zivilbevölkerung des Feindes richtet.

UN/UNO (United Nations/Organization), 1945 gegründete Nachfolgeorganisation des Völkerbundes (siehe dort). Die UNO wirkt vornehmlich bei der Friedensstiftung zwischen Staaten mit, bei der Unterstützung von Flüchtlingen sowie bei der kulturellen und wirtschaftlichen Entwicklung der Dritten Welt.

VEB (Volkseigener, sozialisierter, in Gemeineigentum überführter Betrieb) in der SBZ bzw. DDR.
VEG (Volkseigenes, sozialisiertes, in Gemeineigentum überführtes Gut) in der SBZ bzw. DDR.
Versailler Vertrag, Friedensvertrag des Deutschen Reiches von 1919 mit den Siegermächten des Ersten Weltkrieges (Hauptbestimmungen: Alleinige Kriegsschuld des Deutschen Reiches, Gebietsabtretungen, Reparationen in unbegrenzter Höhe, 100 000-Mann-Heer, Verlust der Handelsflotte).
Verstaatlichung, ein Wirtschaftszweig oder ein einzelnes Unternehmen wird aus der Privatwirtschaft in Staatsbesitz

überführt (Eisenbahnen, Banken usw.). Im Hinblick auf die Bedeutung bestimmter Unternehmen für die Allgemeinheit ist eine solche Überführung – im Unterschied zur Sozialisierung – auch in einer privatwirtschaftlichen Ordnung gegen Vergütung möglich.

Vertrag von Maastricht, siehe S. 138

Vierzehn Punkte, im Januar 1918 von US-Präsident Wilson verkündetes Programm mit dem Ziel, eine Weltfriedensordnung mit u. a. folgenden Grundsätzen zu schaffen: Freiheit der Meere und der Wirtschaft, Selbstbestimmungsrecht der Völker, allgemeine Abrüstung, Völkerbund.

Völkerbund, erste internationale Organisation zur Sicherung des Weltfriedens, bestand 1920–1946. Vorläuferorganisation der UNO.

Völkerrecht, Gesamtheit der Rechtsgrundsätze, die die Beziehungen der Staaten untereinander regeln. Sie kommen vor allem durch Verträge, Abkommen und Gewohnheitsrecht zu Stande. Dem Völkerrecht fehlt – trotz UNO – bis heute eine übergeordnete Stelle, die seine Einhaltung erzwingen könnte.

„Volksgemeinschaft“, siehe S. 79

Volksgerichtshof, Sondergericht der Nationalsozialisten für die Verurteilung politischer Gegner.

Warschauer Pakt, siehe S. 155

Widerstand, siehe S. 101

Wirtschaftswunder, Schlagwort für den rasanten Wiederaufstieg der westdeutschen Wirtschaft in den 1950er und 1960er Jahren.

Yom Kippur, jüdischer Versöhnungstag, strengster Fasten- und Bußtag. Beginn des 4. Nahostkrieges 1973.

Zentrum, Partei des politischen Katholizismus in Deutschland 1871–1933.

Zionismus, internationale Bewegung im Judentum zur Wiederherstellung der „jüdischen Nationalheimstätte“ in Palästina. Zionistische Weltorganisation 1897 von Herzl gegründet.

Zollunion, Abkommen zwischen zwei oder mehr Staaten, das den Verzicht auf bestimmte Zölle im Warenverkehr zwischen den Teilnehmerstaaten vorsieht.

Zwangsarbeit, siehe S. 94

Inhalt der Methodenübersicht

Informationen beschaffen 298
Benutzung einer Bibliothek
Eine Internet-Recherche durchführen
Im Archiv recherchieren
Eine Umfrage durchführen

Orte erkunden 300
Eine Exkursion durchführen
Einen Besuch im Museum vorbereiten
Ein Denkmal erkunden

Interviews führen 300
Experten befragen
Zeitzeugen befragen

Gegenstände, Texte, Bilder, Karten, Kunstwerke untersuchen 301
Eine Sachquelle untersuchen
Schriftliche Quellen interpretieren
Textquellen vergleichen
Texte aus Jugendbüchern erarbeiten
Eine Bildquelle entschlüsseln
Bilder vergleichen
Herrscherbilder erschließen
Historiengemälde deuten
Fotos analysieren
Darstellungen auf Feldpostkarten untersuchen
Karikaturen entschlüsseln
Symbole und Gesten deuten
Eine Geschichtskarte lesen
Historische Karten lesen und vergleichen
Kunstwerke entschlüsseln
Propaganda anhand von Gebrauchsgegenständen analysieren
Politische Aussagen untersuchen
Eine politische Rede untersuchen
Politische Flugblätter analysieren
Politische Plakate untersuchen

Informationen auswerten und darstellen 307
Informationen präsentieren
Ein Verfassungsschema interpretieren
Statistiken auswerten und grafisch umsetzen
Einen Dokumentarfilm analysieren
Einen Spielfilm untersuchen
Publizistische Texte hinterfragen

Sich mit anderen auseinandersetzen 309
Ein Rollenspiel organisieren

Projektarbeit 309
Ein historisches Thema erforschen

Informationen beschaffen

Benutzung einer Bibliothek (Bd. 1)

1. Schritt: Besuch vorbereiten
Am besten vereinbart ihr mit der Bibliothek einen Termin. Viele Bibliotheken bieten an, im Rahmen einer Führung die Arbeit mit dem Katalog und das Verfahren der Bücher- bzw. Medienausleihe zu üben.

2. Schritt: Im Katalog suchen
Der Katalog ist ein Verzeichnis, in dem alle Bücher und anderen Medien der Bibliothek verzeichnet sind. Die meisten Bibliotheken haben einen virtuellen Katalog, in dem man am Computer suchen kann. Am Bildschirm kannst du zum Beispiel ein Stichwort, den Namen des Verfassers oder einen bestimmten Titel eingeben. Wenn du Bücher zu einem Thema suchst, gibst du ein passendes Stichwort ein, z. B. „Jungsteinzeit“, und erhältst eine Liste von Büchern. In manchen Büchereien gibt es noch Kataloge mit Karteikarten. Auch hier kannst du nach Themen („Schlagworten“) oder Autoren suchen.

3. Schritt: Informationen festhalten
Bücher und andere Medien musst du nach einer bestimmten Zeit zurückgeben. Notizen, Fotokopien oder Skizzen aus den Büchern solltest du deshalb nach Stichwörtern ordnen und zum Beispiel in einem Hefter sammeln.

Eine Internet-Recherche durchführen (Bd. 2)

1. Schritt: Suchziel festlegen
Für die Internet-Recherche solltest du dir Suchbegriffe überlegen und mehrere kombinieren. Auf diese Weise wird im Suchergebnis die Zahl der Adressen eingeschränkt.

Wenn du z. B. etwas über eine Burg im Breisgau wissen möchtest, solltest du die Kombination „Burgen Baden-Württemberg Breisgau" verwenden.
Erleichtert wird die Suche durch eine Suchmaschine.

2. Schritt: Suche durchführen
Gib die Suchbegriffe ein. Notiere dir die Adressen, die du bereits geprüft hast. Kläre, wie du die Informationen sichern willst (z. B. sofort ausdrucken, handschriftlich notieren).

3. Schritt: Ergebnisse prüfen
Nicht alle Adressen des Internets sind auf dem neuesten Stand und zuverlässig. Deshalb solltest du sie auf folgende Fragen hin prüfen:
– Wer ist der Autor bzw. die Autorin?
– Wie aktuell sind die Informationen?
– Wie zuverlässig sind die Quellen, von denen die Informationen stammen?
– Wie werden die Informationen vermittelt: verständlich, sachlich, detailliert, wertend usw.?

4. Schritt: Ergebnisse ordnen
Damit du den Überblick über die Informationen und ihre jeweilige „Herkunft" behältst, solltest du die Ergebnisse ordnen, z. B. mithilfe von Karteikärtchen: Notiere Informationen und Internetadresse. Nutze für jede Information ein eigenes Kärtchen. Lege dann die zusammen, die inhaltlich zueinander gehören.

5. Schritt: Ergebnisse bewerten und präsentieren
Vergleicht in der Klasse eure Ergebnisse: Was war ergiebig? Worin bestanden die Probleme?
Überlege dir, welche Form der Präsentation zu deinem Thema und zum Ergebnis deiner Recherche passt: Dokumentation (Broschüre, Intranet), Wandzeitung, Referat.

Im Archiv recherchieren (S. 191)

1. Schritt: Genaue Eingrenzung des Themas
Vor dem Archivbesuch solltet ihr das Thema der Recherche inhaltlich und zeitlich genau eingrenzen, damit ihr im Archiv gezielt suchen könnt.

2. Schritt: Archivbesuch vorbereiten
Erkundigt euch nach den Öffnungszeiten des Archivs und versucht bereits telefonisch herauszufinden, ob dort Material zu eurem Thema zu finden ist. Vielleicht legt euch der Archivar die gesuchten Dokumente zu einem bestimmten Termin heraus. Ansonsten könnt ihr im Archiv mithilfe von Findbüchern, in denen alle Akten aufgelistet sind, die Schriftstücke in den Lesesaal bestellen. Plant dafür entsprechend Zeit ein.

3. Schritt: Archivalien sichten und auswählen
Bei der Arbeit mit Archivalien handelt es sich um einmalige Originale, die ihr in den Händen haltet. Geht entsprechend sorgsam damit um. Fragt nach, ob ihr die für euch interessanten Schriftstücke kopieren dürft (bei Quellen aus dem 20. Jahrhundert z. T. möglich). Ansonsten notiert interessante Sachverhalte und schreibt ggf. das Schriftstück wortwörtlich ab. Notiert immer die vollständige Quellenangabe und den Fundort. Dabei sind euch die Archivmitarbeiter behilflich.

4. Schritt: Ergebnisse auswerten und präsentieren
Tragt die Ergebnisse eurer Archivrecherche zusammen und stellt die gefundenen Quellen der Klasse vor. Geht dabei ein auf:
– Fundort, Quellenart (z. B. Brief, Urkunde), Autor, Adressat, Entstehungszeit, Inhalt, Besonderheiten wie Unterstreichungen usw.
– Aussagewert der Quelle, bezogen auf euer Thema/eure Untersuchungsfragen. Berichtet auch, was bei der Suche ergiebig war und wo Probleme lagen (z. B. Lesbarkeit von Quellen).
Formen der Präsentation: Wandzeitung, Ausstellungstafeln für das Schulfoyer u. a.

Eine Umfrage durchführen (S. 255)

1. Schritt: Thema eingrenzen und Fragen sammeln
Klärt, worüber ihr etwas erfahren möchtet. Beispiel für eine Grundfrage: Welche Empfindungen sind mit dem … (Datum, Ereignis) verbunden?
Grenzt die Personen-(Ziel-)gruppe ein und sammelt „vorläufige" Fragen.

2. Schritt: Fragebogen erstellen
Legt die Anzahl der Fragen fest. (Beachtet den Zeitaufwand!) Entscheidet: mündliche oder schriftliche Befragung? Legt die Frageformen fest (siehe M1). Gestaltet den Fragebogen.

3. Schritt: Befragung durchführen
Welche Zielgruppe wird wann, wo und von wem befragt? (Beispiele: zuerst Mitschülerinnen, Mitschüler; dann Bürgerinnen und Bürger am Schul- oder Wohnort). Vermeidet Doppelbefragungen!

4. Schritt: Daten auswerten, interpretieren und Ergebnisse kritisch reflektieren
Auszählung und Kontrolle (Computereinsatz?) – Was kann aus den Ergebnissen gefolgert werden? Gibt es Probleme bei der Interpretation?

5. Schritt: Aufbereitung und Präsentation der Daten
Bearbeitet die Daten in Kleingruppen und/oder teilt sie nach Themen auf.
Entscheidet euch für die grafische Darstellung (z. B. Computergrafik; Wandzeitung, Broschüre, Schülerzeitung, regionale Presse).

Orte erkunden

Eine Exkursion durchführen (Bd. 1)

1. Schritt: Informationen besorgen
Beschafft euch zunächst Informationsmaterial bei der Verwaltung.
2. Schritt: Organisation
Klärt, welcher Termin infrage kommt, und ermittelt Fahrzeiten und Fahrpreise der günstigsten Verkehrsmittel.
Stellt vor der endgültigen Entscheidung fest, was die Fahrt wohl insgesamt kosten wird.
3. Schritt: Themen in der Schule vorbereiten
Sichtet das Informationsmaterial, entscheidet euch, ob ihr ein vom Museum angebotenes Projekt durchführen oder eigene Schwerpunkte erarbeiten wollt. Teilt euch in Gruppen ein, die im Museum euren „Forschungsfragen" nachgehen werden. Diese Fragen solltet ihr vor dem Besuch bereits formulieren, ihr solltet euch aber auch offenhalten für Themen oder Fragen, auf die ihr dort erst stoßt bzw. die ihr während des Besuchs als interessant erkennt.
4. Schritt: Orientierung und Entdeckungen im Park
Verschafft euch vor Ort gemeinsam bei einem Rundgang einen ersten Überblick. Die einzelnen Gruppen können als Experten schon Informationen geben. Anschließend gehen die Gruppen an die Arbeit: Notizen, Skizzen, Fotos (Video?) anfertigen.
5. Schritt: Befunde auswerten und dokumentieren
Wertet eure Arbeitsergebnisse in der Schule aus. Jede Gruppe berichtet. Entscheidet, wie ihr eure Ergebnisse dokumentieren wollt. Einige Anregungen:
- ein Exkursionsbuch anlegen,
- eine Wandzeitung erstellen,
- Spielszenen/Hörspiel produzieren,
- eine Reportage erstellen.

Einen Besuch im Museum vorbereiten (Bd. 3)

1. Schritt: Informationen besorgen
Informiert euch über die Dauerausstellung und das museumspädagogische Angebot (z. B. Internet).
2. Schritt: Den Museumsbesuch organisieren
Entscheidet, ob ihr ein Angebot der Museumspädagogik in Anspruch nehmen oder das Museum selbstständig erkunden wollt. Für Vorführungen und Führungen im Museum ist meistens eine Anmeldung von mehreren Wochen vor dem geplanten Besuchstermin notwendig.
3. Schritt: Themen in der Schule vorbereiten
In den meisten Museen ist viel mehr zu erleben, als bei einem Besuch „zu schaffen" ist. Damit ihr euch in dem Angebot nicht „verliert", solltet ihr euch anhand der Informationen aus dem Internet Schwerpunkte für den Besuch setzen und die entsprechenden Themen vorbereiten. Formuliert Fragen, die bei der Vorbereitung aufgetaucht sind, und versucht, im Museum Antworten darauf zu finden – sei es mithilfe der Ausstellungsgegenstände, der Text- und Bildtafeln oder mithilfe der museumspädagogischen Fachkräfte.

Ein Denkmal erkunden (S. 148)

1. Schritt: Erkundung des Denkmals
- Woran erinnert das Denkmal?
- Was stellt das Denkmal dar?
- Wie sind die Figuren angeordnet?
- Wie ist ihre Körperhaltung, ihre Kleidung, ihr Ausdruck?
- Welche Symbole werden verwendet?
- Gibt es Inschriften?

2. Schritt: Fragen nach Sinn und Zweck des Denkmals
- Wer hat das Denkmal errichtet?
- Gibt es Quellen, die über die Einweihung oder Feierlichkeiten rund um das Denkmal berichten?
- Welche Botschaft sollte durch das Denkmal vermittelt werden?
- Wo steht das Denkmal? Was sollte durch die Wahl des Platzes zum Ausdruck kommen?
- Wer sollte durch die Botschaft des Denkmals angesprochen werden?

3. Schritt: Fragen zur Aktualität und Bewertung des Denkmals
- Wie wirkt das Denkmal auf dich?
- Gibt es Spuren von Veränderungen an dem Denkmal? Was bedeuten sie?
- Gibt es Dokumente über spätere Debatten über das Denkmal?
- Wie wird das Denkmal heute von der Bevölkerung wahrgenommen?

Interviews führen

Experten befragen (Bd. 2)

1. Schritt: Fragen sammeln
- Notiert alle Fragen, die euch einfallen.
- Stellt sie zu einem Fragenkatalog zusammen. Überlegt dabei, welche

sich einem gemeinsamen Thema zuordnen lassen (z. B. Motive für den Klostereintritt, Tagesablauf, Zusammenleben im Kloster usw.).

2. Schritt: Kontakt aufnehmen

– Besprecht, wen und wie viele Personen ihr einladen wollt (z. B. Mönch oder Nonne, junges Ordensmitglied oder Äbtissin).

– Nehmt telefonisch oder brieflich Kontakt auf und übergebt euren Fragenkatalog, damit die Experten sich vorbereiten können.

3. Schritt: Befragung vorbereiten

– Einigt euch mit den Experten auf Termin und zeitlichen Rahmen des Treffens (eine Befragung sollte nicht länger als zwei Stunden dauern!).

– Legt vorher fest, wer die Gesprächsführung übernimmt (Schüler/-in oder Lehrkraft).

– Bereitet den Raum vor (Stuhlkreis, Anordnung der Tische in U-Form)

4. Schritt: Befragung durchführen

– Die Gesprächsleitung begrüßt die Gäste und stellt sie vor. Jeder von euch stellt ein Namensschild vor sich oder nennt seinen Namen, wenn er sich zum ersten Mal meldet.

– Die Gesprächsleitung achtet darauf, dass der Fragenkatalog beantwortet wird. Wenn etwas unklar bleibt, könnt ihr nachfragen.

– Am Ende dankt ihr dem Experten (evtl. mit einem kleinen Geschenk).

– Wenn der Gast einverstanden ist, könnt ihr das Gespräch auf Tonband oder Video aufzeichnen. Für die Auswertung genügt es allerdings, wenn zwei von euch Protokoll führen.

5. Schritt: Antworten auswerten

Überprüft anhand des Fragenkatalogs, welche Antworten ihr erhalten habt. Sind Lücken geblieben? Warum? Diskutiert: Hat sich der Expertenbesuch gelohnt?

Zeitzeugen befragen (S. 195)

1. Schritt: Befragung vorbereiten

Thema der Befragung klären, Überblick verschaffen (Schul-/Sachbücher). Fragen vorbereiten, die durch das Gespräch leiten. Vermeidet Fragen, durch die sich Befragte angegriffen fühlen könnten. Zeitzeugen finden (Familie, Bekannte, über die Stadtverwaltung, im Stadtarchiv, bei Kirchen, Parteien oder Gewerkschaften, Annonce in der Lokalzeitung). Klärt Ort, Zeit und Ablauf des Gesprächs (mehrere Zeitzeugen gleichzeitig einladen?).

2. Schritt: Befragung durchführen

Für eine angenehme Atmosphäre sorgen, Begrüßung, Gesprächsleitung und Dauer der Befragung absprechen, Aufnahmegeräte starten und Fotos machen (um Einverständnis der Gesprächspartnerin/des Gesprächspartners bitten). Protokoll führen (vorher absprechen). Fragen stellen und/oder Gelegenheit zum freien Erzählen geben. Dank, Verabschiedung.

3. Schritt: Ergebnisse auswerten, bewerten und präsentieren

Eindrücke austauschen (Erkenntnisgewinn, Glaubwürdigkeit der Erzählung). Informationen mit bisherigen Kenntnissen vergleichen, Unterschiede klären. Was ist neu? Wo gibt es „Lücken"? Wie lassen sie sich erklären? Eigene Gesprächsführung kritisch bewerten.

Auf Präsentation einigen (Text/Bilddokumentation: Mappe, Ausstellung, Ton/Videodokumentation).

Gegenstände, Texte, Bilder, Karten, Kunstwerke untersuchen

Eine Sachquelle untersuchen (Bd. 2)

1. Schritt: Die Sachquelle beschreiben

– Aus welchen Teilen besteht die Sachquelle?

– Wie sind diese einander zugeordnet bzw. miteinander verbunden?

– Welche Materialien wurden zur Herstellung verwendet?

– Welche Ausmaße hat das Objekt?

– Wie wirkt es auf dich?

2. Schritt: Die Funktion der Sachquelle erkunden

– Wozu wurde das Objekt genutzt?

– Welche Hinweise ergeben sich aus ihm selbst?

– Welche liefert die Bildlegende (bzw. die Beschriftung im Museum)?

– Welche weiteren Informationen erhältst du (z. B. im Museum, aus Sachbüchern, Internet usw.)?

3. Schritt: Die historische Bedeutung der Sachquelle erschließen

– Handelt es sich bei dem Objekt um etwas, was in seiner Zeit einmalig bzw. selten war oder gab es diesen Gegenstand häufig?

– Inwiefern lässt die Sachquelle Rückschlüsse zu, z. B. auf Leben, Wohnen, Arbeiten in jener Zeit?

Schriftliche Quellen interpretieren (Bd. 2)

1. Schritt: Fragen zum Verfasser

– Wann und von wem wurde der Text verfasst?

– Hat der Verfasser das Geschehene selbst erlebt oder später aufgeschrieben? Zu welchem Zweck wurde der Text geschrieben?

– Lässt sich ein bestimmter Standpunkt des Verfassers vermuten?

2. Schritt: Fragen zum Text
– Wie ist der Text aufgebaut?
– Gibt es „Schlüsselbegriffe"?
– Was ist die Hauptaussage?
– Sind die Aussagen in sich widersprüchlich oder glaubwürdig?
– Ist in dem Text eine Wertung zu erkennen?

3. Schritt: Weitere Informationen heranziehen
– Wie vermitteln andere Quellen und Darstellungen das im Text Berichtete? Stimmen sie mit ihm überein, widersprechen sie ihm?
– Wie glaubwürdig, wie überzeugend erscheinen sie dir im Vergleich zum Quellentext selbst?

Textquellen vergleichen (Bd. 2)

1. Schritt: Jede Quelle einzeln erschließen
Siehe „Schriftliche Quellen interpretieren" (Arbeitsschritt 2).

2. Schritt: Glaubwürdigkeit der Texte überprüfen
Kläre folgende Fragen:
– Wann sind die Texte geschrieben worden? Wie groß ist der zeitliche Abstand zwischen Ereignis und Bericht? Waren die Autoren Augenzeugen? Wenn nicht: Wen geben sie als Informanten an?
– Ist eine Wertung (durch die Autoren oder deren Informanten) zu erkennen?

3. Schritt: Inhalte vergleichen
Stelle fest,
– welche Informationen übereinstimmen,
– ob es Einzelheiten gibt, die nicht in allen Texten erscheinen bzw. unterschiedlich genau oder ausführlich wiedergegeben werden,
– ob das, was berichtet wird, logisch ist oder Unstimmigkeiten enthält.

4. Schritt: Weitere Informationen sammeln
Um die Aussagen der Texte zu überprüfen bzw. Fragen zu klären, musst du weitere Quellen und wissenschaftliche Informationen (z. B. Lexika, Sachbücher) heranziehen.

5. Schritt: Ergebnisse formulieren
Vergleiche die Notizen aus den einzelnen Arbeitsschritten miteinander. Ergänze dann die Ergebnisse durch Sachinformationen. Nenne die Widersprüche und Unklarheiten, die du bei der Textarbeit festgestellt hast und nicht beseitigen konntest. Prüfe, ob sie für die Wertung der Ergebnisse von Bedeutung sind.

Texte aus Jugendbüchern erarbeiten (Bd. 2)

1. Schritt: Den Text inhaltlich erschließen
– Wovon handelt der Text?
– Wer sind die Hauptpersonen? Vertreten sie bestimmte Berufs- oder Bevölkerungsgruppen oder gesellschaftlich wichtige Ämter?
– Handeln die Personen selbstständig oder führen sie Anweisungen aus?
– Wird das Geschehen aus Sicht der Hauptpersonen dargestellt oder kommen andere Sichtweisen dazu?

2. Schritt: Den historischen Hintergrund prüfen
– Wird die Handlung mit geschichtlichen Daten, Plätzen, Personen oder Ereignissen verbunden?
– Wird die Handlung in größere geschichtliche Zusammenhänge oder Entwicklungen eingebunden?

3. Schritt: Die Darstellungsweise kritisch hinterfragen
– Wird deutlich, welche Vorgeschichte ein Ereignis hat, aus welchen Motiven eine Person handelt, welche Ziele sie verfolgt?
– Wie werden Lebensformen erklärt und gewertet, die in jener Zeit ungewöhnlich waren?
– Sind die Erklärungen für andere Lebensformen überzeugend, können sie (von dir) überprüft werden?

4. Schritt: Die Nähe zu eigenen Erfahrungen messen
– Lassen sich Verbindungen herstellen zwischen den geschilderten Ereignissen und Situationen, die du selbst erlebt hast?
– Kannst du dich in die Personen hineinversetzen und überlegen, wie du in der entsprechenden Situation handeln würdest?
– Fordert der Text dich auf, dein eigenes Denken und Handeln kritisch zu überprüfen?
– Gibt der Text Anlass, sich mit aktuellen Themen auseinanderzusetzen?

Eine Bildquelle entschlüsseln (Bd. 1)

1. Schritt: Die Einzelheiten des Bildes erfassen
Beschreibe die Einzelheiten des Bildes, indem du folgende Fragen beantwortest:
– Welche und wie viele Personen sind dargestellt?
– Wie sind sie gekleidet?
– Welche weiteren Gegenstände oder Tiere sind zu sehen?
– Wo befinden sich die Personen und Gegenstände (Zentrum, Rand)?

2. Schritt: Die Zusammenhänge erklären
Überlege, in welcher Beziehung die abgebildeten Personen, Tiere oder Gegenstände zueinander stehen. Findest du Merkmale, die auf bestimmte Eigenschaften, Beruf, gesellschaftliche Stellung der dargestellten Personen hinweisen?

3. Schritt: Zusätzliche Informationen über das Bild heranziehen
In der Bildlegende findest du wichtige Hinweise. Sie gibt dir Auskunft darüber, wer wann für wen warum ein Bild gemalt hat. Manchmal hat das Bild auch einen Titel.
Weitere Fragen lassen sich oft durch eine zusätzliche Textquelle klären.

Bilder vergleichen (Bd. 2)

1. Schritt: Einzelheiten der Bilder erfassen
Sieh dir jedes Bild genau an und erarbeite seine Einzelheiten nach den Arbeitsschritten 1 und 2 der Methode „Herrscherbilder erschließen“. Beachte besonders
– die Darstellung von Personen, Gegenständen und Umgebung: Wirken sie „lebensecht“? Gibt es Merkmale, die den Charakter, bestimmte Eigenschaften, Beruf oder die Vermögensverhältnisse erschließen lassen?
– den Aufbau des Bildes: Wie wird der Blick des Betrachters auf das Bildzentrum gelenkt? Wie gestaltet der Künstler den Hintergrund des Bildes? Gibt es eine Verbindung zwischen Vorder- und Hintergrund, zwischen Mittelpunkt und Umgebung?
2. Schritt: Gemeinsamkeiten und Unterschiede erarbeiten
Notiere die Unterschiede, die du zwischen beiden Bildern gefunden hast (Tabelle).
3. Schritt: Die Aussage der Bilder erschließen
Um die unterschiedliche Aussage der Bilder zu verstehen, stellst du „Wer-, wann-, warum-, wozu-...?“-Fragen:
– Wer sind die Personen, die dargestellt sind? Waren sie z. B. arm, berühmt, mächtig oder reich?
– Wie zeigt sich die Einstellung des Künstlers zu den abgebildeten Personen?
– Lebten die abgebildeten Personen wirklich?
– Unter welchen Bedingungen sind die Bilder entstanden? Informationen über Künstler, Auftraggeber und Absicht findest du z. B. in der Bildlegende.
4. Schritt: Gesamtaussage vergleichen
Versuche, mithilfe des ersten und dritten Arbeitsschrittes jeweils die Aussage der beiden Bilder wiederzugeben. Mache deutlich, was der Künstler jeweils ausdrücken wollte. Weise insbesondere auf Unterschiede zwischen beiden Bildern hin und finde eine Erklärung.

Herrscherbilder erschließen (Bd. 2)

1. Schritt: Einzelne Bildelemente erfassen
– Welche Personen werden gezeigt? Wie sind sie dargestellt (im Profil, von vorn, als Porträt, Brustbild)? In welcher Haltung bzw. Bewegung werden sie gezeigt? Was „sagt“ ihr Gesichtsausdruck? Wie sind sie ausgestattet (Kleidung, Farben, Schmuck, Rangabzeichen, Herrschaftszeichen usw.)?
– Welche Gegenstände sind abgebildet?
– Wo befinden sich die Personen und Gegenstände?
– Wie ist der Hintergrund gestaltet (Farben, Text usw.)?
– Welches Material wurde zur Herstellung verwendet?
2. Schritt: Bildelemente zusammenfügen
– Wie gehören die Bildelemente zusammen?
– Welche erste Deutung ergibt sich beim Zusammenfügen der Elemente?
– Welche Fragen bleiben offen?
3. Schritt: Zusätzliche Informationen heranziehen
– Welche weiteren Informationen gibt es, um die Bildaussage zu verstehen (z. B. Bildunterschrift, weitere Abbildungen, schriftliche Quellen, wissenschaftliche Darstellungen)?
– Wann ist das Bild hergestellt worden? Gab es einen konkreten Anlass für seine Anfertigung?
– Was lässt sich über den Auftraggeber, seine Beziehung zu den abgebildeten Personen und seine Absicht herausfinden?
– Wem und auf welche Weise wurde das Herrscherbild „vermittelt“?
4. Schritt: Gesamtdeutung des Herrscherbildes formulieren
– Formuliere mithilfe der Zusatzinformationen eine zusammenfassende Aussage.
– Bleiben Fragen in der Gesamtdeutung offen? Wenn ja, warum?
– Überlege, ob es für Zeitgenossen leichter als für uns heute war, die Botschaft des Bildes zu erschließen. Versuche, deine Antwort zu begründen.

Historiengemälde deuten (Bd. 3)

1. Schritt: Das Bild beschreiben
– Welches Ereignis ist dargestellt?
– An welchem Ort spielt sich das Geschehen ab?
– Welche Personen sind zu sehen? Welche stehen im Mittelpunkt?
2. Schritt: Die Entstehung des Bildes untersuchen
– Wer hat es gemalt?
– Wer hat es in Auftrag gegeben?
– Für welchen Zweck wurde es geschaffen?
– Welcher Zeitraum liegt zwischen dem Ereignis und der Entstehung des Bildes?
– Hat der Maler das Geschehen selbst miterlebt?

3. Schritt: Bild und Wirklichkeit vergleichen
– Suche nach Abbildungen (Fotos, Gemälde, Zeichnungen usw.), die das gleiche Ereignis zeigen.
– Ziehe gegebenenfalls schriftliche Informationen und Quellen heran.
4. Schritt: Die Aussage des Bildes erschließen
– Was wollte der Maler dem Betrachter zeigen? Berücksichtige, ob es Abweichungen zwischen Bild- und weiteren Quellenaussagen gibt.
– Welche Wirkung wollte der Künstler beim Publikum erreichen?
– Welche Informationen erhalten wir über das zentrale Thema des Bildes hinaus, die z. B. Aufschluss geben über politische, gesellschaftliche Verhältnisse oder über die Kultur (zur Zeit des dargestellten Ereignisses bzw. des Künstlers).

Fotos analysieren (Bd. 3)

1. Schritt: Fragen zum Fotografen klären
– Wer hat das Foto angefertigt?
– Lässt sich ein bestimmer Anlass, ein Motiv für die Aufnahme feststellen? – In wessen Auftrag wurde fotografiert?
2. Schritt: Fragen zum Foto
– Wann ist es entstanden?
– Was ist auf dem Bild dargestellt? Welche Details (Lupe!) könnten wichtig sein?
– Lässt sich ein bestimmtes „Thema" erkennen? Gibt die Bildunterschrift Hilfen?
– Welche Bildtechnik ist zu erkennen (Figuren, Gegenstände, Perspektive, Brennweite, Komposition, Entfernung, Ausschnitt)?
– Wurde das Bild bearbeitet (Montage, Beschnitt, Retusche)?
– Welche weiteren Informationen sind zur weiteren Analyse notwendig?
3. Schritt: Aussage und Deutung
– Wie ist der erste Eindruck?
– Welche Gesamtaussage (Deutung) lässt sich formulieren?
– Welche Fragen bleiben offen?

Darstellungen auf Feldpostkarten untersuchen (Bd. 3)

1. Schritt: Einzelheiten erfassen
– Welche Personen, Gegenstände sind dargestellt? In welcher räumlichen Beziehung stehen sie zueinander?
– Was für ein Hintergrund wurde gewählt (Landschaft, Innenraum, „Kulisse" usw.)?
– Welche Bildelemente verweisen auf das Thema „Krieg"?
– Welche Aussagen werden schriftlich vermittelt?
2. Schritt: Bildelemente in einen Zusammenhang bringen
– Lassen sich die Einzelheiten in einen Sinnzusammenhang bringen?
– Welche Aussage – über das Bildmotiv und das Thema Krieg – ergibt sich vorläufig?
– Welche Fragen sind noch offen?
3. Schritt: Zusätzliche Informationen nutzen
– Welche Informationen enthält die Bildunterschrift?
– Gibt es Hinweise auf Adressat und Zielsetzung der Abbildung?
4. Schritt: Aussage und Absicht des Bildes erschließen und kritisch werten
– Führe die Ergebnisse der Arbeitsschritte zusammen und erläutere, welche Botschaften die Darstellung dem Betrachter vermitteln sollte. Achte auf Einzelheiten.
– Überlege, welche Absicht mit der Darstellung und dem Medium Feldpostkarte verbunden war.
– Meinst du, dass die Botschaft bei den Adressaten ankam? Begründe.

Karikaturen entschlüsseln (Bd. 3)

1. Schritt: Inhalte, Details sammeln
– Beschreibe möglichst genau, was die Zeichnung zeigt bzw. was du erkennst.
– Ist ein Text vorhanden, gib diesen in eigenen Worten wieder.
2. Schritt: Die Bedeutung klären
– Überlege, welche Bedeutung die abgebildeten Personen, Gegenstände, Symbole usw. haben können oder worauf sie anspielen. Ein Symbol ist z. B. die Jakobinermütze für die Revolutionäre; als Personen werden oft verwendet: Michel mit der Zipfelmütze (für Deutschland), Marianne (für Frankreich).
– Ergibt sich aus der Darstellung eine Wertung (Personen, Handlungen)?
– Sprich mit Mitschülern über deine Vermutungen zur Bedeutung einzelner Bildelemente.
– Prüfe, ob der Text der Karikatur deine Vermutungen stützt.
3. Schritt: Die Aussage formulieren
– Informiere dich, auf welches Ereignis oder welchen Zusammenhang sich die Karikatur bezieht, an wen sie sich richtet (Adressaten).
– Fasse zusammen: Was ist Thema der Karikatur? Ergänzen Zeichnung und Text einander? Welche Einstellung zum Thema hatte der Zeichner? Welche Botschaft enthält die Karikatur?

Symbole und Gesten deuten (Bd. 2)

1. Schritt: Einzelne Elemente beschreiben
– Was ist dargestellt (Personen, Gegenstände)? In welchen Positionen (Haltungen), in welchen Bewegungen sind sie zu sehen?

– Wie lässt sich die Situation beschreiben?
– Was erscheint daran merkwürdig?
2. Schritt: Zusätzliche Informationen heranziehen
– Welche Hinweise gibt die Bildunterschrift?
– Welche Abbildungen gibt es, die Vergleichbares, Ähnliches zeigen? Welche Aussagen werden ihnen zugeschrieben?
– Welche Bedeutung würdest du der entsprechenden Geste, Gebärde, Handlung oder auch dem Gegenstand heute zuordnen?
3. Schritt: Bedeutung der Bildelemente entschlüsseln
– Welche Gegenstände oder Handlungen „sprechen für sich selbst", kannst du also ohne Probleme erschließen? Was „sagen" sie aus?
– Welche scheinen wichtig zu sein für die Aussage des Bildes? Woran erkennst du es?
– Inwiefern passen sie zu der Gesamtsituation oder wirken sie eher künstlich, aufgesetzt?
4. Schritt: Eine Gesamtdeutung formulieren
– Welche Einzelaussagen ergeben sich aus den Symbolen und Gesten?
– Welche Gesamtaussage lässt sich formulieren? Gibt es mehrere Deutungen?

Eine Geschichtskarte lesen (Bd. 2)

1. Schritt: Grundelemente erkennen
Orientiere dich über den dargestellten Raum und das Thema der Karte. Beachte den Maßstab!
Kläre mithilfe der Legende, welche Farben und Symbole verwendet werden und welche Bedeutung sie haben.
2. Schritt: Veränderungen untersuchen
Prüfe, welcher Zeitraum dargestellt und in welche Phasen er gegliedert ist. Werden Gründe für die Veränderung deutlich (z. B. Kriege, Katastrophen, Wanderungen, Stadtgründungen o. Ä.)?
3. Schritt: Glaubwürdigkeit prüfen
Wie Textquellen oder Bilder sind auch Karten mit einer bestimmten Absicht verfasst. Prüfe mithilfe ergänzender Informationen, ob die verwendeten Symbole, Farben, Ortsbezeichnungen oder Begriffe geeignet sind, die geschichtliche Entwicklung deutlich zu machen.
4. Schritt: Ergänzende Informationen beschaffen
Sammle Informationen über die abgebildete Region (Lexika, Schul- und Sachbücher, Internet).
Du kannst dir auch eine moderne Karte von dem Gebiet beschaffen und z. B. Vermutungen anstellen, wie die Vergangenheit sich auf die Gegenwart auswirkt.

Historische Karten lesen und vergleichen (Bd. 2)

1. Schritt: Jede Karte einzeln erschließen
Untersuche jede Karte einzeln:
– Was ist das Thema der Karte (Inhalt, Raum und Zeit)?
– Welche Informationen gibt die Bildunterschrift?
– Ist die Karte genordet?
– Welches Gebiet ist dargestellt, wo ist z. B. Land oder Wasser?
– Welche Zeichen, Symbole, Farben sind zu erkennen? Was könnten sie bedeuten?
– Zu welchem Zweck könnte die Karte angefertigt worden sein; gab es z. B. Auftraggeber?
– Welche Gesamtaussage hat die Karte?
– Welche Fragen sind nur mithilfe weiterer Informationen zu beantworten?
2. Schritt: Gemeinsamkeiten und Unterschiede feststellen
Vergleiche die Einzelheiten der beiden Karten, z. B. die Datierung, die Art der Darstellung, das Land-Wasser-Verhältnis, die Küstenverläufe, die Lage von Inseln.
Vergleiche dann die Gesamtaussage beider Karten.
3. Schritt: Ergebnisse auswerten
– Gibt es Veränderungen (z. B. im geografischen Kenntnisstand)?
– Was bedeuten die Veränderungen für das Weltbild in der damaligen Zeit?
– Welche Folgen hatte der veränderte Kenntnisstand (z. B. für die Politik, für die Seefahrt, für die Wirtschaft, die Wissenschaft)?
– Welche weiteren Informationen über die Karten hinaus sind noch vorhanden (z. B. in Begleittexten zu den Karten, in Sachbüchern)?

Kunstwerke entschlüsseln (Bd. 1)

1. Schritt: Künstlerische Auswertung
a) Was ist dargestellt? Aus welchem Material wurde es geschaffen?
b) Wie wirkt das Dargestellte auf mich? Warum gefällt es mir (nicht)? Was wirkt fremd, was kommt mir bekannt vor?
c) Wie bildet der Künstler die Natur ab? Achte auf Einzelheiten des menschlichen Körpers und der Gegenstände. Was wird betont?
2. Schritt: Historische Auswertung
d) Wann, wo und für welchen Zweck ist das Kunstwerk entstanden? Beachte die Bildlegende.
e) Welche Informationen vermittelt das Dargestellte über den Alltag, die Wirtschaft oder die Politik der damaligen Zeit? Beachte die Kleidung, Frisur, Einrichtungsgegenstände, Waffen, Tiere usw.

f) In welcher Beziehung stehen die dargestellten Personen zueinander?

Propaganda anhand von Gebrauchsgegenständen analysieren (Bd. 3)

1. Schritt: Den Gegenstand beschreiben und die Aussagen analysieren
– Wozu wurde der Gegenstand genutzt?
– Was ist das Thema der Bild- oder Textbotschaften? Ziehe dazu die Methodenseite (Methodenanhang) heran.
2. Schritt: Die Propagandastrategie ergründen
– Gibt es einen Bezug zwischen der „ursprünglichen" Funktion des Gegenstandes und der Botschaft?
– Suche nach Einzelheiten, die darauf abzielen, das (politische) Bewusstsein der Menschen zu beeinflussen.
– An welchen Adressatenkreis richtete sich die Propaganda?
3. Schritt: Weitere Informationen heranziehen
– Nutze Angaben aus der Bildunterschrift oder Informationen aus Lexika, um die ersten Ergebnisse zu überprüfen und zu ergänzen.
4. Schritt: Ziel und (vermutete) Wirkung der Propaganda kritisch werten
– Mache dir anhand deiner Ergebnisse nochmals klar, welchen Zweck die untersuchte Propaganda hatte.

Politische Aussagen untersuchen (Bd. 3)

Bei der Analyse und Interpretation solltest du deine Kenntnisse zur Quellen- und Bildanalyse heranziehen.
1. Schritt: Fragen zum Verfasser (Auftraggeber)
– Von wem und wann wurde die Quelle verfasst bzw. gezeichnet?
– Welche Perspektive nimmt der Autor bzw. Künstler ein?
– Welche Absicht ist zu erkennen?
2. Schritt: Fragen zum Material
– Welche Quellenart liegt vor?
– Welches sind die „Schlüsselbegriffe"?
– Worin besteht die Kernaussage?
– Wird sachlich oder einseitig dargestellt?
– Werden Argumente gebracht?
3. Schritt: Fragen zum Adressaten
– Wer soll erreicht werden (Privatperson, Öffentlichkeit, Nachwelt)?
– Welche Wirkung auf den Adressaten könnte erzielt werden?
4. Schritt: Ergebnisse beurteilen und reflektieren
– Wie können Interessen und Position zusammenfassend formuliert werden?
– Welche Bewertung der Position ist möglich?
– Welche Rolle spielt der eigene Standpunkt bei der Bewertung?
– Sind weitere Informationen heranzuziehen?

Eine politische Rede untersuchen (Bd. 3)

1. Schritt: Den Text untersuchen
Gehe nach dem Modell zur Quellenanalyse (siehe S. 311) vor.
2. Schritt: Die Argumentation herausfinden
Notiere die zentralen Aussagen, stichwortartig verkürzt, gemäß ihrer Reihenfolge untereinander. Skizziere dann in Worten oder als Zeichnung den Gedankengang des Textes.
3. Schritt: Die Wirkung der Rede ermitteln
Schreibe alle Begriffe und Passagen auf, die du für wichtig und für „ungewöhnlich" hältst, z. B. Metaphern, Vergleiche, Wortwiederholungen, „unechte" Fragen und Appelle. Lies sie halblaut vor dich hin. Welche Bilder oder Gefühle entstehen beim Zuhören?
4. Schritt: Die Absicht erschließen
Versuche anhand der bisherigen Ergebnisse herauszufinden, wozu der Redner bzw. die Rednerin die Zuhörer bewegen will.

Politische Flugblätter analysieren (Bd. 3)

1. Schritt: Aussagen des Flugblattes klären
– Wann wurde das Flugblatt verfasst?
– Welche Inhalte werden in dem Flugblatt verbreitet?
– Wie lauten die Schlüsselbegriffe?
– Lässt sich eine Kernaussage formulieren?
– Zu welchem Zweck wurde das Flugblatt verfasst?
2. Schritt: Fragen zu Verfasser(n) und Adressaten
– Wer hat das Flugblatt verfasst?
– Welche Rolle spielt der Verfasser (spielen die Verfasser) in Bezug auf die beschriebenen Ereignisse?
– Welcher Standpunkt des Verfassers (der Verfasser) in Bezug auf die beschriebenen Ereignisse lässt sich feststellen?
– An wen richtet sich das Flugblatt?
– In welcher Beziehung stehen Verfasser und Adressaten?
3. Schritt: Stilmittel ergründen
– Die Stimmung der Botschaft ergründen: Wie werden die Adressaten angeredet?
– Welche Gefühle werden vermittelt bzw. im Adressaten geweckt? Enthält das Flugblatt Drohungen, Versprechungen, Appelle o. Ä.? Wie versucht der Verfasser darüber hinaus die Leser zu beeinflussen?

4. Schritt: Weitere Informationen heranziehen
– Informiere dich über die Situation, in der das Flugblatt entstanden ist.
– Suche nach Hinweisen bzw. Angaben über den oder die Verfasser. Recherchiere, ob das Flugblatt „Wirkung" hatte, ob es Reaktionen darauf gab.
5. Schritt: Bewertung
– Beurteile, ob die Zielsetzung des Flugblattes mit den angewandten Mitteln vermutlich erreicht wurde.

Politische Plakate untersuchen (S. 32)

1. Schritt: Erste Eindrücke und Informationen festhalten
Was fällt unmittelbar auf? Wer ist der „Autor" (Zeichner), wer der Auftraggeber?
2. Schritt: Einzelne Elemente analysieren
Welche Details sind zu erkennen? Welche besonderen Merkmale enthält die Darstellung (Farben, Größe, Proportionen, Statik, Dynamik)? Lassen sich Symbole, Stereotypen, bildhafte Vergleiche finden? In welchem Verhältnis stehen Bild und Text? Welcher Texttyp liegt vor, welche Schriftarten? Wie sind die Beziehungen der Elemente zueinander (z. B. Fotomontage, Collage)?
3. Schritt: Eine Gesamtaussage formulieren und kritisch bewerten
Welcher Gesamteindruck ergibt sich? Wie lässt sich die Analyse zusammenfassen? Welche vermutliche Wirkung soll erzielt werden (z. B. informierend, argumentierend, appellierend)? Wie lässt sich das Plakat in den historischen Zusammenhang einordnen?

Informationen auswerten und darstellen

Informationen präsentieren (Bd. 2)

1. Schritt: Thema, Ziel und Form des Vortrags klären
– Welches Ziel soll der Vortrag/das Referat haben?
– Für wen wird präsentiert?
– Welche Informationen/Inhalte sollen dargestellt werden?
– Welche Medien können/sollen benutzt werden?
– Welche Zeitvorgabe muss beachtet werden?
2. Schritt: Informationen sammeln und ordnen
– Sammle Material zum Thema (Schul-/Sachbücher, Lexika, Internet).
– Wähle die Informationen aus, die die Vorgaben von Schritt 1 erfüllen.
– Ordne die Informationen so, dass die Zuhörer sie leicht nachvollziehen und eigene Überlegungen anschließen können.
– Bilde Themenblöcke mit Behauptungen oder Fragen als Überschriften.
3. Schritt: Vortrag strukturieren
Jedes Referat, jede Präsentation hat eine Einleitung, einen Hauptteil und einen Schluss. Gliedere deine Präsentation in Einleitung, Hauptteil, Schluss.
4. Schritt: Aussagen und Zusammenhänge visualisieren
– Notiere die wichtigsten Aussagen deines Vortrags.
– Überlege, welches Medium sich anbietet, um die Aussagen den Zuhörern zu verdeutlichen (z. B. Wandtafel, Plakat, OHP-Folie, Beamer).
– Gestalte die Visualisierung so, dass der Inhalt schnell erfasst wird.
5. Schritt: Entwurf überprüfen und Präsentation vorbereiten
Bevor du an die Öffentlichkeit trittst, solltest du die Präsentation üben.
– Schreibe für den freien Vortrag Stichwörter auf Merkzettel. Notiere auch, an welchen Stellen du etwas visualisieren möchtest.
– Überprüfe, ob Thema und Ziel deutlich werden, d. h. die Vorgaben von Schritt 3 und 4 beachtet sind.
– Suche dir eine andere Person, die deine Präsentation vorher ansieht und dir noch ein paar Tipps für die Durchführung gibt. Stoppe die Zeit.
– Plane genügend Zeit für Änderungen ein.
– Sorge dafür, dass alle Materialien und Geräte, die du für die Visualisierung brauchst, bereitstehen.
6. Schritt: Präsentation
– Prüfe, ob alle Medien und Materialien in der richtigen Ordnung sind.
– Trage deinen Vortrag möglichst ruhig vor und halte Blickkontakt mit den Zuhörern.
– Gib deinem Publikum nach dem Vortrag Zeit für Fragen oder für eine Diskussion.

Ein Verfassungsschema interpretieren (Bd. 3)

1. Schritt: Rechte und Pflichten benennen
– Erfasse anhand von z. B. Farben und Pfeilen, welche Personen (-gruppen) und Einrichtungen was tun müssen bzw. dürfen.
– Versuche herauszufinden, wer ihnen dazu den Auftrag gibt bzw. was sie dazu berechtigt.
2. Schritt: Aufbau der staatlichen Teilgewalten und ihre Stellung erkennen
Orientiere dich anhand der Farben und Pfeile:

– Welche Einrichtungen gehören zur jeweiligen „Gewalt"?
– Gibt es ein „Oben" und „Unten" oder sind sie gleichgestellt?
– Prüfe mithilfe der Pfeile, wie die einzelnen Gewalten bzw. ihre Einrichtungen in Beziehung zueinander stehen:
– Wie wirken sie aufeinander ein?
– Können sie unabhängig voneinander arbeiten oder sind sie aufeinander angewiesen?

3. Schritt: Die Aussagekraft des Schemas bewerten
– Erläutere die Gesamtaussage des Schemas.
– Benenne Fragen, Unklarheiten, die sich (für dich) aus dem Schema ergeben.
– Bewerte: Welche Informationen helfen dir, die „praktische Wirkung" der Verfassung zu erkennen und zu verstehen? Welche Zusatzinformationen benötigst du oder fändest du hilfreich?

Statistiken auswerten und grafisch umsetzen (Bd. 3)

1. Schritt: Formale Analyse
Zuerst muss nach der Echtheit des Zahlenmaterials und seiner korrekten „Überlieferung" gefragt werden. Im Unterricht wird – abgesehen von eigenen Archivarbeiten – meistens bereits „bearbeitetes" (ausgewähltes und gedrucktes) Material vorgelegt. Deshalb kann sich die Untersuchung darauf beschränken, Vollständigkeit und erstes Verständnis der Daten in der Darstellung zu überprüfen.

2. Schritt: Inhaltliche Analyse
– Was ist Thema der Statistik?
– Wie ist sie aufgebaut?
– Was ist im Einzelnen dargestellt?
– Welche Aussagen lassen sich formulieren?
– Sind sie untereinander stimmig? (Durch Rundungen können sich Differenzen ergeben.)
– Lässt sich eine „Hauptaussage" finden?
– Bleiben Fragen offen?

3. Schritt: Historischer Zusammenhang
Ausgehend vom Thema der Statistik erfolgt eine Einordnung in den geschichtlichen Zusammenhang.
– Gibt es einen Bezug zu anderen Informationen (Materialien)?
– Ergänzen oder widersprechen sie sich?
– Welche weiteren Informationen werden benötigt?

4. Schritt: Bewertung der Aussagekraft
– Ist der Ausschnitt der statistischen Daten zu gering?
– Wird der Sachverhalt zu stark vereinfacht, verzerrt oder vielleicht verfälscht?
– Ist die grafische Darstellung angemessen?

Einen Dokumentarfilm analysieren (S. 130)

1. Schritt: Thema und Inhalt des Filmes erfassen
Schau dir den Film mindestens einmal aufmerksam an und mache dir anschließend Notizen. Schreibe auch auf, von wem und wann der Film produziert worden ist.

2. Schritt: Schwerpunkte finden
Überlege, welche inhaltlichen Schwerpunkte der Film hat und wie dir, dem Zuschauer, das deutlich gemacht wird.

3. Schritt: Einen Filmausschnitt analysieren
Untersuche eine Sequenz aus dem Film genauer, indem du das Zusammenspiel von Bildinhalt, Kameraeinsatz und akustischen Mitteln mithilfe eines Beobachtungsbogens protokollierst.

4. Schritt: Wertungen untersuchen
Prüfe, inwiefern durch den Einsatz der filmischen Gestaltungsmittel Wertungen getroffen werden. Wer profitiert davon?
Tipp: Untersuche dazu die Sequenz dreimal: 1. indem du nur die Bilder anschaust, den Ton abdrehst, 2. indem du nur zuhörst, 3. indem du Bild und Ton auf dich wirken lässt. Vergleiche die Aussagen und deine Eindrücke.
Achte darauf, ob bzw. wie der Kommentar die Bildaussagen unterstützt, abschwächt oder infrage stellt.

5. Schritt: Die Filmaussage kritisch bewerten
Erörtere anhand deiner Ergebnisse abschließend, welche Rolle du dem Film zuweist: Zeuge, Berichterstatter, Ankläger, Agitator usw. Überlege bzw. informiere dich, ob dies der Absicht des Produzenten entsprach.

6. Schritt: Den Film als Zeitdokument beurteilen
Vergleiche den Film mit weiteren, die das Thema behandeln und zur gleichen Zeit entstanden sind. Wo gibt es Übereinstimmungen, wo Unterschiede? Wie erklärst du dir dies im Einzelnen?

Einen Spielfilm untersuchen (S. 106)

1. Schritt: Erste Annäherung an die Thematik des Spielfilms
Schau dir den Film aufmerksam an. Notiere dir anschließend Dinge, die dir aufgefallen sind. Vergleiche die Darstellung mit deinem Vorwissen über die behandelte Thematik.

2. Schritt: Vergleich mit anderen Medien und Quellen zur selben Thematik
Informiere dich mithilfe anderer Medien über die dargestellten ge-

schichtlichen Zusammenhänge. Schau dir den Film ein weiteres Mal an und vergleiche erneut mit den von dir gesammelten Informationen. Hält sich der Film an historische Tatsachen? Werden Begebenheiten frei dazu erfunden und inwiefern beeinflussen diese den Ablauf oder die Bewertung der Ereignisse?

3. Schritt: Wertungen untersuchen
Prüfe, inwieweit durch den Einsatz der filmischen Gestaltungsmittel Wertungen getroffen werden. Achte dabei auf folgende Punkte: 1. Gibt es eine Rahmenhandlung, die einen Bezug zur Gegenwart herstellt? Welches Licht wird durch die Rahmenhandlung auf die Ereignisse des Films geworfen? 2. Aus welcher Perspektive wird die Geschichte erzählt? Was wird ausgeblendet oder unterbelichtet? 3. Suche dir eine bestimmte Filmsequenz aus und untersuche sie auf filmische Gestaltungsmittel.

4. Schritt: Die Filmaussage kritisch bewerten
Erörtere anhand deiner Ergebnisse, welchen Stellenwert du dem Film für die Erschließung des entsprechenden historischen Sachverhalts zubilligen würdest (irreführend, ungeeignet, problematisch, bedingt tauglich, tauglich, sehr hilfreich).

5. Schritt: Den Film als Zeitdokument beurteilen
Vergleiche den Film mit weiteren, die dieselbe Epoche zum Thema haben und zur ungefähr gleichen Zeit entstanden sind. Gibt es Ähnlichkeiten oder Unterschiede in der Herangehensweise und in Bezug auf die Perspektive auf die Ereignisse?

Publizistische Texte hinterfragen (S.144)

1. Schritt: Den Text analysieren
Lies zunächst den Text und kläre unbekannte Begriffe. Erarbeite dann den Text mithilfe des Modells zur Analyse von Textquellen (siehe S. 311). Beachte, dass sich nicht alle Fragen des Modells anwenden bzw. beantworten lassen.

2. Schritt: Die Textaussage beurteilen
Prüfe anhand der folgenden Fragen, welche Erkenntnisse sich aus dem Text gewinnen lassen:
– Welchen Standort lässt die Argumentation des Autors erkennen? Vertritt er eine bestimmte politische, gesellschaftliche Position? Wenn ja, woran lässt sich diese festmachen (Textbelege)?
– Versucht der Text, die Meinung der Leser zu beeinflussen? Wenn ja, wie? Ist die Beeinflussung auffällig oder versteckt?
– Spiegelt die Textaussage die Meinung vieler oder nur weniger Leser? Wie und wo kann dies überprüft werden?

Sich mit anderen auseinandersetzen

Ein Rollenspiel organisieren (Bd.1)

1. Schritt: Die Ausgangslage auf eine Situationskarte schreiben
Auf der Situationskarte wird festgehalten, welche Situation nachgespielt werden soll. Die Ausgangssituation wird kurz beschrieben. Welche Personen sind an dem Spiel beteiligt? Welche Probleme gibt es?

2. Schritt: Rollen verteilen
Auf den Rollenkarten werden die spielenden Personen beschrieben: Beruf, Eigenschaften, Verhalten und ihre Ziele. Diejenigen, die eine Rolle übernehmen, müssen sich an die Vorgaben ihrer Rollenkarten halten. Sie dürfen aber auch eigene Vorstellungen von der darzustellenden Person einbringen, sofern sie den Vorgaben nicht widersprechen.

3. Schritt: Spiel vorbereiten
Die Spielerinnen und Spieler hängen sich ein Schild mit ihrer Rollenkennzeichnung um. Sie besprechen die Situation (Situationskarte) und die Rollen (Rollenkarten) untereinander.

4. Schritt: Spiel beobachten und auswerten
Sinnvoll ist der Einsatz von Spielbeobachtern, die sich während des Spiels Notizen zu den einzelnen Rollen machen. Sie sollen das Spiel bewerten und ihre Meinung begründen. Wurden die Rollen glaubhaft gespielt? Welche Argumente wurden genannt? Passten sie in die Situation und die Zeit? Was war gut, was könnte verbessert werden?

Projektarbeit

Ein historisches Thema erforschen (Bd.3)

1. Schritt: Vorbereitung
– entsprechend dem thematischen Rahmen Ideen sammeln und vorstellen; Problem, Ziel und Zielgruppe benennen
– Themen auflisten, Kleingruppen bilden und den Themen zuordnen

2. Schritt: Durchführung
– die Themen auf Eignung prüfen: Ist das Thema zu bearbeiten? Gibt es Materialien (Quellen)? Wo sind Fundorte wie Bibliothek, Museum, Archiv (Stadt, Kirchenamt usw.)? Ist Lehrerhilfe erforderlich?
– das weitere Vorgehen planen: Zeit- und Arbeitsplan erstellen, Ar-

beit verteilen, Material beschaffen, ordnen
– Leitfragen überprüfen, eventuell anpassen
– vereinbaren: Arbeitsberichte schreiben oder ein Projekttagebuch führen

3. Schritt: Auswertung und Präsentation

– Materialien auswerten und Gliederung entwerfen
– den aktuellen Stand der „Forschung“ vorstellen
– die Form der Ergebnisrepräsentation festlegen (Aufsatz, Wandzeitung, Referat, Videofilm usw.)
– Ergebnisse aufbereiten und vorstellen
– Projektergebnisse auf ihre Bedeutung hin überprüfen, für die Menschen in ihrer Zeit, für euch heute

4. Schritt: Projekterfahrungen erörtern und bewerten

– die Ergebnisse der einzelnen Arbeitsgruppen (z. B. mithilfe eines gemeinsam entwickelten Beurteilungsrasters) bewerten – eventuell auch mithilfe eures Lehrers oder eurer Lehrerin
– Abschließend sollte jede Projektteilnehmerin und jeder Projektteilnehmer sich über die eigenen Erfahrungen mit der Methode „Projektarbeit“ äußern. Sprecht darüber, was gut geklappt hat, was nicht, und sucht nach Gründen dafür.

Modell zur Analyse von Textquellen

Geschichtlicher Hintergrund
- In welche geschichtliche Situation lässt sich die Quelle einordnen?
- Ist ein Vergleich mit anderen Quellen und Darstellungen möglich?
- Welche weiteren Informationen sind zum besseren Verständnis notwendig?

Autor
- Wer hat den Text verfasst?
- In welchem Verhältnis steht er zum Ereignis?
- Was konnte er wissen (nicht wissen)?
- Lässt sich ein bestimmter Standpunkt des Autors feststellen?

Textquelle
- Welche Quellenart liegt vor?
- Wie lautet die Datierung?
- Gibt es eine Überschrift (ein Thema)?
- Wie lässt sie sich gliedern?
- Was ist aus der Quelle zu erfahren?
- Wie lautet die Kernaussage?
- Lassen sich Schlüsselbegriffe finden?
- Werden die Aussagen begründet?
- Sind die Aussagen schlüssig/widersprüchlich?
- Ist die Quelle glaubwürdig?
- Für wen, in welcher Absicht wurde der Text verfasst?

Adressat
- An wen ist der Text gerichtet (Privatperson, Machthaber, Amt, Öffentlichkeit, Nachwelt)?
- In welchem Verhältnis steht der Adressat zum Autor?
- Könnte die Art des Adressaten Einfluss auf den Inhalt des Textes haben?

Gegenwärtige Situation
- Auf welche Frage(n) suchen wir eine Antwort?
- Welches Wissen bringen wir in die Analyse und Beurteilung ein?
- Beeinflussen Faktoren unserer Zeit unser Urteil?

Die mit → Lex. versehenen Begriffe werden im Lexikon näher erklärt.

Die mit einem * versehenen Begriffe werden im Lexikon näher erklärt.

Abrüstung* 87, 117, 154, 164, 245
Adel 50, 101
Adenauer, Konrad (1876–1967) 138, 144f., 202, 208, 216, 222, 260, 286
Afghanistan 134, 242
Afrika 154, 157, 163, 166, 273, 276f.
Agrarrevolution, chin. 17f.
Ägypten 267f.
AKP-Staaten 157
Alliierte 14, 37, 104, 108, 113, 118, 196ff., 206f., 211, 222
Alliierter Kontrollrat 197
Amnestie 170
amnesty international 24f.
Analphabeten 166
ANC 170ff.
Annan, Kofi (geb. 1938) 158
Annexion 86
Anti
-amerikanismus 211
-Hitler-Koalition 104, 118
-kominternpakt 52
-kommunismus 52, 286
-semitismus* 45, 48, 64, 113, 264
Apartheid 170ff., 265
Appeasementpolitik* 86
Araber 264f.
Arabische Liga 274, 278
Arafat, Yassir (1929–2005) 266, 268
Arbeiter 11, 16, 29, 40, 45, 50, 94, 104, 133ff., 197, 283
-bewegung 28, 55f., 101f.
-klasse 19, 210, 283
Arbeiter- und Soldatenräte* 28
Arbeits
-losenversicherung 13, 41, 44ff., 56, 58
-losigkeit 12f., 41, 46, 48, 55f., 170, 230, 242, 256, 270, 272
Armut 16, 143, 160, 166ff., 222, 272ff.
Asien 104, 154, 163, 166
Asylrecht 228, 272
Atlantik-Charta* 166
Atom
-kraft 242, 246
-krieg 122f., 285
-waffen 104, 117f., 122, 126, 139, 154, 169, 245, 274, 285
Aufbau Ost 256
Auschwitz, KZ 26, 80, 83, 97ff., 260, 284
Außerparlamentarische Opposition (APO) 242
Aussiedler 228, 231f.

Baden 188f., 204
Baden, Max von (1867–1929) 28f.
Baden-Württemberg 83, 146, 164f., 204, 230
Balkan 91, 151, 161, 163
Baltikum 92, 136, 142, 186
Batista, Fulgencio (1901–1973) 122
Bauern 11, 16ff., 50, 139, 171, 271, 283
Bauhaus 41, 44
Bayerische Volkspartei (BVP) 45f.
Benelux-Staaten 138f., 145
Berlin 39ff., 60f., 69, 75, 78, 104, 120f., 197ff., 217f., 239ff., 252, 256f., 261
-Abkommen 217
-Blockade 200f.
Besatzungs
-statut (1949) 208
-zonen 197, 206, 208
Big Business 10ff.
Bipolarität* 151
Bizone 200
Blauhelmsoldaten 158, 161f.
„Blitzkrieg" 91, 104
Blockparteien 209, 226, 250
Bodenreform* 20, 22, 197, 223
Böhmen und Mähren 86, 97
Bonhoeffer, Dietrich (1906–1945) 103
Bosnien-Herzegowina 161ff.
Brandt, Willy (1913–1992) 217, 220f., 256
Brecht, Bertolt (1898–1956) 218
Breschnew, Leonid (1906–1982) 124f., 132, 134
Briand, Aristide (1862–1932) 86
Brüning, Heinrich (1885–1970) 49
Brüsseler Vertrag 139
Bulgarien 124f.
Bund Deutscher Mädel (BDM) 73, 75, 78
Bundesrepublik Deutschland 200, 207f., 212, 214ff., 231ff.
Bürger
-bewegungen 242, 250
-kriege 158, 161, 166, 276f.
-rechte 256
-tum 45, 50, 101, 242
„Burenkrieg" 171
Bush, George (geb. 1924) 254, 274
Bush, George (geb. 1946) 275

Camp-David-Abkommen (1978) 267
Carepaket 192
Carter, Jimmy (1924–1981) 267
Castro, Fidel (geb. 1926) 122f.
CDU/CSU 196f, 199, 206, 208f., 242, 253
Chamberlain, Arthur Neville (1869–1940) 86
Chiang Kaishek (1887–1975) 16f.
China 8, 16, 18f., 21, 24f., 118f., 139, 149, 154, 158, 180, 270f., 279
Chruschtschow, Nikita (1894–1971) 117, 122ff., 132, 217
Churchill, Winston (1874–1965) 104
Commonwealth 140

Dachau, KZ 63, 260
Dänemark 91
Dawes-Plan 87
Dayton, Friedensvertrag 161f.
Dekolonisation 167, 276
Demokratie, parlamentarische 11ff., 32, 45ff., 60, 90, 113, 129ff., 150ff., 160, 172, 194, 197, 216ff., 243, 256, 271
Demokratischer
-Aufbruch 252f.
-Frauenbund 210
Demontage* 197
Deng Xiaoping (1904–1997) 9, 16, 18, 270
Deportation* 96
Deutsche
– Arbeiterpartei (DAP) 65
– Arbeitsfront (DAF) 62f.
– Demokratische Partei (DDP) 35, 45ff.

- Demokratische Republik (DDR) 108, 124f., 184, 209ff., 215ff., 230ff.
- Einheit 115, 182, 206, 208, 255f., 260
- Mark (DM) 200f., 253f.
- Soziale Union (DSU) 253
- Volkspartei (DVP) 30, 34f., 45f., 86
Deutscher Gewerkschaftsbund (DGB) 222
Deutsches Reich, Deutschland 12, 26ff., 48, 54ff., 70ff., 182ff., 196
Deutschnationale Volkspartei (DNVP) 34f., 45f.
Diktatur 19, 27, 50, 54f., 60, 90, 103, 112, 184, 192, 194, 256
Diskriminierung 171, 221
Dissidenten* 132
Dresden 104
Dritte Welt 180, 228, 233
„Drittes Reich*" 47, 75, 80f., 106, 108f., 112, 242
Dulles, John Foster (1888–1959) 117
Dutschke, Rudi (1940–1979) 243

Ebert, Friedrich (1871–1925) 27ff., 34f., 45
Eindämmungspolitik* 118
Einheitsliste* 209
Einigungsvertrag (1990) 254
Einwanderer 10f., 228, 260
Eisenhüttenstadt 223, 226f.
Eiserner Vorhang* 119, 251
Elsass-Lothringen 56
Élysée-Vertrag 146
Emigranten/Emigration 68
Entkolonialisierung 166, 170, 278
„Entnazifizierung" 108, 197, 202f.
Entspannungspolitik 217, 220, 242
„Entstalinisierung" 217
Entwicklungshilfe 166, 180, 273
Erhard, Ludwig (1897–1977) 222
„Ermächtigungsgesetz" 60f., 63
Erster Weltkrieg 12, 14, 26ff., 41, 47, 50, 54ff., 158, 280
Estland 142
EU-Beitritt 142, 150
Eugenik 84
Europa 12, 40, 46, 54, 64, 86ff., 101, 116ff., 138f., 144, 147, 157, 186, 272f., 280, 287

Europarat 139
European Recovery Program (ERP) 118, 120, 138
Europäische
- Atomgemeinschaft (EURATOM) 138
- Gemeinschaft (EG) 138f.
- Gemeinschaft für Kohle und Stahl (EGKS) 138
- Kommission 149
- Union (EU) 25, 135, 139, 141f., 150f., 157f., 161, 208, 272f.
- Verfassung 139, 148f.
- Verteidigungsgemeinschaft (EVG) 139
- Wirtschaftsgemeinschaft (EWG) 52, 138ff., 222
- Zentralbank 149
Europäisches Parlament 139, 141, 148f.
European Free Trade Association (EFTA) 140
„Euthanasie" 84f., 103
Exil 102, 124f.
Export(güter) 157, 222, 251, 277

Falange-Partei 52, 54
Faschismus 50f., 54ff., 260
Faschistische Nationalpartei (PNF) 50
FDP 196f., 206
Feindbilder 214f., 274, 276
Flotte 30, 36, 87, 119
Flottenabkommen, deutsch-britisches (1935) 86f.
Flucht/Flüchtlinge 104, 186ff., 232f., 251, 272
Franco, Francisco (1892–1975) 50ff.
Frankfurt 44
Frankreich 14, 48, 56, 80, 86ff., 91, 138f., 146, 148f., 158, 200, 272
Französische Revolution 280
Frauen 10, 31, 39, 42f., 68ff., 77, 83ff., 98, 104, 114, 150, 160, 217, 225f., 235ff., 271
-emanzipation 42, 75, 243
-wahlrecht 31f.
Freiburg 56ff., 204
Freie Deutsche Jugend (FDJ) 209f., 226, 238
Freier Deutscher Gewerkschaftsbund (FDGB) 209f., 236
Freiheitscharta, südafrikanische 172

Freikorps* 28, 31
Freundschafts- und Beistandspakte 155
„Frontier" 11
Frick, Wilhelm (1877–1946) 60
Frieden 14, 29, 36, 116, 127, 138, 151ff., 207ff., 242, 247, 265ff., 275, 285
Friedensbewegung 242, 247

Galen, Clemens August von (1878–1946) 103
Gandhi, Mahatma (1869–1948) 166, 168f.
Gastarbeiter 228, 231
Gaulle, Charles de (1890–1970) 140
Gazastreifen 264f., 287
Genf 86, 88, 158
Genfer Konvention 25
Genozid 100
Genscher, Hans-Dietrich (geb. 1927) 232, 250
Gestapo 103
Gewerkschaften 44, 48, 50, 135, 197, 209, 234
Ghana 166
Ghetto* 96
Glasnost 132ff., 250
Gleichberechtigung 17, 61, 89, 114, 166, 221, 234ff.
Gleichgewicht* 154
„Gleichschaltung*" 56ff., 63, 72, 284
Gleichstellung 31, 150
Globalisierung 151, 157, 178, 262, 278, 281, 287
Goebbels, Joseph (1897–1945) 60, 71, 104
Golfkrieg 262, 274
Gorbatschow, Michail (geb. 1931) 132ff., 154, 232, 250ff.
Görlitzer Vertrag (1950) 211
Göring, Hermann (1893–1946) 60, 63
Griechenland 55, 118, 228, 230
Gropius, Walter (1883–1969) 41
Großbritannien, England 12, 14, 48, 86ff., 104, 118, 120, 139f., 158, 171f., 196, 200, 264, 272f.
Grotewohl, Otto (1894–1964) 198, 209
Grundgesetz 206f., 231, 234
Grundlagenvertrag* 217

Grüne 246
Guantánamo 25
Guerillabewegung*/-krieg* 122, 126, 275
Guomindang (GMD) 16
GUS (Gemeinschaft Unabhängiger Staaten) 132, 134

Haase, Hugo (1863–1919) 28, 31
„Halbstarke“ 238, 240
Hamas 265, 268f.
„Hamsterfahrten“ 192f.
Handwerker 11, 20, 39, 50, 104
Havemann, Robert (1910–1982) 244f.
Heidegger, Martin (1889–1976) 57
Heiliger Krieg 265
Helsinki 154
Himmler, Heinrich (1900–1945) 82
Hindenburg, Paul von (1847–1934) 45f., 49, 60, 62, 67
Hindus, Hinduismus 166, 179
Hiroshima 104
Hisbollah 268
Hitler, Adolf (1889–1945) 27, 38, 49ff., 75, 85ff., 101ff., 224
– Attentat auf 102
Hitlerjugend (HJ) 73, 77ff., 105
Hitlerputsch (1923) 38, 65
Hitler-Stalin-Pakt 86, 136
Ho Chi Minh (1890–1969) 126
Hoover, Herbert Clark (1874–1964) 194
Hoover-Moratorium 87
„Hoover-Speisung“ 194
Holding-Gesellschaften* 13
Holocaust 92f., 96, 109, 261, 284
Honecker, Erich (1912–1994) 209, 227, 252
Höß, Rudolf (1900–1947) 99
Hunger 22, 39, 81, 91, 120, 169, 193, 232, 270, 284
Hussein, Saddam (1937–2006) 274f.
Hutu 277

Ideologie 64, 73, 113, 194, 227
Imperialismus* 19, 152
Indien 18, 166, 168ff., 178, 279
Industrialisierung 10, 22
Industrie 12f., 16, 20, 94, 104, 223
-betriebe 223
-länder 180, 205, 278
Inflation* 18, 38f.
Informationsgesellschaft 178
Inoffizieller Mitarbeiter (IM) 212
Internationaler Gerichtshof 24
Internet 178ff., 279
Intifada* 265, 268
Invasion* 122
Irak 274f.
-krieg 275
Iran 118, 274
Iran-Irak-Krieg 274
Islam 264, 287
Isolationalismus, Isolationalisten* 14
Israel 263ff., 267ff.
Italien 50f., 54, 87, 138, 145, 230

Japan 16, 20, 104, 275
Jerusalem 93, 264
Jordanien 264, 268
Juden 48, 56, 62ff., 70, 82, 96ff., 101, 109, 260ff.
-verfolgung, -vernichtung 64ff., 82, 96ff.
Jugend 73, 77f., 101, 146, 184, 194, 234, 238ff., 276
-kultur 238ff.
Jugoslawien 54, 137, 158, 161, 163, 228, 230
„Jungvolk“ 77f.
17. Juni (1953) 216ff.

Kalter Krieg* 116ff., 132, 139, 151ff., 166, 183, 196, 214ff., 262ff.
Kapitalismus 133, 232, 283
Kapitulation 65, 104
Kapstadt 175
Kennedy, John F. (1917–1963) 123, 126, 285
Kirche 52, 73, 101f., 247, 251
Kissinger, Henry A. (geb. 1923) 129
Klemperer, Victor (1881–1960) 62
Klerk, Frederik de (geb. 1936) 170, 173
Koexistenz, friedliche* 124
Kohl, Helmut (geb. 1930) 233, 250, 253
Kolonialpolitik 274
Kolonien 36, 166
Kommunismus, Kommunisten 45f., 61, 151, 202, 286
Kommunistische Parteien
– chin. (KPCh) 8f., 16, 18f.
– dtsch. (KPD) 30ff., 56, 60f., 102, 196ff., 208ff.
– sowj. (KPdSU) 132, 211, 217
Kongo-Konflikt 277
Konzentrationslager (KZ) 69, 80f., 94, 99f., 102ff., 260, 284
Kopelew, Lew (1912–1997) 134
Koreakrieg 118
„Kraft durch Freude“ (KdF) 70, 224
„Krefelder Appell“ 245
Kreisauer Kreis* 75
Kriegsgefangene 91, 104
Kriegsverbrechen 24, 93, 108
Kroaten/Kroatien 161
KSZE* 154, 161
Kuba 25, 122f., 228
-Krise 122, 154
„Kulturrevolution“, chin. 18, 21, 23, 283
Kuwait 274f.

Landwirtschaft 12f., 16, 31, 94, 104, 139, 142, 276
Landwirtschaftliche Produktionsgenossenschaft (LPG*) 223
Lateinamerika 166
Lausanner Abkommen (1932) 87
Leipzig 184, 252
Lenin, Wladimir I. (1870–1924) 134
Libanon 263f., 268
Liberaldemokratische Partei (LDP) 196
Liberaldemokratische Partei Deutschlands (LDPD) 209
Liebknecht, Karl (1871–1919) 28ff.
Lin Bao (1907–1971) 16
Locarno, Konferenz (1925) 87f.
Lomé-Abkommen 157
Luftbrücke 200
Luxemburg, Rosa (1871–1919) 28, 30f., 71

Maastricht, Vertrag von (1992) 138ff.
„Machtergreifung“ 56, 59, 75, 77
Maier, Reinhold (1889–1971) 204

Mao Zedong (1893–1976) 9, 16ff., 21, 139, 270, 283
Mandela, Nelson (geb. 1918) 173f.
Marktwirtschaft, soziale* 124, 132, 143, 222, 256, 270
Marsch auf Rom 50
Marshallplan* 118, 120f., 138, 200f., 222
Massen
-armut 166
-kampagnen 18
-konsum 46
-medien 71, 178, 181, 214
-organisationen* 209
-vernichtungsmittel 274
Mauerbau 217ff., 234
Mauerfall 182, 250
Mazowiecki, Tadeusz (geb. 1924) 136
Meinungsfreiheit 32, 60
Menschenrechte 24f., 101, 152, 156ff., 175, 232, 272
Migration 142, 186f., 272f., 278
Militärdienst 94
Militarismus 202
Milošević, Slobodan 161
Mitbestimmung 197
Moderne 8, 41
Moeller van den Bruck, Arthur (1876–1925) 47
Mohammed-Karikaturen 287
Molotow, Wjatscheslaw (1890–1986) 120
Monarchie, parlamentarische 28
Montagsdemonstrationen 253
Montanunion (1952) 138, 144, 208, 222
Mosambik 228, 230
Moskau 137, 210, 251
MSPD 28, 31
MUNBW 164f.
München 38, 101
Münchner Abkommen (1938) 86f.
Muslime 161, 166, 264, 287
Mussolini, Benito (1883–1945) 50ff.

Nagasaki 104
Naher Osten 264, 274
Nahostkonflikt/-kriege 264, 266, 268
Nationalismus 17, 26, 47, 114, 156
Nationalsozialismus, Nationalsozialisten 26, 46ff., 60ff., 108ff., 202, 260, 284
„Nationalsozialistische Frauenschaft" (NSF) 73
Nationalversammlung 30, 32, 34
NATO 122, 124, 135, 139, 149, 154ff., 208, 216, 242, 245
Natzweiler-Struthof, KZ 80ff.
Nehru, Jawaharlal (1889–1964) 168
Neues Forum 251f.
„New Deal" 12f.
New York 10, 12, 46, 162, 281, 287
Nichtangriffsvertrag, deutsch-polnischer (1939) 86f.
Niederlande 28, 94, 145, 148
Nixon, Richard (1913–1994) 126
Non-Governmental Organization (NGO) 164
Nordkorea 274
Nord-Süd-Konflikt 151, 157, 276
Norwegen 81, 91, 220
Notstandsgesetze* 243
Notverordnungsrecht* 46, 49, 60
Novemberpogrom (1938) 68
NPD 112ff.
NSDAP 35ff., 49, 54, 57ff., 70, 74, 113f., 202
Nürnberg(er) 75, 83
– Rassengesetze* (1935) 69
– Prozesse* (1945/46) 108, 202

Oberste Heeresleitung (OHL) 28
Oder-Neiße-Grenze* 197, 254
Ohnesorg, Benno (1940–1927) 242
Oktoberrevolution (1917) 22
Ostpreußen 187, 205
Österreich 87, 97, 142, 250f.
Ostverträge* 217
OSZE 154
Ost-West-Konflikt 116ff., 139, 151ff., 202, 214

Pakistan 166, 287
Palästina 260f., 264ff., 269
Papen, Franz von (1879–1969) 49
Pariser Verträge (1955) 14, 208
Parlament/Parlamentarismus 31, 34, 45f., 49, 114, 150
Parlamentarischer Rat* 206f.
Partei neuen Typs 211
Partisanen 92, 101
Pearl Harbor 104
Peking 16, 24
Peres, Simon (geb. 1923) 266
Perestroika 132f., 154, 250
Personenkult 217
Petersberger Abkommen (1949) 208
Pieck, Wilhelm (1876–1960) 198, 209
Planwirtschaft* 132, 197, 223, 227, 256
PLO* 264ff.
Pogrome 67, 69
Polen 31, 80, 86ff., 124, 135ff., 186, 217, 228ff., 254, 260, 272
Portugal 55, 228, 231
Potsdam 115, 196
– Tag von 62
Potsdamer Abkommen/Konferenz (1945) 196f.
Prag 90, 243, 250, 252
Prager Frühling 124
Präsidialkabinette 48f., 60
Pressefreiheit 50
Preuß, Hugo (1860–1925) 34
Proletariat 29, 31, 283
Propaganda 47, 50, 60, 64, 70ff., 113, 120, 214, 232

Rabin, Yitzhak (1922 –1995) 266
Rapallo-Vertrag (1922) 87
Rassen 17, 65, 73, 82, 114, 159, 172
-ideologie 65, 84, 94, 96
-kunde 67, 73
-politik 96, 172
Rat der Volksbeauftragten 28ff.
Rat für gegenseitige Wirtschaftshilfe (RGW) 118, 139, 211, 223
Rätesystem* 35
Rathenau, Walther (1867–1922) 47
Ravensbrück, Frauen-KZ 98
Rechtsextremismus 108, 112ff.
Reichs
-erntedankfeste 70f.
-kulturkammergesetz 69
-regierung* 34
-tagsbrand 56
-tag(swahlen) 28f., 31, 34f., 49, 60f., 65
-wehr 49, 60

Reformen 44, 124, 197, 250, 270
Remigration 228, 260
Reparationen 36ff., 86f., 197, 222f.
Republikflucht 253
Revolution
– amerik. 11
– russ. 14
Revisionismus* 86, 88
Rohstoffe 157, 274, 276, 278
Rom 50, 87, 138, 148
Römische Verträge 139f.
Roosevelt, Franklin D. (1882–1945) 8, 12f., 104
Rote Armee 20, 92, 118, 186
-Fraktion (RAF) 281
Ruanda 277
Ruhrgebietskrise 38
Rumänen/Rumänien 54, 228, 231, 272
Runder Tisch 250, 252
Rüstungsindustrie 91, 94, 104

SA 60, 63, 75, 77
Saarland 208
Saudi-Arabien 265, 274
Sachsen 197
Sarajevo 161f., 280
Scharon, Ariel (geb. 1928) 268
Schauprozesse 18
Scheidemann, Philipp (1865–1939) 29, 31
Schengener Abkommen 272f.
Schleicher, Kurt von (1882–1934) 49
Schlüsselindustrien* 18, 120
Scholl, Hans und Sophie (1918/21–1943) 101
Schulen 43, 67, 69, 73, 165, 178, 194, 242, 266
Schuman, Robert (1886–1963) 138
Schumanplan 144f.
Schütte-Lihotzky, Grete (1900–2000) 44
„Schwarzer Freitag" 12
„Schwarzmarkt" 39, 186
Schwerindustrie 223, 226
Selbstbestimmungsrecht der Völker* 14, 17, 166
Separatisten* 38
Serben 161
Shoah 96, 260
Sinti und Roma 73, 98, 100
Sklaven 171, 276
Slowakei 137, 142, 273
Slowenien 142, 161
Sobibor, KZ 80
Solidarnóć 135f.
Souveränität 151, 160, 206
Soweto-Aufstand 174
Sowjetische Besatzungszone (SBZ) 197, 200, 203, 209
Sowjetunion, UdSSR, Russland 16ff., 24, 41, 52ff., 80ff., 104, 116ff., 186, 196ff., 228ff., 242, 250, 260, 267
Sozialdarwinismus* 114
Sozialismus, Sozialisten 17f., 31, 61, 125, 133, 168, 202, 210, 223, 238, 256
Sozialistische Einheitspartei Deutschlands (SED) 196, 198ff., 209ff., 216ff., 226, 236
Sozialistischer Deutscher Studentenbund (SDS) 243
Sozial
-gesetze 222
-versicherung 46
SPD, Sozialdemokraten 28ff., 35, 45ff., 56ff., 78, 102, 196ff., 206ff., 220, 242, 253
Spanien 51ff., 228, 272
– Bürgerkrieg 50, 52ff.
Spartakusbund 28ff.
SS 60, 63, 72, 77, 81, 83, 93, 97f., 202
Sputnik-Schock* 154, 234
Stasi* (Ministerium für Staatsicherheit) 212f., 238, 250, 253
Stalin, Josef W. (1879–1953) 18, 52, 118, 132ff., 211
Stalingrad 104
Status quo 122
Stellvertreterkriege* 118, 122, 154
Stoph, Willy (1914–1999) 220f.
Streiks 28, 50, 133, 135, 173, 216, 218
Stresemann, Gustav (1878–1929) 86ff.
Studenten 24f., 50, 57, 59
-bewegung (1968) 243f.
„Stunde Null" 192
Stuttgart 165, 188, 192, 200, 204, 235, 242
Südafrika 170ff., 265
Sudan 276f.
Sudetenland 87
Südweststaat 204
Sun Yatsen (1866–1925) 16f.
Synagoge 48, 68f.
Syrien 264, 268

Terror(ismus) 18, 50ff., 70, 93, 102, 151ff., 173, 265ff., 274, 280f., 287
Thatcher, Margaret (geb. 1925) 254
Tibeter 18
„Totaler Krieg"* 104, 119, 285
Trblinka, KZ 80
Truman, Harry S. (1884–1972) 104
Trumandoktrin 118
Trümmerfrauen 192
Tschechische Republik 137, 142
Tschechoslowakei 86f., 124f., 137, 189, 231, 242
Tucholsky, Kurt (1890–1935) 110
Tutsi 277
Tutu, Desmond (geb. 1931) 170
Türkei 118, 122, 148, 150, 228, 230

Uganda 277
Ukraine 93
Ulbricht, Walter (1893–1973) 209f., 217, 226
Umweltschutz 242, 271
Unabhängigkeitsbewegungen 126, 166, 280
Ungarn 54, 124f., 142, 228ff., 250f.
Universität 57, 77
UNO 24, 100, 116ff., 158ff., 264ff., 274, 277, 281
„Unternehmen Barbarossa" 91f.
USA 8ff., 24f., 48, 54, 89ff., 104, 114ff., 149ff., 196, 200f., 216f., 242, 260, 274
USPD 28, 30, 34f.

Vernichtungskrieg 91
Versailler Vertrag (1919) 14, 36, 40, 46, 50, 56, 86ff.
Vertreibung/Vertriebene 186ff., 197, 222, 232
Verwaltung 50, 57, 203
Veto(recht) 158, 160
Vietcong 126, 128f.
Vietnam 228, 242
-kongress 243

-krieg 126ff.
Völker
-bund 14f., 37, 86f., 158, 264
-mord 24, 96, 100
Volks
-eigene Betriebe (VEB*) 223, 236
-eigene Genossenschaften (VEG*) 226
-empfänger 70
-gemeinschaft 73, 79, 114
-gerichtshof* 101
-kammer 209, 250, 252f.
-polizei 210, 217
-wagen (VW) 224f.

Wahrheitskommission 175
Währungsreform 38, 193, 200f.
Walesa, Lech 135
Wannsee-Konferenz (1942) 97
Warlords 16, 276
Warschau 252
Warschauer Pakt 122ff., 135, 154f., 211, 217, 232, 242f.
Wehrmacht 52, 82, 91ff., 102ff., 284
Wehrpflicht 87f.
Weimarer
– Republik 26ff., 42ff., 48, 64, 86
– Verfassung 34f.
„Weiße Rose" 101
Welt
-handel 48, 152, 251
-handelsorganisation (WTO) 270
-wirtschaftskrise 12f., 37f., 47, 55f., 68
Westeuropäische Union (WEU) 139
Wettrüsten 123, 154, 245
Widerstand 101ff.
Wiederbewaffnung 216
Wilhelm I. (1797–1888) 28, 62
Wilhelm II. (1859–1941) 28
Wilson, Thomas Woodrow (1856–1924) 11, 14
Wirtschaft 41, 50, 58, 132f., 145, 152f., 197, 203, 229, 270ff., 279
Wirtschaftswunder 222, 224, 228
Wirtschafts-, Währungs- und Sozialunion 254
Wolfsburg 224ff.
World Trade Center, Anschlag 281, 287

Yom-Kippur-Krieg 268
Young-Plan 37, 87
Yuan Shikai (1859–1916) 16

Zensur 134, 180, 286
Zentrum 35, 45f., 49, 62, 196
Zhou Enlai (1898–1976) 16
Zionismus* 264
Zölle 12f., 157
Zollunion* 138
Zuwanderung 228, 234, 272f.
Zwangsarbeit(er) 18, 94f., 100, 104, 108, 186, 189
Zwei-plus-vier-Vertrag 254
Zweiter Weltkrieg 13, 44, 52ff., 65, 83ff., 94, 104f., 118, 138, 160ff., 186, 217, 285

Agence Sygma, Paris: 17; akg-images: Titelbild U1, Umschlag innen, U4 (© VG Bild-Kunst, Bonn 2007), 45 (© VG Bild-Kunst, Bonn 2007), 54/M1, 64, 69/M16, 89, 100, 111 (© VG Bild-Kunst, Bonn 2007), 182 u., 208 l., 210, 218; Archiv der sozialen Demokratie der Friedrich-Ebert-Stiftung: 30, 31/M7, 208 r.; Archiv und Museum der Stadt Offenburg: 193/M5; Associated Press: 275; aus: W. Ballhause, Zwischen Weimar und Hitler. Sozialdemokratische Fotografie 1930-1933, München 1981: 44/M12; Bauhaus-Archiv, Berlin. Repro nach Glasdia aus dem Nachlass Hans Hildebrandt: 44/M14; Berliner Illustrierte Zeitung: 38/M1; Besitzer: Berlin, Stiftung Stadtmuseum Berlin, Fotografie Stadtmuseum Berlin: 69/M15; Bibliothek für Zeitgeschichte, Stuttgart: 59/M9; Bild, Axel-Springer Verlag: 219; Bildarchiv Günter Schneider: 182/183; Bildarchiv Preußischer Kulturbesitz: 3, 14, 26/27, 27 r., 40, 66/M4, M5, M6, 71/M4, M5, 74 u. r., 76, 77/M14, 84/M2, M3, 90, 105/M1, 181/M9, 187/M3, 193/M6, 201/M14, 209, 224/M7, 234/M1 (Foto: Dietmar Katz), 245, 261, 288 (© VG Bild-Kunst, Bonn 2007); © Werner Bischof/Magnum/Agentur Focus: 121/M8; Blaumeiser/CCC,www.c5.net: 221; Bundesarchiv Koblenz: 39 (Foto: Willy Römer, Berlin), 73, 92, 93, 94, 203; aus: China im Bild, 10/1970: 16; Christoph & Friends. Das Fotoarchiv: 43; CINETEXT Bild- & Textarchiv: 107/M4; Dietmar Dänicke, Hamburg: 256; aus: Der Neubeginn, Hg. Redaktion GEO, Ellert & Richter, Hamburg 2005: 199/M8; Deutsches Historisches Museum, Berlin: 32, 33/M2, 37, 47/M6, 96/M1 (© VG Bild-Kunst, Bonn 2007), 192/M1, 199/M7, M9, 215/M5, M6, 236/M9; © Alessandro Digaetano/Polaris/Studio X: 262/263; dpa: 24, 112, 114/M8, 124, 132 r., 133, 135, 136/M6, 145, 158, 163, 173, 184, 220/M12, 227, 231, 232, 233, 246/M9, M11, 251, 264, 266, 268, 281/M3, M6; aus: Josef Eberle, Im Trüben gefischt, Turmhaus Verlag, Stuttgart 1970: 118; Eigentum der Bundesrepublik Deutschland: 74/M3; Foto: Jürgen Eike: 130, 131; Endeavour Group London: 20; Erich Schmidt Verlag, Zahlenbilder: 284; Hans-Peter Feddersen, Stuttgart: 242; Forschungs- und Gedenkstätte Normannenstraße: 213; Foto Darchinger: 212; Forum Polska Agencja Fotografow, Foto: Jarceslaw Krysztof Wojcik: 142; Fretz & Wasmuth Verlag, Bern: 79; Fürstenberg, Mahn- und Gedenkstätte Ravensbrück: 98/M6; Gerhard Gäbler, Leipzig: 252/M7; Bernhard Gelderblom, Hameln: 70; GEHAG, Berlin: 41; © Getty Images, Inc., Alle Rechte vorbehalten. Bild-Lizenzvertrag: 186; Gewerkschaftlicher Dachverband FDGB i. L. Berlin: 236/M8; Greser & Lenz, Aschaffenburg: 279; Haitzinger/CCC,www.c5.net: 5, 151, 156/M4, 163/M13; Hanel/CCC,www.c5.net: 113/M4; Hauptstadtarchiv Stuttgart (Alle Rechte vorbehalten): 202; Haus der Geschichte, Bonn: 211; aus: Heiß und kalt, Elefanten Press: 222/M1; Michael Herrmann, Berlin: 239; Henri Huet: 129; aus: G. Huster, Wilde Frische, Zarte Versuchung: 234/M2; Institut für donauschwäbische Geschichte und Landeskunde, Tübingen: 188/M6; Reiner B. Jüngst: 168/M6; Jürgens Ost- und Europa-Photo: 238; Katalog der Nationalen Mahn- und Gedenkstätte Buchenwald, 1990: 99/M11; Keystone Pressedienst: 18, 122, 174, 183 r., 192/M2; KNA-Bild: 101, 161; Körber-Archiv, Foto: Privatbesitz Eric Weiss: 247/M12; Cleo-Petra Kurze, Berlin: 250; Landesarchiv Berlin: 200; laif: 180; Landesarchiv Baden-Württemberg, Staatsarchiv Freiburg, W110/1 Nr. 0323: 58/M6; Landesarchiv Berlin: 47 u., 121/M6; Langewiesche-Brandt, Ebenhausen: 33/M3-M5, 74/M2, 78/M15, M16, 120; Library of Congress, Washington D.C.: 10, 283; Liberation: 175; Luff/CCC,www.c5.net: 136/M3; Mester/CCC,www.c5.net: 159/M4, 160, 263 o.; Robert Michel: 228; Mohr/CCC,www.c5.net: 185, 289 r.; Münchner Stadtmuseum, Plakatsammlung: 199/M10, 214/M1, 214/M2; Museum für Gestaltung, Zürich: 127/M4, 167/M4, 177; Museum of the Revolution, Beijing: 19; Mussil/CCC,www.c5.net: 148, 285; National Archives, College Park, MD USA: 105/M4; New School for Social Research N.Y.: 8 (© VG Bild-Kunst, Bonn 2007); picture-alliance/dpa/© dpa-Bildarchiv: 107/M3, 116/117, 249/M1, M2; picture-alliance/dpa/© dpa-Bilderdienste: 23/M2; picture-alliance/dpa/© dpa: 241, 269, 270; picture-alliance/dpa/© dpa-Fotoreport: 25, 146, 257, 271, 273, 277/M3; picture-alliance/dpa/© dpa-Report: 23/M1, 53/M1, M2, 107/M1, 263 u.; picture-alliance/dpa/dpaweb/© dpa: 82; picture-alliance/dpa/dpaweb/© dpa-Fotoreport: 267, 277/M2; picture-alliance/dpa/dpaweb/© dpa-Report: 115, 287; picture-alliance/KPA: 107/M2; picture-alliance/ZB/© dpa-Report: 109; Presse- und Informationsamt der Bundesregierung: 156/M5; © Marc Riboud/Magnum/Focus: 127/M2; Foto: Robert Roeske: 108; Sammlung Alain Jaubert: 50; Sammlung Margadant, Museum für Gestaltung, Zürich: 117 u., 289 l.; Sammlung: Uli Sigg, Mauensee: 9; Schirmer-Mosel-Verlag, München: 13/M3; Roland Schmid: 128/M5; Foto: Christa Schnepf, Grafitti: 235; Spiegel-Verlag, Hamburg: 143/M11; Staatsarchiv Sigmaringen, Hauptstaatsarchiv Stuttgart: 204/M2; Stadtarchiv Bretten: 190, 191; Stadtarchiv Dessau: 44/M13; Vorlage: Stadtarchiv Freiburg: 57, 58/M5, 59/M7, M8; Stadtarchiv Konstanz: 205; Stadtbildstelle Essen: 68; Ivan Steiger: 262 u.; Stiftung Archiv der Akademie der Künste: 42/M4; SV-Bilderdienst: 13/M4 (Scherl), 29 l., 54/M2 (Scherl), 61 (Scherl), 62/M5, 66/M7 (Scherl), 74/M4, 86, 96/M2, 102/M6 (Scherl), 105/M3, 168/M7, 181/M11, 206, 240/M7, M9; Foto: Brigitte Szirmai: 237; The Argus/Kapstadt, AP: 170; Wolfgang Timme: 226; Tomaschoff/CCC,www.c5.net: 272; Jay Ullal/Stern: 179; ullstein bild: 27 u., 29/M1, 42/M7, 48, 60, 98/M5, 188/M5, 198, 201/M16, 220/M13, 252/M6; aus: Vietnam, G. L. Nespoli/G. Zambon, Zambon Verlag, Frankfurt 1999: 128/M6; Volkswagen AG: 224/M6, 225; A. Weidenmann, Jungzug 2. Fünfzig Jungen im Dienst, Stuttgart 1936: 77/M12; Foto: Hendrik Wohlfahrt/MUNBW: 165

Zeitleiste

1918–1939 Die Zwischenkriegszeit

1918 – Novemberrevolution in Deutschland
1919 – Pariser Friedenskonferenz zur Neuordnung Europas und Gründung des Völkerbundes
– Unterzeichnung des Versailler Vertrages
– Weimarer Verfassung
1922 – Deutsch-sowjetischer Vertrag von Rapallo
– Machtübernahme Mussolinis in Italien
1923 – Krisenjahr der Weimarer Republik mit Ruhrbesetzung, Inflation und Hitler-Putsch
1925 – Vertrag von Locarno: Ausgleich Deutschlands mit ehemaligen Kriegsgegnern
1926 – Beitritt Deutschlands zum Völkerbund
1928 – Briand-Kellogg-Pakt zur Kriegsächtung
1929 – Beginn der Weltwirtschaftskrise
1930 – Präsidialkabinette (bis 1933)
1933 – Machtübertragung: Hitler wird deutscher Reichskanzler (30.1.)
– Ermächtigungsgesetz (23.3.)
– „New Deal" in den USA
1934 – Austritt Deutschlands aus dem Völkerbund
1938 – Eingliederung Österreichs in Deutschland
– Novemberpogrom gegen die jüdische Bevölkerung in Deutschland (9.11.)
1939 – Deutsche Besetzung der Tschechoslowakei
– Deutsch-sowjetischer Nichtangriffsvertrag

1939–1945 Zweiter Weltkrieg

1939 – Beginn des Zweiten Weltkriegs: Angriff auf Polen (1.9.)
1940 – Deutsche Besetzung Dänemarks, Norwegens, Belgiens, der Niederlande und Frankreichs
1941 – Deutscher Überfall auf die Sowjetunion
– Japanischer Überfall auf Pearl Harbor eröffnet Zweiten Weltkrieg im Pazifik (7.12.)
1942 – Wannsee-Konferenz: Beginn der Shoah
1943 – Deutsche Niederlage von Stalingrad leitet Wende des Krieges ein
1944 – Gescheitertes Attentat auf Hitler (20.7.)
1945 – Bedingungslose Kapitulation (8.5.)
– Amerikanische Atombombe auf Hiroshima und Nagasaki, Kapitulation Japans (6./9.8.)

1945–1989/90 Das Zeitalter des Ost-West-Konflikts

1945 – Gründung der UNO
– Potsdamer Konferenz: Entwicklung einer Nachkriegsordnung
– Flucht und Vertreibung der deutschen Bevölkerung aus den deutschen Ostgebieten (bis 1947)
– Errichtung von Volksdemokratien in den osteuropäischen Staaten (bis 1952)
1947 – Truman-Doktrin („Containment") und Aufbauhilfe für Europa („Marshallplan")
– Unabhängigkeit Indiens
1948 – Gründung Israels, Beginn des 1. arabisch-israelischen Krieges (Palästina-Krieg)
– Währungsreform in den westdeutschen Zonen
– Berlin-Blockade (bis 1949)
1949 – Gründung der NATO
– Verkündung des Grundgesetzes der BRD und Gründung der DDR
– Gründung der Volksrepublik China
1950 – Koreakrieg (bis 1953)
1953 – Volksaufstand in der DDR
1955 – Gründung des „Warschauer Pakts"
– Beginn der Anwerbung von Gastarbeitern
1956 – Volksaufstand in Ungarn und Polen
1957 – Gründung der Europäischen Gemeinschaft in Rom
1960 – „Afrikanisches Jahr": 17 Kolonien werden unabhängig
1961 – Bau der Berliner Mauer
1962 – Kuba-Krise
1964 – Vietnamkrieg (bis 1975)
1966 – APO (bis 1967)
– Große proletarische Kulturrevolution in China (bis 1968)
1968 – „Prager Frühling"
– Studentenbewegung (bis 1969)
1970 – Ostverträge (u.a. Grundlagenvertrag zwischen der Bundesrepublik und der DDR) (bis 1972)
1975 – Unterzeichnung der KSZE-Schlussakte von Helsinki
1978 – Nachmaoistische Reformen in China
1985 – Reformpolitik Michail Gorbatschows in der Sowjetunion (bis 1991)

1989 bis heute Die Welt nach dem Ost-West-Konflikt

1989 – friedliche Revolution in Osteuropa Fall der Mauer (9.11.)
1990 – Beitritt der neuen Bundesländer zur BRD (3.10.)
1991 – EG-Vertrag in Maastricht
– Auflösung des Ostblocks, Gründung der GUS (31.12.)
– Nationalitätenkrieg im ehemaligen Jugoslawien (bis 1995)
1994 – Gaza-Jericho-Abkommen zwischen Israel und der PLO
– Ende des Apartheid-Regimes in Südafrika
1995 – Abkommen zur Beendigung des Bosnien-Krieges im amerikanischen Dayton
2001 – Anschlag auf das World Trade Center in New York (11.9.)
2004 – Osterweiterung der EU

Wahlplakat, Januar 1919

Wahlplakat, Januar 1919

Wahlplakat, Januar 1919

Wahlplakat, Januar 1919